정치를 넘어 : 정부실패의 근원

정치를 넘어 : 정부실패의 근원

Beyond Politics : The Roots of Government Failure

Randy T. Simmons 지음 | 김행범 · 이성규 · 김영신 옮김

THE INDEPENDENT INSTITUTE

율곡출판사

THE INDEPENDENT INSTITUTE is a non-profit, non-partisan, scholarly research and educational organization that sponsors comprehensive studies in political economy. Our mission is to boldly advance peaceful, prosperous, and free societies, grounded in a commitment to human worth and dignity.

THE INDEPENDENT INSTITUTE는 정치경제학에 대한 포괄적인 연구를 후원하는 비영리적이고 초당파적 기구인 동시에 학술연구 및 교육기관이다. 우리의 사명은 인간의 가치와 존엄성에 대한 약속을 바탕으로 평화롭고 번영하며, 자유로운 사회로 활기차게 나아가는 것이다.

Politicized decision-making in society has confined public debate to a narrow reconsideration of existing policies. Given the prevailing influence of partisan interests, little social innovation has occurred. In order to understand both the nature of and possible solutions to major public issues, the Independent Institute adheres to the highest standards of independent inquiry, regardless of political or social biases and conventions. The resulting studies are widely distributed as books and other publications, and are debated in numerous conference and media programs. Through this uncommon depth and clarity, the Independent Institute is redefining public debate and fostering new and effective directions for government reform.

Address : 100 Swan Way, Oakland, CA 94621-1428, U.S.A
Telephone : 510-632-1366, **Fax** : 510-568-6040
Email : info@independent.org, **Website** : www.independent.org

초판 추천의 글[1]

정치학 연구 분야에서는 최근 몇 년 동안 혁명[2]이 일어났다. 이 혁명이 좀처럼 일어나지 않았던 것은 혁명이 일어나지 않도록 조심해서라거나 혁명이 불완전해서가 아니라 대부분의 사람이 이미 혁명이 일어난 걸 모르고 있었기 때문이다.

새 접근 방법은 투표자가 고객과 아주 비슷하고 정치인이 기업가와 아주 비슷하다는 가정에서 출발한다. 연방정부의 관료는 많은 대기업의 직원과 아주 비슷하다. 이러한 진술은 간단하고도 빤한 것처럼 보인다. '이 말에 동의하지 않을 사람은 거의 없을 거야' 라고 사람들은 생각할 것이다.

그럼에도 새로운 접근 방법은 좀 기이하게도 사람들 사이에서 많은 논쟁을 일으켰다. 나는 단지 슈퍼마켓에 있는 고객과 투표소에 있는 투표자가 같다고 말을 했다는 이유로 맹렬히 비난받아 왔다.

이러한 가정에 기초하여 새로운 이론을 개발할 수 있다. 공공선택학(public choice)이라는 이론이 경제학에 토대를 두며, 경제학 분석 도구들을 많이 사용하

---

1. **[역주]** 이 책의 초판(1994년) 제목은 『정치를 넘어 : 시장, 복지, 그리고 관료제의 실패(*Beyond Politics : Markets, Welfare, and the Failure of Bureaucracy*)』이다. 1994년 출간 당시 애리조나대학에 있던 고든 털럭 교수가 이 서문을 썼다. 그 후 공동 저자의 한 사람인 윌리엄 미첼이 2006년에 서거하자 랜디 시몬스가 단독으로 이 책의 수정확장판(Revised and updated)을 부제를 약간 바꾸어 『정치를 넘어 : 정부실패의 근원(*Beyond Politics : The Roots of Government Failure*)』이라는 제목으로 2011년에 발간했다. 고든 털럭의 초판 서문이 이 수정확장판에도 그대로 실렸다.
2. **[역주]** 즉, 경제학적 시각으로 정치 현상을 연구하는 정치학의 새 접근 방법이 나타났다.

지만, 그것은 단지 경제학에서 정치학으로 이전한 것이라기보다 진정 정치학의 독창적인 창작물이다(새 이론에 대한 인식은 경제학자들도 상당히 공통적으로 갖고 있었다는 점이 지적되어야 한다. 경제학자란 결국 정치학 연구자들은 아니다 보니 그 주제가 약간 기이하게 여겨지긴 하지만 말이다). 경제학적 개념과 도구가 도움은 되었지만, 그것들은 정치이론에 사용하기에는 꼭 정확하지는 않았으므로 새로운 것들을 개발할 필요가 있었다.

이 접근 방법에서 정부란 공공재의 낭만적인 생산자나 미덕의 수호자가 아니라 단지 제공하기 어려울 수 있는 몇몇 유형의 재화 및 서비스를 제공하기 위한 상당히 평범한 도구 집합일 뿐이다. 공공선택학자들은 정부를 시장 위에 있는 것으로 생각하지 않는다. 그들은 정부와 시장을 시민의 요구를 충족시킨다는 기본 목표를 공유하는 병렬 조직으로 간주한다.

이러한 수요 중 일부, 예컨대 식품은 시장에 의해 가장 잘 제공된다는 건 의문의 여지가 없다. 그럼에도 불구하고 세계 도처에서 정부는 식품 생산 사업에 관여하고 있다. 그들은 빵이 더 비싸지도록 만들며, 자금을 아주 상당히 가난한 빵 소비자들로부터 서구 나라들의 훨씬 더 잘사는 농부에게 이전한다. 흥미롭게도 농부가 소비자보다 더 가난한 아프리카에서는 농부로부터 소비자에게 돈을 이전하는 데 이 체제가 사용된다.

이와 대조적으로 대기오염 같은 문제는 시장과 정부의 해결책 모두가 만족스럽지 못한데도 정부가 더 적절히 처리하는 것으로 널리 인식되고 있다. 사람들이 이런 견해를 갖는 것은 대기오염이 빵보다 더 중요한 문제라서가 아니라(그 반대로 식량이 깨끗한 공기보다 우리 삶에 근본적으로 더 중요하다) 그들이 정부를 대기오염을 해결하는 데 시장보다 더 나은 도구라고 간주하기 때문이다. 이는 어떤 경우에는 맞기도 하지만 틀리기도 하다. 다시 말하거니와, 사회가 시민들의 수요를 충족시키기 위해 두 개의 병렬적 조직 구조를 유지하는 것은 그렇게 하는 것이 한쪽만으로 하는 것보다 시민들이 원하는 것을 더 잘 충족시킬 것이라는 기대 때문이다.

대부분의 공공선택 이론가는 정부가 아주 품질 좋은 서비스를 제공한다고 생각하지 않는다. 또 시장이 완벽하다고도 생각하지 않는다. 경제학에서 많은 사람이 완전경쟁 이론을 스미스와 리카도의 고전 경제학이 허용하는 것보다 몇몇 경제 문제를 더 빠른 속도로 분석해주는 수학적 편리함으로 간주한다. 그런데 이론은 세상에 완벽하게 맞아떨어지지 않는다.

이와 마찬가지로 정치가 작동하는 방식에 대한 새 이론은 아직 세상에 완벽하게 맞아떨어지지는 않는다. 우리는 그것이 개선되기를 희망한다. 새로운 분야에 있다는 것의 이점 중 하나는 그 연구가 새로운 것이라는 점을 핑계로 우리가 연구의 결함과 공백을 정당화할 수 있다는 것이다. 경제학은 오래전부터 존재해왔으며, 더 이상의 혁명적 변화의 기대는 쉽게 성취되지 않는다.

정교한 수학적 연구가 많이 포함된 공공선택의 하위 분과가 있다. 보통 "사회적 선택(social choice)"이라고 부른다. 공공선택 분야의 저자들 대다수는 특별히 수학적이지 않으며, 후르비츠(L. Hurwiez)[3]보다 리카도(D. Ricardo)를 더 많이 닮았다. 공공선택학에서든 경제학에서든 수학적 복잡성이 중요한 새 영역을 개척하고 있는지 아니면 단지 도피주의(escapism)인지는 아직 미해결된 문제이다.

그러나 이 책은 새로운 접근 방식을 다루는 것이며, 이제 막 그 각인을 남겼다. 현재 공공선택 분야가 가장 발전한 미국에 공공선택학회(Public Choice Society)가 있으며, 유럽과 일본에도 공공선택학회가 있다.

공공선택학의 창시자는 영국인인 덩컨 블랙(Duncan Black)이었지만, 최초의 주된 발전은 미국에서 일어났다. 미국 학술지인 *Public Choice*는 1969년에 창간

3. **[역주]** 레오니트 후르비츠(Leonid Hurwicz, 혹은 Leonid Hurwiez)는 폴란드계 미국인 수학자 및 경제학자이다. 2007년 에릭 매스킨 및 로저 마이어슨과 함께 '게임 이론', 메커니즘 설계'의 공로로 노벨 경제학상을 공동 수상하였다.

되어 이제 25년째가 되었고, 미국 공공선택학회(American Public Choice Society)에는 현재 거의 1천 명의 회원이 있다. 유럽 공공선택학회(European Public Choice Society)는 미국보다 규모는 작지만 그럼에도 번창하고 있으며, 자체 저널인 *Scelte Pubbliche*(공공선택)가 있다. 일본도 이 분야에 열성적으로 뛰어들었으나, 아직 미국이나 유럽처럼 공식적인 구조를 갖추지는 못하고 있다. 일본 학술지의 제목은 *Public Choice Studies*(『公共選擇の硏究(공공선택의 연구)』). 1994년 1월, 일본, 대만, 그리고 한국의 공공선택학 학자들이 홍콩에서 만났는데, 거기서 그들은 미국 서부경제학회(Western Economic Association)의 환태평양회의 학술대회에 참석하고 있었다. 그들은 아시아 공공선택학(Asian Public Choice) 회의를 설립하기로 결정했으며, 이 회의에 이들 3개국보다 많은 국가가 참여하기를 희망했다.

과거 몇 년 동안 이 분야의 번창은 특히 미국에서 분명히 나타났는데, 거기서는 *Journal of Constitutional Political Economics*, *Rationality and Society*, *Journal of Theoretical Politics*, *Economics and Politics*라는 4개의 저널이 추가로 발간되었다. 따라서 공공선택학의 학문적 측면은 이제 상위 수준에서 잘 확립되었다. 많은 학자가 이 분야에서 활발하게 저술하고, 출판하며, 연구를 하는 중이다.

그러나 아직도 몇몇 갭이 있다. 다수의 전문 서적을 사용하면서 정치학 전공의 대학원 과정에서 공공선택학을 가르칠 수 있다. 그러나 우리는 대학원과 학부 수준 모두에서 공공선택학의 더 많은 대학 강좌를 개설하고 가르치는 것이 절실히 필요하다. 따라서 『정치를 넘어 : 시장, 복지, 그리고 관료제의 실패(*Beyond Politics : Markets, Welfare, and the Failure of Bureaucracy*)』의 저자들이 모두 정치학자라는 점은 적절하다. 이 책은 정치학 강좌에서 발견되는 드문드문 흩어져 있는 여러 자료를 개선하는 작업을 죽 전개해나갈 것이다.

만약 새로운 접근법이 우리의 정치체제에 영향을 미치려면, 즉 그것이 결국 정부에 대한 구식 접근법보다 더 정교하고 유용한 그림을 분명 주려면, 대학원 학위가 없는 사람들도 이 접근법을 이용할 수 있어야 한다. 우리는 대중적인 체인 서점에서 찾을 수 있는 종류의 일반 독자용 책이 필요하다.

미첼(Mitchell)과 시몬스(Simmons)가 다시금 우리를 구하러 왔다. 이 책은 보통의 학식이 있는 시민을 위한 분명 아주 뛰어난 책이다. 이 책에 포함된 아이디어들이 많은 독자에게 생소할 것이기 때문에 솔직히 나는 이것이 읽기 쉬운 책이라고 말할 수는 없다. 그러나 이 책은 연구를 위한 것이 아니라 읽기 위해 저술된 책이다. 우리의 정치에 관한 통념을 기꺼이 잠시 접어두고자 하는 일반 독자라면 이 책을 빠르고도 생산적으로 읽을 수 있을 것이다.

이 책은 일반 대중의 비평이 양식을 갖추도록 하는 데 크게 기여할 것이다. 특히 정부와 관련하여 매우 어려운 문제가 많이 있으며, 우리는 그것들을 이용 가능한 최선의 학습(best learning)에 토대하여 해결하려고 노력해야 한다. 이 책은 정상적인 교육을 받았고 문제 해결을 위해 약간의 노력을 들일 의향이 있는 거의 모든 사람에게 그러한 학습이 이루어지도록 해줄 것이다.

사실상 이 책은 아주 잘 저술되었으며, 주제가 매우 중요하고 흥미진진해서 많은 사람이 이 책을 읽으면서 공부할 때 이 책이 매우 재미있다는 것을 알게 될 것이다. 우리는 정부와 시장의 역동성과 그것들이 우리 모두에게 어떤 영향을 미치는지를 이해하는 데 이 책을 중요한 진전으로 환영하는 바이다.

애리조나대학교
고든 털럭

지은이의 글

1994년에 나는 윌리엄 C. 미첼(빌)과 함께 『정치를 넘어 : 시장, 복지, 그리고 관료제의 실패(*Beyond Politics : Markets, Welfare, and the Failure of Bureaucracy*)』를 썼다. 우리는 개정판을 같이 쓰고자 했고 앞으로 어떻게 바꾸고, 더하고, 삭제할 것인지를 이야기했지만 슬프게도 내 친구는 2006년에 사망했다. 당신이 읽는 이 책은 『정치를 넘어 : 시장, 복지, 그리고 관료제의 실패』에게 또 그리하여 빌에게 많은 것을 빚지고 있다. 나는 그에게 추가와 수정을 해달라고 부탁하면서 그에게 장(章)들을 보내는 식으로 쓰고 수정했다. 나는 빌이 이 책을 좋아했을 것으로 생각하며, 빌이 공동 저술자가 되었더라면 다른 책이 되었을 것이고 더 좋은 책이 되었을 것임을 의심하지 않는다. 빌은 단순한 협력자를 넘어 멘토이고 친구이자 소중한 비평자였기 때문에 나를 단독 저자로 올리는 것은 힘든 선택이었다. 그러나 빼고, 바꾸고, 고친 것들, 그리고 새로운 자료가 상당하여 나로서는 이것이 빌이 원했을 책이라는 생각이 든다. "모든 오류는 전적으로 저자의 책임입니다" 라는 저자의 책임을 인정하는 통상적 문구는 이 책에서는 통상적인 정도 이상의 힘을 갖는다.

빌이 사망한 후 나는 『공공선택(*Public Choice*)』(2006년 4월, 1～3쪽) 저널에 짤막한 추모 글을 썼다. 다음은 내가 쓴 글의 일부이다. 나는 그 끝부분, 곧 그의 연구에 대한 긴 인용 문구를 이 책 마지막 장의 말미에 썼다.

윌리엄 C. 미첼은 2006년 1월 2일 오리건주 유진(Eugene)에 있는 자택에서 80세 나이로 사망했다. 빌은 처음에 비시장 의사결정에 관한 위원회(Committee on Non-Market Decision-Making)라고 불린 집단의 버지니아 첫 회의(1963)와 그 이후 회의에도 꾸준히 참석한 소수의 경제학자, 사회학자, 그리고 정치학자 중 한 명이었다. 여러 번 회의 끝에 빌은 새로운 학회 및 그 학회 저널의 이름으로 더 짧고 덜 어색한 "공공선택(Public Choice)"을 제의했다. 1988년 그는 공공선택학회의 저명 회원(Distinguished Fellow of the Public Choice Society)으로 처음 선정되었다.

빌은 흔히 많은 학생에게 심지어 동료들에게도 거리감이 있고 인정 없어 보였으며, 파악하기 어려운 사람이었다. 그는 자신이 "가까이하기 어려운 북유럽 외모" 임은 인정했지만 "이탈리아 사람인 빈스 롬바르디 … 와 파레토, 푸비아니, 그리고 모스카의 열정적인 마음" 을 가지고 있다고 주장했다.[1] 그의 건강이 나빠지는 중이라는 소식을 들었을 때 나는 곧바로 유진으로 날아갔고 그는 말 그대로 두 팔 벌려 나를 만났다. 그를 엄격하다고 여겼던 학생들은 그의 격렬한 곰같이 껴안기(bear hug)에 충격을 받았을 것이다. 그는 자기 집에 머물라고 제안했으며, 미식축구팀 그린베이 패커스(Green Bay Packers)의 지분에 대한 자신의 주식 증서를 자랑스럽게 보여주었다. 우리는 인생, 사랑, 예술, 친구, 그리고 꿈에 관해 이야기했다. 그는 내가 떠난 다음 날 입원했고 뇌졸중이 왔으며, 몇 주 후에 사망했다. 다음은 내 학문적 삶에 큰 영향을 미친 이 사람에 관한 불완전한 서술이다. 나는 그것이 그의 지성의 본질 및 그의 영혼에 대한 무엇인가를 포착하고 있다고 믿는다.

---

1. **[역주]** 이탈리아계 미국인인 빈스 롬바르디(Vince Lombardi)는 그린베이 패커스를 우승하게 만든 미식축구계의 유명 감독이다. 파레토(Vilfredo Pareto)는 파레토 원리를 정립한 이탈리아 학자, 푸비아니(Amilcare Puviani)는 재정 환상(Fiscal Illusion) 이론을 제시한 경제학자, 모스카(Gaetano Mosca)는 엘리트 이론을 전개한 정치학자이다. 이들은 모두 열정이 있다고 알려진 이탈리아계 사람들이다.

빌의 핵심 관심거리 중 하나는 정치 과정의 효율성 및 형평성을 시장경제 과정과 비교하는 것이었다. 정책 분석 및 평가 연구를 통해 그는 정치 과정이 실제로뿐만 아니라 본질적으로도 왜곡되어 있어 시장 과정보다 다 나은 경우는 거의 없다는 결론을 내렸다. 이 주제는 그의 작업에 너무 많은 영향을 주어 『정치를 넘어 : 시장, 복지, 그리고 관료제의 실패』(Westview Press, 1994)라고 마지막에 명명된 우리 책의 연구 진행 당시의 제목은 "상황을 더 악화시키기 : 시장실패에 대한 정부 대응"이었다.

그가 자기 경력 말미에 그만이 쓴 깊은 자부심의 한 원천은 제2차 세계대전 중 미 공수부대 근무 경험이었다. 그가 제17공수사단의 제513낙하산보병연대에서 여러 번 전투 낙하를 했음을 아는 학생이나 동료는 거의 없었다. 빌은 자신의 대대와 연대에서 근무했던 커트 게이벌(Kurt Gabel)이 제2차 세계대전 경험을 바탕으로 쓴 비망록 중 서론 및 결론 부분을 편집했는데, 커트 게이벌은 이를 통해 완성된 책, 『낙하산병 만들기 : 제2차 세계대전의 공수 훈련과 전투』(Lawrence, Kansas : University Press of Kansas, 1990)가 나오기 전에 사망했다. 빌은 역사학자 스티븐 앰브로스(Stephen Ambrose)에게서 받은 그 책과 그 책에 대한 빌의 기여를 칭송하는 편지를 액자에 넣어 집에 걸어두었다. 앰브로스는 그 책에 대해 "나는 웃었고, 또 울었습니다(I laughed, and I cried)" 라고 썼다. 빌은 1992년 공수부대 집단의 연대성에 대한 자신의 분석을 「우리 공수부대원은 하늘을 난다, 죽음을 각오하고("Airborne We Fly Sky-Paratroopers Do or Die")」(Crossroads : *A Socio-Political Journal*)라는 논문에 썼다.[2]

빌은 그의 학술 논문 「다가오는 것들의 모습("Shape of Things to Come")」에서 경제학자와 정치학자가 "체계적이고도 명시적인 규범적 명제체제(body of

2. **[역주]** 미첼은 '공수부대의 노래' 중 후렴을 인용하여 위 논문 제목으로 붙였다.

systematic, explicit normative propositions)"를 개발하지 않는 것에 불만을 드러내었다. 그는 이러한 일에 관심을 갖고 그에 사로잡혀 있었는데, 이것이 그가 로체스터 학파나 시카고 학파보다 버지니아의 공공선택학파에 훨씬 더 끌렸던 이유일 것이다.[3] 그 때문에 그는 일부 사람들이 논쟁적이라고 묘사하는 방식으로 글을 쓰게 되었는데 그의 글이 논쟁적이라는 평가에 대한 그의 반응은 "그게 뭐가 잘못인가? 정치학은 열정이 좀 필요해(What is wrong with that? Political Science needs some passion)"였다.

『정치를 넘어 : 시장, 복지, 그리고 관료제의 실패』의 목적은 경제, 정치 및 정책 학도들에게 실증적이고도 규범적인 관점에서 정부를 생각하는 방법을 제공하는 것이었다. 정치를 넘어서는, 곧 정부가 할 수 있는 능력을 넘어서는 행동을 규명하는 것은 이런 목적을 달성하기 위한 실증적 부분이다. 규범적 부분은 어떤 정책과 규칙이 정치를 넘어서야 하는지를 진지하게 생각하는 것이다. 빌은 내가 그리 생각한 것처럼, 문제를 규명하고 해결책을 제시함으로써 우리는 민주제에서 종국적인 주권자가 되어야 하는 사람들, 곧 시민이 자신들의 운명을 개선하는 데 도움을 줄 수 있을 것으로 믿었다.

3. **[역주]** 공공선택학파를 여러 관점에서 분류할 수 있는데 가장 널리 인정되는 것은 버지니아 학파, 블루밍턴 학파, 로체스터 학파로 대별하는 것이다. 이 구분을 한 것이 바로 윌리엄 미첼이다. 이와는 달리 버지니아 학파, 시카고 학파로 분류하기도 하는데 밀턴 프리드먼류의 시카고 학파가 과연 공공선택학파로 간주될 수 있는지는 논란의 여지가 있다.

옮긴이의 글

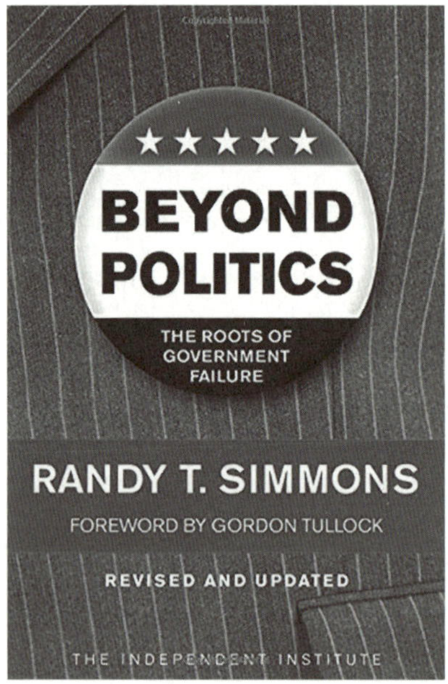

본 번역서 『정치를 넘어 : 정부실패의 근원』에서 지은이인 시몬스 교수는 정부 개입에 의한 실패의 근원을 규명한 후, 그 대안이 '정치를 넘어(beyond politics) 시장, 경제적 자유, 법치에 있음' 을 체계적으로 서술하였다. 오늘날 우리의 공적 생활에서 발생하는 많은 문제는 정치 시스템과 정부가 해결할 수 있는 범위와 능력을 넘어선다(beyond). 그러나 그런 종류의 문제들이 생길 때마다 정부가 나서서 "문제를 '해결할 수' 있다" 라고 주장하고, 또한 이를 해결한다며 발 벗고 나서려는 '어리석은' 정치인들이나 관료들이 항상 있기 마련이다. 사실 정부 개입주의는 매우 단순화된 이론에 의해 오랫동안 합리화되어 왔다. 시장이 자원 배분에 실패할 때마다 나타나는 정부 개입 옹호론은 대학에서 가르치는 매우 단순한 이론에 의해 오랫동안 정당화되어 왔다. 전통적인 공공정책과 후생경제학은 시장이 "실패" 했다고 주장될 때마다 정부 개입에 대한 정당성을 제공해준다. 그러나 현실은 그렇게 녹록치 않다. 정부실패는 막대한 세금 낭비를 초래할 뿐만 아니라 설상가상으로 원래의 문제를 "더 악화" 시킨다. 정부실패의 근본 원인은 시민들의 유혹과 정치인들의 근시안 때문이다. 우리는 정치인들과 정부가 잘 처리할 수 있는 것보다 더 많은 것을 계속 요구하고, 정치인들은 정책의 고안 및 수립 단계에 내재되어 있는 단점들에 대해 변명거리를 찾기를 좋아한다.

공공정책 문제들에 대한 실행 가능한 해결책을 마련하는 데 적용할 수 있는 첫 번째 경험 법칙은 '정치인들이 반드시 공익(公益)을 위해 행동하지는 않는다' 라는 점을 인식하는 것이다. 정치인들의 가장 우선적인 동기는 '문제를 해결하는 것' 이 아니라 '선거에서 승리하는' 것이기 때문이다. 그러나 유권자들은 정치인들이 문제를 해결해주기를 원한다. 유권자에게 정치인들의 앞의 두 동기에 대한 관심의 차이는 원칙적으로 사소해 보일 수 있지만, 결코 그렇지 않다. 문제 해결은 연기되거나 미래 세대를 포함한 다른 유권자들에게 전가될 수 있다. 또한 제안된 "해결책"이 특별이익집단(special interest)에게만 이익이 돌아가도록 처음부터 기짓으로 고안될 수 있다. 두 번째 경험 법칙은 정치인들이 "공익에 봉사"하기 위한 강력한 유인을 가지고 있더라도 이 고상한 목표를 달성하는 데 필요한 '지식이 부족하다' 는 점을 인식하는 것이다. 민주사회에서 "대중"은 단지 사회를 구성하는 수백만 명에 달하는 사람들의 총체일 뿐이며, 각 시민은 다르고 변화하는 선호와 목표를 가지고 있다. 정부가 제공하는 소수의 기본 서비스만이 모든 사람의 이익에 기여한다. 법과 질서의 제공이 이 중 하나일 것이다. 그러나 정부 관리들은 이러한 서비스를 빠르고 효과적으로 제공하는 방법에 대한 지식이 제한적이다. 만약 정치인들의 "유인(incentive) 문제"가 그들로 하여금 '씹을 수 있는 것보다 더 많은 것을 물도록' 부추긴다면, 그들의 "지식(knowledge) 문제"는 그것을 소화하지 못하게 할 것이다. 이러한 비유는 왜 우리의 정치 시스템이 비대하고 잘 기능하지 못하는지를 말해줄 수 있을 것이다.

본 번역서는 정부실패의 근원을 심층적으로 분석하고 있다. 사회 · 경제적 문제들이 발생하면 사람들은 의례적으로 정부가 나서서 “무언가를 해주기”를 요구한다. 특히 그러한 문제들이 자유시장의 실패로 인해 발생했다고 주장되는 경우에는 더욱 그렇다. 그러나 정부의 좋은 의도가 항상 좋은 결과를 가져다주지는 않는다. 또한 본 번역서는 정부의 각종 정책이 정부가 의도한 대로 작동하지 않는 이유를 설명한다. 정부의 정책이 실패하는 이유를 이해하려면 무엇보다도 정치와 시장에 대한 보편적인 가정들을 재고해야 하며, 유권자, 정치인, 관료 및 이익집단들의 행동 유인과 의사결정의 바탕이 되는 제도들을 이해해야 한다. 본 번역서는 전통적인 가정들과 제도들을 면밀히 분석하고, 이를 공교육, 환경 보호, 사회복지, 소비자 보호, 조세정책, 생산자 조작 시장 및 거시경제 정책 등 다양한 분야에 적용하여 정부실패의 근원을 ‘폭로’ 하였다. 이를 바탕으로 자유주의, 법치주의, 규제 제한 등의 해결책을 제시하였다.

본 번역서는 정부실패와 관련하여 두 가지 해결책을 제시하고 있다. 첫째, 생산과 교환을 방해하는 정부의 각종 제약을 없애는 것이다. 둘째, 문제 해결 과정에서 정치를 배제하거나 개입을 완화하는 방법을 찾는 것이다. 구체적인 한 가지 실행 방법은 민주적 선거에서 득표를 위해 열렬히 활동하는 사람들에게 정부 개입을 줄여 달라고 하거나 ‘더 많은 자유’ 를 요구하는 것이다. 우리는 “정부가 우리를 어떻게 도와줄 수 있는가?” 라고 묻기보다 “우리가 자신의 문제를 스스로 해결할 수 있도록 정부가 어떻게 비켜줄 수 있는가?” 라고 물어야 한다. 물론 이 질문에 대한 최선의 대답은 아마 우리가 가진 가장 가치 있는 능력인 ‘인간의 독창성과 창의력’ 을 최대한 활용하게 하는 것이다.

본 번역서의 원저자인 랜디 시몬스(Randy Simmons) 교수는 윌리엄 미첼(William Mitchell) 교수와 함께 1995년에 이 책의 초판을 발간하였다. 그 후 미첼 교수의 서거로 시몬스 교수는 단독으로 2008년 금융위기, 미국의 재정문제 및 21세기 정치 · 경제적 현실 등에 대한 통찰을 담기 위해 2011년에 초판을 업데이트하고 수정하였다. 경제학과 정치학에 정통한 독자들은 이 책이 공공선택학, 신제도경제학, 오스트리아 경제학파의 시장과정 분석을 새롭게 '종합한' 것임을 알게 될 것이다. 특히 본 번역서는 정책 결정에 관여하는 사람들에게 "천사들이 밟기 두려워하는 곳에 '바보들' 이 달려든다(Fools rush in where angels fear to tread)" 라는 미국 속담(우리 속담으로 '하룻강아지 범 무서운 줄 모른다(一日之狗 不知畏虎)' 와 유사)이 경고해주는 의미를 되새기게 해줄 것이다. 또한 본 번역서를 끝까지 읽은 독자들은 정부 정책 및 공공 정책의 결과가 종종 정치적 약속과 크게 다른 것을 보고 더 이상 놀라지 않을 것이다.

본 번역서는 '공공선택학(Public Choice)' 이라는 학문을 사랑하고 강의하고 연구해온 세 명의 교수에 의해 번역되었다. 김행범 교수님은 서론부터 제4장까지를, 김영신 교수님은 제5장 ~ 제11장을, 본 옮긴이는 제12장 ~ 제16장을 맡아 심혈을 기울여 번역하였다. 본 번역서가 '공공선택학' 을 공부하고 연구하는 분들께 작은 도움이 되길 바란다. 또한 이 번역서 출간의 기쁨을 2021년 9월에 창립한 '공공선택학회(Korea Public Choice Association)' 회원들과 나누고 싶다.

마지막으로, 어려운 출판환경에서도 본 번역서의 출간을 기꺼이 허락해주고 격려해주신 율곡출판사 박기남 사장님과 박정헌 기획상무님께 심심한 감사의 말씀을 드린다. 또한 표지를 독창적으로 고안해주신 방조일 이사님과 세 번에 걸친 지난한 교정과정에서 성실히 '최고의' 교정능력을 발휘해주신 차은지 대리님께도 깊은 감사를 드린다.

2022년 12월 20일
옮긴이를 대표해서 **이성규**

이 책에 대한 찬사

“정부 규제의 효과는 우리가 생각하는 것과 다르다. 이 책은 정부 규제의 실제 효과를 분석하는 탁월하고도 사고를 자극하고 꿰뚫는 책이다. 정부 규제가 민간시장의 실패를 ‘교정’한다는 정설적 관점을 효과적으로 완전히 뒤집어 버린다. 공공정책과 공공선택학을 공부하고 연구하는 모든 학생과 연구자들이 읽을 가치가 있는 책이다.”

—샘 펠츠만, 시카고대학교 랄프 · 도로시 켈러 경제학 석좌 명예교수

“이 책은 정부실패라는 실제 현상을 아주 효과적으로 분석하는 생생한 책이다. … 저자는 후생경제학이 소홀히 하는 문제 측면을 잘 알려주는 데 큰 기여를 하고 있으며, 시장 작동에 대한 정부 개입을 결코 가볍게 취급해서는 안 된다는 견해를 강하게 주장하고 있다.” **—윌리엄 보몰, 뉴욕대학교 스타(C.V. Starr) 응용경제학 센터 소장**

“이 책은 일반 대중의 비평이 양식을 갖추도록 하는 데 크게 기여한다. 이 책은 아주 잘 저술되었으며, 주제가 매우 중요하고 흥미진진해서 많은 사람이 이 책을 읽으면서 공부할 때 이 책이 매우 재미있다는 것을 알게 될 것이다. 우리는 정부와 시장의 역동성과 그것들이 우리 모두에게 어떤 영향을 미치는지를 이해하는 데 이 책을 중요한 진전으로 환영하는 바이다.”

—고든 털럭, 조지메이슨대학교 법학 및 경제학 명예교수 및 저명 연구 펠로우

“온 세계에서 일반 대중은 정부와 그 역할에 대한 새로운 개념을 찾는 중이다. 다행히 이 요구를 충족하는 완전히 새로운 이론이 있는데, 이를 경제학자들은 ‘공공선택학(public choice)'이라고 부르며, 그것은 이 탁월한 책에 명확하고 설득력 있게 제시되어 있다." **—로버트 L. 바틀리, 퓰리처상 수상자 및 고(故) 『월스트리트저널』의 편집장**

"시몬스는 시장경제와 제한된 입헌정부를 명쾌하게 주장한다. 이 책은 이 주제에 대해 현재 이용 가능한 가장 효과적인 입문서이다."

—윌리엄 A. 니스캐넌, 명예회장이자 케이토 연구소 명예회장 및 저명 시니어 경제학자, 대통령경제자문위원회의 전 의장

"이 책은 모든 점에서 확고한 연구이다. 진정 칭찬받기에 합당한 책이며, 잘 저술되고 세심하게 짜여 정설적인 민주주의 개념과 공공선택학적 대안 사이의 풍부한 대조를 제공한다." **—리처드 E. 와그너, 조지메이슨대학교 호버트 R. 해리스 경제학 교수**

"이 책은 미국 정부의 정책 실패를 포괄적이고도 가장 참신하게 설명하면서, 그와 더불어 이를 교정하는 방법에 대해 중요한 제안을 하고 있다. 이 책은 미국 정치체제의 무엇이 잘못되었는지를 그 실패에 대한 처방과 함께 자세히 소개한다."

—데니스 C. 뮬러, 비엔나대학교 경제학 명예교수

"이 책에서 … 시몬스는 정치와 시장의 교차라는 우리 시대의 주요 이슈를 이해하기 쉽고 설득력 있게 설명했다. 시몬스는 거대한 정부 관료제의 수립을 정당화하는 데 일반적으로 사용되는 시장 실패에 관한 일반적 주장을 세심한 주의를 기울여 전개한 후에 이를 허물어 버린다. 그는 이익집단, 정치인, 그리고 관료가 일반 대중을 희생시키고 자신의 상태를 증진할 수 있도록 해주는 정치적 · 행정적 환경에서 사익추구의 영향이 어떻게 새로운 파괴적인 범주를 갖게 되는지 보여준다. 또한 그는 큰 정부의 가장 열렬한 옹호자조차도 계속 확장되는 복지국가의 건전성에 의문을 제기하도록 만드는 관료적 악행에 관한 적절히 선택된 많은 예를 통해 그의 기본 요지를 예증해준다." **—리처드 A. 엡스타인, 시카고대학교 제임스 파커 홀 법학 석좌 명예교수 및 뉴욕대학교의 로렌스 A. 티쉬 법학 교수**

"정치 현실에 대한 최고의 입문서인 이 책은 정부와 정치체제를 현실주의적 관점에서 분석하여 독자들의 사고를 혁명화할 것이다."

—피에르 S. 듀폰 4세, 전 델라웨어 주지사

"우리는 '공공선택학이 무엇인지 간단한 언어로 설명할 책을 한 권 말해줄 수 있는가?' 라는 흔한 질문에 대한 답이 필요했다. 이 책은 이 필요를 탁월하게 충족한다."

—제임스 M. 뷰캐넌, 노벨경제학상 수상자 및 조지메이슨대학교 경제학 명예교수

"이 책은 공공선택학이 무엇인지 알려주는 설득력 있고도 읽기 쉬운 책이다."

—노먼 J. 오른스틴, 미국기업연구소 상임 연구자

"시몬스는 정치인, 관료제, 그리고 이익집단에 맞서서 공공 자원의 비효율적 배분을 밝히는 일을 탁월하게 수행했다. 이 책은 그 세력들이 공공정책 전투의 연속선 속 이 세 요소 간의 계속된 싸움에서 어떻게 그리고 왜 작동하는지를, 그리고 왜 관료기관이 정치와 경제의 교차점에서 그들의 약속을 실행할 수 없는지를 설명한다."

—제임스 C. 밀러 3세, 전 연방거래위원회 의장. 전 관리예산처장

"경제학을 조금이라도 접해보거나 공부하는 사람은 시장이 스스로 작동한다는 것을 안다. 그러나 정치인들이 그들의 조언을 따르지 않는다는 점은 놀라운 일이다. 이 책의 저자는 '시장실패(market failure)' 에 맞서는 개입이 반드시 더 나은 상황으로 이끄는 건 아니라는 것을 중요한 점으로 지적한다. 정부 역시 실패할 수 있다는 그의 통찰력은 공공정책 논의에서 가장 값진 기여이다."

—글렌 C. 루리, 브라운대학교 머튼 P. 스톨츠 사회과학 교수 및 경제학 교수

"이 책은 매우 잘 저술되고 흥미로워서 저자의 몇몇 주장에 동의하지 않는 나 같은 사람들에게조차 호소력이 있다."

—맨서 올슨 Jr., 고(故) 매릴랜드대학교 경제학 저명교수

"시장 및 정부의 적정한 범주를 토의하는 틀을 제공할 공공 철학이 필요하다. 그러한 철학 중 하나는 시장의 바람직한 특성과 시장실패의 가능성을 깨닫는 것으로부터 출발할 수 있다. 그러나 정부실패의 위험, 곧 정부 개입이 상황을 더 악화시킬 수 있다는 가능성을 규명하는 것은 이 책에 있는 것과 같은 자료의 토대 위에서 세워질 것이다. 그러한 철학은 공적 삶의 목표에 관해 다양한 관점을 가진 사람들 사이의 소통과 담론의 기초와 합리적인 의견 불일치를 위한 틀을 제공할 수 있다. 그러한 공적 철학의 씨앗을 이 책 안에서 발견할 수 있다."

—『미국정치학회보(*American Political Science Review*)』

"이 책은 잘 쓰여졌다. … 이 때문에 이 책은 대학 3학년이나 4학년 경제학 과정에 적극 추천되어야 한다. 사실상 시몬스가 다루는 주제를 포함하지 않는 경제학 교과과정이 있다면 우리는 그 질에 대해 의심할 만하다. 이 책을 읽는 사람은 이 책의 가장 중요한 교훈이라 여겨질 수 있는 것, 즉 정부는 강제력에 의존하며, 강제력이 정치 목적을 위해 휘둘러질 때 정부는 개인의 권리를 가장 많이 침해하는 주체가 된다는 것을 알게 될 것이다. 이러한 점에서 자유가 주는 교훈은 오늘날 미국 경제교육에 절실히 필요하다. 이 책은 정부의 강제력과 자유 간의 공백을 매우 만족스럽게 채워준다."

—『공공선택(*Public Choice*)』

"이 책은 값진 분석이며, 정부는 무엇을 해야 하는지를 철저히 다시금 생각하게 만드는 주장을 설득력 있게 하고 있다. 널리 읽힐 만한 가치가 있는 책이다."

—존 잉글러, 전 미시간 주지사

"이 책은 공공선택학의 기본적 통찰에 대한 박사 수준의 지식이 없어도 이해할 수 있는 최고의 요약이다."

—도널드 J. 부드로, 전 경제교육재단 회장 및 조지메이슨대학교 경제학 교수

차 례

제4장 **병리적 정치** : 정부실패의 해부

제5장 **무임승차와 강제승차의 정치** : 공공재 공급

제3부 재산권, 시장, 기업, 그리고 법에 대한 이해

제6장 사유재산과 공공선택

제7장 시장, 경쟁, 기업의 재발견

제8장 공공선택과 법

제4부 정부실패의 해부학적 사례연구

제 9 장 사익의 정치적 추구 : 생산자가 조작한 시장

제10장 사익의 정치적 추구 : 소비자 보호

제5부 공공선택학의 정치적 의미 : 제3세계를 위한 제안

서론

정치경제학이란 인간 행동 연구에 대한 많은 분석적 접근 방법을 커버하는 용어이다. 어떤 정치경제학자는 마르크스주의자이고, 어떤 이는 시장 사회주의자이고, 어떤 이는 정치적 보수주의자이고, 또 어떤 이는 자유주의자이다. 1930~1940년대에는 마르크스보다 시장을 더 긍정적으로 생각했지만, 사회주의에 큰 가능성이 있다고 믿은 경제학자들은 "시장 사회주의(market socialism)" 이론을 전개했다. 대개 유럽인인 이들 경제학자는 시장이 개인의 행동을 지시하는 멋진 공적 장치이지만 원하는 공적 결과를 낳을 수 있도록 하기 위해서는 중앙으로부터 지시를 받아야 한다고 주장했다. 그들은 주로 오스트리아 학파 경제학자로 이루어진 다른 경제학자들로부터 반박을 받았는데, 이들은 시장을 관리하는 것에 내재하는 정보 문제는 너무나 커서 비록 계산 능력이 크게 확장되고 있을지라도 극복될 수 없다고 주장했다. 주로 미국인인 다른 경제학자들은 중앙의 설계와 통제에 내재하는 개인의 자유 상실에 대한 규범적 주장으로 시장 사회주의적 주장을 반박했다.

시장에 대한 일단의 새로운 주장 및 우려는 시장 사회주의 논쟁과 더불어 나타났다. 시장의 불완전성 또는 "시장실패(market failure)"를 연구하는 경제학의 한 분지인 후생경제학은 시장이 어떻게 움직여야 하는지의 이론과 원리를 개발하고는 그러한 이론적 시장을 실제의 시장과 비교했다. 후생경제학자들이 시장이 기대를 충족하지 못한다는 것을 발견했을 때, 그들은 시장실패의 원인을 규명하고 그것을 교정하기 위한 정치적 개입을 요구했다. 그들은 실패의 원인을 규명함으로써 그 원인을 고칠 방법을 규명할 수 있다고 생각했다.

시장 사회주의자들이 시장을 통제하고 지시하고자 노력하고 있었고, 후생 경제학자들은 시장실패와 그 원인을 규명하는 동안, 정치학자들은 "두툼한 서술(thick description)"을 하느라 바빴다. 그들은 정부의 작동에 관한 엄청난 정보를 모았지만, 그 정보를 통합하거나 해석하는 데 사용할 이론은 거의 없었다. 예컨대 20세기 중엽 전형적인 정치학자는 미국 하원 의장의 힘을 아주 상세히 설명하고는 그 의장이 "너무 강력하다"고 주장할 수 있다. 그러나 의장이 왜 그리 강력한지 묻는 사람은 거의 없었다. 왜 의장 및 위원장에게 권력이 집중되었는가? 권력이 분산된다면 어떤 일이 일어날까? 정치학자들은 이런 질문들에 답할 분석 도구가 아무것도 없었지만 강력한 견해들은 가지고 있었다.

이미 존재하거나 개발 중인 정부이론들은 정부와 관련된 모든 문제가 더 큰 정부로 해결될 수 있다는 가정에 토대하고 있다. 일부는 정부를 서로 경쟁하는 이익들의 광장(forum)으로 간주했다. 만약 정부가 특정 이익의 가치를 충족하지 못한다면, 그 이유는 통상적으로 정치체제가 그 이익을 대변하지 못하기 때문이다. 해결책은? 경쟁하는 이익의 수를 늘리라는 것이다. 다른 이들은 정부를 엘리트 지배체제로 보았는데, 거기서 엘리트의 과잉 행위는 엄격한 정치 규칙으로 통제할 수 있다고 보았다. 정치학자들 사이의 지배적 견해는, 정부는 일반적으로 자비심이 많고, 흔히 유순하며, 위험한 경우가 거의 없다는 것이다. 그들에게 정치란 가치 갈등이 해결되고, 불평등이 완화되며, 불의가 해결되는 공간이다. 일부에 따르면 정치에 참여하는 것은 고상한 일이다. 국가는 인격을 확립하고 시민 및 개인의 덕성을 창출한다. 정부에 대한 대부분의 정치학자의 믿음은 시장에 대한 회의주의와 맞물려 있는데, 그 회의주의는 시장실패 문헌들에 의해 더 악화되며, 심지어 일부는 시장 사회주의에 대한 열망에 뿌리를 두고 있다.

경제와 정치에 대한 이런 관점들에 맞서는 것이 "공공선택학(public choice)"으로 알려진 비교적 새로운 정치경제학이다. 공공선택학은 경제학자들이 사적 선택을 연구하기 위해 사용하는 가정 및 방법론을 공적 선택 연구에 적용한다. 그것은 시장실패의 원인과 그 문제점들을 해결하는 정부의 능력이라고 주장하는 것들에 대해 의문을 제기한다. 공공선택 분석가들은 과반수 규칙의 왜곡을 확인했으며, 정치가 비효율적인 정책을 채택하고 개인의 자유를 제한하는 강력한 성향이 있음을 보여주었는데 이 모두가 특별이익집단의 이익이나 부와 소득의 평등화를 위해 일어난다. 아마 공공선택학이 개발한 것 중에 가장 중요한 것은 시장실패에 대응하는 정부 능력에 의문을 제기하는 정부실패(government failure)의 이론일 것이다. 그 결론은 시장의 불완전함에 대한 정부의 대응이 실제로는 상황을 더 악화시킬 수 있다는 것이다.

공공선택학 외에도 경제학자들은 우리가 사람들이 정부에게 기대하는 모든 것을 성취하는 정부의 능력에 의문을 갖게 하는 다른 주장을 전개했다. 이러한 주장은 재산권 및 상이한 제도의 경제적 가치에 중심을 둔다. 비록 많은 사회과학자들이 현재 이 주장에 이의를 제기하긴 하지만, 재산권은 시민적 권리이자 자연적 권리이기도 하며, 그것은 수 세기 동안 인정되어 왔다. 재산권 연구의 새로운 점은 재산권이 사회적 안정을 제공하고 현재의 결정에 미래를 포함하기 위해 진화된 자연스러운 방법으로 이해된다는 것이다.

경제사는 노벨상을 수상한 경제학자 더글러스 노스(Douglass North)의 정치제도의 경제적 성과 연구로 다시 정의되었다. 나중에 신제도주의 경제학(New Institutional Economics)이 된 이것은 재산권 및 재산권을 지원하는 제도(institution)가 어떻게 그리고 왜 성공하고 실패하는지를 강조한다. 그것을 이해하면 후생경제학자들의 가정과 결론에 대한 중요한 통찰력 및 모순점을 깨닫게 된다.

많은 사람이 경제학의 핵심을 재발견(rediscovery)한 것이라고 주장하고자 하나 경제학의 또 다른 혁신(innovation)인 것이 오스트리아 학파 경제학(Austrian economics)이다. 오스트리아 학파 학자들은 루드비히 폰 미제스(Ludwig von Mises)의 규칙을 고수한다 : 경제학자의 첫 번째 임무는 정부에게 정부가 할 수 없는 일이 무엇인지를 말하는 것이어야 한다. 그들은 지식이 계속 움직이는 과정을 통해 경제 안에서 생성, 확산, 그리고 사용된다는 점을 강조한다. 신제도경제학자들(New Institutional Economists)처럼 오스트리아 학파 학자들은 제도, 특히 사람들이 완전한 지식을 가지고 있지 못한 세상에서 제도가 어떻게 출현하는지에 초점을 둔다. 나는 나 자신이 오스트리아 학파 학자라고 생각하지 않지만, 나는 그들에게서 많은 것을 배웠고, 심지어 오스트리아 학파의 주장을 부지 중에 내 자신의 분석에 자주 사용한다.

나의 이 책의 목적은 경제학 · 정치학 · 정책학 학도들에게 공공선택, 시장, 재산, 그리고 정치적 및 경제적 과정에 대한 간결한 설명을 제공하고, 어떤 종류의 행동이 *정치를 넘어(beyond politics)*, 즉 정부의 능력을 넘어서 있는지 규명하는 것이다. 공공선택학을 재산권, 시장, 그리고 제도의 가치 연구와 결합하면 현대 정치경제학에 대해 주류 정치학자들 및 후생 경제학자들이 받아들인 것과는 아주 다른 그림을 만들어낸다. 시민은 그들의 정부가 할 수 있는 것 이상을 하라고, 비용을 증가시키면서 순편익을 줄이는 식으로 시장을 저해하라고, 재분배가 부와 자유를 줄이는 경우에도 부와 소득을 재분배하라고 정부에게 요구한다. 이 책은 왜 그런 잘못된 정책이 추구되고 제정되는지를 설명한다.

나의 실증적 목적은 정부의 수행 능력을 넘어서는 행동을 규명하는 것이다. 규범적 목적은 어떤 종류의 정책과 규칙이 *정치를 넘어선 것이어야(ought to be beyond politics)* 하는지 진지하게 생각하는 것이다. 따라서 문제를 확인하는 것 외에도 민주제에서 종국적인 주권자가 되어야 하는 사람들, 곧 시민의 운명을 개선할 수 있는 해결책을 제안한다.

이 분석을 읽는 경제학 및 정치학 학도들은 이것이 시장실패와 정부 성공에 대해 소중히 여겨져 온 가정 및 결론에 도전할 점을 준다는 것을 알게 될 것이다. 그들은 정부와 시장에 대한 주장들을 평가하기 위한 실증적이고도 규범적인 척도를 얻을 것이며, 그들의 이념적 성향과 상관없이 합리적인 정책을 수립할 수 있는 토대를 얻을 것이다.

시장실패와 정치적 해결책 : 정설

제1장 시장실패와 정부 개입 : 후생경제학적 시각

제2장 이상적 국가의 정치적 전제조건

1

Part One

"시장실패(market failure)"는 정부 행동에 대한 현대적 정당화이다. 그리고 그런 정당화는 소비자, 행동주의자, 정치인, 특별이익집단, 그리고 관료가 경제적 선택을 통제하고 그것에 영향을 미치는 광범위한 프로그램, 규칙 및 기관을 산출하는 데에 사용되었다. 민간 경제활동을 정치적으로 통제하는 것은 지난 세기 동안 삶의 현실이 되었다. 시장의 불완전함이라고 여겨지는 문제를 극복하느라 임대료 통제, 오염 규제, 안전 규정, 수입 제한, 연료의 경제성 표준, 그리고 다른 수천 가지 통제들이 제정되었다.

이렇게 전개되는 밑바탕에 있는 기본적 시각은 시장이 실패한 곳에서 정부는 성공한다는 것이다. 그것은 내가 동의하지 않는 시각이다. 나는 경제 현실이 믿을 수 없을 정도로 복잡하다고 믿으며, 경제가 어떻게 작동하는지 설명하려는 모든 시도는 실패할 수밖에 없다고 믿는다. 나는 또한 정부에 대해 냉엄하고도 비(非)낭만적인 시각을 가지고 있으며, 경제 현실은 거의 알 수 없다고 믿기 때문에 사회적 이익을 위해 그것을 다루는 방법을 아는 체하는 사람들을 경계한다. 내가 왜 시장 및 정치 체제에 대해 이런 시각을 가졌는지 이해하기 위해서는 친(親)정부 입장의 정당화 및 가정을 이해할 필요가 있다. 그걸 시작해보자.

제1장 시장실패와 정부 개입 : 후생경제학적 시각

현대 경제학의 가장 초보적 교과서들도 독자들에게 시장은 심각하고 내재적인 불완전성을 겪고 있다고 늘 알려준다. 우리는 공공재의 과소공급, 사적 행동이 야기한 과도하고도 곳곳에 퍼져 있는 사회적 비용, 불가피한 경기순환, 보호되지 못하는 소비자, 그리고 불공정하게 분배된 부와 소득에 관해 듣는다.

시장에 대한 우려는 경제학자들 사이에서도 만연되어 있다. 2004년 9월 3일 『월스트리트 저널』은 노벨상을 받은 몇몇 경제학자에게 "삶의 영역에서 시장의 힘이 주는 영향을 제한해야 하는 가장 중요한 영역은 어디인가?" 라고 물었다. 대부분은 시장실패에 관한 후생경제학의 표준적 주장으로 답을 했다. 그러나 한 사람만은 그러지 않았다. 2002년 노벨상을 공동 수상한 버논 스미스(Vernon Smith)는 이렇게 답했다:

> "그런 영역이란 없다. 왜냐하면 "시장(markets)" 이란 정보가 모든 사회체제에 분산되어 있으며, 사회의 문제는, 사람들이 그들이 무엇을 해야 하는지를 말해주는 사람이 없더라도 그들이 올바른 결정을 내리도록 유인하고 그것이 가능하게 만들어주는 제도를 찾고, 고안하고, 발견하는 것이라는 점을 깨닫는 것에 관한 것이기 때문이다. 시장의 힘이 제한되어야 한다는 생각은 시장에 관한 믿음이 근본적으로 잘못된 데서 나오는 것이다. 이는 틀린 질문이다."

시장실패에 대한 다른 노벨 경제학상 수상 경제학자들의 우려는 강력한 영향을 미치는데, 왜냐하면 그러한 걱정은 일반 공중, 그리고 특히 이상주의적인 학생들에게 직관적으로 호소력이 있고 올바른 것으로 이해될 수 있기 때문이다. 그리고 시장에 대한 이러한 걱정이 그에 관해 제안된 해결책으로까지 이어질 때 대부분의 사람은 잘못된 질문에 관한 버논 스미스 교수의 우려를 무시하는데, 왜냐하면 실패의 원인이 분명한 것처럼 보이고 해결책은 당장 가까이 있기 때문이다. 시장이 실패할 때 우리는 정치와 정부 행정에 의존해야 하고 또 의존할 수 있다는 주장이 계속된다. 자원이 효율적으로 할당될 것이고 부와 소득은 공정하게 분배, 즉 더 균등하게 분배될 것이라고 주장한다. 더욱이 정치활동은 개별 시민을 고상하게 만들지만, 시장의 보기에 흉하고, 시끌벅적하고, 이기심에 찬 경쟁은 그들의 품위를 떨어뜨린다는 주장이다.

이제는 많은 경제학자가 시장실패 모형이 정부실패 모형과 대응되어야 한다는 것에 동의한다. 그러나 『월스트리트 저널』과 인터뷰한 노벨 경제학상 수상 학자들마저 시장실패에 관한 우려에 곧바로 빠져든다. 게다가 경제학자가 아닌 사회과학자들 및 일반 공중은 시장경제의 작동에 관해 비뚤어진 시각을 취하는 경향이 있다. 그들에게는 사익을 위해 행하는 모든 활동은 기껏해야 의심스러운 것이고 최악의 경우엔 불순한 것이다. 애덤 스미스(Adam Smith)의 보이지 않는 손은 용어의 모순이라고 널리 여겨진다. 즉, 공익은 경쟁, 그리고 사익으로부터 나올 수 없다는 것이다. 그와는 대조적으로, 정치인은 이기심이 없고 정보를 잘 갖추고 있다고 간주하기 때문에 공익이 쉽고도 정확하게 예측될 수 있다. 왜냐하면 정치 과정은 비용이 들지 않는 것으로 간주하며, 공익은 쉽게 달성할 수 있기 때문이라는 것이다. 또 정치 갈등은 그 누구의 품위도 떨어뜨리지 않는다.

나는 이러한 단순한 정치적 관점을 거부하고 시장실패가 심각하게 오해받고 있다고 주장한다. 더 나아가, 나는 시장실패라 주장되는 것들에 대한 통상적인 정치적 대응 방안들은 일반적으로 문제를 더 악화시키며, 우리의 주된 문제는 시장의 난점들에서 나오는 것이 아니라 그런 개입이 없었다면 강건했었을 시장에 대한 정치적 개입에서 나오는 것이라고 주장한다. 내 주장을 전개하기 위해 나는 먼저 시장이 어떻게 작동하는지 탐구하는 것으로 시작하여, 후생경제학자들이 선도한 20세기 중반 비판자들이 시장을 어떻게 비판했으며 오늘날 그토록 불거진 정부 개입을 어떻게 정당화했는지를 논의한다.

1. 시장 과정

'시장'이란 사람들이 모든 경제 생활에서 서로 거래하기 위해 갖춘 구조를 의미하는 추상적 개념이다. 따라서 우리가 쉽게 관찰할 수 있는 특정한 시장이 있긴 하지만 시장은 우리가 쉽게 관찰할 수 있는 명확하게 정의된 장소나 사물이라기보다는 과정(process)이다. 시장은 주식시장처럼 공식적이고도 잘 조직되어 있을 수도 있고 토요일 차고 세일이나 심지어 독신자 술집처럼 비공식적이고도 비조직적일 수도 있다.

애덤 스미스[(1776) 1981]가 훌륭하게 지적했듯이, 시장은 사익을 이용하여 인간 행동을 조정한다. 시장의 "교환 및 거래(bartering and trucking)" 속에서 개인은 "보이지 않는 손에 의해 자신의 의도와는 관련성이 없는 목적을 촉진하도록 인도받는다"(IV.11.9). 스미스의 가장 유명한 구절 중 하나에서 그는 다음과 같이 주장했다:

> 우리가 저녁 식사를 할 수 있는 것은 정육점 주인, 양조장 주인 혹은 빵 굽는 사람의 자비심 때문이 아니라 그들이 자신의 이익을 염두에 두기 때문이다. 우리는 그들이 가진 자애심이 아니라 그들의 이기심에 호소하며, 그들에게 우리 자신이 필요로

하는 것이 아니라 그들에게 이득이 되는 것을 이야기한다(I. ii. 2).

애덤 스미스의 예는, 시장이 어떻게 이기심을 사용하여 사람들이 마치 다른 사람에게 마음을 쓰는 것처럼 행동하도록 하는지 보여줌을 유의하라. 우리는 정육점, 양조장, 그리고 제빵사의 후생 상태를 더 좋게 만들어줌으로써 우리가 원하는 걸 얻는다. 저쪽 편 입장에서 말하면, 그들은 우리의 후생 상태를 더 좋게 만들어줌으로써 자신의 부를 증진하는데 그들이 그렇게 하기 원하는 이유는, 우리가 꼭 서로를 좋아하기 때문이 아니라(형제애를 부정하지는 않지만) 다른 사람들을 위해 "선(good)"을 행함으로써 시장에서도 성과를 "잘(well)" 얻기 때문이다. 그렇다면 시장의 주된 특성은 타인과의 협력이다.

구매자와 판매자 사이의 모든 협력, 그리고 제품과 구매자를 향한 경쟁은 시장을 직접 책임지는 사람이 아무도 없다는 것을 의미한다. 즉, 얼마나 많은 제품이 생산될지, 누구에 의해, 얼마만큼, 그리고 가격이 얼마일지 선언하는 사람이 아무도 없다. 마찬가지로 셔츠나 커피나 펜이나 신발이나 빵 또는 우리가 매일 사고파는 무수한 제품의 시장을 관장하는 사람도 없다. 그것들 모두가 생산되고 그 가격들은 중앙 지령과 중앙 계획 없이 자발적으로 설정된다. 그러나 개별 회사 및 개별 기업가는 서로에 대한 지식이 거의 없거나 전혀 없이도 자신들의 행동을 시간과 장소를 넘어 조정하면서 엄청난 계획을 수행한다.

시장을 관장하는 사람이 아무도 없을 뿐만 아니라 시장에서 팔리는 대다수의 제품을 생산하는 방법을 아는 사람 또한 없다. 분산된 지식이 어떻게 자발적으로 조정되는지 설명하는 고전적인 에세이는 "나는 연필 : 레너드 R. 리드에게 말한 가계도"(1958)이다. 이 에세이에서 연필은 다음과 같은 놀라운 말을 한다: "… 이 지구 표면에 사는 사람 중 나를 만드는 방법을 아는 사람은 한 명도 없지." 그가 말하는 것은 해마다 수십억 개의 연필이 만들어지나 그 과정의 모든 생산 단계들, 곧 톱을 만들고, 나무를 자르고, 통나무를 운송하고, 광물을 캐내고, 광석을 제련하는 것 등을 어떻게 하는지 아는 사람은 아무도 없다는 뜻이다. "나는 연필"은 매트 리들리(Matt Ridley)의 책 『합리적 낙관주의자 : 번영이 진화하는 방법(*The Rational Optimist : How Prosperity Evolves*)』(2010)에서 개정되었다. 리들리는 "컴퓨터 마우스를 어떻게 만드는지 아는 사람은 아무도 없다"라고 말한다. 컴퓨터를 *조립(assemble)*하는 방법을 알고 있는 사람은 많지만, 석유에서 플라스틱을 추출하는 것, 석유를 시추하는 것, 혹은 회로판에 필요한 물질을 만드는 과정을 모두 아는 사람은 아무도 없다. 리들리는 컴퓨터 마우스를 "지식의 여러 올실들을 나타내는 복잡한 내적 설계를 가진 많은 물질들의 복합적 합성물"로 묘사한다.

시장은 사람들이 그들이 원하는 것을 얻기 위해 자발적인 교환에 의존함으로써 발전하고 확장한다. 시장은 특정 제품, 특히 경쟁 상대가 되는 제품의 품질과 비용에 관하여, 그리고 가격을 합의하는 데 드는 비용에 관하여 정보를 제공함으로써 교환을 촉진한다. 의사결정 비용 및 거래비용이 감소할 때 새로운 기회를 이용할 수 있으며, 새로운 기회가 이용될 때 부가 증가하고 경제 성장이 일어난다. 더 많은 기회는 곧 더 많은 부를 의미한다.

간단한 교실 실험이 사람들을 더 잘살게 만드는 교환의 힘을 보여준다. 학생들은 교실에 들어오면 다양한 조합의 사탕이 든 비닐봉지를 받는다. 각 학생은 자신 및 타인이 가진 봉지의 가치를 확인하고 각각의 가치를 합산한다. 그런 다음, 학생들은 다른 학생들과 사탕을 교환하는 것이 허용된다. 교환이 행해진 후 학생들은 자신의 봉지에 금전적 가치를 매기고 그 가치를 합산한다. 이제 봉지들은 거래가 있기 전보다 가치가 더 커져 있다. 즉, 사탕의 총량은 변하지 않았지만 거래는 더 많은 부(富)를 산출했다.

시장은 정보를 제공하는데, 그 일은 부분적으로는 가격이 형성됨으로써 일어난다. 각 가격은 사용 가능한 기회에 대한 잠재적으로 귀중한 정보의 일부이다.

더 많은 가격들이 존재할수록, 그리고 더 널리 알려져 있을수록, 사용 가능한 기회의 범위는 더 넓어지고 부는 더 많이 창출될 수 있다. 소비자가 특정 시간과 장소에서 지불할 용의가 있는 가격은 소비자가 재화와 서비스에 대해 부여하는 상대적 가치를 나타낸다. 가격이 알려짐에 따라 재화와 서비스의 각 공급업체는 그것들이 가장 많이 요청받는 곳, 즉 가장 높은 가격을 받는 곳으로 보낸다.

가격은 다른 사람들이 재화에 부여하는 상대적 가치를 나타내므로, 가격은 희소한 자원을 낭비하는 것을 막는다. 무엇인가가 비싸다는 사실은 다른 사람들이 그것을 높이 평가한다는 것과 그것을 다른 걸로 교체하는 데 비용이 많이 든다는 것을 보여준다. 가격이 비싸지 않거나 심지어 그걸 취득하는 것이 공짜, 즉 가격이 0이라는 사실은 그것이 다른 사람들에게 거의 가치가 없고 쉽게 교체될 수 있음을 나타낸다. 낮은 가격은 소비를 촉진한다. 높은 가격은 그걸 못하게 한다.

그렇다면 시장은 인간 활동을 지시하기 위한 분권화된 과정이다. 자원을 언제 혹은 어떻게 사용할지 결정하는 어떠한 중앙위원회 혹은 의사결정자도 거치지 않을 것이다. 그 대신 가치들은 금전적 입찰로 표현되며, 보통은 거기에 참여하는 지배적 동기는 사익이다. 그런 과정이 수용할 수 없다고 보이거나, 가능하다고 믿은 것보다 적어 보이는 결과를 낳을 때, 경제학자든 비경제학자이든 많은 사람이 시장의 보이지 않는 손에 정부의 보이는 손을 개입시키려는 시도를 지지하는 경향이 있다.

시장은 일련의 잘 정의된 권리를 담고 있는 안정적인 법적 구조 안에서 가장 잘 작동한다. 이러한 권리에는 서로 계약을 맺을 자유, 재산에 대한 권리, 계약을 이행할 권리가 포함된다. 사기(fraud), 기만(deceit), 파괴(destruction), 그리고 절도(theft)로부터 권리와 계약을 보호하는 것은 그러한 법적 구조의 필수적 부분이다. 이러한 최소한의 정부 활동이 없다면 시장은 큰 어려움에 놓일 수밖에 없다.

법률제도는 교환을 위한 틀을 확립한다. 즉, 게임 규칙을 설정한다. 이러한 틀을 확립하는 데 정부 관리나 정부기관이 사람들 사이의 자발적인 교환에 꼭 개입할 필요는 없다. 그것은 계약을 위반하거나, 사기가 발생하거나, 사유재산이 탈취된 경우 사람들의 호소를 받아줄 힘이 존재함을 의미한다.

권리를 보호하고 계약을 집행하면서 안정적인 법적 구조를 구축하는 것은 정부의 역할이라고 널리 인정되고 받아들여지고 있다. 어떤 형태의 정부는 다른 형태의 경우보다 이러한 기능을 분명히 더 잘 수행한다. 정부의 적절한 기능들에 대한 다른 정당화는 비록 시장이 몇몇 사람의 선택과 행동을 지시하는 데는 유용하지만 다른 사람들을 지시하는 데는 적합하지 않다는 주장에 바탕을 두고 있다. 간단히 말하면, 그것은 시장은 실패하며 그 실패로 정부 행동이 정당화된다는 주장이다.

2. 보이지 않는 손을 제한하는 정당화 이유로서의 시장실패

시장실패의 연구자들은 완전시장을 가정함으로써 시장 및 시장활동에 대한 그들의 연구를 시작한다. 즉, 그 완전시장 안에서는 상호에게 이익을 주는 교환의 모든 기회가 활용된다. 선호, 동기, 그리고 기술에 관한 일난의 엄격한 가정 하에서, 그들은 시장이 다른 누군가의 후생을 악화하지 않고는 어떤 사람의 후생도 더 나아질 수 없는 지점에 도달할 것임을 보여준다. 따라서 시장실패는 가상적이고, 완벽한 시장의 표준을 달성하지 못하고 있는 현실 세계의 시장을 의미할 뿐이다.

시장실패 이론 개발에 가장 적극적인 경제학자는 후생경제학자이며, 그중 한 사람이 피구(A.C. Pigou)이다. 피구는 시즈윅(Sidgwick, 1883)과 마셜(Marshall, 1920)의 초기 연구를 기반으로 쓴 『후생경제학(*The Economics of Welfare*)』(1932)에서 사회적 편의시설을 공급하는 데 시장의 성과는 불만족스러울 수 있음을 보여주었다. 1952년까지는, 이러한 주장은 윌리엄 보몰(William Baumol)이 그의 저서인 『후생경제학과 국가이론(*Welfare Economics and the Theory of the State*)』에서 통합할 수 있을 정도로 충분히 발전했다. 보몰의 연구는 시장실패 연구를 위한 경제 전문가의 표준이 되었고, 시장을 개선하기 위해 설계되는 정부 프로그램 안들이 근거하는 지적 토대를 제공했다.

보몰 시대의 다른 많은 주요 경제학자들이 시장실패 이론에 대한 그의 연구를 뒤이었다. 주목할 만한 한 공헌은 프랜시스 베이터(Francis Bator, 1958)에 의해 이루어졌는데, 그의 에세이 "시장실패의 해부(The Anatomy of Market Failure)"는 분석적 합의뿐 아니라 방대한 문헌으로 전개되던 것들을 요약한 것이다.

베이터 및 다른 사람들은 결국 현대 경제 분석의 중심이 된 일단의 시장실패를 규명했다. 구체적으로 보면, 그들은 "공공재(public goods)"의 특성과 왜 시장이 그것을 과소생산할 것으로 예상되는지를 밝혔다. 그들은 부정적(-)인 외부 효과가 과잉생산되는 본질과 이유를 설명했다. 그들은 시장의 힘, 정보 부족, 시장 불안정이 민간 경제의 효율적 운영에 파괴적 영향을 미친다고 규명했다.

이어지는 지면에서 후생경제학 문헌에서 전개된 가장 일반적으로 받아들여지는 형태의 시장실패를 간략하게 논의한다. 또한 정설적인 정책 해결책을 규명한다. 후술하는 장들에서 분명히 밝히듯이, 나는 시장실패의 진단이나 치료를 위한 처방책에 거의 동의하지 않는다.

가. 도처에 있는 외부성

만연한 것으로 보이는 시장실패 중 하나는 사적 행동의 "파급(spillover)" 혹은 "외부적(external)" 결과이다. 즉, 한 사람 혹은 그보다 많은 사람의 행동이 다른 사람의 허락 없이, 때로는 그가 알지도 못한 채 그에게 비용을 발생시킬 수 있다는 것이다.

사적 비용이란 행동을 취하는 개인이 지불하는 비용 부분이다. 어떤 행동의 파급비용(spillover costs)은 다른 사람에게 전가하는 총비용의 일부이다. 예컨대 당신이 자동차의 오일 교환을 소홀히 해서 엔진이 손상된다면 당신은 엔진을 수리해야 한다. 당신의 부주의가 사적 비용을 낳았다. 그러나 만약 당신의 부주의 때문에 엔진이 유해한 연기를 내게 된다면 자동차를 잘 수리된 상태로 유지하지 못한 데 따른 비용의 일부가 매연으로 오염된 대기를 마시는 모든 사람에게로 파급될 것이다.

보통, 사람들은 추가적인 개인의 비용이 추가적인 개인의 편익보다 적을 것으로 예상하는 활동만을 행한다. 다른 사람에게 어떤 비용도 발생하지 않을 때는 이런 식으로 비용과 혜택을 비교하는 개인은 낭비를 피하고 효율성을 추구한다. 그러나 만일 당신 행동의 비용 중 일부가 다른 사람에게 파급되는데도 당신은 그 편익을 차지한다면, 당신의 사적 비용과 사적 이익만을 비교해서 행동하는 것은 사회에 비용을 끼치는 행동들을 초래할 것이다.

당신의 자동차 사례로 돌아가자. 당신 자동차의 모든 배기가스가 당신의 자동차 내부로 흡입되고 당신이 그걸 흡입하는 유일한 사람이라면, 당신은 운전을 거의 않거나 배기가스를 호흡할 수 있는 것으로 만드는 수단을 찾을 것이다. 그러나 당신이 배기가스를 대기로 배출할 수 있고 타인이 그 속에서 호흡한다면 당신은 자발적으로 배출량을 줄이지는 않을 것인데, 왜냐하면 배출량을 줄이는 데 드는 당신의 비용이 당신의 편익보다 더 크기 때문이다. 즉, 그 대기를 사용하는 다른 사람, 식물 및 동물이 당신의 오염에 따른 비용을 분담하기 때문에 당신은 오염으로부터 순이익을 얻는다. 더욱이 다른 사람들이 공기를 폐기물 저장소로 사용하는지와 상관없이, 당신의 배출 자체가 공기의 질에 주는 영향은 무시할 만할 것이다.

파급비용은 부정적인 외부성(negative externalities)이라고도 알려져 있다. 비용이 자동차의 사례처럼 사회화(socialized), 즉 외부화(externalized)될 수 있을 때, 개인은 총편익을 오직 일부 비용(자신이 부담하는 비용)과 비교하고 다른 사람을 희생시키면서 자신의 상태를 향상한다. 사회화된(socialized) 비용과 사유화된(privatized) 혜택은 사람들이 다른 사람을 희생시키고 "무임승차(free ride)"를 한다는 걸 의미한다.

그러한 파급효과가 발생하는 경우 대개의 경제학자는 설령 시장이 공중의 욕구에 대해 반응한다고 하더라도 그것은 불완전한 반응일 것이라고 가정한다. 부정적 외부성 만연과 그것이 일으키는 위험, 그에 더해 아마 정부의 행동이 필요할 것이라는 믿음은 2010년 6월 구글(Google)에서 "도처에 있는 외부성(ubiquitous externalities)"으로 검색해보면 확인할 수 있다. 그 검색으로 전력 전송, 도시화, 물의 품질 및 양, 정치적 및 경제적 상호 의존성, 군비 통제, 생물 다양성, 생태계 관리, 폐기물 처분 등에 관한 학술 기사들이 나왔다. 명백히, 외부성을 찾는 사람들은 그걸 어디에서나 볼 수 있다.

정부가 외부성을 제어하는 행동을 취하기를 지지하는 사람들은 통상적으로 네 가지 넓은 범주의 정책 수단을 취하기를 주장한다. 처음 세 가지는 외부성 생산자의 행동에 영향을 주는 것인데 직접적 통제를 통한 규제, 시장 인센티브에 의존하는 규제, 그리고 설득이다. 네 번째는 정부의 직접적 지출인데, 일반적으로 납세자의 비용으로 외부성을 교정하는 하수 처리시설과 같은 대규모 건설 프로젝트에 대하여 이루어진다.

통상적으로 "명령과 통제(command and control)"로 알려진 직접 통제로 외부성을 규제하는 것은 대부분의 국가에서 공공정책의 중심이다. 어떤 정부기관은 특정한 절차들을 규정하고 수행될 수 있는 활동의 종류들에 제한을 가한다. 예컨대 정유소의 수천 개의 밸브 및 관 연결장치, 수백 개의 펌프, 배수구, 그리고 섬광은 정부가 수립한 개별 규칙들의 적용을 받는다. 게다가 명령과 통제 방식은 특정한 기술이나 특정한 처리 절차가 필요한 경우가 흔하다. 따라서 정부가 통제의 종류, 적절한 측정 표준, 그리고 통제 수준을 결정한다.

명령 및 통제 규정에 반대하는 중심적 논거는 그것이 회사 관리자의 재능과 기업성을 거의 활용하지 않는다는 것이다. 일단 특정한 기술의 적용이 의무화되면, 더 효과적이거나 비용이 더 적게 드는 기술적 개선을 추구할 인센티브는 거의 없다. 또한 수천 개의 서로 다른 회사 혹은 개인에 따라 개별적으로 절차를 규정하고 허가를 발급하는 과중한 행정적 문제도 빈번히 나타난다(행정적 문제가 압도적으로 많더라도 그것 때문에 규제를 하는 노력을 멈추지는 않는다. 예컨대 G. W. 부시 행정부에서 25만 명의 관료들이 바쁘게 규제를 제정하고 집행했으며, 미국 정부의 전체 규제는 7천 페이지만큼 증가했다).

일부 경제학자는 직접적 규제 대신에 사용자 요금, 세금, 그리고 벌금과 같은 가격설정 조치체제를 통해 정부가 시장을 모방하게 함으로써, 혹은 새로운 환경권을 창설함으로써 외부성이 가장 잘 교정될 수 있다고 제안했다. 예컨대 정부는 사람들이 환경 질에 부여하는 가치만큼의 부과금(가격)을 오염 행위에 부과하거나 혹은 거래 가능한 오염권(tradable pollution rights)의 창설을 허용해야 한다. 그리되면 기업은 가격에 대응을 하고 정치적 명령이 아니라 시장 비슷한(market-like) 힘에 의거하여 책정된 환경 품질 수준을 성취할 수 있다. 이 정책을 주장하는 사람들에 따르면 이런 정책은 기업이 더 효율적으로 오염을 줄이는 방법을 추구하게 만들고, 혁신을 장려하며, 파급비용을 야기한 사람들이 그 비용을 인식하게 만드는 인센티브를 제공한다. 그러면 오염 행위자들이 생산을 더 하는 비용이 편익을 초과하는 지점을 넘는 데까지 생산할 가능성은 줄어든다. 지난 수십 년 동안 상당히 광범위하게 제안되고 제정된 몇 가지 환경정책의 예로는 오염배출권 거래(emissions trading), 기업의 새 오염 발생 시설 건설을 다른 오염지에서의 오염 감소와 맞바꾸어 허용하는 "거품(bubble)" 및 "상쇄(offset)" 정책들, 미래 사용을 위해 오염 배출량 감소를 저장할 수 있도록 하는 "뱅킹(banking)" 등이 있다(이 아이디어 및 이보다 훨씬 더 급진적인 "자유시장 환경주의(free market environmentalism)" 에 대한 자세한 논의는 제13장을 참조하라).

이는 직접적 규제를 가하거나 시장기제를 활용하거나 꼭 시장 자체는 아니지만 시장과 비슷한 인센티브를 통해 행동을 바꾸려는 시도이다. 오염 해결을 원하는 정부와 경제학자에게는 단지 기업의 행동을 바꾸는 것만으로는 충분하지 않다. 그들은 기업의 마음마저 바꾸기를 원한다. 경제학자가 이해할 수 있는 용어로 표현하면, 그들은 외적 인센티브가 아니라 내적 인센티브를 바꾸기를 원한다. 개인이 자발적으로 쓰레기를 안 버리고 쓰레기를 재활용하며, 카풀에 참여하도록 격려하는 캠페인들 혹은 산업계에 자신의 사회적 책임을 인식하라고 요구하는 것들은 사람들에게 자신의 행동비용을 내부화하라고, 환경적 양심을 개발하라고 설득하는 운동들이다. 이것들이 희망하는 것은 외부성을 야기한 사람들이 그들의 당장의 사익을 일반적인 집단 이익에 종속시키는 것이다. 그러한 호소는 도덕성의 부활에 의존하는데, 어쩌다 단기적 성공이 있기는 하지만 장기적으로는 대개 실패한다.

대부분의 경제학자는 양심에 호소하는 것에 매우 회의적인데 왜냐하면 경제 분석은 인간의 본성을 새롭게 만들기보다 인간의 사익을 집단 이익과 일치시키는 것이 중요함을 강조하기 때문이다. 찰스 슐츠(Charles L. Schultze, 1977)는 고전이 된 그의 저서 『사익의 공적 사용(*Public Use of Private Interest*)』에서 이 견해를 훌륭하게 반영했다:

> 만약 내가 산업계가 오염을 줄이기를 원할지라도, 사회적 책임에 관한 격분에 찬 장광설로는 오염을 하는 기업의 이윤을 감소시키는 상태에 전혀 이르지 못한다. … 대개의 경우 사회적 이득을 얻는 전제 조건은 그가 악당인지 영웅인지 분별하는 것이 아니라 통상적인 점잖은 시민이 공통선(common good)에 어긋난 짓을 하도록 몰아가는 인센티브 시스템의 결함이 무엇인지 분별하는 것이다(p. 18).

정부는 또 직접 지출을 통해서도 외부성을 통제하고자 한다. 명확한 사례가 두 가지 있는데 하수 처리 시설과 폐기물 처리장이다. 때때로 정부정책이 외부성을 만들고, 그 다음에 그 외부성을 통제하는 프로그램과 지출을 만들어내기도 한다. 예컨대 일부 미국 연방 물 프로젝트는 하류 물 사용자에게 높은 염도의 물을 내려보낸다. 어느 경우에는 염도가 아주 높아서 미국 정부는 미국에서 멕시코로 흘려보내는 물을 사용할 수 있게 하려고 멕시코 국경 부근에 염분 탈취 공장을 건설했다.

나. 공공재

후생경제학자들은 사적재(자동차와 연필 같은 소비재가 그 예이다)의 외부성이 통제되는 한, 사적재가 시장에 의해 효율적으로 생산되고 시장에 의해 효율적으로 배분된다고 주장한다. 사적재에는 배제성이 있기 때문에, 즉 그걸 소유하지 않은 자가 대가를 지불하지 않고 그 사적재를 사용하는 것을 금지할 수 있고 공급자는 그것을 원하는 자로부터 재화의 전체 가치를 획득할 수 있기 때문에, 사적재는 그것을 가장 원하는 사람들에게로 분배된다. 사적 재화의 또 다른 특징은 한 사람의 소비가 다른 사람이 그 재화를 소비하는 것을 막거나 줄이는 점이다. 어떤 개인이 사적재를 소비하기를 원하면 그에 대한 대가를 지불해야 함이 보통이다(많은 나라의 무료 식품권(food stamp) 및 국유림에서 나온 목재와 같은 여러 나라 정부가 공급하는 재화도 사유재이다).

그러나 공공재는 시장을 통해 그것을 공급하는 것이 문제가 된다는 점에서 사적재와 크게 다르다. 폴 새뮤얼슨(Paul Samuelson, 1954)이 처음 정립한 구분론에서 공공재에는 두 가지 특징적 성격이 있다. 첫째, 공공재는 비(非)배타적이다. 즉, 어떤 집단에 제공되면 집단의 다른 어느 구성원에게도 제공을 안 할 수 없다.

흔히 사용되는 공공재의 한 예가 국방이다. 일단 방어 미사일이 제공되면, 그에 대한 대가를 지불하든 안 하든 그 나라의 모든 국민이 혜택을 받는다. 만약 한 사람이 그것을 이용할 수 있다면 모든 사람이 그것을 이용할 수 있다. 둘째, 한 사람의 공공재 소비가 다른 사람의 소비에 영향을 미치지 않는다. 즉, 공공재의 향유나 편익은 개개의 구성원이 그에 대한 대가를 지불하기로 작정하든 안 하든 관계없이 집단의 모든 구성원이 함께 소비한다. 한 사람의 공공재 소비가 다른 사람의 소비를 막지 못하므로 공공재를 한 사람에게 더 제공하는 데 드는 비용은 0이다. 그것이 한 사람에게 제공된다면 모든 사람에게 제공되는 것이 되며, 다른 사람에게 돌아가는 가치를 떨어뜨리지 않고 모두가 그것을 누릴 수 있다. 경찰의 보호, 공원, 도로, 그리고 내비게이션 지원이 홍수 통제와 위생처럼 일반적으로 인용되는 예이다.

사람들은 공공재에 대가를 지불하든 안 하든 공공재의 편익을 얻기 때문에, 그 재화에 대해 대가를 전혀 제공하지 않거나 적게 제공할 강력한 유인이 있다. 유타(Utah)주 북부의 캐시 밸리(Cache Valley)와 같은 지역에서 잠재적인 모기 퇴치 기업가가 직면한 문제를 생각해보라. 여러 강과 하천이 캐시 밸리에 합류하여 모기를 비롯한 모든 종류의 야생동물과 곤충의 본거지가 되는 넓은 습지를 이루고 있다. 희망에 찬 우리의 모기 방제사는 약을 살포하여 모기의 성충 및 유충을 박멸함에 사람들이 돈을 지불할 것이라고 믿는다. 그러나 그가 약을 살포한 후에 모기가 줄어들기를 원하는 캐시 밸리의 잠재적 고객에게 대가 지불을 요구한다면 그는 무임승차 문제에 직면하게 될 것이다.

대가 지불을 요청받은 각 사람으로서는 이미 받은 편익이나 또 앞으로 지불할 의사가 있는 편익의 크기를 낮추어 평가(underestimate)하는 것이 이익이 된다. 모기 수가 줄면 대가 지불을 하든 안 하든 관계없이 모두에게 이익이 된다. 또한 한 사람이 지불하는 대가는 전체 청구서에서 작은 비중을 차지하며, 그가 대가를 지불하는지가 얼마나 많은 모기 및 모기 유충이 박멸되는지를 결정하지 않는다. 따라서 각 고객은 "왜 돈을 내야 하지?" 라고 추론한다. 대가 지불을 거의 않거나 아무도 지불 않는다면 캐시 밸리 모기 박멸회사(Cache Valley Mosquito Control, Inc.)는 자금 부족으로 망한다. 대부분의 사람이 바라는 비교적 싼값에 제공되는 서비스는 주어지지 않는데, 왜냐하면 서비스 제공자가 자발적 대가 지불에 의존할 경우 이윤을 보며 생산할 수 없기 때문이다.

모기 퇴치는 공공재가 가진 핵심 문제를 보여준다. 공공재의 편익은 공공재가 생산되기만 하면 얻는 것이지 그에 대가를 지불했는가에 따라 얻는 것이 아니기 때문에 사람들은 대가를 치르지 않고도 편익을 누릴 수 있다. 그들은 무임승차를 하는데, 왜냐하면 편익은 사회화되고 비용은 개인화되기 때문이다.

공공재는 시장에 대해 몇 가지 심각한 문제를 제기한다. 첫째, 많은 "무임승차자들(free riders)" 이 대가 지불을 거절할 수 있는 상황에서 어떻게 제품 비용을 청구할 수 있는가? 둘째, 재화에 대해 대가를 부과할 수 있다 하더라도 어떻게 적정 가격을 정할 수 있는가? 마지막으로, 가격이란 가이드 없이 얼마나 많은 재화를 생산할지 어떻게 정할 수 있는가? 다리는 이용자가 많으면 혼잡이 일어나고 또 이용자를 배제할 수 있기 때문에 공공재의 완전한 예가 아니지만, 가격 설정 문제를 분명하게 보여준다. 다리의 하중을 견디는 용량에 여유가 좀 있다면, 한 사람이 더 다리를 건너도록 허용하는 것으로 인해 다른 사용자들에게 야기하는 비용은 0이다. 이 상황에서 통행료를 부과하면 통행료 부과 없이 그 다리를 이용할 수 있었던 다른 사람들의 다리 이용이 억제될 것이다. 그들의 다리 이용이 타인들의 이용을 줄게 하지 않음에도 말이다. 그 결과, 전체 사회 후생은 얻을 수 있었던 크기보다 적어진다.

전체 사회 후생이 증가한다는 것은 많은 후생경제학자들이 공적 성격을 지닌 재화를 정부가 제공하는 것을 정당화하는 데 사용하는 이유이다. 다리 사례를 처음 쓴 프랜시스 베이터(Francis Bator, 1958)는 가격 책정 문제는 너무 어려워서 "그 활동이 공공성의 흔적을 조금이라도 띠는 한, 가격 계산은 비효율적이다"라고 단정하게 된다고 주장한다. 그러나 베이터는 이 결론에 대한 각주에서 다음과 같이 언급했다: "이것은 더 효율적인 사회적 계산 및 실제로 이용 가능한 조직의 방식이 있다고 말하는 것은 아니다"(p. 64). 그런 결함과 상관없이 많은 사람이 공공재를 제공하고 적정한 가격을 책정하기 위해 정부 개입이 필수적이라고 추정한다.

정부가 공공재를 생산해야 한다는 주장은 후생경제학자들에게서 연원하는 것이 아니다. 예컨대 데이비드 흄[(1739~1740) 1898]은 오늘날 학자들이 정부 활동을 정당화하는 토대의 일부를 제공했다. 개인은 저 혼자 내버려두면 "모든 부담을 다른 사람들에게 떠넘길 것"이라고 흄은 주장했다. 흄에게 그 해결책은 분명했는데 그 이유는 다음과 같다:

> 정치·사회는 … 이런 불편을 쉽게 해결한다. … 그래서 다리가 건설되고, 항구가 열리고, 성벽이 세워지고, 운하가 만들어지고, 함대가 갖추어지고, 군대가 훈련되는 등, 모든 곳에서 정부의 돌봄에 의해 일어난다(pp. 538~539).

무임승차의 불편함을 "정치 사회(political society)"가 치유하기 위해서는 공공재에 대해 대가를 지불하게 하는 수단을 찾아내야 한다. 정부의 대답은 무임승차자를 과세를 통해 강제적으로 돈을 내는 사람들(forced payers)로 바꾸는 것이다. 세금의 강제적 부과가 개인이 원하는 공공재의 편익을 얻는 유일한 방법인 경우가 많다. 그리고 실제로 유타주 캐시 밸리에는 정부가 지정해 강제적 과세로 자금을 조달하도록 한 모기 퇴치 구역이 있었다.

순수 공공재가 많이 있다고 주장하는 사람은 아무도 없다. 국방은 그런 몇 안 되는 예의 하나이다. 그러나 정부가 재화와 서비스를 제공하는 것을 정당화하기 위해 공공재를 엄격성이 덜하거나 부분적으로만 정의하는 예가 흔하다. 예컨대 폴 새뮤얼슨(Paul Samuelson)은, 공중은 (한계) 공급비용이 0인 어떤 재화에 자금을 조달해야 한다고 주장한다. 한계비용의 개념은 베이터(Bator)의 교량 예를 다시 언급함으로써 쉽게 이해할 수 있다. 즉, 일단 다리가 건설되면 그것이 수용량의 한계에 도달할 때까지는, 다리를 사용하는 다른 사람에 의한 비용은 발생하지 않는다. 한계비용은 0이다. 이런 접근 방법은 다리, 도로, 항구, 그리고 기타의 유사한 재화들이 과세를 통해 공급하도록 요구하려면 충분히 "공공적(public)" 이어야 함을 시사한다.

또 다른 잠재적인 시장실패는 미래에 재화나 서비스를 소비하는 다른 옵션에 대한 수요, 즉 옵션 수요(option demand)이다. 나는 동료들이 그들이 사는 작은 대학 도시가 한때 케임브리지나 버클리에서 대학원생일 때 경험한 문명 생활의 모든 편의시설을 제공하지 못한다고 불평하는 것을 자주 듣는다. 그러한 불만 중 하나는 문화 시설과 문화 행사가 부족하다는 것이며, 다른 하나는 대중교통이 거의 없거나 전혀 없다는 것이다.

작은 도시에는 그러한 시설과 서비스가 부족한데, 왜냐하면 어떤 기업가도 그 서비스에 대한 한정된 수요로부터는 이익을 얻을 수 없기 때문이다. 그러나 내 동료들은 그것들을 많이 사용하지 않으면서도 그런 시설을 원한다. 수요가 있는 옵션은 가치 있는 것이지만, 그에 대한 대가 지불에 충분한 수수료를 징수할 방법이 없다. 내 동료들이 캠퍼스에서 몇 마일 떨어진 곳에 살며, 개인용 자동차를 소유하고 있지만 때때로 자동차가 작동하지 않는다고 가정해보라. 버스 비용이 편도 50센트인데 그에 대한 유일한 대안이 10달러 내고 타는 택시라면, 1년에 예컨대 5번 고장 나는 자동차를 가지고 있는 교수는 왕복 택시 여행에 1년에 100달러를 지불할 것이다. 그러나 버스를 이용할 수 있다면 5번의 비상 이동에 대한 연간 비용은 5달러에 불과할 것이다.[1] 연간 절약액은 95달러가 될 것이다. 교수는 그러면 버스를 타는 데 연간 최대 95달러만큼을 지불할 용의가 있을 것이다. 그러나 공공 버스 회사가 어떻게 그 95달러를 모을 것인가? 옵션의 가치는 5회 운임에 대한 5달러가 아니라 95달러이다.

옵션에 대한 수요는 공공재 때문에 생기는 것과 유사한 문제를 준다. 만약 그 옵션을 제공하려면, 그 서비스를 제공할 수 있도록 요금을 징수할 수 있는 어떤 방법을 찾아야 한다. 한 가지 분명한 방법은 그 서비스를 원하는 사람들에게 보조금을 지급하기 위해 공중에게 세금을 부과하는 것이다. 그 결과는 거의 반쯤만 찬 시영 버스와 거의 사용되지 않는 시(市)의 콘서트홀이다.

버스와 콘서트홀 예들은 정부가 공공재를 제공할 때 직면하는 어려움에 대한 우리의 제5장 논의를 미리 보여준다. 만약 비배제성이 시장이 공공재를 공급할 때 무임승차가 존재한다는 것을 의미한다면, 그것은 정부가 그 재화를 공급할 경우 무임승차가 지속될 것임도 의미한다. 정부는 납세자가 단지 원하기는 할지라도 그 재화를 실제로 소비하는지 여부에는 상관없이 납세자에게 지불을 강요할 수 있지만, 최적의 생산량이나 부과할 적정한 가격에 관해서는 아직 어떤 지침도 없다. 정부가 직면한 다른 제약을 감안하면 공공재를 공적으로 제공한다는 것에 대한 논거는 겉으로 보이는 것만큼 강력하지 않다.

다. 불완전한 경쟁

시장실패의 가장 널리 인정되고 특히 두려운 형태 중 하나는 불완전경쟁인데, 독점력으로 이어질 것이라는 두려움을 감안하면 특히 그러하다. 경제학자들의 우려는 일반 공중의 우려와는 좀 다르다. 경제학자들은 독점력이 완전경쟁하에서

---

1. **[역주]** 버스 이용의 왕복 요금이 1달러이다.

나타날 가격보다 더 높은 가격으로 나올 수 있다고 우려하는 반면에, 투표자와 정치인은 집중된 시장의 힘이 "작은 사람들(little guy)", 즉 소기업과 노동자들에게 미치는 효과를 우려한다. 미국 대법원은 이러한 일반적 감정을 1897년 판결에서 다음과 같은 유명한 구절로 나타냈다:

> [대규모의 기업 결합]은 같은 목적을 위해 여러 회사를 운영하는 것에서 분리할 수 없는 지출을 줄임으로써, 거래되거나 제조되는 물품의 가격을 일시적으로나 영구적으로 낮출 수도 있을 것이다. 그럼에도 불구하고 이러한 상황에서의 거래나 교역은 거기에 자신의 삶을 바쳤고 변화된 환경에 재적응할 수 없을지도 모를 소규모 거래자와 소중한 사람들을 사업에서 몰아내는 것 때문에 크게, 그리고 불운하게도 제지받을 수 있다. 거래되는 상품의 가격을 낮추는 것만으로도 그러한 계급의 파멸로 그 대가를 크게 치르게 될 수 있다(*United States v. Trans-Missouri Freight Ass'n*, 166 U.S. 323 (1897)).[2]

경제학자들은 판사들과는 반대로 독점가들이 소비자를 더 불리하게 만든다고 우려한다. 경쟁 산업이 독점화되면 가격이 오르거나 생산량이 감소하거나 혹은 둘 다 나타난다. 이러한 소비자 후생 손실들은 규제기관이 독점이 형성되는 것을 애초에 막는다면 최소한 이론상으로는 피할 수 있다.

자원이 잘못 배분되는 것보다 독점에 반대하는 또 다른 또 아마도 더 강력한 논의가 있다. 경쟁은 기업에 종사하는 사람들이 새롭고도 더 효율적인 생산 기술을 찾고, 새로운 제품을 생산하며, 위험을 감수하게 만드는 동력이다. 독점력의 상대적인 안정성을 감안하면 이런 인센티브는 감소하며, 독점가는 관리 및 기술의 침체 속으로 빠져들며, 경쟁이 있는 상태에서 나타날 수 있었던 새로운 상품과

2. **[역주]** 다음 글을 참조하라. Patrick Newman(2018), "Revenge : John Sherman, Russell Alger and the Origins of the Sherman Act," *Public Choice*, vol. 174, pp. 257~275.

서비스를 생산할 수 있는 창의성이 존재하지 않는다. 그러므로 이 논의에 따르면 독점의 주요 비용은 반드시 경쟁 조건에서 얻을 수 있는 것보다 생산량이 줄었다는 것과 가격이 올라간 것만이 아니다. 오히려 그것은 새로운 아이디어의 창출을 고무하는 경쟁이 창출할 수 있었던 부(富)가 상실되었다는 것이다.

독점력에 대한 전통적인 정치적 대응은 반(反)독점법이었다. 그러나 경제학자들의 우려와 반독점법 사이에는 밀접한 관련이 없는데, 왜냐하면 그 법은 불완전 시장에 대한 경제학 이론이 전개되기 전인 19세기에 제정되었기 때문이다. 거기에 더해 반독점법의 존재가 기업 규모에 영향을 주지 못했다. 아마도 반독점법들이 정책 도구로 사용되는 것은 그것들이 경제적 목적이 아니라 정치적 목적을 달성하기 때문일 것이다. 우리가 제9장과 제10장에서 배울 것이지만, 반독점은 불필요하게 덧대어진 것일 수 있는데, 왜냐하면 경제는 반독점 지지자들이 인식하는 것보다 훨씬 더 경쟁적인 것이며, 소비자들은 많은 후생경제학자 및 소비자 자신이 인식하는 것보다 이러한 경쟁 가능한 시장에서 훨씬 더 많은 편익을 얻기 때문이다.

라. 부족한 정보

시장경쟁의 모형은 으레 완전정보(perfect information) 가정에 의존한다. 그것들은 소비자가 제품의 품질, 경쟁 제품의 품질 및 가격 등에 대해 필요한 모든 것을 알고 있다고 가정한다. 그러한 가정은 비현실적인데 그 부분적인 이유는 그러한 정보를 얻는 데 드는 비용이 기대되는 이익보다 더 크기 때문이다. 소비자는 불완전한 정보로 구매하기를 선호하는데, 왜냐하면 완전한 정보를 얻는 데 드는 비용이 너무 클 것이기 때문이다.

소비자의 입장에서 보면, 이런 식의 선택에서 나오는 결과 중 하나는 어떤 재화의 가격이 시장 전체에 걸쳐 균일하지 않다는 것이다. 어떤 판매자는 다른 판매자보다 더 높은 가격을 책정할 수 있다. 그러나 그 가격이 터무니없는 것이 아닌 한 소비자는 무지를 줄이는 대가를 치르기보다 차라리 그 가격을 지불한다.

부적절한 정보나 불확실성은 애초에 왜 존재하는가? 여러 이유가 있다. 제품이란 너무 복잡하여 이해하기가 어렵거나 장기간이 지나야만 그 효과를 느낄 수 있을 텐데 그때는 그의 결정을 바꾸기에는 너무 늦다. 또한 제품에는 알려지지 않은 심각한 부작용이 있을 수도 있다(일부 처방약 경우처럼). 물론 판매자가 그들의 제품 및 서비스를 내세우는 데에 과장이 있음은 알려지지 않은 바가 아니다. 같은 판매자로부터 반복 구매를 하는 구매자는 파렴치한 판매자들이 어떻게 행동을 취하는지에 매여 있는 것이다.

그런 이유로 정보 문제가 나타난다. 소비자들은 사기를 막거나 정보비용을 줄이기 위한 손쉬운 주먹구구 법칙, 그리고 기타의 보호장치를 고안하는 반면에, 후생경제학자 및 정치인 모두는 정부 서비스를 소비자에게 너무도 열렬히 제시해왔다. 문제는 여전히 남는다: 소비자의 정보비용을 줄이거나 생산자 및 판매자가 열등한 제품을 마케팅하는 것을 금지함으로써 소비자가 더 잘 보호받을 수 있을까? 제10장에서 그 답을 시도한다.

마. 경제 전반의 안정성 확보

전반적인 사업 상황은 경기순환(business cycle)으로 알려진 변동을 경험하는데, 그것은 수년에 걸친 일반적인 사업활동의 반복적인(그러나 주기적이지는 않은) 변동이며, 보통 실업 수준, 인플레이션 및 소득 면에서 측정이 된다. 경기순환은 정부의 배려를 필요하게 하는 시장실패의 증거로 흔히 간주된다.

케인즈(John Maynard Keynes)가 1936년에 그의 책 『고용, 이자 및 화폐의 일반 이론(*General Theory of Employment, Interest and Money*)』을 발표할 때까지는 경기순환 대처에 정부가 특별히 이점이 있다는 주장은 없었다. 그는 시장이 자기 교정(self correcting)을 못 한다고 주장했다. 즉, 경기순환 속 일부 변동들은 정부가 조치를 취하지 않는 한 교정되지 않을 것이라고 주장했다. 경제를 경기 침체에서 벗어나도록 하기 위해 정부는 소비, 투자, 그리고 자본 확대를 자극할 수 있는 어떤 방법을 찾아야 한다. 그는 재정정책들의 조합(적자 지출, 세율 조정 및 통화 공급)을 통해 정부가 완전고용과 안정적인 물가를 달성할 수 있도록 경제를 섬세하게 조정할 것을 제안했다. 케인즈주의 정책들은 『고용, 이자 및 화폐의 일반 이론』이 출간된 후 널리 채택되었으며, 2009년 미국 정부의 '미국의 경기 회복 및 재투자법(American Recovery and Reinvestment Act)' 이라는 경기부양 종합정책 이면에 있는 경제적 논거였다.

케인즈는 실업의 원인을 노동수요의 부족이라고 보았다. 이 견해는 1930년대의 경제 공황 원인에 대한 그의 해석을 보여주었는데 그 기간에 영국의 실업률은 30%를 넘어섰고 많은 사람이 1년 넘게 실업 상태를 유지했다. 그는 대공황의 실업이 지출 부족, 즉 과다한 저축 때문에 일어났다고 주장했다. 케인즈의 명성과 그의 이론의 힘이 결합하여 새로운 세대의 경제학자들의 생각을 시장이 경제 변동 교정에 실패할 수 있다는 생각으로 바꾸어 놓았다. 장기화된 불황은 이 견해에 대한 증거를 제공했으며, 전통적인 이론은 경제 변동을 설명하는 데 혹은 정치적 대응을 설계하는 데 충분한 지침을 주기에 부족했다.

정부가 경기순환에 어떻게 대응해야 하느냐에 관한 지배적 견해는 케인즈 경제학(Keynesian economics)에 토대하고 있다. 경기순환에 대한 케인즈주의적 시각을 간단히 설명하면 시장경제를 그대로 내버려두면 경기의 팽창 및 수축 둘 다 확대된다는 것이다. 총수요의 비정상적 변동은 경제가 인플레이션적 과잉 팽창과 불황적인 실업 사이에서 요동하도록 만들 것이다. 수요 부족은 비정상적으로 높은 실업을 일으킨다. 또 수요 과잉은 인플레이션을 낳는다.

총수요에 대한 간단한 케인즈 공식(formula)은 잠재적으로 직관에 맞지 않는 정책 제안을 명확하게 하는 데 도움이 될 수 있다. 총수요는 국내총생산(GDP)이며, 표준적인 GDP 공식에서는 Y라 부른다. Y는 재화 및 서비스에 대한 소비자 지출(C), 정부지출(G), 투자(I), 그리고 순수출(NX)로 이루어진다. 따라서 GDP 또는 $Y = C + G + I + NX$로 나타낸다. 불규칙한 변동으로부터 총수요를 유지하기 위해 케인즈주의자들은 정부가 유연한 재정정책 및 통화정책을 채택함으로써 공식의 오른쪽 항에 있는 변수를 조작할 수 있고 또 조작해야 한다고 주장한다. 즉, C, I 그리고/또는 NX가 감소할 때, 정부는 G를 증가시켜 수요를 증가시킬 수 있다. 또 정부는 소비자가 더 많은 가처분소득을 가지도록 세금을 줄임으로써 C의 증가를 촉진할 수도 있다. 세금 감소와 지출 증가는 적자 지출을 초래하지만, 경기 침체기에 정부는 균형 예산을 운용해서는 안 되며, 경제를 자극하고 완전고용으로 나아가기 위해 적자 예산을 운용해야 한다. 정부는 또한 통화 공급을 확대하여 수요를 자극할 수 있는데 이것은 C, I 그리고/또는 NX를 증가시킨다.

인플레이션을 해결하기 위해서 정부는 고용을 늘리는 데 필요한 것과 정반대의 일을 해야 한다. 일단 완전고용에 도달하면 정부는 세금을 인상하고 통화 공급을 축소하고, 적자가 아닌 흑자재정을 운용해야 한다. 그런 정책들이 총수요를 안정적인 가격에 부합하는 수준을 넘어서게 하는 기업의 낙관주의와 소비자 지출의 흐름에 맞서는 조절을 할 것이다. 억제적 재정정책은 가처분소득을 감소시켜 C, I, NX를 억제할 것인데, 가처분소득의 감소는 소비를 감소시키고 투자를 위축시킬 것이다. 거기에 더해 감소된 정부지출(G)은 총수요(Y)를 직접 감소시킬 것이다. 종합적 결과는 완전고용과 물가 안정을 모두 유지하게 되어 있다.

이런 식으로 경제를 운용하려는 시도는 정부 예산에 대한 사고의 혁명을 요구하는 비교적 최근의 현상이다. 예산이 경제위기를 완화하는 데 사용될 수 있다는 시각에 대한 대중적 및 정치적 지지가 널리 퍼지는 것은 균형 예산의 규범이 파괴되거나 적어도 그게 훼손된 후에야 나타났다. 케인즈주의적 운용이 정부의 적절한 역할에 대한 다른 견해를 어느 정도 대체했는지는 조지 W. 부시 대통령이 2001년 9월 11일 테러 공격 직후의 경기 침체에 대한 대응으로 국민에게 디즈니 월드를 방문할 것을 요청한 것을 보면 알 수 있다. 부시 대통령 요청도 있어 의회는 2008년 조세 환급을 위한 경기부양 종합대책을 통과시켰으며, 경제에 도움이 되도록 미국인들에게 경기부양 종합대책으로 환급받은 돈을 지출할 것을 권장했다. 2009년 오바마 대통령하에서 통과된 7,870억 달러 규모의 미국 회복 및 재투자법(American Recovery and Reinvestment Act of 2009)은 경기순환의 변동에 대응하는 케인즈적 해결책을 정치적으로 깊이 수용했다는 큰 증거이다. 총수요 공식의 입장에서 보면 부시가 C를 증가시키려고 한 반면에, 오바마는 G를 증가시키려 했다.

케인즈적 접근에 대한 비판자들은 케인즈식 정책의 실행 가능성에 의문을 갖는데, 그 부분적 이유는 노동자와 기업가가 정부정책에 대한 그들의 기대와 이용 가능한 정보를 사용하며, 그러한 "합리적 기대(rational expactation)"에 토대하여 결정을 내리기 때문이다. 따라서 경기 변동에 대응하는 정부정책은 시장에 있는 사람들에게 이미 예상되었으며, 정책은 그 의도한 효과를 얻지 못할 것이다. 많은 경제학자들이 합리적 기대분석에 근거하여 케인즈적 정책을 거부하지만, 정치인 및 언론은 여전히 케인즈주의자들인 것 같다. 이후의 장들(특히 제15장)에서 케인즈적 주장에 대한 한 가지 반응은 인플레이션과 불황의 원인에 대한 케인즈적 분석이 정확하더라도 정부는 케인즈적 경제학이 작동하는 데 필요한 정책들을 집행할 수 없을 것이라는 점이다. 나 역시 케인즈적 정책들은 그것들이 치료하고자 하는 문제 중 일부를 악화시킨다고 결론을 내린다.

바. 배분의 불공정

미국의 소득 분배는 대개 시장의 힘의 작동에 의존한다. 시장은 소비자가 구매하고자 하는 재화와 서비스 생산에 대한 기여도에 맞추어 사람들에게 보상한다. 따라서 생산성이 낮은 사람은 소득이 적은데, 그 낮은 생산성이 노력 부족, 기술 부족 또는 기술에 대한 낮은 수요 때문인가와 관계없이 그러하다.

대학 교수가 시험공부에 투입한 노력이 아니라 답의 품질에 따라 시험을 학점으로 평정하듯이, 시장은 노력이 아니라 결과에 따라 보상을 한다. 기술이 결여된 사람들, 지적 능력이나 건강이 좋지 않은 사람들, 수요가 적은 재화와 서비스를 생산하거나 공급이 많고 가격이 저렴한 재화와 서비스를 생산하는 사람들은 운이 더 좋은 사람이나 교육을 더 받은 사람보다 낮은 소득을 얻을 것이다.

부와 소득을 시장에만 의존해 배분하는 데 반대하는 두 가지 주요 주장이 있는데 그것은 시장실패(market failure)와 불의(injustice)이다. 이 두 주장은 아서 오쿤(Arthur Okun)의 1975년도 책 『평등과 효율 : 거대한 상호대체(*Equality and Efficiency : Big Tradeoff*)』에 요약되어 있다(그의 주장을 논리 측면이나 문장 품질 면에서 실질적으로 더 개선한 사람은 아무도 없다). 그는 "노동자와 투자자에게 산출물에 대한 기여의 가치"를 보상하는 완전경쟁시장의 결과를 설명하는 것에서 출발했다. 그러나 그는 실제의 시장은 완전경쟁적이지 않다고 주장했다. 불충분한 정보, 차별, 기회의 불평등, 독점력과 같은 불완전성은 완전한 시장에서 달성할 수 있는 분배가 이루어지지 못하게 한다. 이 주장으로부터 나오는 결론은 생산성(生産性)에 따른 보상은 정의롭지만 시장은 불완전하다는 것이다. 따라서 시장을 보다 경쟁력 있게 만들고, 적절한 정보를 제공하며, 차별을 금지할 수 있는 방법을 찾아야 한다.

오쿤(Okun)의 두 번째 주장은 생산성에 토대하는 보상이 불공정하다는 관념을 다룬다. 사람들의 타고난 능력은 유전에 토대하기 때문에, 그들은 어떤 의미에서도 그것을 "획득한(earned)" 것이 결코 아니며, 우월한 유전적 유산을 가진 사람들은 운이 덜 좋은 동료들보다 부당하고도 불공정한 이점을 누린다. 따라서 오쿤은 "사회는 우주의 결함을 개선하는 것을 목표로 해야 하며, 확실히 그걸 더 악화해서는 안 된다. 그것이 비를 막을 수는 없지만, 분명 우산은 생산할 수 있다. 이와 마찬가지로, 그것은 더 큰 능력을 타고난 사람에게 훨씬 더 높은 생활 수준을 부여하는 보상을 제한하기로 작정할 수 있다"라고 주장한다. 따라서 타고난 능력이 자의적으로 분배된 것임을 고려하면, 우월한 능력을 부여받은 사람에게 상을 줄 것이 아니라 낮은 능력을 부여받은 자에게 상을 주는 것이 필요하게 된다.

이러한 재분배주의적 관점을 요약하면 이렇다: 비록 우리가 완전한 시장에 의한 배분이 정당화된다는 전제를 받아들이더라도, 시장은 소득과 부를 마땅히 분배해야 하는 대로 분배하지 않는다. 게다가 완벽한 시장이라 할지라도 노동의 보상을 "정의롭게(justly)" 배분하지 못할 것이다.

1970년대 중반까지 미국에서 연방정부의 역할을 변경하고 확장하는 가장 큰 단일 동력 중 하나는 평등의 추구였다. 연방정부는 가난한 사람들을 도와줌으로써 불평등을 줄이는 것을 목표로 하는 일련의 소득재분배 프로그램을 통해 그 역할을 확대했다.

퇴직자와 실업자는 지정된 상황에서 소득 급여를 제공하는 사회 보험 프로그램의 혜택을 받는다. 이들 중 가장 잘 알려진 것이 사회보장(Social Security)제도인데, 그것은 본질적으로 피용자와 고용주에게 부과되는 강제적 급여세(payroll tax)로 자금을 조달하는 강제 저축 프로그램이다. 비록 본래 사회보장제도는 근로자가 스스로 부담하고 기여도에 따라 다양한 급여를 받는 사회보험으로 구상되었으나, 그것은 재직 중인 사람으로부터 노인 퇴직자에게로 부를 이전하는 제도로 발전했는데, 그 제도는 퇴직자의 개인 재산이나 소득과는 상관없고 또 노동을 하고 있는 젊은 노동자의 개인 재산이나 소득과도 상관이 없다.

사회보장 혜택을 받을 자격이 없는 가난한 사람들은 다른 프로그램을 통해 그 혜택을 받게 된다. 여기에는 연방에서 자금을 제공하고 관리를 하는 보충적 보장 소득(Supplemental Security Income) 프로그램, 주에서 관리하지만 연방정부가 부분적으로 자금을 제공하는 빈곤 가족에 대한 임시 지원(종래의 AFDC. 부양자녀 가진 가족 지원) 프로그램이 들어 있다. 이들 프로그램은 노인, 시각 장애인, 장애자, 그리고 유기, 장애 또는 사망으로 인해 부친의 재정적 지원을 받지 못하는 피부양 자녀들에게 최저 소득을 제공하고자 한다.

존슨 행정부의 "빈곤과의 전쟁(War on Poverty)"의 시작 직후인 1964년에는 367,000명의 미국인이 푸드 스탬프(무료 식품권)를 받았다. 이 프로그램은 2010년 2월까지 수혜자가 3,970만 명이고 연간 비용이 당초의 86만 달러(2009년 달러 기준으로는 590만 달러)에서 537억 달러(2009년 달러 기준)를 넘는 정도까지 확대되었다. 그 과정에서 7명 중 1명 이상이 푸드 스탬프 혹은 더 이상 푸드 스탬프가 발행되지 않은 이후로는 전자 혜택 카드의 정규 사용자가 되었다.[3] 이제 적격 수혜자에는 통상적으로 가난하다고 여겨지는 사람들뿐 아니라 파업 노동자 및 대학생들도 들어 있다.

정부가 소득을 재분배하기 위해서는 누군가에게 세금을 부과하고 다른 누군가에게 그걸 주어야 한다. 다양한 조세 수단이 사용될 수 있는데, 거기에는 사회보장 세금뿐 아니라 소득, 판매, 재산 및 법인에 대한 세금이 들어 있다. 재분배 목적으로는 이들 세금 중 소득세가 가장 선호되는데, 왜냐하면 더 많은 지불 능력이 있는 사람들로부터 더 많이 받아낼 수 있기 때문이다. 지불 능력의 원칙(principle of ability to pay)은 누진세율, 즉 고소득자가 저소득자보다 세금을 비례적으로 더 많

3. **[역주]** 초기에는 식료품과 교환되는 푸드 스탬프를 사용했으나 나중에는 푸드 스탬프 대신 전자 카드로 바뀌었다.

이 내도록 요구하는 세율을 정당화하는 데 사용되었다.

부와 소득의 재분배는 공공재를 공급하고 외부성을 통제하는 전통적인 기능 대신에 정부의 새로운 주된 활동이 되었다. 이러한 전개는 후생경제학자들의 논리에 의해 가속되었다는 것이 나의 견해이다. 경제학자들이 많은 정책을 만들었다고 우리가 주장할 정도로 정책 결정자들이 경제학자들에게 충분한 주의를 기울인다고 가정하는 것은 너무 주제넘은 것이다. 그러나 재분배에 대한 지적인 정당성은 후생경제학에서 직접 나오므로, 후생경제학이 재분배국가로 나아가도록 박차를 가했다고 말해도 과언은 아니다. 많은 사람에게는, 시장경제의 주된 실패는 소득의 잘못된 분배이며, 이 한탄스러운 상황을 교정하기 위한 가장 효과적인 수단은 정치 절차를 이용하는 것이다. 경제에서 성과가 좋지 않은 사람들은 정치 과정에서 그들에게 동정적인 정치 대표들을 통해 영향력을 행사할 수 있고, 그에 따라 그들의 몫을 늘릴 수 있다. 불행히도 경험에 따르면 정치 과정이 이런 식으로 작동하는 경우는 거의 없다. 경제 과정에서 성과가 좋은 사람들은 정치 과정에서 훨씬 더 좋은 성과를 거두며, 재분배의 정치화는 이 사실을 부정할 수 없다. 제3장에서는 이런 결론을 기록한다.

사. 거래비용

시장이 제대로 작동하는 데 나타날 수 있는 강력한 몇 가지 장벽은 거래비용, 곧 교환의 계약을 협상하고 감독하는 비용이다. 거래비용은 모든 판매 또는 계약의 일부이다: 구매자와 판매자가 서로를 찾고, 그들이 교환하는 대상이 무엇인지에 합의하고, 그들이 흥정하는 것을 얻을 것이라는 약간의 확신을 얻어야 한다. 판매자가 그들 제품의 모든 가치를 얻으려면, 대가를 지불하지 않는 자를 배제하는 거래비용을 감당해야 한다. 구매자는 자신이 지불한 돈의 모든 대가를 얻었다는 것을 알 수 있도록 제품을 측정하거나 평가할 방법이 있어야 한다.

거래비용은 많은 정부 규제의 정당화에 이용된다. 당신이 휘발유를 살 때마다 갤런을 측정하고 옥탄가를 판정하는 용기 세트와 측정 장치를 가져와야 한다면, 당신은 시간과 돈을 낭비하고 거기에 더해 휘발유 및 증기에 노출되는 위험에 직면하게 된다. 줄자를 목재소로 가져가 2 × 4의 길이를 측정할 수 있지만 사전에 제작된 트러스(truss)로 혹은 얇은 목재판들을 접착제로 붙여 만든 들보(glue-laminated floor joist)로 지탱할 수 있는 하중을 잘 측정할 수는 없다. 그러나 중량 및 측정에 대한 정부 규정이 있으면 당신은 주유 펌프에 있는 양이 실제로 휘발유 탱크에 들어가는지 여부와 표시된 옥탄가 등급이 정확한지 여부에 대해 걱정하지 않고 휘발유를 구입할 수 있다. 정부의 검사가 있기 때문에 당신은 광고된 처리 과정이 실제로 발생했음을 스스로 검증할 필요 없이 압력 처리되거나 가마(kiln) 건조를 거친 목재를 구입할 수 있다. 건축 규정이 있기 때문에 당신은 트러스 또는 들보의 구조적 용량을 확인하기 위해 엔지니어를 고용할 필요 없이 사전 제작된 트러스로 지붕을 지을 수 있다. 요컨대 정부 규제는 신뢰를 용이하게 만든다. 당신이 정보를 획득하는 비용을 극적으로 줄인다는 점이 정부가 강제력을 사용하는 것을 정당화하는 이유가 된다. 그것은 또 시장은 그와 같은 품질의 정보를 제공하지 못할 것이라고 가정하고 있다.

그러나 거래비용으로 규제를 옹호하는 것은 수정되어야 한다. 만약 판매자가 판매자의 우월한 정보로 구매자를 악이용하고자 몰두한다면, 우리는 판매자가 규제받기를 열망하는 이유를 설명해야 한다. 정부 규제의 요구는 대개 판매자들에게서 나온다. 다음 장에서 배우게 되겠지만, 규제는 이미 시장에 나와 있는 판매자가 정부의 강압을 이용해 경쟁, 선택 및 기회를 제약하는 방법이다. 거기에 더해 민간기업가들은 정보를 제공하고 거래비용을 줄이는 새로운 방법을 고안하는 데 아주 창의적이었다. 정부 규제에 대한 더 우월한 대안들이 있는데 제4부에서는 그 몇몇 예를 제시하였다.

3. 결어

대부분의 경제학자가 시장경제를 고려할 때 "통상 경제 주체", 곧 소비자와 생산자가 결정을 내리는 시장 환경을 검토하는 것이 보통이다. 그들은 어떤 개선이 일어날 수 있는지 묻는다. 경쟁을 줄이는 인위적인 진입 장벽이 있는가? 어떤 외부성이 관련되어 있는가? 불공정이 있는가? 시장이 수요에 반응을 보이는가? 이것은 합당한 질문들이다.

통상적으로 후생경제학자는 시장 분석 시 나타나는 불쾌하거나 비효율적인 상황을 바꾸기 위해 정부정책을 권장한다. 그들은 시장을 왕좌에서 끌어내리면서 정부 개입을 해야 하는 "해결책(solutions)"을 찾아냄으로써 정부에게 왕관을 씌워주는데, 그 해결책에는 더 많거나(또는 더 많고) 다양한 세금, 가격 통제, 보조금 및 관세, 반독점법으로 담합 처벌, 사유재산에 대한 더 많은 통제, 그리고 물론 정부가 지시하는 계획의 증가 등이 있다.

시장실패가 있다고 여기면 그에 대한 정부의 대응에 따라 정부 예산, 규제기관 및 입법부 직원의 규모가 꾸준히 증가한다. 정부 성장은 정부 행동주의(government activism)에 대한 믿음에서 비롯된다: 곧, 정부는 적절한 규제, 재량적 재정정책 및 재분배를 통해 시장실패를 수정할 수 있다는 믿음이다. 정부의 역할은 더 이상 법 제도, 국방과 같은 필수적 공공 서비스 제공에 그치지 않는다. 그 대신 정부는 민간 시장에서 적절하게 해결되지 않는 사회적 질병을 치료하기 위해 그 권력을 사용할 것으로 예상된다.

정부에 대한 이러한 시각은 정부에서 자리를 차지하는 사람과 정부정책을 시행하는 사람들의 동기와 능력에 관한 암묵적 가정을 포함한다. 그것은 정부가 시장실패를 교정하는 데 필요한 전략을 수행할 수 있고 또 수행할 것이라는 믿음에 바탕을 두고 있다. 제2장에서는 이러한 가정들을, 그 뒤의 장들에서 시장의 불완전성에 대한 정치적 대응의 실제적 효과를 논의하는 것에 대한 서론으로 서술하고 분석한다.

▪ 서지(書誌) 노트 : 주요 참고문헌 소개

세상 모든 경제학자를 한 줄로 이어놓아도 우리는 한 결론에 이르지 못할 거라는 농담에도 불구하고, 경제학자들은 그들 패러다임의 기본에 관해서는 놀라울 정도의 일관성이 있다. 그들은 인간의 본성, 시장의 작동 방식, 가격의 역할, 수요와 공급 변화의 영향에 관해 동일한 일반적 가정을 한다. 사실 사회과학이 중력의 법칙에 가장 근접해간 것이 수요곡선이라고 한다. 극히 드문 경우를 제외하고 수요곡선은 오른쪽으로 우하향하는데 이는 가격이 하락함에 따라 수요량은 증가함을 의미한다.

나는 경제 분석의 기초를 더 잘 이해하고자 하는 사람들을 위해 하나의 고전적 논문과 두 개의 입문서를 제시한다. 이 논문은 하이에크(F.A. Hayek)의 「사회에서의 지식의 사용」(*American Economic Review*, 35, September 1945, 519–530)이다. 그 논문은 가격이 어떻게 인간 행동을 조정하느냐와 그와 부수적으로, 왜 시장이 정치보다 더 잘 조정을 하는지에 대해 내가 아는 가장 좋은 서술이다. 『상식 경제학 : 모든 사람이 부와 번영에 대해 알아야 할 사항(*Common Sense Economics : What Everyone Should Know about Wealth and Prosperity*)』(2010)은 제임스 과트니(James Gwartney), 리처드 스트루프(Richard Stroup), 드와이트 리(Dwight Lee), 토니 페라리니(Tawni Ferrarini)의 저서로 당신이 친구와 가족에게 선물로 줄 수 있는 경제적 사고에 대한 입문서이다. 그 목적은 경제 문맹을 줄이는 것이며, 그 책은 성공을 거두고 있다. 저자는 경제가 어떻게 작동하고 부는 어떻게 만들어지는지 강력하게 설명해주면서 쉽게 이해할 수 있는 12가지 "경제학의 핵심 요소들"을 규명한다. 심지어 개인의 실제적인 금융의 12가지 핵심 요소라는 섹션도 있다. 비록 지금 내가 추천하는 좋은 입문서가 몇 개 있지만, 내가 가장 만족스럽게 여기는 것은 『경제적 사고방식(*The Economic Way of Thinking*)』(2009)인데 현재 12판이 나와 있다. 폴 하인(Paul Heyne)은 이 교재의 처음 여러 판을 썼고 그의 사후에는 피터 뵈키(Peter Boettke)와 데이비드 프리치트코(David Prychitko)가 계속 업데이트해왔다. 문체가 대화식이며, 사례들은 쉽게 이해되고 흥미를 끈다.

무임승차자와 집단행동에 대해 읽기 시작하는 사람은 누구라도 경제학자 맨서 올슨(Mancur Olson)의 『집단행동의 논리(*The Logic of Collective Action*)』(1965)으로 시작해야 한다. 올슨은 무임승차를 할 유인과 성공적인 그룹이 무임승차를 극복하기 위해 어떻게 "선별적 유인(selective incentives)"을 제공하는지를 서술한다.

외부성과 환경에 대한 고전적인 연구는 1968년 『사이언스(*Science*)』(162, December)의 1,243~1,248쪽에 처음 실린 개럿 하딘(Garrett Hardin)의 「공유지의 비극("The Tragedy of the Commons")」이다. 환경에 관한, 가장 많이 재인쇄된 논문 중 하나인 하딘의 논문은 합리적인 개인의 행동이 공동으로 소유한 토지를 어떻게 파괴할 수 있는지 서술한다. 『정치경제학회보(*Journal of Political Economy*)』(62, 1954년 4월), 124~142쪽에 실린 스콧 고든(H. Scott Gordon)의 초기의 논문 「공유재산 자원의 경제이론: 어업("The Economic Theory of a Common Property: The Fishery")」은 같은 주제를 더 수학적 · 학술적으로 다룬다. 물론 재산권을 정의하고 실행에 옮길 수 있는 재산 및 사용권을 설정하면 공유재의 문제는 해결된다. 나는 여러 문화권의 사례들에 관해서는 나이브즈 돌삭(Nives Dolsak)과 엘리너 오스트롬(Elinor Ostrom)이 편집한 총서를 제안한다. 그 책 『새 밀레니엄의 공

유지 : 도전과 적응(*The Commons in the New Millennium: Challenges and Adaptations*)』(2003)은 공유재산 자원의 관리를 서술하는 11개 장을 담고 있다.

분배 문제에 관한 생각을 불러일으키는 논문으로 나는 독자들에게 찰스 머리(Charles Murray)의 「우리 손안에 있다: 복지국가를 대체할 계획(In Our Hands: A Plan to Replace Welfare State)」(2006)을 추천한다. 머리는 모든 복지 이전 프로그램을 21세 이상의 모든 사람에 대한 연간 1만 달러의 현금 지원으로 대체할 것을 제안한다. 일부는 건강 보험에 지출해야 할 것이고 일부는 저축에 쓰도록 강력하게 권고될 것이다. 저소득층은 현재의 복지 프로그램보다 머리의 제안하에서 직업을 더 쉽게 바꿀 수 있을 것이다.

시장실패에 대한 포괄적 논의는 타일러 카우언(Tyler Cowen)과 에릭 크램프턴(Eric Crampton)이 편집한 책인 『시장의 실패 혹은 성공 : 새 논쟁(*Market Failure or Success : New Debate*)』(2002)에서 찾을 수 있다. 그들은 시장실패를 보여주는 고전적 논문들과 시장실패의 정도에 관해 문제를 제기하는 더 새로운 논문들을 그 책에 담고 있다. 예컨대 QWERTY 키보드에 관한 논문은 시장실패라고 알려진 이야기가 거짓임을 보여준다. 이 책에 근거해 노벨 경제학상 수상자 버논 스미스는 시장실패 이론은 빈 상자에 불과하다고 주장했다.

나는 정치와 시장에 대한 통상적 지혜뿐 아니라 내가 알고 있는 모든 것을 담고 있는 책을 제안한다. 찰스 린드블럼(Charles E. Lindblom)이 쓴 책으로 그 제목은 적절하게도 『정치와 시장(*Politics and Markets*)』(1977)이다. 그는 정부의 제한된 능력을 지적하면서도, 특별히 시장의 제한된 능력을 더 지적하고 있으며, 정책결정 및 계획의 미덕에 관해 쓰고 있다. 나는 이 책에 큰 오류가 있다고 믿고 독자들에게 『경제문제연구』(*Journal of Economic Issues*, 13, 1979)의 215～217쪽에 있는 제임스 뷰캐넌(James M. Buchanan)의 비판적 서평을 참조하라고 말하지만, 여러 학도 특히 정치학자들 사이에서 계속 인기가 있는 정치와 시장의 비전을 이해하고자 하는 독자들에게는 이 책을 추천한다.

케인즈의 저서를 읽는 것은 그가 말하는 걸 배우는 가장 좋은 방법이다. 하지만 그의 책에 주눅 든 사람들에게 제안할 지름길이 있다. 만약 책꽂이에 꽂아두는 것 외에 다른 이유가 없다면 팰그레이브 맥밀런(Palgrave Macmillan) 출판사의 2007년도 재판(再版)인 케인즈의 『고용, 이자 및 화폐의 일반 이론(*The General Theory of Employment Interest and Money*)』을 사라. 책꽂이에 꽂기 전에 노벨상 수상자 폴 크루그먼(Paul Krugman)의 소개 부분을 읽어라. 그것은 탁월한 요약이며 웅변적으로 쓰인 것이다. 그것은 그 교재를 읽기 위한 안내도이기도 하다. 크루그먼은 이렇게 말한다. "사람들에게 『고용, 이자 및 화폐의 일반 이론』을 읽는 방법을 말할 때, 나는 그것을 맛있는 전채 요리로 시작해 즐거운 디저트로 끝이 나지만, 주 코스는 상당히 거친 고기로 구성된 식사로 묘사하는 것이 도움이 된다고 생각한다. 독자들은 그 책에서 쉽게 소화할 수 있는 부분만 먹고 그 사이에 있는 논증은 건너뛰고 싶은 유혹을 받는다. 그러나 그 책의 진정한 가치가 있는 곳은 주 코스이다."

〈참고문헌〉

Bator, Francis, "The Anatomy of Market Failure," *Quarterly Journal of Economics*, 72 (August 1958), pp. 351～79.

Baumol, William J., *Welfare Economics and the Theory of the State*, rev. 2nd ed., Cambridge : Harvard University Press, 1952 ; 1965.

Baumol, William J. and Wallace E. Oates, *Economics, Environmental Policy, and the Quality of Life*, Englewood Cliffs : Prentice-Hall, Inc., 1979, p. 77, p. 79.

Boettke, Peter J., Paul Heyne, and David L. Prychitko, *The Economic Way of*

Thinking, 12th ed. Alexandria, VA : Prentice Hall, 2009.

Cowen, Tyler and Eric Crampton, *Market Failure or Success : The New Debate*, Northampton, UK : Edward Elgar for The Independent Institute, 2002.

Dolsak, Nives and Elinor Ostrom, *The Commons in the New Millennium : Challenges and Adaptations(Politics, Science, and the Environment)*, London : The MIT Press, 2003.

Gordon, Scott H., "The Economic Theory of Common Property Resources," Bulletin of Mathematical Biography, 62, 1954, pp. 124 ~ 42.

Gwartney, James D., Richard L. Stroup, Dwight R. Lee and Tawni H. Ferrarini, *Common Sense Economics : What Everyone Should Know about Wealth and Prosperity*, New York : St. Martin's Press, 2010.

Hardin, Garrett, "The Tragedy of the Commons," *Science 162*, no. 3859 (1968) : 1243–248.

Hayek, Friedrich A. von, "The Use of Knowledge in Society," *American Economic Review*, 35, No. 4, pp. 519 ~ 30.

Heyne, Paul, *The Economic Way of Thinking*, Chicago : Science Research Associates, Inc., 4th ed., 1983, p. 125.

Hume, David, *A Treatise on Human Nature*, Oxford : The Clarendon Press, 1898, 300–04.

Keynes, John Maynard, *The General Theory of Employment, Interest, and Money*, New York : Harcourt, Brace, & World, 1936.

____________________, *The General Theory of Employment, Interest and Money*, New ed., New York : Palgrave Macmillan, 2007.

Lindblom, Charles Edward, *Politics and Market : The World's Political Economic Systems*, New ed., Boulder : Basic Books, 1980.

Marshall, Alfred, *Principles of Economics*, Library of Economics and Liberty, 1920. http:// www.econlib.org/library/Marshall/marl.html.

Murray, Charles, *In Our Hands : A Plan To Replace The Welfare State*, Washington : AEI Press, 2006.

"Nobel Laureates Offer Views on the Economy," Business News and Financial News, *the Wall Street Journal*, 3(Sept. 2004). http://online.wsj.com/article/SB10941568639 808339-email.html#articleTabs%.

Okun, Arthur, *Equality and Efficiency : The Big Tradeoff*, Washington, DC : The Brookings Institution, 1975.

Olson, Mancur, *The Logic of Collective Action : Public Goods and the Theory of Groups*, Revised ed., Cambridge : Harvard University Press, 1971.

Pigou, Arthur C., *The Economics of Welfare*, Library of Economics and Liberty, 1932. http://www.econlib.org/library/NPDBooks/Pigou/pgEw.html.

Read, Leonard E., "I, Pencil : My Family Tree as told to Leonard Read," Irvington-onHudson, New York : The Foundation for Economic Education, Inc. 1958. http://www.econlib.org/library/Essays/rdPncii.html.

Ridley, Matt, *The Rational Optimist : How Prosperity Evolves*, New York : HarperCollins Publishers, 2010.

Samuelson, Paul A., *Economics*, 7th ed., New York : McGraw-Hill, 1967, p. 47.

_________________, "The Pure Theory of Public Expenditure," *Review of Economics and Statistics*, 36(November, 1954), 387-89.

Schultze, Charles, *The Public Use of Private Interest*, Washington, DC : The Brookings Institution, 1977, p. 18.

Sidgwick, Henry, *The Principles of Political Economy-1883*, Cornell : Cornell University Press, 2009.

Smith, Adam, *An Inquiry into the Nature and Causes of the Wealth of Nations*, Indianapolis : Liberty Fund, Inc., 1981, Reprint. Originally published : Oxford : Clarendon Press, 1979(Glasgow edition of the works and correspondence of Adam Smith, vol. 1).

"SNAP Annual Summary," Home Page, United States Department of Agriculture, 30 June 2010. http://www.fns.usda.gov/pd/SN.

"Stop!" *The Economist*, 23, Jan., 2010 : 11–12. Print.

U.S. v. Trans-Missouri Freight Ass'n., 166 U.S. 290(1897).

제2장 이상적 국가의 정치적 전제조건

정치학은 합의에 이르기보다는 논쟁이 계속 이어지며, 흔히 그걸 확장한다는 점에서 기이한 학문이다. 미국정치학회의 전 회장인 찰스 린드블럼(Charles Lindblom)은 정치학이 "전통적인 과학적 연구가 아니라 논쟁을 계속하는 분야에 주어진 이름"이라고 지적했다. 토론 중 다양한 측면에 의해 제기된 주장들은 해결되지 않는다: "사실이나 가치의 주어진 문제에 관해 정치학의 논쟁은 줄어들기(또는 발견 속에서 끝나기)보다는 끝없이 이어지는 경향이 있다"(Lindblom, 1997, pp. 260~261). 이것이 이 책에 주는 의미는 경제학과는 달리 정치학은 정치학자들에 의해 합의되는 국가와 경제에 관한 *구체적(specific)* 주장을 확인하기 어렵다는 것이다.

그러나 몇 가지 광의의 주장들은 타당하다. 적어도 대서양 양안에서 정치학의 규범적 토대는 정치적 자유주의(political liberalism), 곧 국가가 타인에 의해 제한되어서는 안 되는 시민적 및 정치적 권리에 토대한다는 비전이었다. 이러한 권리에는 자의적(arbitrary) 정부에 맞서는 방어를 포함하여 미국 권리장전(U.S. Bill of Rights)에 쓰여진 익숙한 권리들이 들어 있다. 언론, 출판, 집회의 자유, 재산권, 그리고 다수로부터 소수자 보호이다.

정치학자들은 자유주의의 권리와 민주제의 권력 사이에 내재된 긴장을 인식하지만, 다른 형태의 정부보다 민주제에 더 가치를 둔다. 따라서 정치학자들은 민주제에 누가 참여하고 누가 참여하지 않는지에 관심이 있다. 권력과 자원은 어떻게 배분되는가? 어떤 제도가 개인의 권리를 가장 잘 보호하는가? 어느 권리가 보호받아야 하는가? 집단적 권리는 어떤가? 그 학문 분과의 구성원들은 한때는 정부를 억제하는 데 관심이 있었겠지만, 지금은 대부분 그것을 확대하는 데 관심이 있다. 한때 국가 권력에 대해 경고하며 많은 것이 "정치를 넘어(beyond politics)" 섰다고 주장하는 목소리가 컸지만, 오늘날의 대부분 목소리는 민주제와 국가가 함께 확대되어야 한다고 믿는다. 본질적으로 민주적 정치의 힘을 넘어서는 것은 거의 없다는 것이다.

정치학자들은 이기심이 시장에서의 선택을 주도한다는 것은 쉽게 인정하지만 그들은 사람들이 삶의 경제적 국면에서 정치적 국면으로 옮아갈 때는 정신적 · 도덕적 옷을 바꾼다고(혹은 적어도 바꾸어야 한다고) 가정하는 것 같다. 어떤 사람들은 시장적 선택이 단순한 선호에 토대하는 반면에, 정치적 선택은 때때로 도덕적 또는 윤리적 규칙에 토대하는 복잡한 판단을 요구한다고 주장한다. 따라서 많은 정치학자에게 관료는 선의를 가지고 있으며, 자신의 전문적인 훈련과 전문성을 공익에 적용하는 헌신적인 공무원이다. 정치인은 사회적으로 유익한 결과를 산출하기 위해 서로 경쟁하는 이해관계들 사이의 균형을 유지하고 표(vote)를 거래한다. 이익집단들의 경쟁은 보이지 않는 손이 인도한 결과처럼 보인다는 점에서 시장경쟁와 닮았다. 투표자는 경쟁하는 정치인 중에, 또 투표로 결정할 대안 중에 신중하게 선택을 내려 일반 후생을 증진하고자 한다. 이 모든 것의 한 가지 산물은 참가자들을 그들 자신보다 더 큰 대의의 일부가 되도록 해주는 과정이다.

따라서 정부는 기본적으로 피동적이며 유권자와 이익 단체에 의해 움직여지기를 기다리는 반면에, 정치인과 관료는 다른 사람들을 위해 교환과 거래를 주선하고 공익을 보호하는 중개자(middleman)이다. 이런 시각에서 보면 정치는 경쟁시장과 밀접하게 대응되는 유익하고도 경쟁적인 과정이며, 정치 분석에서 사람들은 자신의 이익에 봉사하는 것을 계산에 넣지 않는 것은 아니지만, 주로 자신의 이익이 아닌 다른 이익에 봉사하기 위해 정치에 참여한다.

정치학자들은 적어도 대의 민주제에서는 정치가 시장보다 더 정의롭고 공평하다고 생각하는 경향이 있기 때문에 시장보다 정치를 더 선호한다. 정치학에서 시장보다 정치를 선호한다는 것은, 정부가 시장의 실패와 불완전성을 시정할 수 있다는 경제학자들이 가진 보통은 암묵적이지만 가끔은 명시적이기도 한 주장을 지적으로 지지하는 것이다. 그리고 경제학자들은 조지 스티글러(George Stigler, 1975, p. 103)가 다음과 같이 말했듯이 그런 지원이 필요하다:

> 경제학자들은 국가에 대해 깊은 정신분열적 견해를 오랫동안 가져왔다. 그들은 정교하고 놀랍도록 복잡한 민간 경제를 연구하고, 최적 행동에 관한 정확하고도 정연한 기준에 따라 민간기업 체제에 어떤 부류의 실패가 있음을 발견한다. 이들 실패 중 일부는 본질상 매우 복잡하고 그 모든 규모가 어느 정도인지 불확실한데, 이러한 실패들은 국가가 치유하거나 국가가 대신 수행하도록 제안된다.
>
> 그와 동시에, 경제학자들은 경제학자가 아닌 사람들과 함께 민주적 국가를 감정에 따라 너무 자주 변동하고 부패가 지배하는 선의의 서투른 제도로 본다. 국가는 종종 "기득 이익(vested interests)"의 보루로 간주된다. 사실, 이익이 국가 아니면 어디에 귀속되겠는가? 따라서 국가는 자원에 관해 사회적 한계생산물과 사적 한계생산물 사이의 미묘한 부조화를 교정하는 주체인 동시에, 변론의 여지가 없는 보호주의적 수입할당제와 고리대금법을 지원하면서 배우려는 자세를 고집스럽게 거부하는 주체이기도 하다.[1]

그러한 정신 분열증적 관점을 취하는 경제학자들은 국가에 대해 자신의 강력

1. **[역주]** 수입할당제는 수입 제한을 통해 국내제조업 보호를, 고리대금법은 해외자본의 국내 유입을 막아 내국 금융업에 특혜를 준다. 이런 불공정의 주역이면서, 한편으론 시장실패를 교정한다는 정의로운 역할을 표방하는 것이 정부이다.

한 분석 도구를 적용하지 않았다. 만약 그들이 그렇게 할 경우, 그들이 국가가 시장에 대해 쉽게 개선을 이루어낼 수 있다고 가정할 가능성은 작을 것이다. 제2부에서 그러한 분석을 제시한다. 그러나 그런 분석을 수행하기 전에, 나는 정치 과정에 관한 경제학자 및 정치학자의 믿음의 근저에 있는 전제를 개관하고 논의한다.

1. 시장으로서의 정치

가장 널리 받아들여진 정부 과정 모형은 데이비드 트루먼(David Truman, 1951), 로버트 달(Robert Dahl, 1956) 및 찰스 린드블럼(Charles E. Lindblom, 1977)에 의해 시작된 다원주의적 전통에서 나온다. 트루먼의 다원주의적 민주제(pluralist democracy)는 달과 린드블럼의 다두제(polyarchy)와는 달랐지만 이 모두는 『연방주의자 논고 10(*Federalist 10*)』에서 전개한 정부관에 토대하고 있는데, 거기서 매디슨은 파벌(faction), 혹은 오늘날 용어로 "이익집단(interest group)"이 조직화하고 그들의 목적을 위해 정치체제를 이용하는 것을 멈추게 하는 것은 불가능하다고 주장하였다. 한 파벌의 영향력은 다른 파벌들과의 치열한 경쟁에 의해 통제된다. 정치적 영역에서 서로 경쟁하는 현존의 다양한 이해관계의 중첩성은 시장과 같은(market-type) 경쟁을 낳는데, 그것은 애덤 스미스(Adam Smith)의 "보이지 않는 손(invisible hand)"의 집단적 선택의 버전이 된다. 그것은 사회적으로 유익한 정책, 곧 누구도 꼭 의도하지는 않았지만, 공익에 이바지하는 정책을 산출한다. 이 정치 시장이 몇 가지 내재적 제약을 겪고 있는 것으로 보이지만, 그 과정은 본질적으로 건전하다고 판단한다. 로버트 달(Robert Dahl, 1967)의 주장을 보자 :

> 권력의 한 중심은 다른 중심과 맞서 있기 때문에, 권력 자체는 길들여지고, 문명화

되고, 통제되어 품위 있는 인간의 목적으로 제한될 것이며, 그 반면에 권력의 가장 사악한 형태인 강제(coercion)는 최소한으로 줄어들 것이다. 사회는 경쟁적이고 조직적인 파벌의 집합체인데, 그 각각은 엘리트가 이끈다. 이러한 "다원적 엘리트(plural elites)"는 그들 자신의 단위 안에서 상호작용하고, 경쟁하며, 거래하고, 갈등을 관리한다.

찰스 린드블럼(1977, p. 137)에 따르면, "지도부와 시민들 사이의 지속적이고 다양한 상호작용은 … 시민이 연합을 형성하고 이들에 대한 지도부의 대응을 유도할 수 있게 한다." 더 나아가 그는 핵심적 과정은 지도부가 투표자 대중을 설득하는 것이라고 주장한다. 설득의 과정은 단순히 리더가 동질적인 시민들과 소통하는 것이 아니다. 오히려 리더가 중간 리더와 소통을 하고, 중간 리더는 다시 하위 리더를 설득하려고 한다. 이러한 지도자에는 다른 지역 정치인, 저술가 및 방송인, 종교 지도자, 노조 관리자, 끝으로 자기 지역의 적극적이고도 정보를 갖춘 시민인 오피니언 리더가 들어 있다.

다원주의라 부르는 이런 형태의 민주제는 분명 과반수 지배체제도 아니고 엘리트 지배체제도 아니다. 정당은 선거에서 이기기 위해 협력하는 정치 지도자들의 연합이다. 정당들은 아주 크고도 분명한 지지가 있는 이슈들에 대해서는 의견이 일치된다. 그들은 명확하게 인지된 과반수가 없는 이슈들에 관해서는 의견이 나뉜다. 그 결과는 과반수의 입장이 분명하고 확실할 때는 이긴다는 것이다. 그것이 분명하지 않은 경우, 선출직 및 임명직 공무원은 제 나름의 의제를 추구할 수 있는데 그것은 공익에 부합할 수도 또 그렇지 않을 수도 있다.

어떤 사람들은 조직화된 사람은 조직화되지 않은 사람들의 희생으로 이익을 얻을 수 있다고 주장하여 다두제를 비판한다. 게다가 리더는 집단 구성원에게 봉사하기보다는 그들을 이용할 수 있으며, 과반수 규칙을 늘 따르는 것은 아니다. 그렇더라도 정치적 경쟁은 일반적으로 정치적 조직의 효과적인 형태로 간주된다. 리더들 간의 경쟁 및 집단들 간의 경쟁으로 적합한 정보가 의사결정자들에게 전달된다. 권력 남용의 통제는 일반 시민들이 공무원들을, 관료와 권한을 공유하는 선출직 공무원들을, 그리고 이익집단, 입법부, 관료 및 행정부 지도자들 사이에 형성되는 동맹을 선택하고 축출함으로써 이루어진다. 린드블럼(1977, p. 140)은 그것을 "표를 얻고, 작은 집단의 표를 더 큰 블록 안에 모으고, 일부 지도자의 경우에는 표를 다른 사람들에게 전달함으로써 영향력을 얻는 거대한 상호 조정 과정"이라고 묘사했다.

다원주의적 입장은 놀랍게도 시카고 정치경제학파의 두 명의 저명한 멤버에 의해 지지받고 있다. 게리 베커(Gary Becker)와 조지 스티글러(George Stigler)는 각각 현 정책이 정치적으로 효율적이라는 것, 곧 현존 규칙하에서 더 나은 결과가 나올 수 없다는 것을 오랫동안 자세히 주장했다. 보호주의적 무역정책은 현존 정치 과정의 합리적인 결과라는 것이다. 정치인과 유권자는 더 효율적이거나 비효율성이 덜한 정책을 채택한다(이는 내가 제2부에서 시작하여 이어지는 장들에서 약술하는 모든 지대추구 증거들의 관점에서 보면 아주 놀라운 주장이다). 아무튼 다원주의자들이 시카고 분석가들과 동일한 추론 과정을 채용하지는 않을 것임은 확실하지만, 양측 모두 정치가 본질적으로 무해하다는 견해를 공유하고 있음은 분명하다.

이들 가정이 완전시장의 가정들처럼 비현실적이라는 것을 누구든지 알 수 있다. 이런 모든 이익의 균형을 잡는 것은 번거롭고 지루하며 비용이 많이 드는데, 이는 특히 그 교환의 매개 수단이 돈처럼 간단한 것이 아니라 투표, 지지, 지위, 그리고 시간으로 이루어져 있기 때문이다. 또 다른 복잡함은 그 과정에 참여하는 참가자의 수 문제이다. 이익집단의 수가 증가함에 따라 합의를 이루는 비용은 증가하고 효율적인 결정을 내리는 능력은 감소한다. 게다가 오늘날의 이익집단이 공익 비슷한 걸 만들어낸다거나 그들이 서로 상대의 행동이나 영향력을 성공적으로 조절한다고 주장하는 사람은 아무도 없다.

다원주의 전통에서 보면 그런 고려는 적합하지 않다. 예컨대 트루먼은 효율성이 정부 과정을 평가하는 적절한 분석 도구나 평가 기준이 아니라고 주장했다. 그 대신에 정치체제의 안정, 평등, 그리고 "국민(people)"에 의한 통제가 가치 있는 기준이다. 이런 개념들은 정부 과정을 묘사하는 긍정적 진술뿐 아니라 그것이 어떻게 작동해야 하는지를 설명하는 규범적 진술이기도 하다.

몇몇 정치학자들은 다원주의에 도전하는데, 이는 그들이 그것이 어떻게 작동하는지에 동의하지 않기 때문이 아니라, 그들이 다원주의를 더 우월한 무엇으로 대체하기를 원하기 때문이다. 그 무엇은 숙의 민주제(deliberative democracy)이다. 아이디어의 경쟁이 자유를 보존하고 공익을 증진할 것이라는 『연방주의자 논고 10』의 제안과는 달리 숙의를 주장하는 자들은 정보를 갖춘 교육받은 숙의가 선호를 변화시킬 것이라고 믿는다. 그렇게 되면 정치체제는 공동선을 결정하느라 표를 합산할 필요가 없는데 이는 그 이슈에 대한 일반적 합의가 있기 때문이다. 이 생각은 루소(Rousseau)의 "일반의지(general will)"를 다시금 말하는 것이며, "적대적 민주제(adversary democracy)"를 넘어서려는 것이다(Mansbridge, 1980).

사피로(Shapiro, 2002)는 이렇게 설명한다:

> 숙의적 처방은 오늘날의 민주제에 만연한 사항으로 여겨지는 여러 질환에 대한 대응으로 주어진다. 자주 언급되는 이런 사항 중에는 의사결정의 질 저하, 특정 문구 위주 정치,[2] 낮은 참여도, 정부의 정당성 문제, 그리고 무지한 시민들 등이 들어 있다. 만약 사람들이 올바른 상황에서 충분히 오래 대화를 한다면, 합의가 더 빈번히 일어날 것이며 이는 좋은 일이라고 가정한다(Shapiro, 2002, p. 238. 숙의 민주제의 소스에

2. [역주] sound-bite politics는 바른 맥락을 전달하지 못할 우려를 무시하고 독자를 끌기 위해 편집된 짧은 문구를 미디어에 활용하는 정치이다.

관해서는 거트만과 톰슨(Gutmann and Thompson, 1966), 애커먼과 피시킨(Ackerman and Fishkin, 2000)을 참조하라).

숙의 민주제 주장자들은 정치가 개인의 성취와 개선의 능력을 향상한다고 믿는다. 이러한 아리스토텔레스적이고 토크빌적 주제는 시민 참여에 대한 현대 토론의 중심에 자리 잡고 있다. 이 견해에 따르면, 정치 과정의 참여는 많은 사람이 시장 거래의 특징이라고 믿는 조악한 이기심을 초월하여 자신을 드높이는 방법이다. 정치적 · 시민적 과정에 참여하지 *않는다면(unless)* 사람들은 그들의 최고 잠재력에 도달할 수 없다. 사실 그러한 참여는 인간의 도덕적 발달에 필수적이다. 사람은 정치 과정 참여를 통해서 자신을 타인과 연결해야만 완전해진다. 그러므로 정치 참여의 중심적 목적은 사람을 변화시키는 것이다:

> … 자신들을 본질적으로 소비자로 여기고 그렇게 행동하는 것으로부터, 그 자신들이 역량을 발휘하고 개발하는 것을 노력하며, 즐기는 자로 여기는 것으로 바꿈으로써 … 왜냐하면 후자의 자아상은 전자가 갖지 않는 공동체 의식을 가져오기 때문이다. 인간은 자신의 만족을 위해 혹은 자신의 우월함을 타인들에게 보여주기 위해 저 홀로 재화를 획득하고 소비할 수 있다. 이것은 공동체 의식을 요구하거나 고양하지 않는다. 그 반면에 자기 능력의 향유와 개발은 대개는 타인들과 더불어 어떤 공동체와의 관계에서 이루어져야 한다(C.B. Macpherson, 1977, p. 99).

토크빌은 연합된 삶이 민주적 삶에 필수적임을 강조했다. 이 입장을 다시 언급한 사람 중 한 명인 로버트 퍼트넘(Robert Putnam)은 이탈리아 역사 연구인 『민주제가 작동하도록 만들기(*Making Democracy Work*)』(1993)를 저술했는데, 거기서 그는 시민 기관의 발전에서 시민 공동체의 중요성을 강조했다. 더 최근의 연구에서 퍼트넘은 비록 반복되는 선거에서 단지 투표하는 것일지라도 정치체제에 참여하는 것이 어떻게 "사회적 자본(social capital)"을 구축하는지를 강조한다.

> 물적 자본이 물리적 사물들을, 그리고 인적 자본은 개인들의 속성을 의미하는 반면에, 사회적 자본은 개인-사회의 네트워크 및 그로부터 발생하는 상호성과 신뢰성 규범을 의미한다. 그런 의미에서 사회적 자본은 몇몇 사람이 "시민의 덕성(civic virtue)"이라 부르는 것과 밀접히 관련되어 있다. 차이점은 "사회적 자본(social capital)"은 시민의 덕성이 상호적 사회관계의 네트워크에 자리하고 있을 때 가장 강력하다는 사실에 주목한다는 것이다. 덕성을 가졌지만 따로따로 고립되어 있는 많은 개인들이 모여 있는 사회가 사회적 자본이 꼭 풍요한 것은 아니다.
>
> — 퍼트넘(2000, p. 19).

사회적 자본, 시민의 참여, 공동체, 그리고 상호 연관성이라는 모든 용어들은 한 정치 공동체의 일부가 된다고 하는 것이 가진 변화의 힘을 정당화하는 데 사용되는 것들이다. 그 밑에 놓인 기본 가정은 "시민 참여는 사람들을 하나로 모으고, 상호작용을 통해 그들은 그들의 선호와 기대를 전달할 수 있고, 함께 일하는 것을 통해 신뢰와 상호 의무의 결속을 구축한다"라는 것이다(Fiorina, 2002, p. 515). 신뢰 및 상호 의무의 결속력은 사익을 초월하는 정치 참여를 낳는다.

지난 세기에 미국 및 기타 지역에서 제도화된 많은 정치 개혁은 시민 참여를 늘리고자 한 것이었다. 그 주장은 인민에 의한 정부(government by the people)가 시민들에게 권한을 부여하는 것과 정치적 · 시민적 절차 및 과정들을 개방하는 것을 요구한다는 것이었다. 이러한 목적을 달성하기 위한 개혁들에는 대통령 지명 절차의 개방, 정당보다는 후보자 정치에 중점을 두기, 회의 공개 및 투표 기록 의 요구, 이익집단을 더 창설하기, 제도상의 장애를 국민 발의(initiative) 및 국민투표(referendum) 절차로 처리하기, 여론 조사에 의존, 지방정치 기구 수의 증대, 관료제의 개방, 공청회 및 비평 요구, 그리고 투표자 등록의 증대가 있다.

2. 전능한 과학적 관리자

다원적이든 숙의적이든 민주적 정부가 그 목적을 수행하기 위해서는 관리자에게 의존해야 한다. 정보를 수집하고 정책을 검토하며, 프로그램을 집행하고 관리해야 한다. 이러한 과업을 수행하는 관리자는 공무원, 행정인 혹은 관료로 알려져 있다. 그들은 시장을 조종하려는 모든 시도의 핵심 기관이며, 시장실패를 교정하는 그들의 능력을 분석하기 위해서는 그들의 역량과 그들이 가진 예상되는 과업에 대한 통상적인 지식을 이해하는 것이 중요하다.

100년 이상 동안 관료제의 기본 비전은 강력한 행정수반이 지시하고 조정하는 전문적이고 비(非)당파적인 행정부에 의해 효율성이 증진된다는 것이었다. 나중에 미국 대통령이 된 젊은 정치학자 우드로 윌슨(Woodrow Wilson)이 1887년에 낸 논문은 1941년에 『계간 정치학회보(*Political Science Quarterly*)』에 실려 다시 출판되기 전까지는 아무도 인용하지 않았지만, 거기에서 윌슨은 행정의 기본 비전을 다음과 같이 요약했다. 윌슨이 보기에는 이러했다:

> 행정의 분야는 경영의 분야이다. 그것은 정치의 다급함과 다툼에서 벗어나 있다. 그리고 헌법 연구의 논란이 있을 만한 영역으로부터도 떨어져 있다. 회계사무소의 방법들이 사회의 일부일 뿐이듯이 행정도 정치 생활의 일부이다. 기계가 제품을 생산하는 부품일 뿐이듯이 말이다(p. 18).

윌슨의 에세이는 정치-행정 이분론으로 알려지게 된 것, 즉 당파적 정치에 적절한 영역과 비(非)당파적 행정부에 적절한 영역 사이의 구분을 반영했다. 그는 "더 중요하게 관찰할 것은 우리의 공무원 개혁가들이 이미 너무나 많이, 그리고 너무나 다행스럽게도 주장한 진실인데, 곧 그것은 행정이 정치의 고유한 영역 밖에 있다는 사실이다" 라고 주장했다. 그리고 그는 "행정과 정치 사이의 이러한 구분은 다행스럽게도 이제는 더 논의할 필요 없을 정도로 너무나 명백하다"(p. 13)고 믿었다.

정치-행정 이분론은 공무원 개혁운동의 일부였으며, 링컨 스테펀스(Lincoln Steffens), 아이다 타벨(Ida Tarbell), 그리고 업톤 싱클레어(Upton Sinclair)와 같이 비리를 캐고 다니는 사람들의 주장에 잘 부합한다. 게다가 프레데릭 테일러(Frederick Taylor) 및 다른 과학적 관리 운동 주장자들은 당시 공장 관리 기법을 개발하고 있었고 이러한 "과학적 관리(scientific management)" 아이디어는 과학적, 비(非)당파적 행정을 주장하는 사람들에 의해 받아들여졌다.

공적 기관의 과학적 관리는 좌파와 우파 모두의 이상이 되었다. 그것은 이익이나 다른 이기적 목표로 움직이지 않는 "바른 마음을 지닌(right-minded)" 관리자는 정부기관, 프로그램 및 자산을 관리하는 동안에 공익을 보호할 것이라는 믿음에 바탕을 두고 있다. 그러나 이 목적을 달성하려면 관리자는 정치로부터 차단되어야 한다. 일단 정치체제가 정책 지침을 산출하면, 과학적 관리자는 혼자 남겨져 그들이 훈련받은 전문성에 따라 정책 지침을 관리할 필요가 있다.

행정학을 주장하는 사람들이 보기에는, 행정은 잘 훈련되고 유능한 관료가 기술과 전문성을 적용해 시장 거래에서 흔히 볼 수 있는 낭비를 없애고, 사람들을 사업의 과다로부터 보호하며, 사회의 부를 공정하게 분배한다. 행정의 미덕 중 하나라고 알려진 것은 사람들이 원하는 것(what people want)뿐만 아니라 그들에게 좋은 것(what is good for them)도 알아내는 능력이다. 소비자 주권 또는 시민의 선호는 강력하고도 비(非)당파적인 행정가들이 휘두르는 과학의 진리만큼 높은 가치를 갖는 것이 아니다. 그 예로 정부기관이 수행하는 개인 및 기업 규제가 있다. 보통의 시민들은 다양한 활동 속에서 보호받아야 한다: 운전자는 정부에서 부과한 충돌 시험을 통과한 범퍼, 채우지 않았을 때 부저가 울리는 안전벨트, 또 연료의 효율성 등급이설정된 자동차를 구입해야 한다. 새 주택 및 기존 주택의 증축 부분은 표준 건축 규정에 따라 건축해야 한다. 잔디 깎는 기계는 작업자가 핸들에서 손을 놓으면 자동으로 날을 멈추는 장치가 있어야 한다.

시민은 기업으로부터도 보호받아야 한다: 정부 검사를 받지 않은 육류를 구입할 수 없으며, 공인된 의과대학을 졸업하지 않은 누군가에게서 의료 서비스를 구입할 수 없고, 기업은 적어도 정부가 정한 최저 수준에 상당하는 임금을 고용자들에게 지불해야 한다. 광고 메시지는 연방통신위원회(Federal Communications Commission)가 제정한 지침에 부합해야 하며, 신약은 엄격한 기준 및 검사를 충족하고 식품의약처(FDA)의 광범위한 검토를 받아야 한다. 과학은 개인을 자신 및 타인으로부터 보호하기 위한 표준을 설정하며, 그러고 나면 정부가 그 표준을 실행한다.

오늘날의 행정학도들은 정치와 행정을 분리하려는 윌슨의 구도가 불가능하다는 것을 알고 있다. 실제로 지금의 행정학 입문 교과서들은 행정의 정치적 역할을 강조한다. 한 교과서는 행정의 정치적 성격을 "원숙한 자세로(maturely)" 직면할 것을 주장한다. 저자들은 계속해서 이렇게 말한다.

> 알코올 중독을 막는 첫 번째 단계가 알코올 중독자에게 그 자신이 알코올 중독자이며 술을 끊은 후에도 늘 알코올 중독자일 것임을 인정하게 하는 것이듯이, 행정 작용을 보다 현실적인 기반 위에 놓기 위한 첫 번째 단계는 공공 관리자가 공공부문의 행정이 본질적으로 정치 과정임을 인정하게 하는 것이다.
>
> — 샤프리츠와 러셀(Shafritz and Russell, 2010, p. 26)

현대 분석가들은 관료제가 과학적 관리 주장자들이 생각했던 것보다 훨씬 더 정치화되어야 함을 강조한다. 예컨대 정부기관이 살아남기 위해서는 고객이 원하는 바를 확립하고 그에 맞추어야 한다. 그들은 명확성이 없고 흔히 부족한 자금으로 주어진 입법부의 요구를 수행하면서 세출위원회 위원장들을 달래야 한다.

거기에 더해, 행정가들은 완벽한 정보나 확실성도 없다. 행정가들은 완전하고도 확실한 대안 목록 중 최선의 행동 노선을 선택하기보다 허버트 사이먼(Herbert Simon, 1976)이 한정된 대안 중 "만족스러운(satisficing)" 선택이라 부른 것을 수행하여 개선을 추구해야 한다.

관료제에 대한 서술이 오래된 과학적 관리자에 의해 혹은 새로운 체제 이론가에 의해 이루어지든 관계없이, 그 논의에는 똑같은 정치 행동 모형이 깔려 있다. 관리자들은 완전한 혹은 불완전한 정보로, 목표를 극대화하거나 그것이 그만하면 족하다는 결정을 내릴지 모르며, 그들은 어려운 정치 압력 속에 사로잡힐 수 있고, 그들의 기관에 내재되어 있는 정치가 그들의 선택지를 줄일 수 있겠지만, 그런데도 그들은 공익을 위해 행동하고자 노력한다. 위에서 인용한 입문 교과서 저자의 다음 단락은 이렇게 요약한다:

> 미 해군은 한때 이러한 모병 구호를 사용했다: "이것은 단지 직업이 아니라 모험이다." 행정도 그러하다. 공무원직은 흔히 개인이 그들의 삶을 바쳐 할 수 있는 가장 흥미로운 일이다. 월터 리프먼(Walter Lippmann)은 "사적 삶의 즐거움(the joys of private life)"이 아주 과대 평가되어 있다고 자주 말했다. "왜냐하면 공적 삶은 일단 한 남자[또는 여자]가 그 흥미와 중요성에 감염된다면 거의 극복할 수 없다는 것이 진실이기 때문이다." 정부를 확장하기 위해서든 축소하기 위해서든 어떤 이가 수도에 온다면 그것은 가치 있는 개인적 추구이고 위대한 개인적 모험이며, 만약 당신이 국가의 수도, 주도, 시청 또는 지역의 단체에서 봉사한다면 그것은 그와 똑같이 가치 있고 모험적인 것이다. — 샤프리츠와 러셀(2010, 27)

3. 계획의 이상

시장실패를 치유하기 위해 국가를 사용하는 데는 계획이 필요한데, 그것은 반드시 공산주의 국가에서 시도되었던 생산에 관한 중앙 계획일 필요는 없지만 덜 정치적이고 더 과학적이며, 특정 문제에 더 초점을 둔 계획이어야 한다. 그런 예는 많은데, 재정정책, 공장 폐쇄, 사고 예방, 소득 보장, 환경오염, 멸종위기종, 투자, 개발, 교통, 주택, 고용, 스마트 성장 등이다. 이러한 유형의 계획들은 정치적 부패 및 경제력의 집중에 대한 두려움에 주로 관심이 있었던 진보주의자들이 주장한 "좋은 정부(good government)" 계획보다 훨씬 더 광범위하다는 점을 유의하라.

후생경제학자들은 일반적으로 외부 효과의 통제를 넘어서는 경제활동의 계획 및 조정을 포함하도록 정부 계획을 확대하는 것에 관해 말을 아끼지만 이러한 확대는 정치 스펙트럼을 넘어 널리 지지를 받고 있다. 가장 눈에 띄는 계획 영역은 토지이용이다. 미국의 거의 모든 도시 및 카운티에는 관할 구역 안 토지의 이용을 지시하는 계획 부서와 계획 위원회가 있다. 주기관 및 연방기관은 정교한 계획들을 만들어내는데, 이것들은 물리적 환경에 영향을 줄 수도 있는 많은 사적 활동에 영향을 미친다. 역사보존위원회는 미적 환경에 영향을 줄 수도 있는 행동에 영향을 미치는 계획들을 만들어낸다. 미국계획협회(American Planning Association) 회원 3만 명 중 3분의 2가 정부기관에서 근무한다. 민주당원과 공화당원은 "스마트 성장(smart growth)"이 시장지향적 성장을 대체해야 한다는 데 의견이 일치한다. 시장이 지시하는 대신에 정부가 주거 유형, 대중교통 및 걸어 다닐 수 있는 지역을 계획하고 지시해야 한다는 것이다. 통제받지 않는 시장 활동에서 나오는 "무분별 성장(mindless growth)"과 "과도한 개발(excessive development)"을 대체하기 위한 수단으로 정부 지향적 스마트 성장이 전개된다. 주택 설계의 미학에서 경제 개발의 위치와 시기에 이르기까지 모든 것을 통제하는 적절한 도구가 정부라는 것이다.

4. 결론

더 큰 정부 계획과 지시를 주장하는 많은 사람이 교환을 승자와 패자를 만드는 경쟁활동으로 간주한다. "작은 사람(little guy)"은 "큰 사람(big guy)"의 처분에 의존한다. 소비자는 그들이 필요로 하지 않는 제품을 구입하도록 혹은 심지어 정말로 원하게 되도록 광고주에 의해 조종된다. 구매자는 판매자의 처분에 의존된 상태이다. 또 노동자는 경영자에게 패배한다. 비록 서로를 유리하게 만들 이득이 나타날 가능성은 있지만, 통상적인 예상은 누군가의 이득이 흔히 다른 누군가의 손실이라는 것이다.

아마도 정치는 상황을 더 좋게 만들 것이다. 정치 과정은 부를 더 평등하게 분배하고 경제를 운용하는 사람들의 정치적 · 경제적 힘이 줄어드는 결과를 가져온다. 사업장에 대한 정치적 개입은 노동자를 경영자에게 희생되지 않도록 보호하고, 정치적 조치들은 소비자에게 더 많은 보호를 제공한다. 이 이상화된 민주국가는 시장의 혼란을 개선하는 정부의 보이는 손에 의해 인도된다. 시장은 사람을 도덕적으로 퇴보하게 만들거나(degenerating) 기껏해야 도덕과는 무관한(amoral) 자기 이익을 추구하게 한다. 이상화된 민주국가는 사람을 여기에서 벗어나 더 책임감 있고 더 사회적으로 유익한 활동으로 들어가게 해준다. 정부는 경쟁하는 가치들을 표현하는 도구이자, 가치들 사이의 갈등을 해결하는 도구가 된다. 유능하고 과학적인 관리자는 시민을 시민 자신으로부터, 이익집단으로부터, 그리고 대기업으로부터 보호한다.

시장실패를 되돌리기 위해 정부 개입을 옹호하는 경제학자들은 전술한 요약이 시사하는 것만큼 낙관적이거나 순진하지는 않다. 그 요약은 시장실패를 해결하기 위해 정부 개입을 권고하는 논의에 활력을 불어넣는 시각을 정말 반영한다. 문제는 시장 과정을 분석하기 위한 강력한 도구를 정부 과정 분석에 적용한 경제학자가 거의 없다는 점이다. 시장실패가 정부 조치를 정당화한다고 주장하는 사람들은 잠시 멈추고 이런 질문을 하지 않는다: 정부에는 어떤 인센티브가 있는가? 누가 이기고 누가 지는가? 실제의 결과가 우리가 바라는 결과와 다른가? 정부의 좋은 의도가 좋은 결과를 낳는가?

다음 장들에서는 그런 분석을 제시한다. 거기서는 이상화된 민주국가는 단지 그렇게 이상화되었을 뿐이고 실현되지는 않았으며, 실현될 가능성도 없음을 볼 수 있다. 그것들은 또한 시장실패에 관한 초기 주장들이 단지 몇 년 전에 생각했던 것보다 훨씬 취약하여, 이상적이든 아니든 국가에 의존하는 초기 주장의 정당화는 이제는 거의 정당화가 되지 않는다는 것을 볼 수 있다.

■ 서지(書誌) 노트 : 주요 참고문헌 소개

이 장에서는 다원주의적 국가 시각을 이해하는 데 가장 중요한 고전적인 몇 가지 연구를 규명한다. 그것들은 로버트 달의 『민주론 서설(*A Preface to Democratic Theory*)』(1956), 데이비드 트루먼의 『정부 과정(*The Governmental Process*)』(1951), 그리고 찰스 E. 린드블럼의 『정치와 시장(*Politics and Markets*)』(1977)이다. 이익집단에 대한 우수하고 얇은 책은 앨프레드 허쉬만(Alfred O. Hirschman)의 책 『열정과 이익(*Passions and the Interests*)』(1977)이다.

사회적 자본과 시민 참여 논의에 최소한의 정통함을 원하는 사람이라면 로버트 퍼트넘(Robert Putnam)의 『혼자 볼링 하기: 미국 공동체의 붕괴와 부흥(*Bowling Alone : The Collapse and Revival of American Community*)』(2000)을 읽어야 한다. 퍼트넘의 이 책의 주제는 한때 수천 명의 미국인이 리그들 안에서 볼링을 했지만, 지금은 홀로 볼링을 할 가능성이 더 높다는 것이다. 혼자 볼링을 한다는 것은 미국인들이 점점 가족, 이웃, 지역 사회 그리고 국가와의 연결이 더 적어지고 있다는 그의 주장에 대해 그가 한 은유이다. 그들이 일요일 피크닉을 가질 가능성은 적어지고 "손가락(the finger)" 욕으로 다른 운전자를 모욕할 가능성은 커졌다. 그는 이 모든 것이 "우리 공동체의 결속이 쇠락했다"는 증거라고 주장한다.

행정학은 자체의 학술지들 및 전문 학회 모임들이 있는 학문 분야이다. 그러므로 그 주제에 관한 문헌은 방대하다. 나는 흥미 있고 유용하다고 여기는 몇 가지 책을 제시한다. 첫째, 1947년에 처음 출판된 허버트 사이먼(Herbert Simon)의 『행정행태론 : 행정조직의 의사결정 연구(*Administrative Behavior : A Study of Decision-Making Process in Administrative Organization*)』(1976)를 추천한다. 후일 의사결정 이론에 대한 연구로 노벨 경제학상을 받은 사이먼은 관료제에 관한 현대 연구에 대한 기초를 제공한다. 둘째, 제임스 윌슨(James Q. Wilson)의 『관료제 : 정부기관은 무엇을 하며 왜 그것을 하는가(*Bureaucracy : What Government Agencies Do and Why They Do It*)』를 관료제가 어떻게 작동하는지에 관한 "필독서(must read)" 로서 추천한다. 이는 1989년에 처음 출판되었고 2000년에 개정판이 나왔다. 그의 가장 큰 기여는 외부이익이 관료제에 어떻게 영향을 미치는지 결정하는 네 가지 정치 환경을 구분한 것이다. 즉, 고객 정치는 고객기관을 낳고, 풀뿌리 시민들의 사회운동은 문제를 "해결(solve)" 해내는 기업가적(entrepreneurial) 기관을 낳고, 경쟁적인 이익집단은 적시에 바른 이익 단체를 선정해야 하는 이익집단(interest group) 기관을 낳고, 끝으로 과반수 정치는 적을 만들지 않는 것에 주된 관심을 두는 과반수(majoritarian) 기관을 낳는다. 마지막으로, 『행정학 및 공공정책 백과사전(*The Encyclopedia of Public Administration and Public Policy*)』(Rabin, *Dekker Encyclopedias*, Supplement Edition, 2002)이 있는데 이 책은 대개 개인이 소장하기엔 너무 비싸지만 온라인으로 이용할 수 있으며, 대부분의 대학 도서관에는 꼭 있을 것이다. 만약 당신이 행정학 분야를 이해하기를 바란다면, 이것이 출발지점이다.

〈참고문헌〉

Dahl, Robert, *A Preface to Democratic Theory*, Chicago : University of Chicago Press, 1956.

__________, *Pluralist Democracy in the United States : Conflict and Consent*, Chicago : Rand McNally, 1967, p. 24.

Fiorina, Morris P., "Extreme Voices : A Dark Side of Civic Engagement," *Civic Engagement in American Democracy*, ed. Theda Skocpol and Morris Fiorina, Washington, DC : Brookings, 1999.

__________, "Parties, Participation, and Representation in America : Old Theories Face New Realities," *Political Science : State of the Discipline*, New York : W.W. Norton & Company, 2002.

Fishkin, James S. *et al.*, *Does Deliberation Induce Preference Structuration?, Evidence From Deliberate Opinion Polls*, Presented at American Political Science Association, Oct. 30, 2000 : 1-22.

Gutmann, Amy, and Dennis Thompson, *Why Deliberative Democracy?* Princeton : Princeton University Press, 2004.

Hirschman, Albert O., *The Passions and the Interests*, 20 ed., Princeton : Princeton University Press, 1997.

Lindblom, Charles, E., *Politics and Markets*, New York : Basic Books, 1977.

Macpherson, C. B., *The Life and Times of Liberal Democracy*, Oxford : Oxford University Press, 1977, p. 99.

Mansbridge, Jane, *Beyond Adversary Democracy*, New York : Basic Books,

1980.

Putnam, Robert D., *Bowling Alone : The Collapse and Revival of American Community*, New York : Simon & Schuster, 2000, p. 19.

__________________, *Making Democracy Work*, 2 ed. Princeton : Princeton University Press, 1994.

Rabin, Jack, *Encyclopedia of Public Administration and Public Policy*, First Update Supplement (Public Administration and Public Policy). Supplement ed. Boca Raton : CRC, 2005.

Shafritz, Jay M. and E. W. Russell, *Introducing Public Administration*, New York : Pearson Education, 2010.

Shapiro, Ian, "Problems, Methods, and Theories in the Study of Political Science or What Is Wrong With Political Science and What To Do about It," *Political Theory* (2002), p. 238.

Simon, Herbert, *Administrative Behavior : A Study of Decision Making Process in Administrative Organization*, New York : The Free Press, 1976.

Stigler, George, *The Citizen and the State : Essays on Regulation*, Chicago : University of Chicago Press, 1975, p. 103.

Truman, David B., *The Governmental Process : Political Interests and Public Opinion*, New York : A. Knopf, 1951.

Wilson, Woodrow., "The Study of Administration," *Political Science Quarterly*, 2 (June, 1887), pp. 197～222.

정치를 폄하하며 : 몇 가지 공공선택

제3장 민주제의 비낭만적 측면

제4장 병리적 정치 : 정부실패의 해부

제5장 무임승차와 강제승차의 정치 : 공공재 공급

2

Part Two

정부실패는 제2부의 주제이며 공공선택학으로 알려진 학문 분야의 중심 연구 주제이다. 공공선택학자들은 경제적 추론과 분석을 집단 선택 혹은 공공선택 연구에 적용한다. 그들의 결론은 제1부에서 설명된 이상화된 국가에 관한 생각들 중 하나가 잘못되어 있음을 신속히 깨우쳐 준다.

공공선택학자들은 정부가 시장실패를 쉽게 고칠 수 없다는 것을 보여주었다. 정부는 보통 상황을 나쁘게 만든다. 근본적인 이유는 시장이 갖고 있는 인간의 활동 및 원하는 바를 조정할 수 있도록 해주는 정보와 인센티브가 정부에게는 없기 때문이다. 따라서 스스로 공익을 추구하고 있다고 믿는 투표자, 정치인, 관료, 그리고 활동가 등은 보이지 않는 손에 이끌려 공익이 아닌 다른 이익을 추구하게 된다.

이 분석은 권위적 체제가 아닌 민주제에 한정되며, 민주제에 대한 비판을 그러한 체제에 대한 지지로 간주해서는 안 된다. 나는 자치 정부를 강력하게 신봉한다. 민주제는 개인의 권리의 적절한 보호와 자발적이고 집단적인 행동의 기회를 제공하게끔 짜여질 수 있다. 그러나 현대의 민주 정치는 개인의 권리에 대해 흔히 착취적이고, 낭비적이며, 파괴적이다. 여기에서 제시하는 분석은 독자들이 제4부의 사례 연구를 이해할 수 있도록 준비를 하게 하며, 마지막 장에서 내가 제안하는 개혁을 미리 짐작하게 한다.

제3장 민주제의 비낭만적 측면

피구(Pigou)의 후생경제학 이후 수십 년 동안 경제학자들은 정부를 시장실패를 교정하기 위한 사심 없는 기관으로 보았지만, 정치학자들은 일반적으로 정부(적어도 민주적(democratic) 정부)를 일반의지(general will)를 반영하는 수단으로 보았다. 이 장에서는 "공공선택학(public choice)" 이라는 우아함이 좀 없는 것으로 알려진, 정부에 대해 덜 낭만적인 정부이론을 소개한다. "공공선택(public choice)" 이라는 이름은 1967년 비시장적 의사결정의 연구위원회(Committee for the Study of Non-Market Decision Making) 회의에서 나왔는데 그 후 그 위원회는 공공선택학회(Public Choice Society)로 개명했다.

공공선택학은 경제학의 도구와 가정을 사용하는 정치적 또는 공적 선택에 대한 연구이다. 분석 단위는 국가, 의회, 위원회 또는 관료제가 아니라 개별 시민, 의원, 위원회의 위원 또는 관료이다. 또 그 개인들은 피동적이고 남을 중시하는 정치적 환관(political eunuchs)이 아니다. 그들은 정치 과정을 통해 추구하는 열정, 이해관계, 그리고 가치를 가지고 있다. 공공선택 이론에서는 정부는 자기 이익에 부합하는 결과를 달성하고자 상호작용하는 개인의 집합체이다.

공공선택학의 가정은 단지 상식이다. 정치 부패로 잘 알려져 있는 국가의 정치에 관한 오래된 농담처럼 "우리는 정치인이 부패할 것으로 기대하는 것이 아니라 부패하기를 요구한다". 우리가 상식적으로 알 수 있는 것은 사람들이 식료품 가게에서 투표 기표소(voting booth) 혹은 시장(市長) 직위로 이동할 때 그들이 인간 본성을 무시할 것으로 기대해서는 안 된다는 것이다. 기이하게도 많은 경제학자, 정치학자, 그리고 시민은 그렇게 무시할 것으로 기대한다. 공공선택학은 우리를 그러한 낭만적이고도 "미신적(mythful)" 인 생각에서 벗어나 정치 세계에 관한 보다 현실적이고도 통찰력 있는 관점으로 옮아가게 한다. 공공선택학은 정치적 용기와 이타주의의 행동이 일어난다는 점을 부인하지 않는다. 공공선택학은 우리가 그것을 기대하거나 그것에 의존해서는 안 된다는 것을 분명 암시한다. 아마도 공공선택학이 발견한 주된 사실은 현실 세계의 정치가 후생을 줄이는 성향이 있다는 점일 것이다. 정부실패(government failures)로 알려진 이 경향은 시장실패만큼이나 만연해 있으며, 치료하기가 더 어려울 수 있다. 정부가 실패하기 때문에, 정부가 시장실패를 해결하고자 하는 건 상황을 더 악화시킬 수 있다.

1. 경제로서의 정치체제(와 유사한 것), 혹은 정치에 경제학적 개념을 적용하기

가. 단순 모형

정치 및 민주주의에 관한 공공선택 모형은 실제로 매우 단순하다. 정치는 투표자, 선출직 공무원 혹은 정치인, 관료, 그리고 이익집단이라는 네 의사결정자 집단으로 이루어진 체제이다. 이러한 집단을 이루고 있는 개인은 정치체제로부터 이익을 얻고자 한다. 정치인은 표를 원하는 반면에, 관료는 일자리의 안정과 예산을 추구한다. 이익집단과 투표자는 더 많은 부와 소득을 추구한다. 정치적 교환제도에는 심각한 제약이 있지만, 각 행위자는 다른 사람이 소유 또는 통제(혹은 둘 다)를 하고 있는 것을 원한다. 투표자와 이익집단은 정치인과 관료의 서비스를 원하는 반면에, 관료는 정치인과 납세자의 더 많은 수입이나 예산을 원한다. 또한

그림 3-1 정치체제

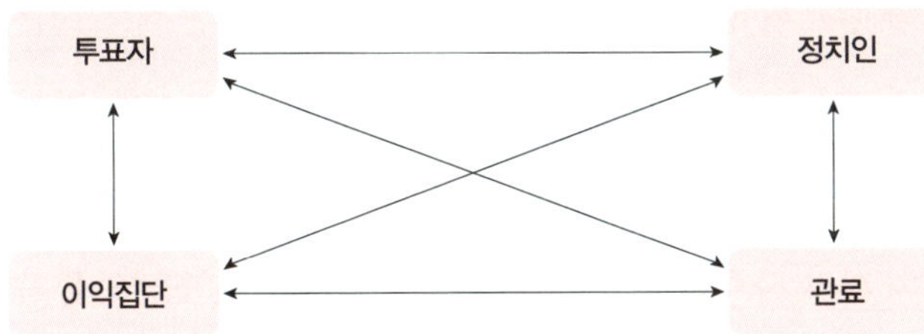

물론 정치인은 시민과 이익집단 구성원으로부터 표와 기타 형태의 지원을 원한다. [그림 3-1]에 편의상 그 체제가 그려져 있다.

시장처럼 정치는 희소한 자원 및 불확실성이 있는 환경에서 작동한다. 또한 시장처럼 정치체제는 이러한 희소성을 배분하고, 소득과 부를 분배하며, 공통적 후생을 공급하는 수단을 제공한다. 어떤 의미에서 정치체제는 시장의 대체물이다. 즉, 다른 의미에서 정치체제는 시장이 수행하기 어려운 어떤 과업들을 수행하기 위해 설계된 보완 장치이다.

우리 모형에서 각 개인은 특정한 자산을 통제하고, 자기 이익 중심적이고, 목적 지향적이며, 합리적인 의사결정자이다. 불행히도, 그리고 잘 정의되고 방어할 수 있는 재산권이 있는 시장과는 정반대로, 정치 과정에는 효율성 달성을 감소시키고 이기적인 사람들 사이의 조화를 저해하는 어떤 속성이 있다.

나. 자기 이익

자기 이익 중심적(self-interested) 정치인을 가정하면서, 나는 단지 대부분의 사람들이 다른 사람들의 관심사보다 자신의 관심사를 더 쉽게 인식한다고 주장한다. 나는 개인이 다른 사람(예: 그들의 가족)과 그들의 후생에 관심이 없다고 말하고 있는 것이 아니다. 그럼에도 우리 대부분은 공익이나 GDP를 위해 무엇을 할 수 있는지가 아니라 우리 자신을 위해 무엇을 해야 할지 물으면서 아침에 일어난다. 우리가 잘 설계된 경제 및 정치 제도 안에서 행동하는 한, 그러한 자기 이익은 나쁘지 않다. 사실 그러한 제도는 애덤 스미스의 "보이지 않는 손(unseen hand)" 처럼 자기 이익을 일반적 선(general good)으로 전환하는 데 도움이 될 것이다. 대체로 대개의 사람은 명백하게 자신이 최선의 이익을 얻을 수 있는 일에 상당 기간 반대할 수 없다는 것을 알게 된다. 다른 사람들의 최선의 이익이 무엇인가를 점칠 수 있는 지혜와 정보를 가진 사람은 거의 없으며, 또 다른 사람들의 복리가 향상되도록 하기 위해 자신을 계속 희생하겠다고 제안하는 사람은 그보다 더 적다. 사람들은 그들이 가장 가치를 두는 일을 하는 데 시간을 가장 많이 들이며, 귀찮은 일이나 자신들에게 상당한 보상의 약속을 거의 보이지 않는 일에 시간을 가장 적게 들인다. 나는 모든 정상적인 개인이 늘 자신의 최선의 이익을 알고 있다고 주장하는 것이 아니라 다른 누구도 자기 자신보다 자신을 더 잘 알 수 없다고 주장하는 것이다. 아리스토텔레스가 말했듯이 구두가 끼는지는 구두 수선공보다 구두를 신는 사람이 더 잘 안다.

시민은 자신의 가장 강렬한(그러나 꼭 가장 고상한 것은 아닌) 목적을 따르기 때문에, 그들은 경제에서는 아주 경제인처럼 행동한다. 소비자이든 시민이든, 그들은 자신의 목표를 어떤 상대적 중요성의 순서에 따라 조직할 수 있는 것처럼 보인다. 소비자처럼, 시민은 다른 조건이 일정하거나 같다면, 적은 것보다는 많은 것을 선호한다.

시장 분석은 제품, 노동, 전문기술 등에 대한 수요와 공급에 초점을 둔다. 그와 똑같은 초점은 정치를 분석하는 데도 유용하다. 시장에 대한 통상적 지혜는 시장실패를 통제하면 수요와 공급 양 측면이 균형을 이루며, 제품 또는 서비스의 최적의 양이 생산되고 소비된다는 것이다. 공공선택학에서 나오는 결론은 정치의 수요 측면이나 공급 측면 어느 것도 공익을 반영할 가능성이 없다는 것이다.

의사결정자에게 초점을 두면 선택의 환경과 그 환경이 개인적 및 집단적 선택에 어떻게 영향을 미치는가를 고려하지 않을 수 없게 된다. 정치와 시장에서 주어진 어떤 시간 속의 자원은 그 사용 수요에 비해 희소하다. 우리의 시간, 돈, 에너지, 그리고 기타 자원은 제한적이거나 희소하므로, 만약 효율적으로 사용하지 않는다면 우리는 우리의 잠재적 수익을 제한하게 된다. 예컨대 우리는 성취를 적게 이루거나 재량적 시간이나 돈을 적게 얻는다. 요컨대 희소성은 기회비용을 야기하며, 그러한 비용은 이익과는 달리 일반적으로 증가하는데, 그 증가율은 점점 더 커진다. 즉, 한계수익 체감의 법칙 때문에 동일한 양의 편익을 두 번째로 얻는 데는 첫 번째보다 비용이 더 많이 든다. 만약 한계생산성 체감의 법칙이 작동하지 않는다면 누군가의 뒤뜰 정원으로 온 세상을 다 먹일 수 있을 것인데, 왜냐하면 노동, 물, 그리고 비료를 무한히 추가하면 무제한의 생산을 낳을 것이기 때문이다. 실제로는 생산(편익)은 증가하지만, 그 비율은 체감하며, 그 반면에 비용은 체승한다! 즉, 다음 번 생산을 조금 더 얻으려면 비료, 물, 잡초 제거, 그리고 돌봄이 점점 더 많이 들게 된다.

게다가 의사결정 환경의 가장 큰 특징은 여러 가지 불확실성이 있다는 점이다. 즉, 무슨 일이 일어날지 확신 있게 아는 경우는 거의 없다. 우리는 자연과 다른 합리적이고 자기 이익 중심적인 사람들이 무엇을 생각하는지 무지 상태에서 선택한다. 따라서 우리는 미래를 정확히 예측하고 통제할 수 없으며, 과거를 되돌릴 수도 없다. 우리는 과학을 통해 또 투자 헤징(보험)을 통해 그것을 시도하지만, 알아야 할 모든 것을 알 수는 없다. 다행스럽게도 우리가 전지 혹은 전능할 필요는 없다.

정치 규칙을 통해 다양한 명령을 부과하는 것은 사람들이 불확실성을 줄이고 그들의 자기 이익을 증진하는 한 방법이다. 그러한 규칙은 정치 게임 속 행동을 구조화한다. 그러한 규칙 중에는 그 뒤에 일어나는 정책 선택들 및 의사결정의 변경이 어떻게 이루어져야 하는지를 규정하는 헌법이 있다. 민권, 재산권, 계약 등은 누가 어떤 자원을 관장하고 어떻게 채택하고 이전하는지를 더 잘 정의하는 데 기여한다. 중요한 점은 집단의 제도가 개인의 및 공동의 후생에 좋은 결과를 가져올 수 있지만 나쁜 영향을 미칠 수도 있는 아주 중요한 문제라는 것이다.

2. 집단적 선택의 근본적 성격

의사결정자에 대한 이러한 초보적이되 근본적인 고려사항의 토대 위에서 우리는 정치 그 자체의 본질을 탐구할 준비가 된다. 첫째, 정부와 민주적 절차 체제를 갖는다는 것은 앞으로의 어떤 선택이 시장 속의 고립된 개인이 아니라 *다른 사람들과 공동으로(jointly with others)* 결정될 것이라는 사실이다. 다른 사람들과 더불어 결정을 하기 위해서는, 선택하는 사람들 사이의 차이에도 불구하고 공동 선택이 이루어지도록 하는 권위 있는 규칙을 채택해야 한다. 다수결(plurality) 규칙은 그러한 규칙 중 하나이다. 다른 규칙으로 단순 과반수(simple majority) 규칙과 강화된 과반수 규칙(supramajorities)도 있다. 그러한 규칙은 선택이 일어날 때 패자가 있고 승자가 있을 것임을 필연적으로 암시한다. 달리 말하면, 패자 측을 찍은 투표자들은 승자의 결정에 따라야 하는데, 왜냐하면 정부는 반대자들에게 자신의 의지를 강요할 강제력이 있으며 다수 측은 소수 측을 수탈하는 데에 정부의 강제력을 사용할 수 있기 때문이다. 정치체제의 강제력을 지적함이 시사하는 것은 정부는 독점이라는 사실인데, 그것은 다수의 사람은 통제되기를 바라고 집권자로서는 보호하려는 독점이라는 것이다. 사회과학자들은 통치자들이 제 권위를 지키는 데 방심함이 없음을 오랫동안 지적해왔다. 선출된 통치자조차 경쟁자를 흔쾌히 용납하지 않으며, 제 편에게는 보상을, 그리고 적에게는 처벌을 내린다.

정부를 독점이라고 간주하는 것이 가장 좋은 생각이지만 그것은 아주 독특한 독점이라는 것을 기억하는 것이 중요하다. 정부라는 독점이 시장 독점자들과 같은 의미로 이윤 지향적이란 말이 *아니다*(*not*). 정부는 재정활동을 민간기업 및 심지어 민간 독점기업과도 아주 다른 방식으로 수행한다. 정부가 재화와 서비스를 비용을 충당하고 이윤을 얻을 수 있는 가격으로 판매함으로써 "소유자들(owners)"을 위해 이윤을 추구하는 일은 거의 없다. 우리가 나중에 논의하다시피, 이러한 차이점 때문에 정부는 민간 독점기업들과는 아주 다르게 행동한다.

제2장에서 공공재의 생산이 정부 행위를 정당화한다고 규명했다. 공공재는 일단 생산되면 사실상 무상이거나 무차별적인 재화이기 때문에, 비용을 내지 않는 시민-소비자가 그 혜택을 이용하거나 누리는 걸 쉽게 막을 수 없다. 그러므로 가격 책정 및 공급이라는 특별한 문제가 나오는데, 그것은 정부에 의해 쉽게 해결되지 않는다. 얼마이면 충분한가? 누가 얼마를 지불할 것인가? 어떻게 지불되어야 하는가? 공공재의 각 단위에는 가격표가 붙어 있지 않기 때문에 이러한 공공재의 공급비용을 충당하기 위한 조세제도가 고안된다. 그러나 다시 말하거니와, 모든 사람이 같은 재화의 같은 양을 평등하게 이용할 수 있을 때, 그것을 제공하기 위해서는 어떻게 조세를 부과해야 하는가? 시장에서 소비자나 구매자는 가격표를 직면하는데 그들은 그것으로 재화의 가치에 대한 제 나름의 추정치를 관련시킬 수 있다. 재화나 서비스의 비용과 편익 사이에 직접적인 관련이 없는 정치제제에서는 그렇지 않다. 그 결과 가장 많은 혜택을 입는 사람들이 조세를 부과받지 않을 수 있는 반면에, 가장 많은 조세를 내는 사람들이 그 서비스에 높은 가치를 두지 않거나 서비스를 이용하지 않을 수도 있다.

집단적 선택의 이러한 몇 가지 속성은 정치 과정, 그리고 자유롭고 독립적이며 개인의 선택이 규범이 되어 있는 시장 과정을 즉각 구별한다. 정치에는 불가피하게 상충하는 선호, 다수 대 소수, 강요된 참여, 강제적 공유, 그리고 우리가 나중에 보다시피 엄청난 비효율과 불평등이 수반된다. 많은 시민이 이렇게 수반되는 통제를 자신의 개인적 삶에까지 확장하기를 바란다는 것이 역설적으로 보이지만,

우리는 그 딜레마를 곧 해결할 것이다. 독점적 정부를 어떻게 제한할 수 있는지도 중요한 이슈인데 이는 마지막 장을 위해 남겨 둔다.

3. 투표자와 기표소의 논리

투표는 라틴어로 "보툼(votum)"이라고 하며, "열렬한 바램(ardent wish)"이라는 뜻이다. 그러나 분명히 많은 미국 투표자들은 아주 열성적이지 못하며, 실은 매우 좌절해 있는데, 그것은 많은 시민이 투표할 권리를 정기적으로 사용하지 않는 이유를 설명해준다. 분명히 투표는 아주 높은 보상을 주는 활동으로도, 또 문제를 잘 해결해주는 활동으로도 여겨지지 않는다. 상당한 개혁이 없다면 선거 참여율은 계속 낮게 유지될 것이며, 개혁이 있더라도 투표는 시민 선호를 반영하는 진정 효과적인 수단을 제공할 수 없다. 간단히 말하면, 선거에 의해 선택들이 이루어지기는 하지만 개인은 정책에 대해 큰 영향력이 없다.

투표자는 여러 가지 공민의 자산 또는 권리를 관장하는 공민활동에 참여할 수 있는 시민이다. 우리가 흔히 투표를 무료(free)라 말하고 그래서 투표가 무가치(valueless)하다는 듯이 함축하지만, 모든 다른 자산과 마찬가지로 이 자산은 다양한 가치를 갖는다. 그러나 투표자나 경쟁을 하는 정치인이나 모두 투표에 시간, 노력 및 돈을 지출하는 것은 투표가 관련자들에게 상당한 가치가 있음을 시사한다. 대부분의 시민이 투표할 권리를 타고난 권리로 얻지만 그들의 투표(권리)는 보편적이고, 평등하며, 또 (대개의 시장적 자산과는 달리) 양도할 수 없다. 투표를 하는 이 소중한 권리는 각 시민이 공민의 선호를 표현할 수 있는 법적 기반을 제공한다. 투표를 떠받치는 것은 개인이 정치체제의 주권적인 구성원으로 작동할 수 있도록 해주는 언론, 출판물, 종교, 그리고 결사를 포함하는 헌법상 자유의 전체 집합이다. 이러한 자유 없이 민주제는 존재할 수 없다. 그럴지라도 이 가치 있는 자산이 꼭 효과적이고도 효율적인 선택을 조장하는 것은 아니다. 예컨대 정보를 갖춘 투표에 드는 높은 정보비용, 그것이 주는 낮은 보상 때문에 사람들은 정보를 모르는 상태에 머무르게 된다. 표를 팔 수 없다는 점 때문에 자원은 가장 가치 있는 용도로 이전되지 못한다. 더욱이 투표자는 구체적 정책 결과들 중에서 선택할 수밖에 없으며, 약속, 곧 법적으로는 이행될 수 없는 정치적 약속에 의존해야 한다. 만약 정치인이 공약을 지키지 못한 것에 대해 소송을 당하거나 처벌을 받을 수 있다면 정치는 크게 달라질 것이다.

우리는 투표자-수혜자 및 납세자 양측이 행하는 역할을 깨달아야 한다. 이러한 역할이나 입장은 추상적으로는 상호 모순되지만, 구체적인 정치 세계에서는 모순이 없다. 즉, 시장에서처럼 한쪽의 역할이 다른 쪽의 역할을 제어하는 일은 없다. 시장에서는, 신중한 소비자는 구매하기를 결정하기 전에 소득과 가격을 고려해야 하는데, 그것은 개인의 미래의 기대와 의무를 의식하여 그 재화 한 단위 구입에 대한 한계적 계산을 통해 이루어져야 한다. 그 반면에 정치체제에서 시민들은 소득이나 가격에 의해 제약받지 않는다. 정부의 재화와 서비스는 그걸 원하든 원하지 않든 간에 제공된다. 그리고 흔히 우리는 타인들이 소비를 하고 또 타인들이 대가를 지불하는 재화에 대해 찬성 투표를 한다. 지출을 더 많이 하는 것에 찬성표를 던지는 것이 그 혜택을 받기로 의도된 사람들 때문에 매력적일 수 있으나, 지출을 더 많이 하는 것에 대해 누군가가 대가를 지불해야 한다는 걸 알게 되더라도 그러한 좋은 의도가 당장 저지되는 것은 아니다. 그리고 만약 세금 부과가 있게 됨을 알게 될 경우에는, 그들의 사적 욕망과 이타적 충동에 대해 몇몇 다른 납세자(가급적 부유한 납세자)가 자금을 부담하도록 강요할 수 있다. 투표의 결정에서 소득과 가격을 고려하라는 요구가 없으면 투표자는 낭비 행위에 대해 전혀 비난받지 않는다.

현실 상황은 훨씬 더 나쁘다: 납세자의 역할을 수행하면서 인심 좋고도 공적 정신을 갖춘 투표자는 납부할 세금이 감소하는 것을 찬성할 모든 인센티브와 공적 비용으로 사적 이득을 추구할 모든 인센티브를 가지고 있다. 자신의 수요에 대한 공적 비용을 무시하는 것은 매우 합리적이다. 그렇다면 사려 깊은 시민은 정책의 선택 대안의 비용 및 편익에 관해 정보를 얻는 데에도 높은 대가를 지불해야 한다. 대개의 투표자가 무지 상태를 유지하기로 선택하는 건 놀라운 일이 아니다. 오직 정치에서만, 국방의 증가, 사회 프로그램 지출의 증액, 그리고 소비자 보호를 옹호하는 동시에 더 낮은 세금, 균형 예산, 그리고 정부 통제 축소를 주장하는 개인처럼 논리적으로 모순된 윤리적 명령을 내릴 수 있다. 사적 시장에서는 무엇인가의 가격이 변하면 소비자는 소비를 변경할 수 있는데, 즉 가격이 오를 때는 더 적게 사고 가격이 내릴 때는 더 많이 산다. 공적으로 공급되는 재화의 양이 고정되어 있다는 점과 비용이 공적으로 분담된다는 점을 감안하면, 개개의 시민은 이러한 분별력 있는 행동 노선을 따를 수 없다. 소비를 집단적으로 하도록 강제되어 있다 보니 시민-소비자가 책임 있게 한계적 조정을 하도록 권장하기는커녕 아예 그런 조정을 허용하지도 않는다.

시민과 정치체제에 대한 무책임성의 어떤 결과들은 아주 분명하다. 시민은 납세자로서는 총예산 규모에 관심을 가지고 지출의 감소, 인플레이션의 감소, 경제 성장의 증가를 지지한다. 바로 그 시민이 정부지출의 수혜자로서는 자신의 직업에 대한 지원이나 혜택의 증가 및 자신의 전문 분야에 대한 진입 장벽을 만드는 정부 규제를 지지하며, 총예산 규모에는 관심이 거의 없다. 예상할 수 있듯이, 이러한 후자의 이익이 납세자로서의 공약보다 더 강하게 느껴지는 것이 보통이다.

이 분석을 통해 우리는 개인에게나 사회에게나 지출의 인센티브가 수입의 고려보다 더 클 것임을 예상해야 한다. 그럼에도 더 할 말이 있다. 상황이 복잡하다는 것이다. 시민/수혜자가 정부 서비스를 차지하려면 주로 입법부에 호소해야 한다. 의원들은 보통 지역적 이익을 대표하며, 세출 예산을 제정할 헌법상의 권한이 있다. 그러므로 시민과 이익집단은 먼저 의회, 주 의회 및 시의회에 자금, 프로그램, 그리고 기타 특혜를 요구하는 목소리를 낸다. 그들은 또한 대통령, 주지사, 시장, 그리고 관료들에게 호소한다. 비록 대통령, 주지사 및 시장은 지출을 요구하는 세력 및 지출 인센티브의 영향을 받지만 납세자의 불만에 관해서는 의원들보다 더 민감한데, 납세자들은 세금 인상에 대해 의원들보다 행정 수반을 더 비난하는 경향이 강하다. 거기에 더해 거의 모든 행정 수반은 4년마다 선출되므로 2년마다 선출되는 하원 의원보다 더 장기에 걸쳐 대응하는 경향이 있다.

투표와 선거가 재정에 영향을 주는 측면에 집중하느라 그것이 공적 생활에 중요한 영향을 주는 다른 고려사항을 간과해서는 결코 안 된다. 투표가 눈에 보이는 민주제의 중심적인 특성이지만, 우리는 그것이 집단적 선택의 전체 과정 중 얼마나 사소한 것인지 깨달아야 한다. 때때로 우리는 투표소에 잠깐 참석하는 것으로 이룩할 수 있는 것을 과대평가한다. 그 한계는 명백하고도 당혹스럽다. 투표자로서 우리는 통상적으로 한계적 선택, 즉 좀 많이 혹은 좀 더 적게가 아니라 일반적으로 양자택일(either/or)의 결정에 부닥치는데, 그것은 으레 "끼워 팔기(tie-in purchases)" 로 이루어진다. 즉, 한 재화를 획득하기 위해서는 우리는 덜 원하거나 심지어 나쁘다고 여기는 다양한 다른 공약도 받아들여야 한다. 내가 좋아하는 노동정책을 얻기 위해서는 내가 혐오하는 대외정책도 받아들여야 할지 모른다. 내가 선택한 대통령을 얻으려면 그가 한 부통령 지명을 수락해야 한다. 물론, 시장도 소비자들에게 이와 비슷한 상황을 만들어낸다. 복합적 제품 및 서비스는 이러한 딜레마를 꼭 야기하며, 우리는 그걸 아무것도 아닌 걸로 여겨서는 안 된다. 그러나 시장에서의 딜레마는 선거로 이를 행하는 정치에서보다는 더 쉽게 해결된다.

투표는 개인의 가치와 선호를 표현하는 데 고통스럽도록 제약이 많은 방법이다. 그것은 오직 간접적으로만 그 결과를 달성한다. 투표를 했다고 그 대안이 즉각 요구되는 것은 아니다. 사실 우리가 소수파라면 어떤 것에 찬성표를 던졌는데도 그것을 전혀 얻지 못할 수 있고, 그와 반대로 반대표를 던졌는데도 그 표가 반영되지 않아 원치 않는 후보자나 서비스에 대해 비용을 지불해야 할 수도 있다. 게다가 투표의 비밀성 때문에 투표자는 자신의 표에 대한 대가를 받을 수 없으며, 설령 대가를 받을 수 있을지라도 수천 및 수백만 표 중 한 표는 분명히 가치가 없게 된다는 의미에서 투표자의 표는 실질적으로는 무가치(worthless)이다. 한 표가 선거를 좌우하는 경우는 거의 없다. 참여의 역설이 그런 것이다: 투표자가 더 많이 참가할수록 개별 투표의 힘 · 가치는 낮아진다.[1] 이 음울한 전망은 투표자의 무임승차로 인해 더 절망스러운 것이 된다. 만약 모든 사람이 자신의 후보자가 승리할 것이라고 믿는다면 투표소에 가는 사람이 거의 없을 것인데 그 때문에 후보자는 패배하게 될 것이다. 이와 마찬가지로, 모든 사람이 그녀의 후보자가 승리할 가능성이 없다고 생각한다면 대부분 투표하지 않을 것이며, 역시 같은 결과를 낳을 것이다.

정보가 비싸다면 비록 투표자가 정보를 갖춘 투표를 하기에 충분한 정보를 갖고 있다 하더라도 그녀는 여전히 자신의 투표가 실질적으로 무가치하다는 점과 직면한다. 그런데도 여전히 많은 사람이 투표를 한다. 왜 그런가? 한 가지 가능성은 투표자들이 그들이 선호하는 정책을 얻을 기회를 갖는 것이 아닌 다른 뭔가에 의해 동기화된다는 것이다. 투표는 스포츠 경기에서 응원을 하고 야유를 보내는 것과 같을지 모른다. 야구 경기의 팬들은 개인의 목소리가 관중이 만들어내는 전체의 소음 크기나 경기 결과에 영향을 주지 못함에도 불구하고 일어서서 응원을 보낸다. 그들은 팀에 대한 충성이나 열성을 표현하기 위해 응원한다. 자신의 팀이나 특히 팀의 경영진에 대한 불만을 표현하기 위해 경기에 오는 다른 팬도 있다. 종이봉투를 쓴 뉴올리언스(New Orleans)의 "이건 아니야(Aints)!" 팬이 그 대표적 사례이다.[2] 그 팬들은 패배에 패배를 거듭하는 시즌에 대한 좌절을 표시하기 위해

1. **[역주]** 정확히는 '투표 참여의 역설'이다.

2. **[역주]** 뉴올리언스 기반의 미식축구팀 이름 New Orleans Saints는 '성자들이 행진할 때(When the

종이봉투를 쓰고 경기에 왔다. 그들은 자기네 팀이 이기지 못했음에도 계속 왔다. 투표자들도 같은 방식일 수 있으며, 그들은 자신의 투표가 중요하지 않음을 알지만 어쨌든 자신의 정치체제 및 그 산물에 대한 열광이나 혐오를 표시하기 위해 투표를 한다(Brennan and Lomasky, 1993). 전국 선거(national election)에서 찬성 혹은 반대할 것들이 더 많다는 사실은 미국 전국 선거에서 선거 자격이 있는 투표자의 약 절반이 투표하러 나오는 반면에, 지역 선거(municipal election) 투표가 실제로 결과에 영향을 미칠 가능성이 더 높음에도 지역 선거에서는 약 20%가 투표하러 나오는지를 설명할 수 있다.

현시적 투표(expressive voting)는 투표자의 무책임성(voter irresponsibility) 효과를 두 가지 방식으로 새롭게 조명한다. 첫째, 만약 개인이 자신의 투표가 결과를 좌우하지 못하는데도 여전히 투표하기로 작정한다면, 그는 정책이나 후보자에 관해 비용이 많이 드는 정보를 얻어야 할 의무에서 벗어난다. 비용이 가장 저렴한 정보는 성별, 키, 헤어 스타일, 인종, 그리고 종교와 같은 후보자 특성에서 찾을 수 있다. 비용이 아주 조금 더 드는 것은 사운드 바이트[3]와 선거 구호에서 얻은 정보이다. "변화(change)"와 같이 모호하되 울림이 있는 구호는 후보자가 투표자에게 실제로 무엇을 할 것인지에 대해 아무것도 알려주지 않지만, 투표자가 그 구호에 자기 나름의 의미를 투영하게 해준다. 1952년과 1956년 드와이트 아이젠하워에게 맞섰다 패한 민주당 후보 아들라이 스티븐슨(Adlai Stevenson)은 구호(slogans)가 아닌 이슈(issues)에 관해 선거운동을 하는 어려움을 이야기했는데, 그때 그는 "이번 선거운동에서 나는 이슈들에 관해 이야기하려고 노력했다. … 그리고 이것은 때때로 외로운 여정이었는데 왜냐하면 나는 다른 식으로 다가오는 사람을[4] 한

Saints Go Marching In)'라는 재즈 음악 제목을 딴 것인데 그 팀의 연패를 조롱하느라 종이봉투를 머리에 쓴 팬들이 Saints를 Aints로 부름.

3. **[역주]** sound bite는 말 중 중요 부분만 짧게 따온 것을 의미한다.

4. **[역주]** 즉, 구호 중심이 아니라 이슈 중심으로 접근하는 사람.

번도 본 적이 없었기 때문이다" 라고 말했다. 실제로 이슈들을 논의하는 것은 그것에 주목하는 투표자들이 적기 때문에 표를 만들어내지 못한다.

둘째, 현시적 투표는 투표자들이 마음대로 비합리적인(irrational) 정책을 선택할 수 있게 해준다. 그들의 표가 진정 중요하다면, 그들이 선호하는 정책의 효과를 이해하려는 동기가 있을 것이다. 그러나 그들의 표는 중요하지 않으며, 그러한 정보를 얻는 데 비싼 비용이 든다. 그들은 자신의 사적 이익에 표를 던지는 대신 감성적(emotional) · 상징적(symbolic) 이익에 표를 던지는데, 비록 그러한 이익이 본질적으로 그들의 사적 이익 혹은 공익에 배치된다는 것을 알지라도 그렇게 한다. 예컨대 투표자는 관세가 소비자의 후생을 악화시킨다는 것을 알면서도 민족적 자긍심 때문에 보호주의적인 정치인에게 표를 줄 수도 있다.

현시적 투표 모형이 제시하는 것보다 상황이 훨씬 더 나쁠 수 있는데, 왜냐하면 그 모형은 본질적으로 투표자가 자신의 감성적 이익이 좋은 정책과 모순됨을 알고 있으며, 제대로 교육을 받으면 다르게 투표할 수 있음을 가정하기 때문이다.[5] 그러나 정보에 의거하여 투표를 하는 사람조차 한 표의 가치는 매우 작기 때문에 자신의 최선의 이익에 반하는 투표를 할 수 있다. 즉, 그들은 합리적으로 비합리적일 수 있다(Caplan, 2007).

기초 경제학은 가치를 가진 재화의 가격이 하락하면 사람들이 더 많이 구매할 것이라고 말한다. 예컨대 사적 및 공적 생활에서 "선행(doing good)"의 "가격(price)"이나 비용(cost)이 낮을 때 우리는 이타주의가 더 많이 나타나는 걸 보게 되어 있다. 사적 생활에서는 사람들은 수표를 쓰거나 시간을 기부함으로써 이타주의의

5. [역주] 현시적 투표 모형에서는 자신의 진정한 이익이 아닌 감성적 이익을 중시하고 그 감성적 이익을 대변하는 후보를 찍는다. 이에 비해 후술하는 캐플런의 '합리적 비합리성(rationally irrational)' 모형은 자신이 믿는 것이 진정 공익이라고 맹신한다. 현시적 투표와 합리적 비합리성의 차이점은, 전자는 사람들이 체계적으로 편향된 신념을 가지라고 요구하지 않는 데 비해 후자는 그걸 요구한다는 것이다.

의 대가를 치러야 한다. 그러나 공적 생활에서는 투표자들은 그들의 선택이 자신에게 비용을 부담하게 만들지 않는다는 사실을 알고서 최저임금법, 직업 보호 법안, 노령 보장, 그리고 환경 규제와 같은 수많은 이타주의에 거의 무가치(worthless)한 표를 던질 수 있다. 캐플런(Bryan Caplan, 2007, 151)이 말했듯이,

> 정확하게 해석한다면, 단순한 경제 모형은 사람이 투표자일 경우가 소비자일 경우보다 덜 이기적일 것이라고 *특정해서 예측(specifically predicts)*한다. 사실 원하는 걸 다 먹을 수 있는 뷔페에서 식사를 하는 사람처럼 우리는 투표자들이 도덕적 올바름을 가지고 "자신의 배를 채울 것(stuff themselves)"을 기대해야 한다.

정책의 바람직하지 않은 효과에 대해 완전히 알고 있는 투표자조차 해당 정책에 찬성 투표할 수도 있으며 또 그런 일이 일어날 것이다. 그리고 많은 사람이 그 정책이 집행되면 소비자로서의 그들의 선택이 제한되거나 그들의 세금이 인상될 것이라는 점을 알면서도 그 정책에 찬성 투표를 한다. 그들의 거의 무가치한 투표가 결과에 영향을 미치지 않을 것이기 때문에 그들은 비합리적인 정책에 투표하기로 작정하는 것이다. 그들은 더 도덕적인 입장에 표를 던짐으로써 자신의 투표에 대해 최소한 기분은 좋을 수 있다. 그들은 합리적으로 비합리적(rationally irrational)이기를 선택한다.

투표자가 주권자이든 남의 조종을 받는 자이든, 불안정하든 안정적이든, 냉철하든 이해관계에 걸려 있든, 감사하는 마음이든 아니든, 전망적이든 회고적이든, 극대화를 하든 만족화를 하든, 현시적이든 계산적이든, 합리적으로 무지(rationally ignorant)하든 합리적으로 비합리적이든 그들은 결과를 보장할 수 없는 선택 상황에 놓이게 된다. 선택에 지침을 주는, 비용과 편익의 설득력 있는 연계가 없다면 투표자는 필연적으로 가장 오래된 기법, 즉 두 가지 방법을 모두 취하는 기법을 실행할 수밖에 없다. 투표의 애매모호한 상태는 19세기 노동 조직가이자 사회주의

자인 유진 뎁스(Eugene Debs)가 아마도 옳았을 것임을 상기시켜준다: "원하는 것에 찬성하는 투표를 하고도 그걸 얻지 못하는 것이, 원치 않는 것에 반대하는 투표를 하고도 그걸 얻게 되는 것보다는 낫다."

4. 조직화한 열정적 이익들

사적 욕망을 추구하는 합리적 시민은 개인이 투표함(ballot box)을 통해 개인적 후생을 추구하는 것보다 조직화한 집단을 통하는 것이 더 낫다는 것을 신속히 배운다. 이익집단으로 조직화함으로써, 투표자는 단일 목표에 대한 집중, 분업, 전문화, 그리고 집중된 열정과 인센티브에서 나오는 더 큰 효율성을 가지고 그들의 관심사를 추구할 수 있다. 확실히 조정된 노력을 통해 두 사람은 각자 독자적으로 들어 올릴 수 있는 것보다 더 많은 것을 들어 올릴 수 있다.

1만 7천 개를 넘는 이익집단이 우리의 정치 과정에 현재 적극적으로 참여하고 있기 때문에 위 주장의 힘을 쉽게 이해할 수 있다. 호의(favor) 추구 또는 경제학자들이 "지대추구(rent seeking)" 라고 부르는 그것(지대추구자의 소유가 아닌 자본으로부터 지대를 징수하려는 시도, 즉 정치 행동을 통해 더 많은 부와 소득을 차지하는 것)은 이제 거의 모든 조직의 주요 활동이다. 더 많은 이익집단이 산업의 점포보다 정부 청사를 움직이는 것이 성과가 더 좋다는 것을 알게 되면서 정부가 할당 및 배분 문제 결정에서 더 강력해졌다. 정부의 권력이 강화될수록 이익집단은 더욱 활발해졌다. 인센티브가 변경될 때 정치적 경쟁이 경제적 경쟁을 대체하며, 인센티브는 정치적 기업가정신과 정치적 경쟁 및 갈등의 방향으로 아마도 영구적으로 변경되었다. 개개의 집단에 의한 거대한 단기 이득이 경제적 마비와 쇠퇴의 장기적 위험을 대부분 만든다는 것은 비극이다(Olson, 1982 참조).

그들의 미사여구에도 불구하고, 이익집단은 경제 질서의 작동을 개선할 의도로 조직된 것이 아니다. 이익집단은 회원들의 후생을 증진한다는 유일한 목적을 위해 결성되며, 그 목적을 달성하기 위해서 다른 사람들이 대가를 치뤄야 한다는 것을 완전히 알고 그렇게 할 것이다. 그렇다면 이익집단은 국민을 위해 공공재를 추구하는 것이 아니라 사적 경제에서는 얻을 수 없는 더 많은 사적재 획득을 추구한다. 특별이익집단, 특히 생산자를 대표하는 사람들은 소득과 부를 자신에게 재분배하려고 한다. 그리고 수천억 달러를 재분배할 수 있기 때문에 이익집단은 상당한 규모의 정치적 투자를 할 의향이 너무나 많다.

더 잘 알려진 모든 이익집단들은 지금은 워싱턴과 미국 각 주의 주도(state capitals)에 본부를 두고 있으며, 모두가 1년 365일 매일마다 정치 후보자에게 기부금을 내고 정치에 참여한다. 그러한 조직에는 목표 달성을 위한 정치전략을 고안하는 뛰어난 관료제와 고임금을 받는 컨설턴트가 있다. 이익집단은 그 구성원을 위해 일하지만, 이익집단의 직원들에게는 증진할 훨씬 더 큰 이익이 있는데 바로 그들 자신의 이익이다.

나는 이해당사자들의 영향력을 과장하고 싶지는 않은데, 왜냐하면 어떤 상당한 제약이 그들의 힘을 제한하도록 작동하기 때문이다. 첫째, 경쟁은 그들의 요구는 억제하지 못하더라도 그들이 얻는 이익을 억제하는 역할을 할 수 있다. 둘째, 집단을 조직하는 것 또한 간단하지도, 비용이 적게 드는 것도 혹은 쉬운 것도 아닌 것이 사실이다. 이익집단이 무임승차 문제를 겪지 않는 경우가 거의 없다. 셋째, 그들의 주장이 다른 사람에게 영향을 미치기 때문에 머리 좋은 정치인은 불만을 가진 사람들을 움직여 선거의 승리 연합에 들어오게 할 수 있다. 마지막으로, 그런 환경에서 반드시 일어나게 되어 있는 권한 남용 및 부패 행위 때문에 집단의 활동에 대한 개혁과 추가적인 제약을 요구하는 시민들이 행동에 나서도록 만들 수 있다.

5. 정치인과 어디에나 있는 정치적 손길

정치인은 정해진 임기를 위해 선출되고, 지정된 급여를 받으며, 모든 사람을 구속하는 공공의 법규와 정책을 제정할 것으로 기대를 받는다. 그들의 공식 역할은 헌법에 규정되어 있으며, 흔히 상당한 허식, 과시, 지위, 그리고 벼슬 직함들로 둘러싸여 있다. 공직에 있는 동안 그들은 중요하고도 힘이 있는 사람들이다.

가. 공직의 재정적 정향

모든 정치 행위자들이 그렇듯이 정치인은 다른 사람들의 돈을 쓰며, 또 그들의 공동 자금에 돈을 내지 않았을 수도 있는 다른 사람들에게도 그 돈을 쓴다. 민간기업의 직원도 다른 사람(주주)의 돈을 쓰지만 그들의 행동에 대한 제약은 정치인이 겪는 것보다 훨씬 더 직접적이고 강력하다. 간단히 말하면, 제 것이 아닌 돈을 다른 사람들에게 쓰는 사람은 제 돈을 자신에게 쓰는 사람만큼 자신의 돈 가치를 이해할 강한 동기가 없을 것이다.

사업주는 재화 생산에 지불한 금액을 초과하는 판매 영수증을 얻고자 한다. 그게 성공하면, 그는 이윤을 얻어 보유하고 그 사업가가 지혜롭다고 간주하는 대로 사용할 수 있다. 정치인은 그와 같은 제약 아래에 있지 않다. 무언가 새로운 일하는 방법을 고안한 정치인은 다음 선거에서 투표자들로부터 보상을 받을 수는 있어도 그의 혁신으로 만들어져 시민에게 가는 이익을 그가 도로 차지하는 것은 허용되지 않는다.[6] 실제로는 정부 및 납세자가 돈을 절약할 수 있게 한 것 때문에 그 정치인은 선거에서 패할 수 있는데, 왜냐하면 정부 자원을 더 적게 받게 될 시민들

6. [역주] 정치인이 규제 개혁을 통해 10조원의 이익을 민간에게 가져다주더라도 그 이익은 정치인 본인에게 돌아갈 수 없다.

이 연합해 반대 투표할 가능성이 더 높고, 이에 비해 수가 많은 납세자-수혜자들로서는 절감액이 단지 미미하여 도움을 준 정치인에게 보상을 주는 데 드는 조직 비용보다 적다고 여길 것이기 때문이다.

일반적 이익을 지원하는 어려움은 집중된 이익집단을 감안하면 더 커진다. 정치인이 절약의 인센티브보다 지출의 인센티브가 더 강하다는 사실에 직면하는 이유는 정부지출로부터 혜택을 입는 소규모 집단들이 분산되어 있는 납세자들보다 조직화의 인센티브가 더 크고 그 수단은 더 저렴하기 때문이다. 정치인이 백만 달러를 백만 명의 시민에게 똑같이 분배하거나 천 명에게 똑같이 분배하는 선택을 할 수 있다면, 그 정치인은 합리적으로 후자를 선택할 것인데, 왜냐하면 1달러 받은 사람들보다 1,000달러 받은 사람들이 고마워할 가능성이 더 높기 때문이다. 이와 반대로, 같은 정치인이 백만 명의 납세자 각각에게 1달러씩 과세하는 것과 천 명의 납세자에게 1,000달러씩 과세하는 것 중 하나를 선택해야 한다면 그 정치인은 대개의 경우 전자를 선택할 것이다. 그 논리는 앞에서와 마찬가지로 분명하다. 이익은 집중되고 손실은 분산된다는 사실이 선거에 주는 함의가 여기에도 적용되기 때문이다.

시민-투표자의 논의에서 재정적 선택에 정보를 주고 규율을 하는 제약이 없음을 강조했다. 정치인의 경우에도 마찬가지다. 공공의 돈을 사용해 표(票)를 사는 것은 비(非)윤리적인 것으로 여겨진다. 그러나 공공의 돈을 관리하는 데 있어서, 지출 및 수입의 결정은 시장에서와 같은 단일의 과정에서 다루어지지 않는다. 그 대신 이들 핵심적 결정은 두 가지 분리된 선택으로 구분되는데, 흔히는 서로 다른 시간에, 별도의 사무실 속 서로 다른 위원회에서 일하는 서로 다른 사람들이 이 선택을 행한다. 만약 우리가 가격표 및 월별 청구서를 직면하지 않는다면 우리 모두는 사적 생활에서 지출을 더 많이 하게 될 것이다. 몇몇 가정에서는 재정 문제가 그렇게 처리된다. 배우자 중 한 사람은 수입에 대해 걱정하고 다른 배우자는 지출을 처리하며 서로 아무 말도 하지 않는다. 그런 가족이라면 반드시, 그리고 불행히도 곧 채권자, 재정 컨설턴트, 변호사, 그리고 파산 법원을 상대하게 될 것이다. 우리는 채권자가 정부에 소송을 제기하는 것을 정부가 거의 허용하지 않으며, 또 정부는 파산에 이르는 경우도 거의 없음을 상기해야 한다.

지금까지는 정치인들이 직위를 얻고 정책을 선택하는 정치적 환경과 이 환경이 시장과 어떻게 대조되는지를 다소 추상적인 용어로 기술했다. 다음은 정치인이 매일의 정치 생활에서 따르는 전략, 전술, 그리고 다른 관행들을 검토한다. 이런 문제는 현실 세계의 선거직 공무원 및 정책 결정에 대해 우리가 익숙해 있는 점을 선명하게 하기 때문이 아니라면 주목할 필요가 있다. 정치적 기업가들이 따르는 일상의 관행 및 주먹구구 역시 그들에게 부과된 정치 환경에 대한 그들의 적응이다. 이러한 직업상의 적응은 소비자, 생산자, 그리고 중개인의 적응만큼이나 합리적이다.

나. 경쟁, 타협, 그리고 교섭

투표는 정치적 성공에 매우 중요하기 때문에 정치인은 경쟁성이 있어야 하고, 협상을 해야 하며, 타협을 해야 한다. 개별 정치인이 동맹 없이 자신의 또는 투표자의 목표를 이룩하는 경우는 거의 없다. 서로 떨어져 있는 선거구민들이 각자 원하는 대로 동료와 더불어 살아가게 하는 제도를 위한 실행 가능한 공공정책이 가장 중요한 목표가 된다. 이에 따라 정치인들은 '내가 저걸 구입할 수 있어', '난 저걸 소유하고 살 수 있어', 혹은 '일단 애드벌룬을 띄워 반응을 살펴보자'[7]와 같은 표현을 좋아한다. 동맹과 타협을 추구하는 것은 대부분의 정치인들에게 중요

7. [역주] 정치인이 새로운 안을 제시하면서 대중이나 상대의 반응을 떠보기 위해 애드벌룬을 띄운다는 의미로 사용된다.

하며 또 그럴 수밖에 없는데, 왜냐하면 권력은 분산되어 있으며, 의사결정 규칙들은 최소한의 어떤 동의를 요구하기 때문이다. 사실 정치에 대한 교과서적 정의 중 하나는 "타협의 기술(the art of compromise)" 이다.

그와 동시에 정치인들은 공직을 둘러싼 경쟁자들이다. 그들은 최종적인 계약 조건을 두고 경쟁하며, 그들에게는 보호하고 증진할 다양한 이익이 있는데 여기에는 자신들의 이익뿐 아니라 구성원, '당의 추종자(party followers)', 그리고 재정 기부자의 이익이 포함되어 있다. 모든 협상가가 그렇듯이, 개별 정치인은 혼합된 동기(mixed motives)의 게임, 즉 이익을 다투기도 하면서 공유도 하는 관계를 특징으로 하는 게임에 얽혀 있다. 그렇다면 과제는 협상 테이블에서 다른 정치인을 몰아내지 않으면서 자신의 이익을 증진하는 것이다. 어떤 합의에 따라 모두가 후생이 더 나아질 수 있지만 모든 합의가 다 동등하게 평가되는 것은 아니다. 그 상황은 시장 거래에서 구매자와 판매자가 판매 가격 및 기타 고려사항을 두고 흥정하는 것과 대충 유사하다. 불행히도 정치 시장은 의견 불일치를 해결하기 위해 시장 가격만큼의 촉진적이고도 효율적인 메커니즘을 제공하지 않는다. 조세정책을 입법화하는 것은 서로 간에 이익을 주고받는 과정이지만, 착취당하는 사람들이 대화의 당사자가 되는 경우는 거의 없다. 또한 그 과정에서 존경할 만한 것이 되지 못하는 개인 행동이 나타나는 것 같다. 성공한 정치인은 그 자신이 실제 행하는 일과는 완전히 반대되는 모습을 띤다. 둘러대고, 사건을 축소하고, 회피하고, 은폐하고, 거짓말을 하고, 적대감을 퍼뜨린다. 부정직과 아첨은 정치 행동의 통상적 형태이다. 편집증, 증오, 시기, 그리고 냉소주의도 마찬가지다. 그런 사례들이 넘친다. 닉슨 대통령은 "나는 그게 아무리 정치적으로 편리해 보일지라도 이 나라를 임금 통제와 물가 통제의 길로 빠져들게 하지 않을 것이다…" 라고 국민에게 약속했다. 두 달 후 그는 그가 법제화하지 않겠노라고 말한 바로 그 통제들을 법제화했다. 임금 및 물가의 통제는 선거에서 단지 작은 역할만 했음은 인정하지만, 2년 후

닉슨은 역사상 가장 큰 격차로 재선되었다! 1988년 대선에서 당시 부통령인 조지 H.W. 부시는 세금을 인상하지 않겠다고 약속했다. 1990년에 그는 세금을 인상하기로 의회와 합의했다. 2000년 대선 기간에 조지 W. 부시[8]는 자유 무역의 옹호자였다. 2002년 3월 그는 외국산 철강에 30%의 관세를 부과했다. 오바마 대통령은 그의 의료보장 법안에서 그의 지지집단과의 담합(sweetheart deal)을 없애겠다고 약속했지만, 결국 루이지애나에 대해 추가적인 의료부조(Medicaid) 기금으로 3억 달러 지원(루이지애나 매입(Louisiana Purchase)), 의료부조 확대에 대한 네브래스카의 분담금 영구 면제(1억 달러의 콘허스크 환불(Cornhusker Kickback)), 다른 모든 주의 은퇴자들은 그런 선택권이 없지만, 플로리다의 의료보장(Medicare) 수혜자들에게는 의료보장의 특혜(Medicare Advantage)를 주는 예외 조치(Gator Aid)로 귀결되었다.[9]

투표자의 환심을 사기 위해서 실무자들은 마키아벨리의 군주(Prince)의 전술에 필적하는 전술을 채택하도록 강요받는다. 성공하는 정치인은 인기 있는 프로그램 및 정책에 대해서는 공로를 차지하면서 그와 동시에 잘못된 모든 일의 책임은 부하들 및 반대자들 사이로 분산시키고 실수와 당혹스러움은 은폐한다. 정치인들은 혁신의 위험을 줄이기 위해 "시험적인 애드벌룬(trial balloons)"을 띄운다. 그리고 정치인은 반대편이 정치인 자신 및 정책 이슈를 정의하는 것과 대중의 관심을 독점하는 것을 허용하지 않는다[10]. 이런 상황을 정치인이 알면서도 허용하는

8. **[역주]** 전술한 조지 H. W. 부시의 아들.

9. **[역주]** 과거 제퍼슨이 프랑스령 루이지애나 구입으로 미국 영토를 배로 확장한 사건을 빗대어 루이지애나에 대한 특혜를 주는 법을 이 '루이지애나 매입'이라 부르고, 옥수수 생산이 많은 네브래스카 주에 특혜를 주는 법은 '콘허스커 환불', 악어(gator)가 사는 플로리다에 특혜를 주는 법은 '악어의 부조'라 이름 붙였다.

10. **[역주]** 정책 과정에서 정책 이슈를 '정의한다'는 건 그 후속 과정인 정책 결정, 정책 집행 및 정책 평가를 장악하는 출발점이 된다. 따라서 정치인은 자신 및 정책 이슈를 반대편이 정의하는 상황을 의식적으로 기피한다. 또 자신을 배제하고 반대편이 대중의 관심을 독차지하는 것도 의식적으로 기피한다.

일은 결코 없다. 그들은 통상 불확실한 미래에 대한 똑 부러지고 솔직한 진술과 공약을 피하고 인기 있는 이슈 및 제안은 가능한 한 언제든지 뻔뻔하게 도용한다. 그들은 신뢰하는 사람이 거의 없으며 신중하게 적을 선택하는데, 이는 그들과 경쟁하는 정치인은 매우 가치 있는 표적이기 때문이다. 또한 그들은 자신들이 의지하는 사람들의 이익은 항상 존중하지만, 바로 그 이익을 국가 이익, 사회적 필요, 그리고 자격(entitlements)이라는 언어로 은폐한다.

정치인은 좋은 전술가이어야 성공할 수 있다. 동맹을 찾을 때는 통상적으로 승리하기에 필요한 만큼만을, 그리고 자신이 지배할 수 있는 자를 선호한다. 그들은 연합을 일시적이고 불안정한 집단으로 취급하며, 오늘의 상대편을 내일의 동맹으로 취급한다. 그들이 지고 있다면, 지지자를 모으기 위해 갈등의 범위를 넓힌다. 경주에서 앞서 있을 때는, 그들은 자신의 상대편을 무시한다.

정치인은 결코 전능하지 않다. 그들은 바라는 것이 많으며, 서로 충돌하는 투표자들뿐만 아니라 실제적 및 잠재적인 경쟁자들과도 경쟁해야 한다. 그들은 어느 정도 정치 스펙트럼의 중심에 있는 투표자가 바라는 바에 부응해야 한다. 그럼에도, 정치제도는 대중의 의지를 나타내기에는 불완전한 장치이며, 정치인들은 투표자들과의 관계에서 현저한 유리함이 분명 있다. 정치인은 풀타임으로 일하는 반면에 시민은 파트타임으로 크게 주의력을 기울이지 않는 방관자라면, 어떻게 안 그럴 수 있겠는가?

다. 공적 돈으로 표를 구매하기

투표자에게 돈을 쓰는 것에는 분명한 호소력이 있지만, 정치인은 단지 시민이 원하는 것에 말과 자금을 쏟아붓는다고 표의 극대화(vote maximization)가 되는 건 아님을 곧 깨닫는다. 이보다 정교한 것이 필요하다. 정치인이 조세 법안을 법제화하거나 지지함에 따른 표 손실을 극소화하는 동시에, 지출된 돈에 대한 우호적 표를 극대화할 수 있게 하는 기본적 계산식이 있다. 간단히 말해, 정치인은 두 가지 질문을 한다: ① 1달러를 더 지출하면 내가 몇 표를 더 얻을 것인가? ② 다른 집단을 희생시켜 어떤 집단의 후생을 증진하면 나는 얼마나 많은 표를 더 잃게 될 것인가? 정치인이 대안적 지출 프로젝트들 중 선택을 해야 한다면, 그들은 각 프로젝트의 지출을 1달러 더하여 추가적으로 얻는 표를 균등화하려고 시도하는데 그것이 표의 극대화를 보장한다. 같은 논리에 따라 세금 인상에 따른 표의 손실을 최소화하는 것이 보장되는데, 즉 대안적 세금들 중 선택을 할 때 가장 좋은 방법은 각 세금에 따라 잃게 되는 한계적 표를 일치시키는 것이다. 제4장에서는 정치인의 자기 이익을 높여주는 이 완벽한 논리가 어떻게 로그롤링을 또 공공 후생의 축소를 초래하는지 보여준다.

그러나 한계적 계산의 일반적 규칙은 조세 부과뿐 아니라 특정한 지출 프로그램들로 확장되어야 한다. 정치인은 거창하고 신비로운 개념인 국민 소득의 총합(aggregates)이 아니라 특정한 지출 및 과세 안건들을 다룬다. 어떤 지출은 다른 것보다 정치적으로 보아 수익성이 더 있다. 아마도 기본적인 고려사항은 이러할 것이다: 눈에 아주 잘 뜨일 뿐만 아니라 수령인들에게 변화를 줄 만큼 충분히 큰 사적 혜택에 돈을 쓰라. 그와 마찬가지로 당장 혹은 가까운 미래에 받는 금액이 규모는 더 크되 불확실한 미래의 금액보다 더 좋게 평가된다. 더욱이 계속해서 감사하는 마음을 갖도록 만들려면, 소득이나 기타 혜택의 흐름이 어느 정도 지속적이어야 한다. 공공재에 대한 지출은 장기적으로는 매우 유용할 수 있으나, 대부분의 시민은 이를 개인이 받는 고마운 이익으로 별로 인정하지 않는다. 그러나 우리의 공공재 공급이 보장되는 것은 공공재 생산이 그 공급 계약(예: 고속도로 건설 및 국방 지출) 체결자들에게 상당한 혜택을 준다는 점 때문이다.[11] 국고에서 돈을 받는 대

---

11. **[역주]** 공공재 공급은 투표자의 수요 충족보다는 그 공급을 담당할 공급 계약자에게 이익을 주기 위해

개의 사람들은 그걸 적나라한 포크배럴(pork barrel)이나 보조금(subsidies)으로 묘사되는 것을 거의 인정하지 않는다는 점도 알아야 한다. 그들은 그것을 받을 자격이 있는 돈이나 혹은 공익에 필요한 투자로 간주되기를 더 바란다. 최근 몇 년 동안 이러한 "투자(investments)" 에는 라스베이거스 학교들의 마리아치(mariachi)[12] 수업을 위한 2만 5천 달러, 펜실베이니아주 펑크수토니(Punxsutawny)의 성촉절(Groundhog Day)[13]의 "날씨 박물관(weather museum)" 에 자금을 지원하기 위한 10만 달러, 그리고 27년 전 매각된 오래된 대통령 전용 요트를 다시 구입하는 비용을 애초부터 낮추기 위한 2백만 달러와 같은 것들이 들어 있다(유에스에이 투데이, 2004년 11월 22일자). 2009년 미국 연방정부 예산의 지정지출예산(earmark) 메뉴에는 289억 달러의 비용으로 11,914개의 지정지출예산 항목들이 포함되어 있는데, 이는 미국 역사상 두 번째로 많은 지정지출예산 항목이자 두 번째로 많은 비용이다(Heritage Foundation, 2009).

정치인은 지출에는 돈을 받는 사람들의 지위도 고려해야 한다는 것을 알고 있다. 가난한 사람이든 부자이든 자격 없는 사람이 더 큰 혜택을 받고 있다는 믿음보다 사람들을 더 화나게 하는 것은 없다. 혜택은 공익으로 분식되어야 할 뿐 아니라 눈에 덜 띄면서도 합법적인 방식으로 전달되어야 한다. 빤히 보이는 보조금을 부자가 받는 경우는 드물다. 그 대신 그들의 이득은 조세 법규 및 시장에서의 혜택을 통해 간접적으로 주어진다. 수혜자들이 우편을 통해 혹은 수표 형태로 그들의 정부 소득을 받든 혹은 소득세 감면을 통해 받든 순이익 및 부에는 동일한 결과가 만들어진다. 그러나 만약 가난한 사람들이 그런 일이 일어나고 있다는 사실을 모른다면, 수혜자와 정치인 모두의 후생 상태는 더 좋아진다.

서 이루어진다.

12. **[역주]** 멕시코의 지역 음악 장르.

13. **[역주]** 매년 2월 2일 마멋을 통해 봄의 도래를 예측하던 미신적 풍습을 기념하는 날에서 연원한 절기로 펜실베이니아주 펑크수토니의 행사가 대표적이다.

덜 부유한 사람들에게 지출을 하는 것은 세금 특혜를 통해 숨길 수 없는데, 이는 그들이 세금을 거의 내지 않기 때문이다. 따라서 가난한 사람들에 대한 지출은 더 눈에 잘 띄어 정치인이 이를 수행하기 더 어렵게 만들고 가난한 사람들의 상태를 더 악화하게 만든다. 정치인을 위한 한 정치적 방법은 가난한 사람들에게 주택, 의복, 식품, 의료 서비스 및 교육과 같은 더 직접적인 현물 원조(aid-in-kind)를 제공하는 것이었다. 몇몇 부대조건들을 덧붙인다면, 이러한 형태의 지원은 정치인이 중산층 납세자들에게 그들 돈이 제 가치를 하고 있다는 것과 납세자의 후원이 비도덕적이거나 쓸데없거나 건전하지 못한 일들에 쓰이는 것이 아님을 보여주어야 하는 요구를 채워준다. 민간 생산자 및 정부 관료의 지원을 얻기 위해, 프로그램들은 수많은 통제, 점검 및 번잡한 절차를 통해 관리된다.

불황과 경기 침체로 일시적으로 정부 수입이 감소하면 예산위기가 발생하여 우리 지도자들의 창의성에 도전을 던진다. 예산이 축소되어야 한다면, 그것은 정치가 허용하는 최소 금액만큼 삭감된다. 가장 적게 줄어든 프로그램은 많은 사람에게 잘 알려진, 상당한 혜택을 주는 큰(big-ticket) 항목의 예산이 될 것이다. 사회보장 프로그램의 개혁자들이 깨달아왔듯이, 혜택의 흐름은 일단 시작되면 종결하거나 심지어 축소하는 것도 사실상 불가능하다. 일단 확립되면 그것들은 수혜자와 전달자 혹은 관료 모두에게 습관적인 것이 된다. 프로그램을 끝내겠다는 위협은 더 많은 납세자에게 장기적으로 얻는 이익보다 더 큰 손실을 야기하는 것으로 간주된다. 그러나 프로그램 수혜자가 입을 손실은 납세자들에게 돌아갈 규모는 더 크지만 구체적이지 않은 이익보다 더 빠르고도 더 효과적으로 방어 조치를 조직하게 만들 것이다.[14] 이러한 이유로 오래된 프로그램이 죽거나 사라지는 일은

14. **[역주]** 프로그램 지출이 중단되면 집중된 이익을 누리던 계층은 이익이 단절되지만, 이 사업에 드는 비용을 세금으로 내던 납세자들은 장기적으로는 이익을 본다. 그러나 납세자의 조세부담 감소 효과는 여러 납세자에게 분산되어 있기 때문에, 기존의 집중된 혜택을 누리던 계층이 기존의 어떤 프로그램을

거의 없다. 오히려 공무원들이 기존 프로그램에 추가할 매력적인 새 프로그램들을 고안함에 따라 정부 프로그램이 더 커지는 것이 사실이다.

그러나 프로그램의 희생이 있어야 한다고 가정해보라. 한 가지 전략은 "대폭 삭감(meat axe)" 이나 전반적 감축(across-the-board reductions)을 행하는 것이다. 이 전략은 평등성 또는 공정성에 유의하라는 경종을 울린다. 비록 이것은 프로그램의 규모와 또 프로그램들이 서로 다른 사회적 가치를 가진다는 점을 무시하지만, 이 접근 방식은 부인할 수 없는 정치적 매력이 있다. 정치인은 어떤 프로그램은 삭감하면서 다른 프로그램을 보호하지는 않는 것 같다. 마지막으로, 만약 이와 다른 기준으로 삭감을 해야 한다면 정치인의 관점에서 가장 좋은 접근 방법은 저항이 가장 적은 수혜자들이 누구인가에 토대하여 삭감하는 것이다. 예컨대 대학에서는 교수와 최고 관리층이 아닌 유지보수 부서와 도서관이 대상이 된다. 그 경우 공공 투자는 아무리 건전한 것으로 보일지라도 연기된다. 또한 삭감한다는 인상을 주기 위해 정부는 몇 명의 공무원이 감축되었는지를 공개할 수도 있다. 물론, 그들 대부분은 퇴직자, 전근자, 사직, 그리고 사망했음에도 아직 대체되지 않은 사람들이나. 급여는 삼소되지는 않지만 그 인상은 늦추어진다. 몇몇 희생이 이루어지지만 대부분은 힘없는 자들을 대상으로 일어난다.

정부가 이런 성향을 보이는 것은 계속 늘어나는 사회적 요구를 충족하는 정치인의 자비심이 입법화되는 비용도 계속 늘어나는 중임을 강하게 시사한다. 이는 불행스럽긴 하지만 이해는 할 만한데, 여론은 과세 부담을 재분배하는 것보다 공공 지출을 점검하는 데는 관심이 덜하다. 왜냐하면 아마도 평균적 사람들은 지출에 대해 자신이 거의 영향력이 없다고 느끼기 때문일 것이다. 이에 따라 대부분의 시민은 지출보다 개인의 세금에 대해 훨씬 더 많은 목소리를 내며, 증가된 지출의

없애기보다 이 프로그램 보호에 나서는 경향이 더 강하다.

대부분은 다른 시민에게 돌아간다.[15] 결국 세금은 누군가의 후생을 감소시키고 지출은 누군가의 후생을 나아지게 만든다. 게다가 세금은 필요악인 반면에, 모든 지출 대안은 좋은 것이라고들 한다. 지출이 세금 인상으로 이어진다는 사실은 지출 혜택의 논의에서는 실종되는 것이 보통이다.

라. 재무부 대(對) 납세자

정부와 납세자 사이에 이해가 상충한다는 명백한 사실을 감안하면, 정치인은 눈에 띄는 이해 상충을 줄이는 조세전략을 고안할 인센티브가 있다. 세금은 시장가격보다 더 혐오되는데, 이는 세금이 납세자가 받는 혜택과는 직접적 관련이 없으며, 더 나아가 그것이 강제로 부과되기 때문이다. 납세자들이 좋은 세금은 낮은 세금이며, 만약 세금이 입법화되어야 한다면 가장 좋은 세금은 다른 누군가가 지불하는 것이라고 생각한다는 것을 이해할 수 있다. 정치인은 이러한 감정을 감안해야 하므로 정치인이 지출에 관한 그들의 관행들에 대해서보다 조세정책에 관해 훨씬 더 마키아벨리적이라는 사실을 알게 되더라도 우리는 별로 놀라지 않을 것이다. 결국 정치인들은 자신이 행하는 선(good)에 관해 사람들이 알기를 바라면서 동시에 비용(cost)은 은폐한다. 따라서 기만(deception)에 상(premium)이 주어지고 있다.[16] 그럼에도 비틀즈(Beatles)의 조지 해리슨(George Harrison)은 이렇게 썼다:

> 네가 차를 몰면 나는 길에 세금을 매길 것이고

15. [역주] 세금은 납세자가 다 부담하지만, 지출은 세금을 낸 납세자에게는 일부만 돌아온다. 따라서 개인은 지출보다는 세금에 더 관심을 기울인다.
16. [역주] 정치인이 자랑하는 선의 이면에는 비용을 은닉한 속임수가 들어 있다.

네가 앉고자 하면 그 자리에 세금을 매길 것이며

네가 너무 추워하면 열기에 세금을 매기고

네가 걷는다면 네 발에 세금을 매길 것이라

("세금쟁이(Taxman)" 중)

앞에서 말했듯이 정치인은 세입을 거두어들이는 것에 관하여 세출활동을 선택할 때 관찰한 것과 동일한 형태의 계산을 따른다. 다시 말하자면, 제 직위를 유지하기를 원하는 정치인의 가장 강력한 관심사는 세금 1달러를 더 과세하면 표(vote)를 얼마나 잃을 것인지이다. 세입 수단들을 선택할 때의 핵심은 표의 총손실이 최소화되도록 여러 세금 간에 이러한 표 손실의 균형을 맞추는 것이다. 이것은 보이는 것만큼 어렵지 않은데, 왜냐하면 경제학자와 정치인은 다양한 세금의 실제적 부담과 인지된 부담에 관해 많이 배워왔기 때문이다. 설상가상으로, 정부는 시민의 인식을 조작할 수 있을 정도로 충분히 강력하고도 정보를 갖춘 독특한 위치에 있다. 모든 민주제 국가에서 지난 80년 동안 세금 부담이 엄청나게 증가했다는 사실은 세입을 추출해내는 정치인의 능력 및 정부의 역량에 대한 강력한 증거이다. 그것은 어떻게 성취되는가?

의원들이 세금을 부과하기 위해 모일 때 가장 먼저 하는 일은 세금 부과, 막대한 예산, 그리고 적자를 비난하는 것이다. 일단 이 연극이 끝나면 세금 입법의 설계는 그 입법 진행과정이 주목을 받지 않는 방식으로 전개된다. 과거의 세금은 일반적으로 새 세금보다 입맛에 더 맞다고 간주되기 때문에, 친숙해져 있는 과거 세금의 세원 또는 세율 혹은 두 가지 모두를 인상하되 당장 주목받는 것을 피하는 세심한 방법으로 인상하는 것이 목표가 된다. 매년 0.01%씩만 증가해도 몇 년 지나면 큰 금액이 될 수 있다. 만약 비난받는 행위 및 사람들에게 세금을 부과할 수 있다면 훨씬 더 좋은데, 왜냐하면 국고는 커지는 반면에 외관상으로는 죄가 저지되기 때문이다.[17] 그리고 만약 세금 인상이 법제화되어야 한다면, 제1차 세계대전 중 소득세 법제화와 제2차 세계대전 중 원천 징수 조항의 법제화처럼 위기 중에 (특히 대중의 지지를 받는 전쟁 중에) 하는 것이 가장 좋다.

정치적 관점에서 이와 똑같이 인기 있는 것이 부자 또는 거대하고 사람이 아닌 법인에 부과되는 세금이다. 법인에 과세하는 것이 특히 중시되는데, 왜냐하면 법인에 부과되는 세금은 법인의 고객이 아니라 회사가 낸다는 잘못된 인식이 널리 퍼져 있기 때문이다. 세금 인상은 또한 과거의 불평등이나 불공정을 단순화하고 바로잡기 위해 고안되었다고 알려진 세금개혁 조치들과 동반될 때 수용 가능성이 더 많은 것처럼 보인다. 진정한 세금 개혁은 드물지만 개혁을 위한 많은 중요한 변화들이 채택된다. 새 특혜를 숨기기 위해 설계된 "기술적 변경(technical change)"이라는 것은 조세 법규(tax codes) 속 "오류 바로잡기(correcting errors)"라는 걸 위해 가장 선호되는 전략이다. 지방정부 및 주정부는 특정한 목적에 대해 어떤 세금을 따로 지정하는 것이 지정된 세입으로 지원되는 시설 및 서비스들을 널리 사용하는 사람들의 승인을 얻는 데 아주 유용함을 알게 된다. 휘발유세 및 주세가 대표적인 예다. 소득세는 연방 세입의 주된 원천이며 소득에 직접 과세되므로, 납세자는 그 변경 특히 증가에 대해 매우 민감하다. 세금 징수원을 포함해 관련된 모든 사람을 달래기 위해 세입을 극대화하려는 입법가는 소득세 개정에 특별히 애를 쓸 것이다. 누진 세율은 정치적으로 필요한 것이지만 그것은 흔히 착시적(illusory)이다. 정부에게는 두 가지 세율, 곧 법적 혹은 명목적 세율과 실질 세율이 있는데, 명목 세율은 평균적 납세자에게 훨씬 덜 알려진 실질 세율보다 훨씬 높다. 입법가는 누진적인 소득세를 법제화하기를 선호하지만 수많은 허점 및 면제들로 누진적 소득세를 완화한다. 회계사의 도움으로 납세자는 그의 세금 청구액에서 상당한 금

17. **[역주]** 사치품 소비를 죄라고 여기는 경우 정부가 이에 무거운 세금을 매기면 국고는 늘어나는 동시에 그 죄악도 저지한다고 자족할 수 있다.

액을 줄일 수 있다. 그와 동시에 납세자는 조세 허점들이 타인들에게는 어떻게 영향을 미치는지에 관해서는 가장 막연한 생각만 있으며, 부자가 훨씬 더 많이 내고 있다는 것에 적어도 부분적으로는 만족하는 것 같다. 얼마나 더 내는지는 부자 자신을 제외하고는 모두에게 미스터리이다. 세제 혜택은 숨겨져 있기 때문에, 드러나 있는 같은 양의 보조금보다 정치적으로 더 잘 받아들여진다.

또한 정부는 고용주가 소득세를 징수하게 하고 그것을 1년에 한 번이 아니라 매 급여 기간에 징수하도록 강제함으로써 지속적인 수입 흐름을 보장하거나 안정화함도 주목하라. 납세자로서는 세금이 자동적으로 빠져 나가는 방식을 이용함으로써, 매주 또는 매월 직접 현금으로 지불하는 것보다 지불에 따른 희생과 불편이 다소 덜 부담스럽게 여겨지는 듯하다. 또한 그것은 비용이 더 적게 들고 안정적인 징수 수단이다. 아주 동일한 징수 논리가 다른 급여세(payroll taxes)에도 통합되어 있는데, 거기에는 가장 중요한 사회보장세(Social Security)가 포함된다. 사회보장세는 세금 이름 자체도 그렇지만 다른 정치적 고려사항 때문에 여전히 우리의 주의를 끈다. 소득세는 급여 명세서에 소득세라 표시되어 있지만, 그와는 달리 사회보장세는 연방보험보상법(Federal Insurance Compensation Act ; FICA)이라는 모두를 당혹케하는 약어로 표시되어 있다. 오늘날까지 그 프로그램의 창시자 및 관리자는 세금을 "기여금(contribution)" 또는 "프리미엄(premium)"이라고 부르는 것을 선호해왔다. 그것은 그런 것들이 아니며 또 그럴 수도 없다: 그것은 비자발적인 지불 또는 세금이다. 세금에 대해 완곡한 어법을 찾는 버릇은 "수입 향상(revenue enhancement)", "세금 인센티브(tax incentive)", "조세 지출(tax expenditure)", 그리고 "미부과분(surcharge)"과 같은 미사여구와 함께 계속된다.[18] 세금 작성자의 특허로 인정할 만한 또 다른 전술은 피고용자가 자신이 최종

18. **[역주]** 수입 향상은 세금 부담의 가중, 세금 인센티브는 세금을 잘 내게 하는 유인, 조세 지출은 세금의 감면이나 공제, 미부과분은 현재 세금보다 더 내야 할 금액이란 것이 진정한 뜻이다.

적인 지불자라는 것을 결코 깨닫지 못하리라 예상하고 고용주와 피고용자라는 두 가지 다른 집단에 세금을 부과하는 것이다. 노동자와 사장에게 균등하게 나뉘는 것으로 보이는 사회보장세는 대부분 실제로는 노동자가 지불한다.

추가 세입원을 찾을 때 정치인은 지속적인 세입의 지속적 공급을 방해하지 않는 세금을 선호한다. 정치인은 경제학자의 언어로 수요가 비탄력적인 재화와 서비스에 과세하기를 선호하는데, 이는 세금으로 인한 가격 인상이 판매 및 그 결과 세수에 대해 미치는 비례적 영향보다 적다는 의미이다. 죄악 제품(sin items)이라 불리는 많은 것들이 이 범주에 속한다.[19] 결혼, 사냥, 그리고 낚시와 같은 것에 대한 세금도 마찬가지라고 말할 수 있는데, 이러한 일은 즐거운 일이며, 따라서 납세자가 약간의 요금을 지불해야 한다는 것 때문에 이러한 일이 취소되거나 연기될 가능성이 없다.

우리는 연방체제 안에 살고 있기 때문에 권력의 지리적 분산에 주목해야 하며, 그 일부 사항은 세금을 결정하는 정치인에게는 아주 편리하다. 정치인들 사이에서 가장 선호되는 관행은 인기 있는 지출을 하위 단위 정부에게 의무화하되 성취할 선(good)에 대해 지불할 조세수입을 하위 단위 정부가 찾으라고 강요하는 것이다. 그 반면에 지역의 정치인은 부대조건이 딸려 있지 않은 연방 보조금을 받는 것과 주로 그 지역에 살지 않는 납세자에게 세금을 부과하는 것을 원한다. 호텔 및 모텔의 세금이 지방의 여러 단계마다 있는 이유는 그 지역에 살지 않는 납세자들은 세금을 부과하는 공동체에서 투표할 수 없기 때문이다. 물론 그 지역에 거주하지 않는 사람에게 세금을 부과하는 것은 그들에게 과세 지역을 방문하는 것이나 그 지역에서 사업을 하는 것을 회피할 인센티브를 제공한다. 편의성과 필요성은 즐거움을 추구하거나 사업을 하는 데 드는 추가비용을 압도하는 것이 보통이기 때

19. **[역주]** 죄악 제품은 술, 커피, 포르노그래피 등 사회에 해롭다고 여겨진 재화이다.

문에, 그런 세금은 대개의 관광객과 비즈니스 여행자에게는 사소한 방해물로 여겨진다.

지방에게는 이것이 중요하지만, 인플레이션 시기에 정부가 자금을 조달하는 두 가지 주요 수단과 비교할 때 위의 고려사항들은 의미가 없다. 물론 여기서 두 가지 주요 수단이란 차입(borrowing)과 통화 창출(money creation)을 말하는 것이다. 이러한 현상들 사이에 기계적 연결은 없지만, 장기적으로는 중요한 관계가 있다는 것은 아주 분명하다. 정치인은 표를 가장 적게 잃는 수단으로 세금을 부과하기를 선호하기 때문에 적자, 차입, 그리고 누진적 소득세를 운용하는 것은 그런 목적을 달성하는 멋진 수단이 된다. 와그너와 탈리슨(Richard E. Wagner and Robert D. Tollison, 1982)은 그것을 다음과 같이 설명한다:

> 적자재정에서 얻는 정치적 이득은 재정적자비용이 인구 중에 분산되는 정도와 정비례한다. 100억 달러의 비용이 1억 명에게 분산된 것은 일반적으로 같은 비용이 100만 명에게만 분산된 경우보다 적은 반대를 일으킨다. 예산 적자가 진정한 정부 차입으로 충당되는 한, 적자재정의 비용은 축출되는 투자자들에게 집중될 것이다.[20] 이와는 대조적으로, 통화 창출은 비용을 인구 사이에 분산시킬 것이다.[21] 따라서 통화 창출을 수반하는 적자재정이 비용을 보다 전반적으로 분산시키기 때문에 통화 창출이 없는 적자재정보다 반대를 덜 불러일으킬 것이다(p. 11).[22]

1970년대에 그랬던 것처럼 인플레이션을 명목소득에 대한 세금으로 사용함으로써 적자재정 및 통화 창출을 보충할 수 있다. 의회는 소득세의 어떤 공식적 인

20. **[역주]** 적자재정을 국채 발행으로 충당한다면 이 국채 매입액만큼 자본시장에서 투자는 퇴장한다.
21. **[역주]** 적자재정을 화폐 발행으로 충당하는 경우, 그 증발된 통화량은 특정 개인이 아니라 경제 전반에 분산된다.
22. **[역주]** 이런 유혹 때문에 돈을 찍어 적자재정을 해결하려는 유혹을 받기 쉽다.

상도 법제화하지 않았는데, 그때 인플레이션이 점점 더 많은 납세자를 더 높은 소득 계층 속으로, 그리하여 더 높은 세율 적용 구간으로 보냄에 따라 소득세율이 자동적으로 인상되어 정부는 더 많은 세입을 획득할 수 있었다. 대부분의 시민은 민주적으로 재정을 조달하는 것이 세금에 주는 함의를 거의 알지 못하기 때문에, 그들은 인플레이션에 대해 편리한 희생양(대기업, 노조, 석유수출국기구)을 쉽게 비난할 수 있다. 오직 정부에게만 화폐를 찍어내는 권한과 정치적으로 최적인 지출 및 과세의 전략을 선택할 정치적 인센티브가 있다는 점은 우리 대부분이 정확히 이해하기 어려운 교훈이다. 정부가 안정적인 통화체제를 확립하고 유지하기 위해 신성한 신뢰를 남용할 수도 있다는 사실은 케인즈주의자에게처럼 보통의 시민에게는 추잡한 얘기로 여겨지고 그들은 그런 일은 일어나지 않을 것으로 여긴다.

지출 및 과세 경향에 대한 우리 분석의 많은 부분에는 정치체제 갈등의 주된 두 원인에 대한 인식이 암묵적으로 들어 있다. 즉, 여러 가지의 지출 및 세금 부담의 배분에 관한 시민들의 상충하는 선호 말이다. 공공재에 대한 지출은 모든 혹은 거의 모든 시민에게 파급적 편익(spillover benefits)을 주기 때문에, 그러한 지출이 우리 사이에 전면적인 갈등을 일으키기는 쉽지 않다. 과세는 그렇지 않다. 과세는 한 납세자가 어떤 감면을 얻을 수 있든 간에 다른 납세자가 그 비용을 지불해야 한다는 점에서 제로섬(zero-sum) 게임적인 것이다. 납세자들은 수혜자들보다 훨씬 더 서로 갈등을 보인다. 우리는 정치인들이 세금 인상이 지출 감소보다 표에 손실을 더 준다고 생각한다는 것에 놀라야 하는가? 세금 반란(tax rebellions)이 일어나는 것이 기이한가? 기이한 점은 특히 정부가 상황을 악화시킬 뿐인 정책에 개입할 때 우리가 더 놀라지 않는다는 것이다. 헌법에 의한 재정 제약 문제는 바로 그러한 고려에 근거하고 있다.

역사적인 1986년의 조세 개혁은 우리가 기술해온 많은 부분과 모순되는 것처럼 보일 수 있지만, 그것은 피상적인 판단일 것이다. 세율 인하의 법제화, 조세 허점의 제거, 그리고 세율 구조의 단순화가 우리의 분석을 뒷받침한다. 실제로는 의회 정치인들이 세금 감면 및 기타의 특혜들을 다시 한번 "경매(auction)"에 붙일 수 있도록 판을 새로 짠 것이다. 수천 개의 면제(exemptions) 및 허점(loopholes)의 한계가치는 수년에 걸쳐 크게 줄어들어 왔는데, 허점이 줄어들수록 그 가치는 급격히 증가하여 의회 의원, 그리고 특히 조세위원회에 있는 사람들에게 유리하다. 이와 동시에 조세 로비스트의 가치 또한 높아졌는데 왜냐하면 그들은 과거에 이익을 누린 수단인 조세 허점을 다시 받는 데에 전문가이기 때문이다.

그러한 감세 이후 우리가 보아온 것은, 세금 감면이 매년 다시 법제화되는 점과 말 잘 듣는 의원을 위한 선거자금 증액이라는 형태로 주어지는 정치적 보상이 재현된다는 점이다. 사실 이는 1986년 "세금 형평 및 재정 책임에 관한 법률(Tax Equity and Fiscal Responsibility Act)"의 통과 직후에 시작되었는데, 거기에는 상원 재정위원회(Senate Finance Committc) 및 하원의 수단위원회(House Ways and Means Committees) 의원의 재선에 필수적인 이익집단을 보호하기 위해 셀 수 없이 많은 소위 "전환 규칙(transition rule)"이 부가되어 있다. 2005년까지 상황이 다시 복잡해지자 연방 조세개혁에 관한 대통령 자문단(President' s Advisory Panel on Federal Tax Reform reported)은 다음과 같이 보고했다.

> 수백만 명의 미국인에게 해마다 하는 세금 신고 의례는 부담스러운 기록 보관, 긴 지시사항, 복잡한 일정, 정산표, 그리고 논리적이지도 직관적이지 않은 복합적 계산을 흔히 요구하는 골칫거리가 되었다.

자문단은 세금 단순화를 다시 법제화할 것을 권고했다. 합리적인 정치인은, 특히 2010년 티파티(Tea Party) 운동가들의 압력에 대한 대응으로, 그 패널(대통령 자문단)의 보고서를 보고 그것을 "판매(sell)"할 새로운 세금 혜택들이 나오도록 판을 다시 짜는 것을 정당화하는 것으로 여길 수 있다. 세금 개혁이란 결국 정치인들이 더 많은 기부자를 찾는 방법이 된다.

6. 열심히 일하는 관료, 일을 안 하는 관료제

정치적 고정관념에서 보면 관료는 보통 얼굴이 없고 게으르거나 무능하면서 꼬치꼬치 흠잡는 자(nitpicker)로 그려진다. 비록 고정관념에 진실의 요소가 들어 있지만, 이 특정한 고정관념은 오해를 불러일으킨다. 사실은 일반적으로 관료, 특히 고위직을 차지하고 있는 관료들은 열심히 일할 뿐만 아니라 헌신적인 하인이자 전문가이다. 그들은 우리의 항구적인 정부이다. 역설인 것은 관료는 열심히 일하는 반면에, 관료제는 흔히 일하지 않는다고 믿는 점이다. 그 역설은 효율성 의미의 최소한 두 가지 수준을 구별하면 쉽게 해결된다. 기술적인 정의에 들어가기 전에 공공 관료제의 제도적 환경을 설명하는 것이 중요한데, 왜냐하면 그 지식 없이는 관료적 행동과 결과를 이해할 수 없기 때문이다.

막스 베버(Max Weber)가 말했듯이, 관료기구(bureau)는 공개 경쟁에서 얻은 평생 직위를 보유하고 공적으로(publicly) 급여를 받는 사람들로 충원된 공식적이고 계층적인 조직이다. 관료기구의 표면적 목표는 시민 서비스―즉, 주로 입법기관이 승인한 일괄 예산(lump-sum budget)으로 자금을 조달받는 활동과 서비스―를 무료로 제공하는 것이다. 역사적으로 국민에게 제공되는 서비스는 대개 국내 질서와 국방과 같은 공공재로 이루어져 있었으나, 최근으로 올수록 더 많은 민간재와 소득이 재분배 혹은 이전(transfer)을 통해 제공되고 있다. 활동 및 서비스 조합의 이러한 변화는 일반 공중뿐 아니라 관료기관에게도 중요한 의미가 있는데, 거기에는 고객이나 관료의 특혜 추구(favor-seeking) 증가도 아주 중요하다.

제공하는 특정한 서비스가 무엇이든 관계없이 관료기구는 절대적으로 비영리성을 지향한다. 그 결과 정치적 기준을 포함한 다양한 기준들이 배분, 내부 운영, 그리고 변화하는 상황 및 혁신에 대한 대응과 관련된 주요 선택에 도움을 준다. 일반적으로 정치체제는 특별히 정치인이 만든 것이므로 그 공적 기관은 그 역할과 활동이 정치로 가득 차 있으며, 공무원이 그것을 축소하거나 없애도록 되어 있지만 실제로 그걸 성취하는 데는 많은 장애가 있다. 따라서 관료기구는 정치의 주된 행위자이다.

대부분의 정치학자가 관료제의 재정 측면에 대해 거의 관심을 쓰지 않지만 공공선택학은 관료제를 그들의 분석 초점으로 삼았다. 사기업과 달리 공적 기관은 그 제품이나 서비스의 판매에 의해서가 아니라 입법부에서 선출된 대표들로부터 자금을 조달받는다. 그렇다면 핵심 문제는 입법부가 각 기관에 얼마나 많은 돈을 배분할 것인지를 어떻게 결정하느냐는 것이다. 그 답의 일부는 피상적이지 않게 간략히 요약할 수 있다. 우리는 정치제도, 정치인, 투표자, 그리고 이익집단을 무시할 수 없기 때문에 관료제 사이의 배분이론은 바로 공공재정의 전반적 이론이 된다. 모두가 상호작용하여 집단적 예산을 만들며, 그에 부수적으로 정부지출과 과세는 증가할 수밖에 없게 된다.

우리는 관료가 그들 자신의 서비스에 대한 수요를 형성하는 역할에, 또 그들의 서비스 생산비용 조건에 영향을 미칠 수 있는 그들의 힘에 둔감해서는 안 된다. 관료들은 전체 입법부에 예산을 추천할 권한이 있는 세출위원회에서 일하는 의원들에게 가장 직접적이고도 지속적으로 관여한다. 그러한 상호작용 및 상호 의존은 더 많은 자금을 지출하는 강한 경향을 보장하거나 강화할 것이 확실하다. 이들 위원회는 의원에게 고마워할 투표자의 표를 얻는 것에 관심이 있는, 대개 거기로 자원해서 들어온(self-selected) 정치인으로 구성된다. 서비스를 관료적으로 공급하는 자들과 협력하면 표를 만들어내므로, 정치인과 관료가 서비스 공급을 유지하고, 서비스 제공을 확대하며, 오직 일반적으로 투표자에게 도움이 되기 위해 공동 노력하는 것에 우리가 별로 놀랄 것은 없다. 그 다음에 일종의 호의적 음모(benevolent conspiracy) 또는 대중적인 말로 "철의 삼각형(iron triangle)"이 나타난다.

음모는 호의적인 것일지 모르나 그 결과는 자비롭지 않다. 윌리엄 니스캐넌(William A. Niskanen, Jr., 1971)이 통찰력 있게 분석한 이러한 재정 결과를 보면 관료기구의 예산이 경쟁 하에서 운영되는 그와 유사한 민간기업의 두 배 규모이고, 민간 독점기업이 제공하는 규모의 세 배이다. 필요하지도 않은 서비스를 공공독점이 산출한다는 것이 아니라(비록 그것들이 좋은 것을 너무 많이 제공하는 경우가 흔하긴 하지만 말이다), 부풀려진 비용들을 과다한 예산으로 충당한다는 것이다. 간단히 말해, 덧대어진 자금이 인력이 과다하게 충원된 기관으로 가며, 그것은 비용이 많이 드는 절차를 사용하고, 직원에게 더 높은 소득과 불필요한 특혜를 제공하고, 보다 즐거운 생활 양식의 비용을 댄다. 그럼에도 우리는 너무 많은 서비스를 너무 많은 관료기구로부터 받고 있는데, 기회비용을 감안하면 이는 지나치게 많다. 시민이 정부 서비스에 대해 부여한 상대적 가치를 우리가 아는 더 완벽한 세상에서는, 더 가치 있는 서비스를 제공하는 다른 기관이 그 자금을 사용할 수 있거나, 심지어 세금이 줄어들기도(그런 일은 일어나지 않겠지만 말이다) 할 것이다.

시민들은 세출위원회와 관료기구에 의해 작동되는 쌍방 독점(bilateral)에 직면하는데 그에 대한 유일한 제약은 막연하게 제한되는 예산을 두고 간접적으로 경쟁하는 다른 쌍방 독점이며, 거기서의 예산은 과거의 예산 배분 및 민주제의 과세에는 어떤 한계가 있다는 일반적인 제약을 받는다.[23] 이러한 다소 비관적인 설명은 관료가 공공자금을 훔치는 노골적인 도둑인 경우는 거의 없다는 사실로 좀 완

23. [역주] 이 경우 정부 서비스의 공급독점자인 관료와 그 서비스의 독점수요자인 국회 세출위가 대치하는 구조로 귀결된다. 이 구조에서는 예산을 어느 쪽이 통제하는지 보편타당한 답은 없고, 예산은 흔히 과거 예산 규모 및 예산의 심의 과정에 좌우된다는 일반적인 말만 할 수 있을 뿐이다.

화되어야 한다. 그들 대부분은 자신의 전문기술적 훈련, 공민적 의무, 과소평가되어서는 안 되는 법적 제약, 그리고 당연히 비판적인 공중에 의해서도 통제받는 헌신적인 하인들이다. 그럼에도 그 헌신적인 공복은 좋은 일을 하기를 원하는데, 그것은 긴축적인 예산이 아니라 팽창적인 예산에 의해 가장 잘 성취되는 것이다. 선을 더 많이 행하는 데는 더 많은 돈이 필요하다.

관료기구는 시장경쟁이라는 까다로운 제약조건 안에서 움직이는 것이 아니기 때문에, 대응성(responsiveness)과 책임성(responsibility)은 정부 내부 및 외부의 다른 부(府, branch)와 내부 고발자(whistle-blowers)의 상세한 감독을 통해 이루어질 가능성이 아주 크다. 그러한 감독은 양날의 칼이 되는데, 왜냐하면 그것 역시 문서주의(red tape), 공청회, 항소 절차, 그리고 지루한 합법성 문제를 수반하기 때문이다. 그와 대조적으로, 시장에서는 상점 주인, 자동차 딜러, 웨이터, 점원 등을 대면하다 화가 난 소비자의 불평과 불만족이 판매 감소와 직접적 행동으로 나타난다. 그러한 행동은, 통상적으로 기업이 거대하고도 비용이 많이 드는 소비자 보호법 또는 규제의 미로(제9장 참조) 안에서 움직일 의무가 없는 한, 빠른 대응을 가져온다.[24]

정치적으로 결정된 예산이 주어지면 관료기구는 자신이 생존하고 성장할 재정전략을 선택한다. 가격기구가 제공하는 이익과 정보의 잣대 없이 관료는 입법부의 위원회와 부처(agency)의 시민 고객(citizen clients)에 맞서 부처의 입장을 높이고자 행동한다. 관료가 선호하는 전략은 특정 지출에 할당된 자금(earmarked funds)을 확보하고, 고객에게 돌아가는 혜택을 결정하는 공식(formulas)을 남이 건드리지 못하도록 설정하며, 지원을 해주는 활동 및 서비스를 늘리고, 또한 거의 모든 사람이 알다시피 모든 연간 세출 예산은 다 지출해버림으로써 부처를 연례적인

24. **[역주]** 예컨대 복잡한 규제가 기업가의 특혜를 보호하고 있다면 기업은 소비자의 요구에 민감히 대응하지 않는다.

입법부의 심사 및 통제로부터 차단하는 것이다. 바로 그 동일한 관료가 그들의 서비스에 대한 수요는 예상보다 많고 비용은 예상보다 높다는 점을 공중 및 입법부의 위원회에게 확신시키고자 애를 쓸 것이다. 자금의 보충이 절대적으로 필요하다는 것이다. 예산을 강화하는 동안 관료들은 기관장과 자신의 임무에 부정적인 영향을 미칠 수 있는 당혹스러운 잘못을 피하기 위해 그들이 가진 권력으로 가능한 모든 일을 한다. 키워드는 조심함(caution)이다.

관료기구 안의 내부 관리 및 개인의 성공 문제는 대규모의 사기업이나 단체에서 발견되는 문제와 놀라울 정도로 유사한데, 왜냐하면 가격 시스템이 이들 조직에 적용되지 않으면서 모든 구성원이 자기 나름의 야망 및 의제를 가지고 있기 때문이다. 가격의 가르침이 없으면 관료기구(진보주의자가 관리하든 혹은 보수주의자가 관리하든)는 합리적인 경제 계산을 관료적 루틴(routine)으로 대체하는데, 이것은 으레 배분적 비효율성(allocative inefficiency)을 훨씬 더 악화시킨다. 화난 고객들로부터 보호받는 것을 보장하고 또 계획과 프로그램을 집행해야 할 필요성 때문에 절차의 정교함, 경직성, 그리고 타성(inertia)이 나타나게 된다. 나쁜 것을 제거하거나, 그것을 제거하는 것이 더 나은지 적어도 문의라도 하기보다는(그 예는 4부 참조), 그들은 통제를 추가하는 것을 채택한다. 그들은 계획이 있는 곳에 허점이 있으며 그들이 허점을 반드시 써먹을 것이라고 아주 정확히 가정한다. 그리고 사기업과는 달리, 관료기구는 프로그램이 실패하면 그 프로그램으로 충족되지 않는 요구가 있다는 점을 관료기구의 세출이 오히려 더 많아져야 한다는 이유로 삼을 수 있다.[25] 중요하되 아직 충족되지 않은 요구를 발견하면 헌신적인 관료의 동기부여는 증가하고 관료에게는 그걸 위해 할 일이 생긴다.

공공 관료제와 사기업 사이의 또 다른 뚜렷한 차이점은 경쟁적인 기업은 소비

25. **[역주]** 사업이 실패하면 그 사업 예산 지출을 중지 혹은 줄이기보다는 사업이 성공하려면 예산을 더 늘려야 한다고 둘러대며 예산을 계속 지킨다.

자 만족도를 높여서 자신의 시장 점유율을 보호하는 반면에, 관료기구는 적어도 단기적으로는 소비자 만족도를 감소시켜서 자신의 예산을 보호한다는 것이다. 관료기구는 그들의 예산을 의원들에게서 획득하기 때문에, 관료기구는 그들의 예산이 경기 불황기에는 보호되고 호황기에는 증액될 수 있도록 의원들을 납득시킬 수 있는 방법을 찾아야 한다. 따라서 관료기구는 그들의 인기 서비스 중 가장 필수적인 것을 축소하겠다고 위협한다. "워싱턴 기념비 전략(the Washington Monument strategy)"으로 알려진 이 전략은 1968년 예산 삭감에 직면한 국립공원관리국이 워싱턴 기념비로 가는 엘리베이터를 폐쇄하고는 관광객들에게 국립공원관리국이 그걸 운영할 형편이 안 되기 때문에 계단을 사용해야 한다고 말한 데서 그 이름이 유래하였다. 엘리베이터 관광객들은 그들의 불만사항을 그들의 하원 의원에게 전달하라는 지시를 받았다. 예컨대 시(市) 및 타운의 부서들은 만약 세금이 인상되지 않는다면 쓰레기 수거 및 경찰 보호 서비스를 줄여야 한다고 주기적으로 주장한다. 1996년 옐로스톤 국립공원관리기관은 캠프장 중 가장 많이 사용되는 곳 중 하나인 노리스 캠프장(Norris Campground)을 폐쇄했다. 아이러니한 것은 비록 캠프 이용자들은 캠핑장을 개방해두는 데 드는 비용보다 더 많은 이용료를 지불했지만 이용료에서 나오는 돈의 대부분은 공원이 아니라 미국 재무부로 갔다는 점이다. 따라서 공원은 돈을 절약하기 위해 돈이 나오는 캠프장을 폐쇄했다.[26] 워싱턴 DC 지하철(Washington DC Metro)은 2009년 재정 적자를 커버하기 위해 지하철 운행을 오후 10시에 종료할 것을 제안했는데, 이는 지하철이 주중에는 자정까지, 주말에는 오전 3시까지 운영된다는 점을 감안하면 분노를 촉발하기 위한 제안이었다.

선의를 가진 우리의 공무원은 자기 일의 객관적인 가치 척도가 거의 없는 문화

26. [역주] 언뜻 보면 공원관리부서는 공원 유지에 필요한 이상의 돈을 받는 것처럼 보이나 그 돈이 공원관리부서로 오지 않으므로 공원을 개방할수록 오히려 적자였다.

속에서 수요와 공급의 세계 밖에서 살고 있다. 공기업에게는 세금 납부, 라이선스 구매, 그리고 공채 구입의 필요가 없다는 이점이 더 있다. 그들은 불공정한 경쟁자가 될 수 있다. 예상대로 그들은 비효율적 상태에 머물러 있다. 이윤과 파산의 회초리가 없으면 그들은 다른 모습으로 변할 수 없다. 슬프게도, 그리고 너무나 자주, 그들은 비용을 줄이는 것이 아니라 더 높은 비용을 합리화하는 데 그들의 시간을 보낸다.

7. 논의의 요약

여기에 서술된 정치 과정은 개인의 목적을 합리적으로 추구하되 왜곡된 인센티브와 비용이 많이 들고 왜곡된 정보로 가득 찬 제도적 환경 속에서 그렇게 추구한다는 관점에서 본 것이다. 그에 따라 집단적 선택은 그 용어의 경제적 의미에서 본질적으로 강제적(coercive)이고 비합리적인 것이며, 다음 장에서 자세히 전개되는 개념으로 말하면 비효율적(inefficient)이다. 비효율성을 조장하는 데 미치는 로그롤링과 타협의 영향은 아무리 강조해도 지나치지 않다.

민주 정치는 실제로 국민에 의한 정부(government by the people)가 아니라 투표자, 이익집단, 정치인, 그리고 관료 사이의 치열한 권력 경쟁이다. 만약 투표자가 단지 합리적으로 무지하다면, 투표자 정보 캠페인(voter information campaigns)으로 선거 결과를 개선할 수 있다.[27] 그러나 만약 투표자가 후보자에게 갈채를 보내기 위해 투표하거나 값싼 이타주의를 유발하거나 표출하느라 투표하고 있다면 더 많은 정보가 주어진들 달성할 수 있는 것은 거의 없다.[28] 따라서 투표자들은 무

27. [역주] 투표자 정보 캠페인은 투표자에게 투표와 관련된 바른 정보를 제공하자는 운동.

28. [역주] 이런 경우 투표자는 자신의 후보를 당선시키려는 정상적 투표가 아니라 소위 '현시적 투표'나 '합리적 비합리성'에 의거한 투표를 하므로 정보를 더 얻더라도 이 행태는 거의 개선되지 않는다.

지하기를, 이념에 지배되기를, 그리고 개인의 정치 참여를 포기하기를 합리적으로 선택한다. 투표자는 이익집단에 가입함으로써 정부에서 더 강력한 목소리를 가질 수 있지만, 사적 또는 공적 이익집단은 비효율적인 정책을 추구할 가능성이 크다. 관료는 정치 게임 속에 있는 다른 참여자들과의 거래를 통해 예산과 직업 안정성을 보호하며 정치적 자율성과 명성을 추구한다. 정치인들은 말을 어렵게 만들기(obfuscation), 연기하듯 행동하기, 미신 만들기, 의례(ritual), 정보의 억압과 왜곡, 증오와 시기의 자극, 그리고 과도한 희망 조장에 관여하는 것이 매우 합리적이라고 생각한다. 따라서 집단적 선택에서는 모든 사람이 책임으로부터 면제된다.

■ 서지(書誌) 노트 : 주요 참고문헌 소개

공공선택에 관한 글을 쓰는 많은 학자들은 정부와 민주 정치를 낭만화하지 않게 하기(비낭만화, de-romanticizing)에 큰 기여를 해왔다. 가장 잘 알려져 있고 가장 많이 공공선택에 관한 글을 저술한 두 사람은 제임스 뷰캐넌(James Buchanan)과 고든 털럭(Gordon Tullock)이며, 그들은 공동 저자로, 그리고 각자 별도로 그 분야를 정의해왔다. 리버티재단출판사(Liberty Fund Press)는 제임스 뷰캐넌 연구총서(The Collected Works of James Buchanan)를 20권, 고든 털럭 연구총서(The Selected Works of Gordon Tullock)를 10권 발간했다. 뷰캐넌은 1984년 노벨상을 받았고 그의 연구는 사회의 제도 구조를 이해하는 데 집중했다. 털럭의 연구는 보다 폭이 넓으며, 경제학, 정치학, 공공선택학, 사회학, 법경제학, 그리고 생물 경제학을 커버하고 있다.

그들의 공저인 『합의의 계산(*Calculus of Consent*)』과 뷰캐넌의 『자유의 한계(*The Limits of Liberty*)』가 출발지이다. 그들의 단독 연구물 중 나는 털럭의 『사회 딜레마 : 독재, 혁명, 쿠데타, 그리고 전쟁(*The Social Dilemma : Of Autocracy,*

Revolution, Coup d'Etat, and War)』을 강력히 추천한다. 그 책은 독재 국가의 작동과 국가 사이의 전쟁 경제학에서 나타나고 있는 털럭의 독창적 생각을 보여준다. 또한 제9권, 『법경제학(*Law and Economics*)』도 놓치지 말라. 그것은 경제학의 관점에서 법을 분석한 최초의 저서인 『법의 논리(*The Logic of Law*)』와 논란의 여지가 있는 에세이 "보통법에 대한 반론(The Case against the Common Law)"을 포함하고 있다. 뷰캐넌 시리즈의 첫 번째 책에는 그의 에세이 "경제학자는 무엇을 해야 하나(What Should Economists Do)?"와 내가 꼭 읽어야 한다고 믿는 "낭만 없는 정치(Politics Without Romance)"라는 제목의 절이 들어 있다. "낭만 없는 정치" 에는 이 장에서 한 많은 주장이 포함되어 있다. 다음은 로버트 힉스(Robert Higgs) 교수(1993)가 경제학과 경제학자들에 관해 뷰캐넌이 말하는 것을 묘사한 것이다:

> 주류 경제학자들은 수학적 지렛대 하나로 지구를 움직일 수 없는데, 왜냐하면 그들에게는 설 자리 곧, 재산권, 소비자 선호, 자원 가용성, 그리고 기술적 가능성에 대해 어떤 "주어진(given)" 정보가 없기 때문이다. 신고전파 경제학이 주어진 것으로 간주하는 것은 실제로는 경쟁 과정(competitive processes)에 의해서만 드러난다. 뷰캐넌은 "대부분의 현대 경제학자들은 비판적인 검토를 버텨내지도 못할 일종의 시줏돈으로 연명하면서 그저 다른 경제학자들이 하는 일을 하고 있을 뿐이다"라고 적절하게 결론짓는다.[29]

시장과 정치의 적절한 역할은 밀턴 프리드먼(Milton Friedman)이 쓴 그의 탁월한 저작인 『자본주의와 자유(*Capitalism and Freedom*)』(1962)에서 가장 잘 묘사되었다. 프리드먼은 그의 시대를 앞서갔으며 항상 앞서 있었다. 그의 책은 정치경제

29. **[역주]** 그들은 기존 오류를 그대로 반복하면서 간신히 약간의 대접을 받고 연명하지만 엄밀히 비판적으로 따지면 그 초라한 대접마저 합당할지는 의문이라는 비판이다.

학의 핵심 문제에 대한 최상의 저술로 상을 받아야 한다. 그 생각들은 1962년에는 논쟁의 여지가 있었다. 오늘날에는 그의 생각 중 많은 것이 주류가 되어 있다.

낭만적이지 않은 정부에 대해 내가 아는 가장 재미있는 독서는 피제이 오루크(P. J. O'Rourke)의 『창녀들의 의회(*Parliament of Whores*)』이다. 그것은 원래 레이건 행정부 말에 작성되었으며, 앤드류 퍼거슨(Andrew Ferguson)의 서문이 추가되어 다시 발간되었다(New York : Grove Press, 2003). 책 표지 광고 문구에 따르면 "선수는 바뀌었지만, 게임은 그대로(Although the players have changed, the game is still the same)"이다. 오루크가 모든 신성한 소(holy cow)와 정치적으로 올바름(politically correctness)의 민감함을 흉내낼 때 나오는 웃음들 사이에 기분을 상하게 하는 날카로운 칼날이 들어 있음을 유의하라. 그의 수천 개의 말 중 가장 멋진 것은 아마 "정부에 돈과 권력을 주는 것은 십대 소년들에게 위스키와 자동차 열쇠를 주는 것과 같다(Giving money and power to government is like giving whiskey and car keys to teenage boys)"일 것이다.

자기 이익 중심의 투표자에 대한 견해는 앤서니 다운스(Anthony Downs)에 의해 1957년에 나온 그의 획기적인 『민주제의 경제이론(*An Economic Theory of Democracy*)』(1957)에서 처음으로 명시적으로 제시되었다. 다운스는 경제이론을 정치적 의사결정에 적용하기 위한 조건을 확인했다. 그와 같이 그는 최초의 현대 공공선택 이론가 중 한 사람이었다. 다운스는 투표자들이 자신의 이념에 따라 투표한다고 생각했고, 만약 투표자들 사이에 폭넓은 이념적 합의가 있다면 양당식 민주제가 안정적이라고 결론을 내렸다. 합리적인 투표자와 그에 따른 합리적 무지 테제를 이해하려면 다운스부터 시작하라.

이 장에서 언급된 두 권의 책은 특히 주목받을 가치가 있다. 첫 번째는 제프리 브레넌(Geoffrey Brennan)과 로렌 로마스키(Loren Lomasky)의 1933년 책 『민주제와 결정 : 선거 선호에 관한 순수이론(*Democracy and Decision : Pure Theory of*

Electoral Preference)』이다. 그들은 투표자들이 특정한 결과를 얻기 위해 투표한다는 다운스에게서 물려받은 생각을 버리고 "현시적 투표"라는 문구를 만들어내었다. 한 표는 실제로 선거 결과에 영향을 미치는 수단으로는 무가치한 것이기 때문에 그들은 투표자들이 왜 성가시게 투표를 하려는지 궁금해했고 그 이유는 현시적 투표 또는 상징적 투표(symbolic voting)라고 결론지었다. 즉, 투표에서 나오는 심리적 편익이 이기심을 압도한다. 실제로는 "시장 행동에 잠복해 있던 고려사항이 투표소에서 중요해진다"(p. 16)라고 그들은 주장한다.

두 번째 책은 합리적 투표자(rational voter) 가설에 대한 읽기 쉬운 정면 공격(frontal attack)이다. 브라이언 캐플런(Bryan Caplan)의 『합리적 투표자의 미신(*The Myth of the Rational Voter*)』(2007)이다. 캐플런은 브레넌과 로마스키에서 한 걸음 더 나아가 투표자들이 *비합리적으로(irrationally)* 투표한다고 주장한다. 즉, 그들은 비효과적이고 나쁜 정책을 선택하는데, 이는 투표가 싸구려 이타주의이기 때문이다. 그들의 투표가 결과에 대해 거의 영향을 주지 못하기 때문에, 그들은 자신이 비용을 내야 한다는 두려움 없이 편견이나 잘못된 인식에 표를 던질 수 있다. 캐플런은 정치인들이 어떻게 그 비합리성을 악용하는지 논의할 때 공급측(supply-side) 정치에 대한 합리적인 비합리성(rational irrationality)의 함의를 전개하는데 이는 다음 장에서 다루는 주제이다.

이익집단 정치에 관해 분명히 시초가 된 한 연구는 제임스 매디슨(James Madison)의 『연방주의자 논고 10(*Federalist 10*)』인데, 거기서 그는 이익집단(그는 그들을 파벌(factions)이라고 불렀다)은 통제할 수 없지만 그 효과는 통제할 수 있다는 유명한 주장을 했다. 그는 정치를, 그 속에서 경쟁적 이익이 정책이 자기 이익이 아니라 공익에 부합되도록 보장해주는 시장으로 보았다. 물론 그는 정당 정치의 부상도 로그롤링도 예상하지 않았지만 그의 이익집단 경쟁에 관한 주장은 계속 공감을 준다.

맨서 올슨(Mancur Olson)의 1965년 책은 이익집단이 저절로 형성되지 않는다고 설명한 최초의 현대적 저술이다. 이익집단은 집단의 집단적 산물에 무임승차함을 줄이는 방법을 찾는 정치적 기업가정신(political entrepreneurship)의 산물이다. 따라서 그는 집중된 이익을 가진 집단이 이익이 분산된 집단보다 더 쉽게 조직될 것이라고 주장한다. 두 고전적 논문이 올슨 뒤를 이었는데, 하나는 조지 스티글러(George Stigler, 1971)가 쓴 것이고 다른 하나는 샘 펠츠먼(Sam Peltzman, 1976)의 논문이다. 스티글러는 이익이 집중되어 있는 집단이 이익이 분산된 집단보다 어떻게 정부에 더 효율적으로 영향을 미칠 수 있는지 보여주었다. 그는 조직화된 집단이 공익이라는 주장 아래 사적 이익을 은폐하고 그 결과 소위 공익적 규제(public interest regulation)가 실제로는 자신들의 이익에 부합되도록 만들 것이며, 소비자 이익을 위한 규제의 주된 수혜자는 소비자가 아니라 규제받는 집단 자신이라는 것을 보여주었다. 펠츠먼(Peltzman, 1976)은 정치인과 관료가, 소비자를 이용하는 조직화되고 규제받는 집단의 이익과 더불어, 자신들의 이익을 어떻게 극대화하려 했는지 보여주었다. 정치학자들 사이에서 정치인, 관료, 그리고 이익집단 간의 이러한 삼자 관계는 철의 삼각형이라는 용어로 알려지게 되었다. 소비자와 투표자는 삼각형 밖에 있음을 유의하라. 관료를 공적 하인(공복, public servant)으로 보는 행정의 시각은 윌리엄 니스캐넌(William Niskanen, 1971)에 의해 타파되었다.

그는 관료들을 예산을 극대화하는 사람이라고 가정했고 그러한 가정들을 중심으로 관료제와 대의정부 이론을 구축했다. 그는 비영리 조직의 일부인 관료들이 극대화하는 것은 무엇인지 묻는 것으로부터 출발했다. 그는 급여, 직위의 전제조건, 명성, 그리고 권력과 같은 몇 가지 가능성을 고려한 후, 이들 각각이 부처의 총예산 증가와 양(+)의 상관관계가 있다는 결론을 내렸다. 따라서 관료는 예산을 극대화하는 사람이다. 비록 니스캐넌의 모형에 많은 추가사항 및 변용이 있어 왔지만, 그것은 공공선택학에서 관료제 연구의 핵심으로 남아 있다.

〈참고문헌〉

Acevedo, M. and J. I. Krueger, "Two Egocentric Sources of the Decision To Vote : The Voter's Illusion and the Belief in Personal Relevance," *Political Psychology*, 25, 2004.

Brennan, Geoffrey and Loren Lomasky, *Democracy and Decision : The Pure Theory of Electoral Preferences*, Cambridge : Cambridge University Press, 1993.

Buchanan, James M., *Cost and Choice*(Collected Works of James M. Buchanan), Indianapolis: Liberty Fund Inc., 1999.

____________________, *The Limits of Liberty*(Collected Works of James M. Buchanan), Indianapolis: Liberty Fund Inc., 2000.

Buchanan, James M. and Gordon Tullock, *The Calculus of Consent : Logical Foundations of Constitutional Democracy*(Tullock, Gordon. Selections. V. 2.). Indianapolis: Liberty Fund, 2004.

Caplan, Bryan, *The Myth of the Rational Voter : Why Democracies Choose Bad Policies*, Princeton: Princeton University Press, 2007.

Despeignes, Peronet. "Budget Bill Has $15.8b in Extras; Passages Delayed over Tax Privacy, Abortion," 2004, November 22, *USA Today*, p. A12.

Downs, Anthony, *An Economic Theory of Democracy*, New York: Harper, 1957.

Friedman, Milton, *Capitalism and Freedom*, Chicago : University of Chicago Press, 1962.

Heritage Foundation, http://www.heritage.org/Research/Reports/2009/03/Omnibus-Spending-Bill-Huge-Spending-and-9000-Earmarks-Represent-Business-as-Usual.

Higgs, Robert, "What Should Economists Do?," *Reason*, December, 1993.

Ingram, Helen, David Colnick and Dean E. Mann, "Interest Groups and Environment Policy," in *Environmental Politics and Policy : Theories and Evidence*, 2nd ed., James P. Lester, W. Douglas Costain, Riley E. Dunlap and Helen M. Ingram, (Eds.), Durham: Duke University Press, 1995.

Moe, Terry, *The Organization of Interests : Incentives and the Internal Dynamics of Political Interest Groups*, Chicago: University of Chicago Press, 1988.

Niskanen, William A., Jr., *Bureaucracy and Representative Government*, Chicago: Aldine Atherton, 1971.

Olson, Mancur, *The Rise and Decline of Nations*, New Haven : Yale University Press, 1982.

O'Rourke, P. J., *Parliament of Whores : A Lone Humorist Attempts to Explain the Entire U.S. Government*, New York: Grove Press, 2003.

Pigou, A. C., *The Economics of Welfare*, New York: General Books LLC, 2010.

President's Advisory Panel on Federal Tax Reform, *Final Report*(Washington : 2005) pp. 1~272.

Rosenbaum, Walter A., *Environmental Politics and Policy*, 3rd ed. Washington: CQ Press, 1995.

Tullock, Gordon, *Law and Economics*, Volume 9, Indianapolis, 2005.

______________, *The Selected Works of Gordon Tullock*(10-Volume Set) (v. I-10), Indianapolis: Liberty Fund Inc., 2006.

______________, *The Social Dilemma*(Selected Works of Gordon Tullock), Indianapolis: Liberty Fund Inc., 2005.

Wagner, Richard E. and Robert D. Tollison, "Balanced Budgets, Fiscal Responsibility and the Constitution," in Richard E. Wagner, Robert D. Tollison, Alvin Rabushka and John T. Noonan, Jr., *Balanced Budgets,*

Fiscal Responsibility, and the Constitution, Washington DC : CATO Institute, 1982, p. II.

Wilson, James Q., *Political Organizations*, Princeton : Princeton University Press, 1995.

제4장 병리적 정치 : 정부실패의 해부

주요 행위자, 동기, 결정 환경, 그리고 기본적 상호작용을 확인하는 것은 남은 진단적 분석인 정치의 병리(pathology of politics)의 토대를 우리에게 제공해준다. 제1장에서와 같이 시장실패를 설명하는 것은 필요하기는 하지만 불충분한 조치이다. 우리는 정치체제의 실패도 확인하고 그것이 일어난다는 것을 설명해야 하기 때문이다. 이 모든 것은 정치체제가 시장실패라고 알려진 것을 극복하지 못하는 정책을 선택하는 이유를 보여주기 위한 준비이나. 대부분의 이런 정책은 아주 비효율적이며, 분명히 불공정한 경우가 많은 것이 보통이다. 그러나 그것은 논의를 앞서가는 것이다. 이 장은 정치 과정이 어떻게, 그리고 왜 결함이 있는지 보여줌으로써 정부실패의 분석을 완료하고, 이러한 결함이 정치에 고유한 것인지 혹은 바꿀 수 있거나 개선할 수도 있는 특정 제도에 고유한 것인지 더 자세히 검토한다.

1. 시민 주권과 효율성

정치의 병리는 규범적 토대, 즉 이 경우에는 비(非)경제학자들 사이에서 많이 오해되고 남용되는 용어인 효율성 없이는 무의미하다. 여기서 그것은 사회가 그 구성원의 물질적 필요를 얼마나 잘 제공하는지의 척도를 의미한다. 이 간단한 정의는 파레토(Pareto)의 더 정밀한 정의, 즉 어떤 주어진 정책, 조치 또는 배분이 다른 사람의 주관적 후생을 줄이지 않고도 누군가의 주관적 후생을 향상할 수 있는

지와 일치한다. 그런 결과를 파레토 개선(Pareto improvement)이라고 한다. *원하지 않는(unwanted)* 재화와 서비스를, 비록 가장 최소의 비용으로라도 대량으로 생산하는 정치체제나 경제는 파레토 효율적이지 않은데, 왜냐하면 어느 누구의 후생도 더 나아지지 않을 것이기 때문이다. 사실은 많은 사람의 후생이 더 악화될 것인데, 왜냐하면 사람들이 진실로 원하는 제품에 배분되는 대신 원하지 않는 제품에 자원이 배분되었기 때문이다. 그래서 주된 관심사는 *배분적(allocative)* 효율성, 즉 사람들의 주관적 후생을 개선하는 것이다. 그 다음으로 나는 기술적 효율성(technical efficiency)에 관심이 있는데, 그것은 가장 낮은 비용으로 무언가를 생산하는 것이다. 그렇다면 정치에서의 효율성은 개인의 선호를 충족시키는 동시에 자원을 가장 가치 있는 용도로 사용하는 것과 관련이 있다.

개인 선호가 민주제에서 중요함에도 불구하고, 매력적일 가능성도 있었던 많은 정치적 특성들이 파레토 효율성을 침해하는 불행한 재능을 가지고 있다. 가장 두드러진 두 가지는 소득재분배와 관련이 있다. 재분배의 이득은 정책 논의에서 효율성의 고려보다 우위를 점하며, 민주적 제도들은 이러한 재분배적 성향을 촉진한다. 더욱이 민주제는 불행하지만 분명한 경향이 있는데, 그것은 타인을 희생하고 심지어 장기적으로는 모든 사람의 후생이 더 나빠지도록 만들어 몇 사람의 후생을 더 좋게 만드는 것이다. 편익보다 비용이 더 많이 드는 정책과 규칙을 선택하고 비용보다 편익이 더 큰 정책과 규칙은 법제화하지 않음으로써, 시민의 후생은 절대적으로 그런 것은 아니더라도 그러지 않았던 경우에 비해 더 나빠지게 된다.

정치 과정의 비효율성 원인은 다음과 같이 7가지로 유용하게 분류될 수 있다. ① 왜곡된 인센티브, ② 사적 욕구를 집단적으로 제공, ③ 신호 전달 메커니즘의 결함, ④ 선거 규칙과 선호의 왜곡, ⑤ 정부기관의 근시안, ⑥ 동태적 어려움, 그리고 ⑦ 정책 상징주의이다.

2. 왜곡된 인센티브

애덤 스미스의 가장 위대한 업적은 개인의 이익들을 집단적 선으로 전환하는 시장의 보이지 않는 손의 덕스러운 작용을 보여준 것이었다. 보이지 않는 손이 어떻게 작동하는지는 경제학자들을 2백 년 넘게 사로잡아 왔다. 현대 공공선택학의 위대한 성취는 정치의 보이는 손의 해로운 작용을 보여 왔다는 점이다. 같은 의사결정자라도 시장 규칙과 정치 규칙 중 어느 것에 따라 행동하는지에 의해 아주 다른 결과를 낳는다. 그 주된 이유 중 하나는 선택자를 지배하는 인센티브와 관련이 있다. 정치 참여자와 시장 참여자 모두 이기적이라고 가정하지만 그 인센티브(외적인 보상과 처벌)는 크게 다르다. 시장과 정치가 구체적인 보상, 격려, 낙담, 그리고 비용 등의 방식으로 제공하는 것은 너무 대조적이어서 두 환경에서 다 일해본 사람들은 그 차이에 당혹해하고 때로는 분개한다. 특히 사업가는 공공부문에서 일하는 것이 좌절감을 준다고 생각한다.

시장에서 기업가는 손실을 볼지도 모른다는 위험에 늘 사로잡혀 있다가 이익을 볼 수 있다는 희망이 생기면 그들의 제품과 서비스를 개선하는 동시에 그렇게 하는 데 드는 비용을 낮추려는 마음을 적극적으로 내게 된다. 고객과 기업가의 부(富)는 증가하며, 다른 경쟁자들은 혁신적인 아이디어를 제공한다. 생산자는 자신에게 봉사함으로써 다른 사람들에게도 봉사하게 된다. 즉, 그는 다른 사람들에게 봉사함으로써 이익을 얻는다. 요약하면, 그것은 서로의 이득을 가능하게 하는 교환체제이다.

잘 알려진 경제학자 및 정치학자를 포함하여 몇몇 정치에 관한 연구자는 정치와 경제의 유사성을 보고서 정치도 거대한 교환체제로 간주해야 한다고 주장한다. 그러한 경제학자 중 한 사람인 도널드 위트먼(Donald Wittman, 1995)은 "효율적인 민주적 시장의 보이지 않는 손 이론(an invisible-hand theory of efficient democratic markets)"을 언급했다. 위트먼에 따르면 "이윤 극대화가 경제 시장에서 부의 극대화를 가져오는 것과 같은 방식으로, 표의 극대화는 민주적 시장에서 부의 극대화를 가져온다"(p. 160). 위트먼의 분석이 가진 한 가지 문제점은 정치와 정부가 그 참여자들에게 이윤을 만들어주는 모든 범주의 활동들을 제공하지는 않는다는 것이다. 사실은, 정치에서의 이윤추구는(자기 본위(self-seeking)와는 달리) 아주 두려운 것으로 여겨져서 특별한 헌법적 · 법적 · 윤리적 제한을 통해 공직자에게 이를 금하고 있다.[1] 이러한 규칙들은 재량권 및 심지어 목표에 대해서조차 그 제한선을 분명히 긋는다. 이 점에서 미국 헌법은 뚜렷하게 금지적 문서(negative document)이다.[2] 공무원은 그들의 공적 서비스나 재화를 판매할 수 없다. 또 그들은 그들의 재화와 서비스를 영(0)의 가격으로 혹은 비용보다 낮은 가격으로 모두에게 제공해야 하므로, 우리는 시민이 이러한 활동과 재화에 대해 부여하는 정확한 가치를 결코 알 수 없다. 시장이 없다면 가치를 확인하고 집행하는 것은 불가능하다. 시장 속 모든 것이 가격을 갖기 때문에 구매자와 판매자가 상대적인 효율성 판단을 할 수 있으며, 이 때문에 각자는 해야 할 바른 행동이 무엇인지 아주 정확한 계산을 할 수 있다. 정치 행위자들에게는 그러한 지침이 없으며, 만약 그것이 없다면 미제스와 하이에크가 주장한 것처럼 효율적인 선택은 불가능하다. 시장(市長)은 동네 주민들이 요구하는 근린공원을 건설하는 데 얼마나 비용이 드는지 알 수 있지만, 공급될 공원의 효율적 크기가 어느 정도인지, 혹은 그저 어떤 식으로든 공급되기만 하면 되는지 알 방법이 없다. 수요에 대한 시장의 척도는 청원서에 서명하거나 시의회 회의에 출석한 시민의 수이고, 비용에 대한 시민의 척도는 그들이 로비에 쓴 시간의 기회비용이다. 가격과 시장의 힘이 없다면 정부 공

1. **[역주]** 정치에서의 이윤추구는 후술하는 지대추구(rent-seeking)를 의미하는데 이는 시장에서의 개인의 자기 본위(self-seeking)와 다르다. 전자는 사회의 부를 위축시키지만 후자는 사회의 부를 증진한다.
2. **[역주]** 정부가 할 수 없는 것을 분명히 적시하는 헌법이란 의미이다.

무원과 시민은 기껏해야 자원과 제품을 구매하는 것이 그들에게 얼마의 비용을 들게 하는지만 알 수 있을 따름이다. 그러나 그들은 소비자들이 생산된 정부 서비스에 부여하는 가치를 정할 수는 없다. 따라서 가장 숙련된 정부 경제학자라도 정치적으로 제공되는 재화에 대한 타당한 수요곡선을 작도하는 것은 거의 불가능하다.

공공정책을 선택할 때, 자리를 유지하기를 원하는 정치인은 행동 대안의 효율성의 영향보다 표(vote)의 영향을 더 높게 평가해야 한다. 그들의 계산은 시장에서 그들의 지위에 해당하는 사업가들의 계산과 상충된다. 후자는 사람들이 무엇인가를 *얼마나 많이*(how much) 원하는지 묻는데 이는 그들이 얼마를 지불할 의사가 있는지를 묻는 것에 해당하며, 이에 비해 정치인은 *얼마나 많은*(how many) 사람들이 그걸 원하는지를 묻는다. 정치인은 과반수를 먼저 계산하고, 선호도와 신념은 두 번째로 그것도 간접적으로 계산한다. 기업이 사업을 하기 위해 과반수를 확보할 필요는 없다. 그러나 정치인, 이익집단, 그리고 투표자는 그걸 확보한다. 한 표는 다른 표와 똑같은 비중을 가지므로 그것들은 다 동일하게 한 표이다. 그러나 몇몇 일부 구매자는 다른 구매자보다 더 많은 달러-표(票)를 가지고 있으며 그들의 목소리는 더 중요하다. 표는 균등하되 달러는 불균등하다는 것은 정치경제학의 기본적 사실이므로 그 점이 소득, 부, 지위, 그리고 권력의 재분배에 대한 논쟁에 관한 갈등의 중요한 바탕을 제공한다. 결과의 평등을 추구하는 사람들은 투표의 영역을 확장하기를 원하는 반면에, 불확실한 불평등(uncertain inequality)을 선호하는 사람들은 시장 영역을 선호하는 경향이 있다.[3]

3. [역주] 개인에 따라 불평등하게 배분되겠지만 과연 누구에게 더 많이 혹은 적게 돌아갈지는 사전에 확정되지 않은 것, 곧 기회의 평등이란 의미이다.

3. 비용과 혜택의 분리

아마도 근본적인 정치적 사실, 곧 부적합하고도 시의에도 안 맞는 결과라는 특징적 사실은 비용과 이익을 따로 고려한다는 점이다. 사람들이 정책을 선택하기 전에 이것들을 서로 형량하도록 강요받는 경우가 거의 없기 때문에 그들은 집단의 비용으로 자신의 이득을 더 얻기를 추구할 수 있고 또 그렇게 하도록 조장된다.

정부에게서 혜택을 받는 것을 추구하는 사람이 증가함에 따라 정부는 정부가 마땅히 제공해야 하는 재화인 공공재를 제공하기보다 사적인 욕구를 충족시켜야 하는 어려운 상황에 처하게 된다. 혜택을 추구하는 사람들에게 더 많은 시간과 자원을 투자하는 데 따른 기회비용은 국방, 국내의 법과 질서, 그리고 기타 진정한 공공재 제공의 감소이다. 더 많은 일을 하기 위해 정부를 확대하는 것에 대한 유추는 "기능의 점증(feature creep)" 이라는 개념이다.[4] 소프트웨어 프로그래머가 제품에 점점 더 많은 기능을 추가함에 따라 시스템은 너무 많은 부담을 지게 되어 그 기본적 기능 및 의도된 기능을 잘 수행할 수 없다. 기능의 점증을 인식하자 여러 저술가들은 "정부의 과부하(governmental overload)" 와 그 결과 기본적 서비스를 제공하지 못하여 생기는 좌절감을 우려하게 되었다. 몇몇 저술가들은 우리에게 시민의 불안이라 알려진 것과 심지어 냉소조차도 그 많은 부분이 정부가 너무 많은 일을 시도하되 아무것도 잘하는 게 없는 결과라고 주장한다. 저명한 보수 칼럼니스트 조지 윌(George Will)은 이것을 현대 미국에 대한 비판의 시금석으로 삼았다. 비록 비효율적인 용어들로 표현되긴 했지만, 그의 요지는 잘 수용되고 있다.

보다 경제적으로 생각하는 분석가들은 자신의 사적 필요를 집단적으로 공급받기를 추구하는 시민은 그들이 민간 시장에서는 값을 치르지 않을 재화를 추구한

4. [역주] 피처 크립은 소프트웨어 기능을 지나치게 확장하거나 추가함을 의미한다.

다는 점을 지적할 것이다. 재화를 무료로 받을 수 있는 한, 그들은 더 많이 요구하고 그에 따라 희소한 자원을 더 높은 가치를 지닌 용도로부터 빼내어 잘못 배분한다. 나는 시의원으로 6년, 유타(Utah)주의 작은 도시 시장(mayor)으로 4년을 보냈으며(물론 아이러니임은 인정한다) 그런 잘못된 배분을 직접 보았다. 예컨대 인구가 4천 명에 불과한 인근 도시는 4백만 달러의 도로 보조금을 받았다. 이 돈이 그리로 간 것은 그 도시의 시 관리자(city manager) 딸이 미국 하원에서 인턴으로 일했고, 예상치 못한 여분의 돈이 도로 프로젝트를 위해 나타났을 때 의회 직원이 그녀를 기억하고 그녀 아버지의 도시가 그 돈을 사용할 수 있는지 알아보고자 통화를 했기 때문이다.[5] 시는 도로 건설을 계획하고 따로 1백만 달러의 자금을 떼어 놓았으나 그 대신 4백만 달러를 4차선 도로 건설에 지출하게 되어 매우 좋아했다. 만약 지방 관리들이 다른 프로젝트가 더 필요해져서 그들의 제한된 세금을 지출해야 했다면 그들은 4차선을 건설하지 않았을 것이 틀림없다. 그리고 지역의 납세자들은 도로를 건설하느라 그들의 세금을 인상하지 않았을 것이다. 그러나 결국 4개 차선이 건설되었는데 그 이유는 그것이 지역 납세자에게 부담을 주지 않았을 뿐만 아니라 다른 곳에서 나온 돈으로 지역 계약자에게 추가적 작업을 제공했기 때문이다. 그들은 차라리 피라미드를 건설하거나 단순히 도랑을 판 다음 다시 채우는 게 나았을 것이다. 그 경제적 효과는 마찬가지였을 것이다. 카운티의 다른 모든 시장이 의회 사무실에서 나온 "운 좋은 돈(lucky money)"이라 부르며, 시기했고 대부분은 운 좋은 돈을 얻기 위해 의회 사무실과 긴밀한 관계를 유지하는 중이다.

이러한 자기 확대(self-aggrandizement)의 수단이 만연함은 슬프지만 이해는

5. [역주] 미국 도시 자치제도의 단체장은 시장(mayor) 혹은 시 관리인(city manager)으로 채워진다. 전자는 선거로 선출되고 전문성보다 정치성이 우선이고 급여도 상대적으로 낮다. 후자는 의회의 임명으로 선출되고 전문성이 중시되는데 대개 행정학석사인 경우가 많으며 급여도 시장보다 높은 추세이다.

할 수 있다. 공익을 위해 사적재를 희생시키는 것이 다른 사람들에게는 혜택을 주는 반면에 희생자가 모든 비용을 치르도록 강요받는다면 누구든 그런 상황을 이용하기 위해 '운 좋은 돈'을 얻어먹고자 의회에 줄을 댈 것이다. 비용을 혜택과 분리하는 것은 각 시민에게 특혜를 추구하는 동기를 유발할 뿐만 아니라 장기적으로는 민주제를 공짜 점심을 끊임없이 추구하는 것이 되도록 만든다. 그러나 밀턴 프리드먼(Milton Friedman, 1962)이 우리에게 TANSTAAFL을[6] 상기시켜주었듯이 누군가는 늘 돈을 내야 하기 때문에 "공짜 점심이란 없다!(There ain't no such thing as a free lunch!)". 밀턴 프리드먼의 아들 데이비드 프리드먼(David Friedman, 1989)은 정치적인 공짜 점심 추구 과정을 다음과 같은 비유로 서술한다:

> 특수 이익 정치(special interest politics)는 단순한 게임이다. 백 명의 사람이 원 안에 앉고 각각은 주머니에 동전이 가득하다. 한 정치인이 원의 바깥을 돌며 각 사람에게서 1센트를 가져간다. 아무도 걱정하지 않는다. 1센트를 누가 신경 쓰랴? 정치인이 원을 완전히 다 돈 후에 그는 한 사람 앞에 50센트를 내던지는데, 50센트를 받은 이는 예상치 못한 횡재에 기뻐한다. 이 과정이 반복되며, 모든 사람이 50센트를 얻는 것으로 끝이 난다. 100라운드 후, 모든 사람은 100센트만큼 더 궁핍해지고 50센트만큼 더 풍요해지고는 행복해한다(p. 107).

비용을 혜택과 분리하는 것은 어떤 집단이 함께 식사를 하고 음식값을 나누어 내는 데 동의하는 익숙한 상황에서 발생한다. 그 상황은 심지어 이름까지 있는데, *파렴치하게 밥 먹는 자들의 딜레마(the unscrupulous diner's dilemma)*이다. 만약 청구서가 균등하게 분할된다면, 식사를 하는 이기적인 사람은 그의 동료들이 정상적으로 주문을 할 것이라는 믿음으로 특별한 저녁 식사를 주문할 것이다. 그러

---

6. [역주] There ain't no such thing as a free lunch 구호의 약칭이다.

나 모든 사람들이 다른 사람들이 비용 지불에 도움이 될 것이라는 기대 속에서 더 많이 주문하면 애초에 각자가 청구서 금액 중 자기 몫만 지불하기로 합의한 경우보다 개인적으로 훨씬 더 많은 청구서를 따로 받게 된다. 만약 한 테이블에 둘러앉은 친구들조차 서로에게 이런 짓을 기꺼이 하려고 한다면, 시민-납세자들(citizen-taxpayers)이 낯 모르는 다른 납세자에게는 이런 짓을 얼마나 더 기꺼이 하려고 할지를 생각해보라. 그리고 정치에서는 텔레비전 시리즈 "*친구들(Friends)*"의 시즌 2, 에피소드 5에서 로스(Ross)가 청구서 금액을 그들 모두에게 나누려고 했을 때 피비(Phoebe)가 했던 것처럼, "안 돼, 어 어, 안 되지, 미안하지만 그런 일은 없을 거야" 라고 우리는 말할 수 없을 것이다.

4. 정치적 신호 보내기 : 투표 및 미사여구(Rhetoric)

가장 위대한 발명품 중 하나는 화폐인데, 이는 화폐가 다양한 이해관계를 가진 사람들이 간단하고 정확하며, 신속한 거래로 소통할 수 있게 해주는 놀랍도록 편리한 수단이기 때문이다. 화폐제도가 없다면 현대 사회는 곧 혼돈 속에 녹아들 것이다. 돈이 없다면 우리는 물물교환의 이중적 우발성(double contingency), 곧 당신이 가진 것을 원하는 거래 상대방 및 당신이 원하는 것을 가진 거래 상대방을 찾는 문제를 피할 수 없을 것이다. 물물교환은 특별히 번거롭고, 부정확하며, 비효율적이다. 계획가가 시장경쟁의 흉내를 내도록 사용하는 가격설정제도의 대체품들인 가격 상한 및 하한, 보조금, 관세, 진입 장벽, 할당량, 실업자를 위해 불필요한 일자리 만들기(make-work) 규칙, 배급(rationing)도 마찬가지이다. 그러나 이러한 기본적인 사실을 알고 있음에도 많은 정치학자들은 사실상 물물교환과 계획을 사용하는 정치제도에서 미덕을 찾는 것을 단념하지 못했다.

민주제에서 거래의 가장 중요한 회계 단위 및 매개물은 투표이다. 이제 투표자체를 화폐에 비유한다고 생각해보라. 첫째, 모든 사람은 단 하나의 표를 가지며, 그 표는 나눌 수 없다. 이에 따라 표는 투표자의 선호 강도(intensity)를 표현할 수 없다. 다중 투표(multiple votes)나 가중 투표(weighted system) 제도가 없다면, 한 후보를 다른 후보보다 혹은 한 정책을 다른 정책보다 얼마나 더 선호하는지를 다른 사람들에게 보일 수 없다. 우리가 말할 수 있는 것이라곤 우리가 표를 준 누구든 혹은 무엇이든 우리가 표를 주지 않은 옵션보다 더 선호한다는 것뿐이다. 그러므로 표(票), 표기 혹은 투표용지에 "X"라고 표시하기는 정보를 거의 전달하지 않으며 선거일에[7] 계수될 때 실제로는 상당한 모호성을 낳는다. "X"라는 표기가 무엇을 의미하는가? 승자와 패자 모두 그 결과를 합리화할 수 있다. 그것은 강한 적극적 지지인가, 아니면 나쁜 것 중 선택을 극소화하는 소극적인 것인가? 정책 결정자에 대한 지침으로서 "X"는 아주 모호하다. 모호함을 줄이고 선거를 개선하도록 영감을 받은 많은 공공선택의 수식이론가(formal theorist) 및 기타 개혁가들이 투표용지, 선거 규칙 등의 복잡한 개혁을 고안하였다. 그들의 제안 중 채택된 것은 거의 없다.

위의 문제는 로그롤링(logrolling)으로 더 잘 알려진 입법부에서의 물물교환의 한 형태인 투표 거래(vote trading)를 사용하여 다소 줄일 수 있다(로그롤링은 오두막을 짓거나 들판을 정리하기 위해 무거운 통나무를 굴리는 것을 서로 돕는 미국 개척민들에서 유래한 용어이다. 즉, "당신이 내 통나무를 굴리는 걸 도와주면 나도 당신이 통나무를 굴리는 걸 돕겠다"). 비록 그런 거래가 없는 경우에 비해 투표 거래가 개선되는 좋은 사례가 있을 수 있지만, 그런 주장은 실제로는 허물어지는 것이 보통인데, 왜냐하면 비용은 분산되고 이익은 집중되는 왜곡된 분포가 투표의 전체적 결과를 지배하기 때문이다. 따라서 투표 거래에서는 총비용이 총이익을 초과하는 프로젝트가

7. **[역주]** Election Day는 미국의 대통령 선거일로 '11월 첫 월요일 다음의 화요일'.

선호될 것이다. 만약 모두가 각 프로젝트에 개별적으로 투표하면, 모두가 패배할 것이다. 개별적으로 투표하되 투표 거래를 하면 그것들이 법으로 제정되어 우리 모두의 후생 상태는 더 악화될 것이다.

다음의 예가 최악의 로그롤링이 일어나는 논리를 설명하고 보여줄 것이다. 세 명의 투표자가 감옥과 학교라는 두 가지 프로젝트를 직면한다고 가정하라. 각 프로젝트는 서로 독립적으로 투표되며, 결정은 과반수 규칙에 따라 이루어진다. 만약 투표자들이 그들 각각의 비용과 편익을 〈표 4-1〉과 같이 추정한다면, 우리는 감옥의 경우 투표자 A와 C에 의해, 학교의 경우 투표자 A와 B에 의해 두 프로젝트가 모두 부결될 것으로 예상한다. 두 프로젝트 모두 비효율적이므로, 즉 비용이 총이익을 초과하므로, 선거는 올바른 결과를 낳았음이 분명하다.

표 4-1 **로그롤링 투표자의 순이익의 비효율성**

프로젝트	A	B	C
감옥	-200달러	300달러	-200달러
학교	-200달러	-200달러	300달러
순 가치	-400달러	100달러	100달러

그러나 투표자가 로그롤링을 알아내어 실행하면 어떤 일이 생길 수 있는지 고려해보라. 그런 경우, 만약 투표자 C가 B의 감옥을 지지한다면 투표자 B는 투표자 C의 학교를 지지하는 데 동의할 것이다. 그 결과 3명으로 이루어진 정치체제에서는 총 2백 달러의 손실을 입는 두 개의 비효율적인 프로젝트가 채택된다. B와 C는 서로의 프로젝트에 대한 비용을 지불하는 데 도움을 주어야 하지만 그럼에도 그들은 결과적으로 이득을 보는 자가 되는데, 물론 이것은 총비용 8백 달러 중 4백 달러를 부담해야 하는 A의 희생으로 성취된다. 우리는 이와 반대되는 결과를 보여주는 간단한 상황을 더 쉽게 구성할 수 있지만, 나는 현실 세계에서는 로그롤링

이 이 도식을 확인해줄 가능성이 더 높다고 믿는다. 비록 투표자 사이의 투표 거래는 보통 금지된 거래 및 모니터링 비용으로 인해 효과적으로 억제되지만, 정치인은 상당히 합리적으로 이슈를 패키지로 만들어(issue packaging) 일종의 암묵적 거래(implicit trading)를 투표자에게 곧잘 부과해왔다. 그 관행은 단순히 개별적으로 인기 있는 제안을 포용하여 정당 강령과 같은 단일 패키지로 만들거나, 더 통상적으로는 입법부의 법안과 밀접한 관련성이 없는 수정을 통해 일어난다. 인기가 적은 제안은 인기 있는 제안에 편승해 첨부된다. 입법부 또는 대통령으로서는 수상한 편승된 제안을 거부하는 것은 모든 좋은 조치들도 거부하는 것이 되며, 납세자는 몇몇 이익을 지지하기 위해 손실을 감내하지 않을 수 없게 된다.[8]

이러한 형태의 투표 거래의 한 변형은 앤서니 다운스(Anthony Downs, 1957)가 "소수파의 연합(coalition of minorities)"이라고 부른 전략에서 찾을 수 있다. 3가지 이슈가 투표자에게 제시되었는데 특정 보조금에 대해 투표자의 20%가 찬성, 80%는 반대로 갈려져 있다고 가정하라. 정치 후보자들은 각 이슈의 압도적 다수에 대한 지지를 신속하게 발표하고 세 가지 보조금 모두에 반대할 것이라고 피상적으로 가정할지 모른다. 그러나 그럴 필요가 없는데, 왜냐하면 각 정책에 찬성하는 20% 투표자 조합을 지지하면 60%라는 과반을 확보할 수 있고, 그 과반이 형성되어 안정적으로 유지될 가능성이 훨씬 더 큰데 이는 개인에게 주어지는 이익은 보조금에 반대하는 사람들이 겪는 개인적 손실보다 더 큰 경향이 있기 때문이다. 현실적으로 자신이 못 받는 다른 보조금에 반대하는 납세자/소비자 중 일부는 하나 이상의 다른 보조금으로 이득을 보는 사람들에 속해 있을 것이라고 우리는 또한 가정해야 한다. 일반적으로 대공황을 심화시키고 확대한 것으로 알려진 스무

8. [역주] 로그롤링은 당사자가 직접 표를 교환하는 명시적 로그롤링과 제3자가 투표자들의 선호를 다 포함한 패키지 대안을 만들고 투표자들이 결과적으로 다 찬성하는 암묵적 로그롤링이 있다. 위 본문 후반은 후자를 설명하는 것이다.

트-홀리 관세(Smoot-Hawley Tariff)가 바로 그런 과정을 통해 나왔다. 의회 의원들은 약간의 이익을 얻어 관세를 지지하는 연합에 합류했는데, 대개는 그들 지역구에서 생산된 것에 대한 관세였다. 마침내 이 법안을 통과시키기에 충분한 구성원들이 연합에 합류했으며, 보호받는 제품이 너무 많아서 국제무역은 스무트-홀리 이전 시대의 규모만큼으로 줄어들었다. 의회의 모든 구성원이 자기 지역구 투표자의 이익을 위해 행동했다고 믿었지만 모두의 후생은 더 나빠졌다. 그러므로 우리는 "투표 거래의 역설(paradox of vote trading)"이라는 용어를 얻게 되는데, 연합의 모든 투표자는 식당에서 밥 먹고 음식 청구서를 나누는 사람들처럼 다른 사람들의 후생을, 때로는 자기 자신의 후생을 더 나쁘게 만든다.

이 문제는 민간 경제에서는 발생하지 않는데, 왜냐하면 거기서 연합(coalition)과 로그롤링은 의사결정과 관련성이 없기 때문이다. 각 구매자와 판매자는 독자적으로 또 통상적으로는 다른 사람을 고려하지 않고 행동할 수 있고 또 그렇게 행동한다. 사실 그들은 시장 전체에 걸쳐 경쟁할 뿐만 아니라 시장의 같은 측면에서도 경쟁하는데, 곧 소비자와 소비자, 판매자와 판매자가 경쟁한다.

의도와 의사소통의 신호 보내기(signaling)는 정치나 경제에서나 마찬가지로 이루어지며, 더 일반적으로는 일상 언어의 사용을 통해 이루어진다. 공통된 언어를 습득하는 것은 특히 외국을 방문하거나 아기와 가축화된 동물과 의사소통을 시도할 때 특별히 가치를 인정받는 것과 마찬가지의 놀라운 성취이다. 그러나 영어 교사들이 너무 잘 알고 있듯이 언어는 다양한 수준의 기술로 사용할 수 있다. 어떤 사람들은 다른 사람들보다 의사소통을 더 잘한다. 예컨대 과학자와 기술자는 수학과 과학의 언어를 아주 정확하고 경제적으로 사용할 수 있다.

투표자들은 합리적으로 무지하기 때문에(특정한 정보를 얻는 데 드는 비용은 그 편익보다 큰데 이는 본질적으로 한 표는 의미가 없기 때문이다), 정치인은 올바른 사람들이 투표장에 나와 표를 던질 마음을 내게 하는 감성을 충분히 일으키도록 설계된 언어를 사용해야 한다. 그러므로 정치인이 정확한 의미, 한계적 계산 또는 논리적 추론으로 말하는 경우는 거의 없다. 그 대신에 그들은 감동, 생경한 감정, 집단 동일화(group identifications), 심지어 증오, 시기, 협박까지 사용한다. 어떤 이슈에 대한 설익은 약속은 정치인을 나중에 소수파 위치에 놓이게 할 수 있기 때문에, 성공적인 정치인은 어느 쪽으로든 해석될 수 있게 하며, 암시하고, 과장하고, 지연시키고, "양다리를 걸치고(straddle fences)", 암호적 단어를 채택하며, 말도 안 되는 불합리한 목소리를 낸다. 따라서 정치인을 이해하는 것은 정확한 진술을 중시하는 사람에게는 극히 절망스러운 일이다. 이것이 정치인의 잘못이 아니라는 점에 유의하라. 그것은 투표자의 합리적 무지, 투표자들 사이에 상충된 감정의 분포, 그리고 집단적 노력의 본질에 뿌리를 두고 있다.

이 모든 것이 의미하는 바는 명백하다: 정치적 의사소통은 희소한 자원을 합리적으로 혹은 효율적으로 배분하는 데 거의 도움이 되지 않는다. 이것은 개별 정치인이 그들의 언어와 상징적 활동의 선택에서 비합리적이라는 의미는 아니다. 국기를 흔들고 아기에게 입을 맞추는 짓을 하는 것은 그것이 합리적 게임이요 또 도덕성 놀음인 행동이며, 전술적 가치를 갖고 있기 때문인데, 그것이 정치의 무한한 매혹이자 절망이다.

5. 제도적인 근시안

시장을 비판하는 사람의 주된 비난은 미래 세대의 필요에 대해 시장이 무관심하다는 것이다. 이 비판은 미래를 진정으로 걱정하는 사람들에게 깊은 호소력이 있기 때문에 반드시 나타난다. 시장의 인간은 이기적이고 근시안적인데 어떻게 그들이 자연 보전(conservation) 목표를 추구할 수 있겠는가? "컷 앤 런(cut and run)"은 그들의 지침이다.[9] 정치 과정과 정부만이 미래에 봉사할 동기와 능력이 있다고 가정되고 주장된다. 미국의 동부 및 북부 삼림의 황폐화, 들소의 잔혹한 살육, 그리고 하천과 바다의 어업에 대한 무감각한 이야기들은 시장실패의 확실한 사례이자 증거로 인용된다.

문제가 되는 것은 역사적 사례가 잘못 이해되고 있고, 보호하는 법을 제정할 수 있는 정부의 능력이 아주 과대평가되어 있다는 점이다. 시장은 구매자와 판매자 모두에 의해 통제되는데 그들은 지속적으로, 그리고 필연적으로 현재와 미래 가치를 비교하는 데 관여한다. 만약 그들이 그러한 비교를 하지 않는다면 우리는 왜 많은 사람이 불확실한 시기에 상당한 투자를 하기를 선택하는지를 설명하기가 어려울 것이다. 이윤을 극대화하는 사람은 자신을 위해 일하지만, 불확실한 미래 전망에 투자함으로써 그렇게 한다. 그러므로 미래 세대의 구매자가 자신의 제품을 구매할지를 판단하려는 노력을 통해 그들은 지금 보존을 하는 것에 혹은 미래의 사용을 위해 더 많은 자원을 생산하는 것(또는 양자 모두)에 투자할 수 있다. 이를 행하기 위해 그들은 현재에 대한 미래의 수요를, 그리고 혹은 새로운 수요를 추정해야 한다. 민간기업인 루이지애나 벌목 회사가 목재 제품의 미래 판매가 어떤 이유로든 증가할 것이라고 믿는다면, 지금은 나무를 덜 벌채하고 미래의 수확을 위해 심지어 나무를 더 많이 심는 것을 선택할 것이다. 민간 목재 회사는 예상되는 미래 가치 때문에 심지어 야생동물 서식지와 아름다운 경관을 보존하기까지 하며, 석유 산업과 친밀한 많은 연구자가 지적해왔듯이 석유 회사는 석유를 하루 24시간 퍼내지는 않는다. 시장이 막대한 석유 재고를 땅에다 보유하도록 신호를 보내는 것이다. 사유재산, 자유시장의 맥락 속에서 행동하는 모든 자원 보유자들은 재고관리정책(inventory policy) 및 미래를 고려하지 않으면 안 되도록 *강요를 받고 있다(forced)*.

---

9. **[역주]** 닻줄을 끊고 배가 떠나버린다는 어원에서 유래한 것으로 다음 가능성, 곧 미래를 고려하지 않는다는 의미.

정치가 이를 해낼 가능성이 있을까? 정보를 알고 있는 투표자(informed voters)와 냉정하되 전문성 있는 공무원은 더 멀리 볼 것이라는 것이 통상적인 지혜이다. 공무원은 이윤을 내지 못하게 되어 있으므로 기업가보다 미래에 더 높은 가치를 부여한다고 가정되지만 그 이유는 미스터리로 남아 있는데, 왜냐하면 미래의 투표자란 태어나지 않았거나 투표소에서 선호를 아직 드러내지 않았기 때문이다. 상식에 비추어 보면 시민-투표자는, 모든 편익이 *알려지지 않은(unknown)* 취향을 가진 *알려지지 않은(unknown)* 미래 투표자에게 주어질 때에는(이를테면 환경 보존 조치에 대해), 지지를 보내는 것을 매우 자제한다. 정치인들은 이 딜레마를 이해하는 것 같은데, 그들이 역사적으로 환경운동의 최전방에 있은 적이 없는 것은 이 때문이다. 만약 정부가 그리 전지전능하다면, 왜 우리의 환경을 보호하는 데 그렇게 오랜 시간이 걸렸을까? 사회주의 국가는 그것에 훨씬 더 무관심한 것 같다. 우리는, 정치인에게는 특히 선거가 다가오면 일주일이 곧 영원(eternity)이라는 점을 잊어서는 안 된다. 정치인이 근시안인 이유는 간단하다: 바로 투표자가 근시안이기 때문이다. 투표자들이 근시안인 이유는 대부분의 공공정책이 당장의 비용을 들여 장기적인 편익을 주거나, 지연된 비용으로 당장의 이익을 주기 때문이다. 첫 번째 경우, 정치체제에서는 조치를 취하지 않기(inaction), 뒤로 미루기(delaying), 그리고 조심하기(caution)라는 결과가 나타난다. 그 반면에 두 번째 상황에서는 신속한 조치를 취하지만 그 조치는 통상 잘못 고려되고 과도하며, 위기의 긴장 아래에서 법제화된다(자세한 예는 제4부를 보라). 실업이 증가하는 동안 법제화된 입법은 조치 및 성과의 착각을 만들어낼 수 있지만 그것은 자유시장의 작동 안에서 늘 상당하고도 실제적이고 장기적인 비용을 들여서 이루어진다. 인플레이션 동안 법제화된 가격 통제는 그러한 착시적 편익과 실제적 비용의 단적인 예이다.

투표자, 정치인, 그리고 관료가 이기적인 구매자와 판매자보다 더 미래 지향적이어야 할 설득력 있는 어떤 이유도 없는 것 같다. 재산권과 이윤 동기를 제거하는 것이 미래의 전망을 향상하지 않는다. 실제로 그것은 정치적 인간의 시간 지평(time horizon)을 오히려 단축한다.

6. 역동성 : 불확실성, 혁신, 그리고 복지

불확실성에 직면하면 정부가 아주 불확실한 방식으로 행동하는 것은 이해할 만한데 이 때문에 그들의 행동 예측에 문제가 생기게 된다. 한편으로 우리는 입법부와 행정 수반 모두가 너무나 흔히 아무 일도 안 함(inaction)에서 과잉행동(hyper-action)으로 갔다가는 다시 뒤로 되돌아가는 것처럼 보이는 반면에, 관료제는 둔탁하게 보인다는 것을 관찰한다. 민간기업은 다소 안정적으로 대응하는 것으로 보인다. 아마도 정부와 민간기업 사이에 차이가 나는 이유는 후자에는 이윤이 존재하며, 그것이 시장 불확실성과 연관되어 있다는 점, 그리고 전자에는 이윤은 존재하지 않되 정치의 불확실성이 존재한다는 점 때문일 것이다.

국제정치학 및 공공계획의 연구자들은 정부가 실제적 가치가 있는 필수적인 정보 및 이론을 제대로 갖추고 있지 않다는 사실을 오랫동안 관찰해왔다. 민간기업과는 달리 정부는 이윤 극대화와 같은 단일한 목적이나 목표가 없다. 그 대신에 그들은 상충되는 목표를 추구하며, 그것들을 상호 대체(trade-offs)한다. 상충되는 목적과 아주 불확실한 수단을 연결 짓는 것은 본질적으로 어려운 일이다. 경제학자들은 사회는 “사회후생함수(social welfare function)”나 단일한 “공익(public interest)”을 갖고 있지 않다는 말로 그 점을 표현할지 모른다. 이 딜레마에 직면하면 공공계획가는 과도한 조심 혹은 조급함으로 반응한다. 우리는 두 가지 반응에 관해 많은 예를 본다. 거창한 프로젝트가 성공에 대한 큰 확신도 없이 하룻밤 사이에 승인되는 반면에, 유망한 프로그램은 회피되고 지연된다. 예컨대 연방 댐 건설 프로그램들이 비용 편익 비율이 양(+)인 경우는 드물지만, 일관성에 문제가 있음에도 법제화되었다. 그리고 우리는 그러한 잘못된 배분은 정치인이 납세자의 돈을 계속 쓰는 한, 특히 이익집단이 공공 지출에서 사적 이익을 볼 수 있을 때 나타날 것으로 예상해야 한다.

선거로 뽑힌 공무원은 변화하는 투표자 선호에 예측할 수 있는 방식으로 반응하는데 보통은 잘못된 과잉반응을 보이는 반면에, 급하게 만들어진 계획의 집행을 책임지고 있는 관료들은 덜 극적인(그러나 똑같이 부적절한) 방식으로 아무런 조치하지 않음과 지체하기(delay) 방식으로 대처한다. 관료들 사이에서는 실수에 따른 비용은 위험한 선택에 따른 이익을 초과하는 것으로 여겨지므로 과도한 조심이나 신중함이 행동의 규범이 된다. 그 좋은 예가 규제이다. 부적절한 자원, 적법 절차의 요구, 고객 간의 경쟁적인 주장, 그리고 의원에 대한 두려움 모두가 규제 목표 성취에 낭비되는 시간을 최대화하는 원인이 된다.

정책이 일단 채택되면 명백히 비효율적인 경우에도 신성한 소(sacred cow)의 지위를 갖게 된다.[10] 이 역설은, 공공선택에서 직면하는 다른 많은 역설과 마찬가지로, 편익이 아주 집중되고 비용은 널리 분산될 때 비효율적인 정책이 쉽게 법제화된다는 것을 이해한다면 간단하게 해명할 수 있다. 편익을 누리는 수혜자들은 그들의 이득을 유지하는 데 어려움이 거의 없는데, 왜냐하면 그러한 이득을 폐지하는 것은 수혜자들에게는 큰 피해를 주면서 수백만 명의 납세자에게는 작은 이득만을 줄 것이기 때문이다. 따라서 납세자는 행동하지 않는 반면에, 수혜자들은 특혜를 지키기 위해 막대한 자원을 동원할 것임이 확실하다. 분명히 우리는 크기는 더 크되 불확실한 이익을 지키기 위해 싸우기보다 확실한 이득을 유지하기 위해 더 열렬히 싸울 것이다.

상황은 이전 단락에서 시사한 것보다 훨씬 더 나쁠 수 있다. 브라이언 캐플런

10. **[역주]** 신성한 소는 인도에서 소가 종교적으로 숭배받듯이 비판이나 반대가 제기될 수 없는 지위를 부여한 상징을 의미한다.

(Bryan Caplan, 2007)은 집중된 혜택과 분산된 비용이 대부분의 정부 프로그램의 특징일 수 있지만, 그러한 프로그램이 채택되는 진정한 이유는 투표자가 그것을 원하기 때문이라고 주장한다. 캐플런에 따르면 평균적인 투표자는 시장에 반대하며 정부에 기울어지는 편향성에 의해 움직인다. 투표자들은 시장과 정부가 어떻게 돌아가는지에 대한 정보가 부족할 뿐만 아니라 해롭고도 틀려먹은 신념을 가지고 있다. 사회보장(Social Security) 프로그램이 우리에게 남아 있는 것이 놀랄 일이 아니다. 모든 파산 상태의 농업 프로그램이 우리에게 남아 있을 뿐만 아니라 또 성장하는 것도 놀랄 일이 아니다. 다른 보조금들도 계속 존속하며, 설상가상으로 그것이 커지고 증가하는 것 또한 놀랄 일이 아니다.

비효율적이고 심지어 파괴적인 정책이 계속 존재하고 성장하는 이유는 실질적으로 모든 정책이 도움을 필요로 하는 누군가에게 어떤 도움을 주었던 것으로 옹호될 수 있기 때문이다. 어떤 제도나 정책 때문에 불이익을 가장 많이 받는 사람들조차도 흔히 최저임금, 평등기회법(equal opportunity laws), 임대료 통제와 같은 관행을 옹호한다.[11] 아이러니하게도, 소위 보수정부 시절에도 효율성을 높이는 개혁을 시시하는 사람은 적었다. 사실 보수주의자들은 부자들의 이익에 봉사할 뿐 아니라 과거의 비효율성을 공고화하고 정당화하는 데 특히 잘 적합화되어 있다고 말할 수 있다. 린든 존슨(Lyndon Johnson)의 "위대한 사회(Great Society)" 입법이 미국의 복지국가 확대를 시작한 이래로 5명의 공화당 대통령 중 누구도 그 범위를 축소하지 않았다. 어떤 익살꾼은 "공화당이란 민주당이 하는 일을 하겠다고 약속하고는, 그보다 더 적게 일할 뿐" 이라고 말했다. 만약 그렇다면 실제적인 정치적 의미의 혁신이란 대체로 정치적 좌파의 전유물이다. 사실 민주당원인 빌 클린턴 대통령은 리처드 닉슨이 가족 지원 계획(Family Assistance Plan)을 제안(그

---

11. **[역주]** 예컨대 최저임금법은 비숙련 노동자 본인들에게 가장 불리하지만 비숙련자 노동자 스스로 그런 정책을 옹호하는 경우가 많다.

것이 실현되었더라면 마이너스 소득세 제도가 되었을 것이다)한 이래로 공화당원들이 시도한 어떤 것보다 상상에 훨씬 잘 부합하는 복지 프로그램 개혁을 제안하고 의회가 그것을 법제화하도록 했다.[12]

밀턴 프리드먼(1962)은 다시 한번 정부의 역할에 대한 믿음, 시간적 관점, 그리고 정책 혁신 사이의 밀접한 관계에 대한 몇몇 매혹적인 통찰을 보여주었다.

> 본래 의미의 자유주의자, 즉 자유를 우선시하고 제한된 정부를 신봉하는 사람은 장기적 관점을 취하는 경향이 있고, 정책의 즉각적이고 가능한 일시적인 결과보다는 궁극적이고 항구적인 결과에 중점을 둔다. 현대의 자유주의자,[13] 즉 복지를 우선시하고 더 큰 정부 통제를 신봉하는 사람은 단기적 시각을 취하는 경향이 있고, 당장 나타나는 정책 조치의 효과를 우선적으로 중시하는 경향이 있다. 이 연관성은 상호 인과성(reciprocal cause and effect)의 하나이다. 단기 관점을 가진 사람은 제도상의 변화를 만들어내는 자발적인 장치의 느린 작동을 참지 못할 것이다. 그는 변화를 즉시 이룩하기를 원할 것인데, 이것은 반대를 무시할 수 있는 집권화된 권위를 필요로 한다. 그리하여 그는 정부가 더 큰 역할을 하는 것을 선호할 것이다. 그러나 역으로 보면, 정부가 더 큰 역할을 하기를 선호하는 사람은 그 때문에 더 단기적인 관점의 성향을 가질 것이다. 부분적으로는, 그는 중앙집권화된 정부가 어떤 종류의 변화를 신속히 이룩할 수 있기 때문에 그런 성향이 될 것이다. 그리하여 만약 더 장기적인 결과가 불리하다면, 그는 그것을 상쇄할 정부를 통해 케이크를 차지하고 그걸 먹을 수 있는 새로운 조치를 도입할 수 있다고 느낄 것이다. 부분적으로는, 그는 정치 과정이 그리 요구하기 때문에 단기의 시각을 가질 것이다. 시장에서는, 기업가는 대중을 먼저 설득하지 않고도 새로운 혁신을 실험할 수 있다. 그가 자신의 혁신을 이룬 후에는 충분한 공중이 그의 제품을 구매하여 수지를 맞출 것이라는 확신만 있으면 된다. 그들이 그렇게 할 때까지 그는 기다릴 여유가 있다. 그리하여 그는 장기적 관점을 가질

12. [역주] 공화당보다 오히려 민주당이 복지 개혁에 앞장선 예이다.

13. [역주] '리버럴', 즉 여기서는 좌파라는 의미이다.

수 있다. 정치 과정에서는, 혁신가가 혁신을 행할 어떤 위치에 있기 위해서는 먼저 자리에 선출되어야 한다. 당선되기 위해서는 사전에 공중을 설득해야 한다. 그리하여 그는 공중에게 제공할 수 있는 즉각적인 결과를 주시해야 한다. 그는 아주 장기적 시간 관점을 취할 수 없을지 모르며 그러고도 집권하기를 바랄 것이다(pp. 16~17).

7. 선거 규칙 : 역설과 불가능성

민주제의 많은 속성에서 가장 중요한 것 중 하나는 집단의 의사결정에 영향을 미치는 공식적 규칙, 특히 우리가 후보자와 정책을 선택하는 선거와 관련된 규칙이다. 케네스 애로(Kenneth Arrow), 덩컨 블랙(Duncan Black), 찰스 플롯(Charles Plott), 윌리엄 라이커(William H. Riker) 같은 유명한 이론가 및 그보다는 덜 알려진 수식적(formal, 數式的) 분석가들에 따르면 규칙(rules)이 중요하다. 그들의 연구는 고도로 전문기술적(technical)이므로 상당한 해석과 과도한 단순화를 통해서만 이해할 수 있다.

정치에 대한 수식적이고 전문기술적 수리 분석의 많은 부분(전부는 아니다)은 과거의 노벨 경제학상 수상자인 케네스 애로(Kenneth Arrow, 1951)와 덩컨 블랙(1958)의 획기적인 연구에 기반을 두고 있다. 이 논의는 대개 그들의 연구에 토대한 것이다. 민주제에 별로 결함이 없다고 생각하는 사람들에게 애로의 연구 결과는 근본을 뒤흔드는 일인데, 왜냐하면 애로가 어떠한 민주적 투표 규칙도 5개의 기본 조건(완벽하게 타당한 조건)을 동시에 충족할 수 없음을 증명했기 때문이다. 개인의 선호와 합치하는 집단적 결과에 도달하기 위해서는 하나 이상 규칙을 위반해야만 한다. 우리는 투표자가 두 가지 이상의 선택 대안을 가질 때 과반수 규칙이 제대로 작동하지 않는다는 것을 알게 된다.[14] 만약 세 가지 선택 대안이 주어지고

14. [역주] 선택 대안이 예컨대 안보라는 한 이슈인 경우에도 과반수 규칙이 올바른 집단적 선택의 답을

각 투표자에게 세 가지 대안에 대해 순위를 매기도록 요구한다면, 어느 한 선택 대안도 과반수를 차지하는 1위가 되지 못하는 경우가 흔하다. 또한 만약 그들이 선택 대안을 두 개씩 짝을 지워(in pairs) 서로 비교하여 선택하는 것을 고려해야 한다면, 그들은 투표 순환(voting cycle) 때문에 모든 선택 대안이 다른 모든 선택 대안을 이기며, 승자는 아무도 없다는 것을 곧 알게 될 것이다.

이 모든 것은 세 명의 투표자와 세 가지 선택 대안(정책 또는 후보자일 수 있다)이 있다고 가정하는 간단한 도표를 사용해 그림으로 표시할 수 있다. 투표자들은 〈표 4-2〉와 같이 선호도에 순위를 매긴다.

표 4-2 투표의 역설

순위	투표자		
	A	B	C
1위	a	b	c
2위	b	c	a
3위	c	a	b

만약 각 옵션이 서로 조합을 이루거나 비교된다면, a가 b를 이기고 b가 c를 이기지만 그 다음에는 c가 a를 이기게 된다는 걸 분명히 알 수 있다. 따라서 과반수 규칙은 몇 가지 심각한 문제를 안고 있는데, 왜냐하면 각 선택 대안은 다른 모든 선택 대안에 승리할 수 있으면서도 과반수의 선호(majority preference)라고 주장할 수 있는 결정적 승자는 없기 때문이다. 순환(cycling)은 이 현상을 부르는 이름이다. 물론 딜레마에서 벗어나거나 막을 방법이 있으며, 순환이 반드시 일어나는 것은 아니다. 그러나 투표자의 수에 비례하여 선택 대안의 수가 증가하면 순환이

제시하지 못할 수 있으며, 나아가 만약 선택 대안이 예컨대 안보와 환경과 같이 두 개 이상의 이슈가 되면 과반수 규칙이 집단적 선택의 답을 제시하지 못할 가능성은 더 커진다.

발생하는 빈도가 증가할 것이라는 점은 사실이다. 우리의 서술 목적과 관련해서는, 순환이 실제로 나타난다는 점, 비록 우리가 순환 가능성이 있다고 하여 과반수 규칙을 사용하지 않는 건 아니지만 순환은 무시해서도 안 되고 또 무시할 수도 없는 어려움을 정말로 야기한다는 점을 지적하는 것으로 충분하다. 과반수 규칙은 만병통치약이 아니다.

과반수(majority) 규칙의 한 대안은 다수결(plurality) 규칙인데, 즉 투표자가 고려하는 모든 대안 중 가장 많은 표를 얻은 후보가 당선된다. 물론 이는 승자가 전체 투표의 과반에 미달되는 표를 얻는 반면에, 패자는 전체 투표자의 과반을 대표할 수도 있음을 의미한다.[15] 에이브러햄 링컨(Abraham Lincoln)과 빌 클린턴(Bill Clinton)은 과반수가 아니라 다수결로, 즉 과반수 투표자가 다른 후보들에게 표를 던졌는데도 당선되었다. 조지 W. 부시(George W. Bush)는 앨 고어(Al Gore)가 대중 투표(popular vote)에서 더 많은 표를 얻었기 때문에 2000년에 다수결 규칙을 통과하는 지지조차 얻지 못했다. 다수결 규칙의 또 다른 문제는 세 번째 선택 대안의 존재가 처음 두 선택 대안의 상대 순위를 바꿀 수 있다는 것이다. 즉, 선택 대안이 2개보다 많은지 아닌지에 따라 개인의 선택이 영향을 받을 수 있다.

선택 대안이 두 개를 넘을 경우의 효과는 2002년 프랑스 대통령 선거에서 볼 수 있다. 집권 중이던 자크 시라크 대통령은 자신, 장-마리 르펭(Jean-Marie Le Pen), 그리고 리오넬 조스팽(Lionel Jospin)이 맞붙은 3자 사이의 1차 경선에서 가장 높은 득표자였다. 르펭은 다음으로 높은 득표자였고 조스팽은 3위였다. 시라크와 르펭은 그 후에 대통령 선출을 위해 서로 경쟁했고 시라크가 이겼다. 여론 조사 자료에 따르면 2인 경쟁에서라면 조스팽은 르펭에 이겼을 것이고 시라크에도

15. **[역주]** 과반수 규칙은 절반 이상의 지지를 받아야 승자가 되는 규칙이고 다수결 규칙은 가장 많은 지지를 받은 후보가 승자가 되는 규칙이다. 따라서 과반수 규칙 하의 승자는 항상 다수결 규칙 하의 승자이기도 하지만 그 역은 성립하지 않는다.

이길 수 있었을 것이다. 따라서 경선에서 르펭의 존재는 시라크와 조스팽의 상대적인 순위를 바꾸어 놓았다(Dasgupta and Maskin, 2008).

투표에 관한 또 다른 문제는 표를 어떻게 계수(count)하는지이다. 선거 연구자라면 누구라도 2000년 미국 대통령 선거에서 플로리다의 "걸린(hanging)", "보조개형(dimpled)", "임신 중(pregnant)" 투표지의 천공 조각(chad)을 못 잊을 것이다.[16] 플로리다주는 표를 인증했으며, 플로리다 대법원이 명령한 재검표를 미국 대법원이 중단시킨 후 조지 W. 부시를 승자로 선언했다. 독자적인 재검토에 따르면, 부시는 법적으로 요구된 모든 시나리오에서 승리했지만 다른 계수 규칙을 사용하여 주 전반적인 재검표를 했더라면 앨 고어가 부시를 물리치는 결과가 나올 수도 있었을 것이다. 게다가 전국여론조사센터(National Opinion Research Center)는 투표지를 해석하는 다양한 방법에 토대하여 9개의 재검표 시나리오를 조사한 결과 고어가 5개 미만으로, 부시는 4개 미만으로 이겼을 것이라고 결론을 내렸다(Keating, 2002). 우리가 표를 어떻게 계수하는지가 중요하다.

몇몇 선거 연구자들이 정치적 선택의 몇 가지 어려움을 극복하도록 설계된 다양한 가중 투표(weighted voting) 방식을 개발해왔지만, 그것들이 모든 것을 해결하지는 못했다. 큰 문제는 표에 어떻게 가중치를 두는지인데, 왜냐하면 그것이 여러 점수의 합산에 영향을 주기 때문이다. 그래서 전문기술적 창의성은 애로(Arrow)의 모든 문제점을 아직 해결하지 못했다. 그 다음으로는 의제(agenda) 문제 또는 선택 대안이 표결에 부쳐지는 순서 문제가 있는데, 그것은 해결은 가능하나 조작(manipulation)을 통해서만 해결되는 문제이다.

16. [역주] 펼친 종이 한가운데의 네모 기표란에 키펀칭을 하여 기표지가 다 뚫린 것은 당연히 유효하지만 천공된 네모의 종이 조각(chad)이 완전히 뚫려 나가지 않고 붙어 있는 경우가 많았다. 결국 네모 구멍의 네 귀퉁이 중 한 귀퉁이, 두 귀퉁이, 그리고 세 귀퉁이까지 붙어 있으면 유효한 표로 인정했다. 투표지에서 한 귀퉁이에만 종이 조각이 붙어 있는 것이 '걸린' 표이다. 이에 비해 네 귀퉁이에 다 붙어 있는 '임신 중' 표와 키펀칭 때문에 단지 눌린 자국만 있는 '보조개형' 표는 계수에서 제외했다.

물론 미국 체제는 애로의 기준에서 제안하는 것과 같은 직접 투표로 움직이는 것이 아니다. 그 대신에 미국인은 몇 가지 정책 이슈에 대해 직접 투표하며, 대개는 공직 후보자를 선출하는 선거에 투표한다. 이러한 후자의 선택에서 우리는 다른 민주제들에 특유한 특정한 형태의 선거제도를 접한다. 예컨대 미국인은 전당대회와 전국대회 대의원을 선출하는 예비선거를 통해 그들의 대통령 후보를 선출한다. 그런 다음에 지명된 후보자는 전국 선거(national election)에서 경쟁을 한다. 48개 주에서는 과반수를 충분히 넘기거나 단 1표 차이로 승리한 후보자가 주(州) 선거인단의 전체 표를 차지한다. 이는 승자독식(winner-take-all)의 결과다. 정치학자들이 잘 알고 있듯이 예비선거(primaries)에서 가장 강력한 후보자가 전국 선거에서 꼭 가장 강한 것은 아니다. 이는 당(黨)의 예비선거(party primaries)에 참석하는 더 열성적인 투표자는 더 극단적인 경쟁자를 선출하기 때문이다. 미국 제도의 또 다른 결과는 미국 대통령 후보자가 선거인단(Electoral College) 표가 더 많은 주(州)에 더 많은 관심을 기울이며 표가 더 적은 주를 무시하는 경향이 있다는 것이다.

미국 선거제도의 또 다른 결과는 소위 중위 투표자(median voter)를 흔히 존중하는 점인데, 즉 정치인은 더 극단적인 투표자가 선호하는 위치가 아니라 중위(中位) 투표자의 선호에 수렴하는 경향이 있다. 중위 투표자에게 끌리는 논리는 [그림 4-1]에 나타나 있다. 이 그림에서 투표자는 표준적인 좌-우 연속선 위에서 정규분포를 이룬다. 투표자의 태반이 정규분포의 중심에 위치하기 때문에 득표를 극대화하는 후보자는 그런 투표자에게 어필할 수 있는 정책을 제안할 것이다. [그림 4-1]에서, 만약 후보자들이 중위 투표자에게 도달하기 원한다면, 즉 만약 그들이 승리하기 원한다면 후보자 A는 오른쪽으로 이동하고 후보자 B는 왼쪽으로 이동할 것이다. B 후보가 움직이지 않는다면 A가 쉽게 이길 것이다. 만약 B가 움직일 것으로 A가 예상하면 A는 B를 중위 투표자에게 외면받도록 만들기 위해 M 위치

그림 4-1 중위 투표자 정리

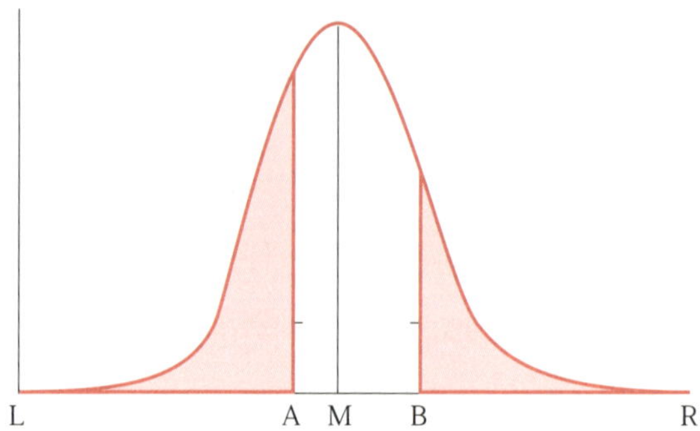

로 이동할 것이다. 분포의 한 가운데 있는 투표자에게 호소함으로써 후보자들은 표를 균등하게 나눈다. 만약 한 후보가 중앙에서 멀어진다면, 다른 후보는 중앙의 표를 장악해 선거에서 승리한다.

중위 투표자의 표를 추구하는 것을 후보자들을 "똑같이 닮기(tweedle-dee-tweedle-dum)"[17] 전략으로 몰아간다고 말하는데 그 전략 속에서 중위 투표자는 후보자들에게 다 무차별한 위치에 있다. 물론 단봉형 선호 정규분포의 양극단에 있는 소수파 투표자는 패배하는데 이는 그들이 소수이기 때문이다. 기껏해야 그들은 후보자로부터 막연한 수사학적(rhetorical) 확신을 얻을 뿐이다. 중위 투표자는 너무도 많은 주목을 받기 때문에, 관련 이익집단은 어떤 입장에 대한 투표자 선호를 형성하는 것이 유리하다. 고든 털럭(Gordon Tullock, 1967)이 주장했듯이, 정치 게임(political game)이란 이름은 선호와 그 분포를 형성하는 것이다. 정치 광고(political advertising)가 정보를 주지 못하는 것일지언정 선거 과정에서 중요한 요소인 것은 이 때문이다. 광고는 최악인 경우 과장, 속임, 그리고 거짓말을 부추긴다. 선택 대안(option)과 의제(issue)를 형성하는 것은 행동가들이 집중적으로

17. [역주] 트위들디와 트위들덤은 루이스 캐럴의 『거울 나라의 앨리스』에 등장하는 쌍둥이 같은 인물로 행동과 말을 똑같이 한다.

검토하는 추가적인 주제가 된다. 왜냐하면 선거 결과가 그것들에 좌우되기 때문이다.

앞에서 나는 투표자의 지리적 분포 문제를 내비쳤는데 그것이 최종적인 정책 선택과 관련이 있을 수 있다고 시사하였다. 여러 연구는 만일 투표가 단일 멤버의 선출을 위해 따로따로 행해질 경우(single member district, 즉 각 선거구에서 한 사람만 선출되는 투표제도) 과반수 투표가 꼭 전체의 과반수 견해를 반영하는 것은 아니라는 것을 보여준다.[18] 과반수 규칙 아래에서는 입법부나 전당대회(convention)에서 소수파의 입장이 과소대표될 것으로 생각할 수 있고 또 그럴 가능성이 아주 높다. 예컨대 선거구 전체적인 분포에서 소수파에 해당되는 정파의 주장은 일부 선거구에서는 압도적인 과반수 찬성표를 얻더라도 대부분의 다른 선거구에서 작은 차이로 패하여 결국 그 정파는 입법부에 소수의 대표만 보낼 수 있다. 그러나 지역구들에서 간신히 과반수를 얻은 사람들이라도 입법부에서는 압도적인 과반수를 차지할 수 있다. 예컨대 캘리포니아에서는 2000년 인구조사 이후에 당(黨)의 거점을 보존하기 위해 의회 선거구 경계가 변경되었다. 이 일의 결과는 2004년, 2006년, 2008년에 단 한 명의 현직 민주당 의원과 한 명의 공화당 의원이 다른 정당 출신 후보자에게 의석을 잃었을 때 나타났다(두 후보자는 부패 조사를 받고 있었다). 거의 모든 후보자가 65%가 넘는 득표율로 승리했다(*Harvard Law Review* Staff, 2009). 이 모든 것이 과반수 규칙 아래에서 일어난다! 정치인들이 입법부 지역구의 지리적 경계를 놓고 그토록 맹렬한 싸움을 벌이는 이유가 분명해진다. 자신의 이익뿐만 아니라 투표자의 이익도 걸려 있기 때문이다.

대부분의 투표는 이슈가 아니라 후보자에게 하는 것이며, 대부분의 정책 결정이 선거와 선거 사이에 이루어지기 때문에, 중위 투표자가 정부에 가하는 상징적

18. **[역주]** 전술한 미국 대선 예처럼 전국의 과반수 견해와 다른 후보가 당선될 수 있음을 상기하라.

이고도 일반화된 몇 가지 제약 외에는 선거에 큰 영향을 주지 못할지도 모른다. 중간 위치의 투표자 중심의 정책이 승리한다고 주장하는 것은 위험하다. 그 대신에 이론적 및 경험적 결과 모두에 따르면, 만약 투표자가 관세, 무역량 할당, 억지로 일자리 늘리기 규정, 진입 장벽, 혹은 정부 융자와 관련된 이슈들을 국민투표(referenda)에서 직접 대면한다면, 주권을 가진 과반수(sovereign majorities)는 정부가 법제화한 대부분의 배분정책들을 선호하지 않을 것이라는 점을 선명하게 보여준다. 그것들이 채택될 수도 있는 유일한 방법은 투표자들 사이에서 로그롤링을 허용하는 것이며, 그것은 엄청난 비용을 수반할 것이다. 로버트 달(Robert Dahl, 1956)이 50년도 넘는 과거에 썼듯이, 민주적 정치 과정은 "중위 투표자 과반수의 장엄한 행진이 아니라 소수자들을 꾸준히 달래는 것" (p. 80)이다. 만약 이게 사실이라면 우리는 분명 정치체제의 중대한 실패를 겪고 있다.

방대하고도 고도로 복잡하고 기술적인 이론 및 경험적 연구들을 대충만 살펴보아도 민주제의 초석인 선거제도는 광범위하게 왜곡되어 있다. 비록 투표자, 정치인, 관료, 그리고 이익집단이 모두 이타적이며, 정보를 다 알고 있을지라도 그들의 개인적 정책 선호는 근본 규칙 자체의 작용들 때문에 왜곡될 것이다. 이러한 규칙은 승자와 패자를 만들며, 특별히 합리적이거나 일관된 토대를 가지고 있지 않은 것처럼 보인다. 만약 우리가 만연한 시장의 불완전성 및 실패를 적절하게 처리하고 개선하는 것에 관심이 있다면 실망하기 쉽다. 어떤 규칙 집합도 공정하고도 효율적인 정책의 달성을 보장할 수 없다. 또한 정치인 및 기타 사람들이 규칙 자체를 조작하는 데 무관심하다고 가정해서도 안 된다. 그들은 사심이 없을(disinterest) 수 없기 때문이다. 여러 세대의 정치이론가들이 자주 이러한 결과를 예상을 해왔지만, 수식적인 공공선택학이 우리가 실제의 메커니즘을 더 잘 이해할 수 있게 해줄 때까지는 그들의 의심을 크게 신뢰할 수 없었다.

8. 정의와 재분배

형평성(equity) 또는 정의(justice) 문제가 시장과 민주제 모두의 맥락에서 계속해서 언급되어 왔지만, 어떤 지속적인 분석은 없었다. 나는 자유로운 사회의 정부가 흔히 부와 소득의 시장에 의한 "불의한(unjust)" 분배를 바로잡을 것으로 기대되지만, 그러한 정부는 불평등을 악화하는 경우가 많다는 사실을 내비쳐 왔다. 비록 이 문제는 제10장에서 자세히 다루지만, 미리 논의할 필요가 있다.

소득 및 부(富)의 효율적인 분배는 정의롭거나(just) 공평한(equitable) 것으로 간주될 수도 있고 그렇지 않을 수도 있다. 예컨대 만약 대부분의 부가 한 가족의 수중에 있고 정부가 일부를 빼앗아 덜 부유한 사람들에게 재분배할 것을 제안한다면 그런 제안은 비효율적인 것이라고 해야 하는데, 왜냐하면 그 부유한 가족이 반대할 것이기 때문이다.[19] 또 다른 배분이 형평적인지는 그러한 판단을 내리는 데 채용한 기준에 달려 있는데, 적합한 기준에 대한 광범위한 합의는 없다.

배분 결과에 대한 우리의 느낌과 상관없이 다양한 정치 과정이 그러한 이슈를 어떻게 결정할 것인지의 실제적인 문제가 남아 있다. 좌파 측의 많은 사람은 평등의 확대가 우선해야 할 뿐 아니라 과반수 규칙 아래에서는 평등의 확대가 우선하는 결과가 실제로도 *나올 것(will)*이라고 믿는 경향이 있다. 그런 예측을 옹호하는 좋은 사례가 있을 수는 없다. 그 논거는 다음과 같다.

재분배 법안을 통과시키는 데 투표자의 단순 과반수 찬성이 필요하며, 소득이 각각 다른 100명의 투표자가 결정에 참여한다고 가정하라. 이 구조 아래서는 2명의 중위 투표자(소득 수령자)가 결정을 한다.[20] 그 사람들은 부유한 49명 또는 덜

19. **[역주]** 효율성의 통상적 기준인 파레토 원리에 따르면 누군가에게 피해를 주고 타인의 후생이 증가하는 것이므로 이는 비효율적인 것이 된다.

20. **[역주]** 100명의 중위수는 소득이 50번째 및 51번째인 투표자이다.

부유한 49명의 투표자를 지지할 수 있다. 만약 그들이 협상을 한다면, 그들은 가난한 사람들에 합류하는 것보다 상위 소득 그룹을 지지함으로써 더 많은 재분배를 주관할 수 있다고 재빠르게 생각할 수 있다. 다른 한편으로, 그들은 가난한 사람들보다 부유한 사람들에게 과세할 것이 더 많으므로 그런 재분배에서 더 많은 것을 얻을 수 있겠다고 추론할 수 있다.[21] 어느 경우든 중위 투표자는 결과를 결정할 수 있는 힘이 있으며, 이 경우 자신의 몫을 최대화하는 결과를 요구할 수 있다. 스티글러(Stigler, 1970)와 털럭(Tullock, 1988)이 각각 독자적으로 처음 개발한 이 이론에 따르면, 민주적 정부의 재분배 노력으로부터 가장 많은 이익을 보는 것은 중산층이다. 경험적 삶의 사실이 이 이론을 뒷받침하는지는 검증하기 쉽지 않은데, 왜냐하면 그것을 검증하기는 어렵기 때문이다. 더욱이 많은 재분배가 각 소득계층 안에서 일어난다는 사실 때문에 복잡해진다. 우리는 빈곤층을 위한 복지 프로그램 채택에는 중산층의 지지가 필요하며, 이 중산층은 복지 혜택이 그들 자신에게로 확장되도록 하는 대가로 지지를 보내는 것임을 분명 알고 있다. 한 개를 넘는 연구가 주택, 교육, 교통, 환경 개선, 그리고 보건 서비스와 같은 분야에서 이것이 사실임을 보여주었다. 물론 많은 세금정책이 중산층에게 세금 혜택을 주도록 설계되어 있다.

요지는 이렇다: 정치 과정은 비효율을 조장할 뿐만 아니라 더 부유한 사람들의 이익을 증진하도록 기울어져 있다는 것이다. 시장에서 일 잘하는 사람이 정치에서도 일을 잘하고 있다.

21. [역주] 중위 투표자는 부유층 혹은 빈자층 어디에도 붙을 수 있다.

9. 정책 상징주의

앞에서 설명했듯이 투표는 혼합된 메시지를 보내고 정치 구조는 비용에 대한 결정과 혜택에 대한 결정을 분리한다. 이러한 조건의 결과 중 하나는 정치인이 "정책 상징주의(policy symbolism)"에 빠져 달성할 수 없는 목표를 가진 거창한 정책 선언을 할 수 있다는 것이다. 최소한 두 가지 형식이 있다. ① 법적인 정책 효과가 없는 의회 결의안과 같이 감정을 선언하는 것, ② 실제적인 정책 목표를 법적으로 설정하고(그것이 잠재적으로 효과를 낼 수도 있지만) 그 목표를 달성하지 못하도록 설계한 것이다(Lyons, 1999 : 286).

규제법은 정책 상징주의가 나타날 많은 기회를 제공한다. 그 통상적인 전술은 거창하게 들리는 입법을 하되, 그 목적을 달성하는 데 충분한 자금을 제공하지 않는 것이다. 게다가 의회는 흔히 완전히 비현실적인 정책 목표를 제시하거나 "부처가 목표를 달성하고자 할 때 취해야 할 긴 행동 목록(시작도 할 수 없을 정도로)과 달성 기한"을 부처에 부여한다(Bryner, 1987, p. 207). 이런 접근 방법은 지침을 거의 주지 못하는데, 왜냐하면 "모든 것이 우선사항이라면 아무것도 우선사항이 아니기 때문이다". 때때로 정치인은 정책이 너무 엄격해서, 특히 산업과 고용을 몰아내는 것을 두려워하는 주 및 지방 공무원이 그걸 집행하지 않을 것임을 알고 있다. 따라서 의회는 집행이 지속적이지 않고 쉽게 우회될 것이라는 예상을 가지고 법률을 통과시키고 정책을 만든다.

그러한 상징주의가 나타나는 데는 이해할 만한 정치적 이유가 있다. 하나는 "열광적인 지지는 조심성 있고 점진적인 제안보다 드라마틱한 약속에 의해 생겨날 가능성이 훨씬 더 크기" 때문이다(Bryner, 1987, p. 207). 또 다른 하나는 실패를 관료집단의 탓으로 전가할 수 있기 때문이다(Fiorina, 1977 : 72-79). 또한 상징주의는 이상주의적 이익집단과 합리적으로 무지 상태에 있는 투표자를 달래기 위해 설계될 수도 있다.

부처는 비현실적이고 흔히 자금이 지원되지 않는 약속은 성취할 수 없다는 것을 분명히 안다. 예컨대 항해 가능한 수역에 아무 오염도 배출 못 하게 금지(pollution zero), 노동자 건강에 아무 손상이 없어야 함(non-impairment), 그리고 암 위험이 전혀 없어야 함(zero cancer risks)을 요구하는 것은 멋진 정치적 선언이지만 달성할 수는 없다. 이러한 요구사항은 불가피한 상호대체(tradeoffs)를 어떻게 달성할지에 어떤 지침도 주지 못한다. 그러한 규칙은 정책이 일단 집행되면 그 한계비용이 한계편익을 초과할 수 있음을 부정한다. 설상가상으로 그들은 총비용이 총이익을 초과할 수도 있음을 무시한다. 이러한 정책은 투표자에게 그들의 정치인이 과감한 조치를 하는 중임을 보여주려고 의도된 상징이다.

10. 몇 가지 결론

제3장과 제4장에서 민주적 과정의 비(非)낭만적이고 병리적인 성격을 탐구했다. 그 그림은 아름답지 않지만, 독자들은 현실 세계와 이상 세계의 검토 및 비교로부터 쉽고도 피상적인 결론을 끌어내어서는 안 된다. 시장과 정치는 모두 불완전하지만, 우리에게는 분명 몇 가지 선택지가 있으며, 그러한 선택은 우리의 개인적 · 집단적 복리에서 중요하다. 중요한 유의점은 이것이다: 불완전한 민주제조차도 비(非)민주제보다 더 나은 점이 훨씬 많다. 민주제는 개인의 주권을 달성할 가치가 있는 목표로 소중히 여긴다. 그리고 우리가 시장이나 정치체제에서 특정한 시민의 선호를 좋아하는지의 여부는 그 시민이 시장과 정치체제에 목소리를 내는 기회에 아무런 차이를 가져오지 않는다. 이런 점에도 불구하고 혐오스러운 정치 선호는 혐오스러운 시장 선호보다 받아들이기가 더 어렵다.[22] 요컨대 시장은

22. [역주] 둘 다 나쁜 점이 있으나 정치 선호보다는 그나마 시장 선호의 문제점이 덜하다는 의미이다.

정치체제보다 외부성이 적다. 그럼에도 불구하고 나는 어떤 독재정권에서 거주하기보다 결함 있는 민주주의에서 사는 것을 훨씬 선호한다. 이것은 다음 장들에서 정책의 불완전성에 대한 상세한 분석을 통해 철저히 이해해야 한다.

▪ 서지(書誌) 노트 : 주요 참고문헌 소개

이전 장에서 인용한 자료 출처 외에도 케네스 애로(Kenneth Arrow), 아마티야 센(Amartya Sen) 및 고타로 스즈무라(Kotaro Suzumura)가 편집한 『사회 선택 및 복지 핸드북 1권(*Handbook of Social Choice and Welfare Volume 1*)』(North-Holland, 2002)을 진정 참조해야 한다. 이 교재에서는 투표제도의 수식적인(formal) 복잡성을 요약하고서 그것을 시장 과정과 비교한다. 이 책은 재미는 거의 없지만, 이 신비하고도 지독히 난해한 문제에 대해 신뢰할 수 있는 소스이다.

역사적 사례 및 자료에 대한 관심뿐 아니라 훨씬 더 문어적으로 저술된 것이 윌리엄 라이커(William H. Riker)의 책인 『포퓰리즘에 맞선 자유주의: 민주제와 사회선택 이론 사이의 대결(*Liberalism Against Populism: a Confrontation between Democracy and Theory of Social Choice*)』(1982)이다. 비록 이 책은 출판된 지 25년이 넘었지만 오늘날에도 그대로 적용된다. 라이커는 투표가 개인적 및 사회적 선택을 자동으로 등록하는 단순한 메커니즘이 아님을 보여준다. 어떤 투표 방식이든 실패의 병리 혹은 최소한 불완전성(imperfections)이 있다. 선거는 조작, 불확실성, 모호성, 그리고 정의롭다거나 효율적이라고 쉽게 옹호할 수 없는 결과들의 영향을 받는다. 이것은 비(非)민주제를 옹호하는 것이 아니다. 그 대신 라이커는 정치제도를 판단하는 데 사용되는 보다 합리적이고도 타당한 민주적인 기대 집합을 제시한다.

나온 지 시간이 좀 지났으나 관련성이 높은 또 다른 책은 한스 반 덴 도엘

(Hans van den Doel)과 벤 판 덴 펠트호번(Ben van den Velthoven)의 『민주제와 후생경제학(*Democracy and Welfare Economics*)』(Cambridge : Cambridge University Press, 1993)이다. 비록 짤막하지만 이 책은 긴 에세이라기보다 교과서 형식으로 저술되었다. 그럼에도 불구하고 저자들은 복지, 민주제, 관료제, 대표성, 과반수 규칙, 그리고 그들이 "협상(negotiation)"이라 부르는 것에 관해 합리적인 판단을 한다.

공공선택을 공부하는 연구자 및 전문적 분석가 모두 이 분야가 난데없이 생겨난 것이 아님을 기억해야 한다. 그 길은 많은 선구자에 의해 방법이 탐색되었고 시사점이 제공되었는데 그중 가장 잘 알려진 사람은 조셉 슘페터(Joseph Schumpeter)이다. 1942년에 처음 출판된 그의 저서 『자본주의, 사회주의, 그리고 민주주의(*Capitalism, Socialism, and Democracy*)』에는 민주주의에 관한 4개의 매혹적인 장이 포함되어 있으며, 그중 하나는 현대 공공선택학의 맥락에서 민주주의 이론을 전개한다. 슘페터와 현재 분석가의 가장 주된 차이점은 슘페터는 현재 분석가들만큼 감정을 자제하지는 않았으며, 오히려 감정을 사용하여 그 책이 좋은 효과를 가져온다는 점이다. 그럼에도 투표자 및 아마도 정치인에 대해 그가 가진 이미지는 현대의 생각과는 다소 어긋난다. 그 반면에 그는 투표자의 비합리성은 게임 규칙의 탓이라고 여기는데, 이는 현대 공공선택학에 매우 잘 부합하는 분석이다.

정치실패에 대한 요약된 교과서적 서술을 구하는 데 관심이 있는 독자는 제임스 과트니(James D. Gwartney), 리처드 스트루프(Richard L. Stroup), 데이비드 맥퍼슨(David Macpherson) 및 러셀 소벨(Russell S. Sobel)의 『경제학 : 사적, 그리고 공공선택(*Economics : Private and Public Choice*)』(New York : South-Western, Cengage Learning, 2010)을 참조하는 것이 가장 좋다. 이 교재는 현재 제13판이 나와 있다.[23] 그 책의 제6장 "집단적 의사결정의 경제학(The Economics of

23. [역주] 2022년 7월 현재 제16판이 나와 있다.

Collective Decision Making)" 에서는 정치실패의 기본 과정을 훌륭한 방식으로 보여준다. 이 교과서의 앞선 판들은 시장경제의 작동을 완전히 이해하고서 외부성이 있다고 정부 조치가 즉각 정당화되는 것이 아님을 이해하는 경제학원리 교과서가 점차 많아지게 하는 계기가 되었다.

〈참고문헌〉

Arrow, Kenneth J., *Social Choice and Individual Values*, New York: John Wiley and Sons, 1951, rev. ed., 1963.

Arrow, Kenneth, Amartya Sen, and Kotaro Suzumura, *Handbook of Social Choice and Welfare Volume 1(Handbooks in Economics)*, 1st ed. Paris: North Holland, 2002.

Black, Duncan, *The Theory of Committees and Elections*, Cambridge: Cambridge University Press, 1958.

Bryner, Gary C., *Bureaucratic Discretion: Law and Policy in Federal Regulatory Agencies*, New York: Pergamon Books, Inc., 1987.

Caplan, Bryan, *The Myth of the Rational Voter · Why Democracies Choose Bad Policies*, Princeton: Princeton University Press, 2007.

Dahl, Robert A., *A Preface to Democratic Theory*, Chicago: University of Chicago Press, 1956, p. 24.

Doel, Hans van den and Ben van den Velthoven, *Democracy and Welfare Economics*, 2nd ed., New York: Cambridge University Press, 1993.

Downs, Anthony, *An Economic Theory of Democracy*, New York: Harper and Brothers, 1957, Chapters 4 and 9.

Fiorina, Morris P., *Congress: Keystone of the Washington Establishment*, New Haven, CT: Yale University Press, 1977.

Friedman, David, *The Machinery of Freedom*, La Salle, IL: Open Court, 1989.

Friedman, Milton, *Capitalism and Freedom*, Chicago : University of Chicago Press, 1962, pp. 16～17.

Friedman, Milton and Rose Friedman, *Free to Choose*, New York : Harcourt Brace Jovanovich, 1979, p. 19.

Gwartney, James D., David Macpherson, Russell S. Sobel, and Richard L. Stroup, *Economics : Private and Public Choice*, 13th ed. Mason, OH : South-Western, Cengage Learning, 2010.

Harvard Law Review Staff, "Political Gerrymandering 2000-2008 : A Self-Limiting Enterprise?" 122 *Harvard Law Review*, (2009), pp. 1468～488.

Keating, Dan, "Democracy Counts : the Media Consortium Florida Ballot Project," Paper presented at the 2002 American Political Science Association annual meeting. http://www.aei.org/docLib/20040526_KeatingPaper.pdf.

Lyons, Michael, "Political Self Interest and U.S. Environmental Policy," *Natural Resources Journal*, Vol. 39, No. 2, (Spring 1999), pp. 271～294.

Moe, Terry M., *The Organization of Interests : Incentives and the Internal Dynamics of Political Interest Groups*, Chicago : University of Chicago Press, 1988.

Olson, Mancur, *The Logic of Collective Action*, Cambridge, MA : Harvard University Press, 1965.

Riker, William H., *Liberalism Against Populism : A Confrontation Between the Theory of Democracy and the Theory of Social Choice*, Long Grove, Illinois: Waveland Press, 1988.

Schumpeter, Joseph, *Capitalism, Socialism, and Democracy*, I. Reprint, New York: Harper Perennial Modern Classics, 2008.

Stigler, George, "Director's Law of Public Income Redistribution," *Journal of*

Law and Economics(April, 1970).

Tullock, Gordon, *Toward a Mathematics of Politics*, Ann Arbor : University of Michigan Press, 1967, p. 2.

________________, *Wealth, Poverty, and Politics*, New York : Basil Blackwell, 1988.

Wittman, Donald, *The Myth of Democratic Failure*, Chicago : University of Chicago Press, 1995.

제5장 무임승차와 강제승차의 정치 : 공공재 공급

자발적인 행동을 통한 공공재 공급의 어려움은 오래전부터 인식되어 왔다. 1740년 데이비드 흄(David Hume)은 『인간 본성에 관한 논고(*A Treatise of Human Nature*)』란 책에서 이 문제와 전통적인 반응을 분명히 밝혔다.

> 두 이웃은 그들이 공유하는 초원의 물을 빼는 것에 동의할 수 있다. 왜냐하면 그들은 서로의 마음을 알기 쉽기 때문이다. 그런데 각자의 위치에서 자신이 맡은 역할에 실패하면 그 결과 모두가 실패한다는 것을 인식해야 한다. 그래서 자발적 협력이라는 것은 매우 어려워서 실제로는 거의 불가능하다고 볼 수 있다. 천 명의 사람들이 공동의 목적을 위한 자발적 행동에 동의해야 하는 상황을 상상해보자. 모든 사람의 자발적 역할을 구체적으로 설계하는 것은 어렵고, 그것을 실행하는 것은 더욱 어렵다. 각자가 어려움과 비용에서 벗어나고 모든 부담을 다른 사람들에게 선가할 구실을 찾고 있다. 정치사회(political society)는 이 두 가지 불편함을 쉽게 해결한다. 따라서 다리가 건설되고, 항구가 열리고, 성벽이 쌓이고, 운하가 형성되고, 함대가 갖추어지고, 군대가 훈련되고, 정부의 관여(care)에 의해 사회간접시설이 모든 곳에 건설된다(pp. 538 ~ 539).

일반적으로 공공재는 시장에서 충분히 공급되지 않고 정부가 공공재를 더 잘 공급하며, 세금으로 더 나은 재원을 마련할 것이라고 가정한다. 그러나 공공재에 자금을 지원하고 공급하기 위해 정부에 의존하는 것은 무임승차 문제를 쉽게 해결하지 못하며, 사실 답변할 수 없는 의문을 몇 가지 제기한다. 정부는 얼마나 많은 공공재가 요구되는지 쉽고 정확하게 측정할 수 없으며, 무임승차를 근절할 수도 없다.

정부의 자금 지원과 공공재 공급은 제3장과 제4장에 기술된 모든 병폐의 대상이 된다. 가격은 행동을 지시하지 않지만 정치는 지시한다. 따라서 어떤 결과는 전적으로 자의적(arbitrary)일 것이다. 또 어떤 결과는 가장 잘 조직되고 자금을 지원받는 이익집단의 욕망을 반영할 것이다. 효율적인 선택과 제공 수단은 비효율적인 이익집단을 위해 거부될 것이다. 요구는 과장될 것이다. 시민의 인식은 공공성을 반영할 책임이 있는 공무원들에 의해 조작될 것이다. 그리고 속임수가 만연할 것이다. 또한 공개적으로 공급되는 공공재는 과잉공급될 것이다. 그 결과 어떤 공공재는 과잉공급되고 다른 공공재는 과소공급될 것이라는 것이다. 효율적으로 제공되는 공공재는 거의 없을 것이다.

공공재를 공급하는 데 자의성과 왜곡을 줄이는 방법이 있다. 정부공급이 시장공급보다 더 이상 최적의 결과를 낳을 가능성이 없다는 것을 인식하는 것은 그러한 가능성을 찾고 실험하는 데 약간의 자극을 제공한다. 또한 진정한 공공재는 거의 없다. 흄(Hume)의 사례(다리, 항구, 성벽, 운하, 함대, 심지어 군대)는 배제성(excludability)을 허용하기 때문에 순수한 공공재가 아니다. 이는 그 사례에 시장가격을 적용할 수 있다는 것을 의미한다. 유료도로의 혼잡 요금에 대한 기술 발전도 많은 공공재의 '공공성(publicness)'을 떨어뜨린다. 마치 철조망 발명이 주인이 없던 초원을 사유지로 만들 수 있었던 것처럼, 기술 발전은 많은 공공재를 준사적재(quasi-private goods)로 탈바꿈할 수 있게 하고 있다.

1. 얼마나 공급할 것인가

시장에서 수요와 공급의 상호작용은 사적재를 얼마나 공급할지를 결정한다. 가격은 개별 공급자와 소비자의 행동을 조정하는데, 그 결과 그들뿐만 아니라 사회도 상호 유익한 결과를 달성한다. 정치에서는 입법자, 유권자, 이익 단체, 그리고 정부 관료들의 상호작용이 얼마나 많은 공공재를 공급할지를 결정한다. 그리고 개인 소비자들에게 다양한 양으로 제공될 수 있는 사적재와 달리, 정부는 개인의 선호에 관계없이 모든 시민이 동일하게 이용할 수 있는 공공재의 단일 수량 *(single quantity)*을 결정해야 한다. 사적재와 달리 각 시민은 생산된 공공재의 모든 양(entire amount)을 "받거나(receives)" "즐긴다(enjoys)."

모두가 각자 다른 양을 원할 때 얼마만큼의 공공재를 생산할지에 동의하는 것은 경제학자, 입법자 및 유권자 모두에게 어려운 일이다. 경제학자들은 공개된 수요가 주어지면 총한계편익이 총한계비용과 같은 점에서 결정되며, 최적 양은 개별 시민이 받는 한계편익이 각자의 한계세금비용과 같아지는 양이라고 주장한다. 최적성의 형식적 조건은 정확하게 파악할 수 있지만, 공공재에 대한 각 납세자의 평가에 따라 차등적으로 납부할 세금액이 결정되어야 하기 때문에 현실적으로 구현이 불가능하다. 그리고 납세자들이 공공재의 가치를 얼마나 높게 평가하는지에 따라 세금이 부과될 것이라는 사실을 알고 있다면 자신의 가치를 과소평가할 강력한 유인책을 갖게 될 것이다. 그러나 납세자들이 동일한 세금을 납부한다면, 일부 납세자는 자신의 세금 납부액이 그들이 받는 혜택을 초과하기 때문에 화를 낼 것이다. 사람들이 내는 세금 납부액을 정직하게 평가할 수 있도록 하는 제도는 분명히 가치가 있지만 그러한 제도를 구현하기 어렵고, 설사 구현한다 하더라도 천천히 그리고 아마도 마지못해 받아들여질 것이다.

2. 무임승차자와 강제승차자

공공재는 고정된 세율로 단일 수량으로 제공되기 때문에 어떤 시민들은 자신이 원하는 것보다 더 많이 받게 된다. 그들은 원하지 않는 수량에 대한 대가를 지불하도록 강요된 승차자이다. 다른 어떤 사람들은 그들이 원하는 것보다 적게 받는데 실제로는 그들은 받는 공공재의 양에 대해 세금을 더 지불할 의사가 있다. 이러한 사람들은 다른 사람들의 기여에 무임승차하게 되는 것이다. 사적재의 경우 각 소비자가 구매 수량을 조정하거나 고정된 수량에 직면했을 때 품질에 따라 더 많거나 적게 지불한다. 정치는 시민에게 이러한 조정 가능성을 제공하지 않는다. 따라서 동일한 시민에게 일부 공공재는 과소공급될 수 있고 또 다른 공공재는 과잉공급될 수 있다. [그림 5-1]과 [그림 5-2]는 이러한 상황을 보여주고 있다.

공공재와 사적재에 대한 다양한 선호 상황이 [그림 5-1]에 묘사되어 있는데, 여기서 러쉬 림보(Rush Limbaugh : *rl*)와 키스 올버만(Keith Olbermann : *ko*)은 복지와 국방을 위한 정부지출에 대해 상당히 다른 선호도를 가지고 있는 것으로 간

그림 5-1 정부지출에 대한 선호

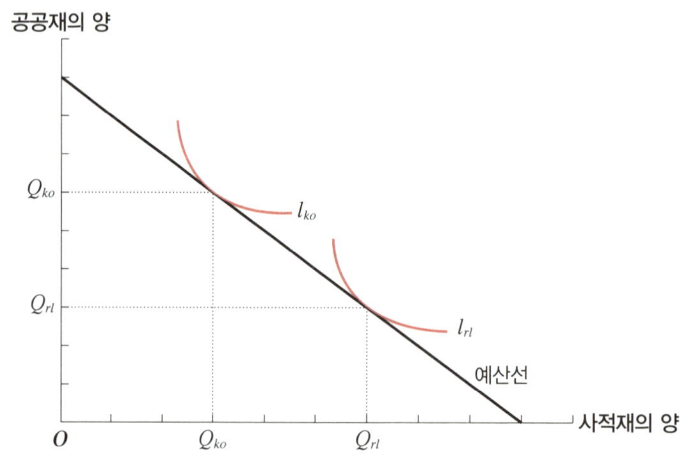

주된다. 무차별곡선은 이 두 재화에 대한 림보와 올버만 각각의 대체율을 보여줌으로써 이러한 선호를 나타내고 있다. 고정된 예산선(budget line)이 주어지면 그들의 선호도는 양립할 수 없다. 그러나 타협할 수 없는 차이가 정치적 결정을 막는 것은 아니며, 결과는 투표 규칙(voting rules)에 따라 달라질 것이다. 이것은 더 많은 투표자들을 포함시킴으로써 보다 명확해진다. 추가 투표자, 단순 다수결 원칙, 그리고 모든 사람이 투표하는 경우 선호 분포에서 자신보다 높은 위치를 선호하는 투표자만큼 많은 투표자가 있는 중위 투표자(median voters)들이 복지와 국방비 각각의 액수를 결정할 가능성이 상당히 높다. 비록 그러한 결정이 이 조건하에서 최선의 선택일 수 있지만, 올버만과 림보 둘 다 결과에 만족하지 못할 것이다.

올버만이 가장 선호하는 국방과 복지의 조합은 수직 척도의 Q_{ko}와 수평 척도의 Q_{ko}로 표시되어 국방보다 복지에 대한 지출이 약 3배 더 많다는 뚜렷한 선호를 나타내고 있다. 림보의 선호도는 복지보다 국방비 지출에 2배 더 많은 선호 비율을 나타낸다. 물론 각자는 자신의 입장이 채택되는 것을 선호하고 선호하는 공공서비스가 더 많이 제공되기를 원할 것이다. 그러나 예산 제한은 그것을 불가능하게 만든다. 올버만은 예산이 확대되는 것을 보고 싶어 하지만(예산선이 오른쪽으로 이동) 림보는 예산이 너무 커서 더 줄여야 한다고 불평할 수도 있다(예산선이 왼쪽, 즉 안쪽으로 이동). 정치에서 예산선은 개인의 무차별곡선 및 수요곡선과 마찬가지로 다양한 선호도의 영향을 받는다.

또 다른 기본 기하학을 사용하여 요점을 더욱 생생하게 나타낼 수 있다. [그림 5-2]에서 우리는 올버만, 림보 및 중위 투표자의 세 투표자가 선호하는 복지 지출 금액을 보여줌으로써 분석을 확장한다. 각 투표자에 대한 최적의 수량은 사적 재화를 제공하는 시장의 경우와 마찬가지로 한계비용(MC)이 한계편익(MB)과 동일한 점에서 발생한다. 불행히도 각 투표자는 시장에서와 같이 선호하는 양을 단순히 구매할 수 없다. 정부는 단일 수량만 공급할 수 있으며, 이는 개별 한계비용과

그림 5-2 후생복지 선호량

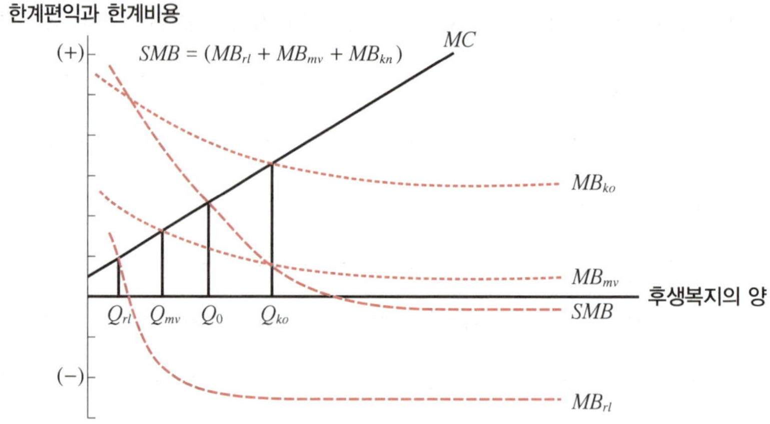

SMB : 사회적 한계편익곡선 *MB* : 한계편익곡선 *MC* : 한계비용곡선

한계편익이 정확히 일치하지 않는다. 예를 들어 러쉬 림보의 한계비용은 Q_{rl}을 초과하는 모든 양에서 그가 복지 지출에서 받는 한계편익을 넘어선다. 반면 키스 올버만의 한계편익은 Q_{ko}까지의 모든 수량에서 자신의 한계비용을 능가한다. 이는 최종적으로 선택한 양이 무엇이든지 간에 누군가는 $MB > MC$를 경험하고 누군가는 $MC > MB$를 견뎌야 함을 의미한다.

[그림 5-2]를 보면 투표자 세 명의 수요 또는 한계편익곡선을 수직으로 더한(이 곡선은 투표자들이 각 재화의 수량에 대해 지불할 의사가 있음을 나타냄) 사회적 한계편익곡선과 한계비용곡선이 만나는 점에서 공공재의 수량이 결정되는 점(Q_o)을 볼 수 있다.

각 유권자의 수요(*MB*)를 합산하면 [그림 5-2]의 사회적 한계편익(*SMB*)곡선이 생성된다. 복지에 대한 림보의 부정적인 태도가 중위 투표자와 올버만의 긍정적인 관점을 능가하기 때문에 *SMB* 곡선은 대부분의 양에서 올버만의 곡선 아래로 떨어진다. 그러나 만약 모든 투표자들이 복지를 위해 세금을 분담해야 한다면 우리는 최적 양, 즉 *MC*가 사회적 한계편익과 동일한 Q_o에서 발생한다는 것을 알게 된다. 이는 중위 투표자를 포함하여 누구든 복지에 덜 쓰는 것이 좋기 때문이다. 또는 중위 투표자나 림보에게 올버만이 지불할 수 있는 가격과 동일한 금액을 요구하려 하지 않는다. 올버만의 수요곡선은 모든 가격에서 훨씬 더 높으며, 어떤 주어진 가격에서도 그는 다른 것들보다 복지를 더 선호한다.

공공재에 대한 다양하고 만족도가 낮은 선호의 이러한 조건은 내재적이고 보편적이다. 각 개인은 제공된 양에 대해 불만족스럽지만, 개인 소비를 조정하거나 전체 공급을 변경할 수 있는 위치에 있지 않다. 물론 그가 "정확한(correct)" 양에 매우 높은 가치를 두어 자원의 전체 배분을 변경하기 위한 정치적 행동의 비용을 기꺼이 지불하는 경우를 제외하면, 누구도 개인 소비를 조정하거나 전체 공급을 변경할 수 있는 위치에 있지 않다. 많은 개인 시민은 그렇게 결정할 것 같지는 않다.

공공재는 대개 장기간에 걸쳐 혜택을 주지만 공공재 재원을 조달하기 위해 부과되는 세금은 즉각적이고 지속적으로 내야 하는 것으로 느껴지기 때문에, 많은 이론가들은 공공재 공급은 차선책이 될 것이라고 예측한다. 확실히 그 논리는 옳다. 그러나 문제는 이론이 시사하는 바와 같이 시민들이 세금과 혜택을 실제로 인지하고 있는가 하는 것이다. 사실 우리는 그것을 인지하지 못한다. 그럼에도 이러한 기대와 인식의 편차가 발견되어야 하고 그것들이 사소하지 않다고 가정하는 것은 타당하다. 예를 들어 국방에 대한 태도가 모기 퇴치에 대한 태도와 다르고, 소방과 법과 질서 또는 정의에 대한 선호와 다르다고 해도 놀라운 일은 아니다. 따라서 우리는 이러한 공공재 중 일부가 최적 수량에서 다른 것보다 더 많은 양으로(또는 다소 적게) 공급될 것이라고 결론을 내릴 수 있다. 재화의 공공성과 자금조달 수단의 정도에 따라 많은 것이 좌우될 것이다. 공공성의 정도가 광범위하고 정확하게 인식되고 자금조달 수단이 공공재 제공과 밀접하게 연결된다면 보다 최적의 공급을 기대할 수 있을 것이다. 반대로 편익은 멀게만 느껴지고 간접세는 더 많이 인식될수록 실제 공공재 공급과 최적 공급량 사이의 격차가 더 커지게 된다. 멀거나 분산된 혜택과 간접세의 문제를 고려할 때 최적의 공공재 공급을 정하는 데 시장 또는 정치 어느 쪽이 더 틀릴지는 예측할 수 없다.

최적의 양 이상을 공급하는 것은 특정 공공재를 더 많이 소비하는 것에 더 높은 가치를 두는 특정 시민들에 의해 장려될 것이다. 그 이유는 그들이 재화를 소비하는 것을 즐기기 때문이 아니라 그들이 재화를 제공하는 데 필요한 정부 구매 자원을 공급하기 때문이다. 국방은 공급자의 기득권, 즉 군대, 방위산업 노사, 주주, 그리고 일부 외국 권력에 대해 크게 걱정하는 사람들의 눈에 가장 띄고 비용이 많이 드는 예를 제공한다. 이와 관련된 시민들은 국방 예산이 더 커짐으로써 상당한 이익을 얻는다. 게다가 그들은 더 큰 예산을 제정할 수 있는 우수한 정치적 자원을 가지고 있다. 또한 그들은 국방의 공급자로서 자체 서비스에 대한 수요가 상당히 있다. 민간시장에서의 민간 공급자들은 그러한 서비스를 확보할 수도 없고 공급이 허락되지도 않기 때문이다. 게다가 언론인들과 정치학자들이 "철의 삼각형(iron triangle)"이라고 부르는 이익집단 연합인 펜타곤(Pentagon)과 의회 위원회는 예산을 부풀리고 거의 상상을 초월하는 비용 초과를 허용할 수 있다. 정부가 9달러짜리 망치(hammer)에 수백 달러의 비용을 소요하는 것은 터무니없는 국방비 청구서의 많은 극적인 사례들 중 하나일 뿐이다. 그러나 충격적인 기술적 비효율성보다 더 중요한 것은 후생손실, 즉 어느 정도의 국방력을 갖추는 것이 충분한지 결정하는 데 있어 가격 책정 및 계약 감시의 합법성을 이탈해서 발생하는 손실이다.

과도한 국방비 지출을 통한 오(誤)배분(misallocation)만이 낭비의 유일한 형태가 아니다. 국방 프로그램과 자원을 적절하게 혼합하지 못하는 데 따른 배분도 낭비에 포함되어야 한다. 국방비 지출 증가에 대한 제약이 있음에도 우리는 과도하게 많은 사람이 고용될 것이라고 예상해야 한다. 또한 우리는 모든 베테랑(veteran)이 알고 있는 것, 즉 인사 배치가 직무 요구사항과 깔끔하게 일치하지 않을 것이라는 것을 예상해야 한다. 월급보다 '하드웨어(hardware)'에 더 많은 돈을 쓰는 뚜렷한 경향이 존재하지만, 직급은 상향 조정되고 과잉공급될 것이다. 예를 들어 우리는 제2차 세계대전 당시와 비교하여 병력은 5분의 1이지만, 그 당시보다 장군들이 많다. 간단히 말해서 더 많은 국방을 위해 돈을 지불하는 시민들은 바라고 기대했던 것보다 적은 국방 서비스를 받고 있다.

공공재 요구를 과장하는 유인을 없앨 수 있다고 해도, 우리는 여전히 개인의 요구를 집단적 선택으로 정확하게 집계하는 제도적 장치를 마련해야 하는 문제에 직면할 것이다. 어떤 결정 규칙이나 제도가 채택되든, 공급될 재화의 실제 양에 영향을 미치는 문제가 발생할 것이다. 유감스럽게도 결정 규칙과 생산 간의 관계에 대해 알려진 것은 많지 않다. 일부 분석가들은 단순 다수결원칙이 우세할 경우 공급이 과잉되는 경향이 있으므로 이러한 과잉을 줄이기 위해 초과다수결(extra-majority requirements)을 제안하기도 한다.

어떤 사람들은 만약 선출된 대표들이 공공재 공급량을 선택한다면 그들은 유권자들이 직접 투표하는 것보다 더 많은 공급량을 선택할 것이라고 주장한다. 다른 어떤 사람들은 공공재의 공급이 중위 투표자들에 의해 결정될 수 있지만, 중위 선호도가 최적일 필요는 없다고 주장한다. 투표가 합리적이고 효율적인 결과를 낳는다고 볼 수는 없다. 어떤 이론가들은 대안의 본질, 즉 경쟁적인 공급량이 결과에 영향을 미칠 것이라고 주장한다. 예를 들어 투표자들이 제안된 양과 훨씬 더 적은 양(또는 0의 양) 중 하나를 선택해야 하는 상황이라면, 비록 그것이 최적 금액보다 훨씬 클지라도 전자가 채택될 것이다.

기본적인 공정성은 공공재를 공급하는 데 어느 정도가 충분한지 아는 매우 어려운 문제를 인식하도록 지시한다. 어떤 시민이 효율적인 국방 공급량을 결정하기 위해 충분한 정보를 수집할 수 있는가? 이러한 정보는 쉽게 또는 저렴하게 입수 가능한 정보가 아니다. 우리는 결코 완전히 신뢰할 수 있는 지식을 얻을 수 없다는 사실을 직시해야 한다. 인간사에는 환원할 수 없는 예측 불가능성이 있다. 우리는 제거할 수 없는 과거를 완전히 이해할 수 없고, 혼란스러운 현재를 이해할 수 없으며, 아직 전개되지 않은 미래를 완전히 이해할 수 없다. 특히 안타까운 것은 공공재에 대한 선호가 공공선택 모형에서처럼 고정되어 있지 않다는 사실이다. 대신 항상 시민의 욕구를 반영할 책임이 있는 바로 그 공무원에 의해 형성되고 개혁되는 과정에서 선호가 나타난다. 따라서 방위, 도로, 정의(justice) 등에 대한 선호는 완벽하게 착안된 것이 아니라 공급자들이 지저분(messy)하게 경쟁한 부분적인 결과이다.

전통적인 공공재인 국방이 합리적인 선택에 의해 결정되는 것처럼 보이지만 실제로는 한 국가의 국방이 다른 나라의 정확하지 않는 국방전략에 대한 가정에 어느 정도 의존하고 있다는 사실은 불안하다. 잠재적인 적의 의도와 자원은 항상 가늠할 수 없다. 그러한 상황에서 무엇을, 언제, 어떻게 해야 하는지 안다는 것은 과학적으로 볼 때 문제가 있는 것이다. 예측할 수 없는 반응과 상황에 직면한 의사결정자들과 시민들은 자신들이 두려워하고 있는 모든 가능성 중 최악인 핵폭탄으로 인한 대학살의 아마겟돈(Armageddon of nuclear holocaust)을 예상하는 경향이 있다.

공공재 정보에 입각한 수요를 확인할 수 있는 실질적인 수단이 마련될 때까지 우리는 공공재의 최적 공급에 대한 본질적인 문제에 시달리게 될 것이다. 적은 비용으로 공공재 수요를 효과적으로 알 수 있는 제도적 장치는 미흡하지만 가격 책정을 하는 다양한 진보된 기술을 활용할 수 있고 사용자 요금(user fee)에 대한 보다 더 많은 선택, 민영화, 그리고 민간기관을 활용하여 문제를 해결할 수 있다는 희망이 있다. 이러한 개혁 중 일부는 이미 수용되었으며, 시민 서비스 제공에 상당한 개선을 가져다주는 것으로 나타났다.

3. 기술적 이익 및 공공가격 책정

몇몇 독창적인 공공선택 이론가들은 공공재의 수요와 공급을 개선할 가능성이 있는 수단을 고안했다. 그러한 수단들이 다음에서 논의되겠지만, 이론상의 발전보다 훨씬 더 흥미로운 것은 가격 시스템을 통해 더 많은, 공개적으로 제공되는 재화를 공급할 수 있도록 하는 특정한 기술 개선으로 개별 시민이 보다 효율적인 선택을 통해 보다 큰 후생이익을 얻을 수 있다는 것이다. 비이용자가 내는 세금에 무임승차할 수 있는 것보다 사용자가 사용에 대해 지불하기 때문에 보다 큰 후생이익이 발생한다. 가격에 대한 계획은 아직 면밀하지 못해 정부 운영 시스템에서 발생할 수 있는 모든 공공선택 문제의 영향을 받는다. 그러나 이것은 "무료" 거리와 도로 시스템하에서 사용자가 자신의 수요를 보다 더 잘 드러내게 하는 단계이다.

그러한 발명 중 하나는 거리 및 도로의 요금을 책정하기 위한 새로운 방법의 출현이다. 거리, 고속도로, 주차문제는 오랫동안 요금 메커니즘을 무시해왔다. 더 이상 그렇지 않다. 런던(London)시는 2003년 2월부터 런던 중심부를 주행하는 운전자들에게 5파운드의 균일 요금을 부과하기 시작했다. 요금은 오전 7시부터 오후 6시 30분까지 운행하는 대부분의 개인 차량에 부과된다. 운전자들은 지정된 상점, 결제기기(payment machines), 인터넷, 그리고 가장 일반적으로 이용되는 해당일 휴대전화 메시지를 통해 요금을 지불한다. 주간, 월간 및 연간 패스를 이용할 수 있다. 비디오카메라는 자동차를 감시하고 번호판 번호가 유료 허가증과 일치하는지 확인한다. 요금을 내지 않다 적발된 사람은 80파운드의 벌금을 물게 된다. 해당 구역 내에서 교통 혼잡은 감소했고 평균적인 차량이동 속도는 증가했다.

런던 시스템은 오슬로 · 로마 · 홍콩 · 싱가포르 시스템과 유사하게 하루 중 시간대의 혼잡률이나 주행 마일리지를 고려하지 않는 정액제(flat-rate system)이기 때문에 이용 시간에 따른 선호의 정도가 요금에 반영되지 않는다. 그러나 이제는 시간대나 주행 마일리지에 따라 요금을 변경하는 기술이 존재한다.

홍콩은 실제로 이동 거리와 시간을 측정하고 그에 따라 요금을 부과하는 시스템을 실험했다. 운전자는 적합한 위치에 있는 전광판에서 요금 정보를 제공받았다. 비용이 시스템에 내재화되면 자동차 운전자는 거리를 얼마나 그리고 언제 사용할지 결정하는 데 이러한 비용을 더욱 고려할 것이다. 이러한 시스템하에서 교통체증이 해소되지는 않을지 모르지만 확실히 줄어들 것이고, 비이용자보다는 이용자가 도로(streets)에 대한 비용을 부담하게 될 것이다. 이는 형평성 측면에서 차등 면허 수수료와 유류세(gasoline taxes)라는 현재의 조악한 시스템에서 실현된 편익보다 훨씬 더 편익이 클 것이다. 거리와 고속도로의 컴퓨터 요금 책정에 대한 생소함은 말할 것도 없이 일부 사람들에게 충격을 주었고 변동 요금제(variable pricing system)는 균일 요금제(flat-fee system)로 대체되었다.

많은 유료도로에서 다양한 요금체계가 실행되어 왔다. 파리를 오가는 프랑스 유료도로에서는 주말 피크 교통량이 13% 줄었고, 서울에서는 2개의 유료 터널에 대한 최고 요금을 책정해 피크 교통량을 24% 줄였다. 플로리다주의 리 카운티(Lee County)는 피크 시간대 외 요금 50% 할인 혜택을 제공하여 피크 시간대 도로 사용량이 7% 감소했으며, 피크 시간 외의 시간에는 19% 증가했다(Pool, 2004).

더 많은 도로에 요금 책정 시스템을 적용하려는 시도에 가장 반대하는 사람들은 현재의 교통 보조금 및 과세 시스템 혜택을 받는 사람들이 될 것으로 예상한다. 전통적인 공공재에 자금을 조달하는 이 탁월하고 합리적인 수단의 추가 채택을 지연하고 방지하기 위해 이해관계 단체들이 동원될 것이다. 켄 리빙스턴(Ken Livingstone) 런던 시장이 런던 도심 접근에 대한 요금 부과계획을 세우자 이에 반대하는 사람들이 소드-유-켄(www.sod-u-ken.co.uk)이라는 웹사이트를 제작했고, 많은 신문이 이 계획에 반대하는 사설을 내놓았다. 그러나 싱가포르의 아침 교통량이 40% 감소하고 런던의 전체 자동차 중 20%가 감소하자 여론이 바뀌기 시작했다.

미국에서는 활용도가 낮은 HOV(다인 탑승 차량) 차선에 대한 혼잡 요금 적용이 크게 확대되었다. 샌디에이고 근처의 15번 주 간 고속도로(Interstate 15)에서 HOV 차선에 다인 탑승 통행료(high occupancy toll ; HOT)가 적용되었다. 1인승 차량은 차로를 이용하는 차량의 대수에 따라 6분마다 조정되는 시장가격으로 HOV 차선의 승차권을 구입할 수 있다. 최고 요금은 마일당 50센트이며, 이 시스템은 고속도로 사용량을 크게 분산시켰다. 모든 통행료는 오버헤드 안테나가 앞 유리창에 장착된 트랜스폰더[1]를 스캔할 때 전자적으로 수집된다.

이러한 기술의 발전은 도로와 심지어 도시의 거리에 대한 요금 청구를 보다 용이하게 한다. 다음 단계는 정부에 의존하는 대신 민간시장에서 도로와 길을 제공하고 자금을 조달하는 것이다. 실제로 공공재 이론과 달리 많은 도로가 민간에 의해 제공되었다. 잉글랜드와 웨일즈에는 40,000개 이상의 민자도로가 있다. 즉, 민자도로는 정부 당국에 속하지 않으며 지역 주민들은 도로 유지, 보험 가입, 주차 관리, (보통 협회 또는 민간 회사를 통해) 나무 가지치기까지 수행한다. 이 도로 중 일부는 오래되었고 어떤 도로는 새로운 도로의 일부이다. 이러한 사례들은 정부 공급 공공재에 대한 일반적 주장이 사람들의 독창성을 과소평가한다는 것을 암시한다.

기술의 진보와 인간의 독창성에 대한 인식은 소위 공공재라고 불리는 많은 것들이 정부에 의해 제공될 필요가 없다는 것을 시사한다. 많은 일반 시민들, 특히 진보적인 지식인들에게 공원이나 공항을 사유화하는 것은 생각할 수 없는 아이디어이다. 반면에 쓰레기 처리를 민간 경쟁자들에게 넘기는 제안은 많은 시민들에게 타당해 보인다. 도서관 이용료, 공원 입장료, 공립대학 등록금 등도 마찬가지

1. **[역주]** 외부 신호에 자동적으로 신호를 다시 보내는 라디오 또는 레이더 송수신기.

이다. 혜택이 명백하게 개인에게 귀속될 경우 공적으로 제공되는 서비스를 민간에 할당할 때 투표자들은 시장가격 원칙의 합리성을 인정한다. 그러나 공공 서비스를 계속 공급함으로써 얻는 지대 이득이 상당하면 정치인은 제도와 법률을 민영화하는 데 어려움에 직면한다.

4. 공공재 부담의 분담

지금까지의 논의는 공공재가 어느 정도 공급되어야 충분한가에 대한 결정에 포함된 다양한 문제를 다루었다. 민영화의 예를 제외하면 제공되는 공공재에 대한 지불 문제는 남아 있다. 얼마나 소비하고 지불하는지에 대한 이중적인 질문이 수요와 공급의 상호작용을 통해 동시에 해결되는 시장과 달리, 정치는 이러한 선택을 분리한다. 얼마나 많은 국방비를 제공할 것인지를 결정하는 의회 상임위원회는 국방비 또는 기타 공공 서비스 비용을 지불하는 방법을 결정하는 위원회와 다르다. 국방으로부터 누가 얼마나 많은 이익을 얻는가와 그러한 이익에 대한 지불을 연관시키려는 시도는 없다. 모든 사람이 공공재의 혜택을 받기 때문에 모든 사람이 지불해야 한다고 가정하지만, 이는 누가 얼마나, 언제, 그리고 어떻게 지불해야 하는지에 대한 문제를 남긴다. 사실은 "소비자" 수준에서 국방의 이익과 비용을 연관시키려는 시도가 없다는 것이다. 그 대신 우리는 더 많은 소득을 받는 사람들이 더 많은 소득세를 내야 할 뿐만 아니라 소득에 대해 더 높은 비율로 과세해야 한다는 개념을 받아들였다. 이 정책의 근거는 때때로 더 나은 사람들이 더 많은 지분을 가지고 있기 때문에 더 많은 돈을 지불해야 한다는 생각에 근거한다. 우리는 부유층의 국방에 대한 주관적 가치를 알지 못하기 때문에 그러한 입장은 유지될 수 없다. 사실, 우리는 러쉬 림보([그림 5-2])가 복지 지출을 음의 공공재 또는 공공악(public bad)으로 보는 것처럼 키스 올버만을 포함한 일부 부유층이 국방을 선호하지 않고 그것을 음의 공공재로 여기는 것을 알고 있다.

많은 이론가들은 린달(Lindahl)이 창안한 린달 가격을 채택하면 공공재의 최적 공급을 달성할 수 있다고 제안한다. 이론적으로는 시민들이 다양한 수준의 공급에 부여하는 한계가치에 따라 요금을 부과하면 된다. 시민마다 소득과 취향이 다르기 때문에 선호하는 공공재의 양은 다를 수 있지만, 모두에게 단일 수량을 공급하기 때문에 각자 다른 가격(세금)을 지불하는 것을 선호한다. 사적 재화 가격 책정체계와 달리 시민마다 동일한 수량의 재화에 대해 다른 가격을 지불하고 있다.

하지만 시민들에게 같은 양의 상품에 대해 다른 가격을 부과하는 것은 다루기 어렵고 많은 지속적인 문제를 야기한다. 우선 정부는 각 개인 납세자의 한계편익, 즉 각 공공재에 대한 수요곡선을 알아야 할 것이다. 그러나 이러한 수요곡선은 어떤 식으로든 직접적으로 관찰할 수 있는 것이 아니며, 어떤 경우에도 비교할 수 없다. 게다가 정부는 각 시민의 소득 수준을 안다고 하더라도 공공재에 대한 한계편익을 추론할 수 없다. 세금을 최소화하려는 각 시민의 이해 가능한 욕구를 감안할 때 정부를 속이려는 강력한 유인이 있을 것이다. 시민들은 공공재로부터 이익을 덜 얻었다고 주장할 것이다. 모든 시민이 이 매력적인 무임승차 가능성을 금방 인식하게 될 것이기 때문에 공공재에 대한 총수요는 줄어들 것이고 아마도 모든 시민은 상황이 전보다 악화되었다고 생각할 것이다.

또한 우리는 시장과 정치에서 가격이 수행하는 역할의 중요한 차이점에 대해 알아야 한다. 시장에서 개인 재화의 가격은 각 구매자에게 얼마가 충분한지를 결정하기 때문에 자원 배분의 역할을 한다. 정치에서 "세금"은 모든 사람이 동일한 양의 공공재를 소비하기 때문에 이 같은 기능을 수행할 수 없다. 공공재의 수량이 결정되면 누구도 배제할 수 없다. 올버만과 림보는 각각 다른 양을 선호한다고 가정함에도 같은 양의 국방 서비스를 받는다. 조세 가격(tax-prices)이 수행할 수 있는 유일한 임무는 공공재를 위한 재원조달이 납세자들 사이에서 어떻게 분담되는지를 결정하는 것이며, 올버만과 림보는 자신의 세금 중 어느 부분이 국방 또는 다른 공공재에 사용되는지 결정하는 데 참여할 수 없다. 요약하자면 공공재의 효율적 공급을 위해 시장가격체계를 적용하려는 것은 실로 어렵다.

5. 공공성과 무임승차자 주장에 대한 문제 제기

앞에서의 논의는 공공재 생산을 정치권에 넘기는 것이 최적의 결과를 보장하는 것은 아니라는 것을 보여준다. 이 슬프지만 필요한 결론에 설득력 있는 이유가 제시되었다. 공공재 공급에 대한 잘못된 근거의 대부분은 전통적인 분석가들이 재화의 분류에서 다소 더 차별적이었더라면 피할 수 있는 것이었다. 그들 중 대부분은 순수재와 공공재의 단순한 대조에 의존했으며, "요금재(toll goods)"와 "공유재(common-pool)"로 더 잘 설명되는 일부 중간(intermediate) 재화를 재화의 분류에 포함시키지 못했다. 공유재는 개별적인 소비 결정을 가능하게 하지만 비지불자를 배제할 수 있는 수단이 거의 없는 반면, 유료재는 배제를 가능케 하지만 상당한 양의 공동 소비를 수반한다.

바다의 물고기는 공유재의 대표적인 예이며, 록 콘서트는 요금재로 가장 잘 이해될 수 있다. 이러한 논의는 순수 공공재의 정의가 혼란을 야기한다는 것을 상기시킨다. 왜냐하면 순수 공공재는 복잡한 사회에서 찾아보기가 거의 불가능하기 때문이다. 무엇보다도 대부분의 소위 공공재는 "순수하지 않은" 것이다. 즉, 사적재의 속성이 있다. 예를 들어 더 많은 사람들이 재화를 사용함으로써 혼잡이 발생하여 소비의 이점이 감소한다. 도로와 수영장이 대표적인 사례이다. 재화의 사용이 어느 정도 문턱을 넘으면 그때부터 재화 소비에 대한 경쟁이 발생하게 된다. 또한 사적재와 마찬가지로 공공재에 대한 개인의 소비량도 다양하다. 따라서 우리는 용도의 가변성이 없는 혼잡한 공공재와 가변적인 용도의 혼잡한 공공재를 생각해볼 수 있다. 이러한 가능성은 서로 다른 형태의 재원조달이 상당히 다른 문제를 야기한다는 것을 강력하게 시사한다.

대부분의 경제학자들은 이러한 관측에 동의하겠지만, 어떤 경제학자들은 다른 고려사항을 제기할 것이다. 예를 들어 리처드 머스그레이브(Richard Musgrave, 1959)는 공공에서의 공급이 필요한 또 다른 형태의 재화를 분류하기 위해 "가치욕구재(merit wants)"[2]라는 용어를 만들었다. 가치욕구재는 사람들이 소비해야 하지만 시장에만 맡기게 되면 일정하게 공급되지 않아 필요할 때 소비되지 못하는 것이다. 머스그레이브에 따르면 그러한 가치욕구재에는 문화행사, 학교급식, 환경편의시설, 저가주택, 그리고 무료교육이 포함된다. 또한 머스그레이브는 불법 마약을 포함하여 금지되어야 할 재화들이 있다고 제안한다. 그는 이러한 가치욕구재가 소비자 주권에 대한 간섭을 수반하며, 엘리트들이 어떤 것이 가치욕구재이고 어떤 것이 가치욕구재가 아닌지를 결정할 것이라고 인정한다. 또한 그는 공공의 조치가 필요한 이유가 개인의 선택을 "바르게" 하기 위해서라는 것을 인정한다. 그는 금지되어야 할 재화나 가치욕구재 중 어떤 것도 가격에 의해 효율적으로 배분될 수 없기 때문에 공공의 조치가 의무화될 필요가 있다고 주장한다. 그러한 모든 재화들이 시장에서 팔릴 수 있고, 팔려 왔고, 팔리고 있기 때문에 그의 예들은 모두 적절하지 않다. 이른바 "가치욕구재"라고 불리는 대부분의 것들은 엘리트 지식인들의 욕구인 것처럼 보인다.

최근의 연구와 이론은 이제 시장실패가 정부의 공공재 공급에 대한 반박할 수 없는 근거를 제공한다는 주장이 잘못되었음을 입증하고 있다. 그 분석은 잘못된 추론과 불완전한 추론에 기초하고 있다. 소위 공공재에 대한 평등한 접근(equal access)은 상술했던 런던의 거리에서처럼 기술 개선에 의해 선택적인 접근(selective

2. **[역주]** 시장의 민간경제에만 맡겨둘 수 없는 재화 또는 서비스로 충족되는 욕구를 의미함.

access)으로 전환될 수 있다.

수요의 기본 법칙을 공공재에 적용하면 우리는 공공재가 항상 부족하다는 갤브레이스(Galbraith, 1958)와 다운스(Downs, 1960)의 주장에 대한 훌륭한 답(devastating answer)을 얻게 된다. 공원, 교육, 환경편의시설, 법과 질서 등의 부족을 생생하고 극적으로 사용하는 예해는 공공재에 대한 시민의 수요가 가격에 의해 제한되지 않는다는 가정에 근거한다. 분명하게도 그러한 공공 서비스를 요구하는 합리적인 시민-소비자는 시장에서 결정되는 가격을 지불할 때보다 가격을 임의로 낮추거나 없앨 때 더 많은 공공 서비스를 요구할 것이다.

무임승차자와 공공재에 대한 통념이 현재 그리고 아마도 과잉공급된 공공재를 설명하는 데 방해하고 있다. 그 이유 중 하나는 공공에서 제공되는 사적재가 실제보다 더 많이 필요하다는 과장된 요구 때문이다. 사적재의 이익이 소수의 이용자에 국한된 반면 그 비용은 무고한 다른 사람들에게 전가될 수 있기 때문에 이 경우 속임수는 정말로 효과가 있다. 설상가상으로 그러한 비용은 더 많은 복지 예산을 옹호하는 데 종종 제기되는 긍정적 외부 효과가 있는 재화의 자금 조달에 대한 정당한 공유로 변호될 수도 있다. 부자와 가난한 사람 모두가 빈곤과의 싸움에서 이익을 얻어야 하기 때문에 복지는 공공재로 여겨진다.

6. 결론

공공재 공급과 관련된 무임승차자의 문제는 많은 정치과학자, 경제학자, 심지어 사회학자와 사회심리학자의 관심을 끌었고 그들을 매료시켰다. 그러한 관심은 과도하고 규범적 이론과 정책 선택에 부적절하게 사용된다. 너무 많은 분석가들이 무임승차 문제를 이용해 국가를 정당화하고 활동을 확장하는 수단으로 사용했다. 시장이 공공재를 공급하는 역할에 부적절하다고 보기 때문에 국가가 그 역할을 맡아야 한다. 나는 시장과 다른 민간기관들이 그렇게 무력하다고 생각하지 않으며, 우리가 보았듯이 공공재를 공급하기 위해 민간 이니셔티브를 더 많이 사용하고 주장된 공공재의 성격을 바꾸는 것이 꽤 가능하다고 믿는다. 게다가 나는 제기된 난관을 해결하는 데 있어서 정치 시스템이 직면하는 문제들을 지적했다. 최적의 공공재 공급을 결정하기 위해 정치적 과정이 진행될 때마다 진정한 수요가 드러나는 것(demand revelation)이 보편적으로 발생하는 문제이다. 그러나 정치가 이용되는 경우에는 더 나은 의사결정 규칙이 다른 우수한 결과를 얻을 수 있다.

■ 서지(書誌) 노트 : 주요 참고문헌 소개

공공재의 수요와 공급과 관련된 질문은 시작부터 공공선택학의 최전선에 있었다. 작업의 대부분은 고도로 기술적이고 아마도 나를 포함한 많은 독사의 분석적 이해를 넘어선 것이다. 그러나 기본적인 질문들은 간단한 용어로 쉽게 말할 수 있고 기본적인 원칙들은 간단한 영어로 이해될 수 있다. 결국 우리는 개인의 일상생활에서 공공재 문제를 경험한다. 그러나 공공재에 대한 설명이 있기는 하지만 직접 경험하지 못하면 쉽게 오해할 수 있다.

사실상 모든 현대 경제학 교과서에는 시장이 생산을 자극하는 데 어려움을 겪는다는 것을 보여주기 위해서라도 공공재에 관한 장이 포함되어 있다. 어쨌든 가장 좋은 소개와 고전적인 표현은 맨서 올슨(Mancur Olson)의 문고판으로 제공되는 1965년 저서, 『집단행동의 논리(*The Logic of Collective Action*)』(Cambridge : Harvard University Press)에서 볼 수 있다. 1971년에 노먼 프롤리히(Norman Frohlich), 조 오펜하이머(Joe Oppenheimer), 오란 영(Oran Young)은 프린스턴대학에서 프롤리히와 오펜하이머의 공동 박사학위 논문을 바탕으로 한 책, 『정치 리더십과 집단재(*Political Leadership and Collective Goods*)』(Princeton : Princeton

University Press)를 출판하였다. 그들의 책에는 올슨 이론에서 누락된 요소, 즉 공공재 생산을 조직화하겠다고 제안하는 정치 지도자가 추가되었다. 시장이 기업가들에게 사적재를 조직하고 분배하도록 요구하는 것처럼, 정치 체제에서도 유사한 기능과 사람이 필요하다. 그 책의 내용 대부분은 직설적이어서 쉽게 이해된다.

제임스 뷰캐넌(James M. Buchanan)의 초창기 책, 『공공재의 수요와 공급』(현재 Liberty Fund에서 낸 *The Collected Works of James Buchanan* 시리즈의 제5권)은 제목에도 불구하고 수요의 이론은 제시하지만 실제로는 공급의 이론은 제시하지 않고 있다. 이 책은 형식적이거나 수학적인 분석 때문이 아니라 겉보기에 추상적인 문제에 대한 매우 논리적인 주장 때문에 다소 무겁게 진행되고 있다. 편안하게 읽을 수 있는 책은 아니다.

시카고대학의 정치이론가인 러셀 하딘(Russell Hardin)의 간략한 제목의 책인 『집단행동(*Collective Action*)』(볼티모어 : 존스 홉킨스 출판사, 1982년)이 있다. 이 책에서 하딘은 공공재, 죄수의 딜레마, 게임 이론 등 세 가지 다른 이론을 비판적으로 검토하며 다양한 집단행동을 탐구한다. 이 책은 우리의 집단적 존재를 이해할 수 있는 이 세 가지 구성의 능력에 대한 철학적 비평을 담고 있다. 그는 공공선택 문제에 대해 몰두하는 전형적인 경제학자보다 훨씬 더 다양한 인간의 동기를 보는 경제학자이자 배려심 많은 철학자이다. 이 책은 면밀하게 논증될 뿐만 아니라 매우 학술적이며, 때로는 웅변적이어서 열심히 연구해볼 가치가 충분히 있는 책이다.

공공재에 관한 꽤 새로운 책 한 권이 눈에 띄는 이유는 이 책이 우리가 보통 공공재 또는 적어도 준공공재로 여기는 다양한 욕구가 얼마나 비공개로 제공되고 있는지를 기술하고 있기 때문이다. 데이빗 베이토(David Beito), 피터 고든(Peter Gordon), 알렉산더 태버록(Alexander Tabarrok)에 의한 『자발적 도시(*The Voluntary City*)』(Independent Institute, 2009)에는 민간의 대규모 사회 서비스 공급 역사를 조사한 내용이 들어 있다. 이 책에는 교육, 교통, 범죄 통제, 공원 관리, 의료, 중재에 관한 에세이들이 포함되어 있다. 마지막 장(chapter)에서 태버록은 이론가들과 실무자들이 시장실패가 나타난다고 여기는 곳에서 『자발적 도시』의 저자들은 오히려 시장의 기회를 찾는다고 지적한다. 그의 결론은 공공재와 외부성을 이용해 많은 종류의 정부 조치에 대해 정당화하는 사람들의 결론과 완전히 반대된다. 이 책에 대해 한 평론가는 제인 제이콥스(Jane Jacobs)의 『위대한 미국 도시의 죽음과 삶(*The Death and Life of Great American Cities*)』과 나란히 문학계에서 영예로운 자리를 차지할 수 있다고 논평했다. 우리는 그에 동의한다. 제이콥스의 첫 장은 공공재를 위한 계획이 어떻게 잘못되는지에 대한 아주 특별한 토론을 담고 있다. 그러나 이 책의 마지막 장에서는 좀 더 다른 정부 조치를 요구한다. 『자발적 도시』는 자발적 대안의 예를 제공하고 있다.

중앙집권적인 정부에 의존하지 않고 공공재 문제를 해결할 수 있는 사람들의 능력에 대한 많은 증거를 제공하는 또 다른 책은 『공유재에 대한 통치 : 집단행동을 위한 제도의 진화(*Governing the Commons : Evolution of Institution for Collective Action*)』이다. 저자는 2009년 노벨 경제학상을 공동 수상한 엘리너 오스트롬(Elinor Ostrom)이다. 오스트롬은 이론을 개발하고 세계 도처 공유재 상황에서의 협력에 대한 상세한 사례 연구에 일생을 바쳤다. 노벨상 수상자가 발표되었을 때 그녀가 누구인지, 그녀 업적의 중요성에 대해 많은 경제학자들이 알지 못했다는 것은 평범하지 않으며, 아쉬운 일이었다. 그들의 무지는 현대 경제학 교육의 빈곤에 대해 많은 것을 말해준다.

〈참고문헌〉

Beito, David, Peter Gordon, and Alexander Tabarrok, *The Voluntary City : Choice, Community, and Civil Society*, Oakland : Independent Institute, 2009.

Buchanan, James M., *Demand and Supply of Public Goods*(Collected Works of James M. Buchanan), Indianapolis : Liberty Fund Inc., 1999.

Downs, Anthony, "Why the Government Budget is Too Small in a Democracy," *World Politics* 13(July, 1960), pp. 541～562.

Galbraith, John K., *The Affluent*, Boston : Houghton Mifflin Co., 1958, Chapter 18.

Hardin, Russell, *Collective Action*, Baltimore : John Hopkins University Press, 1999.

Hume, David, *A Treatise of Human Nature*, ed., L.A. Selby Bigge, Oxford : Clarendon Press, 1978, p. 300.

Jacobs, Jane, *The Death and Life of Great American Cities*, New York : Modern Library, 1993.

Mancur, Olson, *The Logic of Collective Action ; Public Goods and the Theory of Groups*, Cambridge : Harvard University Press, 1977.

Musgrave, Richard A., *The Theory of Public Finance*, New York : McGraw-Hill Book Co., 1959, pp. 8～15.

Oppenheimer, Norman, Joe A. Young, and Oran R. Frohlich, *Political Leadership and Collective Goods*, Princeton : Princeton University Press, 1971.

Ostrom, Elinor, *Governing the Commons : The Evolution of Institutions for Collective Action*(Political Economy of Institutions and Decisions), New York : Cambridge University Press, 1990.

Poole, Robert W. Jr., 2004. “Commercializing Highways: A New Paradigm for 21st Century Roadways,” http://www.ftc.state.fl.us/PDF/Presentations/Transportation_Solutions(5-11-04).pdf.

“Sod-U-Ken,” Sod-U-Ken, http://www.sod-u-ken.co.uk.

재산권, 시장, 기업, 그리고 법에 대한 이해

3

Part Three

본 부에서는 제4부의 사례 연구의 기초가 되는 분석을 위해 재산, 시장, 기업 및 법 개념을 고찰한다. 이러한 각각의 개념은 공공선택(public choice) 분석의 기본이지만, 종종 명시적이기보다는 암묵적으로 이루어진다. 이 부의 장에서는 그러한 개념들에 대해 명확하게 설명하고자 한다.

재산권(property)은 어느 사회에서나 기본적인 개념이다. 적어도 두 사람이 모이면 부족한 자원에 사용권을 배분하는 방법을 결정해야 한다. 그 권리들은 관계를 확립하는 행동 규칙을 설정한다. 이러한 권리가 얼마나 잘 정의되어 있고, 얼마나 잘 방어되는지가 사회의 성공을 좌우한다. 재산의 사회적 역할을 이해하지 않고는 정부의 역할에 대한 명확한 이해를 발전시키는 것은 불가능하다.

재산권이 인정되지 않으면 시장과 기업은 제대로 작동되지 않는다. 기본적인 질문은 기업이 애초에 존재하는 이유이다. 기업은 시장에서 운영되지만 내부 운영은 시장과 비슷하지 않다. 만약 생산자, 정치인, 관료, 당파들(factions)이 그들의 사적 이익을 추구한다면 기업 내부의 사람들은 어떻게 해야 될까? 우리는 그들도 전략적으로 행동할 것이라고 예상해야 하지 않을까?

재산권, 시장 및 기업은 법적 환경 내에 존재한다. 그래서 우리는 합리적인 사람들이 어떻게 그들의 행동을 법적 규칙에 맞게 조정할 것인지 물어봐야 한다. 다른 법률 규칙들이 정치 행위자들과 개인 행위자들에게 미치는 영향은 무엇인가? 지대추구(rent seeking)가 일상화된 정치시장에서 만들어진 법적 규칙들의 의미는 무엇인가?

제6장 사유재산과 공공선택

경제학자들은 비교적 최근에 재산권을 재발견했다. 한편 재산권이 무엇인지 또는 재산권이 어떻게 기능하는지에 관심을 보인 정치학자는 거의 없다. 해롤드 뎀세츠(Harold Demsetz, 1967)의 선구적인 업적을 기반으로 경제학자들은 사유재산권이 어떻게 출현하고 그것이 사회 협력, 조직, 조정에 어떤 의미를 갖는지 탐구했다. 우리는 재산권이라는 것이 엄청나게 야생적이지 않지만 그래도 어느 정도는 야생적인 서부[1]를 어떻게 길들였는지 이제 이해하게 되었다. 즉, 새로운 기술의 영향, 그리고 명확하게 정의되고, 방어되고, 파괴될 수 있는 재산권이 어떻게 역동적인 경제를 촉진하는지 이해하게 되었다. 우리는 또한 재산 소유자들에 대한 성지의 영향에 대해 훨씬 더 많이 알게 되었다.

경제학자에게 재산권은 사물에 대한 권리가 아니다. 재산권은 다른 사람들에 대해 주장할 수 있는 일련의 사용권(use rights)이다. 더 간단히 말해서, 재산권은 행동의 규칙이다. 이러한 행동 규칙들은 "사회의 경쟁, 차별 또는 행동 특성의 종류를 정의하거나 식별한다"(Alchian 1977, 128쪽). 당신이 물건을 가지고 있다고 말하는 것은 다른 사람들이 그 물건의 특정한 사용에 대한 당신의 권리를 존중한다는 것을 의미한다. 경제학자 아르멘 알치안(Armen A. Alchian, 1977, 130쪽)은 "나에게 재산권이란, 나의 의사에 반하여 다른 사람들이 선택하는 것을 금지하는

1. **[역주]** Anderson and Hill(2004)의 문구를 이용한 표현임.

것을 말하며, 그것이 나의 것이라는 것을 의미한다"라고 주장했다.

권리, 책임 및 한계에 대한 이러한 공유된 이해는 공식적인 사회 또는 시민사회보다 앞선 사회 계약을 만든다. 사회 계약으로서의 재산은 심지어 음식과 같은 필수품에도 적용된다. 예를 들어

> 설사 사람이 굶주리고 있다고 해도, 그는 다른 사람이 "소유한" 음식을 얻을 권리를 사야 한다. 실제로 그 굶주리고 있는 사람이 가난하다면 우리는 그에게 다른 사람의 음식을 먹을 권리를 줌으로써 그의 지위를 향상시키려는 것이 아니라 어떤 식으로든 그가 다른 사람이 소유하고 있는 물건을 살 수 있도록 그의 구매력을 향상시키려고 한다. 이 두 번째 구제책을 선택함으로써 법은 다른 사람을 배제할 법적 권리를 가지지 않는 공동재산 시스템에 의존하기보다는 개인에게 배타적인 재산권이 부여되는 경제 시스템 내에서 재산문제를 해결하려고 한다.

1. 행동 규칙으로서의 재산권

재산에 대한 우리의 현대적 이해를 구성하는 일련의 행동 규칙들은 비교적 간단하고 쉽게 "3D"로 기억된다. 여기서 "3D"는 정의되고(defined), 방어 가능하며(defendable), 분리 가능한(divestible)이라는 의미를 갖고 있다. 정의된다는 것은 우리가 당신이 소유한 것과 그 권리의 범위에 대해 공유된 이해를 가지고 있다는 것을 의미한다. 방어할 수 있다는 것은 소유주가 토지처럼 유형적인 것이든 저작권처럼 무형적인 것이든 그 재산에서 다른 사람들을 배제할 수 있다는 것을 의미한다. 분리 가능하다는 것은 사용권을 증여, 거래 또는 판매할 수 있다는 것을 의미한다.

재산을 정의하는 것은 간단하면서도 복잡하다. 울타리(fence)를 건설하면 재산이 정의되지만, 다른 사람들이 이 울타리를 인정할 때만 가능한 것이다. 태평양

북서 인디언 부족들은 그들과 다른 사람들이 자신들의 것으로 인정한 하천의 일부에 표식을 남겼다. 그들은 그들의 재산의 시작과 끝을 식별하기 위해 하천에 부족의 상징을 세웠다. 미국의 방목 개척지에서 목축업자들(cattlemen)은 땅에 대한 권리와 책임을 확립하는 방목협회(grazing associations)를 설립했다. 광부들은 채굴권에 대한 규칙, 심지어 수권(rights to water)에 대한 규칙까지 제정했다. 이러한 합의된 이해의 사회 계약을 체결하기 위한 노력은 공식적인 입법기관보다 먼저 이루어졌고, 시간이 지나면서 공식화되고 널리 인정받게 되었다.

오늘날 재산을 정의하기 위해 종종 정부의 힘을 이용한다. 때때로 정부는 재산에 대한 경계를 더 잘 식별하기 위해 토지에 대해서 위성 측량 조사를 한다. 또한 정부는 특허와 저작권과 같은 새로운 권리를 발명하는 것을 재산권에 포함시킬 수도 있다. 정부를 통해 만들어져 더욱 논란이 되고 있는 재산권은 미국 특허청(U.S. Patent Office)이 특허를 허가한 두 개의 유방암 유선자 의약품에 대한 특허와 인간 유전자에 대한 특허이다.

재산을 보호한다는 것은 소유자가 자신의 재산으로부터 다른 사람을 배제할 수 있다는 것을 의미한다. 미국 대법원(The U.S. Supreme Court)은 카이저 에트나(Kaiser Aetna) 대 미국 재판(444 U.S. 164, 1979년)에서 "타인을 배제할 권리"는 "일반적으로 재산으로 특징지어지는 재산권 묶음에서 가장 필수적인 권리(sticks) 중 하나"라고 판결했다.

배제할 능력이 없다면 소유자는 비소유자의 행동을 통제할 수 없기 때문에 투자 성과를 거둘지 알 수 없다. 독점권의 정도는 소유주의 재산 사용에 대한 결정이 효과적일지에 대한 소유자의 기대를 결정한다. "이러한 기대가 어떤 식(관습, 사회적 배척 또는 위반자들에 대한 정부의 처벌)으로든 유지될 가능성이 클수록 소유자의 재산권은 더욱 강해질 것이다"(Alchian and Allen, 1977, 114쪽). 배타적 규칙이 명확하게 정의되고 시행되면 나는 타인(you)의 재산에 영향을 미치기 위해 판매, 교환 또는 증여를 통해 타인의 허가를 받아야만 한다. 타인의 허락 없이는 그의 재산을 침해하거나 사용할 수 없다.

허가를 얻는 것은 재산권에 대한 세 번째 중요한 특징인 분리 가능성(divisibility)을 나타낸다. 소유자는 자신의 재산에 대한 권리의 전부 또는 일부를 다른 사람에게 양도할 수 있다. 부동산 소유자는 여전히 농작물을 재배하는 권리를 유지하면서 일부 사용자에게 노새사슴(mule deer)[2] 사냥권을, 다른 일부 사용자에게는 어업권을, 또 다른 사람들에게는 업랜드 헌팅 이용권을 팔거나 임대할 수 있다.

소유자는 일반 대중에게 지정된 보도(designated footpaths)에 대한 접근 권한을 부여할 수 있다. 또한 소유자는 자신의 사유지 경치를 볼 수 있는 권리, 일정 높이보다 높은 집을 짓지 않을 권리 또는 페인트 색상 선택을 제한할 권리를 팔 수 있다. 일본에서처럼 일조권이 정의되고 보호되는 경우 소유자는 그러한 일조권을 다른 사람들에게 팔 수도 있다. 재산권은 놀라울 정도로 조정된다.

재산을 양도할 수 있는 능력은 사람들이 자신들의 재산 선택에 대해 책임을 지게 한다. 만약 그들이 자신들의 재산을 소홀히 다루면 재산의 가치는 하락한다. 만약 그들이 재산을 잘 다루면 재산의 가치는 상승한다. 가치가 증가했다는 것은 다른 사람들이 소유자가 취하는 행동을 승인하고 그 재산을 구매하거나 사용하기 위해 시장가격을 통해 승인을 표시한다는 것을 의미한다. 따라서 소유자는 시장에서 자산의 가치를 돌보고 개선할 금전적 유인(incentive)을 갖게 된다. 소유자는 마치 다른 사람들의 선호(preferences)를 신경 쓰는 것처럼 행동한다. 그러나 규칙이 변경되고 소유주가 자신의 재산에 대한 접근비용을 청구할 수 없는 경우 소유주는 다른 사람의 선호를 고려할 유인이 거의 없다.

2. [역주] '검은꼬리사슴'이라고도 불리며 북아메리카 서부와 중앙아메리카 등에 분포함.

2. 권리와 재산

앞에서 인용한, 카이저 에트나 대 미국, 즉 미국 대법원의 사례에서는 대부분의 경제학자들에게 친숙한 용어인 "막대 묶음(bundle of sticks : 재산권 묶음)에서의" 막대(sticks : 권리)가 사용되었다. 법원은 종종 특정 재산권에 대해 분리 가능한 특징이나 "막대"가 있다는 아이디어를 언급하고 있었기에 재산권이 "막대 묶음"에 비유되었다. 자신의 땅에 있는 노새사슴, 물고기, 그리고 업랜드 헌팅 이용권을 파는 토지 소유자는 다른 사람들에게 권리 묶음에 포함된 여러 가지 권리를 팔거나 임대하고 있다. 특허 보유자도 이와 동일한 일을 한다. 특허의 일부 또는 전부를 특정 유형의 연구에만 허가한다. 특정 국가에서만 권리의 모두를 사용할 수 있는 권한을 부여한다. 그리고 제조 및 사용권은 허가하지만 판매 권한은 허가하지 않는다. 이러한 권리들의 하나하나가 특허가 부여된 재산권 묶음을 구성한다.

재산권 묶음의 각 권리는 개인적으로 보유될 수 있지만 때로는 공동으로도 보유된다. 예를 들어 스위스 알프스에서는 마을 사람들이 목초지를 공동 소유하고 관리한다. 엄격하게 관리되는 일련의 규칙은 높은 산의 목초지에 보낼 수 있는 젖소의 수, 여름 목축업자에게 지불하는 비용, 우유와 치즈의 분배를 결정한다. 각 농부는 방목할 권리가 있지만 마을이 정한 규칙에 따라야 한다.

미국 주택 소유자 협회(Homeowners Associations : 이하 'HOA')는 일반적으로 주택 소유자 재산권 중 일부 권리를 소유하고 있다. HOA 권리의 불완전한 목록에는 집과 문을 칠하는 데 허용되는 색상 팔레트(palette) 결정, 농구대를 진입로 대신 뒷마당으로 설치를 제한하는 것, 심을 수 있는 나무 종류와 심어야 할 나무, 차고(garage) 문을 열어둘 수 있는지 여부, 노상 주차(on-street parking) 여부 결정 등이 포함된다. 이러한 각 권리는 주택 소유자가 건축 중인 주택을 구입할 때

HOA에 의해 부여된다. 소유자는 사실상 주택 소유자 협회의 다른 사람에게 권리를 양도하는 한편, 그 대가로 다른 모든 사람의 권리 중 일부를 받는 것이다.

재산권 묶음의 권리의 수는 상상(imagination)이나 법률 규칙에 의해서만 제한된다. 영리한 기업가들은 전통적인 재산권 묶음에서 새로운 권리를 지속적으로 인식하거나 발명한다. 부동산 소유자는 제한되지 않거나 부분적으로 제한된 전망(views)에 대한 권리를 소유하고 판매할 수 있다. 온라인 회사들은 웹(web)에서 기사를 볼 수 있는 권리를 판다. 소프트웨어 회사는 자사 제품에 대한 다양한 접근 권한을 판매한다.

서부 개척지 시대에 사람들은 소유한 가축의 가죽에 불도장을 찍었다. Rocking R 불도장이 찍힌 말이나 소가 Rocking R 목장에 속한다는 것은 분명했다. 오늘날 기업들은 스스로를 "브랜드화" 하기 위해 수백만 달러를 지출한다. 코카콜라 상표와 나이키 스우시(Nike Swoosh : 나이키의 부메랑 모양 상표)는 Rocking R과 마찬가지로 등록되고 공인된 브랜드들이다. 기업들은 그들의 브랜드를 다른 회사, 예를 들어 의류 제조업자들에게 돈을 받고 대가로 라이선스(license)를 부여한다. 브랜드는 코카콜라나 나이키의 재산권 묶음 중 하나이다.

정부는 재산권 묶음에 있는 많은 권리들을 판매하거나, 임대하거나, 양도하는 것을 금지한다. 미국에서는 처방약을 반으로 쪼개 사용하지 않은 약을 다른 사람에게 파는 것이 허용되지 않는다. 소비할 권리는 있지만 판매할 권리는 없다. 신장과 같은 신체 부위를 필요한 사람에게 합법적으로 팔 수 없다. 신장을 기증할 수는 있지만 보상을 받는 것은 금지되어 있다. 당신은 일부 성적인 호의(favors)만 팔 수 있을 뿐 다른 것들은 팔 수 없다. 랩 댄스(lap dance)나 마사지는 합법적으로 구입할 수 있지만 성교는 안 된다. 물론 이러한 법적 규제가 성매매를 중단시키는 것은 아니다. 그것들은 단지 지대추구, 암시장(black markets), 그리고 물밑 거래(under-the-table rationing)를 장려할 뿐이다.

3. 재산권 유형

우리의 수렵 · 채집 선조들은 모든 것을 소유했지만 소유하지 않았다. 세상은 그들이 원하는 자원에 대한 다른 사람들의 접근을 배제하거나 통제할 수 없는 공유지였다. 일단 누가 무엇을 얻었는지에 대한 갈등이 심화되자 누가 무엇을 언제 얻었는지에 대한 규칙들이 생겨났다. 즉, 재산권 기관이 등장하여 재산권을 개방적 접근가능 공유재산(open access common property), 공유재산, 사유재산 세 가지로 분류하였다.

초기 수렵 · 채집 사회의 개방적 접근은 재산의 첫 번째 형태였다. 어떤 것을 배제하고 다른 것을 특권화하는 방법이 없었기 때문에 한 사람이 어떤 것을 소유할 수 있는 유일한 방법은 다른 모든 사람들을 이기는(beat) 것이었다. 따라서 유일한 재산권 법은 포획의 법칙(the law of capture)이었다. 내가 타인의 머리를 쳐서 타인이 포획한 것을 가져올 수 없다면 나는 내가 포획한 것을 소유하고 타인은 자신이 포획한 것을 소유한다. 내가 타인을 이겨서 가진 것은 나의 것이 되고, 타인이 나를 이겨서 가져간 것은 타인의 것이 된다.

공유재산(common property)은 공개적으로 접근 가능한 공유재(the open-access commons)에 대한 대안이다. 자원을 사용할 수 있는 권한은 사용자와 비사용자 모두가 인식하는 일련의 정의된 규칙 안에서 권리를 가진 일부 소유자에게 귀속된다. 이러한 규칙으로 공유재산의 판매를 허용하거나 금지할 수 있다. 공유재산권은 미국 메인(Maine)주의 바닷가재 어촌에서 스위스의 고산 마을(alpine villages)까지 광범위하고 잘 정의된 소규모 지역사회에서 자원을 관리하는 데 매우 효과적인 것으로 입증되었다.

사유재산과 마찬가지로 공유재산의 기본적 특성은 배제할 권리이다. 그러한 권리가 없다면 사유재산과 공유재산의 형태는 그러한 재산이 나타났을 때인 개방적 접근 공유재로 다시 이전된다. 그리고 자원은 제한되는데 소유의 욕망이 제한되지 않고 배제가 불가능한 경우, 개방적 접근 공유의 남용을 피할 수 없다. 그 불가피성에 대한 가장 유명한 진술은 생물학자인 개릿 하딘(Garrett Hardin)의 1968년 에세이 "공유재의 비극(The Tragedy of the Commons)"이다. 하딘은 세계를 개방적인 접근 공유지에 비유하고 어떤 형태의 "상호강제(mutual coercion), 상호합의된" 것이 생태학적 재난으로부터 세상을 구할 수 있는 유일한 방법이라고 주장했다. 포함과 배제에 대한 규칙이 있는 공유재산은 하딘의 "비극"이 나타나지 않게 함으로써 공동체를 유지할 수 있게 한다.

사유재산 규칙에 따라 소유자는 개방적 접근 공유재산 또는 공유재산보다 재산권 묶음에서 더 많은 권리를 소유하게 된다. 선택은 사용자 커뮤니티가 아니라 소유자가 한다. 좋은 선택의 이익은 소유자에게 귀속된다. 동시에 잘못된 선택의 비용도 소유자에게 전달된다.

명확한 사유재산권은 권리가 보장되는 자원이 부족할 때 설정될 가능성이 가장 높다. 식량 및 주택 수요에 비해 토지가 부족한 경우 권리가 가장 체계적이고 명확하다. 몬태나(Montana)주의 첫 목축업자들에게는 재산을 정의할 필요가 거의 없었다. 텍사스로부터 도착한 각각의 후속 소떼들이 비어 있는 계곡으로 밀려들어 갈 수 있었기 때문이다. 그러나 점점 더 많이 소와 카우보이들이 늘어난다는 것은 결국 분쟁이 일어날 것이라는 것을 의미했다. 그때부터 사람들은 권리를 정의하고 주장하기 시작했다.

반대로 자원이 부족해지면 개방적 접근 공유재산으로 되돌릴 수 있다. 예를 들어 제1차 세계대전 이후 미국 서부에서 말에 대한 기병대 수요가 줄어들면서 말의 가치는 급격히 떨어졌다. 말의 가치가 떨어지자 이전에 말의 가치가 높았을 때와 달리 말 소유자는 말을 공공지역에 풀어 스스로 먹이를 찾도록 했다. 마찬가지로 2007년 미국 제5지방 법원 판결(a 2007 U.S. Fifth District Court Decision)로

식용으로 말을 판매하는 것을 금지한다는 결정은 나이가 많은 말들이 경제적 가치가 영(zero) 미만으로 떨어졌기 때문에 말 소유자로부터 버림받았다는 것을 의미한다. 말 소유자는 말의 시장가치보다 실제 말에게 먹이를 공급하고 키우는 데 더 많은 비용이 소요된다고 생각했다.

잘 정의되고 합의된 사유재산권은 낯선 사람들 사이에 신뢰를 구축하게 한다. 타인이 내일 나에게 제공할 상품이나 서비스에 대한 타인의 권리에 대해 내가 확신할수록, 오늘 타인이 나에게 기대하는 호의에 보답하겠다는 타인의 약속에 대해 더욱 신뢰할 수 있기 때문이다. 나는 의도적으로 "약속"과 "호의"라는 단어를 선택한다. 고객이 아마존닷컴(Amazon.com)에서 책을 주문하면서 그날 돈을 지불하면 아마존은 가까운 장래에 책을 배달하겠다고 약속한다. 주문과 동시에 돈을 지불하는 것은 아마존(Amazon)에게 유리하다. 책을 배달하는 것은 약속을 소중히 여기는 것이다.

이베이(eBay)와 같은 인터넷 판매는 낯선 사람들 사이의 신뢰를 환상적인 수준으로 끌어올린다. ① 구매자를 보호하는 안전지불 서비스, ② 사기를 방지하고 판매지 평판을 유지하는 신용안전팀, ③ 스푸프(spoof)[3] 보호 장치에 의해 신뢰(trust)는 촉진된다. 경매장(auction houses)은 평판에 대한 재산권을 가지며, 평판을 개선하고 보호하기 위해 노력한다. 구매자와 판매자는 이러한 제도하에서 자산을 거래한다. 그들은 이러한 제도적 신뢰 장치가 배경에서 작동되고 있는지는 거의 모른 채 거래한다.

재산권은 만드는 데 비용이 많이 들 수 있다는 것을 유의할 필요가 있다. 권리 설정, 감시 및 거래비용이 재산권의 이익을 초과할 수 있다. 그러므로 우리는 기업

3. **[역주]** 외부에서 악의적 네트워크 침입자가 임의로 웹사이트를 구성해 일반 사용자들의 방문을 유도한 후 인터넷 프로토콜인 TCP/IP의 구조적 결함을 이용해 사용자의 시스템 권한을 획득한 뒤 정보를 빼가는 해킹 수법 등을 말함.

가가 모든 거래비용을 극복할 수 있는 방법을 찾을 수 없는 한 재산권이 개발될 것이라고 기대해서는 안 된다.

4. 재산권과 외부효과

본서 첫 장에서는 외부효과에 대한 후생경제학적 관점을 시장실패의 한 형태로 소개했다. 법적 조치를 취하는 사람들은 다른 사람들을 돕거나 해치는 부수적(incidental)이고 심지어 의도하지 않은 결과를 낳을 수 있다. 의도하지 않은 이익은 긍정적인 외부성이며, 어떤 경우에는 공공재가 될 수 있다. 의도하지 않은 피해는 부정적인 외부성이다. 이러한 상반된 외부효과의 문제는 생산자들이 긍정적 외부효과의 편익은 수익화하지 못하고 부정적 외부효과의 비용은 지불하지 않는다는 것이다. 따라서 공공재를 포함한 긍정적 외부효과는 시장을 통해 과소생산되고 부정적 외부효과는 과잉생산된다.

과잉생산과 과소생산은 완벽한 사유재산 기능의 가정에 기초한다. 생산자들은 투입물의 가치를 지불하고 그 지불한 가치보다는 높은 가치를 만들어 이익을 창출하고자 한다. 만약 재화가치가 투입된 가치보다 가치가 낮으면 생산자들은 손해를 보기 때문에 수익이 될 만한 다른 재화의 생산으로 전환한다. 이러한 시스템하에서는 "생산되어야 될 재화" 는 생산되고 "생산되어서는 안 되는 재화" 는 생산되지 않는다. 생산되어야 하는 재화는 이윤을 남기는 상품이고, 생산되어서는 안 되는 재화는 손해를 보는 상품이다.

표준적인 후생경제학적 분석에 따르면 이 시스템은 생산자들이 그들의 재화를 생산하는 데 드는 모든 비용을 지불할 경우에만 작동한다. 그러나 일부 부산물(예 : 오염)이 제조과정의 일부로 생산되어도 생산자는 그 원가를 당기손익 계산에 포함하지 않는다. 두 가지 종류의 비효율이 발생한다. 하나는 생산비용과 오염비용이 재화 자체의 가치보다 큰 재화가 된다는 것이다. 다른 하나는 비록 생산자들이 오염을 줄이거나 통제할 수 있고 그렇게 해도 여전히 이익을 낼 수 있을지라도, 그들은 그렇게 하지 않는다는 것이다. 따라서 너무 많은 양의 재화가 생산되고 오염 관리가 거의 이루어지지 않는다.

오염 문제와 그 해결책은 제13장에서 자세히 논의한다. 이 장의 목적상, 일반적으로 외부성 문제를 해결하기 위해 제안된 해결책은 정부가 생산활동을 규제하거나 단념시키기 위해 세금을 부과하는 것이라는 점에 주목하는 것으로 충분하다. 이러한 규제하에서는 정부가 생산자들에게 무엇을 해야 하는지, 심지어 어떻게 해야 하는지 알려준다. 과세 접근법은 정부 대리인이 외부비용, 예를 들어 오염으로 인한 피해를 식별하고 생산자가 외부비용을 당기손익에 내부화하도록 하는 데 충분한 수수료를 부과할 수 있다고 가정한다. 규제는 정부의 탐지 및 모니터링에 의존한다. 세금은 생산사의 이익에 근거한다.

외부효과에 대한 이러한 분석은 한때 거의 모든 경제학자들에게 받아들여졌지만, 1960년 로널드 코스(Ronald Coase)가 발표한 '사회적 비용의 문제(The Problem of Social Cost)'로 인해 외부효과에 대한 분석이 폭발적으로 나타났다. 그는 사회적 비용과 이를 다루기 위해 필요한 정책에 접근하는 완전히 새로운 방법을 제시했다. 코스 분석의 기초가 되는 아이디어는 일단 이해하면 꽤 간단하다. 코스는 시장이 외부효과를 유발하지 않는다고 주장했다. 대신 시장이 모든 비용과 편익을 내재화할 수 있도록 재산권을 명시하지 않아 외부효과가 발생한다고 보았다. 시장에서 그러한 권리가 제대로 정의되지 않더라도 희소한 자원의 배분이 효율적으로 이루어진다. 코스에 따르면 재산권이 존재하더라도 외부효과가 시장실패를 초래할 수 있는 유일한 경우는 교환비용이 높을 때이다.

대부분의 오염 상황에서 일어나는 일은 다음과 같다. 어떤 사람이 배출자의 행동을 통제하지 못하는 사람들이 점유한 곳으로 정화하는 데 비용이 드는 오염물을 배출한다. 공해로 피해를 입은 사람은 지상재산에 인접한 영공이나 수로를 소유하고 있지 않기 때문에 법적으로 손해배상을 청구할 수 없다. 만약 그들이 그 공간에 대한 법적 소유권을 주장할 수 있다면 그들은 보통의 시장 거래에서 오염물질 배출자에게 손해배상을 청구하거나 대가를 요구할 수 있다. 효율성의 관점에서 거래가 허용되는 한 누가 권리의 최초 소유자인지는 중요하지 않다. 배출자에게 재산권이 부여되면 배출물의 수신자는 배출물을 방출하지 않도록 배출자에게 비용을 지불해야 하며, 배출물의 수신자에게 권한이 주어지면 배출자는 배출물에 대한 비용을 지불해야 한다. 완전한 정보에 입각해 효용을 극대화하려는 자는 상호 유익한 교환을 마련하고 정확한 오염량과 생산량에 도달할 것이다. 재산권을 확립하면 비용과 편익이 내재화되므로 효율적인 행동 과정의 계산에 도움이 된다.

코스는 명확한 재산권이 있다면 외부효과와 관련한 이해당사자들이 누구에게 어떤 피해를 주고 있거나 이익을 얻고 있는지에 대해 합의를 볼 수 있다고 설명했다. 명확한 재산권은 협상되고 자발적인 해결책을 가능하게 만드는 것이다. 재산권이 없다면 희소한 자원을 둘러싼 갈등에 대한 해결책은 폭력과 정치 두 가지뿐이다. 폭력이 죄책감, 처벌, 특권이 은밀하게 결정되고 자경단원들의 가치가 부과되는 자경주의(vigilantism)로 쉽게 이끈다. 정치단체가 가치를 부여하고 특정 사람에게 특권을 부여하는 것을 선택하기 때문에 정치도 폭력과 거의 같은 방식이다. 결국 정치의 유명한 정의 중 하나는 가치의 권위적 배분이다. (가치란 재화와 용역뿐만 아니라 가격을 의미할 수 있다. 미국 내 낙태에 대한 논쟁은 정치 시스템이 누구의 가치를 채택하고 집행할 것인지에 대한 논쟁이다.) 어떤 사람들은 전쟁이 희소한 자원을 둘러싼 갈등의 세 번째 해결책이라고 주장하지만, 전쟁은 단순히 정치와 폭력을 다른 수단으로 확장하는 것뿐이다.

5. 자연권?

이 시점까지 재산권에 대한 논의는 다소 공리주의적이었다. 명확하게 정의되고 집행된 재산권은 시장 거래에 의해 측정된 바와 같이 개인의 한정된 이익을 일반적인 복지와 조화를 이루게 한다. 재산권은 화합과 협력을 촉진한다. 재산권은 권리와 책임에 대한 명확한 기대를 확립한다. 심지어 "재산권은 경제재의 사용에 대한 인권"이라는 공리주의적 주장을 할 수도 있게 한다(Alchian and Allen, 1977, p. 114). 물건을 사용하고, 독점적으로 소유하고, 선물하거나 거래할 수 있는 인권은 잘 기능하는 사회에서는 기본이다. 그들은 "경제적 자원을 통제하기 위한 파괴적인 경쟁을 제거한다. 잘 정의되고 잘 보호되는 재산권은 폭력으로 인한 경쟁을 평화적인 수단으로 경쟁으로 대체한다"(Alchian, 2008). "평화적인 수단"에는 거래, 판매, 증여 등 낮은 가치의 사용에서 높은 가치의 사용으로 이동시키는 모든 수단이 포함된다.

이는 재산권에 대한 공리주의적 이해라기보다는 재산권이 자연권이라는 로크주의자(Lockean)의 견해이다. 재산권은 인간 자유의 근간이다. 1965년 로크는 『로크 통치론의 제2론(Locke's Second Treatise of Government)』[4]에서 "내가 일반적 이름인 '재산'이라고 하는 것은 삶, 자유, 부동산"이라고 강조했다. 재산권은 정부보다 앞서 있으며, 정부의 목적은 그 권리를 보호하는 것이다. 자연적인 권리이기 때문에 어떤 통치자이든 재산을 주거나 뺏어서는 안 된다.

초기 미국인들의 사상에서의 자유와 재산권의 연관성은 1795년 대법관 윌리엄 패터슨(William Paterson)에 의해 제안되었다(*Van Horne's Lessee v. Dorrance*, 2

---

4. **[역주]** 로크의 『통치론』은 시기를 달리하여 쓴 두 개의 논문으로 구성되어 있는데 첫 번째 논문을 '제1론(The First Treatise of Government)', 두 번째 논문을 '제2론(The First Treatise of Government)'이라고 함.

U.S. (2 Dall.) 304, 309). 그는 "재산을 취득하고 소유할 권리와 보호받을 권리는 자연스럽고 타고난 인간의 권리" 라고 말했다. 재산이 자연스럽고 고유하며, 양도할 수 없는 권리라는 개념은 현대적 재산권 운동에 활력을 불어넣고 있다. 이는 최근 몇 년 동안 작은 도시부터 카운티, 연방정부에 이르기까지 모든 단위의 정부가 사유재산에 대한 공격으로부터 사유재산권을 방어하기 위해 형성된 운동이다.

재산권 효용에 근거한 주장은 권리에 근거한 주장보다 덜 강력하다. 만약 사유재산이 주로 사회적 이익을 제공하는 수단이고 재산 소유자들의 행동을 제한함으로써 50% 이상 더 많은 사회복지를 제공할 수 있다면, 그러한 제한은 정당화될 수 있다. 19세기 초 미국에서 산업용 기계를 운전하기 위한 물을 확보하려고 댐을 건설한 사례가 있다. 입법부와 법원은 댐의 운용을 위해 댐의 상류와 하류 모두에서 사유지를 침수시키는 것은 "공공의 필요성과 유용성" 을 위해 허용된다고 결정했다. 사유재산이 경제 성장의 목표를 달성하는 수단이 되었다.

권리에 근거한 주장은 공공의 목적을 위해 소유주의 동의 없이 사유지의 침수를 허용하지 않을 것이다. 이와 관련해서 영국의 프라이드 오브 더비(Pride of Derby, 1953) 사건은 매우 유명한 사례이다. 프라이드 오브 더비(Pride of Derby) 낚시 클럽은 더비시, 국영 전기 위원회, 민간기업들을 상대로 소송을 제기했다. 시 정부와 민간기업들이 낚시 클럽이 낚시할 수 있는 권리를 보장받은 더웬트(Derwent)강에 쓰레기를 버리고 있었기 때문이다. 오염물질에 대해 "파랗고 회색을 띠는 끈적이는 물질이 더웬트 강물에 두껍게 쌓여 있다" 라고 법원 문서에 기록되어 있었다. 법원은 오염자들의 이익이 어업권의 가치보다 큰지 따지지 않고 클럽의 어업권을 인정했다. 자원 이용의 효용보다는 권리가 더 중요하다고 판정한 것이다.

6. 재산권과 정부

적어도 미국에서는 사유재산의 효용에 근거한 정당화가 일반적으로 권리에 근거한 사유재산권보다 우선한다. 입법자들은 재산을 세금 부과 및 규제 대상, 심지어 "공공 목적"으로 취할 수 있는 것으로 본다. 재산을 둘러싼 개인과 국가 간의 싸움은 내 것과 우리 것 사이의 경계를 넘어선 것이다. 정부에 대한 헌법상의 제한은 그 경계를 명확히 하려는 것이다. 사회주의 정부 하에서는 사적 소유와 공적 소유 간의 경계가 거의 없다. 텔레비전 쇼를 방송하고, 석유를 채굴하는 등 수익을 낼 수 있는 권리는 모두 제한되고 간혹 취소되기도 한다. 민주주의에서의 세금과 규제는 당신이 당신의 재산으로 할 수 있는 것을 제한한다. 행정 규칙과 지침은 당신이 주정부의 재산을 어떻게 사용할 수 있고 사용할 것인지 규정하고 있다. 나는 사회주의 국가에도 재산과 정부에 대한 분석을 적용할 수 있을지라도 대상을 민주주의 국가로만 제한하고자 한다.

경제학자 토머스 레너드(Thomas Leonard)는 앤더슨과 힐(Anderson and Hill)이 『그렇게 거칠지 않은 야생의 서부 : 프론티어에 대한 재산권(*The Not So Wild, Wild West : Property Rights on the Frontier*)』에 대한 그의 리뷰를 다음과 같은 재산권에 대한 토론으로 시작했다.

> 경쟁관계에 있는 담배회사 경영진은 총이 아닌 소송으로 분쟁을 해결한다. 그러나 코카인 공급업체 간의 분쟁은 그 반대이다. 분쟁 해결을 위한 이러한 매우 다른 전략은 무엇으로 설명할 수 있을까. 어떤 설명은 상품의 특성에 기인한다고 본다. 다른 어떤 설명은 판매자와 마약상 관계의 자연적 특성은 폭력적이지만 담배 판매자들 관계는 본질적으로 평화롭다는 것이다. 법경제학자는 두 상품의 서로 다른 재산권 속성으로 설명한다. 합법적인 마약을 판매하는 사람들과 달리 불법 마약 판매자는 합법적으로 마약을 소유하거나 양도할 수 없으므로 분쟁 해결을 위한 법적 수단이 부족하다는

> 것이다. 폭력적인 무역 분쟁이 재산권 상실의 산물이라는 충분한 증거가 있다. 예를 들어 금주법이 폐지되자 폭력적인 주류 산업은 빠르게 평화로워졌다. 소유와 양도에 대한 법적 권리의 부여는 많은 밀매업자들을 존경받는 사업가로 만들었고, 총의 사용은 변호사들로 대체되었다.
>
> 이것은 폭력 기술에 능숙한 사람들이 불법 시장이 그들에게 제공하는 기회에 이끌리지 않는다는 것을 의미하는 것은 아니다. 주류 밀매업자들은 불법 시장에 여전히 이끌린다. 다시 말하면 재산권에 대한 완전한 권리가 폭력에 익숙한 사람들을 위한 모든 기회를 제거할 것이라는 주장도 아니다. 폭력에 익숙한 갱들(gangsters)은 여전히 합법적인 상품 판매자들로부터 보호비를 갈취한다. 거래 금지(소유권과 양도에 대한 법적 권리의 제한)가 거래를 끝내지 않는다. 그리고 거래 금지로 인해 정상 시장이 불법 시장으로 바뀌기 때문에 폭력이 증가하고 부패 및 오염된 제품과 같은 기타 역효과가 발생한다. 그래서 불법 마약 시장과 같은 불법 시장의 무법 행위는 재산권에 대한 법의 불완전성에서 비롯된다.

불완전한 재산권은 의도하지 않은 많은 결과를 낳는다. 의도하지 않은 결과가 특히 해로운 분야 중 하나는 인간 장기매매, 예를 들어 신장(kidney)에 대한 시장이다. 사람들은 건강한 신장이 한 사람으로부터 다른 사람에게 옮겨지는 것을 반대하지 않는다. 신장 이식의 상당 부분이 보통 받는 사람의 친척인 살아 있는 기증자로부터 오기 때문이다. 그들은 사람들이 자신의 신장에 대해 돈으로 사고파는, 즉 양도 가능한 재산권을 가져야 한다는 아이디어에는 반대한다. 신장을 주는 사람들에게 박수를 보내면서도 신장을 파는 것을 금지한다. 장기를 사고파는 것은 인류를 타락시키고 도덕적으로 옳지 않다는 것이 일반적인 주장이다. 그러나 그 주장은 신장의 공급을 증가시키지 않는다. 그것은 단순히 대기행렬을 만들 뿐이다.

2010년 6월 현재 약 100,000명의 미국인이 신장, 간, 심장 및 폐를 이식받기 위해 대기하고 있다. 그중 18명이 매일 이식을 기다리며 죽는다. 특히 신장 시장에서 7만 명이 넘는 사람들이 새로운 신장 또는 6,500명의 살아 있는 기증자 중 하나를 기다리고 있으며, 사람들은 투석에 약 5년을 보낸다. 그들 중 절반은 기다리다가 죽어간다.

윤리적 문제는 엄청나다. 누가 다음에 잘 맞는 신장을 받는가? 그 신장이 40세 사람에게 가야 하는가? 나이가 많은 사람의 삶에 몇 년을 더하는 것이 젊은 사람의 삶에 몇 년을 더하는 것만큼 가치가 있을까? 이러한 질문은 보건 복지부(the Department of Health and Human Services)가 감독하는 비영리 단체인 '장기 공유를 위한 통합네트워크(United Network for Organ Sharing)' 에 맡겨야 하나? 정치인은 국가정책의 하나로 이러한 정책을 수립해야 하는가?

누가 다음 신장을 얻을지에 대한 대중의 선택들에 대한 대안은 적어도 어떤 형태로든 신장에 대해 양도할 권리를 허용하는 것이다. 어떤 사람들은 1984년 국가장기이식법(the 1984 National Organ Transplant Act)을 개정할 것을 제안했다. 동법은 신장 기증에 대한 "대가로 고려할 만한 것(valuable consideration)", 예를 들면평생 의료보험(Medicare coverage), 세금 공제, 등록금 바우처, 현금 수급 등을 금지하고 있다. 제한된 신장 시장이라도 허용한다면 공급을 증가시키고 미국에서 신부전으로 사망하는 사람들의 수를 하루에 18명 이상 줄일 것이다.

정부는 우리 몸에 대한 권리를 제한하는 것만큼 논란이 되지 않는 재산권을 줄이기 위한 많은 방법을 찾는다. 한 가지 예는 멸종위기에 처한 종을 "획득(taking)" 하는 것을 금지하는 멸종위기종법(the Endangered Species Act ; ESA)이다. 미국 어류 및 야생동물국(the U.S. Fish and Wildlife Service)에 의해 정의된 "획득" 은 멸종위기에 처한 종의 일원을 죽이는 것뿐만 아니라 공공 및 사유지 모두에서 서식지를 변경하는 것을 포함한다. 대법관 안토닌 스칼리아(Antonin Scalia)는 그 정의를 "목재를 벌채하는 산림 지주, 새로운 땅을 경작하는 농부 또는 쇼핑센터를 위해 땅을 개간하는 개발업자가 백두루미를 노리는 밀렵꾼과 같은 위치에 있다"

라고 설명한다(*Babbitt v. Sweet Home*, 1995).

당신의 사유지에서 멸종위기종이 발견되거나 당신의 사유지가 멸종위기종 서식지로 지정된 경우 법적 보호 수단이 거의 없다. 그러나 추가적인 법적 조치를 취할 수 있다. 추가적인 법적 조치 중 한 가지는 멸종위기에 처한 종들을 유인할 수 있는 서식지를 제거하는 것이다. 환경보호기금(Environmental Defence Fund)에 근무하는 마이클 빈(Michael Bean)은 미국 내무부 어류 야생동물 및 공원 상담원(Counselor for Fish Wildlife and Parks in the U.S. Department of the Interior) 기고문에서 "ESA 시행의 전반적인 효과 중 하나가 '의도하지 않은 부정적인 결과' 를 초래하는 것이다. 지주들(landowners)의 행동이 궁극적으로 많은 종의 운명을 결정할 것이다" 라고 지적했다. 그는 "적어도 일부 개인 토지 소유자들이 잠재적 멸종위기종 문제를 피하기 위해 적극적으로 토지를 관리하고 있다는 증거가 증가하고 있다" 라고 말했다. 그러나 그는 이러한 행동들은 "환경에 대한 악의의 결과가 아니라 잠재적으로 중대한 경제적 제약을 피하려는 욕구에 의해 동기부여된 상당히 합리적인 결정" 이라고 강조했다. 그는 심지어 "사유지 주인들의 행동은 멸종위기종에 대한 규제뿐만 아니라 다른 규제에도 수반되는 예측 가능한 반응" 이라고 말했다.

체계적이고 광범위한 사전 예방적 서식지 파괴에 대한 두 가지 연구는 빈(Bean)의 결론을 뒷받침한다. 첫 번째 연구(Lueck and Michael, 2003)는 딱따구리가 차지하고 있는 숲의 목재 수확 관행을 조사하고 딱따구리의 군락에 가까운 나무들이 일찍 벌목된다는 결론을 내렸다. 즉, 나무들은 새들이 둥지를 틀 수 있을 만큼 충분히 늙는 것이 허용되지 않는다. 저자들은 "두 개의 분리된 마이크로 레벨 데이터 세트에서 나온 이 증거는 [붉은 딱따구리] 서식지가 ESA 때문에 사유지에서 감소했다는 것을 보여준다" 라고 결론짓는다.

두 번째 연구(List, Margolis, and Osgood, 2006)는 사람들이 재산권 감소에 어

떻게 반응할 것인지를 질문한다. 그 결과 사람들이 재산권 감소에 다소 빠르게 반응한다는 것을 발견했다. 저자들은 "미개발 토지가 중요한 서식지 경계(정부가 종에 필요한 지역으로 지정하며, 개발제한이 적용되는 지역) 안에 있다면 가치가 약 22% 떨어졌다" 라고 밝혔다. 또한 그들은 재산 소유자가 자신의 재산을 멸종위기에 처한 종에게 매력적이지 않게 만드는 조치를 취하여 해당 재산이 중요한 서식지 경계에 포함될 가능성을 낮추는 것을 발견했다.

7. 우월 영역

미국에서 정부는 수정헌법 제5조(Fifth Amendment to the Constitution)에 따라 "적법한 법의 절차 없이 생명, 자유 또는 재산을 박탈하지 않으며, 정당한 보상 없이 사유재산을 공공의 목적으로 가져갈 수 없다" 라고 규정하고 있다. 문제는 "취득" 과 "공공 사용" 을 정의하는 데 있다.

수정헌법 제5조에서 "또한 정당한 보상 없이 사유재산을 공공의 용도로 사용하면 안 된다" 는 조항은 수취소항(Takings Clause)으로 알려져 있다. 재산권이 국가로 이전되거나 재산이 물리적으로 양도되는 경우 재산권자는 보상을 받아야 한다. 소유권 이전과 물리적 침입(physical invasion)은 로레토 대 텔레프롬포터 맨해튼케이블티비 회사(*Loretto v. Teleprompter Manhattan CATV Corp*, 1982) 사건 이후로 비교적 쉽게 해석할 수 있다. 이 CATV 회사는 뉴욕시가 권한을 부여했음에도 개인 소유의 1제곱미터 미만 토지를 물리적으로 점유한 것에 대해 보상을 지불해야 했다.

헌법적 규칙이나 제한된 예산으로 개인의 재산을 가져가는 것이 제한될 때, 정치인들은 또 다른 경로 규정을 갖게 된다. 소유자가 토지를 계속 소유할지라도 정치인들은 그 토지 재산권의 일부 권리를 제거할 수 있다는 것이 규제의 특성 중 하나다. 규제는 보상금을 지불하는 것보다 훨씬 더 저렴하다. 사실 규제는 상대적으로 무제한적인 예산이다. 정치인들과 관료들은 이곳에서 새 서식지를 구입하는 것과 그곳에서 새 서식지를 구입하는 것의 기회비용을 고려할 필요가 없다. 그들은 단순히 두 군데 토지의 특성을 모두 조류 서식처라고 판단한 다음 규제할 다른 특성들을 찾을 수 있다.

규제 또는 규제를 통해 재산권 묶음에서 일부 권리를 가져오는 것은 미국 대법원의 축복이다. 규제 취득을 주장하는 초기 사례 중 하나는 유클리드 타운 대 앰블러 부동산 회사(*Village of Euclid v. Ambler Realty Co.*, 1926)로, 구역 설정이 소유자의 잠재적인 사용을 제한하더라도 공공의 이익과 민폐를 통제하는 적절한 방법으로 결정되었다. 펜 센트럴 운송 회사 대 뉴욕시(*Penn Central Transport Co. v. New York*, 1978) 사건에서 법원은 뉴욕의 랜드마크 보존법(New York's Landmark Preservation Law)이 펜 센트럴 운송 회사가 뉴욕의 Penn Station 위에 50층 이상의 추가 건물을 짓는 것을 막는 데 사용될 수 있다는 하급 법원의 판결을 지지했다. 펜 센트럴 운송 회사의 변호사는 이러한 랜드마크 보존법의 사용이 수정헌법 제5조의 조항을 위반했으며, 펜 센트럴 운송 회사의 손실을 보상해야 한다고 주장했다. 법원은 뉴욕시의 허가 거부는 수정헌법 제5조가 아니라고 판결했다. 법원은 과거의 결정을 "본질적으로 임시적이고 사실적인 조사"라고 선언하고 규제가 언제 취해지는지를 결정하기 위한 "균형 테스트(balancing test)"로 알려진 것을 확립했다. 균형 테스트는 다음과 같은 내용을 포함한다. "규제가 청구인에게 미치는 경제적 영향, 특히 규제가 뚜렷하고 투자로 뒷받침되는 기대치를 방해하는 정도와 정부 조치의 특성"이다. 이 경우, 정부의 조치는 순전히 정부의 목적을 위한 것이 아니었고 따라서 수정헌법 제5조를 위반하지 않았다. 윌리엄 브레넌 주니어(William J. Brennan, Jr.) 판사는 "미학적 이유로 특정 지역 내에 두 개 이상의 성인 극장을 금지하는 구역법(zoning law)처럼 정부가 재산을 전용하는 것은 아니다" 라고 재판부를 위한 의견을 썼다.

정부가 규제를 통해 개인의 재산에서 얼마나 많은 가치를 제거할 수 있느냐가 1992년 루카스 대 사우스캐롤라이나 해안위원회(*Lucas v. South Carolina Coastal Commission*) 사건의 초점이었다. 루카스는 사우스 캐롤라이나(South Carolina) 경계에 위치하고 있는 섬에 있는 두 개의 해변 부지를 구입한 후 소송을 제기했다. 루카스가 부지를 조성하기 전에 입법부는 사우스캐롤라이나 비치프론트 관리법(South Carolina Beachfront Management Act)을 제정하여 루카스가 부지를 조성하는 것을 금지시켰다. 루카스는 법이 자신의 재산을 무가치하게 만들었다고 주장하고 보상을 요구하면서 소송을 제기했다. 법원은 소유주에게 재산의 "경제적으로 유익한 모든 사용"을 박탈하는 토지 사용 규정이 취득 조항을 위반했다고 판결했다. 따라서 루카스 사건은 "경제적으로 유익한 모든 사용"에 대한 매우 협소한 정의를 제공한다.

이 협소한 정의는 1994년 몬테레이시 대 몬테레이 유한회사의 델 몬테 사구(*City of Monterey v. Del Monte Dunes*)에서 발생했다. 몬테레이시는 37.6에이커의 구획을 개발하기 위해 제안된 19개의 부지 계획 중 어떤 것도 승인하지 않았는데 그것이 그 부동산의 모든 경제적으로 가능한 사용을 부정하는 경우로 신언되었나. 또한 그것은 재산의 습지 부분에 대한 규제적 인수에 대한 지주 보상을 거부하는 근거의 일부였다(*Palazzolo v. Rhode Island*, 2001). 법원은 소유자가 습지를 경제적으로 사용하지 못했다는 데 동의했지만, 그 습지에 20만 달러의 개발 가치가 있었기 때문에 습지의 소유자는 보상을 받을 자격이 없다고 보았다.

이러한 사례들은 관찰력이 있는 정치인이나 관료들이 지대를 추출하기 위해 재산권을 규제하는 권력을 사용할 수 있음을 시사한다. "지대추출(rent extraction)"은 프레드 맥체스니(Fred McChesney, 1997)가 만든 용어로, 위협적인 정치인이나 관료들의 지시에 따라 해당되는 대상 개인이나 산업이 바뀌지 않는 한 규제나 세금을 부과할 수 있는 능력을 말한다. 정치인은 청문회 일정을 짜고 초안을 마련하고 기자회견을 한 뒤 청문회를 취소하거나 자신이 원하는 것을 얻으면 위원회에서 법안이 종료되도록 내버려둔다. 이를 통해 정치인은 선거 기부금을 모을 수 있게 된다. 관료들은 그가 원하는 것을 얻을 때까지 연구를 시작하고 규칙을 제안하며, 종종 사적 관행을 바꾸거나 심지어 정부에 "기증된" 토지도 얻는다. 지대추구가 정부로부터 무언가를 얻기 위해 돈을 지불하는 반면, 지대추출은 아무것도 변하지 않기 위해 돈을 지불하는 것이다. 맥체스니의 말에 따르면 그것은 "무익한 돈의 사용(money for nothing)"이다. 또 다른 공공선택학자 리처드 와그너(Richard Wagner, 2002)는 지대추구를 "뇌물수수의 정치적 사촌", 지대추출을 "갈취의 정치적 사촌"이라고 부른다.

재산권 묶음에서 권리 묶음의 일부를 가져가는 것 외에도, 정부는 때때로 묶음 전체를 가져가고 원래 소유자에게 "정당한 보상(just compensation)"을 지불한다. 펜 센트럴(Penn Central) 사례의 경우, 철도 측은 정부가 그들의 재산을 가져갈 수 없다고 주장하지 않았다. 그들은 정부가 자신들에게 보상해야 한다고 주장했다. 법원은 동의하지 않았다. 만약 뉴욕시가 단순히 기차역 전체를 차지했다면 비용을 지불해야 했을 것이다.

공정한 시장 가치를 지불하면서 공공 사용을 위해 사유재산을 압류할 수 있는 힘은 우월 영역의 권력(the power of eminent domain)이라고 알려져 있다. 도시는 도로와 공공 복도를 만들고, 하수도를 건설하고, 도시 건물을 건설하기 위해 항상 그들의 우월 영역의 권력을 사용한다. 하지만 도시들은 그것보다 훨씬 더 우월한 영역의 권력을 사용한다. 수정헌법 제5조에는 "사적 재산은 정당한 보상 없이 공공 용도로 사용될 수 없다"라고 명시되어 있다. 시 공무원들은 "공공 용도"의 정의를 한 개인에서 다른 개인에게로 사유재산을 이전하는 것을 포함하도록 확장한다. 미국 대법원이 그러한 행동을 지지한 가장 눈에 띄는 사례는 켈로 대 뉴런던 사건(*Kelo v. New London*, 2005)이었다. 법원은 두 가지 조건이 충족되면 개인의 집을 시가 가져가서 개발업자에게 줄 수 있다고 판단했다. 첫 번째 조건은 경제발전을 포함한 공공 용도이어야 한다는 것이다. 시의회가 공공의 이익이 간접적이라고 판단하더라도 주택을 가져다가 개발업자에게 줄 수 있다. 두 번째 조건은 보상이 필요하다는 것이다.

대법관 산드라 데이 오코너(Sandra Day O' Connor)와 클래런스 토마스(Clarence Thomas)는 대중의 선택에 반대하는 의견을 제시했다. 오코너는 정치적 유력자들이 취득 게임(takings game)에서 유리한 위치를 점하고 있음을 인식했다.

> 이제 어떤 재산도 다른 개인의 이익을 위해 가져갈 수 있지만, 이 결정으로 인한 결과는 무작위가 아닐 것이다. 수혜자는 대기업과 개발사 등 정치과정에서 불균형한 영향력과 힘을 가진 시민일 가능성이 높다. 피해자의 입장에서 이야기하자면 정부는 이제 더 적은 자원을 가진 사람에서로부터 더 많은 자원을 가진 사람에게로 재산을 이전할 수 있는 면허를 받은 것이다.

토마스 판사는 판례가 가난한 사람들에게 미칠 영향에 대해 걱정했고 도시 재생으로 알려진, 개발 목적으로 사유지를 취하는 이전의 구체적 형태(incarnations)는 실제로 "흑인 제거(Negro removal)" 의 한 형태였다고 주장했다. 그는 미시간주 디트로이트(Detroit)의 도시 계획자들이 제너럴 모터스 회사(General Motors Corporation)의 이익을 위해 대다수가 "저소득층과 노인" 이었던 주민을 폴타운(Poletown) 지역에서 쫓아낸 유명한 사례를 들었다. 그는 "유감스럽게도, 법원 결정은 앞으로도 이러한 사례를 더욱 만들 것이다" 라고 말했다.

토머스 판사가 인용한 폴타운 사건에서 디트로이트는 경제개발의 표지를 이용해 144개 기업체, 16개 교회, 학교, 병원으로 구성된 전체 450에이커의 지역을 차지했다. 게다가 시정부는 1,500개의 집을 수용했다. 해당 지역을 공적 수용한 후, 디트로이트시는 새로운 공장을 짓기 위해 그 지역을 제너럴 모터스에게 주었다. 2004년 미시간주 대법원은 디트로이트시가 일자리와 세금 명목으로 인근 지역을 차지할 수 있도록 허용한 1981년 결정을 뒤집었다. 법원은 "우리는 헌법을 정당화하고, 국민의 재산권을 보호하며, '기본법(fundamental law)' 의 제정자가 아닌 해설자로서 사법부의 정당성을 보존하기 위해 폴타운의 사례를 무효화해야 한다" 라고 기록했다.

정부가 경제개발사업 대상으로 삼는 도심 지역과 같이 재산권이 안전하지 않은 경우 소유자는 재산을 늘리거나 보호하는 데 투자할 가능성이 적다. 따라서 미래의 "재개발(redevelopment)" 을 위한 지역을 지정하는 것은 현재 개발을 방해하는 것이다. 그리고 결국에는 정부 당국이 과도한 권력을 행사할 수 있는 목적이 많을수록 상대적으로 법적으로 보장받지 못한 사유재산권은 더욱 훼손될 것이고 더 많은 사람이 피해를 볼 것이다.

8. 개발도상국의 재산권

비록 폴타운의 주민들은 1981년 싸움에서 졌지만, 그들은 자신들의 집에 대한 확실한 소유권을 가지고 있었고 보상을 받았다. 대조적으로 세계 인구의 절반은 불법 거주자 정착촌에 거주하며 공식 경제 밖인 그림자 경제에서 일하고 있다. 개발도상국 GDP의 3분의 1 이상이 사람들이 토지를 소유하지 않고 법적 주소, 집이나 시장 노점에 대한 소유권 또는 사업을 등록할 수 있는 능력이 없는 그림자 경제에서 생산된다. 그들은 페루의 경제학자 에르난도 데 소토(Hernando de Soto, 2003)가 말하는 "효력이 없는 지분(dead equity)" 또는 판매할 수 없는 재산(property)과 자산(asset)에 의존하고 있다.

가난한 사람들의 지분은 두 가지 간단한 이유로 효력이 없다.

첫째, 재산권이나 매매 계약을 보호하고 집행하는 법치가 거의 없거나 아예 없다. 법을 만들기에는 시간이 많이 걸리고, 비용이 많이 들며, 종종 비효율적이기 때문이다.

마들렌 올브라이트(Madeleine Albright) 전 유엔 주재 미국 대사는 에르난도 데 소토(2007)와 함께 "예를 들어 이집트에서 빵집을 시작하는 데 315개 법률 준수, 29개 기관의 방문, 월 최저임금의 27배에 해당하는 재정적 비용이 소요된다" 라고 설명하였다. 이들은 최근 미주개발은행(Inter-American Development Bank)의 지원을 받아 라틴아메리카 연구에 착수하였는데, "라틴아메리카에서는 전체 기업 중 8%만이 합법적으로 등록되어 있으며, 2,300만 개에 가까운 기업이 그림자 경제에서 운영되고 있다. 이러한 기업의 소유주는 대출을 받거나 계약을 집행할 수 없으며, 친숙한 고객 및 파트너의 개인 네트워크를 넘어서 기업 규모를 확장할 수 없다" 라고 설명하였다.

둘째, 누구도 재산에 대한 명확한 소유권을 가지고 있지 않다. 그들은 소유자가 아니라 불법 거주자이다. 그들의 세계는 불안정하고 불안한 것이다. 그들의 재산은 정의되거나, 방어되거나, 매각될 수 없다. 올브라이트와 데 소토는 "집행 가능하고 대체 가능한 법적 권리를 다른 효력이 없는 자본에 의존하고 있는 사람들에게 확대" 하기 위해 유엔에서 일하고 있다. 그림자 경제에서 일하는 사람들은 부분적으로 사업을 시작하거나 토지를 등록하는 데 프로세스가 복잡해서 지대추구, 특히 지대추출의 허점이 많기 때문에 어려운 상황에 직면해 있다.

때때로 개발도상국에서도 재산권이 나타난다. 예를 들어 니제르(Niger)[5]에서는 삼림 벌채로 인해 우물이 마르고, 바람이 표토를 옮기고 모래언덕이 잠식되었다. 나무는 국가의 재산으로 여겨졌기 때문에 땔감이나 건축을 위해 벌채되었다.

---

5. [역주] 아프리카 서부의 한 공화국.

즉, 나무는 개방된 자원이었다. 농부들은 나무로부터 이익을 얻지 못했고, 오히려 나무들이 자라면서 농작물을 방해하기 때문에 농부들의 밭에 나타난 묘목들은 즉시 제거되었다. 그러나 1980년대 중반에 농부들의 요청으로 정부는 사유지에서의 나무 소유를 허용했다. 그 나무의 주인으로서 농부들은 묘목을 제거하는 대신 키웠다. 소유자는 이제 나뭇가지, 꼬투리, 과일 및 나무껍질을 판매해서 수입을 보충한다. 이 소유주들은 나무로 덮인 지역을 740만 에이커(acres)까지 늘렸고, 위성사진과 지상조사 결과 농부들이 수백만 그루의 나무를 새로 심은 것으로 나타났다. 생태학적 이점은 인상적이다. 또한 사회적 이익도 인상적이다. 왜냐하면 나무를 통한 소득은 목축과 농업에 의존하는 사회에 내재된 호황과 불황을 완화하기 때문이다. 이 모든 것은 인구가 두 배로 증가하면서 일어났는데, 개발도상국에 대한 통념과는 달리 그 나라에서 가장 인구가 많은 몇몇 지역에 식물이 가장 밀집되어 있다. 물론 강우량의 도움도 있었지만, 이전에는 없던 곳에서 나타난 재산권은 사람들의 행동을 완전히 바꾸었고, 그 결과 나무가 먼지투성이의 척박한 황무지를 대체했다(Polgreen, 2007).

이러한 예들은 재산권이 개발도상국에서 등장할 때 개인과 사회적 결과를 극적으로 변화시킨다는 것을 보여준다. 비결은 정부가 빼앗을 수 없을 만큼 권리를 잘 확립하는 것이다. 예를 들어 짐바브웨에서는 야생동물에 대한 마을 권리 시스템이 야생동물을 보존하는 데 상당한 도움을 주었다. 그러자 지역 및 중앙정부 정치인들은 마을과 마을 권리로부터 얻는 이익의 많은 부분을 가져가기로 결정했고, 이후 야생생물들이 파괴되고 있다. 반면에 나미비아(Namibia)[6]에서는 비슷한 실험이 마을 이상의 정부들 간섭 없이 진행되고 있다. 이러한 실험이 현재의 궤적으로 계속된다면 인간과 야생동물의 상황은 개선될 것이다.

6. **[역주]** 아프리카 남서부, 대서양 연안에 위치하고 있는 한 국가.

9. 결론

재산권에 대해 논의할 때 재산권은 사물이나 아이디어에 대한 권리에 관한 것이지만, 보다 근본적인 수준에서 재산권은 주변 사람들과의 관계를 규정하는 일련의 행동 규칙이라는 것을 강조하고 싶다. 그것들은 우리가 자신의 목적을 추구할 때 타인의 가치를 고려하도록 동기를 부여한다. 재산권은 우리가 나무를 돌보는지 사막화를 일으키는지 결정하게 한다. 재산권은 협상을 통해 분쟁을 해결할 수 있는 방법을 결정한다. 재산권은 사회의 근본으로 잘 기능하는 사회들(well-functioning societies)의 토대로 생각할 수 있을 것이다.

■ 서지(書誌) 노트 : 주요 참고문헌 소개

로널드 코스의 고전적 에세이인 "사회적 비용의 문제"는 재산이 사회에 봉사하는 데 어떻게 작용하는지를 이해하는 데 좋은 글이다. 여러분은 1988년 시카고 대학 출판부의 『기업, 시장, 그리고 법(*The Firm, the Market, and the Law*)』에서 그 에세이와 "사회적 비용의 문제에 관한 노트(Notes on the Problem of Social Cost)"를 찾을 수 있다. 코스는 아르멘 알치안(Armen Alchian)의 논문 모음집인 『작동되는 경제의 힘(*Economic Forces at Work*)』(Indianapolis : Liberty Fund, 1997)에서 다음과 같이 언급한다. 코스는 "알치안이 재산권 이론의 발전에 주도적인 역할을 해왔다"라고 말했다. 코스는 "그의 글은 본질적인 것과 사소한 것을 분리하는 능력이 뛰어나며, 무엇보다도 완전히 다른 다양한 사회 환경에서도 동일한 경제의 힘(economic forces)이 어떻게 작용하는지 보여주고 있다"라고 설명했다.

아마도 정부의 사유재산 탈취에 대한 가장 훌륭하고 지적으로 도전적인 방어는 리처드 엡스타인(Richard Epstein)의 『탈취 : 사유재산과 명예의 힘(*Takes :*

Private Property and Power of Eminent)』이다. 그는 네 가지 질문을 중심으로 자신의 주장을 정리한다. 사유재산의 취득을 구성하는 것은 무엇인가? 경찰 권력 하에서 보상 없이 정당화되는 것은 언제인가? 언제 공공 용도로 탈취가 있는가? 그리고 언제 현금 또는 현물로 탈취를 보상받는가? 이러한 질문에 대한 답변을 엡스타인은 구역 설정(zoning), 임대료 통제(rent control), 다양한 종류의 세금, 파산 및 뉴딜(the New Deal) 문제를 해결하는 데 사용한다.

엡스타인의 책과 훌륭한 동반자가 되는 매우 철저하고 잘 작성된 탈취(takings)에 대한 사례집은 2009년 렉시스 출판사(Lexis Publishing)와 함께 제4판을 발표한 스티븐 이글(Steven J. Eagle)의 『규제 탈취(*Regulatory Takes*)』이다. 조지메이슨대학교 법대(George Mason School of Law) 교수인 이글은 취득법이 어떻게 지방, 주 및 국가 정부 수준으로 확장되었으며, 어떻게 그 확장이 재산을 빼앗겼을 때 보상받을 수 있는 수정헌법 제5조와 충돌하는지 고찰한다. 나는 이 책 750페이지를 모두 읽지는 않았지만 연구 가이드로 광범위하게 사용했음을 인정한다.

대개 정치학자들은 재산에 대한 논의를 존 로크(John Locke)의 『통치론—제2론(*Second Treatise of Civil Government*)』 제5장에 대한 논의에서 시작한다. 로크의 이론에서 시작하지만 대부분의 정치학자들은 사유재산 자체의 정당성을 의심한다. 재산권을 이해하고 가치 있게 여기는 한 정치학자는 전 미국정치학회 회장인 엘리너 오스트롬(Elinor Ostrom)이다. 본서 제5장의 말미에서 나는 그녀가 2009년에 노벨 경제학상을 수상했고 그녀의 또 다른 책의 일독을 추천한다고 언급한 바 있다.

여기서 나는 나이브즈 돌삭(Nives Dolsak)과 공동 편집한 오스트롬의 책, 『새로운 밀레니엄 시대의 공유재 : 도전과 적응(*The Commons in the New Millennium: Challenges and Adaptation*)』을 추천하고자 한다. 이 책은 어업 및 산림과 같은 천연

자원에 중점을 두고 있다. 이 책의 장점 중 하나는 도미니카 공화국의 관개 시스템, 메인주의 바닷가재 어업, 아이슬란드와 뉴질랜드의 연안 어업권 관리에 관한 재산권 협정의 영향에 대해 오랜 시간을 두고 많은 경험적 데이터(empirical data)를 수집하였다는 것이다.

〈참고문헌〉

Ackerman, Bruce A., *Economic Foundations of Property Law*, Toronto : Little, Brown and Company, 1975.

Albright, Madeleine and Hernando de Soto, "Giving the Poor Their Rights." *Time Magazine*. http://www.time.com/time/magazine/article/0, 9171, 1640435,00.html.

Alchian, Armen A., *Economic Forces at Work*, Indianapolis : Liberty Fund, 1977.

________________, "Property Rights," *The Concise Encyclopedia of Economics*, 2008 Library of Economics and Liberty. http://www.econlib.org/library/Enc/Property Rights.html.

Alchian, Armen A. and William R. Allen, *Exchange and Production: Competition, Coordination and Control*, 2nd ed., Belmont, CA : Wadsworth Publishing Company, 1977.

Anderson, Terry L. and Peter J. Hill, *The Not So Wild, Wild West : Property Rights on the Frontier*, Stanford, CA : Stanford University Press, 2004.

Babbitt v. Sweet Home Chapter of Communities for a Great Oregon(94-859), 515 U.S. 687(1995).

Bean, Michael, "Endangered Species : Endangered Act?" *Environment*(January 1999).

Coase, Ronald, "The Problem of Social Cost," 13 *Journal of Law and Economics*

3(October 1960) : 1–44.

Demsetz, Harold, "Towards a Theory of Property Rights," *The American Economic Review* 57, no. 2 (May 1967) : 347–59.

De Soto, Hernando, *The Mystery of Capita : Why Capitalism Triumphs in the West and Fails Everywhere Else*, New York : Basic Books, 2003.

Dolsak, Nives and Elinor Ostrom, *The Commons in the New Millennium: Challenges and Adaption*, Cambridge : MIT Press, 2003.

Eagle, Steven J., *Regulatory Takings*, 4th ed., New York : Lexis Publishing, 2009.

Epstein, Richard, 1985, *Takings : Private Property and the Power of Eminent Domain Cambridge* : Harvard University Press.

Hardin, Garrett, "The Tragedy of the Commons," *Science* 162(1968) : 1243–248.

Kaiser Aetna v. United States, 444 U.S. 164(1979).

Kelo v. City of New London, 545 U.S. 469(2005).

List, John A., Michael Margolis, and Daniel E. Osgood, "Is the Endangered Species Act Endangering Species?" *National Bureau of Economic Research*, Working Paper 12777, December 2006.

Leonard, Thomas, "Review of Terry L. Anderson and Peter J. Hill, The *Not So Wild, Wild West, Constitutional Political Economy*," *Constitutional Political Economy* 17 : 1(March 2006) : 63–66, 2005.

Locke, John, *The Second Treatise of Government, in Two Treatises of Government*, ed., Peter Laslett. New York : Mentor, 1965.

Loretto v. Teleprompter Manhatten CATV Corp. 458 U.S. 419(1982).

Lucas v. South Carolina Coastal Council 505 U.S. IOO3(1992).

Lueck, Dean and Jeffrey Michael, "Preemptive Habitat Destruction Under the Endan gered Species Act," *The Journal of Law and Economics*, vol. 46

(2003) pp. 27～60.

McChensey, Fred, *Money for Nothing : Politicians, Rent Extraction, and Political Extortion*, Cambridge : Harvard University Press, 1997.

Monterey v. Del Monte Dunes at Monterey, Ltd.(97-1235) 526 U.S. 687(1999).

Palazzolo v. Rhode Island, 533 U.S. 606(2001).

Penn Central Transportation Co. v. New York City, 438 U.S. IO4(1978).

Polgreen, Lydia, "Trees and Crops Reclaim Desert in Niger," *International Herald Tribune*(February II, 2007), http://www.iht.com/articl2007/02/11/news/niger.php.

Stubblebine, William Craig, "On Property Rights and Institutions," T in Henry Manne, ed., *The Economics of Legal Relations*, St. Paul : West Publishing, 1972.

Van Horne's Lessee v. Dorrance, 2 U.S.(2 Dall.) 304, 309(Circuit, Pa. 1795). Quoted in Steven J. Eagle, "The Birth of the Property Rights Movement," 15 Cato Institute Policy Analysis No. 404(June 26, 2001), 4.

Village of Euclid, Ohio v. Ambler Realty Co., 272 U.S. 365(1926).

Wagner, Richard E., "Property, Taxation, and the Budgetary Commons," in *Property, Taxation and the Rule of Law*, edited by Donald P. Racheter and Richard E. Wagner, Norwell, MA : Kluwer Academic Publishers, 2002, pp. 33～47.

제7장 시장, 경쟁, 기업의 재발견

미국 시장경제는 19세기에 두각을 나타내었고 정치를 통한 자원의 재분배가 시장경제의 작동에 강력한 위협이 된 1930년대까지 비교적 자유로운 상태를 유지했다. 물론 일부 국가에서는 시장경제가 지역 바자회(bazaars) 수준 이상으로 발전하지 못했으며, 이탈리아와 독일 등 다른 국가에서는 기업 파시즘(corporate fascism)이 자본주의제도를 허용했지만 민간의 시장경제라기보다는 국가적 차원에서 관리되는 제도였다. 또 다른 나라들에서는, 예를 들어 실세로 러시아 차르(Czars)[1] 치하에서는 국가시장(national markets)이 시작된 적이 없으며, 국가 공산주의(state communism) 치하에서도 금지되었었다. 자본주의 지하경제를 제외하고 자유 시장은 1989 ~ 1990년까지 소련에서 불법이었다. 그래서 자본주의의 통치는 보편적이거나 길지 않았다. 자본주의가 뿌리내린 곳에서 자본주의는 항상 재분배 윤리의 위협 또는 자유와 경제성장보다 정치권력에 더 관심이 많은 정치인들 권력의 위협(혹은 양자) 아래 있었다. 자본주의의 본질적인 불확실성과 양면적인 도덕적 지위는 그러한 정치인들에게 개혁, 통제, 규제를 요구하는 데 필요한 옹호 수단을 제공했다(그리고 계속해서 제공하고 있다).

1930대에 시장(marketplace)은 완전히 실패한 것처럼 보였다. 그 결과 사회주의, 공공 계획, 세밀한 규제(경제적으로 풀어야 할 문제를 정치적 문제로 해결하는 것)가

1. [역주] 슬라브권에서 군주를 의미하는 표현임.

50년 이상 지속될 새로운 추진력(momentum)이 발생하게 되었다. 전쟁이나 다른 정부의 조치들이 시장의 많은 경제적 병폐를 바로잡는 것처럼 보였기 때문에, 시장은 너무나 자주 분노하는 이념가들(ideologues)에 의해 지배되었다. 심지어 파레토 후생경제학(Paretian welfare economics)조차도 전복되어 시장 성과에 대한 공격의 기술적 기반이 되었다.

그러나 시간이 지남에 따라 일상적인 경험을 통해 일반 사람들과 학자들은 정치 및 관료적 절차의 실제 작동 모습을 알게 되었고, 따라서 시장의 미덕이 재발견되었으며, 그 원칙이 새롭고 유망한 용어로 제시되었다. 이러한 재발견자들에는 고(故) 프레데리히 A. 하이에크(Frederich A. Hayek)와 루드비히 폰 미제스(Ludwig von Mises)와 같은 저명한 유럽 이론가들, 그리고 아르멘 알치안(Armen Alchian), 제임스 뷰캐넌(James M. Buchanan), 밀턴 프리드먼(Milton Friedman), 더글러스 노스(Douglass North), 리처드 포스너(Richard Posner), 조지 스티글러(George Stigler) 및 버논 스미스(Vernon Smith)가 포함된다. 그들은 우리에게 경쟁, 독점, 회사, 재산, 상품, 계약 및 법률의 새로운 의미와 미시경제와 거시경제 모두에서 공급 측면을 고려할 것을 제시했다. 사실상 나는 지난 70년에 걸쳐 일어난 경제학의 진정한 르네상스를 목격했다. 그러나 이 조용한 혁명은 사회과학의 다른 사상(bastions)에 스며들지 않았다. 가장 좋은(auspicious) 결과는 경제학자들과 보수와 진보 정부(conservative and liberal governments)에 대한 조언자들에 의한 공공정책의 재고였다. 시장을 사유화하고 자유화하는 것은 한때 시장을 완전히 거부했던 국가들에서도 가능한 일이 되었다.

1. 시장 과정에 대한 새로운 관점

하이에크(F.A. Hayek)는 그의 거작인 『노예의 길(*Road to Serfdom*)』을 출판한 지 몇 년 후인 1945년, 그는 경제학자들을 위해 경쟁의 의미를 다시 집필했다. 역설적이게도 이 용어(term)에 대한 그의 기술적 이해는 비전문가(laymen)들이 사용하는 좀 더 모호한 용어와 상당히 일치한다. 「사회에서 지식의 사용(The Use of Knowledge in Society)」에서 하이에크는 균형을 강조하는 경쟁(competition)의 표준적 신고전파적 정의가 경제학자들을 시장에서 실제 행동을 연구하는 것에서 벗어나게 만들었다고 주장했다. 그의 주장은 여전히 불안정한 경쟁(competition)의 과정이나 하이에크가 더 적절하게 "경쟁(rivalry)"이라고 불렀던 것처럼 모든 것이 정지되는 최종 균형 상태를 연구하는 많은 주류 경제학자들을 대상으로 한 것이다. 하이에크는 균형을 부정하지 않았지만, 단일 판매사나 소비자가 거의 통제할 수 없는 자유시장의 내생적 과정인 불균형(disequilibrium)에 경제학자들이 더 많은 관심을 기울이기를 원했다. 자본주의는 조용히 균형을 이루고 있는 기업과 시장이 아니라 일종의 부분적으로 질서 있는 혼돈(partially ordered chaos)을 만들어 낸다. 지식, 기회, 그리고 무엇보다도 기대와 같은 모든 것이 과도기에 있고 의심스럽다. 정해진 것은 없다. 어느 날은 부자가 되고 다음 날은 가난해진다는 것은 과장일 수 있지만, 이는 시장경제의 역동성과 불확실성을 암시한다. 모든 경쟁자들에게는 남을 능가하고 싶은 또 다른 소망이 있고, 일부는 불법적이고 비윤리적인 수단을 사용하려는 유혹을 받을 것이지만, 대부분은 새롭고 더 나은 상품과 서비스의 발명, 더 낮은 가격으로 상품 및 서비스 제공 등을 통해 다른 사람들의 재산(fortunes)을 개선함으로써 자신들의 부를 향상시킨다.

기업가와 그의 혁신은 하이에크, 폰 미제스, 그리고 오늘날 오스트리아 학파 경제학(Austrian economics)으로 알려진 사상의 학파를 형성하는 다른 사람들을 위해 분석적인 역할을 하고 있다. 이 기업가는 또 다른 오스트리아인 조셉 슘페터(Joseph Schumpeter)가 "창조적 파괴의 폭발(gales of creative destruction)"이라고 부르는 것을 통해 끊임없이 일상을 뒤집는다. 즉, 그의 혁신은 삶의 수준을 향상시키면서 오래된 아이디어, 기술, 방법, 도구, 조직 및 프로세스를 쓸모없게 만든다. 예를 들어 컴퓨터 데이터 저장 장치를 생각해보자. 1970년대부터 1990년대 후반까지 8인치, 그 다음 5¼인치, 그 다음 3인치 플로피 디스크 드라이브가 업계 표준이었다. 3인치 드라이브에는 1.44MB의 데이터를 저장할 수 있었다. 1998년에 애플은 아이맥(iMac) 컴퓨터에서 플로피 드라이브를 분리했고, 델(Dell)은 더 이상 데스크톱 컴퓨터 표준 장비에 플로피 드라이브를 포함시키지 않았다. 2010년이 되자 마이크로소프트 워드(Microsoft Word)의 "저장(save)" 아이콘(icon)과 "다른 이름으로 저장(save as)" 아이콘을 제외하고 플로피 디스크 사용이 중단되었다. 플로피 디스크는 일반적으로 최소 8GB의 데이터를 저장하는 USB 드라이브, 테라바이트(Tera byte) 이상을 저장할 수 있는 외장하드 디스크, CD, DVD, 메모리 카드 또는 인터넷 스토리지(storage)로 대체되었다.

기업가들은 광고, 제품 차별화, 브랜드 이름, 담합, 가격 인하, 시행착오 등을 통해 자신과 제품을 판매한다. 이는 완벽하게 자연스러운 형태의 경쟁이지만 많은 경제학자들에게 불완전한 시장의 명백한 징후로 알려져 있으며, 정부의 개입이 필요한 상황으로 여겨진다. 하이에크에 따르면 시장을 역동적이고 경쟁적으로 만드는 바로 그 활동들은 일부 경제학자들이 억압하거나 규제하기를 원하는 활동들이다.

경쟁적 흐름(rivalrous flux)이라는 아이디어가 수용되면 경제생활의 균형 잡힌 패러다임을 구성하기 위해 다른 많은 새로운 아이디어와 관념(ideals)이 쏟아져 나온다. 이러한 견해에 따르면 시장경제는 시장 지지자나 비평가가 생각하는 것보다 훨씬 더 견고하다. 정치적 경쟁이 시장경쟁을 통한 기적과 같은 성과를 나타나게 할 수 없다는 것은 중요한 추론(corollary)이다. 가격이라는 "숨겨진 손(hidden hand)"이 없을 경우, 정치적 경쟁을 통한 결과는 대개 제로섬(zero-sum)이고 때로는 마이너스섬(negative-sum)인 반면 시장의 결과는 플러스섬(positive-sum) 또는 강제적이 아닌 모두가 자발적으로 동의한 거래이다.

시장에 대한 새로운 학습에서 경쟁과 독점은 모두 예상치 못한 방식으로 재정의되었다. 예를 들어 얼마나 많은 경쟁 또는 독점(혹은 양자)이 존재하는지는 규모의 경제(economies of scale)와 진입 장벽이라는 두 가지 요인에 따라 달라진다. 규모의 경제는 기업이 규모로 인해 달성하는 비용상의 이점이다. 기업의 평균비용이 매우 낮아질 때 시장에 대한 기업의 영향력은 매우 커지게 된다. 또는 전체 제품의 대부분을 생산하는 소수의 대기업이 시장을 지배할 가능성이 높다. 저렴한 비용으로 쉽게 생산되는 제품은 대량 생산에 적합하며, 소수의 기업에 적합하다. 많은 기업이 복잡하고 고도로 개별화된 제품이나 서비스를 제공하려고 하기 때문에 어느 기업도 시장에서 높은 점유율을 차지하지 못한다. 그런데 대부분의 학계 비평가들은 현대 시장에 대한 압도적인 독점의 존재를 강조한다. 변덕스러운 대중도 독점에 대해 동일하게 생각하고 있다. 사실 시장에서 대기업 간 경쟁이 치열한 상황에서도 독특한 제품과 서비스를 제공하는 소규모 전문기업이 부활하고 있다. 사실 음악시장에서 모든 록 그룹도 이런 의미에서 생각해볼 수 있어야 한다. 그렇게 하면 모든 독점이 매우 단기적이라는 것도 알게 된다. 더욱이 그 용어의 상식적인 의미에서 독점, 즉 가까운 대체재와의 경쟁이 없는 판매자는 거의 없다. 이에 반박하는 의견이 있다면 미국 철강공사(United States Steel Corporation)에게 외국 철강 경쟁사나 철강 대체품과의 경쟁 혹은 알루미늄의 대량생산에 대해 물어볼 수도 있다. 또는 사람들은 트럭 산업, 버스 산업 또는 항공사와의 경쟁에 대해 철도산업계에 물어볼 수 있다. 또한 모든 독점기업의 수익은 잠재적 독점기업을 끌어들여 이윤 손실을 감소시킨다.

독점의 본질과 중요성에 대한 이러한 제약은, 즉 경쟁체제에서 노동조합의 역할이 검증받아야 함을 나타낸다. 사실 노동조합은 정부가 위임한 독점의 가장 독특한 예이다. 수십 년 동안 그들은 다른 단체들, 특히 민간기업들에게 허용되지 않는 방식으로 혜택을 받을 수 있도록 허용하는 법에 의해 특별한 지위를 부여받았다. 민간기업들은 가격 변화에 따라 제품에 대한 수요가 얼마나 바뀔지 걱정해야 한다. 그러나 노조는 적은 임금을 받고 일할 의향이 있는 사람들을 배제함으로써 조합원들의 임금을 인상할 수 있었다. 폐쇄적인 상점 특권(shop privileges)에 힘입어 노조는 다른 판매자들에게 알려지지 않은 정도의 강요를 행사할 수 있었다. 많은 시민들은 노조에 그러한 권력을 부여하는 것이 사회에 도움이 된다고 생각하는 것 같다. 그러나 노동조합에 대한 여론조사 결과가 좋지 않고 노동조합의 회원 수도 감소하고 협상 테이블에서 그들의 권력이 급격히 감소함에 따라 이러한 믿음의 약화가 계속되고 있다. 민간부문 노조원 수는 급격히 줄어 지금은 민간부문 노조원보다 공공부문 노조원이 더 많아졌다. 독점적 경향은 자유시장에서 존재하지만 독점은 공공부문 노조를 포함한 정부의 위임 노조에서 발견된다. 독점금지법(antitrust laws)의 역할이 있다면 아마도 노동 단체에 적용되어야 할 것이다(제10장에는 독점금지법에 대한 더 자세한 설명이 포함되어 있다).

규모의 경제로 독점을 설명하는 것도 중요하지만, 독점적 과정에서 더 중요한 측면은 독점이 순전히 정치적인 현상이라는 것이다. 즉, 정부가 시장이나 산업으로의 진입에 장벽을 만드는 것이다. 시장에서의 이점(advantages)은 이용 가능한데, 주권 정부에 의해 부여될 때 가장 잘 획득되고 가장 효과적이다. 중상주의의 유럽은 이와 관련해 많은 예를 제공했지만, 오늘날 미국에서 더 관련성이 높은 산업들이 발견되고 있다. 모든 산업이 동일한 형태의 보호를 추구하지 않는다. 일부 산업들은 그들의 상황과 관련이 없는 반면 다른 산업들은 다소 정치적으로 실현 불가능한 것으로 여겨지기 때문이다. 어떤 경우에는 한 가지 형태의 보호가 실제로 특권을 극대화하기도 한다. 예를 들어 미국 내 자동차 산업은 관세보다 쿼터(quotas)를 선호한다. 이발사, 의사, 변호사 등은 허가를 통해 진입을 제한하고 경쟁을 억제함으로써 전문적 기준을 부과하고 자체 산업을 관리하는 것을 선호한다. 특허와 저작권은 제약회사와 음반사들에게 독점적 특권을 부여한다. 일부 도시에서는 택시 업계가 비싼 택시영업 면허증(개인 면허증은 558,000달러, 기업 소유 뉴욕 면허증은 775,000달러)을 구매하도록 요구함으로써 경쟁을 제한했다. 해운업(공해)에는 외국 선박의 사용을 제한하는 규정이 있다. 미국 내 콘텐츠 법은 자동차 노조뿐만 아니라 해당 부품의 미국 내 제조사들 사이에서 높은 인기를 끌고 있다. 남부의 땅콩 재배자들은 땅콩을 재배하기 위해 특별한 "땅콩 할당(peanut allotment)"을 받아야 한다. 이러한 할당은 매우 부족하고, 종종 상속되거나 천문학적인 가격에 판매된다. 이러한 다양한 장벽을 관리하는 것은 워싱턴 DC의 수십 개의 규제위원회이며, 사실상 카르텔 관리자라고 볼 수 있다. 그들은 경쟁을 제한함으로써, 산업의 부와 수입을 늘리기보다 안정시키려 한다.

정치 카르텔의 이러한 공식적인 행정기관을 단순히 정치 카르텔이 규제하는 산업의 포로로 여겨서는 안 된다. 사익을 추구하는(self-interested) 회원과 직원(members and staff)으로 구성된 위원회는 상호 이익이 되는 규제 대상 산업과 교류를 한다. 많은 분석가들이 지적했듯이 규제기관들은 위험에 높은 가치를 두고 있다. 규제기관들은 위험을 기피하기 위해 예산을 제공하고 그들의 운영을 감독하는 의회위원회(Congressional committee)의 계획을 망침으로써 문제를 일으키지 않는다. 의회위원회 위원들의 직업, 급여, 지위, 권력이 걸려 있고, 때때로 우호적이지 않은 행사와 홍보로 인해 그런 것들을 쉽게 잃어버릴 수 있기 때문에 보안(security)이 규제기관들의 주요 관심사가 된다. 의사결정의 예측 가능성은 관료뿐만 아니라 고객 그룹들이 공동으로 존중하는 또 다른 가치이기 때문에 행정 관행과 정책을 성문화하고 확산시키려는 강한 열망이 있다. 최고 관리자는 고객은 물론 일반 대중과도 편안한 관계를 유지함으로써 문제없는 하루를 보낼 수 있으며, 대통령 및 의회와 더욱 조화로운 관계를 맺을 수 있다. 그러한 호의를 입은 산업(grateful industry)은 또한 다음에 워싱턴 로비스트를 고용하는 것을 고려할 때 은퇴한 관리자의 정치적 재능과 지대추구 잠재력을 참고할 것이다. 친밀한 관계가 불가피한 것은 아니지만 확실히 그 편이 고용될 가능성이 높다.

과거와 달리 새로운 기업과 산업은 정치적 활동가(operatives)에 의해 밀접하게 규제되어 이미 기능하는 카르텔 배치에서 탄생한다. 기업가는 사업에 진출할 수 있도록 허가를 받아야 할 뿐만 아니라, 무수히 많은 수수료와 세금을 내야 하는 것에서부터 그들의 시설을 승인받아야 하는 것, 그리고 구역 제한을 충족하는 것에 이르기까지 다양한 요구사항을 충족해야 한다.

2. 비즈니스 기업 : 새로운 이해

기본적인 경제 과정을 재고하고 설명할 때 이익 지향적인 기업가는 기업을 자원을 결합하고 재분배하는 수단으로 이용하기 때문에 기업의 역할에 관심이 자연스럽게 집중되었다. 기존 경제학 교과서에서는 항상 기업을 "빈 상자(empty box)", 즉 시장 균형을 설명하는 데 기업의 내부구조와 의사결정이 시장과 관련이 없는 것으로 간주되는 인위적인 실체로 취급했다. 전통적인 가격이론은 기업이 시장 힘에 대해 기계적 대응을 하는 것뿐이라고 보기 때문에 고정 가격으로 투입물을 구매하고, 특정 기술 제약하에서 자원을 제품으로 전환하고, 시장에서 판매하는 것은 기업의 통제 범위를 벗어난 것으로 간주한다. 간단히 말해서 일반적인 기업은 결정할 것이 거의 없다. 기업의 결정 과정은 무시할 수 있다. 사실상 기업은 "빈 상자" 이다.

기업에 대한 더 새로운 관념이 나타나면서 기업이 중요하게 여겨졌다. 부분적으로 허버트 사이먼(Herbert Simon, 1957년), 오스트리아 학파 경제학자들의 견해, 그리고 알치안(Alchian, 1972), 코스(Coase, 1937), 뎀세츠(Demsetz, 1962) 및 윌리암슨(Williamson, 1985)의 다소 특별한 공헌에 의해 개척된 행동 접근법(behavioral approaches)으로 구성된, 확연히 다른 기업의 개념이 경제학자들의 보다 친숙한 기업의 이미지에 도전하기 위해 나타났다. 로널드 코스가 다시 한번 이를 주도했다. 그는 아주 단순한(naive) 두 가지 질문을 제기함으로써 주도했다. 기업은 왜 존재하는가? 그리고 기업은 왜 조직화되어 있는가?

그는 공식 조식이 계약을 통해 일을 수행하는 비용을 줄이기 때문에 기업이 존재한다고 주장했다. 즉, 자원 보유자가 매일 시장에서 계약해야 하는 것을 기업 내 분업화된 조직이 대신해줌에 따라 생산비용이 감소하기 때문이다. 시장경쟁을 지지하는 사람들이 계약을 통해 거래하는 것을 거부하는 것은 다소 이례적인 일이다. 그럼에도 불구하고 기업가는 자원 소유자 간의 개별 계약이 매우 복잡하고 혼란스럽고 실망스러우며, 낭비적일 것이라는 합리적인 이유 때문에 기업 조직을 통한 일괄적인 계약을 선택한다. 따라서 전형적인 기업은 소형 시장(miniature market)이 아니다.

대신 기업은 공식적인 분업에 의해 조직되고 조정되는 소유자, 관리자 및 지원으로 이루어진 "단순한(simple)" 계층구조이다. 이를 결합하면 그러한 조직 없이 가능한 것보다 훨씬 더 많은 것을 더 낮은 비용으로 생산할 수 있다. 또한 각 구성원 그룹이 다른 방식으로 보상을 받는다는 점에 유의하는 것이 중요하다. 일반적으로 직원은 시간당 급여를 받는다. 관리자는 급여와 보너스를 받는다. 소유자는 이익이라고 하는 주주 배당금(residual payments)을 받기를 희망한다. 그러한 지불이 조직 구성원들 간에 다른 이해관계를 만들어낸다는 것은 말할 필요도 없으며, 이는 기업이 성공하기 위해서는 반드시 해결해야 할 차이점들이다.

이러한 계약은 계약비용을 절감하고 상호 기대와 성과에 대한 안정성을 증가시키기 때문에 기업 구성원 간의 관계는 단기적인 일일 계약이 아닌 "장기적인" 계약에 의해 지배된다. 또한 이러한 계약은 구성원의 행동을 통제하기 위한 보다 효율적인 수단을 제공한다. 모든 조직에는 무임승차, 태만 또는 다른 사람을 희생하여 얻는 가능성에 유혹을 받는 구성원이 있다. 크고 복잡하며, 비인격적인 조직에서는 그렇게 해도 들키지 않을 가능성이 크고 낯선 사람들 사이에서 발견되는 윤리적 유대가 약해지므로 유혹이 현저하게 증가한다. 복잡한 분업에서 기여도를 평가하는 것은 어렵기 때문에 직원이 일을 피하거나 방치(태만)하게 되는 유인이 더욱 강화된다. 다시 말해, 태만비용이 낮을수록 더 많은 태만이 "수요" 되거나 실제로 나타나게 된다. 직원을 정직하게 유지하고 그들과 업무를 공유하려면 상사 또는 관리자가 필요하다.

공동체 조직(communal organizations)에서는 아무도 책임을 회피하려는 유혹을 받지 않는다는 가정 때문에 이 문제에 매우 왜곡된 방식(wrenching way)으로 직면하게 된다. 그러나 이전 공동조직 구성원들(members)에 대한 개인적 설명과 그 조직사회에 대한 연구는 그것이 허구(myth)임을 보여주었다. 급여는 어떻게 지급될 것인가? 물론 근무태만자는 근무태만자들(shirkers)의 줄어든 기여도를 보충해야 하는 동료들의 사회적 비용을 증가시킨다.

큰 정치에서처럼 기업의 감시자들(monitors)은 면밀한 조사를 한다. 대기업과 중소기업 경영자들은 유사하게도 직원 또는 소유자(혹은 양자)를 희생시키는 것으로 충족할 수 있는 자신의 이해관계를 가지고 있다. 특히 소유주의 부재는 이러한 착취 가능성을 높인다. 이 문제를 해결하는 자본주의적 방법은 상사에게 감시를 잘하는 것에 대한 상여금을 주는 것이다. 생산량을 늘리지 못할 가능성을 동반한 결과는 해고로 이어질 수 있다. 다시 말하지만, 이중 인센티브(dual incentives)는 특히 소비자들에게 굉장한 결과를 가져다준다.

앞 장에서 나는 사기업과 공공 관료기구가 상당히 다른 방식으로 자금을 조달

받는 것을 관찰했다. 결과가 매우 중요하기 때문에 요점을 반복하고 더 검토할 가치가 있다. 정부 부처는 정해진 기간에 운영 자금을 조달하기 위해 입법부로부터 연간 예산을 받는다. 기업과 달리 그들은 불확실한 투자와 시장판매에 의존하지 않는다. 기업의 수익은 예측할 수 없기 때문에 기업은 불확실성에 기꺼이 맞설 투자자를 찾아야 한다. 일부는 위험한 상황을 즐기기 때문에 투자할 수도 있지만, 대부분의 사람들은 미래에 받을 대가가 위험에 대한 기피를 극복하는 데 충분하기 때문에 투자할 것이다. 기업들은 부를 잃을 위험을 부담하는 대가로 이자 지급이나 이익의 가능성을 제공하고 유한 책임을 진다. 위험이 클수록 자원을 얻는 데 필요한 잠재적 보상도 커진다. 위험 감수를 설명할 때 알려지지 않은 특성 요소가 있지만, 일반적으로 경제학자들은 투자를 선택하는 데 위험을 감수하는 것은 개인의 부에 달려 있다고 가정하는 것을 선호한다. 다시 말해, 화폐는 한계효용이 감소할 수 있다. 많은 돈을 가진 사람들은 쉽게 위험을 감수할 수 있고 더 적은 보상을 요구할 것이며, 적은 돈을 가진 사람들은 비슷한 위험이라도 되도록 감수하지 않을 것이고, 이를 극복하기 위해 더 많은 보상을 요구할 것이다. 따라서 투자자는 자본주의 기업에 자금을 조달하는 데 필요한 투자자본을 제공하는 전문화된 위험 수반자이다. 투자는 개인 자금이 제한된 많은 사람들 사이에서 위험을 분산하고 줄이는 방식으로 결집된다. 아이러니하게도 미국 노동조합은 조합원들이 일하는 바로 그 기업의 실질적인 투자자가 되었다.

기업의 새로운 이론에 대한 이 주석은 우리가 실제 시장의 작동 과정에서 기업이 어떻게 운영되는지 더 잘 이해하는 데 도움이 된다. 다양한 기업은 시장에서 다른 정도의 자율성을 가지고 있다. 어떤 시장에서는 가격에 영향을 미칠 만큼 시장 지배력이 충분하지 않은 "가격 순응자(price-takers)" 일 뿐인 반면, 다른 어떤 시장에서는 가격에 대해 일부 통제가 가능하여 구매자에게 청구할 최적의 가격을 찾는 "가격 탐색자(price-searchers)" 라고 표현할 수 있다. 나는 더 오래된 전문 용어로 시장의 경쟁력을 설명하고자 한다. 일부 시장에는 다른 시장보다 더 많은 경쟁자가 있으며, 경쟁의 "정도(degree)" 또는 강도가 크게 다르다는 것을 누구나 알고 있다. 가격수용시장에서는 경쟁자의 수가 더 중요하고 가격탐색시장에서는 경쟁의 강도가 결정적인 요인이라는 점에서 두 가지 모두 중요한 특성이다.

그러나 두 시장에서 가장 중요한 것은 구매자들을 설득하는 제품을 생산하기 위한 기업들의 노력이다. 수요는 기업의 광고 노력에 의해 나타난다. 필요(wants)는 기업이 제품을 발명하고 고객에게 새로운 요구를 납득시키는 것에 의해 만들어진다. 그런 면에서 공급이 수요를 앞선다. 물론 일단 수요가 창출되면 기업은 그것을 고려해야 하지만, 수요는 보편적이지도 영구적이지도 않다. 개선, 세련, 그리고 무엇보다도 신제품은 끊임없이 소비 패턴을 바꾼다. 또한 가격 탐색자들은 "올바른(right)" 가격을 찾기 위해 끊임없이 노력해야 한다. 그들이 하는 일은 정기적으로 시장을 방문하는 사람이라면 누구나 관찰할 수 있다. 왜냐하면 모든 것의 가격은 모든 구매자와 물론 판매자에게 예상치 못한 이익과 손실을 줄 수 있을 정도로 끊임없이 변동하기 때문이다. 예상하지 못한 이득과 손실은 전통적인 경제학 교과서의 깔끔한 도표에 묘사된 안정적인 기대보다 어려움에 처한 사업가에게 훨씬 더 일반적이다. 경제학 교과서의 그림은 음료 맛처럼 단순해 보이는 것의 불확실성을 고려하지 않는다. 서로 앞서기 위해 노력하는 일본 기업들은 매년 1,000가지의 새로운 맛을 선보인다! 공급 측면의 삶은 결코 안온하지 않다.

가격 탐색자들은 마음대로 가격을 설정할 수 없다. 그렇게 하는 데 필요한 시장의 힘은 단순히 존재하지 않는다. 만약 그렇게 되었더라면, 아마도 미국 내 자동차 회사들은 2000년대 동안 끔찍한(diabolical) 이유로 수십억 달러를 잃었을 것이다. 이 강력한 기업들은 경쟁자들이 관찰하는 동안 특정 시장 현실을 관찰하지 않았다. 기업의 성장은 규모와 독점력이라는 잔혹한 전술이 아니라 우수한 생산 및 마케팅 전략에서 비롯된다. 일부 산업에서의 집중도는 만족한 소비자의 평가로 이루어진 우수한 성과의 결과이다. 동일 산업의 대기업이 차지하는 시장 점유율은 시간이 지남에 따라 변하는 경향이 있다는 점에 유의해야 한다. 포드(Ford)는 한때 자동차 산업의 거인이었다. 그 다음은 제너럴 모터스였다. 2010년에는 도요타(Toyota)였다. 『비즈니스 위크 인터브랜드(*Business Week/Interbrand*)』의 가장 가치 있는 글로벌 브랜드 순위에서 미국 기업은 포드만이 49위를 차지했다. 도요타는 8위, 혼다(Honda)는 18위, 한국의 현대는 69위에 올랐다. 포드가 왕이었을 때 일본 회사도 현대도 자동차를 생산하지 않았다. 단 한 가지 확실한 것은 10년 안에 순위는 완전히 달라질 것이고 심지어 자동차산업 게임에서 새로운 플레이어들이 나올 수도 있다는 것이다.

현대 대기업의 가장 눈에 띄는 활동은 아마도 기업의 광고일 것이다. 이 활동은 미적 감수성을 가진 급진파(radicals)와 진보주의자들(liberals)로부터 특히 도덕적인 비난을 받는다. 주류 경제학자들조차 광고를 낭비적인 지출로 보는 경향이 있는데, 이는 구매자들이 충분히 정보를 알고 있기 때문에 추가적인 정보가 필요하지 않다는 전통적인 가정에 근거한 견해이다. 구매자들은 몇 가지 이상의 제품에 대해 완전히 알지도 못하고 알 수도 없다. 끊임없이 등장하는 새로운 제품과 서비스의 세계에서 그들은 누군가가 관련 정보를 기꺼이 제공하고 그 정보를 제공받을 수 있을 때까지 무지한 채로 남아 있다. 그 누군가는 기업이고, 특히 새로운 기업은 제공할 수 있는 모든 것을 소개하기 위해 노력하고 있다. 말 그대로 수십억 개의 경쟁 제품과 함께 소비자의 일시적인 관심을 끌려는 노력은 낭비적인 것이 아니라 필수적이다. 현재 평균적인 식료품점은 45,000개의 다양한 품목을 갖추고 있다. 개인의 관심과 충성도는 변경하는 데 비용이 많이 들기 때문에 광고주는 소비자를 한 제품에서 다른 제품으로 전환할 수 있는 기술 또는 운(혹은 양자)이 좋아야 한다. 광고 자체는 수익 체감의 영향을 받는다.

진보주의 사상가들을 그토록 불안하게 하는 소위 과잉(excesses)공급의 대부분은 광고 탓이라는 잘못된 가정에 근거하고 있다. 그것은 매우 제한적인 조건하에서 가능하다. 그래도 광고주 입장에서는 완벽하게 이해할 수 있는 전술(tactic)이다. 광고로 제품이 소비자의 관심을 끌고 있을지라도 제품의 판매는 장기적으로는 광고가 아니라 소비자를 만족시키는 제품의 능력에 달려 있다. 사실 광고는 판매자가 구매자에게 의미가 있다고 생각하는 정보를 전달한다. 그렇지 않은 경우 구매자는 다른 테마(themes)를 검색한다. 그리고 우리 구매자는 정보와 실제로 정보가 제공되는 저렴한 비용에 대해 "감사(grateful)"해야 한다. 소비자들에게 정보를 어떻게 제공해야만 하고 또 제공할지는 사회주의자들이 결코 다루지 않는 문제인 것 같다. 아마도 사회주의에서는 제품과 서비스의 다양성이 감소하고 제품의 동질성이 증가하기 때문에 선택의 여지가 불필요해질 것이다. 이에 비해 자본주의에서는 소비자들의 "실제" 요구를 충족하는 우수한 제품만 제공한다. 따라서 현대 자본주의 소비가 경박하다고 주장하는 것은 과거의 일이 될 것이다. 검소하고 엄격한 소비(spartan consumption)가 이상적이라면 광고는 어떻게 될지 궁금해진다.

3. 되찾은 미덕

시장은 끊임없이 변화하기 때문에 시행착오를 통해 사적 재화의 생산과 유통에 있어 개인과 집단의 합리성을 달성할 수 있다. 돈과 가격의 사용은 고도로 분산된 의사결정 시스템이 변화하는 수요와 생산적인 혁신에 반응하고 책임 있는 방식으로 기능할 수 있도록 한다. 시장은 제한된 정보를 가진 제한된 사람들이 행동 현장에서 수 마일 떨어진 곳에 앉아 있는 냉정한 전문가 위원회가 할 수 있는 것보다 더 현명한 선택을 할 수 있도록 하는 고도로 분산된 의사결정 시스템이다. 시장에서 제공하는 정보의 대부분은 양적이어서 교육을 받지 않은 개인이 쉽게 이해하고 경제적으로 사용할 수 있을 뿐만 아니라 즉각적인 결정을 가능하게도 한다. 애덤 스미스가 주장했듯이 시장은 손익, 말하자면 당근과 채찍의 인센티브를 통해 강력한 동기부여 시스템을 제공하기도 한다. 한 시장에서 제공되는 것이 마음에 들지 않는 사람들은 일반적으로 불만사항에 대해 목소리를 낼 수 있고 반응이 좋은 판매자가 그 목소리에 답할 수 있다. 발로 투표하는 것을 선호하는 사람들은 상점을 떠나 더 많은 사업을 하고자 하는 경쟁자를 선택할 수 있다. 시장의 기능에 불만을 가진 사람들은 역사적으로 또는 경제와 정치를 지휘하는 현대 사회의 관점에서 볼 때 전례 없는 수준의 선택권을 가지고 있다.

이 토론에서 많은 주제가 나온다. 첫째, 시장은 불완전하게 경쟁하더라도 놀라운 효율성을 달성한다. 시장경제는 인센티브를 제공할 뿐만 아니라 개인의 선호도를 더 정확하고 신속하게 반영하기 때문에 역사상 가장 높은 GDP를 달성했다. 다른 사람의 복지에 대한 값비싼 계산은 최소화된다. 구매자, 판매자 및 기업가는 가격 신호가 제공하는 정보만 있으면 합리적인 할당을 할 수 있다. 분산된 권한 시스템 내에서 운영되기 때문에 고정된 지분을 놓고 서로 씨름하기보다는 각자의 바람을 조정할 수 있다. 결과적으로 경제적 딜레마는 비인격성, 효율성, 그리고 최소한의 강요로 처리된다. 동시에 시스템은 무능, 오산, 부정직함을 처벌하고 노력, 능력, 선견지명, 성실함을 보상한다.

이러한 추상적 주장은 사실이지만, 분배 문제를 단순화함으로써 다수의 복지에 기여하는 준비된 해결책을 제공할 수 있는 시장의 특별한 능력을 어떤 식으로든 제대로 설명하지 못한다. 정부 규제당국과 중앙 기획자들이 시장을 대체하려고 하는 데 어설픈 방법을 사용함으로써 오히려 시장의 기능이 강화되었다. 예를 들어 항공 산업은 상당히 규제가 완화되었지만, 연방항공청(Federal Aviation Agency)은 주요 공항의 과밀 문제에 직면한 산업에 관료적인 방법을 계속 적용하려고 시도하고 있다. 너무 많은 비행기가 특정 요일의 피크 시간에 이착륙을 시도한다. 이 비용이 많이 들고 성가신 문제는 시장 원리를 적용함으로써 줄일 수 있다. 바쁜 시간에 착륙 및 이륙 비용을 높이면 곧 적절한 수량과 가격의 항공편에 대한 이착륙시간(slot)의 공급과 수요가 일치하게 될 것이다. 특정 항공편을 가장 소중히 여기는 사람들은 자신의 가치가 있는 곳에 돈을 투자할 수 있는 기회를 받아야 한다. 이러한 항공편을 덜 중요하게 여기는 사람들은 더 낮은 가격에 다른 덜 편리한 항공편의 항공권을 구입할 수 있는 기회가 허용되어야 한다. 그러나 정보를 모르는 대중, 전문 규제기관, 정치인들은 항공사를 비난하고 오직 정부만이 부족한 시간과 활주로 공간을 할당하기 위한 규칙을 고안할 수 있다고 주장할 것이다. 그러나 컨퍼런스(conference) 테이블 주변에서 이성적인 토론으로 "해결" 되는(solved) 문제의 방대함(immensity)을 상상해보라. 누구의 시간이 더 가치가 있는가? 그리고 얼마나? 이러한 질문들은 영원한 윤리적 원리에 대한 논의 없이 시장에서 답을 얻을 수 있다. 초과 예약 좌석과 현재 초과 예약 활주로의 존재는 시장실패의 증거가 아니라 정치실패의 증거이다. 시장은 공항의 특정 용도의 가격을 인상함으로써 낮은 가격의 문제를 해결할 것이다. 개인 소유 부동산의 피크 시간 사용의 가격은 높은 반면, 상대적으로 덜 가치 있는 시간의 가격은 낮다. 호텔들은 주중보다 주말에 요금을 적게 매긴다. 식당들은 일부 전기 회사들과 개인 유료 도로 운영자들이 하는 것처럼 비수기 할인을 제공한다. 이러한 현명한 결정은 이 회사들이 이러한 면에서 규제를 받지 않기 때문에 발생한다. 그러나 항공편과 활주로가 꽉 막히는 광경은 애초에 시장이 문제를 일으켰다고 가정하기 때문에 어떻게든 집단적인 해결책을 필요로 하는 것처럼 보인다.

시장의 재발견과 그 작동에 대한 더 나은 이해를 통해 항공사가 직면한 문제와 같은 문제의 실제 원인과 이러한 문제를 저렴한 비용으로 쉽게 해결할 수 있는 방법을 이해할 수 있다. 교통수단을 둘러싸고 고뇌에 찬 윤리적 논의와 사익을 추구하는 정치는 불필요할 뿐만 아니라 낭비적이다. 시장 선택 시스템은 다른 경제에서 알려진 것 이상으로 혁신을 장려하는 것처럼 보인다. 탐색은 계획할 수 없으며,

경쟁시장에 의해서만 촉진될 수 있다. 발명가들은 다른 사람들의 경력을 망칠 수도 있지만 새롭고 더 많은, 더 나은 경력을 창출하고 소비자들에게 이익을 준다. 그리고 경쟁의 핵심은 한 시점에 무엇을 할 것인지를 결정하는 것이 아니라 새로운 제품과 새로운 유통 방법을 도입하는 것이라는 것을 기억하라. 애덤 스미스(Adam Smith)는 시장이 다양한 사적 이익으로 어떻게 집단적 재화를 생산할 수 있는지를 처음으로 이해한 사람이다. 가격 메커니즘은 최신 컴퓨터를 갖춘 계획위원회가 달성할 수 없는 효율성으로 작업을 수행한다. 여전히 많은 사회과학자들은 많은 일반 제품들이 "근본적인(base)" 사익으로부터 나올 수 있다는 것을 믿기 힘들어 하지만, 그것은 그들이 시장의 단순한 작동을 파악하지 못하기 때문이다. 또한 그들은 그들의 열렬한 신념에도 불구하고 경쟁적 사익을 공공의 이익으로 바꿀 수 없는 정치적 과정의 운영을 파악할 수 없다.

■ 서지(書誌) 노트 : 주요 참고문헌 소개

시장, 경쟁, 기업체들의 재발견은 적어도 60년 동안 진행되어 왔지만, 새로운 학습은 고도로 분산화된 방식으로 개발되고 보급되어 왔다. 결과적으로 우리는 사상적 선배들(progenitors)이 종종 서로의 존재를 인식하지 못하는 것처럼 보이는 여러 다른 사상체(bodies of thought)와 마주하게 된다. 예를 들어 기업에 대한 문헌은 전통적인 경제학 내에서 발생했고 그 자료(material)가 종종 기술적 용어로 제시된다는 것이 그 사실을 반영하고 있다. 한편, 시장과 경쟁에 대한 재해석의 많은 부분은 "오스트리아 학파"(실제 그들 대부분은 미국인) 경제학자들의 작품이며, 수학적이지 않은 방식으로 작성되었다. 반면 시카고학파 경제학자들은 독점을 재해석했다. 사유재산, 이윤추구(profit-seeking) 경제에 대한 새로운 학습 중 일부는 서부 개발을 설명하려는 법률 사상가들과 경제 역사가들에 의해 제공되었다.

그래서 이러한 문헌들은 매우 상호 보완적이지만, 그것들은 다양하고 독특한 언어로 작성되어 있다.

아마도 시장과 경쟁에 대한 가장 좋은 공부의 시작점은 아르멘 알치안과 윌리엄 알렌(William Allen)의 현재 절판된 아주 특별한 경제학 내용을 담고 있는 『대학경제학(*University Economics*)』(Belmont : Wadsworth Publishing Co., 1964)의 사본을 찾아서 읽는 것이다. 찾을 수 있다면 어떤 출판본이든 찾아보라. 이후의 출판본에서는 『교환 및 생산 : 경쟁, 조정, 통제(*Exchange and Production : Competition, Coordination, Control*)』으로 책 제목이 변경되었다. 이 훌륭한 책은 학부 교재이자 논문(treatise)으로 매우 독창적이다. 단순히 새로운 생각을 요약하고 정리하는 것이 아니라 실제로 그 생각을 발전시키는 데 도움을 준다. 마샬(Marshall)의 고전(classic)에서처럼 학부생뿐만 아니라 진보된 사상가들도 시장 및 비시장 환경을 다루는 경제학의 독특하고 독창적인 적용으로부터, 그리고 무엇보다도 제시된 아이디어로부터 이익을 얻을 수 있다. 이 책은 정말 대단한 책이다.

또한 이전 장에서 이미 언급한 학자, 즉 로널드 코스(Ronald H. Coase)의 저서를 참조해야 하며, 이 논문의 주요 에세이는 현재 문고본(paperback)으로 제공되고 있다. 『기업, 시장, 법(*The Firm, the Market, and the Law*)』, 이 작은 책은 코스가 왜 우리 시대의 위대한 경제학자 중 한 사람이었는지를 분명히 보여준다.

더글러스 노스는 『제도, 제도적 변화와 경제 성과(*Institutions, Institutional Change and Economic Performance*)』(Cambridge University Press, 1990)를 통해 시장과 정치에 대한 연구에 혁명을 일으켰고, 그의 분석은 1990년대 내내 정치와 경제제도가 어떻게 상호작용하는지에 관심이 있는 모든 사람들의 작업을 지배했다. 『경제변화 과정의 이해(*Understanding the Process of Economic Change*)』(Princeton University Press, 2010)에서 그는 사회과학자들에게 사회가 작동하는 방식에 대한 정적 및 기계적인 모형(mechanistic model)을 넘어 역동적 상황을 분석하기 위한 도구를 개발하도록 촉구한다. 그의 책은 적응 효율성에 관한 것으로, "문제가 진화함에 따라 사회가 계속해서 새로운 제도를 수정하거나 만드는 지속적인 조건"에 관한 것이다.

미국의 대표적인 '오스트리아 학파 경제학자' 이스라엘 커즈너(Israel M. Kirzner)가 쓴 책 중 적어도 한 권을 인용하지 않을 수 없다. 나는 그의 책 중 하나, 『경쟁 및 기업가정신(*Competition and Entrepreneurship*)』를 주목한다. 이스라엘 커즈너는 오랫동안 오스트리아 학파 사상을 미국 경제학에 무차별하게 노출된 일반 청중들에게 전파했다. 근래에 와서야 그의 저술은 현대 가격이론뿐만 아니라 미제스와 하이에크 저작물이 알려지는 데 중요한 비평서로서 가치 있는 인정을 받았다. 그들의 연구와 슘페터(Schumpeter)의 더 잘 알려진 연구들이 마침내 정통적인 전통경제학에 통합되고 그것을 훨씬 더 견실한 분석체로 만들고 있다. 나는 이러한 건강한 추세가 계속될 것으로 기대한다.

아마도 오스트리아 학파 경제학에 관한 최고의 입문서는 진 칼라한(Gene Callahan)의 『실제 사람을 위한 경제학 : 오스트리아 학파 소개(*Economics for Real People . An Introduction to the Austrian School*)』일 것이다. 이 책의 문체는 독자들에게 머레이 로스바드(Murray Rothbard)를 떠올리게 할 만큼 충분히 재치 있다. 칼라한은 전문용어를 잘 피해서 비경제학자들도 읽기 쉽게 책을 썼다.

〈참고문헌〉

Alchian, Armen and Harold Demsetz, "Production, Information Costs, and Economic Organization," *American Economic Review*, 62(December, 1972), pp. 775 ~ 795.

Alchian, Armen A. and William R. Allen, *Exchange and Production : Competition, Coordination, and Control*, 3 Sub ed., Belmont : Wadsworth

Pub. Co., 1983.

Callahan, Gene, *Economics for Real People : An Introduction to the Austrian School*, Auburn, Alabama : Ludwig von Mises Institute, 2002.

Coase, Ronald H., *The Firm, the Market, and the Law*, Chicago : University of Chicago Press, 1990.

________________, "The Nature of the Firm," *Economica*, 4(November, 1937), pp. 386~405.

Demsetz, H., "Production, Information Costs, and the Economic Organization," *American Economic Review*, 62(1962), pp. 777~795.

Hayek, F. A., *The Road to Serfdom : Text and Documents*, New ed., Chicago : University of Chicago Press, 2007.

____________, "The Use of Knowledge in Society," *American Economic Review*, 35(September, 1945), pp. 519~530.

Kirzner, Israel M., *Competition and Entrepreneurship*, New ed., Chicago : University of Chicago Press, 1978.

North, Douglass C., *Institutions, Institutional Change and Economic Performance*, New York : Cambridge University Press, 1990.

__________________, *Understanding the Process of Economic Change*, Princeton : Princeton University Press, 2010.

Perry, Mark J., "Update the NYC 'Taxi Cartel ; Medallion Prices Reach Record Highs in 2010 of s588k and $779k," *CARPE DIEM*. http://mjperry.blogspot.com/2010/03/update-on-nyc-taxi-cartel.html.

Schumpeter, Joseph. A., *Capitalism, Socialism, and Democracy*, New York : Harper Perennial Modern Classics, 2008.

Simon, Herbert, *Models of Man*, New York : John Wiley & Sons, 1957.

Williamson, Oliver E., *The Economic Institutions of Capitalism : Firms, Markets, Relational Contracting*, New York : Free Press, 1985.

제8장 공공선택과 법

공공선택학이 경제논리를 정치에 적용하는 학문으로 발전하면서 경제학자와 변호사들이 경제논리를 법에 적용하기 시작했다. 공공선택과 마찬가지로 현재 법경제학이라 불리는 하위 분야(sub-discipline)의 결론은 때로는 상식적이고 때로는 반직관적이며, 어떨 때에는 터무니없는 것처럼 보이기도 한다.

법경제학은 이성적인 사람들이 자신의 행동을 법적 규칙에 맞게 조정하는 방법에 대해 간단한 질문을 던진다. 따라서 "합리적 행위자(rational actors)"는 사회적 관습에 따라 행동하는 것으로 가정되는 "합당한 행위자(reasonable actors)"의 표준화된 법적 가정을 대체한다. 법의 목적은 유인체계를 바꾸는 것이다. 사람들이 특정한 방식으로 행동해야 한다고 주장하는 윤리학자나 정치인들과는 달리, 경제적 접근은 사람들이 어떻게 행동할 것인지를 묻는다. 데이비드 프리드먼(David Friedman)은 아래와 같은 예를 제공한다.

> 당신은 가장 가혹한 형사처벌이 종신형인 주에 살고 있다. 무장 강도는 매우 심각한 범죄이므로 무장 강도는 종신형을 받아야 한다고 제안하는 사람이 있다. 어떤 헌법 전문 변호사는 그것이 잔인하고 이례적인 처벌에 대한 금지에 부합하는지 묻는다. 법철학자는 그것이 정당한지 묻는다.
>
> 어떤 경제학자는 무장 강도와 무장 강도에 살인을 더한 처벌이 같다면 살인에 대한 추가 처벌은 0이라는 점을 지적하고, 그럴 경우 강도는 진정으로 강도의 이익을 위해 피해자를 살해할 것인지 묻는다.

다시 한번 강조하자면, 유인(incentives)이 중요하고, 의도하지 않은 결과가 나타난다는 법칙은 피할 수 없는 것으로 보인다.

로널드 코스(1961)와 귀도 캘러브레시(Guido Calabresi, 1967, 1970)는 경제 분석을 법에 적용한 최초의 현대 학자들이다. 사회적 비용 문제에 관한 코스(Coase)의 논문은 외부성(externalities)에 대한 피구(Pigou)의 정통성을 바로잡으려 했다. 제6장에 외부성에 대한 코스의 분석이 포함되어 있으므로 여기서 반복하지 않겠다. 법경제학에 대한 논문의 중요성은 계약, 법률 및 제도가 거래비용(transactions costs)을 절약하기 위해 등장했음을 설명하는 데 도움이 되었다는 것이다.

예일 법대(Yale Law School)의 학장을 지냈고 클린턴 대통령에 의해 연방 의장으로 임명된 캘러브레시(Calabresi)는 불법행위법(불법행위는 형사상의 잘못과 반대되는 민사적 잘못임)의 효율성을 높이기 위해 최소의 비용으로 책임을 회피할 수 있는 당사자에게 책임을 부과해야 한다는 아이디어를 도입했다. 즉, "최소 비용 회피자"를 말한다. 따라서 이웃이 수영장을 지을 때 다른 법적 규칙에 따라 부모가 자녀를 통제할 책임이 있다고 하더라도 이웃 어린이가 들어오지 못하도록 울타리를 쳐야 한다. 모든 부모가 항상 자녀를 감시하는 것보다 수영장 소유자가 수영장에 대한 접근을 통제하는 것이 더 쉽기 때문이다. 즉, 수영장 소유자가 최소 비용 회피자이다.

이후 캘러브레시는 효율성을 증진하기 위해서는 예방비용, 사고비용, 행정비용의 합을 최소화하는 규칙이 필요하다고 보고 관련 규칙을 개정했다. 이 개정에 따라서도 수영장 소유자는 여전히 자신의 수영장에 울타리를 쳐야 한다.

게리 베커(Gary Becker), 조지 스티글러(George Stigler) 및 리처드 포스너(Richard Posner)는 법경제학에 대한 다양한 아이디어를 대중에게 전파했다. 베커와 스티글러 등은 법 및 법 집행에 대한 경제학적 분석을 발전시켰다. 예를 들어 베커(Becker, 1968)는 다음과 같이 질문했다. 다양한 종류의 입법 시행을 위해 얼마나 많은 자원과 형벌이 사용되어야 하는가? 이상할지 모르지만 앞의 내용과 동등하게 질문하자면, 얼마나 많은 범죄를 허용해야 하고 얼마나 많은 범죄자가 처벌받지 않아야 하는가?

비평가들은 오직 경제학자만이 최적 또는 효율적인 형벌의 양에 대해 걱정할 것이라고 주장할지 모른다. 그러나 그것은 증명의 적절한 표준에 대한 질문으로 이어지기 때문에 중요하지 않은 걱정이 아니다. 형사 사건에서의 입증 기준이 민사 사건보다 더 높아야 하는가? 왜? 결과가 어떻게 되는가? 한 명의 무고한 사람이 유죄 판결을 받는 것보다 열 명의 죄인이 석방되는 것이 더 낫다는 블랙스톤의 규칙(Blackstone' s rule)이 사용되어야 할까?

미국 지방법원 판사(U.S. District Court judge)였던 리처드 포스너(2007)는 법은 효율성을 위해 노력해야 한다고 주장하고, 또한 보통법은 효율적이라고 주장한다. 따라서 포스너(Posner)는 입증 규칙 표준의 차이에 대해 효율성 주장을 할 것이다. 미국 및 기타 많은 시스템에서 형사 범죄를 저지른 사람을 찾기 위한 입증의 표준은 "합리적인 의심의 여지가 없음"인 반면 민사소송에서의 입증 표준은 "증거의 우세"만 요구한다. 이러한 차이에 대한 효율적 설명은 민사사건의 경우 판결의 결과로 인한 순 사회적 손실이 없고 단순히 패자로부터 승자에게 돈이 이전된다는 점이다. 그러나 형사소송의 경우 패소를 하면 감옥에 가거나 심지어는 사형에 처해지게 된다. 이 경우 형벌은 순비용이므로 법체계는 민사소송의 단순한 이전을 판결할 때보다 순비용이 발생하는 결과를 판결할 때 더 확실해야 효율적이라는 것이다.

1. 법적 규칙 판단

피고 측 변호사가 법정에 서게 되면, 판사는 배심원들에게 범죄가 언제 발생했는지, 그리고 관련된 과거 사례들이 언제 결정되었는지 문의한다. 어떤 경제학자는 배심원과 판사에게 미래를 한번 생각해보고 평결로 인해 어떤 유인이 발생할지 물어보라고 한다. 이 결정의 결과로 사람들이 자신의 행동을 바꿀 것인가? 결과적으로 바람직한 행동 또는 바람직하지 않은 행동 중 어느 것이 더 많을까?

선의의 입법자들은 종종 곤경에 처한 낯선 사람을 돕지 않는 사람들에게 책임을 묻고 싶은 유혹을 받는다. 이러한 문제는 활발한 사회적 논쟁을 일으키며, 텔레비전 시트콤 "사인필드(Seinfeld)"의 마지막 에피소드 주제이기도 했다. 그 에피소드에서 제리(Jerry), 조지(George), 크레이머(Kramer) 및 엘라인(Elaine)은 강도를 당하는 사람을 목격한다. 강도당하는 동안 그들은 강도당한 사람을 조롱하고 크레이머는 이것을 촬영한다. 그들은 마을의 선한 사마리아인 법(Good Samaritan law)에 따라 체포되고 유죄가 인정되어 1년 형을 선고받았다. 경제학자는 이러한 법이 미래의 행동에 어떤 영향을 미칠 것인지 물을 것이다.

랜즈와 포스너(Landes and Posner)는 1987년 저서 『불법행위자의 경제구조(*The Economic Structure of Tort Law*)』에서 선한 사마리아인 법에 대한 질문을 고려하여 "낯선 사람이 어려움에 처했을 때 도와주는 비용이 얼마나 낮든, 그 이익이 얼마나 크든 간에, 어려움에 처한 낯선 사람을 돕지 못한 것에 대한 책임"을 부과하는 법을 통과시킨 결과에 대해 묻는다. 그들은 선한 사마리아인 법의 결과는 미래의 잠재적인 도움을 주는 사람들에게 미치는 영향 때문에 실제로는 부정적이라고 결론짓는다. 즉, 만약 사람들이 어려움에 처한 다른 사람들을 도와야 할 법적 의무가 있다면, 많은 사람들은 구조해야 할 이 의무와 마주칠 수 있는 상황을 피할 것이다. 예를 들어 제인 제이콥스(Jane Jacobs)가 그녀의 책 『위대한 미국 도시의 죽음과 삶(*The Death and Life of Great American Cities*)』(1961)에서 사용된 용어를 인용하자면, 거리에서 사람들의 시선은 범죄를 종종 억제한다. 하지만 만약 내가 법에 의해 더 많은 일을 하도록 요구된다면—실제로 누군가를 돕기 위해—나는 길거리에서 보는 것을 멈출지도 모른다. 책임을 부과하는 것은 실제로 구조를 줄이고 더 많은 범죄를 일으킬 수 있다.

이전에 위법 행위를 한 적이 없는 사람이 범죄를 저질렀을 때, 판사는 그 사람이 지역사회에서 차지하는 지위, 그녀가 다시 범죄를 저지를 가능성 혹은 명백한 양심의 가책을 고려해야 하는가? 경제학자는 이런 것들이 잘못된 질문이고 잘못된 초점이라고 말한다. 그리고 이 사건에 초점을 맞추기보다는 미래에 초점을 맞추라고 한다. 즉, 이 피고인에게 질문하는 대신에 다른 합리적인 존재들에게 가설적으로 질문하고 그들이 이 사건에 의해 생성된 유인에 어떻게 반응할 것인지 물어보라고 한다. 만약 법원이 한 사람을 가벼운 형량으로 석방하면 그것은 비슷한 상황에 있는 다른 사람들에게 적발되는 비용이 낮다는 것을 알리는 것이다. 그러므로 중요한 질문은 "이 결정이 다른 사람들이 유사한 행동을 취하는 것을 막을 것인가?" 이다.

이 질문은 범죄를 저지르는 것에 대한 수요가 탄력적이라고 가정하는 것처럼 보인다. 즉, 범죄를 저지르는 데 드는 예상비용이 증가함에 따라 범죄를 저지르는 횟수가 줄어들 것이다. 그러나 어떤 사람들에게는 범죄에 대한 수요가 비탄력적일 수 있다. 예를 들어 미친 사람들은 아마도 처벌의 위협에도 제지되지 않을 것이다. 바꿔 말하면 그들을 저지하는 한계비용이 너무 높아서 억제(deterrence)는 실용적인 선택이 아니다. 범죄에 빠진 사람들을 감옥이나 다른 기관에 보내는 것은 다른 사람들을 단념시키는 것이 아니다. 그것은 단지 갇혀 있는 사람들이 더 많은 범죄를 저지르지 못하게 할 뿐이다.

속한 그룹에 따라 사람들의 범죄에 대한 수요의 탄력성이 다를 수 있다는 주장은 부자와 가난한 사람의 범죄에 대한 수요 탄력성 문제를 제기한다. 100달러의 벌금이 가난한 사람처럼 쉽게 부자를 제지할 것인가? 그것은 행동에 달려 있다. 부자와 가난한 사람은 100달러에 대해 동일한 화폐 가치를 둘 수 있지만 평균적으로 부자는 가난한 사람보다 시간을 더 높이 평가한다(다시 말하면 부자는 더 지불할 용의가 있다). 이 논리는 부자들이 가난한 사람들보다 과속으로 절약한 시간을 더 중요하게 생각하기 때문에 부자가 과속하지 않도록 하려면 더 높은 벌금이 필요하다는 것을 시사한다.

따라서 부유한 범죄자가 범죄에 대한 보상(payoff)이 즐거움(pleasure)에 있을 때 그의 범죄 행위를 억제하려면 더 큰 벌금이 필요하지만, 보상이 돈인 경우에는 동일한 형벌이 부자와 가난한 사람의 범죄 행위를 똑같이 단념시킬 수 있다. "법 앞에 평등하다"는 것은 부자와 가난한 자가 동일한 형량을 받는다는 뜻인가, 아니면 시간이나 돈의 가치에 따라 다른 형량을 받는다는 것인가? 그걸 판단하는 요령(trick)은 다른 처벌을 적용하는 것이 효율적인지 아니면 국회의원, 판사 또는 배심원단이 가장 효율적이거나 공정한 접근 방식을 결정할 수 있는지 여부이다.

비용은 형벌에 대한 제약이다. 정치인들은 법을 통과시키는 것을 좋아하고, 도덕주의자들은 정치인들에게 법을 통과시키기를 촉구하며, 유권자들은 입법자들이 범죄에 대해 어떻게 강경해졌는지 듣지만, 형벌비용에 대해 묻는 사람은 거의 없다. 관련 비용의 범위에는 범인을 잡는 비용, 기소비용, 변호비용 등이 포함된다. 일단 누군가가 유죄판결을 받으면 그를 감옥이나 교도소에 수용하는 데 비용이 든다.

기회비용도 있다. 경찰은 입법자들이 가장 높은 순위를 매긴 범죄에 대해 그들의 시간을 할당해야 한다. 시민들이 가장 높은 우선순위로 순위를 매길 수 있는 범죄에 그럴 필요는 없다. 따라서 정치적으로 지정된 우선순위에 지출되는 시간과 돈은 보다 더 중요한 범죄에 사용할 수 없는 시간과 돈이다. 예를 들어 미국의 정치인들은 불법 약물에 너무 집착하여 "마약과의 전쟁"을 지시하기 위해 마약반(drug czar)을 창설했다.

2005년 3월, 게리 베커는 그의 블로그에 마약과의 전쟁이 미국에 매년 1,000억 달러 이상의 손실을 주고 있다고 추정한 글을 올렸다. 그것은 비교적 큰 비용이지만, "많은 도심 지역에 대한 파괴적인 영향, 콜롬비아 및 유사 국가들에서 거물 마약상과 마약을 재배하는 농부들과 싸우기 위한 미국 군대의 사용 또는 마약과 관련된 부패가 많은 정부에 주는 영향"과 같은 중요한 무형 자산은 포함하지 않는다.

비록 전쟁에 자금을 대는 정치인이나 전쟁을 수행하는 기관들에게 선의가 있을 수 있지만, 그들의 모든 선의, 체포, 그리고 감금 모두가 그다지 도움이 되지 않는다. 소련이 권력의 절정기에 그랬던 것보다 오늘날 미국이 더 많은 시민들을 가두었음에도 길거리 마약은 그 어느 때보다도 만연해 있다. 유타(Utah)주를 예로 들어보자. 마약과 알코올 범죄로 투옥된 사람들은 수감자 수의 9%에서 20% 이상으로 증가했다. 수감비율이 증가하더라도 모든 유형의 약물은 과거보다 더 쉽게 구매할 수 있는데, 이는 유타주 법이 약물사용 억제에 실패했음을 시사하며, 아마도 그 원인은 수요가 다소 비탄력적이기 때문일 수 있다. 유타주에서는 마약사범들을 1급, 2급, 3급 중범죄자로 취급한다. 3급 중범죄자는 소지죄로 체포되어 0년에서 5년 형을 선고받는다. 2급 중범죄자는 마약을 유통한 혐의로 체포되어 1년에서 15년 형을 선고받는다. 1급 중범죄자는 필로폰(메타암페타민)[1] 실험실을 운영하는 생산자다. 그들은 5년에서 종신형을 받는다. 3급 중범죄자들은 그들이 감옥에 있는 동안 가족 관계가 완전히 깨지고 중죄 유죄판결을 받았기에 일반적인 삶으로 돌아가는 것이 거의 불가능하다는 것을 알게 되는 사회의 주변부에 있는

1. [역주] 각성제의 일종.

사람들이다. 아내가 떠난 3급 중범죄자는 교도소 밖에서 생활할 터전이 없기에 가석방일이 다가오면 일부러 가석방을 거부하는 경우도 많다. 이 3급 중범죄자들 중 많은 수가 "내부 소지(internal possession)"로 유죄 판결을 받았다. 그들은 마약을 운반해서가 아니라 소변 검사에 의해 잡혔다. 3급 마약사범은 3만 달러(2009년 달러 기준) 이상의 연간 조세비용으로 평균 14개월을 감옥에서 보낸다.

만약 이러한 범죄들이 각각 1급씩 감소한다면 3급 중범죄자들은 경범죄로, 2급 중범죄자들은 0 ~ 5년으로, 1급 중범죄자들은 1 ~ 15년으로 감량되는 것이다. 유타주의 교도소는 즉시 500명 이상의 비폭력적인 남자 수감자(남자 수감자 인구의 10%)와 100명 이상의 비폭력적인 여자 수감자(여자 수감자 인구의 33%)를 석방할 수 있다. 주정부는 약 1천 8백만 달러를 절약하게 될 것이며, 여기에는 향후 기소비용이나 가석방 감독비용 절감으로 인한 감소비용은 포함되지 않을 것이다. 문제는 입법자들이 종종 3급 범죄자들의 현실(가족 해체, 수입 감소)보다 상징성(가혹한 처벌)을 중요시해서 정책 입안자들과 시민들이 그러한 제안을 지지하도록 만드는 것이다.

부자와 가난한 사람, 정상인과 정신질환자(sane and insane), 효율적인 형벌, 그리고 기회비용에 대한 이러한 논의는 옳고 그름에 대한 가정을 하지 않는다. 그것은 단순히 사람들이 목표를 갖고 그것을 달성하려 한다고 가정한다. 그러나 그 논의는 경제적 효율성의 목표가 어떻게 윤리적 규칙이라고 불릴 수 있는 것을 생산하는지에 대한 결론으로 이어진다. 경제학자에게 절도는 비효율적이다. 이는 절도를 방지하기 위한 지출로 이어지기 때문에 사회적으로 볼 때 자원의 배분이 잘못 할당되는 것이다. 윤리학자의 관점에서 절도는 잘못되었거나 사악하다. 경제학자와 윤리학자 모두 "도둑질을 해서는 안 된다"라는 규칙에 동의할 수 있다. 그들은 도둑질에 대한 적절한 형벌에 대해 의견이 다를 것 같다.

2. 보통법

앵글로색슨족(the Anglo-Saxon) 세계는 보통법이라고 하는 전통적 불문 법률에 의해 수세기 동안 이끌어져 왔다. 이 법률은 관습(custom), 관례(usage) 및 판례(precedent)에 근거한다. 소설가 루이스 아모어(Louis L' Amour)에 따르면 블랙스톤(Blackstone)의 1769년 『영국 법에 대한 논평(*Commentaries on the Laws of England*)』은 미국 변호사들과 글을 읽을 줄 아는 카우보이를 위한 기본 자료집이었다.

보통법은 과거 비슷한 사건이 어떻게 결정됐는지 판사에게 소개하는 만큼 법정에서 전문적인 증인 역할을 수행한다. 판사는 과거 사건의 모든 상황을 실제로 알지 못하고 수세기에 걸친 시행착오를 통해 살아남은 일반적인 규칙만 알고 있다. 심지어 보통법이 가격과 유사하다고 생각할 수도 있다. 가격은 희소성, 가치, 대체재에 대해 요약한 정보이다. 보통법은 사례, 유인 및 결과(outcomes)에 대해 요약한 정보이다.

보통법은 응축된 정보를 갖고 있을 뿐만 아니라 경제적 효율성을 증진시킨다. 사법 행위자, 변호사 및 소송 당사자 간의 지속적인 상호작용은 효과적이고 효율적인 규칙을 만들어냈다. 계약, 재산 및 불법행위에 관한 현재의 법적 규칙은 시간에 따른 상호작용의 결과이다. 비효율적인 규칙들은 소송 당사자들이 그것들에 맞서 싸우거나 그들 주변에서 길을 찾으면서 폐기되었다. 이러한 관점에 따르면 마치 시장이 그것을 정의하는 효율적인 규칙을 만든 것 같다. 이는 포스너(2007)와 쿠터와 울렌(Cooter and Ulen, 2007)의 교과서에 기술된 사례이다.

시간이 지나면서 나타나는 효율적인 규칙은 하이에크가 "자생적 질서(spontaneous order)"라고 부른 것의 한 예이다(『치명적 자만(*The Fatal Conceit*)』, University of Chicago Press, 1991 참조). 하이에크가 말한 자생적 질서는 우리가 주변에서 보는 계획되고 통제된 질서보다는 자생적이고 유기적인 질서를 의미했다. 더 좋은 용어는 경제학자 러셀 로버츠(Russell Roberts)가 사용하는 "창발적 질서(emergent order)" 일 수 있다. 자생적이라는 것은 갑작스러운 것을 의미하는 반면, 창발적이라는 것은 포스너와 쿠터, 울렌이 설명하는 과정을 의미한다.

3. 성문법

법정법과 그에 따른 규정은 때때로 단순히 보통법의 성문화에 불과하지만, 많은 경우 보통법으로부터 누군가를 보호하기 위해 존재한다. 법정법과 그에 따른 규정은 법경제학을 공부하는 학생들이 공공선택을 공부하기 위해서 경제학이라는 수단을 보다 광범위하게 적용해야 하는 영역 중 하나이다. 보통법이 효율적인 이유 중 하나는 변호사나 판례(case), 판사가 보통법을 결정하지 않기 때문이다. 보통법의 성립 과정은 천천히 진행된다. 그러나 보통법이 느리고 신중하며, 사려 깊은 논쟁에서 비롯되는 경우는 드물다. 오히려 감정, 지대추구, 정치적 부채의 결과일 가능성이 훨씬 높다. 규제는 사려 깊은 관료들이 훈련을 응용해 만들기도 하지만 정치적 압력에 의해 만들어지기도 하고 타협과 이념, 편법(expediency)에서 비롯되기도 한다.

예를 들어 환경법과 규제는 환경에 몰입된 환경주의자들에 의해 만들어지지만, 그것들은 대연정(grand coalition)의 일부일 뿐이다. 여기에는 환경법 개발을 늦추거나 중단시키는 방법으로 보는 반개발 그룹, 기관이 정체되거나 축소되기보다는 성장하는 것이 낫다고 보는 관료들, 표를 얻고자 하는 정치인들, 그리고 그들의 산업에서 새로운 규제를 도입해 경쟁을 줄이고자 하는 산업계들이 합류한다. 경제학자 브루스 얀들(Bruce Yandle, 1998)은 그 결과를 다음과 같이 설명한다.

우리는 무엇을 가지고 있는가? 비록 이 문제를 연구한 과학자들은 산성비에 문제가 없다고 말했지만, 산성비와 싸우기 위해 이산화황의 배출을 제한하는 규제들(rules)이 있다. 비록 모든 산업이 총화학물질 배출량의 17%만을 배출함에도 불구하고 600개 이상의 화학물질 배출을 파운드 단위로 표시해서 산업계를 향해 편견을 갖게끔 하는 규제가 있다. 새로운 식물과 확장되는 식물들에 대해 더 엄격한 통제를 설정하고 오래된 식물들을 증식시키는 규제도 있다. 특정 연료만을 사용하게끔 하는 규정도 있다. 멸종위기에 처한 종을 보호(endangered-species protection)한다는 명분으로 정부 소유의 토지에서 목재 벌채를 제한하는 것은 결국 목재 가격을 높이고 민간 토지에서 벌채하는 기업의 이익을 증가시킨다. 이러한 사례들은 더 많이 있다.

얀들의 분석은 성문법의 효율성에 대한 우려가 거의 없음을 시사한다.

성문법은 안전에 대한 규제를 다룰 때 특히 비효율적이다. 효율적인 안전 규제는 사고에 초점을 맞출 것이다. 결국 그것이 우리가 안전 규제의 핵심이라고 생각하는 것이다. 그러나 입법자들은 안전을 강조한다. 안전 안경, 기계의 보호대 및 기타 안전 관행이 의무화되어 있으며, 필요한 안전장치를 갖추지 못한 고용주는 형사 고발에 직면한다. 보통법에 따라 발생할 수 있는 피해를 처벌하는 대신, 법률은 안전에 대한 투입(safety inputs)을 요구한다. 안전기준이 작업장을 더 안전하게 만들지 못하더라도 안전기준 준수가 요구된다. 기업들은 규정된 안전 절차에 대해서만 책임을 지기 때문에 부상을 줄일 수 있는 방법을 찾지 않는다.

우리가 예상할 수 있듯이 성문법적 규제는 가장 덜 안전할 수 있는 문제보다는 가시적이고 쉽게 규제되는 문제에 초점을 맞춘다. 예를 들어 기계 사고에 중점을 둔 표준에서는 대부분의 공장 사고가 미끄러지거나, 넘어지거나, 물건을 잘못 취급해서 일어나는 것인데도 무수한 안전장치를 요구한다. 사업장에는 더 많은 안전 규정이 있고 그 규정은 열성적으로 시행되고, 보다 안전한 접근은 무시되며, 기업은 실제적인 안전을 규정 준수로 대체한다. 안전 엔지니어는 변호사로 대체되고 규정 준수비용은 증가하지만 사고는 줄어들지 않는다.

법은 종종 의도적으로 모호하게 작성된다. 언어가 명확하지 않으면 미국 법원은 입법부의 의도를 식별하기 위해 입법부 기록을 참조한다. 입법 의도를 파악하는 것에는 적어도 두 가지 문제가 있다. 첫 번째는 승자들(winners)이 입법 기록을 작성한다는 것이다. 법안이 통과되면 그 법안을 후원한 상사(bosses)의 직원(staffers)이 법안이 통과된 과정의 이력을 작성하고 법안의 의도를 식별한다. 승자에 의해 쓰인 역사는 승자의 관점을 강조하고 다른 사람들을 경시하는 경향이 있다. 이 과정은 직원들에게 위원회 토론을 강조하고, 꾸미고, 추가할 수 있는 기회를 제공한다. 법안에는 X만 표시될 수 있지만 직원은 의도가 X, Y 및 Z를 말하기 위한 것이라고 주장할 수 있다. 따라서 기록을 검색하는 부지런한 판사는 법률 해석에 Y 및 Z를 추가할 수 있다.

입법 의도의 두 번째 문제는 판사들이 그들의 목적에 따라 법을 만들 수 있다는 것이다. 스칼리아(Scalia) 판사(1997, pp. 17 ~ 18)는 다음과 같이 주장한다.

> 심지어 표현되지 않은 입법 의도를 추구한다는 미명 아래, 보통법 판사들은 사실 그들의 입법 성향을 보통법에서 법정 분야로 확장시키면서 그들 자신의 목적과 욕망을 추구할 것이라는 것이 실제적인 위협이 된다. 따라서 입법 의도는 판사들이 자신의 의제를 추구할 수 있는 보호막(cover)을 제공할 수 있다.

4. 판사들

일반적으로 판사는 공공선택학자들의 관심에서 벗어난 정치 행위자의 범주에 속한다. 무엇이 판사들에게 동기를 부여하는가? 그들의 과잉 행위는 어떻게 통제되는가? 그들은 다른 정치 행위자들과 다르게 행동하는가?

판사들은 신화(myth)로 둘러싸여 있다. 그들의 검은 예복은 사무실의 엄숙함을 강조한다. 그들은 높은 단상에 앉아 법정을 내려다본다. 그들은 "재판장님(Your Honor)"이라고 불린다. 그들은 교회와 같은 세심함, 존엄, 존중의 분위기를 요구한다. 절차, 물리적 환경, 그리고 요구되는 태도는 판사들이 진실을 찾고 정의를 시행해야 한다는 것을 암시한다.

그러나 정치 행위자들에 대한 일관된 분석을 위해 법정의 겉치레 너머를 바라볼 필요가 있다. 우리는 판사들이 개인적인 정책적 선호를 가지고 있는 합리적인 행위자라고 가정해야 한다. 그들은 정의를 추구할 수도 있지만 명예, 존경 또는 영광을 추구할 수도 있다. 이는 판사들이 상위 직위(하급법원에서 상급법원으로)를 선호하고, 법률 전문 언론인들(the writers of law review articles) 앞에서는 위선적인 행동을 하며, 기존 법률을 벗어나더라도 판사들이 동의하는 변호사를 도우려 하고, 특정 관점을 홍보하기 위해 사례들(cases to)을 전략적으로 수용하거나 결정한다는 것을 시사한다.

판사들은 자기 홍보를 하거나 평판에 대해 말하기를 꺼린다. 정치인들은 재선되는 것에 대해 이야기하지만 판사들, 특히 종신 임명된 사람들은 정의의 추구와 법의 위엄에 대해 이야기한다. 그들은 정의를 추구하는 것이 동료들과 잘 지내는 것, 다른 법관들로부터 존경을 받는 것, 그들의 결정에 대해 법률 전문 언론에서 호의적으로 논의되는 것 또는 뉴스 매체에 의한 취급과 어떻게 상충되는지에 대해 논의하지 않는다. 판사들은 분명히 혼합동기 게임(mixed-motive game)을 하고 있는데, 이것은 특정 사안에 대한 그들의 입장을 예측하기 어렵게 만든다. 심지어 종신직으로 임명된 판사들조차 아마도 그들이 더 자유롭게 정의를 추구할 수 있도록 하기 위해 정의를 지배할 수 있는 여러 목표에 의해 동기를 부여받는다.

판사들이 법을 명확히 하고 사람들이 결과에 대해 일관된 기대를 가질 수 있는 시스템을 유지하는 역할을 하는 한, 법에 대한 판사의 모든 변경은 점진적이고 미미했다. 이는 보통법에 대해 앞에서 논의한 바와 같다. 그러나 보통법이 법률 및 행정법으로 대체됨에 따라 판사는 재판에서 자신의 지위를 사용하여 자신의 이익을 추구할 수 있게 되었다.

정치인이나 관료와 마찬가지로 판사도 부분적으로는 자신의 이념적 세계관을 확대하려는 열망 때문에 직업에 매력을 느낀다고 가정해야 한다. 많은 문헌은 판사들이 단지 그들의 이념적 성향과 일치할 뿐만 아니라 단지 일관성 측면에서 판결한다는 것을 결정적으로 보여준다(예를 들어 Cross, 2007 및 Revesz, 1997 참조). 자신의 사상적 취향을 가장 자유롭게 추구할 수 있는 법관이 임명된 법관이다. 선출된 판사조차도 정치인이나 관료보다 자신의 세계관을 더 잘 확대할 수 있다.

재판관 자리를 전략적으로 활용하는 판사가 상대적으로나 절대적으로 힘을 키울 수 있다. 그는 정부의 입법부와 행정부와 다른 판사들에 비해 자신의 권력을 확대할 수 있고 사회 전반에 미치는 그의 권력을 늘릴 수 있다. 다른 정부 부처에 대한 권력을 확대하는 가장 좋은 방법은 법의 범위를 확장하는 것이고 불법행위법(tort law)을 통해 판사들이 행정 부처의 많은 규제 기능을 넘겨받았다. 판사는 일상적으로 세세한 모든 것들(everyday tools and airplanes)의 재설계를 강요한다. 그들은 수술실에서 외과의사가 적절하게 행동했는지 또는 CEO가 금융 회사를 적절하게 운영했는지를 판단한다. 그들은 미국 시스템에서 가장 강력한 규제자들이다. 그리고 새롭고 획기적인 결정이 나올 때마다 법조계, 언론계, 학계에서 판사의 위상은 높아진다.

적어도 미국 인구의 약 절반이 그들의 판사들 중 일부를 선출한다. 우리가 선거에 대해 알고 있는 바로는, 정치 선거(political elections)가 반드시 국민들의 소망(wishes)을 가장 잘 대변하는 후보를 선출하는 것이 아닌 것처럼, 사법 선거(judicial elections)도 정의를 잘 대변하는 후보를 선출하는 것은 아닐 것이라고 예상할 수 있다. 사법 선거에서 선거운동 기부금(campaign contributions)의 상당 부분은 판사들 앞에서 사건을 변론하기를 기대하는 변호사들로부터 나온다. 플로리다 변호사 협회(Florida Bar Association)는 플로리다에서 선출된 판사들이 선거운동 기부금의 80%를 변호사로부터 받는다는 사실을 발견했다(Helland and Tabarrok, 2000, 22). 플로리다의 비율은 대부분의 연구보다 높지만 다른 주의 경향과 유사하다. 판사보다 먼저 소송을 제기할 계획을 가진 변호사가 해당 판사의 선거운동에 참여한다.

선출된 판사들은 유권자들을 마주하는 동기에 반응한다. 가장 눈에 띄는 반응은 주 내 원고(in-state plaintiffs)와 주 외 피고인(out-of-state defendants)을 어떻게 대하느냐다. 은퇴한 웨스트버지니아 대법관 리처드 닐리(Richard Neely, 1988)는 주 밖의 회사에서 웨스트버지니아 원고로 부를 재분배하는 것을 "판사가 유권자 서비스를 제공하는 방식"이라고 불렀다. 기업은 판사에게 투표하지 않았으며, 선거운동 기부금의 신뢰할 수 있는 출처도 아니었다. 헬런드와 태브록(Helland and Tabarrok, 2000)은 지난 몇 년 동안 불법행위에 대한 판결(tort judgments)의 극적인 증가의 상당 부분이 주(state) 밖에 있는 기업에서의 부(wealth)를 판사의 구성원에 속하는 주 내로 이전시키는 선출된 판사에서 근거한다고 결론지었다. 그들은 또한 당파적 선거에서 선출된 판사가 비당파적 선거에서 선출된 판사보다 더 높은 상을 수여한다는 점에 주목한다.

선출된 판사는 또한 주 내 피고와 주 외 피고인을 차별한다. 헬런드와 태브록의 연구에서 비당파적 선거로 선출된 판사들은 주 밖의 피고들에게 평균 384,540달러를 청구했고 주 내의 피고들에게 207,957달러를 청구했다. 당파적 투표로 선출된 판사들은 주 밖의 피고인들에게 평균 652,720달러를 청구했고 주 내의 피고들에게는 276,320달러를 청구했다. 저자들은 이 사건들이 연방법원에서 심리되면 이 차이가 사라졌다고 지적한다.

판사와 인센티브에 대한 판사의 반응에 대한 이러한 논의는 이전 장에서 논의한 것 이상의 지대추구 가능성을 시사한다. 조직, 정치력 또는 자금이 부족하여 입법 수단을 통해 지대를 추구할 수 없는 그룹은 사법부를 이용할 수 있다. 이러한 유형의 그룹은 그들에게 적합한 관할권에서 적합한 판사를 찾아 그에게 이념적 투표(ideological voting)를 위한 새로운 기회를 제공한다. 만약 그러한 기회와 함께 향상된 지위까지 동반된다면 판사들에게 더할 나위 없이 좋은 것이다.

그러면 거의 무일푼에 가까운 지역 단체에서 크고 부유한 국제단체에 이르기까지 환경 단체가 법원에서 그토록 힘을 발휘하는 이유가 분명해졌다. 그들의 소송은 판사들에게 그들의 지위를 높이고 이념적 의제를 촉진할 기회를 제공하는데, 이는 선출직 공무원의 대다수와 종종 상반되는 의제이다. 그렇기 때문에 낙태에서 멸종위기에 처한 종에 이르기까지 많은 사회적 문제들이 입법부에서는 실패하지만 법원에서는 성공하는 경우가 많은 것이다.

5. 변호사들

입법자들은 법을 만들고, 판사들은 법을 해석하고, 확장하고, 창안한다. 그리고 변호사들은 법을 시행한다. 그들은 법률을 실행하면서 법과 법체계를 형성하기도 한다. 변호사들이 우리 대부분과 마찬가지로 자신의 부를 늘리고 싶어 한다는 가정부터 시작하자. 재화나 서비스의 생산자와 관련하여 변호사는 제품(법률 서비스)의 공급을 줄이거나 수요를 늘릴 수 있다. 법률 서비스의 공급을 줄이거나 통제하는 것은 각 주의 변호사 협회를 통해 이루어지며, 이 협회는 변호사 시험을 관리하고 전문적인 기준과 관행을 감독한다. 변호사 협회는 (일반적으로 인가된) 로스쿨 졸업을 요구하고 특정 점수로 변호사 시험을 통과해야 하는 입학에 부분적으로 효과적인 장벽을 제공한다. 그러나 여전히 대부분의 다른 변호사들이 선호하는 수준보다 많은 변호사가 있다.

공급 과잉에 대한 답은 수요 증가다. 따라서 변호사는 모든 종류의 소송의 양과 가치를 증가시키려는 강력한 동기를 가지고 있다. 예를 들어 불법행위 소송에서 원고와 변호인 모두 판사가 피고에 대한 책임을 늘리도록 장려하는 강력한 유인이 있다. 책임 확대와 판결액 증가로 인한 잠재적 손실의 규모를 감안할 때, 피고 측 변호사는 원고 측 변호사만큼 가치가 높아진다. 그들은 규제기관과 입법기관이 수립한 규칙의 수와 복잡성을 촉진하기 위해 유사한 인센티브를 가지고 있다. 법적 복잡성이 증가하면 법적 복잡성 전문가에 대한 수요가 증가한다. 증가된 복잡성은 또한 판사의 재량을 증가시키고 따라서 지위와 권력을 증가시킬 기회를 증가시킨다. 변호사와 판사는 법을 더 복잡하고 번거롭게 만드는 데 상호 이해관계가 있다.

6. 결론

법을 공부하는 학생들은 법과 규정이 효율성에 의해 좌우된다고 생각하기보다는 입법, 행정 때로는 보통법이 징부 수단에 의해 사적 목적을 추구하는 그룹이 있는 정치 · 법률 시장의 결과라는 것을 인식해야 한다. 게다가 정규 정치시장의 이익집단, 관료, 정치인 외에도 이 시장에는 사익에 관심이 있는(self-interested) 판사와 변호사가 포함된다.

제9장 지대추구에 대한 논의에서 배우게 될 것처럼, 원하는 법률이나 규정을 얻기 위해 돈을 쓸 의향은 결과의 가치와 무임승차 문제를 극복하는 그룹의 능력에 따라 결정된다. 또한 사안의 성격이 이익집단의 소득에 결정적으로 영향을 줄 것이다. 어떤 것을 잃는 것에 대한 두려움은 어떤 것을 얻고자 하는 욕망에 기인한 것보다 분산화된 이익집단들(dispersed groups)로부터 보다 많은 자금을 창출하는 것이다. 선호 강도의 척도로서 투표의 부정확성은 공공재를 얼마나 제공하거나

구매할 것인지를 결정하는 고유한 문제와 마찬가지로 무임승차의 문제를 더욱 어렵게 한다. 따라서 정치시장은 법, 규제 또는 집행에 대한 사람들의 실제 선호를 거의 반영하지 않을 것이다. 패자의 피해가 승자의 이익보다 크기 때문에 비효율적인 법률이 발생한다. 그리고 효율적인 법률은 실패할 수 있다. 법의 경제학(The economics of law)은 법이 분산된 이익의 희생으로 집중된 이익을 선호하는 경향이 있다는 친숙한 결론으로 이끈다. 또한 법의 경제학은 일부 법률기관이 다른 기관보다 낫다는 결론도 도출한다.

놀랍게도 법을 집행하는 사람들은 정치인과 관료들이 보여주는 것과 일치하는 오만을 나타낸다. 판사들은 사회 엔지니어, 경제 계획가, 그리고 가장 야심찬 관료적 규제기관의 부러움을 받는 규제기관으로 변신했다. 그들은 마치 시장이 어떻게 작동해야 하는지, 위험을 어떻게 할당해야 하는지, 수요와 관계없이 얼마나 많은 안전이 부과되어야 하는지, 그리고 학교가 어떻게 운영되어야 하는지를 아는 것처럼 행동한다. 일부는 사회적 부조리를 바로잡기 위해 스스로 선택한 것으로 보인다. 그들은 가격, 피드백, 교정(correction), 경쟁, 이익 및 손실의 형태로 시장이 작동하도록 만드는 기능의 이점을 활용하지 않은 채 이 모든 작업을 수행한다.

▪ 서지(書誌) 노트 : 주요 참고문헌 소개

현재 제8판으로 출간된 리처드 포스너의 『법에 대한 경제학적 분석(*Economic Analysis of Law*)』(Aspen Publishers, 2010)보다 법경제학(law and economics)에 대한 읽기를 시작하기에 더 좋은 책은 없을 것이다. 법경제학 분야에서 가장 영향력 있는 책이다. 그의 글은 생동감 있고 주제도 광범위하다. 재산, 불법행위, 계약, 형사절차 등의 표준 주제를 다루면서도, 그는 성과 결혼(Sex and Reason,

1994)과 마리화나 합법화, 인간 장기 시장, 임대료 통제, 지적 재산 등의 주제도 다룬다. 만약 그의 결론이 잘못되었거나 단순해 보인다면, 더 주의 깊게 읽기를 제안한다. 포스너는 거의 틀리지 않고 결코 단순하지 않다. 게리 베커와 함께 운영하는 그의 블로그를 읽음으로써 포스너가 다루는 현재의 주제들을 따라잡는 것이 가능하다(http://www.becker-posner-blog.com/). 때로는 동의하기도 하고 때로는 동의하지 않기도 하지만 시카고에서 가장 뛰어난 경제학자인 두 사람의 아이디어를 읽는 것은 언제나 즐거운 일이다.

블로그에서 베커를 접한 후 그가 쓴 책 『인간 행동에 대한 경제적 접근법(*The Economic Access to Human Behavior*)』(1976년 시카고 대학 출판부)을 찾아보기를 권한다. 그것은 나온 지 오래되었지만 즐겁게 읽을 수 있다. 베커 연구의 초점은 법이 아님에도 불구하고 법경제학의 접근 방식을 전형적으로 보여준다.

데이비드 프리드먼(David D. Friedman)의 『법 질서 : 경제학이 법과 어떤 관련이 있는가 그리고 왜 그것이 중요한가(*Laws Order : What Economics Has to Do with Law and Why it Matters*)』(Princeton University Press, 2001)는 법경제학 저서 가운데 최고 중 하나이다. 그는 창소력이 풍부하고 총명하며, 관심사가 생기면 완전히 몰두하는 경향이 있다. 이 책은 내가 법경제학과 관련해 읽은 어떤 책보다 더욱 명확하게 쓰여졌다. 해당 책의 장(Chapter) 부제인 "아기 구입(Buying Babys)", "집과 콜라 병을 태우는 것(Of Burning Houses and Coke Bottles)", "왜 그들을 모두 교수형에 처하지 않는가?(Why Not Hang them All?)"는 창의적이고 도발적이다. 코스 이론(Coase Theorem)에 대한 그의 스파게티 다이어그램은 매우 유용하다. 그가 든 사례는 재미있고 도전적이다.

공공선택 분석을 법에 적용하는 것에 관한 가장 좋은 책은 맥스웰 스턴스(Maxwell L. Stearns)와 토드 즈위키(Todd J. Zywicki)의 『법에서의 공공선택과 응용(*Public Choice and Applications in Law*)』(2009)이다. 저자들은 공공선택을 아주 잘 소개하고 공공선택 분석이 법에 어떻게 적용될 수 있는지 평가한다. 그들은 법조계에서의 행동이 종종 정치인 및 기타 정치 행위자(political actors)의 행동만큼이나 개인의 이익을 추구하는 것을 보여준다.

법에 관한 또 다른 중요한 책은 브루스 벤슨(Bruce Benson)의 『법률의 기업 : 국가 없는 정의(*Enterprise of Law : Justice Without State*)』(Pacific Research Institute, 1990)이다. 벤슨은 법이 정부에 의해 만들어졌다는 주장을 파괴하고 대신 법이 사람들의 일상적인 상호작용에서 생겨나고 국가에 선행한다고 주장한다. 이 책은 역사적이면서 동시에 이론적이며, 법을 위한 정치시장에 대한 탁월한 공공선택 분석을 포함하고 있다. 아마도 가장 중요한 것은 벤슨이 이전 장에서 확인된 모든 문제들로 고통받는 정부가 왜 공정하게 정의를 관리하기를 기대해야 하는지를 묻는 것이다. 그의 대답은 사법 체계가 더 공정하고 더 인도적이며, 더 효율적이라는 것이다.

〈참고문헌〉

Becker, Gary S., "Crime and Punishment : An Economic Approach," *Journal of Political Economy*, (1968) 76 : 167–217.

____________, *The Economic Approach to Human Behavior*, New ed., Chicago : University of Chicago Press, 1978.

____________, "The Failure of the War on Drugs," The Becker-Posner Blog, March 20, 2005. http://www.becker-posner-blog.com/archives/2005/03/the_failure_of.html.

Benson, Bruce L., *The Enterprise of Law : Justice Without the State*, San Francisco : Pacific Research Institute, 1990.

Blackstone, William, *Commentaries on the Laws of England : A Facsimile of the*

First Edition of 1765-1769, Vol. 1. Facsimile ed., Chicago : University of Chicago Press, 1979.

Calabresi, Guido, "Some Thoughts on Risk Distribution and the Law of Torts," *Yale Law Journal*, 1967, 70 : 499-553.

______________, *The Costs of Accidents : A Legal and Economic Analysis*, New Haven : Yale University Press, 1970.

Coase, Ronald, "The Problem of Social Cost," *Journal of Law and Economics* (1960) 3 : 1-44.

Cooter, Bob and Bob Ulen, *Law and Economics*, 6th ed., Saddle River, NJ : Prentice Hall, 2011.

Cross, Frank B. and Stefanie A. Lindquist, "The Scientific Study of Judicial Activism," *Minnesota Law Review* 91(2007) 1752.

Friedman, David D., *Law's Order : What Economics Has To Do with the Law and Why It Matters*, Princeton : Princeton University Press, 2001.

Hayek, Friedrich, *The Fatal Conceit*, Chicago : University of Chicago Press, 1991.

Helland, Eric, and Alexander Tabarrok, "Exporting Tort Awards," *Regulation* 23, no. 2(2000) : 21-26.

______________________________, *Judge and Jury : American Tort Law on Trial*, Oakland : The Independent Institute, 2006.

Jacobs, Jane, *The Death and Life of Great American Cities*, New York : Modern Library, 1993.

Landes, William M. and Richard A. Posner, *The Economic Structure of Tort Law*, First ed., Cambridge : Harvard University Press, 1987.

McGinnis, John O. and Ilya Simon, Democracy and International Human Rights Law, *Notre Dame Law Review*, Vol. 84, No. 4(July 2009) 1739-798.

______________, *Northwestern Public Law Research Paper* No. 08-08 ; *George Mason Law & Economics Research Paper* No. 08-19, May 2009. http://ssrn.com/abstract=1116406.

______________, "Should International Law Be Part of Our Law?" *Stanford Law Review*, Vol. 59, No. 5(March 2007) 1175-247. *George Mason Law & Economics Research Paper* No. 06-46 ; *Northwestern Public Law Research Paper* No. 07-01, http://ssrn.com/abstract=929174.

Neely, Richard, *The Product Liability Mess : How Business Can Be Rescued from the Politics of State Courts*, First Printing ed., New York City : Free Press, 1988.

Posner, Richard A., *Sex and Reason*, Cambridge : Harvard University Press, 1992.

______________, *Economic Analysis of the Law*, 7th ed., Aspen Publishers, 2007.

Revesz, Richard L., "Environmental Regulation, Ideology, and the D.C. Circuit," *Va. L. Rev*, 83(1997) 1751.

Roberts, Russell, *The Price of Everything : A Parable of Possibility and Prosperity*, Princeton : Princeton University Press, 2009.

Scalia, Antonin, "Common-Law Courts in a Civil Law System," In Gutmann, Amy, ed., 1997, *A Matter of Interpretation : Federal Courts and the Law*, Princeton : Princeton University Press, 1997.

Sokol, D. Daniel, "Explaining the Importance of Public Choice for Law." *Michigan Law Review*, Vol. 109, 2011. June 14, 2010. http://ssrn.com/abstract=1624956.

Stearns, Maxwell L. and Todd J. Zywicki, *Public Choice Concepts and Applications in Law*, 1st ed., Eagan, MN : West Publishing, 2009.

Yandle, Bruce, "The Golden Age at Risk," *The Freeman*, The Foundation for Economic Education, Inc., Volume 48, Number 12(December 1998).

Zywicki, Todd J., "Public Choice and Tort Reform," *George Mason University Law & Economics Research Paper* No. 00-36(October 2000), Available at SSRN : http://ssrn.com/abstract=244658 or doi:10.2139/ssrn.244658.

정부실패의 해부학적 사례연구

Part Four

4

제 9 장 사익의 정치적 추구 : 생산자가 조작한 시장

제10장 사익의 정치적 추구 : 소비자 보호

제11장 사익의 정치적 추구 : 정부에 의한 착취

제12장 사익의 정치적 추구 : 정부학교들과 그 평범성

제13장 사익의 정치적 추구 : 환경재의 경우

제14장 사익의 정치적 추구 : 강제적 재분배

제15장 거시경제적 불안정의 미시 정치

소비자 보호, 환경, 빈곤, 착취는 정상적인 민주주의 정치로 받아들여졌다. 또한 정부는 기업을 보호하고, 품질을 관리하고, 연구 개발에 보조금을 지급하고, 작업장 안전을 확보하고, 근무 시간을 규제하고, 공립학교를 제공하고, 외국과의 경쟁을 억제한다. 그 외에도 화재, 가뭄 및 홍수의 위험을 예방하고, 의료를 지원하고, 소득을 재분배하며, 파업 근로자를 소득 손실로부터 보호한다. 그러나 정부는 어떤 대가를 치르고 어떤 효과를 위해 이러한 모든 활동을 수행하는가? 제4부에서는 비용이 종종 편익을 초과하고 효과가 왜곡되는 것을 설명하고 있다.

공공재는 정부에 의해 쉽게 공급되지 않는다. 사실 민간기업가들은 우리가 흔히 공공재라고 생각하는 것을 공급하는 데 많은 이론가들이 생각했던 것보다 훨씬 더 능력이 있다. 민주주의 정치는 대체로 유권자, 정치인, 관료 및 조직적 이해관계에 의한 사적 이익을 위한 정치적 추구의 장이 되었다.

제9장 사익의 정치적 추구 : 생산자가 조작한 시장

이 장은 응용 공공선택학으로 생각할 수 있는 7개의 장으로 구성된 제4부의 첫 장이다. 이윤추구의 역할과 그것이 어떻게 시장 기반 경쟁에서 정부의 힘을 사용하여 경쟁을 줄이는 것으로 쉽게 이동하는지부터 시작해보자. 즉, 생산자들이 시장을 자신들에게 유리하게 조작하기 위해 어떻게 정부를 이용하는지 살펴보자.

이윤추구는 시장에서 지극히 정상적인 활동이다. 사실 그것은 자본주의 질서의 원동력을 제공한다. 시장경쟁에서 이익을 얻은 사람은 지속적인 사업을 하고 실패한 사람은 사업을 그만두기 때문에 사회는 자원을 보다 효율적으로 사용하고 생산성을 높일 수 있다.

그러나 이 온화한 초상화에 흠집이 없는 것은 아니다. 일부 생산자는 경쟁이 완화되거나 제거되면 더 나아질 수 있다는 점에 주목한다. 이러한 움직임은 사적인 담합활동을 통해 이루어질 수 있다. 즉, 관련 판매자들이 생산을 억제하고 가격을 인상하여 정상 수익보다 더 높은 수익을 누리기로 합의함으로써 가능해진다. 카르텔의 비용에는 생산 손실로 인한 사회후생 손실과 기만당한 소비자로부터 카르텔의 구성원으로의 이전(transfer)이 포함된다. 이 모든 것이 [그림 9-1]에 설명되어 있다.

생산자가 소비자로부터 추출할 수 있는 생산 제한(Q_c)과 가격 인상(P_r)은 "이전"이라고 표시된 사각형으로 나타난다. 이전으로 인해 소비자 잉여는 큰 삼각형($P_c P_a$)에서 작은 삼각형(사회후생 손실)으로 감소했다. 또한 손실된 생산은 사회후

그림 9-1 카르텔의 비용

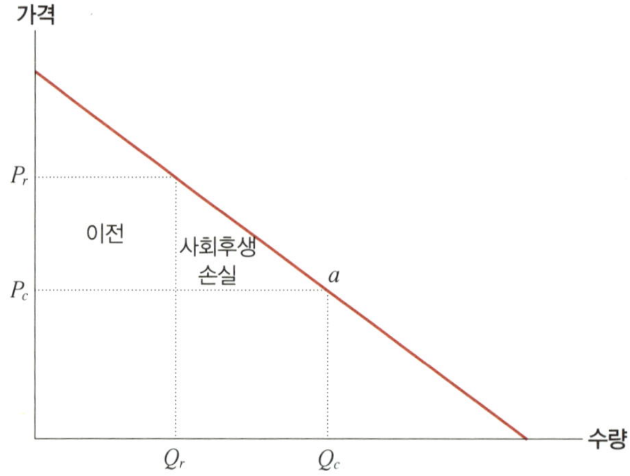

생 손실(SWL) 삼각형으로 표시되는 비용, 즉 소비자가 경쟁 가격(P_c)로 구매할 때와 비교하여 높은 가격으로 인해 나타난다. 원래의 소비자 잉여(큰 삼각형)는 이제 이전과 사회후생 손실의 합에 의해 더 작은 것으로 축소되었다.

이 모든 것은 얼마 동안 알려져 왔다. 일반적으로 잘 알려지지 않은 것은 소비자에서 생산자로의 이동의 상당 부분이 카르텔을 만들고 유지하는 비용에 의해 소멸된다는 것이다. 카르텔 회원들은 각 기업이 생산량을 얼마나 줄일 것인지에 대해 합의해야 한다. 예를 들어 대기업이 중소기업보다 생산량을 더 많이 줄여야 하는가? 그리고 생산자들은 우리 모두와 마찬가지로 무임승차 유혹에 빠지기 때문에 이윤 극대화를 꾀하는 생산자들 사이의 사적인 합의를 이끌어내고 유지하는 데 비용이 많이 드므로 실제로 실행이 불가능할 수도 있다. 기업들이 무임승차하는 데 문제가 없다고 생각하는 시장 비평가들은 커피 카르텔[1], 석유수출기구(OPEC), 그리고 이외의 다른 카르텔 형성의 시도도 있었지만 효과가 없었던 담합에 대해

1. [역주] 예를 들어 아프리카 케냐에서 정치인과 군사지도자, 부패한 사업가가 커피 산업의 카르텔을 주도하고 있음.

득실을 따져볼 수 있다. 자기규율(self-discipline)에는 비용이 든다. 그러나 통찰력 있는 카르텔리스트(cartelists)는 카르텔이 정부를 설득하여 정부가 카르텔 관리자(cartel administrator) 또는 집행자가 되기만 하면 규율(discipline)이 달성될 수 있다는 것을 머지않아 알게 될 것이다. 그리고 정부는 보상을 목적으로 기꺼이 서비스를 제공할 것이다. 따라서 정부의 서비스를 찾는 비용이 수반되는데 이러한 비용은 담합에 대한 기대이익에서 나온다. 정부에게 생산을 제한하기 위한 올바른 정책을 채택하도록 설득하려면 시간, 에너지 및 기타 자원이 필요하다. 또한 카르텔에 대한 반대에도 비용이 발생한다. 그렇기에 정치인과 관료를 지속적으로 모니터링하고 보상해주어야만 한다.

일부 생산자가 특권을 얻으면 다른 생산자도 필연적으로 지대추구 게임에 참여하게 된다. 대응정치센터(The Center for Responsive Politics : opensecrets.org)는 워싱턴 DC 지대추구 게임에서 지출한 금액을 추적한다. 그들은 2009년에 34억 9,000만 달러가 국회의원들을 로비하는 데 사용되었으며, 약 14,000명의 로비스트가 고용되어 있다고 보고했다. 이는 의원 한 명당 약 26명의 로비스트가 있는 것이다. 로비스트의 총수는 2005년부터 2009년까지 거의 동일하게 유지된 반면 지출된 총금액은 명목적으로 약 10억 달러 증가했다. 미국 일류 기업의 최고경영자들은 보통 매달 며칠씩 워싱턴 DC를 방문한다. 그리고 그들의 목적은 워싱턴 DC에 있는 기념지나 박물관을 방문하려고 하는 것이 아니다. 그들은 지대추구자들이자 (규제를 통한) 보호자들이다. 단순한 다수결 원칙이 착취를 가능하게 하고 장려하기 때문에 최고경영자들이 그렇게 되었다. 이러한 다수결 원칙하의 로그롤링(logrolling)[2]을 통해 (지대추구자들의) 단기적 이득이 장기적인 (일반 국민들이 부담하는) 손실보다 우선시되어 (부가) 이전되는 사회(transfer society)가 되는 것

2. **[역주]** 각기 다른 정당에 소속된 정치인들이 투표거래나 담합을 통해 서로 이익을 취하는 행위를 일컬음.

이다.

1. 지대추구로 인한 후생손실

경제학자들이 지대추구에 대한 이론적 토대를 연구했지만 실제 후생비용에 대한 신뢰할 수 있는 추정치를 제공하는 데는 비교적 덜 성공적이었다. 이것은 전체 사회에 대한 보호주의 등의 총비용과 관련하여 특히 골치 아픈 일이다. 그럼에도 특정 연도 기간의 특정 프로그램에 대해서는 상당히 좋은 추정치를 얻을 수 있다. 그 수치들은 최소한으로 말해도 불안하고, 전체적인 "추정(guesstimate)"은 믿을 수 없을 정도로 높다.

2. 보호로 인한 손실

관세를 예로 들어보자. 애덤 스미스는 관세를 부과하는 나라가 스스로를 더 가난하게 만든다는 기본적인 주장을 내세웠다. 문제는 "얼마나 더 가난할까?"이다. 그것은 많은 변수에 달려 있지만 아르빈드 파나가리야(Arvind Panagariya, 2002)는 보호관세로 인한 후생비용이 일반적으로 GNP의 1에서 10%이며, 매년 수백억 달러로 환산된다고 결론지었다. 경제학자들이 식별한 비용 중 일부는 소비자로부터 생산자로의 이전이지만 다른 비용은 장기적으로 봤을 때 사중적 손실(deadweight)이다. 사중적 손실은 일자리 감소, 수익 감소, 혁신 감소, 투자 및 성장 감소 등을 포함한다. 경제학자들의 모형들에는 일반적으로 보호 관세와 세계 경제질서의 불안정성이 포함되어 있지 않다. 이것은 무역전쟁에서 총격전으로 옮겨갈지도 모르는 불안정성이다. 게다가 보호주의는 국내뿐만 아니라 국가 간에 희소 자원의 심각한 분배왜곡을 초래한다.

추정치는 까다롭지만, 특정 보조금에 투입되는 금액뿐만 아니라 전체 보조금 규모에 대한 확실한 증거가 있다. 세계은행(World Bank)은 모든 무역 장벽이 제거된다면 세계경제가 2015년까지 8,300억 달러 성장할 것으로 추정한다(미국국제개발처(U.S. Agency for International Development), 2008). 그렇게 추정하는 이유 중 하나는 관세가 관세부과 대상국가의 경제는 물론 관세를 부과하는 국가의 경제에도 피해를 주기 때문이다.

관세부과 대상국가의 경제가 어떻게 피해를 입는지 이해하는 것은 쉽다. 무역이 적다는 것은 수입이 적다는 것을 의미한다. 하지만 관세를 부과하는 나라는 어떻게 되는가? 보호받는 산업은 이제 생산, 일자리, 가격을 확대할 수 있다. 가격이 상승함에 따라 소비자들은 그 재화의 구매량을 줄이거나 다른 재화의 구매량을 줄인다. 관세 인상은 소비자의 소득을 감소시키거나 소비자 가격을 인상하는 것으로 생각할 수 있다. (후생)비용이 분산되는 동안 소수의 이익이 보호되며, 거의 항상 다수의 비용이 소수의 이익보다 훨씬 크다.

간단한 예로 철강 산업에서 일자리를 보호하는 것을 들 수 있다. 2002년 부시 대통령은 국제무역위원회가 미국 내 철강업계에 피해를 주고 있다고 판단한 철강 제품에 15~30%의 관세를 부과했다. 부시 대통령은 미국 철강 산업을 관세로 보호하면 미국 철강 가격과 생산량이 높아져 관련 일자리를 보호하고 미국 철강 산업이 경쟁력을 갖게 될 것이라고 주장했다. 대부분의 경제학자들은 그 주장에 동의하지 않았다. 예를 들어 브루킹스 연구소의 로버트 W. 크랜달(Robert W. Crandall, 2002)은 미국 소비자와 생산자가 6,000개의 철강 일자리를 구하는 데 드는 비용이 일자리당 800,000달러에서 110만 달러 사이라고 추정했다. 크랜달에 따르면 이것은 "보호되는 모든 철강 일자리는 새 주택 또는 자동차 40대의 가격과 동등한 가치가 있다는 것이다."

미국의 철강 관세 사례에서 알 수 있듯이 1인당 소득에 영향을 미치는 요인

중 하나는 한 국가가 얼마나 무역에 개방적인가 하는 것이다. 제한된 경제는 단지 그만큼 제한적이다. 무역은 부를 증가시키고 무역에 대한 제한은 부를 감소시킨다. 다시 말하지만 추정은 어려우나 131개 선진국과 개발도상국에 대한 한 연구는 무역 제한이 1% 감소하면 1인당 소득이 약 0.3% 증가한다고 결론지었다(마놀레와 스파타레아누(Manole and Spatareanu), 2009). 공공선택학자는 손실은 (대다수) 국민에게 전가되고 이익은 소수(의 이익집단)에게 돌아갈 것이라고 즉시 지적할 것이다.

보조금은 보통 분산된 그룹의 부를 다른 집중된 그룹으로 이전한다는 점에서 관세처럼 작용하며, 종종 제3의 그룹에 부정적인 영향을 미친다. 농업 보조금이 대표적인 예이다. 미국의 농업정책은 시장을 통제하고 소득을 안정시키려는 정부의 외고집(perversity) 노력에 특히 통렬한 교훈을 제공한다(파수르 등(Pasour *et al.*), 2005). 잘 알려진 바와 같이 밀, 목화, 사료용 곡물, 담배, 땅콩, 유제품 등과 같은 농작물은 오랫동안 가격 통제 및 지원의 대상이었다. 농가 소득을 증가시키고 안정시키기 위한 가격 지원은 소비자와 납세자에게 높은 대가를 치르게 했다. 또한 가격 지원은 소비자 물가뿐만 아니라 농가 소득의 상당 부분을 제공하는 (미국) 국민의 세금도 증가시켰다. 이러한 세금 증가에 운송 및 잉여생산(surpluses) 저장비용이 추가되어야 한다. 그리고 우리가 잊지 않아야 할 것은, 자유시장에서 소비자들은 시장가격이 낮아지면 보조금을 받는 작물을 훨씬 더 많이 소비하게 될 것이라는 것이다. 이러한 높은 비용에는 부패하기 쉬운 상품으로 인한 높은 보관비용 및 폐기물은 포함되지 않는다.

잉여는 여러 가지 어려움을 야기하기 때문에 정부 농업 전문가들은 이를 해결할 방법은 생산량을 제한하는 것이라고 결정했다. 그러나 그렇게 하는 것은 곧 새로운 경제적 · 정치적 문제들을 야기했다. 잉여분 감소는 가격 통제보다 경작지 제한에 의해 더 적은 비용으로 달성될 수 있는 것이 사실이지만 경작지 통제에 대한 농부들의 반응문제가 여전히 남아 있다. 면적 제한에 직면한 농부는 축소된 면적에 더 많은 비료와 노동력을 적용하여 제한사항을 충족하고도 더 많이 생산할 수 있다. 만약 한 명의 농부가 이렇게 하면 그는 더 많은 시장 수입을 얻을 수 있을 뿐만 아니라 토지 제한을 준수하기 위한 정부 보조금을 받을 수 있을 것이다. 모든 농부들에게 이 같은 논리를 적용하게 되면 경작 면적은 줄어들지만 총생산량은 비례적으로 줄어들지 않는다. 그리고 더 나쁜 것은, 이 추가 공급을 생산하는 데 드는 비용이 규제가 발효되지 않았을 때보다 더 비싸다는 것이다. 농부들은 정부정책으로 인해 자원을 너무 집중적으로 사용하도록 장려된다. 즉, 정부의 보조금은 또 다른 비효율성을 잉태한다.

농장 비극을 가중시키는 것은 겉보기에 다루기 힘든 재분배의 왜곡이다. 인구의 1%에게만 지출되는 막대한 금액은 생산의 문제를 해결하지도 않고 덜 부유한 농부들의 상황을 개선히지도 못한다. 수많은 정부 보고서와 학술연구는 농업 보조금의 편중된 분배를 반복적으로 기록하고 있다. 1995년부터 2009년까지 모든 농장 보조금의 74%가 농장 프로그램 수혜자 중 가장 부유한 10%에게 돌아갔다. 이 수혜사들은 우리가 농업 보조금을 생각할 때 떠올리는 소규모 가족경영 농가가 아니다. 그들은 업계의 거물이며, 그중 일부는 워싱턴 DC에 사무실을 두고 있다. 2009년에 농장 보조금의 60%가 '농업 · 영양 · 임업에 관한 상원 위원회(the Senate Committee on Agriculture, Nutrition, and Forestry)' 에서 활동 중인 상원의원의 주(states)에 전달되었기 때문에 워싱턴 DC 사무소는 의회의 농업에 중요한 역할을 하고 있다(환경 작업 그룹(Environmental Working Group)).

농업 보조금의 주요 영향 중 하나는 귀중한 보조금을 통해 농지 및 건물을 자본화하여 농민들이 의도하지 않은 피해를 보았다는 것이다. 잠재적 보조금이 너무 크기 때문에 농장을 팔고자 하는 사람들은 훨씬 더 높은 가격에 농장을 내놓을 수 있다. 그러나 농장이나 토지를 추가적으로 구입하고자 하는 젊은 농민들은 필요한 자금을 조달할 수 없음을 알게 된다. 만약 금리가 더 높아지면 미래는 더 암울해진다. 원래 덜 부유한 사람들을 돕기 위해 고안된 보조금은 가난한 농부를 더 가난하게 만들고 부유한 농민을 더욱 부유하게 만든다. 보조금 프로그램은 안 그래도 쇠퇴하는 전통적 가족경영형 농장을 더 빠르게 쇠퇴시키고 기업형 농업을 지배적 생산 시스템으로 만들었다.

3. 정치적 손실

연방선거위원회(Federal Election Commission)에 따르면 현재 4,000개 이상의 정치활동위원회(Political Action Committees ; PAC)가 정책 및 정부 인사에 대한 영향력을 취하려는 미국 연방정부의 입법부를 부지런히 돌고 있다. 평균적으로 미국 상원의원은 임기 6년 동안 매주 선거운동비용으로 매주 약 10,000달러를 모금해야 하기 때문에 정치에서 돈과 정치활동위원회의 중요성을 쉽게 이해할 수 있다.

주정부 차원에서도 그 수치는 인상적이다. 2004년에 로비스트의 지출을 감시하는 42개 주에서 거의 10억 달러가 지출되었다고 보고했다. 거의 47,000개의 이해관계집단들이 38,000명 이상의 로비스트들을 고용했고, 국회의원 한 명당 약 5명의 로비스트들을 고용했으며, 국회의원 한 명당 약 13만 달러를 지출했다. 예를 들어 약 3백만 명의 시민과 90명의 국회의원이 있는 작은 오리건주에서는 거의 2,500만 달러가 로비 활동에 쓰였다. 즉, 의원 한 명당 277,000달러인 셈이다. 이에 비해 오리건주 후보들은 선거운동에 약 1,200만 달러를 지출했다.

이러한 몇 가지 사례를 통해 중요한 시사점을 도출할 수 있다. 기업을 운영하는 데 원자재 구매 및 직원 급여가 일반적 비용으로 피할 수 없는 것처럼 정치 과정에도 막대한 고정비용이 필요하다. 자원이 이렇게 많이 투입되는 것은 유감스러운 일이지만 지대추구 게임이 시작되면 이해될 수 있다. 게임에 참여하지 않는 사람들은 게임의 범위(the scope of the game)를 축소시키는 데 실패하면 자신을 보호하지 못하는 대가를 치르게 된다. 박수를 받기보다는 오히려 그들은 지대추구를 하는 사람들의 이익을 위해 희생되어야 하기 때문에 어리버리들(deemed suckers)로 간주된다. 어쨌든 수만 명의 변호사와 다른 사람들이 돈을 한 주머니에서 다른 주머니로 옮기는 데 시간을 할애하고 그렇게 하여 좋은 생활을 하고 있다.

4. 지대추구 : 위태로운 미래?

이 분석의 요점은 분명하다. 지대추구 이익은 매우 크고 지대추구는 사회에 막대한 비용을 초래한다. 그럼에도 모든 것이 절망적인 것은 아니다. 모든 경제 상황과 마찬가지로 이익을 변화시키고 잠식하는 경쟁 세력이 있다. 내가 다양한 보호주의자의 힘을 강조했을 때, 나는 그러한 집단들이 벌어들인 1달러만큼 다른 사람들은 고통을 받고 그 부담은 무력한 소비자들에게만 국한되지 않는다고 지적했다. 외국의 경쟁으로부터 철강 산업을 보호할 때 국내 자동차, 세탁기, 그리고 그들의 제조공정에 철강을 사용하는 다른 생산자들은 철강에 더 높은 가격을 지불해야 하므로 외국 제조업체들과의 경쟁에서 불리해진다. 게다가 그럴 경우 국내 생산업체들은 철강을 원가 최소화 차원에서 가격이 저렴한 다른 금속과 플라스틱으로 대체함으로써 철강 소비를 줄이려 한다. 장기적으로 철강 산업을 보호하는 것은 철강 소비 감소와 수입 감소라는 역효과를 초래할 가능성이 크다.

모든 곳의 보호주의자들은 이해관계가 상반되는 소비자들과 맞서고 있다. 다행히도 이러한 소비자 중 다수는 반대에 부딪히면 뒤로 물러나는 크고 강력한 산업조직이다. 보호 산업 상품의 주요 소비자들 외에도 수출에 의존하는 산업이 있으며, 그 산업은 보호무역주의 가격으로 인해 경쟁력이 크게 저하된다. 미국 농업은 농업 제품을 수출해야 하는데 보호된 철강 산업으로 인해 생산비용이 증가하면 농민들은 판매처를 잃게 된다. 국제적으로 경쟁력 있는 항공사와 전력기계, 정밀기기, 의약품, 사진용품, 통신 및 기타 고도로 전문화된 첨단 기술 제품 생산업체도 마찬가지다. 그들은 경쟁력이 떨어지는 것을 두려워하고 다른 나라에 의해 무역전쟁이 시작될지도 모른다는 두려움도 있다.

불리한 영향을 받는 산업의 노동조합은 신속하게 자신의 안전을 사용자의 안전과 동일시하고 피해를 최소화하기 위한 정치적 행동에 동참한다. 자유무역은 그 자체로는 덜 이기적이지만 미국의 외교정책에 대해 우려하는 경제학자, 정치인, 그리고 국무부(State Department) 관료를 비롯한 이념적 지지자들과 관련이 있다. 전반적으로 무역 지위에 관심을 갖는 재무부(Department of Treasury)와 그 무역이 미국 내 화폐시장에 미치는 영향이 자유무역의 동맹에 중요한 역할을 한다. 명백하게도 정부정책을 결정하는 획일적인(monolithic) 비즈니스 이해관계는 없다. 레이건(Reagan)과 조지 H.W. 부시(George H. W. Bush) 행정부의 많은 정책(actions)은 레이건의 자유무역 연설보다 훨씬 더 보호주의적이었지만, 그럼에도 이해충돌의 복잡성에 어느 정도 민감함을 보여주었다. 클린턴 행정부는 레이건, 조지 H.W. 부시, 조지 W. 부시 행정부보다 더 자유무역을 지지했을지도 모른다. 특정 산업에 대한 보호를 제공하면서 이들 행정부는 다른 산업에 대한 보조금을 줄이고 또 다른 산업의 지원 프로그램을 개편했다. 모든 산업이 원하는 모든 것을 얻거나 받는 것에 익숙해지는 것은 아니다. 정치인은 단순히 모든 사람을 무제한으로 보호할 수는 없다. 한 사람의 1달러 이득은 다른 사람의 1달러보다 많거나 적다.

사익추구(self-interest)가 타인의 사리사욕을 견제할 수 있지만, 그렇지 않은 경우도 많다. 시장에서는 일부 이해집단이 양자의 독점으로 뭉쳐 제3자의 이익을 취할 수 있다. 그리고 균형 예산의 제약 없이 다수결로 운영되는 입법부에서 당파적 목적으로 표를 교환하는 정치인들(log-rollers)은 서로의 보조금에 반대하지 않고 존중하며, 한 기업은 보복을 두려워하여 다른 기업을 지원한다는 사실을 잊지 말자. 이러한 상시 존재하고 강력한 인센티브에 대한 정치적 제약은 위에서 언급한 사실, 즉 산업 간 정치적 힘의 차이에서 비롯된다. 오바마(Obama) 행정부의 초기 조치 중 하나는 철강 · 타이어 · 화학 노동자들을 대표하는 연합인 유나이티드 스틸 워커(United Steelworkers ; USW)의 요청에 따라 중국산 타이어에 관세를 부과하는 것이었다. 이 연합은 미국에서 가장 큰 연합이며, 선거운동 초기에 오바마를 지지했었다. 구리 산업은 비슷한 보호를 받지 못했다. 유나이티드 스틸 워커는 분명히 구리 산업 노동자의 수보다 많거나 더 잘 조직되었다.

정치적으로 만들어진 카르텔에 대한 새로운 도전 중 하나는 더 잘 알려진 "소비자 보호 그룹"과는 달리 경제적 자유를 주장하는 공익단체들이다. 그러한 단체 중 하나는 워싱턴 DC에 기반을 둔 IJ라는 로펌(Institute for Justice)으로, 카르텔과 독점권을 창출하는 주 및 지방 법률에 정기적으로 이의를 제기한다. IJ 로펌은 면허가 있는 장의사에게 관(caskets)을 판매할 독점권을 부여하는 테네시주의 법(Tennessee' s law)에 이의를 제기했다. 정부가 보호하는 카르텔 때문에 장례식장에서 판매되는 관은 일반적으로 250 ~ 400%, 때로는 600%까지 인상되었다. 가난한 교구민들을 돕는 데 관심이 있는 채터누가(Chattanooga)의 목사가 녹스빌(Knoxville)에 있는 상점과 마찬가지로 관을 팔기 시작했다. 이 소매상들 중 어느 곳도 장례지도사 자격증을 갖고 있거나 방부처리 교육을 받지 않았다. 그러나 그들은 시체를 다루거나 장례식을 치르지는 않았다. 그들은 단지 관을 팔고 그 관을 장례식장에 전달했을 뿐이다. 주정부는 관 소매상들에게 관 판매를 중단하라고 명령하며, 그렇지 않으면 그들은 형사 기소될 것이라고 했다. IJ 로펌은 관 소매상을 대신하여 소송을 제기했으며, 2002년 12월 제6순회 항소법원(December 2002 the 6th Circuit Court of Appeals)은 정부가 부과한 카르텔이 무효라고 만장일치로 선언했다(*Craigmiles, et al. v. Giles, et al.*). 테네시주는 미국 대법원에 항소하지 않았다. 대니 보그스(Danny Boggs) 판사는 법원에 서한을 통해 "[법]에 대한 테네시 주의 정당성은 냉장되지 않은 5주 된 죽은 물고기의 힘으로 우리를 공격하는 것에 가깝다." 라고 말했다. 장의사가 "소비자들로부터 추출하는 독점 지대를 보호하는 요새를 세우려는 뻔히 보이는 시도" 라고 말했다. 마지막으로 보그스 판사는 "소비자를 희생시키면서 특정 기업인에게 다른 기업인에 대한 특권을 부여하려는 이러한 조치는 합법적인 정부 목적으로 설명할 수 없으며, 합리적 근거로 검토할 때도 살아남을 수 없다" 라고 말했다.

IJ 로펌은 미용학교에서 아프리카계 미국인(African-American) 스타일 머리 땋기를 가르치지 않는데도 아프리카계 미국인 스타일 머리 땋기를 해주는 사람들(hair braiders)에게 미용 면허를 요구하는 법률에 대해 이의를 제기했다. 이처럼 카르텔과 독점권을 창출하는 규제에는 리무진 운영 면허를 제한하는 라스베가스(Las Vegas) 규정, 새로운 택시 회사를 제한하는 덴버 법률 및 규제(Denver laws and regulations), 미니애폴리스(Minneapolis)에서 택시 번호를 제한하는 법률이 있다. 그리고 뉴욕 규정은 시내버스가 운행되는 뉴욕 거리에서 주인의 지트니(jitney) 승합차 운행을 제한하고 있으며, '사전 협의(pre-arrangement)' 를 제외하고는 승객을 태우는 것을 금지하고 있다. 이러한 지대추구 행위에 대한 도전은 시간이 지남에 따라 더욱 효과적이고 널리 퍼질 수 있다. 조지 윌(George Will, 2007년, Bo7)[3]은 재판에서 미니애폴리스 택시 제한에 대해 이의를 제기한 에콰도르 태생의 루이스 포카(Luis Paucar)에 대해 다음과 같이 기록하고 있다.

> 포카는 경제적 자유와 제한된 정부의 원칙을 존중하기 위해 자신을 받아준 미국이라는 국가에 이의를 제기했는데 IJ 로펌(Libertarian Institute for Justice)의 지역 지부 도움을 받아 다음과 같은 사실을 적시에 입증하고 있다. 미국이 왜 이민자를 받아들

3. [역주] best of 7의 약어로 7판 4선승제를 의미함.

이는지에 대해 깊은 이해를 하고 있는 일부 이민자들은 우리의 국가 활력을 회복시킨다. 만약 포카와 같은 이민자가 미국에 올 때마다 오늘날의 권리 사고방식에 의해 타락한 미국 태생의 지대추구자가 미국을 떠난다면 정말 좋을 것이다.

5. 결론

카르텔과 담합 행위가 확립되고 유지되기 어려울수록 판매자의 수가 더 많다는 점에 또한 유의해야 한다. 마찬가지로 비동질적인 제품을 생산하는 사람들도 담합을 유지하는 데 어려움을 겪는다. 또한 오래되고 침체된 산업들 대부분은 과잉생산 능력이 있다고 볼 수 있으며, 담합을 유지하는 데 드는 비용이 더 큰 것으로 보인다. 아직 미국의 산업부문 중 많은 부분이 오래되지는 않았고 적어도 단기적으로는 과잉생산 능력이 없다고 볼 수 있다. 아무튼 상술한 몇 가지 조건은 담합하는 데 비용이 많이 들거나 불안정하다는 것을 암시한다. 실제로 이 장에서 보여주었듯이, 그러한 조건으로 인해 기업가들은 그들의 지속적인 시장문제를 다루는 가장 효과적인 방법으로 정부의 도움을 구하게 된다.

마지막으로, 일부 경제학자들은 지대추구가 사회적 관점에서 대체로 비효율적이지만, 입법자들이 덜 비효율적인 정책을 선택하도록 장려하는 정치적 세력이 있다고 주장한다. 아직까지 이 이론은 충분히 검증되지 않았다. 하지만 어느 정도의 논리는 있다.

■ 서지(書誌) 노트 : 주요 참고문헌 소개

이 장의 간결함은 자료 부족의 산물이 아니다. 오히려 이익집단에 대한 진취적 연구는 규모가 클 뿐만 아니라 급성장하고 있다. 그것이 현재 공공선택학의 주요 초점이라고 주장할 만도 하다. 이익집단에 대한 기본 논문은 고든 털럭(Gordon Tullock)이 1967년 6월 웨스턴 이코노믹 저널(*Western Economic Journals*)에 발표한 「관세, 독점, 절도에 따른 후생비용(The Welfare Costs of Tariffs, Monopolies, and Theft)」이라는 논문이다. 그것은 정말 획기적인 작품이다. 털럭은 이후 연구에서 그의 통찰을 발전시켰으며, 그중 다수는 제임스 뷰캐넌(James M. Buchanan), 로버트 톨리슨(Robert D. Tollison), 고든 털럭이 편집한 책, 『지대추구사회 이론을 향하여(*Toward a Theory of the Rent Seeking Society*)』(텍사스 A&M 대학 출판부, 1980)에서 찾을 수 있다. 다양한 학자들의 논문 21편도 이 책에 포함되어 있다. 이 중 최고의 논문은 포스너(Posner), 크루거(Krueger), 리와 오(Lee and Orr), 뎀세츠(Demsetz), 브라우닝(Browning)의 논문들이다. 또 다른 뛰어난 컬렉션은 로저 컹글턴(Roger D. Congleton), 에어 힐만(Ayre L. Hillman), 카이 콘래드(Kai A. Konrad)가 편집한 『지대추구의 40년(*40 Years of Rent Seeking*)』(Springer, 2008)이라는 제목의 두 권짜리 세트이다. 이 컬렉션에는 위에서 인용한 책들의 기초 논문과 이론 및 응용에 관한 최근의 연구가 포함되어 있다. 특히 유용한 것은 각 권의 첫머리에 편집자들이 제공한 광범위한 문헌 조사이다.

읽을 가치가 있는 또 다른 책은 『무가치하게 쓰이는 돈 : 정치인, 지대추구 및 정치적 갈취(*Money for Nothing : Politicians, Rent Extraction, and Political Extortion*)』(Harvard University Press, 1997)라는 흥미로운 제목을 가지고 있다. 이 책에서 프레드 맥체스니(Fred McChesney)는 지대추구가 생산자와 정치인 사이의 상호 작용에 대한 부분적인 이해만을 제공한다는 것을 보여준다. 그는 지대를 추구하는 사람들이 정치적 비호의로 위협하는 정치인들에게 착취당한다는 강력한 사례를 제시한다. 정치인들은 생산자가 원하는 법안을 통과시키기 위해서가 아니라 생산자가 원하지 않는 법안을 통과시키겠다고 위협함으로써 생산자로부터 지대를 추출한다.

머레이 로스바드(Murray Rothbard)의 책, 『경제적 의미 만들기(*Making Economic Sense*)』(루드비히 폰 미제스 연구소(Ludwig von Mises Institute), 2006년 제2판) 제51장은 독자들에게 "큰 정부의 많은 부분은 정부와 기업 또는 오히려 정치적으로 유리한 특정 기업들과 집단들의 이익을 위해 그러한 협력관계를 만드는 것"이라고 상기시킨다. 이 책은 1982년부터 1995년까지 경제문제에 대한 로스바드의 논평을 편집한 것이므로 전체 읽기를 권한다. 책에서 제시된 거의 모든 문제는 여전히 우리와 떼려야 뗄 수 없는 이슈이다.

『쟁기날과 돼지 구유통 : 농업의 정치경제학(*Plowshares and Pork Barrels : The Political Economy of Agriculture*)』(Independent Institute, 2005)은 파수르(E.C. Pasour)와 랜달 러커(Randall R. Rucker)가 저술한 특정 산업인 농업에서의 지대추구에 대한 유익하고 잘 작성된 사례 연구이다. 이것은 우리가 주장한 것의 많은 부분을 보다 일반적인 방식으로 확장한 예시이다. 나는 이러한 장점들(virtues)뿐만 아니라 이 책에서 공공선택학 모형이 명시적으로 사용되었기 때문에 이 책을 추천한다. 저자들은 이 책에서 공공선택학 모형을 적절하고 능숙하게 사용하고 있다.

〈참고문헌〉

Center for Responsive Politics, "Lobbying Database," OpenSecrets.org. http://www.pensecrets.org/lobby/index.php.

Craigmiles, et al. v. Giles, et al. 312 F.3d 220(6th Cir. 2002).

Crandall, Robert, *The Futility of Steel Trade Protection*, Washington DC : Criterion Economics, January 2002.

Congleton, Roger D., Ayre L.Hillman, and Kai A. Konrad, *40 Years of Research on Rent Seeking* 1st ed. New York : Springer, 2008.

Environmental Working Group, "Farm Subsidy Database," http://farm.ewg.

org/summary.php.

Federal Election Commission, "PAC Count 2008A," Federal Election Commission Home Page, http://www.fec.gov/press/press2008/2008017paccount.shtml.

Gordon, Neil, "State Lobbyists Near the $1 Billion Mark," The Center for Public Integrity, http://www.publicintegrity.com/hiredguns/report.aspx?aid=728.

Manole, Vlad and Mariana Spatareanu, "Trade Openness and Income-A re-examination," *Economics Letters*, Vol. 6, Issue 1(2009), pp. 1~3.

McChesney, Fred S., *Money for Nothing : Politicians, Rent Extraction, and Political Extortion*, Cambridge : Harvard University Press, 1997.

Panagariya, Arvind, "Cost of Protection : Where Do We Stand," *American Economic Review*, Volume 92, Number 2(May 2002).

Pasour, E.C. and Randall R. Rucker, *Plowshares and Pork Barrels : The Political Economy of Agriculture*, Oakland, CA : The Independent Institute, 2005.

Rothbard, Murray N., "Government-Business Partnerships," *In Making Economic Sense*, 2nd ed., Auburn, AL : Ludwig von Mises Institute, 2006.

Tollison, Robert and Gordon Tullock, *Toward a Theory of the Rent-Seeking Society*, Austin : Texas A&M University Press, 1980.

Tullock, Gordon, "The Welfare Costs of Tariffs, Monopolies, and Theft," *Western Economic Journals,* no. 3(1967) : 224-32.

U.S. Agency for International Development, "The United States Commitment to the Millennium Development Goals," (Washington : GPO, 2008), 1-13.

Will, George F., "Cabs and Cupidity : Luis Paucar Tackles a Twister Sense of Entitlement," *Washington Post*(Sunday, May 27, 2007, p. 107).

제10장 사익의 정치적 추구 : 소비자 보호

이 장의 주제는 정부의 권한을 사용하여 자신의 이익을 높이려는 소비자와 노동자이다. 이 분야에 대한 새로운 학습을 충분히 이해하기 전에 이론가들뿐만 아니라 일반 사람들이 시장을 보는 방식에 대한 제1장의 논의를 확장해야 한다. 이상하게도 시장은 몇 가지 특이한 고정 관념의 영향을 받는데 그 때문에 없애기 매우 어려운 위대한 신화가 생겨났다. 우리는 그것을 광장 공포증(시장에 대한 두려움)이라고 부를 수 있을지도 모른다.

구매자와 판매자로서 우리는 거의 매일 시장에 참여하지만, 우리의 시장 운영에 대한 지식과 의미 해석은 심오하지도 일관되지도 않다. 그 이유 중 일부는 가격, 수량 및 품질의 세부사항에 주의를 기울이는 것은 뚜렷한 보상을 받는 반면 전체 경제에 대한 지적인 이해를 얻는 것은 그렇지 않기 때문이다. 더군다나 규율 있는 사고와 신뢰할 수 있는 정보가 전제 조건이기 때문에 지적인 이해를 얻는 데 비용이 많이 든다. 그러나 평균적인 소비자와 근로자에 의한 일관된 해석 중 하나는 시장교환(market exchanges)이 게임 이론의 전문용어인 한 사람의 이득이 다른 사람의 손실과 필연적으로 일치하는 "제로섬 게임"이라는 것이다. 이 기본적 견해로부터 여러 가지 함축적 의미가 뒤따를 것으로 생각되며, 그 함축적 의미는 광범위하고 깊이가 있다. 구체적으로 살펴보면 어떤 경쟁이 우세하든지 간에 치열한 경쟁이고, 대부분의 가격들은 지나치게 높으며, 판매자는 모든 이점을 가지고 있고, 노동자는 약해서 착취당하고, 심지어 빈곤해(impoverished)지고 있다. 독점이 경제에 만연하고, 이윤은 비양심적이며, 시장은 비인격적이고 무자비하다. 광고는 강력하지만 낭비적이고, 소비자는 무력하다. 이처럼 널리 퍼진 의견과 신념을 고려할 때 그 많은 사람들이 정부에게 소비자와 근로자를 보호하라고 요구하는 것은 놀랄 일이 아니다.

시장에 대한 이러한 묘사는 소비자와 근로자만의 견해를 전달한다는 점에서 분명히 일방적이다. 그들은 시장에서 경쟁을 두려워하는 유일한 시민이 아니며, 시장의 변화(vicissitudes)로부터 보호받을 수 있는 장소를 찾는다. 자본가, 관리자 및 생산자는 보다 일반적으로 경쟁을 두려워하는 확실하고 합리적인 이유가 있다. 그들 역시 경쟁을 줄이거나 억제하고 시장 세력을 안정시킴으로써 더 큰 이익을 얻을 수 있다. 간단히 말해서, 시장은 판매자에게 강력하고 끊임없는 규율을 부과한다. 모든 사람들이 공급자들 사이의 경쟁(공공재)을 유지하는 데 기득권을 가지고 있지만, 어떤 공급자도 경쟁자들 사이의 더 큰 경쟁(기존 공급자들에 대한 공공악)을 원하지 않는다. 이러한 시장의 이중적 성격을 인식한 밀턴 프리드먼(Milton Friedman)은 50년 동안 자신은 기업계(business)의 친구가 아니라고 불평했다. 대신 그는 일관된 친시장적(pro-market) "편향(bias)"을 유지했다. 이는 널리 이해되거나 인정되지 않는 근본적인 구별이다.

시장은 잘 이해되지도 않고 인정받지도 못하기 때문에 시장이 살아남고 심지어 번영한다는 것은 놀랄 만한 일이다. 모든 사람이 시장으로부터 이익을 얻는 반면, 동시에 장기적으로 자신을 더 나쁘게 만드는 행동에 참여하려는 강력한 단기적 유인에 유혹을 받는다는 것은 딜레마다. 더 큰 안전을 위해 모든 사람들은 정치를 통해 특별한 보호와 이익을 추구하게 된다. 그러므로 우리는 효율적인 시장경쟁을 감소시키고 필연적으로 비효율적인 정치적 경쟁을 증가시키는 안전망 및 기타 보호주의정책에 대한 주장을 의심하고 이에 반대해야 한다.

1. 포지티브섬 게임으로서의 시장

현대 시장경제에서는 모든 종류의 시장이 존재하며, 경쟁자들은 신제품과 함께 왔다가 사라진다. 제7장에서 언급했듯이 창조적 파괴는 시장에서 보편적으로 나타나는 기본적인 사실이다. 그러나 요점은 간단하다. 시장, 심지어 어느 정도 독점력을 가진 시장조차도 모든 참가자들에게 상호 이익을 창출할 수 있는 가능성을 제공한다. 구매자는 재화를 얻기 위해 시장에 가지만 그 재화에 대해 일종의 대가를 지불해야 한다. 판매자는 그 지불을 극대화하기를 원하고 구매자는 그에 저항할 수는 있지만 일반적으로 그 가격에 지불하는 것으로 결말이 난다. 나는 '플라스틱 사회', 물질주의, 불평등, '외설적인' 이윤, 독점 등에 대해 불평하면서도 최신 전자 장비, 스포츠카, 야외 레크리에이션 장비, 카메라 등을 어떻게든 구입하는 고학력 학자들을 많이 알고 있다. 그럼에도 그들은 보통 소비자들이 이용당한다고 믿는다. 만약 소비자들이 이용당한다면 그들은 왜 계속해서 시장으로 되돌아오는가? 나의 학계 친구들은 우리에게 즐겁고 유용한 물질적 재화의 꾸준한 흐름과 지속적으로 높은 생활수준을 제공하는 자본주의의 능력을 인정하기를 단호히 거부한다. 이는 당연하게 여겨져서 설명할 필요가 없다. 많은 사람들처럼 그들은 더 낮은 가격으로 모든 것을 원한다. 그들은 상대적 이득과 "정당한" 가격에 대한 개인적인 개념을 혼동한다. 이러한 모순된 기준으로는 어떤 거래도 양 당사자에게 좋다고 판단할 수 없다. 시장 결과에 대한 불만은 판매자를 제외한 모든 사람이 교환에서 절대적으로 이득을 취해야 하지만 다른 사람들과 비교하여 상대적으로도 이득을 취해야 한다는 믿음에 근거한 것으로 보인다. 우리는 그것을 양쪽 모두 가질 수 없다.

이러한 근본적인 이념적 약속에 기초하여 일부 사람들은 경제에 독점이 만연하고 노동자가 스스로를 보호할 수 있는 유일한 방법은 강력한 노조를 통해서이며, 소비자는 자비로운 정부의 지속적인 지도와 지원이 필요하다고 믿는다. 이 제한적이지만 널리 퍼진 견해는 경제 현실과 확연히 어긋난다. 실제로는 이상하게도 이른바 독점자와 과점자(oligopolists)는 자신의 제품에 대한 수요를 창출하기 위해 지속적으로 광고해야 한다. 소비를 강요하는 그들의 힘이 막강할 때, 사람들은 그 이유를 궁금해하게 된다. 불행히도 이 책의 많은 분석은 실제로 시장경제의 유익한 작용에 대한 소중한 이해이지만 반직관적이다.

2. 독점 : 출처, 권력 및 후생 손실

독점이라는 용어가 "단독 판매자(sole seller)"를 의미한다면, 미국에는 정부 자체를 제외하고 독점이 없다. 모든 판매자는 통제할 수 없는 우하향하는 수요곡선에 직면하게 되며, 가격 탐색자일 수도 있지만 두 경우 모두 단순히 자신이 선호하는 수요곡선과 공급곡선을 강요할 수 없기 때문에 공급 제약(비용)과 수요에 주의를 기울여야 한다. 판매하는 상품과 유사한 대체재가 언제든 나타나거나 나타나게 될 것이기 때문이다. 버스 회사들은 서로 경쟁하지만 그들 경쟁의 주요 원천은 자동차, 기차, 항공사, 그리고 심지어 자전거로부터 온다. 물론 걷기도 포함된다. 페인트 제조업체들은 다른 페인트 제조업체들뿐만 아니라 벽지와 미리 채색된 외부 치장 벽토(exterior stucco) 공급업체들과도 경쟁해야 한다. 와인은 다른 와인 브랜드뿐만 아니라 와인 칵테일, 주류, 청량음료, 맥주, 물 및 약물(drugs)과 경쟁한다. 잠재적 독점자는 다루기 힘든 문제를 안고 있다. 규제되지 않은 시장의 독점은 다소 빠르게 침식되는 경향이 있으며, 일반적으로 정부의 보호를 받는 경우에만 지속된다.

정부의 강압적 권력 없이는 독점이 살아남을 수 없다. 사실 독점은 일반적으로 정치적 지원 없이는 형성될 수 없다. 한 가지 예외는 상당한 생산 범위에 걸쳐 장기적 평균비용이 계속 감소하는 전력(utilities)과 같은 산업인 것 같다. 그리고 물론 정치적 통제 방식으로 공공 소유 또는 규제를 통해 독점이 발생하게 된다. 마지막으로 독점 이익은 생산을 확대하여 가격을 낮추고 이익을 다 소멸시키는 외부 경쟁자를 끌어들인다. 독점자는 이길 수 있지만 오래 가지 못한다. 올해의 "포춘 500(Fortune 500)" 최대 기업 중 50 ~ 75년 전에도 존재한 기업은 찾아보기 힘들었다. 1920년대의 "포춘 500" 기업들은 어떻게 되었나?

명확한 독점보다 훨씬 더 중요한 것은 정부가 만들고 관리하는 산업 카르텔이다. 무임승차자(free-rider) 문제 때문에 장기간에 걸쳐 살아남는 개인 카르텔은 거의 없다. 집행기구가 없으면 카르텔은 단명할 수밖에 없다. 이것은 우연히도 무임승차자들이 경쟁의 명분과 소비자의 후생을 증진시킨다고 칭찬받는 경우들 중 하나이다. 그러나 비록 무임승차자가 통제될 수 있다고 해도 통제하려면 법원 판결이 필요한데 법원은 담합 계약을 지지하기를 꺼린다. 그러나 민주주의 정부는 기꺼이 카르텔을 유지하고 공공후생을 촉진시킨다는 명분으로 카르텔을 정당화할 것이다.

담합 규제는 애덤 스미스가 200년 이전에도 알았던 것이다. 그는 다음과 같이 설명했다.

> 그러나 무역이나 제조업 특정 부문에서 딜러들의 관심은 항상 대중의 이익과는 다르며, 어떤 경우에는 정반대일 때도 있다. 시장을 넓히고 경쟁을 약화시키는 것은 항상 딜러들의 관심사이다. 시장을 넓히는 것은 종종 대중의 이익에 충분히 부합할 수 있다. 그러나 경쟁을 약화시키는 것은 항상 대중의 이익에 반하는 것이며, 딜러가 자신의 이익을 정상 수준 이상으로 높임으로써 여타 시민들에게 터무니없는 세금이 부과되도록 하는 결과만 초래할 수 있다. 딜러들의 이러한 주문(order)에서 나온 상업에 관한 새로운 법률이나 규정의 제안은 항상 주의 깊게 경청해야 하며, 가장 세심하고 가장 주의 깊은 관심을 가지고 오랫동안 조심스럽게 검토하기 전까지는 채택되지

않아야 할 것이다. 그것은 대중의 이익과 정확히 일치하지 않으며, 일반적으로 대중을 기만하고 심지어 억압하는 데 관심이 있으며, 따라서 많은 경우에 대중을 속이고 억압한 사람들의 주문에서 비롯된다. — 스미스(1776, 264)

스미스(Smith)가 우려한 바와 같이 카르텔 관리 또는 더 잘 알려진 "규제"는 생산자 측의 자체 경쟁을 완화하고 관리하려는 요구와 적절한 규제를 제공하려는 정치인의 의지의 결과로 발생한다. 경제적 수요와 정치적 공급의 상호작용은 상호 이득이 실현되기 위해 지불해야 하는 "가격"을 설정한다. 규제를 요구하는 생산자들은 경쟁 제한이 그들에게 더 유리하게 만들어지기를 원한다. 즉, 그들은 시장 진입이 엄격하게 통제되어 업계에서 운이 좋은 소수를 위해 시장이 안정화되기를 원한다. 공급, 가격, 품질 및 진입에 대한 세부 규제는 카르텔 관리와 성공의 가장 중요한 요소이다.

규제를 공급하는 정치인과 관료들은 산업이 제공하는 실질적인 이익 때문에 결탁한다. 규제 당국은 더 많은 권한, 더 높은 연봉, 더 많은 지위를 얻는 반면, 정치인들은 일단 은퇴하거나 사임한 후 규제 산업에서의 지위, 산업 강연회에서의 수입 또는 아마도 뇌물 등을 얻을 수 있다. 명백하게도 소비하는 대중은 모든 짬짜미한 조치로 인해 공급 감소, 가격 인상 및 세금 인상과 같은 손실을 본다.

사실상 규제 자체는 일종의 과세로 간주될 수 있다. 규제 대상인 항공사 및 전화 서비스에서와 마찬가지로 일부 소비자가 얻는 교차 보조금은 요금과 가격이 인상된 또 다른 소비자들에 의해 지급되는 것이다. 항공사들은 포덩크(Podunk)로 가는 단거리 항공권을 구입하는 데 장거리 비행 요금과 비교해 높은 가격을 부과할 수 있도록 허용되었다. 1등 우편 요금으로 3등 우편에 대한 보조금을 충당해왔고 무제한 시내 서비스를 위한 장거리 전화 요금도 보조되었다. 즉, 더 높은 비용을 지불한 사람들은 비용보다 낮은 가격을 지불하는 사람들에게 서비스를 지원하기 위해 세금을 부과받고 있었다.

"교차 보조금"은 이러한 관행의 한 용어(name)이다. 과세로서의 규제는 또 다른 문제이다. 규제 대상 기업은 이러한 모든 관행에 대해 공개적으로 불평하지만 규제는 업계의 더 큰 안정성과 이익을 위해 지불하는 대가이다. 항공사와 AT&T가 규제 완화를 요청하지 않았다는 것을 기억하라. 규제 완화에 대한 열의를 보인 기업은 거의 없고, 규제가 완화된 소수의 기업은 한때 받고 있던 혜택을 되찾으려고 아우성치고 있기 때문에 규제받은 기업들은 기꺼이 돈을 지불해왔다. 카르텔은 확고한 통제 없이는 유지될 수 없으며 정부는 산업계에 유일한 합법적 거래는 아닐지라도 최고의 거래를 제공한다.

이야기가 더 나빠진다. 생산자와 정치인이 결탁할 뿐만 아니라, 브루스 얀들(Bruce Yandle, 1983)이 주류 밀매업자[1]와 침례교도(Bootleggers and Baptists)라고 부르는 그의 규제이론에서 설명했듯이 생산자와 정치인이 결탁할 뿐만 아니라 생산자도 그들의 "천적(natural enemies)"과 결탁한다. 주류 밀매업자와 침례교도는 모두 일요일 주류 판매를 금지하기를 원하지만 그들의 유인은 매우 다르다. 밀매업자들은 일요일에 유일한 판매자가 되기를 바란다. 침례교도들은 자신의 악한 욕망으로부터 스스로를 보호하기를 원한다. 정치인들은 천사의 편에 서기를 원한다. 이 경우 사익을 추구하는 주류 밀매업자들을 은폐하는 침례교도들이 있다.

러셀 로버츠(Russell Roberts, 2007)는 블로그 "카페 하이에크(Café Hayek)"의 두 명의 운영자 중 한 명으로 주류 밀매업자와 침례교도의 역학 관계를 설명한다.

> 이타주의자들은 종종 일반 대중들에게 정치인들이 "무언가를 하도록" 격려하게끔 한다. 그러나 그들은 그 법안의 세부사항에 흥미를 잃는다. 사익을 추구하는 주류 밀매업자들은 그 법률이 그들의 주머니를 채우도록 구조화되도록 하기 위해 세부사항들

1. [역주] (미국 금주법 시대의) 주류 밀매 또는 밀수, 밀조자를 말함.

에 많은 시간을 투자한다. 그래서 담배기본정산협약(tobacco settlement)[2]은 대중의 지지를 받았고, 모든 사람들은 건강과 아이들을 보호하는 것에 찬성했다. 그러나 그 법률은 담배회사와 변호사들을 부유하게 하기 위해 조직되어 있다. 세부사항들이 구체화될 때 주의를 기울이는 사람은 거의 없다. 고귀한 대기오염방지법(Clean Air Act)의 이점은 감소된다. 왜냐하면 그 법은 더욱 공기를 오염시키는(dirtier) 웨스트 버지니아(West Virginia) 석탄의 사용을 장려하여 다른 사람들을 위한 깨끗한 공기를 희생시키면서 정치적으로 연결된 석탄 생산자를 이롭게 하기 때문이다.

독과점 및 정치적으로 조작된 경쟁에 의한 후생손실은 이론적으로 비교적 쉽게 확인하고 측정할 수 있지만 실제로 추정하기는 매우 어렵다. 단기적 관점에서 후생손실을 다룬다면 그림을 통해 설명하기가 특별히 용이하다. [그림 10-1]은

그림 10-1 독점으로부터의 후생손실

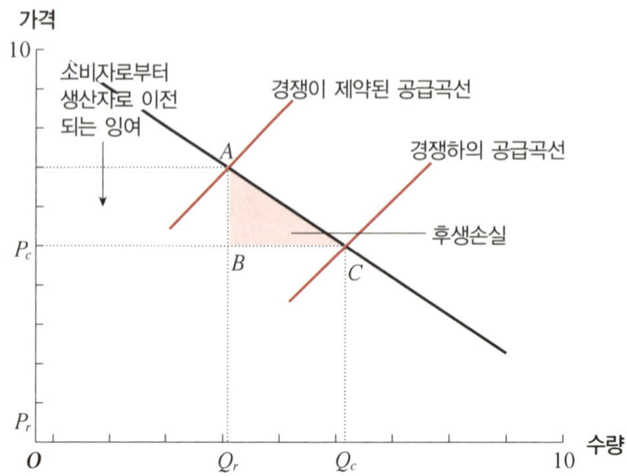

2. [역주] 담배기본정산협약은 1998년 11월 23일 미국 최대 담배 회사 4개와 46개 주의 법무장관 간에 체결된 협약을 말한다. 주정부는 담배와 관련된 의료비를 회수하기 위해 담배 산업을 상대로 한 메디케이드(Medicaid) 소송을 했다. 그 결과 담배 회사들은 흡연과 관련된 질병을 가진 사람들을 돌보는 데 드는 의료비의 일부를 지원하기 위해 주정부에 매년 일정 금액을 납부하고 특정 담배 마케팅 관행을 축소 또는 중단하기로 합의했다.

전형적인 교과서 형식으로 상황을 묘사하고 있다. 삼각형 *ABC*는 사회에 대한 후생손실을 구성하고, 사각형 P_rP_cBA는 소비자로부터 독점자 또는 카르텔로의 소득 이전 규모를 나타내고 있다.

다음에서 살펴보겠지만 이 직사각형은 단순히 제로섬 이전(zero-sum transfer)이 아니라 일부 특권이나 지대추구로 발생하는 대가(payments)가 있을 수 있기 때문에 추가적인 사회적 손실을 야기한다. [그림 10-1]에서 지대추구로 얻는 이익은 10억 달러에 달할 수 있다. 따라서 사회에 대한 전체 손실은 사다리꼴 전체 영역에 근접할 수 있다. 장기적 손실은 측정이 모호하다. 시장에서의 공급량은 최적 수준보다 적고 최적 가격보다 높지만 독과점이 장기간 존재하지 않기 때문에 사회 전체의 후생손실은 연간 GNP의 3% 이하에서 약 12%로 추산되어 왔다. 반면에 일부 분석가들은 독점이 심지어 장기적인 이익을 줄 수도 있다고 주장했다. 비록 다른 이론가들이 독점기업은 조용하게 독점적 이익을 유지하는 것 이상을 바라지 않는다고 주장했을지라도 완전한 경쟁기업은 아니지만 그래도 경쟁을 하는 기업들(less perfectly competitive firms)은 기술 혁신에 대한 의지가 독점기업보다 강하기 때문에 사회에 이익을 가져다주는 것으로 생각할 수 있다.

농업, 직업, 교통 심지어 이발, 건축, 통신, 공공사업과 같은 지역 긴 거래까지 정부가 후원하는 카르텔은 어디에나 있다. 한두 개의 산업만 규제된다면 우리의 손실은 크지 않을 것이고 적어도 견딜 수 있을 것이다. 그러나 모든 산업들이 규제된다면 비용은 빠르게 상승한다. 기껏해야 지대추구에 따른 규제는 시장경쟁에 대한 열악한 대안이다. 많은 규제는 규제 대상자(the regulated)에게 유리할 뿐이고 그 자체로도 비용이 많이 든다. 애당초 규제는 "전문가(experts)"와 도덕주의자(moralists)에게도 다루기 용이하지 않다. 규제의 목적은 모호하거나 모순될 수 있으며, 규제의 모든 상황은 어떤 면에서 독특하다. 규제를 위반할 때마다 또 다른 세밀한 규제가 필요한데, 규제는 비용이 많이 든다. 2010년 캐나다에서의 규제비용에 대한 일부 추정치를 보면 관리비가 연간 약 500억 달러, 규제 준수 비용이 약 1조 2천억 달러에 이른다(크루즈(Crews), 2010). 이에 비해 캐나다의 2009년 GDP는 13억 2천만 달러였다. 그리고 우리가 이러한 지출을 했다고 해서 더 나아질 것 같지 않다.

사회를 위해 희생되는 후생과 비용이 많이 드는 행정을 수반하는 이러한 명백한 비용은 전체 손실 중 일부에 불과하다. 엄밀히 말해 후생비용은 아니지만, 인위적으로 높은 이익의 형태로 소비자로부터 생산자에게 상당한 이익이 이전된다. 사회가 손해 보는 것이 아니라 소비자는 손해 보는 반면, 독점 이점을 가진 생산자들은 이익을 얻는다. 아마도 더 중요한 것은 정부가 부여하는 특권을 위해 생산자들이 지불하는 지대추구 비용일 것이다. 정치적 이점을 얻는 비용은 사중적 비용이다. 이익을 얻으려는 이익집단의 노력은 후생증가보다는 사회적 낭비를 야기한다. 다시 말하면 생산적인 자원이 정부가 창출한 희소성에 대한 권리를 얻기 위해 사용된다. 그리고 일단 비용을 수반하는 정치적 이득이 실현되면 이러한 특권에 참여하려는 사람들과 경쟁해야 할 뿐만 아니라 그러한 특권을 박탈하려는 사람들의 노력에 대항하기 위한 유지비용이 소요된다. 끝없는 경계비용(eternal vigilance)은 지대추구의 대가이다.

상술한 후생비용은 몇몇 시카고 학파 경제학자들이 주장하는 것처럼 낮을 수 있지만 이러한 비용은 독점의 총비용을 심각하게 과소평가한 것이다. 시장균형보다 더 적은 생산량과 더 높은 가격은 소비자 잉여를 감소시키지만 가장 큰 손실은 사익추구를 위한 정치적 탐색으로 발생하는 막대한 지대추구 비용일 것이다. 다시 한번 강조하자면, 시장경쟁은 의도하지 않은 사회적 후생으로 이어지는 반면 정치적 경쟁은 일반적으로 사회적 낭비로 귀결된다는 흥미로운 사실에 주목하라.

지대추구자와 독점을 다루는 데에는 여섯 가지 선택이 있다. 첫째는 독점자들과 함께 지내는 것, 둘째는 독점 보유자로부터 재구매하는 것, 셋째는 최저 입찰자에게 지정된 기간 동안 독점권을 경매하는 것, 넷째는 천천히 지대를 용해하는 것, 다섯째는 규제하는 것, 마지막으로는 시장에 대한 정부의 개입을 줄이는 것이다. 다양한 시기에 우리는 아마도 두 번째와 세 번째 선택을 제외한 모든 것을 경험한 것 같다. 반(反)독점법(Antitrust laws)은 산업계에 어느 정도 영향을 끼쳤지만 그 시행의 결과는 대부분 일반 대중에게 좋지 않았다. 이러한 보호조치는 대부분 중복되어 낭비적이었다. 그리고 때때로 그것은 잘못되어졌다. 시장은 미국 연방정부의 반독점법 위반 단속관들(trustbusters)이 상상했던 것보다 훨씬 더 까다롭고 탄력적이다. 일시적인 시장 기반 독점자와 함께 사는 것은 시장제도를 유지하기 위해 치러야 하는 작은 대가이다. 그보다 더 중요한 것은 독점 특권을 되사는 정책이다. 뉴욕시에서 택시 기사로 일하기를 원하는 사람들은 택시 한 대를 운영하기 위한 법인 면허에 최대 95만 달러를 투자해야 했다. 정부가 최초의 사업자들과 결탁하여 택시 운행에 대한 제한적 관행(restrictive practice)을 만들어 택시 기사들에게 이 요건을 부과했기 때문에 기존 택시 면허증을 가진 기사들(medallion holders)은 경쟁자들이 택시 산업에 자유롭게 진입하게 되면 손실을 입는다. 때문에 이에 대해서는 보상받아야 한다고 생각한다. 나는 다른 산업에서는 이와 같은 보상이 있어야 한다고 확신이 서지 않는다. 그 주된 이유는 현재의 특권 보유자들(예 : 의사들과 땅콩 재배자들)은 뉴욕의 택시 기사들보다 적은 희생으로 독점 특권을 반환할 수 있기 때문이다. 어쨌든 독점 금지법은 폐지되어야 하고 더 많은 산업에 대한 규제가 완화되어야 한다. 진입 장벽과 법적 독점을 만드는 독점 프랜차이즈(franchises)를 거부하자. 규제 대상자가 규제기관의 통제를 요구하지 않도록 규제를 줄이자.

3. 소비자 보호 : 얼마면 충분할까?

랄프 네이더(Ralph Nader) 시대까지 소비자와 근로자는 자신의 안전에 관심이 없거나 독점자와 과점자에 의해 결함이 있는 제품과 위험한 작업 상황을 받아들이도록 강요받았다는 통념이 있었다. 이 견해는 대부분 잘못된 것이지만, 노동자와 소비자 모두 지난 10~20년 동안 점점 더 안전에 대한 의식을 갖게 된 것은 사실이다. 이러한 문제에 대한 선호가 왜 변했는지는 단순한 답이 있는 간단한 질문이 아니다. 대답과 관계없이 안전은 현재 더 중요시되고 있지만 아직도 철저하거나 널리 이해되지 않고 있다. 또한 즉각적인 조치를 요구하는 안전에 관한 법률이 급하게 만들어지고 있다. OSHA[3]는 단지 하나의 예후일 뿐이다. 역설적이게도, 정부는 독점을 만든 장본이면서 독점남용으로부터 소비자들을 보호하도록 강요받는다.

직장 또는 자동차, 유모차, 사다리, 처방약(prescription drugs)에 대한 안전은 이들 수요에 영향을 미친다. 어떤 의미에서 안전은 다른 수요의 대상과 다르지 않다. 그것은 가격이 있고, 개인의 선호가 있고, 시장이 있다. 따라서 우리는 [그림 10-2]와 같이 수요와 공급의 법칙을 적용한다면 소비자 보호를 가장 잘 이해할 수 있다.

편익과 비용의 변화에 따라 개별 수요는 달라진다. 따라서 어떤 사람들은 더 많은 안전에 대해 모든 사람들이 동등하게 필요로 하다고 주장하는 반면 다른 사람들은 안전에 대해 덜 선호하고 또 어떤 사람들은 안전에 대해 훨씬 더 선호한다. 가격이 변하기 때문에 우리의 수요도 반대로 변한다. 이러한 선택 모두가 안전을 더 선호하는 소비자에 대한 다양한 우하향하는 수요곡선으로 [그림 10-2]에 나타

3. [역주] OSHA는 미국 노동안전위생국, Occupational Safety and Health Administration의 약어임.

그림 10-2 안전에 대한 수요와 공급

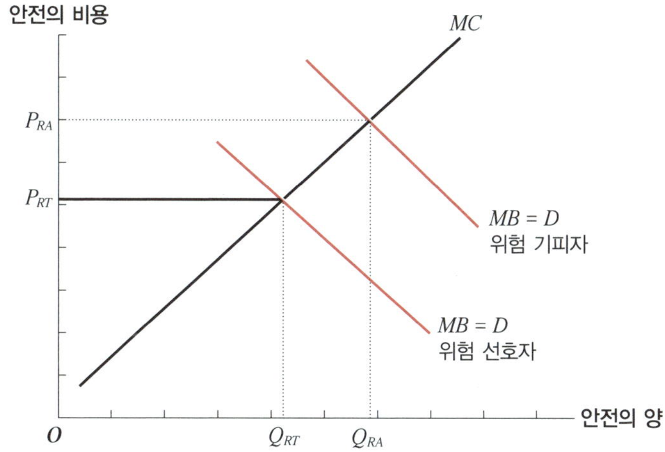

나 있다. 이 두 가지 선택은 [그림 10-2]에 더 많은 안전성과 안전성을 덜 선호하는 소비자를 나타내는 우하향하는 수요곡선으로 설명되어 있다. 주어진 안전의 양에 대해 위험을 피하는 사람은 위험을 감수하는 사람보다 더 많은 돈을 지불할 용의가 있다. 동일한 가격에서 위험 선호자(risk-taker)는 위험 기피자(risk-avoider)보다 덜 안전한 것을 선호한다.

[그림 10-2]는 두 소비자의 위험에 대한 태도를 보여준다. 위험 기피자는 위험 선호자보다 더 많은 안전을 구매하고 더 많은 비용을 지불하는 선호를 보여준다. 예를 들어 어떤 자동차 구매자는 볼보(Volvo) 자동차가 다른 자동차보다 더 안전하거나 보호 기능을 제공한다고 생각하기 때문에 볼보를 구매하며, 그러한 구매자는 실제로 볼보 차량에 더 많은 비용을 지불한다. 볼보의 소유자가 훨씬 저렴한 자동차의 구매자보다 반드시 더 합리적이지는 않다. 소비자 각자의 수입, 자동차 가격, 자동차의 다른 기능에 대한 취향, 안전에 대한 선호도가 다르기 때문에 현대(Hyundai)를 선택하는 사람은 볼보 애호가만큼 합리적이다. 경쟁시장의 좋은 점은 두 구매자가 모두 만족할 수 있다는 것이다. 정부가 의무화한 안전 또는 보호의

문제는 고정된 형태와 정도의 보호를 제정해야 하므로 소비자의 선호를 침해한다는 것이다. 안전벨트 또는 에어백은 제작 및 설치에 비용이 소요될 뿐만 아니라 주어진 가격에서 특정 운전자가 선호하는 것보다 더 많거나 적은 안전을 제공할 수 있다.

자동차 안전은 보다 더 추구할 가치가 있다. 자동차 제조사와 모델에 따라 약간의 차이는 있지만 에어백, 에어백이 팽창하도록 지시하는 센서, 에어백 작동을 통제하는 컴퓨터, 에어백을 팽창시키는 가스 등의 총비용은 2010년 기준 1,200 ~ 2,500달러이다. 이것은 요즘 물가수준으로 볼 때 자동차 구매에 상당한 추가비용이다. 에어백이 의무화되면 일부 구매자는 새 자동차를 구매하지 않고 대신 에어백이 없는 중고차를 선택할 가능성이 있다. 이는 다소 왜곡되는 결과이다. 비싸지는 자동차 구매비용에 따른 다른 합리적 방안으로는 오토바이 및 자전거와 같이 여전히 덜 안전한 교통수단의 구매가 포함될 수 있다. 안전에 대하여 보다 수준을 낮춰 고려한다면 소비자는 비용이 덜 드는 제품을 얼마든지 선택할 수 있을 것이다.

안전성 향상을 위한 좋은 사례를 만들기 위해서는 안전한 제품과 작업 상황 및 사용자의 제품 사용 사이에 약간의 구별이 있어야 함을 항상 인식해야 한다. 경찰과 보험 관계자가 잘 알고 있듯이 사용자의 선택은 아쉬운 점이 많을 수 있다. 젊은 남성 운전자는 다른 운전자보다 사고율이 현저히 높다. 많은 사람들이 산을 오르고자 하는데, 그 가운데 어떤 사람들은 적절한 훈련을 받지 않거나 장비 없이 등반을 하기도 한다. 어떤 사람들은 보트 또는 물(혹은 양자)과 그 위험에 대한 지식 없이 모터보트를 조종하기도 한다. 그리고 또 어떤 사람들은 정식 훈련을 받지 않고 행글라이더를 타려고 한다.

나는 모든 사람이 그들 자신을 위험에 처하게 할 권리를 가져야 하지만 다른 사람을 희생의 대가로 해서는 안 된다고 생각한다. 자동차, 보트 및 테이블 톱

(table saws)의 안전 기능을 개선하는 것이 오히려 무모함(recklessness)을 초래할 수 있다. 실제로 연구 결과에 따르면 추가된 안전은 제품 사용을 복잡하게 할 뿐만 아니라 사용자들의 "도덕적 해이(moral hazard)"를 초래해 오히려 추가적 위험을 불러일으키는 경우가 많다. 도덕적 해이는 탐욕스러운 보험 직원이 만들어낸 허구가 아니다. 타이어, 차체, 안전벨트 및 고속도로가 개선되면 그러한 개선이 위험을 낮추는 것처럼 보이기 때문에 일부 운전자들은 기꺼이 전보다 큰 위험을 감수하려 한다. 그리고 실제로 그들은 그러한 비용이 무고한 사람들에게 전반적으로 전가될 때 그렇게 한다.

소비자 보호에 대한 수요 분석을 통해 우리가 직면한 문제에 대한 모든 해답을 찾을 수 있는 것은 아니다. 소비자 보호에 대해 논쟁론자들(polemicists)은 안전을 위한 개선에는 비용이 많이 들고 기업의 이익을 감소시키기 때문에 기업은 안전 개선을 위해 노력을 하지 않을 것이라고 암시하거나 주장한다. 이러한 논리는 소비자 보호에 대한 논쟁과 관련된 실제 사례를 보면 그렇지 않은 경우가 많다. 사실 판매자들이 수요를 창출하고 증가시키는 수단으로 안전 기능을 발명하고 채택한다는 것이다. 현대 소비자 보호단체가 조직되기 훨씬 전에 미국 자동차 회사들은 이전 제품들보다 더 안전한 자동차를 계속해서 제공했다. 소비자 보호론자들은 더 신뢰할 수 있는 엔진, 방사형 타이어, 더 나은 조명과 공기 순환장치, 보다 향상된 브레이크, 보다 신뢰할 수 있는 앞유리 와이퍼, 백미러, 문 잠금장치(door locks), 스티어링 메커니즘(steering mechanisms), 비산방지 유리(shatterproof glass), 롤 바(roll bars) 등을 발명하거나 요구하지 않았다. 경쟁하는 과점기업들은 법의 강요가 없었어도 이러한 개선사항을 제품에 반영하여 판매했다. 그들은 변화하는 수요에 대응했을 뿐만 아니라 경쟁의 방법으로 새로운 안전 수단을 발명했다. 만약 규제가 없었다면 자동차 회사들은 이러한 이윤창출 활동을 계속했을 것이라고 가정해야 한다.

모든 소비자가 이러한 모든 또는 일부 자동차 안전 개선사항을 선택하는 것은 아니지만 많은 소비자가 선택할 것이다. 모든 부모가 자신의 소중한 자녀들을 보호하도록 강요받을 필요는 없다. 우리는 누구든지 실수를 하고 어떤 삶도 완전히 위험하지 않을 수 없다. 이러한 사실을 인식함으로써 우리는 왜 많은 항공사 안전 규정이 중복되는지를 더 잘 이해할 수 있다. 승객이나 항공사 직원 모두 불필요하게 자신의 사지와 생명을 위험에 빠뜨리고 싶어 하지 않는다. 안전 여행의 가능성이 매우 낮다는 것을 충분히 알고 있는 수백 명의 사람들을 태운 비행기를 조종하도록 강요받을 수 있는 조종사는 거의 없다. 스턴트 및 테스트 파일럿(test pilots)은 더 큰 위험을 무릅쓰고 비행할 수 있지만 이는 개인에 한한 일이다. 안전하지 않은 비행으로 널리 알려지게 되는 항공사는 곧 폐업할 것이다. 처방약을 만드는 제약회사(prescription drug company)는 그 회사의 제품이 안전하지 않다고 판단될 경우 동일한 상황에 직면할 것이다.

소비자를 위한다는 활동가들(consumer activists)이 사적 재화의 소비자가 자신의 위험을 평가할 수는 없어도 공직에 적합한 사람을 선출할 수 있는 능력이 뛰어나다고 가정하는 것은 참으로 이상해 보인다. 여기서 공직에 적합한 사람은 공공을 위해 위험을 평가할 수 있다고 가정된다. 물론 소비자는 제품 안전에 대한 정보가 필요한데, 정보를 얻기 위해서는 비용이 수반된다. 사용자가 이용할 수 있는 많은 개인 정보 소스(sources)를 간과하지 말라. 소비자를 위한 가이드는 인터넷에서 저렴한 가격 또는 무료로 제공된다. 그리고 우리가 위험을 사회 전체적으로 흡수되도록 선택할 수도 있지만 가장 좋은 방법은 개인이 원하지 않는 구매를 강요하는 것이 아니라 관련 정보를 제공하고 정보에 입각한 선택을 할 수 있도록 하는 것이다. 만약 사람들이 정보를 받지 않기로 선택한다면, 그리고 많은 사람들이 정보를 스스로 찾으려고 할 것이라면 국가의 역할은 사람들을 보호하기 위해 해야 할 일, 그리고 실제로 할 수 있는 일로 제한되어야만 한다. 만화가 월트 켈리(Walt

Kelly)의 캐릭터 포고(Pogo)는 "우리는 적을 만났는데 그 적은 바로 우리 자신이다" 라고 했다.

얼마나 많은 안전이 충분한지는 그러한 질문에 가장 관심이 있는 사람인 구매자가 결정하는 것이 가장 좋다. 어린이, 일부 고령자, 노약자, 지적 장애인에 대한 책임은 그들 가족 또는 사적 보호자들에게 있다. 그러한 사람들이 없는 경우에만 관련 민간 조직 또는 국가(혹은 양자)가 일정 정도의 책임을 져야 한다.

4. 잘못된 규제 : 할당량 및 표준

소비자를 보호하기 위해 정부에 의존하는 사람들을 잠시 주춤하게 할 자동차 관련 사례는 기업평균연비규제제도(Corporate Average Fuel Economy : 이하 'CAFE') 기준이다. 미국 고속도로교통안전국(National Highway Traffic Safety Administration)은 의회의 지시에 따라 자동차에 대한 연비 규정을 설정한다. 이러한 표준은 1975년에 처음 만들어졌는데 석유 및 가스 수요를 줄이기 위해서이다. 규제로 인해 석유와 가스의 가격이 인위적으로 낮게 유지되고 있었고, 의회는 연비를 개선하기 위한 규제들을 이용하여 잘못된 시장 신호들을 상쇄하려 했다

CAFE 기준을 충족하는 가장 간단한 방법은 크고 무거운 차보다 더 작고 가벼운 차를 만드는 것이다. 작고 가벼운 차는 사람을 죽이게 된다. 랄프 네이더는 1972년 "작은 크기와 가벼운 무게는 차량에 내장할 수 있는 안전의 정도에 내재적인 제한을 가한다" 라고 주장한 『소규모 안전 : 폭스바겐 비틀에 대한 비판(*Small on Safety : A Critique of the Volkswagen Beetle*)』이라는 책을 공동 저술하면서 이 단순한 사실을 잘 알고 있었다. 그렇다면 소형차를 만들게 만든 CAFE 기준에 의해 얼마나 많은 사람들이 목숨을 잃었을까? 미국 국립 과학 아카데미(National Academy of Sciences)의 2001년 보고서는 CAFE가 매년 1,300명에서 2,600명 사

이의 교통사고 사망자와 10배 더 많은 심각한 부상자에 책임이 있다고 평가한다. 이 연구는 CAFE 기준이 처음 만들어진 이후 CAFE로 인해 40,000명 이상이 사망했다는 1999년 유에스에이 투데이(USA Today) 연구와 일치한다(Healey, 1999).

CAFE 기준은 상징적 정치의 훌륭한 예이다. 유권자와 정치인은 그것이 지구온난화를 해결하거나 에너지 안보를 제공하거나 오염을 줄이거나 혼잡을 줄일 것이라고 믿기 때문에 매력을 느낀다. 그들은 또한 CAFE 기준이 이웃이 거대한 스포츠 유틸리티 차량(Sport Utility Vehicle)을 구매하는 것을 금지할 것이라고 믿는다. 그러나 CAFE는 탄소 기반 연료를 사용하는 모든 탈것이 아닌 오로지 자동차만을 대상으로 하기 때문에 아마도 유틸리티 차량 구매 의욕을 약화시키는 것 말고는 어떤 해결책도 달성하지 못할 것이다. 또한 CAFE는 오래된 자동차나 제대로 튜닝되지 않은 자동차에는 영향을 미치지 않는다. 게다가 소비자 잉여 손실로 연간 수십억 달러의 비용이 든다. 무엇보다도 CAFE는 매년 수천 명의 사람들을 죽이거나 불구로 만들고 있다. 정부의 보호는 양방향의 길(two-way street) 또는 비유하자면 양날의 검(two-edged sword)이다. 소비자들은 그들에게 이익을 준다는 사람(benefactor)을 조심해야 할 것이다.

5. 차량안전검사법

마크 크레인(W. Mark Crain, 1980)은 주들(states)이 관리하는 연방 의무 차량 안전 검사 프로그램들에 대한 종합조사에서 그러한 프로그램들이 고속도로 안전에 두드러진 영향을 미치지 않는다는 것을 발견했다. 그러한 프로그램이 있는 상태와 없는 상태를 비교하는 표준 통계 분석을 통해 그는 비용과 편익의 상대적 부족을 고려할 때 프로그램들을 재평가하고 아마도 종료해야 한다는 점을 매우 설득력 있게 입증할 수 있었다. 그는 서로 다른 검사, 검사 빈도, 국유 및 민간 운영 시스템에 의한 검사, 현장 및 정기 검사 등을 비교했다. 1976년 7,600만 대의 차량 검사에 대한 사중적 후생비용은 3억 달러를 초과하는 것으로 추산되었다. 또한 검사 면허를 취득하는 데 드는 지대추구비용은 연간 2억 달러에 달하는 것으로 추산되었다.

크레인은 이러한 매우 비효율적인 안전 프로그램은 실제로 차량 부품과 액세서리를 제조하고 유통하는 검사소 운영자와 자동차 부품 업계의 지대추구에 따른 결과라고 주장했다. 이러한 프로그램들이 설립된 것에 대한 지대추구 결론은 확실히 그럴듯하다. 이 프로그램들은 지속적인 지대추구 행위 때문에 존재한다. 이러한 프로그램들에 이의를 제기하는 이유는 이것이 누구의 이익에도 부합하지 않거나 정치적 거래비용이 들기 때문이다. 또한 연방 의무 차량 안전 검사 프로그램의 정기검사 제도가 혜택을 거의 제공하지 않는다는 주장을 뒷받침하는 데이터가 없을지라도 의무적인 검사로부터 편익을 얻는 이익단체와 소비사를 보호한다는 주장을 하는 안전단체의 지대추구 사례는 마치 주류 밀매업자와 침례교도와 같은 유사한 사례로 볼 수 있다.

6. 시민-소비자 보호 : 정부재(Government Goods)의 경우

민간독점에 대해 걱정하는 사람들은 실제 독점자들, 일부는 과잉공급하고 다른 중요한 일상에 필요한 서비스를 제공하지 못하는 80,000개의 정부(연방, 주, 카운티, 시, 특별구, 교육청 등)의 진정한 독점에 대해서는 우려하고 있는 것 같지는 않다. 운전자는 잘못 설계되고 유지 · 관리되고 있는 고속도로와 거리를 매일 다니고 있다. 우리는 비효율적인 우편 서비스, 느리게 움직이는 관료제, 비효율적인 학교와 매일 접해야 한다. 우리는 의심스러운 국방(questionable national defense)은 말할 것도 없고 제대로 관리되지 않은 공원과 기타 공공시설을 사용하고 있다.

점점 더 많은 퇴직자들이 사회보장제도(Social Security system)에 대한 신뢰를 잃고 있지만, 매월 월급날 젊은 노동자들은 아마도 세계 최대의 폰지 사기라 할 수 있는 사회보장제도를 유지하기 위해 점점 더 많은 사회보장세(payroll taxes)를 내고 있다는 것을 알게 된다. 우리는 매년 재산세 인상에 직면하고 있다. 재산세는 대부분의 납세자가 과도하고 부당하게 부과되는 것으로 간주하는 세금이다. 정부가 제공하는 서비스는 소비자인 우리가 관심을 가지고 가장 중요하게 여기는 것들이다. 그리고 만약 우리가 지키지 않은 약속, 형편없는 서비스 또는 손해에 대해 정부를 고소하고 싶다면, 우리는 정부의 승인을 기다려야 한다. 그런데 정부는 정부재의 소비자인 우리의 권리를 그다지 존중하지 않는 것 같다.

7. 주류 : 지방정부의 주류 판매점

시민-지방정부(citizens-state)가 운영하는 증류주 유통 시스템(distilled spirits distribution systems)에서 지속적인 실패를 보여주는 한 가지 특정 사례가 있다. 1933년 금주법이 종료되자 미국 17개 주는 주류 유통에 대한 독점권을 가진 지방정부기관(state agencies)을 만들어 주류 유통 사업에 뛰어들기로 결정했다. 그 주 중 하나가 오리건 주류 통제 위원회(Oregon Liquor Control Commission ; OLCC)를 운영하는 오리건주이다. 오리건주에서는 개인 도매상, 와인 상점, 그리고 개인이 운영하는 나이트클럽, 바, 레스토랑에서 와인과 맥주를 판매한다. 독주는 지방정부 소유의 민간 운영 주류 판매점에서 판매된다. 위원회는 소매점포 수(선택을 안내하는 인구 공식이 있음), 소매점을 운영할 수 있는 사람, 판매점 소유자의 부재일 수(단 3일)에 관한 모든 중요한 결정을 내린다. 그들은 매장 위치, 외부 간판, 인테리어 디자인, 영업시간, 가격, 디스플레이 및 판매 중인 브랜드 등에 관해서도 모든 결정을 내린다. 물론 모두는 아니더라도 대부분의 결정이 소비자에게는 불리하게 작용된다.

오리건주의 주류 판매점은 점포 수가 적고 방문하기 불편한 위치에 있는 데다 영업시간은 매우 변동이 심하다. 거의 모든 주류 브랜드의 가격은 미국 내 최고 수준이다. 특별한 취향을 가진 소비자는 선호하는 브랜드를 별도로 주문해야 하고 일반적으로 최소 몇 상자(entire case) 단위로 구매해야 하며, 배송을 위해 몇 주를 기다려야 한다. 위원회는 최근 몇 년 동안 일부 관행을 완화했지만, 그 사업은 다른 주에서 할 수 있는 경쟁력 있는 산업처럼 운영되지 않는다. 명백하게도 위원회는 부분적으로 상반되는 두 가지 목표를 극대화하기를 원한다. 즉, 음주는 억제하지만 주류로 많은 이익을 내는 것이다. 이러한 이익의 일부는 알코올 중독 치료 프로그램 자금 지원에 사용된다. 어떤 의미에서 위원회는 애주가들이 감수해야 하는 높은 실질비용이 소비를 억제하는 경향이 있고, 높은 술 가격이 알코올 중독자의 치료에 많은 금액을 제공한다는 점을 보면 상당히 합리적이다. 다른 한편으로 예를 들어 주류 가격뿐만 아니라 마약의 변화도 많은 젊은이들로 하여금 술과 와인의 대용품으로 팟(pot), 스피드(speed), 크랙(crack)과 같은 마약의 소비를 늘리게 만들었다. 위원회의 독점이 소비자 주권을 존중하지 않는다는 것은 분명하다. 불행하게도 많은 지정된 정부기관과 마찬가지로 위원회는 변화하는 대중의 신호에 크게 반응하지 않는다.

오리건주의 주류 독점은 또 다른 잘못된 결과를 견인했다. 즉, 가격(엄격한 판매세에도 불구하고)이 훨씬 낮은 캘리포니아로부터 오리건주 주민들이 불법적으로 상당한 양을 수입하도록 부추겼다. 또한 소수의 밀주업자(moonshiners)는 여전히 애주가들에게 사적으로 술을 공급할 뿐만 아니라 오리건 언덕에서 운영되는 민간 선술집들에게 때로는 치명적인 폭음이 가능할 만한 양의 술을 제공한다. 바(bars)는 저렴한 홈 브루(home brew)와 상용 제품을 혼합하여 이윤을 높이는 것으로 알려져 있다. 또한 홈 브루어리(home breweries)도 불법임에도 인기를 끌고 있다.

일반적으로 주민들은 가정용 주류 제조기(home still)를 여전히 차고에 숨겨서 한 번에 밀주를 약 1갤런씩 만든다. 가정용 주류 제조기로 만든 주류는 만들 때 정제 에탄올을 사용하기에 인화성이 높고(때로는 96%의 순도 알코올) 제조기 아래에서 불꽃을 내며 생산된다. 또한 제조기가 만들어내는 메탄올은 에탄올보다 끓는 점이 낮아서 폭발에 주의해야 한다. 다시 말하지만, 정부의 조치는 더 큰 부도덕, 냉소주의 및 신체 손상을 포함하여 의도하지 않은 결과를 초래한다. 높은 가격은 알코올 중독자의 소비를 감소시키지 않았다. 대신 중간 정도로 술을 소비하는 사용자들이 불이익을 받는 것이다.

8. 결론

소비자 보호는 보호 사업에 뛰어들기를 원하는 관료, 정치인, 그리고 이익집단들을 위한 확대되는 영역이다. 피닉스 시의회(Phoenix City Council)는 교회들이 노숙자들에게 식당구역이 아닌 지역에서 음식을 주는 것을 금지했다. 미네소타 인권부(Minnesota's Department of Human Rights)는 여성에 대해 음료 제공과 입장료 할인 등의 특별한 대우를 금지했다. 더 이상 여성을 위한 밤(ladies night)은 없는 것이다. 그것은 남성을 차별하는 것이니까! 일부 주에서는 배기팬츠(baggy pants)를 금지하고 싶어 하며, 로스앤젤레스 시의회(Los Angeles City Council)는 헐리우드 대로(Hollywood Boulevard)에서 슈퍼 히어로로 분장해 관광객들과 사진을 찍는 행위를 금지하고 있다. 캘리포니아는 트랜스 지방(trans fats)을 금지했다. 일부 사람들은 소금 섭취, 탄산음료, 학교 빵 판매를 규제하고 싶어 한다. 선택할 권리는 어떻게 되었나? 어떤 마부가 말했듯이, "나는 여자들이 소금을 선택할 권리를 지지한다".

■ 서지(書誌) 노트 : 주요 참고문헌 소개

소비자 보호에 관한 보다 나은 자료의 대부분은 책이 아니라 저널 기사와 전문 단행본에서 찾을 수 있다. 그 문헌의 대부분은 제약회사, 항공사, 자동차 회사, 의료 서비스 공급자 등을 포함한 생산자 규제를 의미하는 "규제" 명분으로 취급된다. 그러나 소비재와 서비스의 생산자로서 정부를 다루는 경우는 극히 드물다. 물론 교육에 대해서는 너무 많이 쓰여 있다.

관심 있는 학생들이 읽어야 할 고전적인 논문 중 하나는 *Quarterly Journal of Economics*, 84(August, 1970), 448-500에 실린 조지 아컬로프(George Akerlof)의 「레몬 시장 : 품질 불확실성과 시장 메커니즘(Market for Lemons : Quality Uncertainty and Market Mechanism)」이다. 이것은 실제 세계에 대한 몇 가지 단순한 관찰로 시작하여 어떤 명확하지 않은 시사점에 도달하는 또 다른 핵심 논문이다. 독자들에게 읽기를 권한다.

브루스 얀들(Bruce Yandle)의 "주류 밀매업자와 침례교도 : 규제 경제학자의 교육(Bootleggers and Baptists : The Education of a Regulatory Economist)", (*Regulation*, Viewpoint colum, 1983)이라는 컬럼은 얀들이 이를 바탕으로 회고록("Bootleggers and Baptists in Retrospective," *Regulation*, 1999)을 쓰고 싶은 충동을 느낄 만큼 충분히 고전적이다. 얀들은 일요일 주류 판매 금지를 지지하는 주류 밀매업자와 침례교도의 이야기가 양립할 수 없어 보이는 두 단체가 동일한 정치적 목표를 달성하기 위해 힘을 합치는 이유와 방법을 설명해준다고 믿는다. 한 그룹(침례교도, 환경단체, 앨 고어)은 목표와 관련해 도덕적 호소력을 지닌 대중적 논쟁을 제공한다. 다른 그룹(주류 밀매업자, 석탄 생산자 및 사용자, 석탄 산업)은 경제적 이해관계를 가지고 있어 그 정치적 목표를 달성하기 위해 눈에 띄지 않는 지원을 제공한다. 얀들은 어떻게 일부 에너지 생산자들이 경쟁자들의 비용을 올릴 수 있었는지, 그리고 어떻게 일부 국가들이 탄소 배출을 줄인다는 명분으로 무역 이익을 얻을 수 있었는지 보여주기 위해 교토 의정서(Kyoto protocol)의 예를 사용한다.

정부 공급 재화에 대해서는 마크 레이즈너(Marc Reisner)의 『캐딜락 사막 : 미국 서부와 사라지는 물(*Cadillac Desert : The American West and Its Disappearing Water*)』을 추천한다. 이 책은 미국 매립국(the Bureau of Reclamation)과 미국 육군공병단(U.S. Army Corps of Engineers), 그리고 그들 각각의 관련 부서 간 분쟁을 문서화한 것이다. 그 결과 중 하나는 댐의 과잉 건설, 그리고 더욱 심각한 것은 수자원의 낭비이다. 의회의 대중영합주의정책, 로그롤링 과정은 당황스러울 정도로 자세하게 설명되고 있다. 이 책은 충격적이다.

더글러스 글렌 휘트먼(Douglas Glen Whitman)이 『스트레인지 브루 : 술과 정부 독점(*Strange Brew : Alcohol and Government Monopoly*)』에서 주 알코올법에 대한 다소 완벽한 논의를 제공한다. 알코올 및 정부 독점 프랜차이즈 해지법(franchise termination laws)은 주류 공급업자가 주류 도매업자와 계약을 해지하기 어렵게 하고, 이를 통해 도매업자가 가상 독과점으로 변모하게 된다는 게 그의 설명이다. 그 법은 경쟁과 소비자 요구로부터 도매상을 보호한다. 이러한 정치적으로 만들어지고 유지되는 독점에 의해 궁극적으로 소비자들이 피해를 보게 된다.

〈참고문헌〉

Akerlof, George, "The Market for Lemons Quality Uncertainty and the Marker Mechanism," *Quarterly Journal of Economics* 84 (1970) : 448-500.

Center for Auto Safety, *Small-on Safety : The Designed-In Dangers of the Volkswagen*, New York : Grossman Publishers, 1972.

Crain, W. Mark, *Vehicle Inspection Systems*, Washington, DC : American Enterprise Institute, 1980.

Crandall, Robert, "Assessing the Impacts of the Automobile Voluntary Export Restraints upon U.S. Automobile Prices," paper delivered to the Society of Government Economists, New York, December 1985.

Crews, Clyde Wayne, *Ten Thousand Commandments : An Annual Snapshot of the Federal Regulatory State*, Washington, DC : Competitive Enterprise Institute, Washington, DC, 2010(http://cei.org/issue-analysis/2oIo/o4/ts/ten-chousand-commandments-2010).

Healey, James R., "Death By the Gallon," *USA Today*(July 2, 1999).

Insurance Institute for Highway Safety, "IIHS-HLDI : Crash Testing & Highway Safety," Insurance Institute for Highway Safety. http://www.iihs.org.

Nader, Ralph, Lowell Dodge, and Ralf Hotchkiss, *What to Do with Your Bad Car An Action Manual for Lemon Owners*, New York : Grossman, 1970.

National Academy of Sciences, *Effectiveness and Impact of Corporate Average Fuel Economy (CAFE) Standards*, Washington : National Academy Press, 2001, 13-30.

Pelzman, Sam, "The Effects of Automobile Safety Regulation," *The Journal of Political Economy*, 83 : 4(1975) pp. 677~726.

Reisner, Marc, *Cadillac Desert : The American West and Its Disappearing Water*, New York : Penguin, 1993.

Roberts, Russell, "Free Markets and Business," http://cafehayek.typepad.com/hayek/2007/05/free_markets_vs.html.

Smith, Adam, *An Inquiry into the Nature and Causes of the Wealth of Nations*, Library of Economics and Liberty. http://www.econlib.org/library/Smith/smWNs.html.

Whitman, Douglas G., *Strange Brew : Alcohol and Government Monopoly*, Oakland, CA : The Independent Institute, 2003.

Yandle, Bruce, "Bootleggers and Baptists : The Education of a Regulatory

Economist," *Regulation* 7, no. 3(1983) : 12-16.

_______________, "Bootleggers and Baptists in Retrospect," *Regulation* 22, no. 3 (1999) : 5-7.

제11장 사익의 정치적 추구 : 정부에 의한 착취

앞의 두 장에서 언급했듯이, 악의를 가진 자유무역업자 및 시장경쟁 신봉자를 포함하여 우리의 주되고도 가장 성공적인 지대추구자 중에 생산자가 들어 있다. 그러나 그들의 보호주의는 제2장에서 설명한 이상화된 자유 국가와 다르지 않은 객관적인 정부의 정책들에 의해 완화되어야 한다. 제1부에서도 보듯이 그러한 국가란 없다. 설상가상으로, 국가 자체가 지대추구자에 포함될 수 있다. 그 구성원들은 이익집단 사이의 정책 논란에서 어느 한 편을 들 뿐만 아니라, 당연히 예상되다시피 그 자신의 이익과 시각도 추구한다. 정치 세계에 대한 이러한 시각과 정책 결정자 및 행정가가 가진 이해관계는 독특하며, 다른 지대추구자들과 전적으로 동일시되어서는 안 된다. 간단히 말해, 우리는 민간인과 민간 조직의 행동을 설명하는 데 원용된 것과 같은 용어로 공무원을 고찰해야 한다.[1]

정부는 전능하지 않을지 모르고 또 전능하지도 않지만, 분명히 사회에서 가장 강력한 단일기관이다. 이에 따라 그들은 자신의 지위, 부, 상태, 그리고 소득을 보호한다. 예산이 많을수록 공무원의 권력은 크다.

---

1. **[역주]** 만약 객관적이고 중립적인 이상적인 자유 정부라면 특정 생산자를 보호하는 보호주의정책은 나타나지 않을 것이다. 그러나 그런 정부는 가공적 존재일 뿐, 실제의 정부는 특정 생산업자에게 지대를 안겨주는 보호주의정책을 펴며, 심지어 국가 자신이 지대추구자가 되기도 한다. 이 장은 국가(구체적으로는 국가를 다스리는 주역인 정치인과 관료기구) 또한 지대추구의 주체인 경우를 다룬다. 비록 그들이 추구하는 이익이나 그 이익을 얻는 방식이 독특하긴 하지만 앞 장들에서 민간인, 민간 조직의 지대추구 분석을 다룬 용어로 그들을 설명한다.

다음 사례 연구들은 정치인과 비(非)선출직 공무원이 시민을 어떻게 착취할 수 있는지를 상세히 보여준다. 경험적으로는 안 그럴지 모르나 추상적으로는 착취자나 지대추구자가 누구인지 식별할 수 있을 뿐만 아니라, 그들이 누구를 착취하고, 그들이 얼마를 이득으로 얻으며, 물론 이 일을 성취해내는 그들의 역량 또한 설명할 수 있다.

1. 착취의 정의

착취(exploit)한다는 것은 일상적 용어로 누군가를 수탈하는 것을 의미한다. 정치적 착취는 의도적 · 정치적 또는 지대추구의 노력이 다른 사람을 희생시키면서 자신의 부(富) 또는 소득(所得) 혹은 두 가지 모두를 증가시킬 때마다 발생한다. 착취자들이 그 거래에 동의하지 않았다는 사실을 강조함으로써 이 정의를 더욱 적합하게 만드는 것이 중요하다. 정부와 공무원은 선거로 선택되거나 그 밖의 헌법 규칙에 따라 선택되기 때문에 그들에 의해 누구도 강요받거나 이용당하는 일은 없다는 전제에 의존해서 권위를 행사할 수 있다. 그러나 그것은 취약한 형식 논리이다.[2] 더 중요한 점은 시민들이 매우 중요한 두 가지 요소 때문에 정부에 의해 착취될 수 있다는 것이다. 첫째, 의사결정이 만장일치에 미달한 수준에서 이루어질 수 있는데, 이것이 의미하는 바는 과반수(일시적인 로그롤링 거래로 만들어지는 과반수를 포함)가 소수를 착취할 수 있음을 의미한다. 그렇다면 승자가 있고 패자가 있게 된다. 둘째, 기회주의적 행동에 맞대응하기는 어려운데, 이는 정치적 기회주의자들에 맞서 집단적 행동을 조직하는 것은 정치적 관할권을 벗어나는 것처럼 비용이 많이 들기 때문이다. 장기적으로는 그러지 아니할지라도 적어도 단기적으로

2. [역주] 공식적으로만 본다면 법에 따라 선출된 정치인과 관료가 누구를 착취할 리가 없다고 말하겠지만 이는 취약한 형식 논리일 뿐이다.

는 우리는 우리의 정치적 운명을 받아들여야 함이 보통이다.

지대추구 및 착취는 물론 민간부문 안에서도 발생할 수 있다. 그러나 민간부문에서 지대는 실제로는 소진되고 이윤 창출은 사회후생을 창출한다. 그러나 정치적 이윤 창출은 그렇지 않다.[3] 예컨대 공무원에게 급여를 과다하게 지급한 부분은 지대(rent)로 간주해야 하는데, 왜냐하면 그것은 공공부문에 필요한 노동의 양과 질을 끌어들이는 데 필요한 것보다 더 높은 급여이기 때문이다. 이에 관해서는 이하에서 더 서술한다.

마지막으로, 정치인과 관료에 의한 지대추구를 아주 은밀하도록 만드는 것은 민간 경제와 달리 이익을 얻는 자가 자신의 이득을 기치와 몇 가지 국가 이익으로 위장하고 합리화할 수 있다는 점이다. 착취자들은 자신들을 위해 목소리를 내는 것이 아니라, 국가 이익으로 그 역할이 쉽게 옹호될 수 있는 다른 사람들을 위해 목소리를 낸다. 그런 이유로 역시 경제 속의 착취자는 정치 속에서보다 훨씬 너 쉽게 알려진다.[4] 원인은 바로 결과에 대한 광범위한 무지다. 흔히 특정 정책의 혜택을 누리는 사람들이 그것을 위해 싸운 사람들인 경우는 드물며, 그 반면에 피해를 입는 사람들이 특징 정책을 알거나 그에 반대하는 사람인 경우는 드물다.[5] 또한 태

3. [역주] 민간부문, 곧 시장에서의 지대추구는 우리가 흔히 이윤추구라고 부르는 시장경쟁 과정과 같은 말이다. 거기서 개인은 잠시 지대(초과이윤)를 얻지만, 곧 경쟁자에 의해 그 지대는 소진되며, 이 과정에서 사회후생은 증진된다. 이에 비해 정치를 통한 이윤추구(정치적 이윤 창출), 곧 지대추구는 정부에 의해 창출되고 보호되므로 다른 경쟁자의 진입으로 소진되지 않으며, 그 이윤(지대)은 사회후생 증진으로 이어지지 않는다. 공공선택학의 중요한 각론인 지대추구론은 시장에서의 지대추구가 아니라 당연히 정치적 지대추구를 다루며, 그들이 말하는 지대(rent)는 본서에서 말하는 '정치적' 지대를 의미한다.

4. [역주] 경제에서의 착취자는 눈에 잘 드러나지만 국가 이익 등으로 자신을 치장하는 정치에서의 착취자는 상대적으로 눈에 잘 드러나지 않는다.

5. [역주] 지대추구의 피해자들은 그 비용이 분산되어 있기 때문에 이를 잘 인식하지 못한다. 통상적인 지대추구 수혜자들은 자신들의 이익을 잘 안다. 애초에 그 이익을 얻고자 지대추구를 했기 때문이다. 쌀 수입 금지를 주장하는 농민단체가 그 예이다. 그런데 통상적인 지대추구가 아니라 정치인이나 관료가 지대추구 주역인 경우는 국가 이익 등을 표방하기 때문에 최종 수혜자들인 정부 관료가 직접 이를 위해 싸우지 않은 경우가 많다.

어나지 않은 사람들이 자신들의 주인(masters)을 반대할 수도 없을 것이다.

정부의 가장 근본적인 강제 행위인 과세부터 시작하자.

2. 공식적인 시민 착취 : 과세

신제도경제학(New Institutional Economics)의 연구는 재산권, 거래비용, 그리고 제도적 기반이 경제성장의 근본적인 결정 요인임을 보여준다(그 예로 North, 1990, 1993, 2005를 보라). 국가가 사회의 기본 규칙(재산권 포함)을 형성함에 따라 그것들은 경제성장에 영향을 미치며, 그와 함께 소득 분배, 자원 배분, 그리고 물론 정치 권력 자체도 경제성장을 결정하는 데 영향을 미친다. 약탈적 행동이 국가 발전의 역사에서 두드러지게 나타났기 때문에 이 책의 많은 부분에서도 그 사실이 눈에 띈다. 노스(North, 1981)와 레비(Levi, 1988)를 포함한 몇몇 분석가는 심지어 비(非)민주주의 국가도 국가의 착취 능력에 대한 제약을 개발해왔다고 주장했다(또 Charap and Harm, 2000과 Abed and Gupta, 2002도 참조하라). 납세자로부터 걷는 수입을 극대화하는 데 관심이 있는 합리적인 통치자는 당연히 인센티브 효과에 주의를 기울인다. 세율은 GDP에 중요한 영향을 미치며, 만약 너무 높은 세율을 적용하면 과세 기반이 파괴될 위험이 있는 반면에 더 낮은 세율을 채택하면 안정적인 과세 기반뿐 아니라 더 큰 GDP를 얻을 수 있으며, 그리하여 다음 시기를 위한 세원(tax base)이 확대된다.

그럼에도 정치인들이 표와 재선을 추구하는 데 근시안적인 경향이 있기 때문에 민주주의 국가조차 단기적으로는 착취를 할 가능성은 분명히 있다. [그림 11-1]에서 이 가능성은 점선으로 표시되며, 장기 래퍼(Laffer) 곡선과 구별되는 단기 래퍼 곡선이라고 할 수 있다. 민간 경제 주체, 특히 투자자는 행동을 신속하게 조정할 수 없기 때문에 정치인은 장기적으로야 부정적인 인센티브 효과가 지배하고

그림 11-1 래퍼 곡선

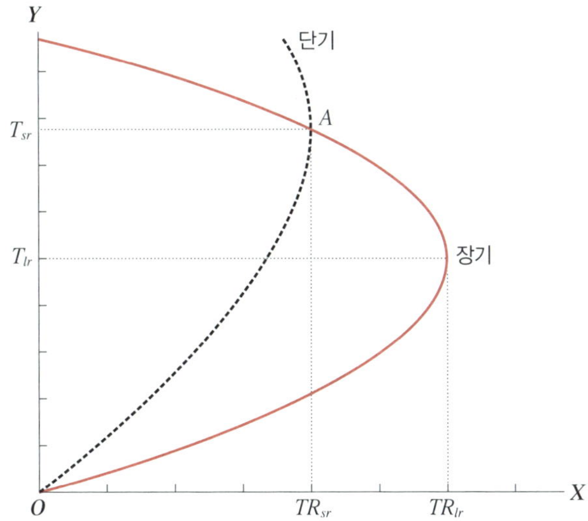

국가의 재정 수입이 줄어들지라도 단기적으로는 더 높은 수익을 창출하는 더 높은 세율을 법제화하는 것이 가능하다. 단기적인 경우에조차 세율에 제약이 있고, 따라서 착취의 양에 대해서도 제약이 뒤따른다.

일단 A 지점에 놓이게 되면 정치인은 딜레마에 빠진다. 그들은 세율 인하가 더 많은 수익을 낳지만 그것은 장기적으로만 그렇다는 것을 이해할 수 있다. 그들은 또한 세율 인하가 현재 수입을 줄이며, 이는 사회 프로그램의 감소 또는 적자의 증가 혹은 두 가지 모두를 의미할 것임을 깨달을 수 있다. 표를 극대화하려는 정치인은 세율 인상이라는 단기적 선택을 선택하고는 그것이 그들이 할 수 있는 최선인 것처럼 위장함으로써 딜레마를 해결한다. 어쨌든 아무것도 할 수 없는 미래 시민은 현세대의 이익을 위해 착취당한다. 미국 사회 보장 프로그램은 이런 맥락에서 볼 수 있다.

3. 시민을 착취하는 관료제

실질적으로 모든 사람에게는 관료제에 관한 공포가 있다. 그중 어떤 것은 소설이 되고 다른 것은 사회학 논문이 된다. 공공선택학 틀 안에서 연구하는 경제학자들은 예산이 과도할 가능성이 있음을 보여주기 위해 관료의 재정활동을 상세히 다루어 왔다. 즉, 임금비용이 너무 높다는 것, "좋은 것"이 너무 많이 생산된다는 것, 특혜가 확대된다는 것, 그리고 이 모든 낭비가 시민의 후생 규모를 크게 줄인다는 것 말이다. 우리는 또한 관료제가 장비와 인력의 조합에 관해 그들 나름의 선호가 있다는 것과 이러한 조합이 반드시 시민 고객의 후생을 더 좋게 만드는 것은 아니라는 점을 배우게 된다.

여전히 관료제 모형 중 가장 잘 알려진 것은 니스캐넌(Niskanen, 1971)의 모형이다. 그의 관심은 통상적인 관료기구(bureau)가 너무 크거나 과도한 예산을 선택하고 받을 수 있다는 것을 입증하는 것이었다. 총비용이 총편익으로 충당되어야 한다는 가정 위에서, 관료기구는 그 지점에서 예산을 최대화하기로 선택하는데 이는 한계비용이 한계편익과 같아지는 수준에서 정해지는 보다 작은 규모의 예산이 아니다.[6] 니스캐넌(Niskanen)이 아주 정갈하게 이루어낸 것은 관료기구의 예산 한도와 그로 인한 비효율성(inefficiency) 혹은 착취(exploitation)를 보여주는 것이었다. 그 한도는 [그림 11-2]가 보여주듯이 경쟁 조건하의 소비자 잉여의 크기에 의해 결정되었다.

일단 행정기관이 후원자(sponsor)의[7] 수요와 자신의 비용곡선을 알게 되면 후

---

6. [역주] 기업가는 *MC*(한계비용) = *MR*(한계수입)인 지점에서 선택하지만, 관료는 *TC*(총비용) = *TR*(총수입)인 지점에서 선택한다. 후자의 균형에서 얻는 예산액은 전자의 균형에서 얻는 예산보다 크다. 이는 기업가는 이윤(= 총수입 - 총비용) 극대화를 추구하지만, 관료는 예산 극대화를 추구하기 때문이다.

7. [역주] 니스캐넌 모형은 행정 서비스를 생산해서 의회에 판매하는 관료기구를 공급자(혹은 생산자)로, 관료들에게 예산을 주고 이를 구입하는 의회를 수요자로 이해한다. 이 의회를 니스캐넌은 '후원자

그림 11-2 니스캐넌 관료에 의한 착취

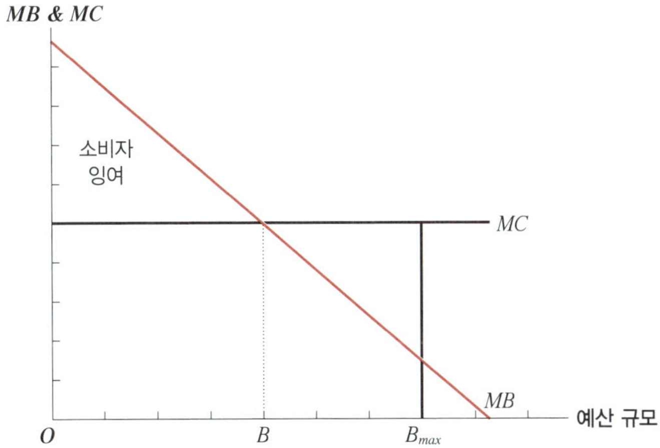

원자의 "소비자 잉여(consumer surplus)" 규모를 계산할 수 있고 그 정보를 통해 후원자의 승인을 얻을 수 있는 최대 규모의 예산을 결정할 수 있다. [그림 11-2]에서 *MC* 아래의 삼각형은 비용곡선 위에 위치한 소비자 잉여 면적의 크기를 초과해서는 안 된다.[8] 추가된 예산과 서비스 생산은 "좋은 일이 과도한 것(too much of

---

(sponsor)'라고 부른다. 유력한 의원 개인, 상임위의 의원들, 예결위 혹은 의원 전체일 수도 있다. 관료에게 가격(예산)을 지불하고 행정 서비스를 구입하는 수요자인 의회가 후원자이다. 그러므로 예산은 관료기구와 후원자 사이의 게임이지만 전자의 정보 능력이 우월하여 대체로 후자를 압도한다고 보는 것이 니스캐넌 모형이다. 따라서 관료는 의회(후원자)의 수요곡선을 알지만, 의회는 관료의 공급곡선을 알 수 없다고 본다.

8. **[역주]** 우하향하는 *MB*와 편의상 수평으로 나타낸 *MC*가 만나는 지점의 좌측, 즉 *MB* > *MC*인 상태에서는 소비자 잉여가 발생한다. 예산 극대화를 추구하는 관료는 이 범주에서는 예산을 우측(즉, 확대)으로 가져간다. 이윤 극대화를 추구하는 기업가라면 *MB* = *MC*인 수준의 예산, 곧 *B*에서 멈출 것이며 그 지점은 소비자 잉여가 가장 큰 상태이고 소비자 잉여로 표현한 사회후생이 최대인 예산 규모이기도 하다. 그러나 관료는 이윤 극대화가 아니라 예산 극대화를 추구하므로 *B*에서 머무르지 않고 더 우측으로 나아가면서 예산 증가를 도모한다. 그런데 *B*의 우측(*B*보다 큰 예산 수준)에서는 *MC*가 *MB*보다 더 크기 때문에 부(-)의 소비자 잉여가 발생한다. 관료는 *B* 좌측에서 얻은 소비자 잉여를 소진할 때까지 *B* 우측으로 나아가는데, 좌측의 소비자 잉여의 삼각형과 같은 면적의 부(-)의 소비자 잉여를 낳는 지점까지 간다. 결국 좌측 삼각형의 면적과 대칭되는 크기의 삼각형만큼의 부(-)의 소비자 잉여를 낳는 지점까지 관료는 예산을 증가시킨다. *B* 직전까지는 관료에게 여전히 총수입 > 총비용이 성립한다. [그림

a good thing)" 에 해당하므로 납세자의 세금을 낭비하지만 기관과 고객의 수익을 증가시킨다.[9]

니스캐넌은 비효율적인 예산을 입법부 후원자와 관료기구 사이의 비대칭적 정보 관계로 설명했으며, 거기서 대부분의 우위가 후자에게 있다고 설명했다. 시민-납세자는 이들보다 훨씬 더 불리한 지위에 있으므로 쉽게 이용당하거나 착취될 수 있다. 관료들은 좋은 일을 과도하게 해서 이득을 계속 얻는 반면에, 납세자들은 순손실을 입는다. 과세의 기회비용이나 초과 부담(excess burdens)은 무시할 수 있는 것이 아니다. 관료들은 세금을 줄이거나 그들이 더 선호하는 다른 공공 프로그램에 과도한 예산이 지출될 수 있도록 할 수도 있을 것이다(두 가지 모두를 다 할 수도 있다).

그러나 두 가지 선택지 모두 채택될 것 같지 않으며, 납세자가 아니라면 관료들에게 이용당하지는 않을 것이다. 이에 대응하는 것으로 투표자가 자신의 선호를 확실하게 표현하기 위해 투표(voting with one' s feet)하거나 퇴장(exit)하는 것이 있지만 이는 대개 너무 많은 비용이 들며, 항의(protest) 또한[10] 비용이 소요되고 성공할 가능성도 작다. 이런 상황 때문에 영향을 받는 시민들이 착취당한다.[11] 장기적으로야, 그들은 관료기구 간의 경쟁, 즉 예산 몫을 두고 일어나는 경쟁으로 어느 정도 구제를 받을 수도 있을 것이다. 불행히도 관료기구와 예산을 작성하는 입법자는 고정된 규모의 예산을 둘러싸고 경쟁하기보다는 담합하기를 선택할 수

11-2]에 따르면 그것은 B의 2배가 되는 지점이 된다. 관료는 $2B$보다 더 우측으로는 나아갈 수 없다. 그 영역에서는 한계비용을 적분한 총비용이 한계수입을 적분한 총편익(즉, 총예산)을 능가하기 때문이다.

9. **[역주]** B 우측에서는 $MC > MB$ 이므로 관료가 제공하는 행정 서비스는 비효율적이다. 좋은 공공 서비스라도 한계비용이 한계편익보다 크다면 그것은 공급되어서는 안 된다.

10. **[역주]** 허쉬만(Albert O. Hirschman)의 세 기제(exit-voice-loyalty) 중 목소리를 내는 것(voice(항의))을 저자는 여기서 protest로 표현하고 있음.

11. **[역주]** 관료의 이런 행동 때문에 예산이 증가하면 높아진 세금을 충당하느라 투표자는 착취당한다.

있다.

니스캐넌의 관료기구 이론에서 직접적으로 파생된 것은 아니지만 공무원 임금에 대한 많은 연구는 니스캐넌의 주요 주장을 뒷받침한다. 예컨대 2008년까지 미국 연방정부 근로자의 평균 총보상은 민간부문 평균의 약 2배(119,982달러 대비 59,909달러, Edwards 2010a)였고 주정부 및 지방정부 직원의 평균 총보상은 미국 평균의 1.45배였다(Edwards, 2010b). 직원에 대한 그러한 과다 지급은 상세히 나타나 있는 듯하다. 그러한 초과 지불은 사회에 대해 여러 가지 결과를 낳았는데 그 모두는 비용을 많이 들게 하는 것이다. 예컨대 보상을 헤프게 주는 것은 공직 취업을 원하는 잉여 지원자를 끌어들인다. 이런 상황에서는 지원자 중에서 선택을 하는 어떤 방법을 찾아야 한다. 현실 세계에서는 지원자가 지나치게 많으면 임금은 낮아지고 구직자는 줄어들 것이다. 그러나 공공부문에서는 그렇지 않다. 자주 사용되는 인사배정 장치 중 하나는 공무원 시험이다. 이 시험은 직무에 특화된 시험(job-specific test)이 아니라 흔히 일반 시험(general test)이기 때문에 수행할 직무에 대한 자격을 과잉 구비한 지원자를 선택한다. 그 결과는 지원자들의 경쟁으로 지대가 소진되었다는 것이다.[12] 달리 말하면, 개개의 공무원은 그들의 교육이나 기타 훈련을 고려하면 민간부문에서 얻을 수 있는 것보다 더 높은 수익을 얻지 못한다. 이는 실제로 통계적으로 비교 가능한 미국 민간부문 근로자 및 연방정부 부문 근로자의 급여가 수렴했던 1970년 이후에 진행되어 온 일이다(Borjas, 2002). 그와 동시에 계급 전체로 보면 공무원들은 관료제에서 그들이 하는 업무 종류에 비해 급여를 과도하게 받고 있다.

---

12. **[역주]** 특별한 교육이나 훈련 경력이 있으면 더 높은 대우(평균적 노동자보다 더 받는 일종의 '지대'이다)를 받지만 그런 수준을 구비한 경쟁자들이 몰리면 이것은 더 이상 지대를 주지 못한다. 다시 말해, 경쟁을 통해 기존의 지대는 소진된다. 특정 스펙을 갖추면 연봉을 좀 더 받을 수 있지만 공직시험 방식이 웬만하면 다 도전할 수 있는 일반 시험 방식이 되어 경쟁이 치열해지면 합격자들은 그러한 특정 스펙은 다 갖춘 자가 된다.

민간 및 공공 부문의 임금 연구는 혼재된 결과를 제공한다. 어떤 연구는 연방 근로자가 저임금을 받고 있음을 보여주며, 다른 연구는 과다 급여를 받고 있음을 보여준다. 그러나 대부분의 비교 연구는 직업 보장을 포함하는 총보상(total compensation)이 아니라 임금(wages)을 고려한다. 민간 노동자와 비교할 때 공무원에게는 더 좋은 퇴직 · 의료 혜택, 인플레이션에 대비한 완충 장치가 있는 연금 대비 계획, 그리고 후한 퇴직 대비 계획이 있다. 또한 그들은 더 후한 휴가 일정, 인센티브에 따른 보상, 그리고 장애 혜택을 가지고 있다. 그들이 이러한 혜택을 가질 수 있는 것은 민간 고용주와 달리 정치인은 납세자에게 부담을 과도하게 주지 않고도 혜택을 늘릴 수 있기 때문이다.[13] 부가 급여(fringe benefits) 인상의 정치적 비용은 직접적인 임금 인상에 따른 비용보다 적다. 더욱이 공무원은 그 상대 측인 민간 직원보다 상당히 더 많은 보장을 받아 왔다. 그들의 낮은 퇴사율은 이 특정한 직업이 주는 매력을 반영한다. 즉, 미국 연방정부 직원의 자발적 · 비자발적 이직율은 민간부문 비율의 4분의 1쯤이다. 현재의 임금 수준에서도 자격을 갖춘 지원자들이 늘 줄을 서 있는데 이는 그들이 만성적인 부족이 아니라 스펙이 넘쳐남을 시사한다. 공무원이 급여를 낮게 받는다는 건 분명 있을 수 없다.

공공 관료제에서는 인력이 과다한데 이들은 그 자격을 과잉충족하고 급여를 과도하게 받으며, 잘 보호받고 있다. 또한 관료제 대부분은 바람직해 보이는 수준을 훨씬 넘는 더 많은 권력을 누리고 휘두른다. 많은 관료가 매우 헌신적이며, 열심히 일하지만 그들이 들어가 일하는 관료제는 제대로 작동하지 않는다. 경쟁시장의 지도와 제한이 없다면 관료들이 헌신적으로 열심히 일하는 것은 거의 불가능할 것이다.

---

13. [역주] 전체 납세자에게 아주 소액씩 비용이 나누어지기 때문이다.

4. 중위 투표자의 조작 : 의제 통제

다운스(Downs)는 그의 중위 투표자 정리가 정부 공무원이 투표자-납세자를 착취하는 것을 설명하는 데 도움이 될 것이라는 점을 거의 몰랐다. 로머와 로젠탈(Romer and Rosenthal, 1978)은 오리건주 학교 지역 투표를 토대로 한 아주 유명한 모형에서 그 가능성을 확실히 보여주었다.

그들은 관료가 단순 과반수 투표로 승인 또는 거부를 결정하기 위해 투표자들 앞에 놓일 제안된 예산을 준비하는 단순한 상황을 고려한다. 만약 제안된 예산이 통과되지 않으면 "복귀(reversion)" 예산이 채택될 것이다. 복귀 예산 수준은 선거 전에 모형 외생적으로 혹은 모형 밖에서 어떤 수단에 의해 먼저 정해진다. 즉, 그것은 단순히 로머와 로젠탈이 가정한 것이다.

관료는 수용할 만하다고 생각하는 안을 제시해야 하며, 그것은 투표자들에 의해 복귀 예산 수준과 대비되어 이해되어야 한다. 분명히 교육 위원회는 투표자 정보에 의한 일부 전략적 사고에 영향을 받는다. 경험적 세부사항을 제외하면 모형은 [그림 11-3A] 및 [그림 11-3B]에 표시된 모습으로 설명할 수 있다.

[그림 11-3A]는 대표적 투표자가 사적재 Y와 관료기구의 예산(X) 사이에서 선택을 하는데 그 예산이 X 수준에서 최적임을 나타낸다.[14] 예산선은 X와 Y 사이의 투표자의 상호대체(tradeoff)를 나타내며, 그 기울기는 유효한 자금 조달 계획에 의해 결정되는 X에 대한 조세 가격의 비율에 음(-)을 붙인 값이다.[15] 만약 복귀 수

14. **[역주]** 예산을 다 동원해서 사적재만, 그리고 공공재만 구입할 두 지점을 잇는 직선, 곧 소득선이 우하향으로 나타나고 있는데 이 소득선과 무차별곡선과 접하는 곳에서 정해지는 공공재 양(X)이 최적의 공공재 양이며, 효율적 관료라면 이 수준만을 공급해야 한다.

15. **[역주]** X, 곧 공공재의 구입량이 많아질수록 사적재에 대한 구입량은 줄어든다. 그 기울기는 삼각형의 X재의 양을 분모로, Y재로 표시한 그 조세 가격을 분자로 한 값에 음(-) 부호를 붙인 것이다.

그림 11-3A 사적재(사교육)의 양

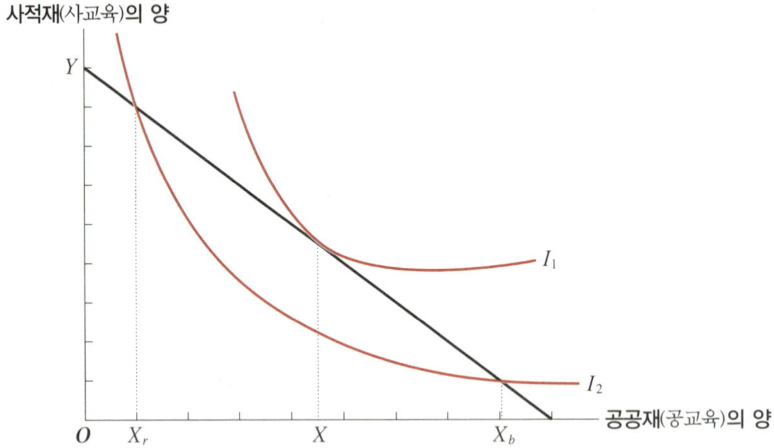

그림 11-3B 로머-로젠탈 착취자

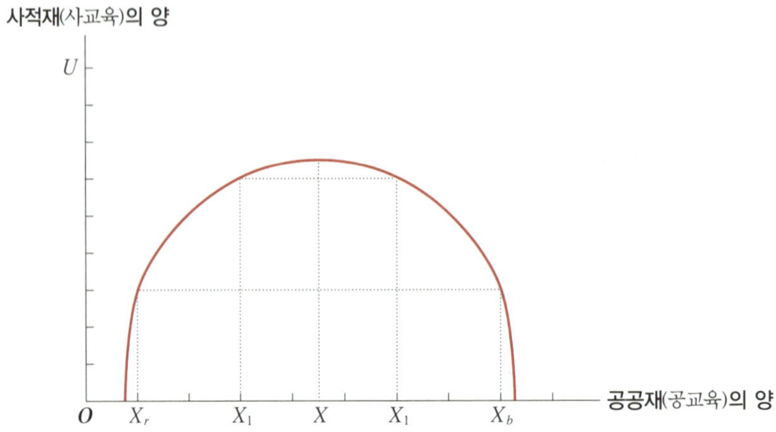

준(reversion level)이[16] X_r이라면 복귀 수준이 더 낮은 무차별곡선에 놓이기 때문에[17] 투표자는 더 많은 예산을 선호할 것이 분명하다. 투표자는 복귀 예산 수준으

16. **[역주]** 로머-로젠탈 모형의 핵심 개념이 이 '복귀 수준'이다. 관료가 제안한 예산이 기각되었을 경우에 관료에게 주어지도록 정해진 예산이다. 한국 헌법 제54조 제3항은 예산이 회계연도 개시 전에 정해지지 못하면 '전년도 예산에 준하는' 수준으로 돌아간다고 규정하는데 이것은 복귀 수준의 한 예이다.

17. **[역주]** 복귀 수준 X_r이 지나는 무차별곡선 I_2의 만족도는 I_1보다 낮다.

로 살도록 강요받느니 차라리 더 많은 예산을 수용할 텐데 문제는 얼마나 더 많은 예산을 수용할 것인지이다. 대답은 간단하다 : 그녀는 X를 선호함에도 불구하고 그 수준을 넘어 복귀 수준을 지나는 무차별곡선 위의 동일한 효용을 창출하는 데까지 예산을 수락할 것인데 그것이 X_b이다.[18] 복귀 수준이 변화함에 따른 투표자의 효용곡선과 선택 범위를 보여주는 [그림 11－3B]에 같은 분석이 나타나 있다.[19] 역설적이게도 복귀 수준이 낮을수록 공무원이 투표자로부터 더 많은 예산을 추출할 수 있다.[20] 낮은 복귀 수준을 피하는 데 많은 비용이 든다. 물론 복귀 수준이 덜 위협적이라면 관료가 예산을 늘릴 수 있는 능력이 상당히 감소한다. X_r을 X_1과 대조하라.

만약 복귀 수준이 중위 투표자의 수준보다 높을지라도, 관료가 여전히 우세하여 더 높은 수준의 지출을 얻을 수 있다.[21] 사실상 모든 투표자가 예산이 전혀 없는 것보다는 과도한 예산을 더 선호할 것이기 때문에 관료에게 가장 좋은 상황은 복귀 수준이 0인 것이다.[22] 다시 말하거니와 공무원이 투표자보다 우월한 전략적 위치에 있는 것으로 보인다. 그리고 복귀 수준이 어떻게 선택되는지도 알아야 한

18. [역주] 투표자가 최적이라 여기는 공공재 공급량은 X이다. 그런데 이것이 어떤 이유로 성취되지 않아서 복귀 수준 X_r로 정해지기 직전이다. 투표자는 이 복귀 수준의 예산액이 너무 작다고 여긴다. 그래서 이 복귀 수준으로 당면할 뻔했던 후생 수준과 같은 후생을 주는(즉, 같은 무차별곡선 위에 있는) X_b까지 예산을 수용한다. 결국 관료는 투표자에게 'X_r이냐, X_b냐?'의 선택을 강요해 그중 큰 규모인 X_b를 획득한다.

19. [역주] [그림 11－3B]에서 X 좌측은 복귀 예산, 우측은 그에 대응하여 결국 관료가 획득하는 예산이다.

20. [역주] 복귀 수준이 X_1이면 예산은 X 우측의 X_1 수준까지 증가할 수 있고, 복귀 수준이 X_1이면 예산은 X 우측의 X_1 수준까지 증가할 수 있고, 복귀 수준이 X_r이면 예산은 X 우측의 X_b 수준까지 증가할 수 있다. 복귀 수준이 낮을수록 관료는 결국 더 큰 예산을 얻게 된다.

21. [역주] 앞에서는 복귀 수준이 최적 예산 수준(X)보다 적을 경우를 예로 들었다. 그런데 복귀 수준이 최적 예산 수준(X)보다 클 경우(즉, X 우측에 있을 경우)에는 복귀 수준 그 자체가 곧 관료가 얻는 예산 수준이 된다.

22 [역주] 복귀 수준이 0, 즉 예산이 없는 상태로 되는 경우, 모든 투표자는 그보다 큰 어떤 예산도 수용할 것이므로 관료가 얻는 예산은 최대가 될 수 있다.

다. 로머-로젠탈 모형에서는 복귀 수준이 선택되는 방법이 주어진다.

복귀 수준이 가장 중요하지만, 착취가 발생하는지 그리고 착취가 얼마나 발생하는지는 중위 투표자가 선호하는 공급 자체가 효율적인지 여부에 달려 있다. 그리고 항상 중위 투표자의 선호가 효율적인 것은 아닐 것이다. 그러나 만약 중위 투표자가 선호하는 지출 수준이 최적 수준보다 높으면[23] 결과는 훨씬 더 비효율적으로 높아지며, 관료에 의한 납세자의 착취는 훨씬 더 커질 것이다.

5. 착취에 대한 한계

국가 권력과 그 속에 있는 다양한 집단의 권력은 쉽게 과장될 수 없다. 애초에 국가가 법과 질서 또는 국방과 같은 공공재를 제공하기 위해 등장할 때 그것은 자연적 독점으로 나타나며, 그러한 시스템에서 시장의 이점을 다 차지한다. 그 하나는 폭력의 독점이다. 이러한 재화를 제공하는 데 성공하면 국가는 신뢰를 얻고 경쟁자를 좌절시킬 수 있는 지위를 얻는다.

국가가 그 권력을 독점하더라도 우리가 지금 "전체주의적(totalitarian)" 사회에 관해 더 많이 배우고 있듯이 그 권력은 무제한이 아니다. 모든 독점이 그러하듯이 착취 정도가 높아지면 결국 소비자 수가 감소하게 된다. 사적 독점 및 공적 독점에 대해 수요곡선은 우하향함을 기억해야 한다(Brough and Kemenyi, 1986 ; Bloch, 1986).[24]

착취는 착취자의 사익에 의해 우선 제한되는데, 왜냐하면 착취로 인해 최적 세율이 낮아질 수 있기 때문이다.[25] 이와 똑같은 사익추구가 관료들에게 그들의

23. [역주] 중위 투표자가 선호하는 공공재 공급이 X보다 우측에 있을 경우.

24. [역주] 독점이 심해질수록 투표자나 소비자의 그에 대한 수요는 줄어든다.

25. [역주] 정치인이나 관료가 착취를 너무 하면 대부분의 납세자가 궁핍하게 되어 그 사회의 세금징수액 및 최적 세율도 줄어드는데 이는 착취자 자신들의 이익을 위해서라도 바람직하지 않다.

지배를 받는 시민이 과반수 규칙에 따라 자신들을 몰아낼 수도 있음을 경고하는 역할을 할 수 있다.[26] 시민들은 연방제 아래에서 다른 권역으로 이주하거나 그들의 선호를 표현하는 투표(vote with their feet)를 할 수도 있다. 더 가능성이 있는 것은 아마도 시민들이 탈세(tax evasion)와 조세 저항을 통해 다양한 형태로 정부에 대항하는 것이다. 또한 그들은 과세 권한을 공무원이 선호하는 것보다 더 많이 제한하는 것을 법제화할 수도 있다(Brennan and Buchanan, 1980). 비록 착취를 없앨 수는 없으나 민주주의에서는 착취에 맞대응할 수 있다. 하지만 그것은 정부가 가진 우위에 대한 현실적 이해가 있어야만 가능하다.

■ 서지(書誌) 노트 : 주요 참고문헌 소개

5권의 책이 착취자로서의 국가에 대한 서지를 제공해준다. 먼저, 가장 전문기술적인 것은 경제학과 정치의 본질에 대해 확고한 이해를 가진 두 경제학자 리처드 오스터(Richard Auster)와 모리스 실버(Morris Silver)가 쓴 『사업체로서의 국가(*State as a Firm*)』(1979)이다. 저자들은 국가를 특수한 형태의 사업체로 보고 그것을 진정한 기업이 어떻게 작동하는지와 비교함으로써 국가를 새롭게 조명할 수 있었다. 훨씬 더 설득력 있고 아마 깊이도 있는 연구는 앤서니 드 저세이(Anthony de Jasay)의 『국가(*The State*)』(1985)인데 그것은 독창적이고도 예지가 번득이는 드문 저술이다. 이 책은 아름답게 쓰인 진정한 걸작이다. 그의 통찰은 "당신이 국가라면 무엇을 하겠는가?" 라는 창의적이되 단순한 질문에서 비롯되었다. 나는 그 질문에 대답하지 않을 것이다. 그 대신에 독자인 당신들이 책을 읽는 동안에 그 답을 발견하기를 기대한다.

---

26. **[역주]** 착취가 심해지면 시민이 일어나 착취자들을 몰아내거나 합법적인 표결로 교체해버릴 수도 있다. 이 때문에 무작정 착취하는 것을 자제할지 모른다.

나는 또한 저명한 자유주의자인 머리 로스버드(Murray N. Rothbard)가 저술한 많은 책 중 하나를 권유한다. 문고본으로 된 그 책은 『권력과 시장 : 정부와 경제』라는 제목으로 1970년에 오늘날 버지니아의 조지메이슨대학에 있는 조직인 인문연구소(Institute for Humane Studies)에 의해 출판되었다. 로스버드는 국가의 성격을 착취자로 규정하는 데 전혀 거침이 없다. 그는 시장의 규제나 시장에 대한 개입뿐 아니라 국가 지출과 과세를 다룬다. 만약 당신이 단도직입적인 문체를 좋아한다면 이 책을 읽어보라. 그것은 또한 논리적으로 주장이 전개되며, 선명하게 서술되고 있다.

월스트리트 저널(*Wall Street Journal*)이 "미국의 방랑하는 검찰관(America' s roving inspector general)" 이라고 부른 제임스 보바드(James Bovard)는 『잃어버린 권리 : 미국 자유의 파괴(*Lost Rights : Destruction of American Liberty*)』(1995)의 저자이다. 이 책 서론의 단락은 내가 강력히 추천하는 그 책에 대한 뛰어난 요약이다:

> 개인의 권리에 대한 공격은 정부 조사관이 토지에서 물이 나오는 지역(wet area)을 발견하면 시민이 자신의 토지를 사용할 권리가 없고, 국세청 직원이 세금을 회피했을지 모른다고 판단하는 경우 자기 은행 계좌에 있는 돈에 대한 권리가 없으며, 마약단속국(Drug Enforcement Administration) 개가 그의 바지 냄새를 맡는다면 자기 지갑의 현금에 대해 아무런 권리가 없게 되는 지점에 이르렀다. 인간의 집은 그의 성(castle)이건만, 그것은 어떤 정치인이 그 집이 세워진 땅을 탐내거나, 자기 집이 지어진 지 50년이 넘은 경우 혹은 그와 함께 사는 친척이 너무 많거나, 오래된 차를 자택 차고와 집 앞 도로 사이의 길(driveway)에 주차해왔거나, 그가 현관이나 데크를 추가하려는 경우는 예외이다.[27] 오늘날 어떤 시민이 제 소유지를 사용하는 것은 여러 지구지역제(zoning) 및 계획위원회(planning commissions)의 승인을 받을 때까지는 불

27. [역주] 이런 경우 주택을 소유한 개인의 재산권에 대한 많은 규제가 따른다.

법으로 간주된다. 정부 재개발부문 공무원은 도시의 많은 부분을 몰수하고, 소유자를 집에서 몰아내며, 토지를 다른 민간인 시민에게 주어 그들이 횡재로 이익을 얻을 수 있게 한다. 1985년 이후로 연방정부, 주정부, 그리고 지방정부는 자산 몰수법들로 20만 명이 넘는 미국인의 재산을 압수했는데, 그것은 어떤 이름 없는 정부 정보원이 한 근거 없는 주장 외에는 잘못된 행위라는 증거는 없는 경우가 흔하다.

미국이 어떻게 자유에 기반한 국가에서 개인의 권리에 대한 민주적 파괴가 점점 더 표준이 되는 국가로 진화해왔는지에 관한 가장 좋은 서술 중 하나는 랜덜 홀콤(Randall Holcombe)의 『자유에서 민주제로 : 미국 정부의 전환(*From Liberty to Democracy : Transformation of American Government*)』(2002)이다. 홀콤은 공공선택 분석을 사용하여 어떻게 미국 정부가 계속해서 더 커져 왔으며, 과거에는 개인의 선택이었던 것에 더 많이 개입하는지를 설명한다. 이 책을 아주 훌륭한 경제학자의 눈으로 미국 정치사를 보는 훈련이라고 생각하라.

〈참고문헌〉

Abed, George T. and Sanjeev Gupta, eds., *Governance, Corruption, and Economic Performance*, Washington, DC : International Monetary Fund, 2002.

Auster, Richard D. and Morris Silver, *The State as a Firm : Economic Forces in Political Development,* 1st ed., New York : Springer, 1979.

Bloch, Peter C., "The Politico-economic Behavior of Authoritarian Governments", *Public Choice*, 51(1986), pp. 117～28.

Borjas, G. J., "Wage Determination in the Federal Government : the Role of Constituents, and Bureaucrats", *Journal of Political Economy*, 88(Dec. 1988), pp. 1,110～147.

__________, "The Wage Structure and the Sorting of Workers into the Public Sector," *NBER Working Papers* 9313, National Bureau of Economic Research, 2002.

Bovard, James, *Lost Rights : The Destruction of American Liberty*, New York : Palgrave Macmillan, 1995.

Brennan, Geoffrey and James M. Buchanan, *The Power to Tax : Analytical Foundations of a Fiscal Constitution*, Cambridge : Cambridge University Press, 1980.

Brough, Wayne T. and Mwangi S. Kemenyi, "On the Inefficient Extraction of Rents by Dictators," *Public Choice*, 48(1986), pp. 37～48.

Charap, Joshua and Christian Harm, "Institutionalized Corruption and the Kleptocratic State," in Ménard, Claude, ed., *Institutions, Contracts and Organizations : Perspectives from New Institutional Economics*, Cheltingham, UK : Edward Elgar, 2000.

Edwards, Chris, "Employee Compensation in State and Local Governments," *Cato Institute Tax and Budget Bulletin*, No. 59, January 2010, http://www.cato.org/pubs/ tbb/tbb-59.pdf.

__________, "Overpaid Federal Workers," *Cato Institute*, http://www.downsizinggovernment.org/overpaid-federal-workers.

Holcombe, Randall G., *From Liberty to Democracy : The Transformation of American Government : Economics, Cognition, and Society*, Ann Arbor : University of Michigan Press, 2002.

Jasay, Anthony de., *The State*, Indianapolis : Liberty Fund Inc., 2009.

Niskanen, Jr. William A., *Bureaucracy and Representative Government*, Chicago : Aldine-Atherton, 1971.

North, Douglass C., *Institutions, Institutional Change, and Economic Performance*, Cambridge : Cambridge University Press, 1990.

__________________, *Structure and Change in Economic History*, New York : W.W. Norton & Co., 1981.

__________________, *Understanding the Process of Economic Change*, Princeton : Princeton University Press, 2005.

Romer, T. and H. Rosenthal, "Political Resource Allocation, Controlled Agendas, and the Status Quo," *Public Choice*, 33(Winter, 1978), pp. 27-43.

Rothbard, Murray N., *Power and Market : Government and the Economy*, Fairfax : VA Institute for Humane Studies, 1970.

제12장 사익의 정치적 추구 : 정부학교들과 그 평범성

미국의 주(州)의회 의원들은 매 입법 회기마다 모든 수준의 교육(education)이 '공급 부족 상태'에 있음을 듣게 된다. 왜냐하면 교육(敎育)은 '긍정적 외부성(positive externalities)'(유익한 외부성)을 가진 재화로서 '순수 공공재(pure public good)'에 가깝기 때문이다. 이로부터 얻을 수 있는 중요한 정책적 시사점은 정치적 행동(political action)과 공립학교들(public schools)의 필요성이다. 왜 그런가? 학생들에게 돌아가는 이익 이외의 모든 이익이 시장에서 과소평가되기 때문에 추가적 이익들이 공급되는 교육의 양과 가격에 반영되도록 몇몇 수단들이 마련되어야만 한다. 그러한 수단들은 각종 '교육보조금'을 비롯하여 '직접적 정부 소유와 통제'에 이르기까지 여러 기지가 망라될 수 있다. 특히 후자는 '공(公)교육(public education)'(학교 교육)으로 더 잘 알려져 있다. 더 정확한 명칭은 "정부학교들(government schools)"이다. 미국에서 교육이 과연 공급 부족 상태에 있는가? 긍정적 외부성으로 인해 공교육은 공급이 부족할 것이다.

아무런 근거 없이 제기된 '교육의 부족'에 대해 걱정하는 사람들은 미국에 수천 개의 '사립학교들(private schools)'이 있다는 사실을 *도외시하는* 경향이 있다. 미국의 사립학교들은 항공기계학에서 요리사 양성과 사교춤에 이르기까지 모든 분야의 교육을 제공해준다. 그들은 또한 하버드, 예일, 프린스턴, 시카고, 스탠포드 등과 같은 탁월한 사립 교육기관들이 존재함을 *무시하곤* 한다. 이것은 아마 이들 대학들이 받는 높은 수업료 때문일 것이다. 미국에서 '정부학교들'을 지지하는 많은 사람들조차 자신들도 사립학교에 다녔고 자녀들을 유명 사립 중등학교들(secondary schools ; 중학교와 고등학교)과 칼리지들(colleges)에 입학시키기 위해 커다란 희생을 감수하였다. 그러나 이들의 입장에서 이보다 더 중요한 점은 교육이 '외부이익(external benefits)'을 가지고 있지만, 그 주요 이익이 주로 사회경제적 상층부로 귀속되는 데 있을 뿐만 아니라 교육이 대개 매우 경쟁적인 사적 공급자들에 의해 더 잘 공급된다는 점이다.

교육을 공급하는 데 있어서 '경쟁의 가치'가 가지는 중요성이 이제 보통 사람들에 의해서도 인식되고 있다. 그들은 교육에서 경쟁의 가치를 어떻게 인식하는가? 미국의 보통 사람들은 오늘날 학교의 수를 증가시킬 때 ① 정부학교 독점을 완전히 폐지하거나, ② 이를 바우처들(vouchers)[1]이나 차터학교들(charter schools)[2]을 통해 경쟁적인 체제로 해체하기를 요구하고 있다. 예를 들어 여론조사들에 따르면 대다수의 미국인들은 만장일치로 부모들이 그들의 자녀들을 '어느 학교로 보낼지를 자신들이 선택하기'를 좋아하는 것으로 나타났다. 흥미로운 사실은 이러한 요구가 대개 '저소득 가계들'로부터 나오고 있다는 점이다. 이들은 '정부학교의 실패'를 경험한 사람들이다. 반면에 고소득 집단들은 자녀들을 최고의 공립학교들에 보낼 수 있으며, 또한 우수한 공립학교들이 충분하지 않을 때 그들의 자녀들을 비싼 사립학교들에 보낸다. 예를 들면 미국에서 칼리지 타운에 살고 있는 덜 부유한 교수들이 최고의 학교들이 소재하는 지역에 거주하고 있음은 놀랄 일이 아니다.

1. **[역주]** 이는 미국의 '교육 바우처 플랜 또는 시스템(voucher plan or system)'을 말함. 즉, 사립학교의 수업료 대신에 공적인 지불 증서를 적용할 수 있는 제도를 말함.
2. **[역주]** 이는 지방자치단체나 국가의 특별 인가를 받아 공적 자금으로 운영되는 독립학교들을 말함.

1. 미국의 초등교육과 중등교육에서의 주(州) 시스템들

가. "무료" 교육

정부학교들은 세계 대부분의 지역에서 "무료(free)" 초등 및 중등교육을 제공한다. 즉, 학생들과 그들의 부모들은 교육비(학비)를 직접적으로 부담하지 않는다. 학교 교육이 소비자들에게 '무료로' 공급되지만 '교육의 자유'는 거의 없다. 예를 들면 ① 학교를 설립할 자유, ② 국가의 신념과 관계없이 교육이나 종교, 이념에 기반한 원칙들을 확립하고 준수할 자유, ③ 교육 방법들을 결정할 자유 등이 거의 없다. 그 대신 정부가 규칙들을 제정하고, 각종 원칙들—예를 들면 크리스마스에 크리스마스 노래들을 부르지 못하게 하거나 핼러윈 데이에 마녀 복장을 하지 못하게 하는 원칙들 등—과 핵심 필요조건들, 교육 방법들 등을 결정한다. 그렇게 함으로써 학교들 간에 동질성(homogeneity)이 촉진되고, 실험(experimentation)은 억제된다.

정부학교 시스템(government school system)을 고안 · 실시함으로써 경제학의 기본 원칙들을 위반하게 된다. 첫째, 정부학교 시스템은 '소비자 주권(consumer sovereignty)' 개념을 위반한다. 왜 그런가? 교육 소비자들인 부모들은 그들의 자녀가 어느 학교에 가야 하는지, 교육과정(curriculum)이 무엇인지, 자녀들이 1년에 학교를 몇 번 가야 하는지, 어느 공휴일을 지켜야 할지 등에 관해 정부로부터 듣게 된다. 정부가 보호하는 사회의 구성단위는 교육의 소비자들이 아니라 '학교'이다. 따라서 정부학교 시스템 하에서 학교 교육은 "무료"지만 소비자들인 부모들은 자유롭게 선택하지 못한다. 이것은 무엇을 의미하는가? 이러한 사실은 왜 '정부학교에 다니는 아이들의 부모들'이 '사립학교에 다니는 아이들의 부모들'보다 참여, 열의 또는 관심 등의 수준이 '더 낮은지'를 부분적으로 설명해줄 수 있다.

둘째, 정부학교들은 '주(州)가 지원하는 독점(state-supported monopoly)' 이다. 따라서 경쟁의 활력(dynamism)이 없다. 경쟁의 활력은 비용을 낮추고 품질을 향상시키고 기술을 혁신하는 기능을 한다. 정부학교 시스템들은 경쟁 대신에 관리자들, 법적 명령, 표준화된 시험, 실행비용 등을 필요로 한다. 물론 경쟁자들의 공급을 증진시키는 데 있어서 독점적인 정부학교 시스템들 중 어느 것도 약간의 경쟁적인 경우보다 더 효과적이지 않을 것이다.

이러한 두 가지 문제를 어떻게 개선할 수 있는가? 소비자 주권을 지탱하고 정부학교 독점을 폐지하는 게 필요하다. 정부학교들을 분권화(decentralization)하고 민영화(privatization)를 증진시킴으로써 소비자 주권을 지탱하고 정부학교 독점을 폐지할 수 있다. 분권화는 더 다양한 선택을 가능하게 하지만, 민영화는 공급자들 간의 경쟁을 촉진시킨다. 따라서 분권화와 민영화는 선택의 폭을 넓혀주고 비용을 감소시킨다. 교육이 공공재(public good)로 간주되는 한 공공재정(public financing)에 의한 공급이 바람직할 것이다. 그러나 어쨌든 교육의 '소비' 는 사적재(private good)로 간주되어야 한다. 현재의 제도 하에서 너무 많은 미국 시민들이 교육의 유형과 양에 대해서 그들의 선호가 무시되고 있다. 따라서 이 주장은 학군들(school districts)[3]의 추가적 통합을 반대하기 위해 제기되는 주장이다. 이 주장은 또한 ① 학교 바우처(school vouchers), ② 사립학교들에 다니는 사람들에 대한 조세 감면, ③ 정부학교 시스템의 민영화에 찬성 또는 ④ 학부모들이 자식들을 공립학교 학군들에 보내는 것을 허용하기 위해 제기되는 것이다.

미국의 광범위하고 통합된 독점적 학군들은 다른 유형의 교육을 바라는 모든 가계를 좌절시킨다. 또한 그러한 학군들은 (비록 자신의 자녀들이 받는 교육에 대해서는 찬성하지만) 자신들이 선호하는 것보다 '더 많은' 교육량에 자금을 대야

3. [역주] 미국의 '학구(學區)' 를 말함. 즉, 의무교육 행정상의 필요에 의해 아동이 취학할 학교를 지정하여 갈라놓은 구역을 말함.

그림 12-1 학군 조정

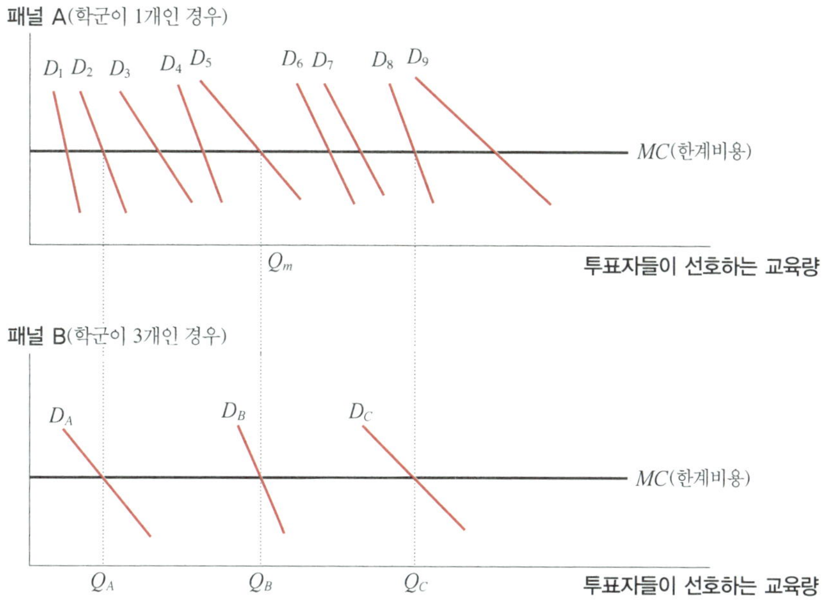

Q_m : 중위 투표자(m)가 선호하는 교육량　　Q_A : A학군의 투표자들이 선호하는 교육량
Q_B : B학군의 투표자들이 선호하는 교육량　　Q_C : C학군의 투표자들이 선호하는 교육량

만 하는 모든 기계를 좌절시킨다. 후사의 상황은 [그림 12-1]의 패널 A에 그려져 있다. 패널 A에는 하나의 대규모 학군에서 9명의 투표자들의 선호가 표시되어 있다. 9명의 투표자들은 자신이 원하는 교육량에 대해 아주 다른 선호(수요)들을 가지고 있다: 즉, D_1, D_2, …, D_9. 그러나 이들은 패널 A에서 중위 투표자(median voter)의 선택량인 Q_m을 받아들여야만 한다. 즉, 투표자들 간에 받아들여야 하는 교육량이 동일하다. 그러나 이 학군이 3개의 학군(學群)—즉, A, B, C학군—으로 재편성되고 이들의 선호를 D_A, D_B, D_C로 표시하고, 각 학군에는 3개의 투표자 집단들이 있다고 가정하자. 이제 각 학군 내 투표자들의 선호가 전보다 덜 다양하다. 이 경우에 3개의 학군 내 모든 사람은 이전보다 더 선호하는 교육량을 얻을 수 있다. 이 문제의 해답은 [그림 12-1]의 패널 B에 나타나 있다. 패널 B에서 B학군의

투표자들은 이전과 동일한 교육량을 가지고 있지만, *A*학군과 *C*학군의 투표자들은 자신들이 가장 선호하는 교육량에 훨씬 더 가까운 교육량을 얻을 수 있다. 이것은 매우 바람직한 것처럼 보인다. 이러한 결과는 언제 가능한가? 학군들 간의 교육량의 이러한 '차이'(즉, Q_A, Q_B, Q_C)는 통합된 하나의 학군이 아니라 주(州)의회와 주(州)교육위원회가 학군들에게 투표자들의 선호에 반응하도록 허용할 때에만 가능하다.

나. 바우처, 경쟁, 그리고 선택

학군들 간에 선호하는 '학군'을 선택하는 데 대한 하나의 대안은 학생들과 학부모들에게 개별 학교들 간에 선호하는 '학교'를 선택하도록 허용하는 것이다. 가장 쉬운 방법은 미국의 GI법(GI Bill)[4]처럼 그저 '학생들을 지원하는 것'이다. 미국의 GI법은 제2차 세계대전 후 대학에 가는 퇴역 군인들에게 자금을 지원하였다. 학생들이 (정부학교가 아니라) 사립학교에 가길 선택하거나 인종적 또는 종교적 이유로 어떤 학교를 선택할 것이라는 두려움 때문에, 주의원들은 직접적 바우처들이나 심지어 수업료 세액공제들을 승인하는 데 지체해왔다. 그러나 미국에서 바우처 프로그램들(voucher programs)과 관련하여 상당한 진전이 있었다. 예를 들면 클리블랜드, 밀워키, 플로리다, 워싱턴 DC에서 바우처 프로그램들이 법률로 제정되었다(그러나 오바마 행정부는 워싱턴 DC 바우처 프로그램을 폐지하였다). 이들 지역의 학교 시스템들에서 원하는 '사립학교'로 전환하기 위해 바우처를 사용하는 학생들로부터 뚜렷한 향상이 있었음을 발견하였다. 특히 아프리카계 흑인 학생들의 경우에 바우처가 효과적인 것으로 나타났다.

4. [역주] 'GI법(GI Bill)'은 미국의 '제대 군인 원호법'을 말함.

반면에 미국 맨해튼 연구소(Manhattan Institute)의 연구원들인 그린과 포스터(J. Greene and G. Forster, 2003)는 바우처가 공립학교에 남아 있는 학생들에게 '피해'를 주는지(즉, 나쁜 영향을 미치는지)를 조사해보았다. 왜냐하면 바우처 비판자들은 종종 사립학교들이 바우처를 이용하여 "크림을 걷어내어(skim the cream)"[5] 그로 인해 학구적으로 덜 재능 있는 학생들을 공립학교들에 남겨 놓는다고 주장하였기 때문이다. 과연 이들의 주장이 옳은가? 이를 위해 그린과 포스터(2003)는 바우처 프로그램들로 뚜렷한 경쟁 효과가 있음을 보았던 밀워키와 샌안토니오에 있는 학군들을 조사해보았다. 그 결과 이들은 '공립학교들'에서 시험성적이 실제로 향상되었음을 발견하였고, 성적이 향상된 원인이 공립학교들과 사립학교들 간의 경쟁 효과에 기인한다고 보았다. 따라서 바우처 프로그램들은 공립학교 학생들에게 '경쟁 효과'를 가져다줌으로써 이들에게 피해를 끼치지 않았음을 알 수 있다.

또한 그린과 윈터스(Greene and Winters, 2003)는 바우처 프로그램들이 플로리다 공립학교의 학력에 미치는 효과를 평가해본 결과, 그린과 포스터(2003)의 조사 결과와 비슷한 결과를 발견하였다. 특히 이들은 "플로리다에서 학력이 저조한 학교들이 '바우처 획득 경쟁'에 정비례하여 학력이 향상되었음"을 발견하였다.

다른 국가들에서의 경우는 어떤가? 개발도상국들에서 '정부학교들'은 '저질(低質)의 교육'을 제공하고 있으며, 특히 빈곤층들에게 더욱 그러하였다(Rauch and Evans, 2000). 예를 들면 일단의 연구자들이 인도 학교들을 방문해본 결과, 방문 시 이들 학교에서 3분의 1 정도로 교장(校長)이 부재함을 발견하였다(PROBE Team, 1999). 또 다른 연구에 따르면 케냐의 경우 연구자들의 학교에서 선생님들이 28%나 부재하였다(Glewwe *et al.*, 2000). 이와 같이 개발도상국들에서 '정부

---

5. **[역주]** 여기서 '크림'이란 우수한 학생들을 말함. 따라서 '크림을 걷어간다'는 말은 바우처가 우수한 학생들을 사립학교들로 데려간다는 것을 의미한다.

학교들' 은 질 낮은 교육을 공급해주었다. 따라서 콜롬비아, 칠레, 방글라데시, 과테말라, 벨리즈, 레소토 등을 포함한 개발도상국들 도처에서 사람들은 교육을 효과적으로 공급하기 위해 정부학교들 이외의 "다른 방법들"—예를 들면 바우처 프로그램—을 시도해왔다. 아래에서 콜롬비아와 칠레의 경우를 간단히 살펴보기로 하자.

개발도상국들에서 실행된 가장 대규모 '학교 바우처 프로그램들' 중의 하나는 콜롬비아에서 시도되었다. 콜롬비아 정부는 학생들에게 '갱신 가능한 바우처들(renewable vouchers)' 을 지급하였다. 이들 바우처는 125,000명 이상의 학생들에게 사립 중등학교에 다니는 비용의 절반 이상을 부담하였다. 학생들이 바우처 갱신에 성공하려면 만족스러운 교육 성적이 필요하였다. 최초에 바우처들은 추첨에 의해 지급되었다. 이를 통해 연구자들은 지급된 바우처들의 효과를 면밀히 검토하였다. 이들의 연구 결과에 의하면 중등학교 졸업률이 15~20% 증가하였고, 시험 성적이 크게 향상되었다(Angrist, Bettinger and Kremer, 2004 ; Angrist *et al.*, 2002).

다음으로, 칠레의 경우 1,000개의 사립학교들이 교육시장을 차지하고 있었고, 1987년에 바우처 시스템이 도입되었다. 바우처 도입 이후에 사립학교 입학이 20%포인트 증가하였다. 그러나 칠레의 바우처 시스템에 대한 연구 결과는 분명한 성공을 보여주지 못하고 있다. 어느 한 연구 결과에 따르면 바우처들로 인해 졸업률이나 시험 성적이 향상되었다는 증거를 제시해주지 못했다(Hsieh and Urquiola, 2003). 반면에 다른 연구 결과는 시험 성적과 학교의 생산성에 있어서 커다란 향상을 보여주었다(Gallego, 2004).

학교 바우처들을 지지하는 이론은 적어도 1955년 이후에 학계에 등장해왔다. 1955년에 밀턴 프리드먼(Milton Friedman)은 「교육에 있어서 정부의 역할」이라는 논문에서 '학교 바우처' 를 제안하였다(Friedman, 1955). 그때 이후로 경제학자들은 이 아이디어를 더욱 진전시키고 실제로 적용하려는 여러 시도들이 이루어졌다. 그러나 바우처에 대한 심한 감정적 '반대'가 일어나기도 했다. 대부분의 반대는 '지대추구(rent seeking)'의 형태를 띠고 있었다. 왜냐하면 교사들, 관리자들, 그리고 다른 사람들은 정부학교들이 가지고 있는 준(準)독점적(near-monopoly : 독점에 가까운) 지위를 보호하려 했기 때문이다. 그 지위의 일부는 교사들과 학교들이 책무성(accountability)[6]으로부터 비교적 자유롭다는 것을 포함하고 있다. 이들은 바우처로 인해 잃을 것이 많기 때문에 순순히 굴복하지 않을 것이다. 그 대신 이들은 연방정부가 더 적극적 역할을 해야 한다고 주장하였다. 즉, 연방정부가 더 통제하고, 부유한 사람들에게 세금을 부과하여 그 재원을 조달해야 한다고 주장하였다. "사회적 정의(social justice)"가 그 해결책을 결정할 것이다. 그럼에도 불구하고 30개의 미국 주들에서 시민들은 다양한 '학교선택(school choice)정책들'을 채택하였다. 이들 정책은 학교들을 분권화함으로써 학생들과 학부모들에게 더욱 책임성 있게 하도록 하는 데 그 목적이 있다. 만약 학교들이 '평범성'을 낳는다면 정보에 밝은 시민들은 이를 알고 현명한 학교 선택을 할 것이다. 이미 학부모들은 더 높은 질의 교육을 요구할 것이다.

다음으로, 경쟁에 대해 살펴보기로 하자. 경쟁은 '책무성'을 증진시키는 하나의 수단이지만, 교사노조들(teacher unions)은 '교육에 있어서 경쟁'을 반대하고 있다. 교사노조들은 "우리는 경쟁자들(competitors)이 아니라 교육자들(educators)이다"라고 주장한다. 따라서 그들은 (i) 성과급료(merit pay) 인상과 (ii) 다른 교사들에 비해 어느 한 교사의 성과(업적)를 돋보이게 하는 프로그램들을 반대한다. 예를 들면 내가 아는 어떤 학군에서 지방 사립교육 재단이 이 학군 내 모든 학교에서 우수한 교사에게 500달러의 상금을 지급하고자 했다. 그러나 교장들이 이 제

6. **[역주]** 미국 교육에서 '책무성'이란 '학교가 납세자에 대해 가지는 책무성'을 말함. 즉, 학교 자금과 교사의 급료 배분이 학생의 성적으로 좌우되는 것을 의미함.

안을 거절했다. 왜냐하면 어느 한 교사의 성과(업적)를 선발함으로써 다른 교사들로부터 '악감정'을 조장할 것을 우려했기 때문이다. 교장들은 자신의 학교에서 '협동 정신(spirit of cooperation)'을 촉진시키기를 원했고, 교사 집단이 아니라 어느 한 교사의 성과(업적)만을 인정해주는 것을 나쁜 것으로 여겼다. 협동이라는 말이 정부학교들에서 너무 깊이 스며들어 있어서 교생(敎生)들을 감독하는 교사들조차도 더 이상 "감독 교사들(supervising teachers)"이라고 불리지 않고 오히려 "협동 교사들(cooperating teachers)"이라고 불리게 되었다.

내가 가장 좋아하는 블로거(blogger) 중 한 명인 돈 부드로(Don Boudreaux, 2010년)는 '카페 하이에크(Cafe Hayek)'라는 블로그에서 '학생의 성적 향상에 따른 급여 인상'에 대한 메릴랜드주 교사협회 회장의 반대에 다음과 같이 응답하였다:

> 귀 교사협회의 여성 대변인 중 한 명이 오늘 WTOP 라디오에서 연설하면서 '교사들에 대한 성과급(成果給)'이 교사들에게 "불공평"하다고 설명했다. 그녀는 그 이유로 다음을 제시했다. 어떤 아동의 지적 발달이 가정 환경, 이웃의 영향, 교사들의 통제 밖에 있는 다른 요인들 등에 의해 영향을 많이 받기 때문에 단순히 시간 경과에 따른 '학생들의 학업 능력의 변화'를 측정함으로써 각 교사의 성공 또는 실패를 결정하는 것은 사실상 불가능하다고 말했다.
>
> 이것은 정당한 지적이라고 생각한다. 그러나 교사들이 학생들의 학습에 미치는 영향이 너무 적어서 그들이 가르치는 학생들의 학업 성취도에 교사 급여를 연계하는 것이 "불공평한" 것이 사실이라면 도대체 공립학교들이 무슨 소용이 있겠는가? 학생들의 학습 여부가 주로 학교 교사들의 영향을 받지 않는다면 우리는 왜 매년 귀중한 자원들을 공립학교들에 사용하는가? 아이들이 정규 교육으로부터 큰 영향을 받지 않아서 실제로 학교 교육의 결과로 그들이 획득하는 지식의 양이 너무 적어서 측정할 수 없다면 왜 계속 공립학교들에 자금을 지원해야 하는가?

요컨대 귀 협회의 여성 대변인의 말이 *옳다면* 교사들에 대한 성과급에 대한 호소를 역사의 쓰레기통에 던져야 할 뿐만 아니라 공립교육 자체도 포기해야 한다. 이는 공립교육이 '아동 교육'이라는 명시된 목적을 달성하고 있다는 신뢰할 만한 증거가 없기 때문이다.

— 부드로(Boudreaux, 2010)

메릴랜드주 교사협회(Maryland Teachers Association)의 이러한 주장은 교사노조들이 교육의 질을 개선하는 데 관심을 가지기보다는 '현상 유지(status quo)'를 보호하는 데 더 관심이 있는지에 관해 중요한 의문을 제기한다. 그 근거가 무엇인가? 교사노조들이 현상 유지를 보호하는 데 더 관심이 있다는 생각은 '바우처 제도가 실패한 공립학교들에서 돈을 가져갈 것'이라는 주장에 명시적으로 나타난다. 물론 이 주장은 바우처의 금액(대부분은 학교에 부여된 학생당 금액의 일부에만 해당)과 바우처에 대한 수요에 달려 있다. 그러나 대부분의 경우 바우처는 (돈을 가져가는 것이 아니라) 실제로 바우처 제도가 도입되기 전보다 학생 1인당 더 많은 돈을 학교들에 가져다주었다. 예를 들어 미국 밀워키 학부모 선택 프로그램(Milwaukee Parental Choice Program)에 소속된 바우처 학생들은 2008년에 공립학교 시스템에 각각 2,640달러를 가져다주었으며, 공립학교 시스템 전체로 총 3,190만 달러를 저축한 것으로 추정되었다(Costrell, 2008). 이러한 '분명한 저축'에도 불구하고 바우처로 인한 '손실'에 대한 두려움이 바우처 제도에 대한 논의를 지배하고 있다. 이러한 이유로 바우처 반대자들은 ① 공립학교들이 사실상 사립학교들과 경쟁할 수 없으며, ② 공립학교들이 기존의 유리한 위치를 상실하기를 원하지 않는다고 주장한다. 이는 과연 합당한 주장인가?

또한 학교 관리자와 행정가들은 '학부모들이 자녀의 학교들을 선택하는 것을 허용해서는 안 된다'고 주장함으로써 자신의 독점권을 보호하려고 한다. 특히 그들은 '교육은 시장들에서 거래되는 다른 재화들과 다르며, 그로 인해 학부모들이 아니라 전문가들이 관리, 배분 및 설계해야 한다'고 주장한다. 따라서 어린이들과 학부모들은 '주권을 가진 소비자들(sovereign consumers)' 처럼 행동해서는 안 된다.

다음으로, 정치인들은 공립학교들의 위대한 미덕에 대한 신화를 칭송하고 홍보하지만, 정작 자신의 자녀들은 '사립학교들'에 보내고 있다. 또한 많은 공립학교 교사들도 자신의 자녀들을 '사립학교들'에 보내는 것으로 나타났다. 미국 토머스 B. 포드햄 연구소(Tomas B. Fordham Institute)의 2004년 연구에 따르면 필라델피아 공립학교 교사들의 44%, 신시내티 공립학교 교사들의 41%, 시카고 공립학교 교사들의 39%, 샌프란시스코 공립학교 교사들의 34%가 그들의 자녀를 사립학교들에 보낸 것으로 파악되었다(Doyle, Diepold and DeSchryver, 2004). 한편 공립학교들, 특히 가난한 학생들이 다니는 공립학교들은 다른 옵션이 거의 없는 학생들에게 '표준 이하의 제품(교육 프로그램)'을 제공함으로써 계속해서 카르텔처럼 행동한다.

학교 바우처를 반대하는 이유 중 하나는 교육의 경우 '학교 선택 프로그램들'이 실제로는 자유시장(free market)처럼 거의 작동되지 않는다는 점이다. 많은 미국의 주(州)들에서 이론적으로 학생들이 공립학교들 간에 자유롭게 이동할 수 있도록 허용하고 있다. 그러나 어떤 학구(學區) 내에서 한 학교에서 다른 학교로 이동하는 학생들에서 나오는 돈은 옛 학교의 예산을 줄이지 않을 뿐만 아니라 새 학교의 예산을 늘리지도 않는다. 따라서 새 학교가 학생들을 데려갈 금전적 유인이 없다. 그러므로 합리적인 학교 관리자들은 이론과는 달리 한 학교에서 다른 학교로 이동하는 것을 매우 어렵게 만드는 장벽들을 만든다.

'바우처 프로그램들'은 어떻게 설계되었는가? 바우처 프로그램들은 공립학교들에 거의 영향을 미치지 않도록 설계되었다. 이를 위해 기존의 공립학교들, 공립학교의 자금 조달 시스템과 독점 등을 그대로 두었다. 우리는 다음 사실에 주목할 필요가 있다. 미국에는 수백 개의 공립학구(學區)들과 수천 개의 공립학교들이 있지만, 이러한 시장에서 '공급업체들의 수'가 독점을 결정하는 것은 아니라는 점이다. 이 경우에 독점의 주요 결정 요인은 ① 신규 생산자들의 진입 어려움과 ② 그들이 교육 시장에서 커다란 점유율을 확보할 수 있는지에 달려 있다(Merrifield, 2002). 지금까지 미국에서 채택된 여러 바우처 제도 중 어느 것도 그러한 종류의 독점을 깨는 데 큰 역할을 하지 못했다. 미국에서 바우처 제도들은 교육 시장을 효과적으로 생성하기에 너무 작고 제한적이기 때문이다. 이러한 이유로 아마 바우처 실험들에서 긍정적인 결과가 나오면 놀랄 것이다. 결국 정치적 검열을 통과하기 위해 미국에서 바우처 제도들은 교육에 미치는 실질적인 영향이 거의 없도록 설계되어야만 했다.

사실상 일부 연구들은 '공립학교들에서의 학생들의 성과'와 '바우처 수령자들이 선택한 학교들' 간에 큰 차이가 없음을 보여주고 있다. 그러나 다른 연구들에 의한 상반된 결과들은 교육 시장에 대해 아직 배울 것이 많다는 점을 시사해준다. 그리고 방금 언급했듯이 미국 바우처 제도들이 어떻게 설계되었는지를 감안할 때—즉, 바우처 프로그램들은 공립학교들에 거의 영향을 미치지 않도록 설계되었음을 고려할 때— '공립학교들에서의 학생들의 성과'와 '바우처 수령자들이 선택한 학교들' 간에 차이점이 발견된다면 아마 놀랄 것이다. 그러나 아마 학생들의 학업 성적만이 학부모들이 구매하기를 원하는 유일한 교육제품(education product)은 아닐 것이다. 학부모들이 원하는 교육제품들에는 규율, 종교적 성향, 위치, 안전, 교복 또는 기타 복장 규정, 방과 전(前) 및 방과 후(後) 프로그램들 또는 단순히 선택을 선호하는 욕구 등이 포함될 수 있다.

다. 더욱더 많은 선택들 : 차터학교[7]

미국에서 더 많은 선택들을 원하는 학부모들에 호응하여 '차터학교운동(charter school movement)'이 일어났다. 차터학교 설립을 위해 주(州)의회는 사적 개인들이 계획과 조직을 구성하고, 공적 자금을 사용하여 주(州) 인가(charter)에 따라 공적으로 지원되는 학교(즉, 공립학교)를 운영할 수 있도록 허용하였다. 무엇보다도 인가받은 사적 조직체들은 실제로 교육을 제공하기 위해 필요한 비용을 저렴하게 책정하였다. 이들은 종종 정규 정부학교들에서 드는 비용의 절반 정도로 교육을 제공하였다. 멍거(M. Munger, 2008) 교수는 자신의 아들이 다니는 롤리차터학교(Raleigh charter school)를 다음과 같이 적절히 묘사했다. 당시 멍거 교수는 듀크(Duke)대학교 정치학과 학과장이었고, 2008년에 노스캐롤라이나 자유당(Libertarian Party) 주지사 입후보자였다. 당시 롤리차터학교는 미국의 모든 공립고등학교 중에서 상위 9위를 차지하고 있었다:

> 롤리차터학교는 미국에서 전국 상위 10개 고등학교 중 하나이지만 학생 1인당 비용은 노스캐롤라이나 고등학교 평균의 절반에도 미치지 못한다. 시설비용들이나 관리비용들도 마찬가지였으며, 청소 서비스는 학생들이 제공하고(쓰레기는 학생들 스스로 버림) 욕실 청소와 바닥 청소는 사설 업체들에 위탁하여 제공된다. 전통적인 공립학교들에 비해 절반만 지출함에도 불구하고 학생들은 스스로 선택했기 때문에 여전히 더 나은 삶을 살고 있다.

물론 모든 차터학교들이 롤리차터학교처럼 좋은 것은 아니다. 일부 차터학교

7. **[역주]** 미국의 지방자치단체나 국가의 '특별 인가'를 받아 공적 자금으로 운영되는 독립학교를 말함. 즉, '정부 특별 인가 학교'를 말함.

들은 학생들을 꾸준히 모집하지 못해서 폐쇄되었다. 차터학교들은 전통적인 정부학교들과 달리 실패하거나 폐쇄될 수 있다. 반면에 전통적인 정부학교들은 그들이 생산하는 교육제품의 질과 관계없이 계속적으로 지원을 받으며 존속할 수 있다.

나는 '정부 교육정책이 학부모들의 선택(choice)을 허용하고 또 촉진시킴으로써 소비자 주권을 존중하는 것이 좋다'고 생각한다. 바우처 프로그램들과 차터학교들은 옳은 방향으로 나아가는 거대한 조치들이지만, 교사노조들과 정부학교 관리자들은 이들 시스템을 지속적으로 반대한다. 왜 그런가? 교사노조들과 정부학교 관리자들은 '정부학교 독점'을 영속화하는 데 중대한 이해관계를 가지고 있기 때문이다.

마지막으로, '홈스쿨링(home schooling)'(자택학습)에 관해 살펴보기로 하자. 자신의 자녀들이 쇠퇴하거나 평범한 학교들에 다니는 미국의 많은 학부모들의 유일한 선택은 정부 시스템으로부터 완전히 탈퇴해서 그들의 자녀들을 '집에서 교육시키는 것(educate at home)'이다. 미국에서 이러한 선택을 하는 학부모들의 수가 점점 더 증가하고 있다. 예를 들면 2007년에 '집에서 교육받는' 미국 학생들의 수가 150만 명에 이르렀다. 또한 '집에서 교육받는' 학생들의 수가 2007년과 2010년 사이에 매년 약 8%로 증가하였다. 대중적 인식과 반대로 집에서 교육받는 아이들이 종교적 또는 생존주의 괴짜들에 의해 양육되지 않고 있음을 알 수 있다. 집에서 교육받는 아이들은 주로 연간 중위(中位) 소득이 약 80,000달러인 결혼한 부부가 이끄는 가정에 살고 있다. 더구나 자택교육을 하는 부모들은 정부학교에 다니는 자녀들의 부모들보다 더 형식적 교육(formal education)을 하고 있다. 미국에서 홈스쿨링은 "탈퇴(drop out)"라는 말에 새로운 의미를 부여해주고 있다. 이 경우에 학생들과 그들의 부모들은 정부 시스템에서 '탈퇴'하고 교육에 대한 '책무성(responsibility)'을 기꺼이 받아들인다. 이들은 교육이 공공재라기보다는 훨씬 더 사적재라고 인식하고 있는 것 같다.

2. 미국의 고등(대학)교육에서의 주(州) 시스템들

가. 고등교육 기관에서의 지대추구

이제까지 미국의 초등 및 중등교육에서의 '정부교육(government education)의 실패들'에 대해서만 집중해왔다. 그로 인해 대략 2,000개의 기관들로 구성된 거대한 미국의 주(州) 칼리지(college)와 대학(university) 시스템을 무시했다. 확실히 미국의 칼리지와 대학 시스템은 세계에서 가장 우수하다고 알려져 있다. 그러나 동시에 이러한 기관들에 대한 비판의 목소리도 있어 왔다. 미국에서 수만 명의 학자들과 학생들 모두 이 시스템에 들어가려고 노력하고 있다. 미국의 칼리지와 대학 시스템은 이 세계에서 가장 잘 공급되지만, 다른 한편으로 비효율적인 주(州) 소유와 통제뿐만 아니라 지대추구의 현대적 경우를 잘 보여준다(Steindel, 1990). 물론 우리는 이러한 부작용들을 본받으려 해서는 안 될 것이다.

고등교육의 주(州) 기관도 하나의 조직체이다. 대부분의 다른 조직체들처럼 주(州) 고등교육 기관도 상당히 관료적이고 복잡하다. 고등교육 기관은 재화와 서비스를 생산하며, 시장 이외의 수단(예를 들어 보조금)에 의해 그 재원이 조달된다. 고등교육 기관도 시장(즉, 교육시장)에서 거래하지만 기업은 아니다. 고등교육 기관의 재산권 구조는 이윤을 추구하는 기업들과 아주 다르다. 뷰캐넌과 데블레토글루(Buchanan and Devletoglou, 1979)의 주장에 따라 우리는 고등교육 기관을 다음과 같이 묘사할 수 있다. 즉, 고등교육 기관은 ① (물건을 구매하지 않는) 소비자들로서의 학생들과 ② (물건을 판매하지 않는) 생산자들로서의 교수들과 ③ (통제하지 않는) 소유자들로서의 납세자들을 겸비하고 있다. 이러한 독특한 구조하에서 모든 참가자들은 자신의 입장에서는 아주 합리적이지만, 결과 면에서는 비합리적인 행동을 하며, 특히 교수들과 관리자들의 입장에서는 많은 지대추구—성공적인 지대추구—가 일어날 여지가 존재한다.

교수들과 관리자들은 평소에 다른 전문직들보다 더 적은 보수를 받거나 자신들의 실제 "가치" 보다 훨씬 더 적은 보수를 받는다고 주장하는 버릇이 있다. 그러나 사실상 그들은 아주 좋은 보수를 받고 있다. 평균적으로 의사들과 변호사들이 더 좋은 보수를 받지만, 이 두 전문직은 교수들보다 훨씬 더 긴 시간을 일하고, 그들의 시간과 에너지를 배분할 자유를 훨씬 더 적게 가지고 있다. 또한 그들의 일의 결과는 교수들보다 훨씬 더 중대하다. 종신 재직권을 가진 교수들은 자신이 선택하는 시간에 1주일에 단지 2～3시간만 가르친다. 이들은 사실상 강의실에서 1주일에 단지 5시간만 일할 수 있으며 1년에 총 28～30주만 일하며 연간 총합계로 150시간 정도만 일한다. 또한 학생들의 성적 심사에 걸리는 시간을 더하면 추가적으로 연간 총 50시간이 소요된다(물론 성적 심사 유형과 학생들의 수에 따라 다를 것이다). 마지막으로, 자신의 소속 학과 위원회 관련 일에 1년에 2～3시간이 추가적으로 들 것이다. 이들을 모두 합치면 종신식 교수들은 1년에 단지 200시간 이상 정도로만 일한다는 것을 알 수 있다. 이것은 하루 8시간씩 주 5일 일하는 일반 사람들이 정상적으로 한 달간 일하는 양보다 약간 더 많은 시간이다. 분명히 미국의 많은 탁월한 교수들은 이러한 임시 추정치보다 훨씬 더 오래, 그리고 더 열심히 일한다. 그러나 이 경우 그들의 일은 직업의 필요조건에 의해 강요되는 것이 아니라 해당 교수 자신에 의한 선택이다. 이러한 기본적 고려사항들에 더하여 대학교수직은 상당한 사회적 지위와 자신의 학과와 강의실 내에서 다소간의 독점적 지위를 제공해준다.

무엇이 대학교수직의 이러한 성취들을 가능케 하는가? 이러한 특혜적 직업이 '매우 성공적인 지대추구의 산물' 이라는 사실은 그다지 아이러니하지 않다. [그

그림 12-2 대학에서의 교수 착취(profscam) **: 교수들의 지대추구**

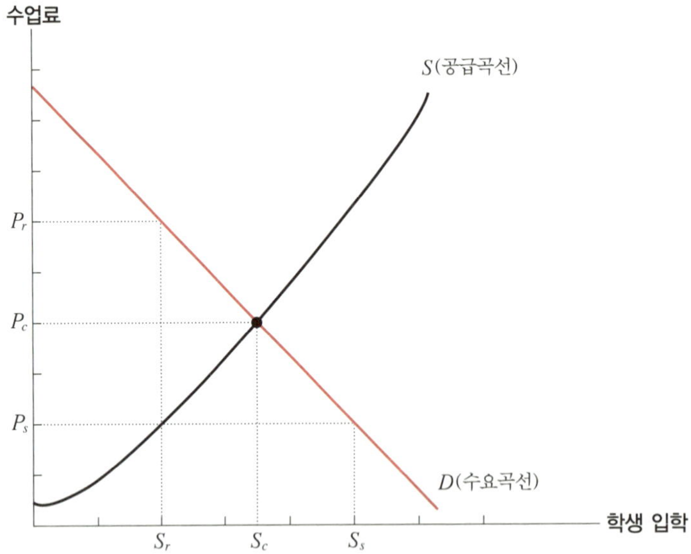

S_c : 자유경쟁(c) 시 학생 입학　　P_c : 자유경쟁(c) 시 수업료

S_s : 보조금(s) 지급 시 학생 입학　　P_s : 보조금(s) 지급 시 수업료

S_r : 지대추구(r) 시 학생 입학　　P_r : 지대추구(r) 시 수업료

림 12-2]는 그러한 과정을 이해하는 데 유용하다. 만약 대학들이 어떤 자유시장에서 진정한 경쟁자들이라면 수요-공급의 원리에 따라 학생 입학은 S_c가 될 것이고, 이때 학생들이 지불하는 가격(수업료)은 P_c가 될 것이다. 그러나 미국의 주립대학들은 (비록 서로 간에 경쟁하지만) 자유시장에 참여하지 않는다. 그 대신 주립 대학들은 납세자들이 지불하고 주(州)의 관리들이 통제하는 '보조금 지급에 의한 교육'을 제공한다. [그림 12-2]에서 S_s는 보조금 지급 시 학생 입학을 나타내고, P_s는 보조금 지급 시 학생들이 지급하는 가격(수업료)을 나타낸다. 일반적으로 학생들은 주(州) 거주자라면 자신의 교육비의 단지 4분의 1~3분의 1만 지불한다. 그러나 비(非)거주자들은 거의 모든 교육비를 자신이 부담한다. 이와 같이 주(州)에 거주하는 학생들이 교육에 드는 전체 비용보다 더 적게 지불한다는 사실은

입학에 대한 수요가 공급—즉, 학생들에게 제공할 수 있는 “자리들(seats)”—을 초과한다는 것을 의미한다. 즉, [그림 12-2]에서 학생들이 지불하는 교육비(수업료)가 (P_c 수준보다 훨씬 더 낮은) P_s일 때 학생들의 입학에 대한 초과수요가 발생하고 있음을 볼 수 있다.

가격이 통제되는 어떤 재화의 경우처럼 가격 억제는 공급자들로 하여금 누가 그 재화를 가져갈지를 결정하게 해준다. 그러므로 이로부터 ‘공급자들의 착취(exploitation)’가 시작된다. 이제 공급자로서 ‘대학들’은 그들이 누구를 받아들일지(허가할지)를 결정하는 데 더 나은 위치에 있게 된다. 이 경우 학생들이 아니라 대학의 선택들이 귀중하고 우위에 있으며, 그 결과 대학들이 더 엄격한 입학과 졸업 요건들을 부과할 수 있다. 따라서 대학들은 가르치기 가장 쉽고, 교수들의 일상생활을 가장 적게 방해할 것 같은 학생들을 선발할 것이다. 사실상 대학들은 교수들의 경력을 향상시킬 수 있는 유능하고 고분고분한 지원자들을 선택할 것이다. 그 결과 대학과 교수들은 학생들에게 일정량의 착취를 할 수 있으며, 특히 대학원 수준에서 더욱 그러하다(Steindel, 1990).

[그림 12-2]에서 학생 입학이 S_r 수준이면 학생들이 지급하는 가격(수업료)은 P_r이며, 이로 인해 P_r과 P_s 간의 차이에 해당하는 ‘지대(rent)’가 만들어진다. 이것은 학생들이 대학교육을 받지 않을 때보다 최대한 더 높은 가격(즉, P_r)을 기꺼이 지불하려고 하기 때문이다. 아이러니하게도 수업료가 더 낮을수록(즉, 그림에서 P_r이 더 낮을수록) 교수들이 얻는 지대는 더 커진다. 여기서 두 가격 간의 차이(즉, 지대)는 학생들과 교수들 간의 단순한 ‘금전 교환(money exchange)’이 아니라 학생들이 주(主) 수익자들(즉, 교수들)에게 지급하는 ‘실질비용(real costs)’이다. 이때 학생들은 다음과 같은 형태로 실질비용들을 지불한다. 즉, 학생들은 ① 교수들이 정해놓은 기준을 따라야 하고, ② 교수들에게 복종해야 하고, ③ 강의실에서 교수들의 독점적 역할을 기꺼이 받아들여야 하고, ④ 시험을 보아야 하며, ⑤ 교수들

을 위해 하찮지만 중요한 일을 수행해야만 한다. 이러한 일들은 학생들이 지불하는 실질비용들이다. 아이러니하게도 만약 자유시장이 작동한다면 수업료의 화폐비용(money costs)은 더 높아질 것이지만, 교수들이 얻는 지대액은 더 낮아질 것이다. [그림 12–2]에서 ($P_c - P_s$)와 ($P_r - P_s$)를 비교해보면 자유시장에서 교수들이 얻는 지대액은 반으로 줄어든다.

대학입학에 대한 수요곡선의 기울기가 지대액을 결정하는 데 매우 중요하기 때문에 우리는 미국에서 왜 주립대학들에서보다 아이비리그(Ivy League)[8] 대학들에서 지대들이 더 높은지를 쉽게 알 수 있다. 이는 아이비리그 대학의 교수들이 대체로 자신의 지위를 착취하기 위한 기회들을 더 많이 가지고 있음을 보여준다. 반면에 더 탄력적인(또는 평평한) 수요곡선은 이러한 착취 경향을 억제하고 제한한다.

또한 이러한 분석을 통해 지대추구와 대부분의 대학캠퍼스들에서 벌어지는 게임들 간의 관계를 더 잘 이해할 수 있다. 대학 예산이 정치인들에 의해 결정되지만, 정치인들은 투표자들의 선호를 따라야 한다. 이로 인해 대부분의 정치인들은 대학의 연구 업적보다는 학생들을 가르치는 데 더 관심이 있다. 그 결과 주(州)의원들은 대학 예산을 교수들의 연구보다는 '학생들의 입학'에 제한하여 배정하려고 한다. 따라서 교수들이 더 나은 학생들에게 입학을 제한하려 할지라도 그들은 주(州)의원들의 선호를 존중해야 한다. 그러나 교수들은 어떻게 주(州)의원들의 선호를 존중하는가?

교수들은 주(州)의원들의 선호를 반영한 연구보다는 더 많은 '수업 수요'에 어떻게 대응하는가? 그 대답은 단순하다. 교수들은 덜 의욕적이고 덜 유능한 학생들에게 "학점 따기 쉬운 과목들(guts)"을 제공함으로써 자신들의 수업 시간에 대

8. [역주] 미국 북동부에 있는 여덟 개의 명문대학교를 통틀어 이르는 말로서 코넬대학교, 컬럼비아대학교, 예일대학교, 프린스턴대학교, 하버드대학교, 다트머스대학교, 브라운대학교, 펜실베이니아대학교를 가리킴.

한 수요 증가에 대응한다. 학생들이 '학점 따기 쉬운 과목들'은 주로 자상하고 친절한 교수들이나 박봉의 대학원생들에 의해 강의된다. 학점 따기 쉬운 과목들과 요구들은 대학에서 정도(正道)를 벗어난 것이 결코 아니다. 왜냐하면 이들은 논리적으로 강의실에서 가능한 한 적은 시간과 에너지를 쓰려는 교수들의 욕구에서 비롯된 것이기 때문이다. 따라서 종신 재직권을 가진 교수는 유능한 3명의 학생들로 구성된 아주 작은 세미나를 운영하지만, 종신 재직권을 가지지 못한 교수는 대규모 "학점 따기 쉬운 과목들(mickies or gut)"을 가르치게 된다.

이제까지의 논의는 대학교수들의 지대가 금전적 수익(monetary returns)이 아니라 '실질적 이익(real benefits)'의 형태로 발생함을 보여준다. 많은 지대는 이러한 '실질적 이익'의 형태를 띠지만, 일부 지대는 '순수한 소득(pure income)'의 형태를 가지고 있다. 교수들의 봉급이 관료적 · 정치적 과정 내에서 결정된다는 사실과 대학의 산출물은 한계생산성으로 측정하기 어렵다는 사실을 전제로 할 때, 교수들의 봉급은 그들이 봉사하는 그 이상으로 과도해질 수 있다. 심지어 가장 덜 유능한 교수들의 봉급이 그들이 차선의 고용에서 받을 수 있는 봉급보다 더 많을 수 있다.

교수들의 봉급이 변한다는 사실과 봉급 결정이 정치적 과정이 대학 당국의 편에서 상당한 재량적 행동을 가능케 한다는 사실을 전제로 할 때 교수들 간의 '지대를 위한 경쟁'이 일어날 가능성이 있으며, 사실상 그 가능성이 매우 높다. 또한 덜 유능한 교수들이 가장 많은 지대를 획득할 가능성이 있다(Frank, 1985). 이러한 지대 평준화(leveling) 경향은 봉급 일괄 인상을 허가하려는 주(州)의원들과 대학 관리자들의 실행에 의해 더욱 부추겨진다. 또한 오랜 기간 동안 같은 대학에 근무하는 교수들은 이를 바탕으로 자신의 미래 봉급 인상의 토대를 증가시킴으로써 봉급이 경쟁시장에서 결정될 때 받을 수 있는 금액을 초과할 수 있다. 마지막으로, 가장 낮은 유보 가격(reservation price)을 가지고 있으며, 그로 인해 최소의 소득을 받고 일하는 교수들은 최대의 지대를 얻는다. 그러나 직업적 지위가 가장 높은 교수들은 대개 더 많은 봉급을 받지만 더 적은 지대를 얻는다(Brennan and Tollison, 1980).

또한 대학에서 우수한 교수를 채용하는 데 드는 교체비용이 높기 때문에 덜 유능한 교수들은 다른 이익들을 얻는다. 즉, 이들은 추가 봉급뿐만 아니라 새로운 교수를 채용하는 데 필연적으로 수반되는 불확실성이라는 부수적 이익을 얻는다. 심지어 저명하다는 평판이나 명성을 가진 교수들조차도 새로운 지위에 앉게 되면 아주 다른 결과가 나타날 수 있다. 때로는 '알려진 단점(known liability)'을 다루는 것이 미지의 잠재력(unknown potential)보다 선호될 수 있다. 마지막으로, 어떤 "스타(star)" 교수의 채용은 불공평한 비교를 초래하여 기존의 용인된 불공평들을 뒤집어엎을 수 있다.

따라서 대학 내에서 지대들이 존재할 뿐만 아니라 교수들 간에 불공평하게 분배된다. 그럼에도 불구하고 교수들이 지불하는 기회비용들(opportunity costs)은 비교적 낮다. 왜냐하면 대부분의 교수들은 다른 곳에서 자신의 기량(전문지식)을 사용하기보다 대학의 강의실이나 강당에서 일하고 싶어 하기 때문이다. 사실상 많은 교수들은 노동시장에서 충분히 공급될 수 없다. 그들의 지식 자산은 쉽게 이전될 수 없을 뿐만 아니라 대학이 아닌 일반 고용주들에게는 가치가 크지 않을 것이다. 또한 교수들의 사회적 기술(social skills)도 훨씬 덜 유용할 것이다. 교수들의 입장에서도 다른 직업들은 그다지 매력적이지 않을 것이다. 따라서 교수들은 대학 관리자들에 비해 교섭 위치가 약할 것이며, 이는 아마 사실일 것이라고 결론지을 수 있다.

그러나 교수들의 기회비용이 높은 분야도 있다. 법학, 공학, 회계학 교수들의 경우 기회비용이 높다. 그들의 기량(전문지식)은 대학 밖의 고용주들 간에 수요가 크기 때문이다. 따라서 이들은 일반 교수들보다 훨씬 더 높은 봉급을 요구한다.

또한 사회과학자들 간에는 경제학자들만이 그러한 이점을 가지고 있는 것 같다.

나. 대학에서 독점으로서의 종신 재직권

다음으로, 대학에서 지대의 중요한 형태인 '종신 재직권(tenure)'에 대해서는 좀 더 자세히 살펴볼 필요가 있다. 이러한 '생애(종신) 보장(lifetime guarantee)'은 그것을 가지고 있는 교수에게는 엄청난 이익을 제공해주지만, 학생들과 더 젊은 교수들, 그리고 사회에 대해서는 커다란 비용을 부과한다. 종신 재직권은 무엇보다도 해당 교수에게 독점력을 제공해주며, 다음으로 다른 사람들, 아마 더 능력이 있는 사람들을 위한 일자리가 감소됨을 의미한다. 또한 종신 재직권을 가진(즉, 정년을 보장받은) 교수들(tenured professors)은 학생들을 지배하는 힘을 가지고 있다. 그러나 그러한 지배력은 경쟁적인 교육 시장에서는 결코 유지될 수 없다. 종신 재직권을 가진 교수들은 단지 학생들과 납세자들의 통제가 미치지 않는 곳에 있다. 마지막으로, 종신 재직권을 가진 교수들은 원한다면 자신의 소속 학과에서 '궁극적 무임승자자(ultimate free rider)'가 될 수 있다. 무엇을 가르치든, 어떻게 가르치든, 언제 가르치든, 어떤 조건 하에서 가르치든 모든 것이 독점자인 교수 자신에 의해 결정되기 때문이다. 비록 교수가 헌신적이고 학생중심적이고 자비로울지라도 교수는 독점자이고 '잠재적 무임승차자(potential free rider)'이다. 반면에 일반 소비자들과 달리 학생들은 주권(sovereignty)과 권리(rights)를 거의 가지고 있지 않으며, 다만 '발로 하는 투표(vote with their feet : 즉, 퇴장함으로써 반대 의사표시를 함)'할 수 있을 뿐이다. 그러나 학생들이 어떤 수업에서 퇴장한다는 것은 곧 다른 독점자의 교실(강의실)로 이동하는 것에 불과하다.

마지막으로, 종신 재직권 제도의 또 다른 취약점을 살펴보기로 하자. 이러한 좋은 관례가 상도에서 벗어난 지식인들을 '보호해' 주지만, 다른 한편으로는 그러한 목적이 뒤바뀌게 되었다. 왜냐하면 종신 재직권을 가진 교수들이 '종신 재직권'을 자신들을 다른 곳에 고용되지 못하게 하는 수단으로 사용하기 때문이다. 따라서 종신 재직권을 가진 교수들은 '종신 재직권'을 통해 자신이 일하는 학문적 환경을 향상시킨다. 왜냐하면 그들은 주위에 도전적이지만 신경을 건드리고 소란하게 만드는 사람들 대신에 호의적인 동료들과 함께하고 있기 때문이다. 따라서 종신 재직권은 마땅히 폐지되어야 하며, 다른 제도로 대체되어야 한다. 예를 들어 종신 재직권의 대안으로서 '5년 갱신 가능 계약제(five-year renewable contract)'를 들 수 있다.

다. 대학에서의 가격 담합과 가격 차별

다음으로, 지대추구자(rent-seeker)로서의 대학교수에 대한 이러한 논의를 미국 '대학에서의 가격 행위'에 대한 분석에 주목함으로써 마무리하고자 한다(그러나 이 분석은 아직 완전히 발전되지 않았다). 미국 대학에서 이루어지는 가격 행위는 담합과 독점의 대표적인 두 사례인 '가격 담합(price fixing)'과 '가격 차별(price discrimination)'을 포함하고 있다. 미국 법무부는 미국 내 40개에 이르는 가장 권위 있는 고등교육 기관들에서 일어나는 가격 담합 관행을 조사해보았다. 그 결과 미 법무부는 매년 봄에 만나 정보를 공유하고 등록금 및 기타 비용들에 대해 합의(담합)를 하는 23개(약 58%)의 단과대학과 종합대학들이 있음을 확인했다. 법무부가 그러한 모임과 합의 조치들이 '셔먼 독점 금지법(Sherman Antitrust Act ; 셔먼 반독점법)'[9]을 위반했다고 주장함으로써 이들 대학이 분명히 가격을 담합하고 있음을 알 수 있다. 나는 셔먼 독점 금지법이 '좋은 정책'이라고 생각하지 않으며,

9. [역주] '셔먼 독점 금지법'은 국제 또는 주 간(州間) 거래를 방해하는 계약, 담합, 기업 합동 등을 금한 미국의 법률로 1890년 제정되어 1937년에 일부 수정되었다.

다만 미국 고등교육 기관들 간의 담합을 보여주기 위해 이 법을 언급했을 뿐이다.

또한 미국 대학들은 타지역 신입생들을 위한 의무적인 숙식 제공 계약과 임금을 억제하는 미국 대학 체육 협회(National Collegiate Athletic Association ; NCAA)의 카르텔 행위 등을 포함한 다른 많은 '반(反)경쟁적 관행들'에 관여하고 있다(Becker, 1989). 피젤과 포트(Fizel and Fort)는 미국 대학 체육 협회의 행위에 대해 다음과 같이 설명하고 있다:

> 미국 대학 체육 협회(NCAA)는 소위 '아마추어리즘의 베일'을 쓰고 운영된다. 회원들이 ① 프로 스포츠에 필적하는 수익을 창출하고, ② 프로 스포츠에 필적하는 시설들에서 연습하고 경기하며, ③ 일류 코치들에게 프로팀의 코치들에게 필적하는 급여를 지급하고 있기 때문이다. 그러나 학생 선수들만이 '아마추어 신분'에 묶여 있고, 자신의 플레이로 얻은 상금을 나누어 가질 수 있는 능력이 제한되어 있다(Fizel and Fort, 2004).

그러나 대학 스포츠에 대한 규제는 좋지 않은 관행이라고 여겨진다.

가장 널리 퍼져 있고 잘 알려져 있을 뿐만 아니라 가장 반대가 덜한 가격 담합 형태는 아마 '등록금'에 관한 것일 것이다. 미국 대학들은 '주 내(in-state)'([그림 12-3]에서 *i-s*로 표시함) 거주자들과 '주 밖(out-of-state)'([그림 12-3]에서 *o-s*로 표시함)의 거주자들에 대해 등록금을 차별하고 있다. 주 밖에 살고 있는 거주자들에게 훨씬 더 높은 등록금을 부과한다. 다음 [그림 12-3]이 보여주듯이 주 밖(*o-s*)의 거주자들이 주 내(*i-s*) 거주자들보다 수요가 덜 탄력적이기 때문에 훨씬 더 높은 등록금이 부과되고 있다. 그림에서처럼 주 밖(*o-s*)에 거주하는 학생들에게 덜 탄력적인 수요곡선(D_{o-s}) 하에서 더 높은 가격(P_{o-s})이 부과됨을 볼 수 있다. 이러한 가격 차별 관행은 대학의 이윤을 극대화한다.

마지막으로, 또 다른 반(反)경쟁적 관행으로서 미국 대학들에서 다른 학문 분

그림 12-3 대학에서의 가격 차별 : 등록금의 경우

〈주 내($i-s$) 학생들의 경우〉

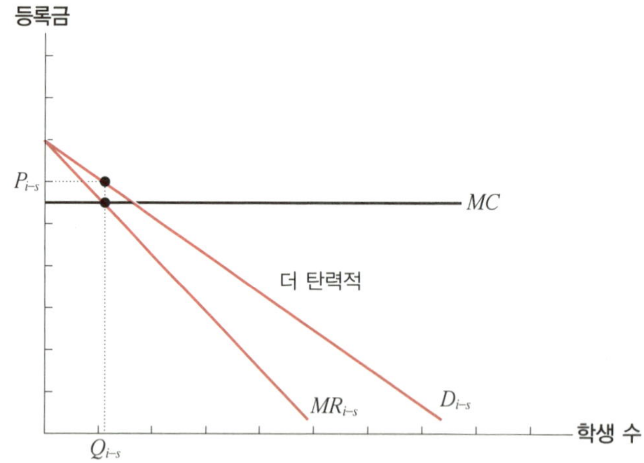

〈주 밖($o-s$) 학생들의 경우〉

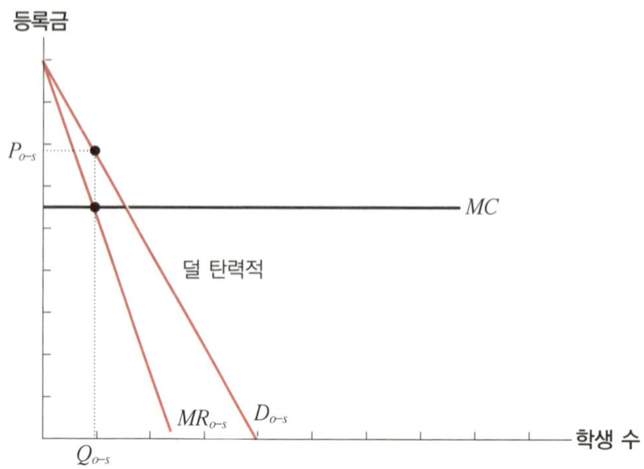

야를 전공하는 학생들에게 '동일한 수업료'를 부과하는 일반적인 관행을 들 수 있다. 이러한 경우는 학문 분야들 간에 '교차 보조금(cross-subsidy)'이 지급된다고 할 수 있다. 예를 들면 대학에서 비(非)과학 분야(예 : 정치학이나 사회학 등)를 전공하는 학생들이 과학 분야를 전공하는 학생들에게 보조금을 지급하고 있다. 확실히 비(非)과학 분야인 정치학 전공자들의 교육비는 값비싼 장비와 시설들을 사용해야 하는 과학 분야 전공자들을 양성하는 비용보다 더 적을 것이다. 그러나 대학에서 두 분야의 전공자들은 '같은' 수업료를 지불한다.

라. 소비자로서의 학생들—아직은 시기상조다

미국의 현재 교육 시스템 내에서 '소비자'로서의 학생들은 제도적 장치가 다를 경우에 얻을 수 있는 것보다 훨씬 더 적은 혜택을 얻는다. 어느 정도의 소비자 보호는 바람직하다. 그러나 그러한 보호는 '교육 공급에 시장 원칙을 적용할 때'가 가장 바람직하다.

교육이 하나의 "재화(goods)"로 간주되고 학생들이 그 재화의 '소비자'인 한, 학생들은 '주권을 가진 소비자들(sovereign consumers)'로 취급되지 않는다는 것은 분명하다. 물론 부분적으로 이러한 한계는 학생들이 선택한 기관들(즉, 학교들)에서 비롯된다. 학생들은 미성숙하고 무지하며, 그로 인해 누군가에 의해 상당한 지도가 필요한 대상으로 취급된다. 따라서 대학의 많은 필수 교육과정들(course requirements)은 (학생들이 아니라) 교수들이 필수적이라고 생각하거나 가르치기가 편리한 범위 내에서 짜여진다. 전형적인 대학 요람(要覽)은 일반 교수들에게조차도 생소하게 여겨지는 이국적인 과정, 중복 및 세부 과목들로 가득 차 있다. 신중하게 숙고하고 교육과정을 짠다면 3년 이상이 필요하지 않을 것이지만, 대개 대학에서는 4년간이라는 수업과정이 부과된다. 또한 학생들은 수업에서 난해한 주제들을 들어야 하고 현실 세계와 거의 관련이 없는 생각의 도구들을 배워야 한다.

'합리적인 인간'으로서 학생들은 곧 이러한 교육 시스템 내에서 생존하고 성공하는 방법을 배운다. 학생들은 윤리적이든 비윤리적이든 모든 종류의 손쉬운 지름길들을 배운다. 학생들은 출석이 통과 여부에 거의 영향을 미치지 않는 과목들에서 수업에 출석하지 않는 법을 배운다. 학생들은 합격해야 하는 시험들을 준비하는 방법을 배운다. 학생들은 각 수업에 합격하기 위해 얼마나 많은 공부와 독서가 필요한지를 배운다. 간단히 말해서, 학생들은 학문 그 자체는 대학 시스템의 작동 방법을 배우는 것보다 '부차적'이라는 사실을 배운다. 많은 학생에게 있어서 대학에서 가장 가치 있는 배움은 교수들의 '계획된 수업들(intended lessons)'이 아니라 캠퍼스에서 온갖 종류의 사람들과 어울리면서 얻는 '뜻하지 않은 경험들(unintended experiences)'에서 비롯된다. 캠퍼스에서 학생들은 성(性)에 대해 배우고, 숙소를 공유하고, 매달 집세를 내고, 즐겁게 지내고, 몇 가지 마감일을 지키는 방법 등을 배운다. 학생들이 습득한 학문적 지식의 대부분은 짧은 시간 동안만 지속되고, 곧 잊혀지기 마련이다.

학생들은 일반적으로 두 가지 단순한 이유로 대학교육에 대해 크게 불평하지 않는다. 첫째, 학생들은 교육이 무엇인지 잘 모르기 때문이고, 둘째로 정규 교육의 총비용 중 매우 적은 부분을 지불함으로써 비효율성이 초래하는 비용이 낮기 때문이다. 그러나 학생들이 정규교육 비용의 100%를 부담해야 한다면 그들이 지불한 돈만큼 얻고 있는지에 대해 더 신중하게 생각할 것이다. 물론 주 내 비거주자가 아니라면 일반적인 미국 주립대학교에서 학생들은 자신의 교육비용의 4분의 1～1/3만 지불한다. 이러한 이유로 수업과 과제 등에 거의 가치가 부여되지 않는 것이 전혀 놀랍지 않다. 또한 대학에서 4년이나 있어야 하는 제도에 대해 불만이 거의 없는 것도 당연하다. 마지막으로, 학생들이 자신의 교수들에게 요구하는 것이 거의 없는 것도 어쩌면 당연하다.

3. 결론 : 고등(대학)교육의 책무성 증진을 위한 개혁

미국에서 고등(대학)교육은 언제 투표자들에게 더 책임감을 가지고 그들의 요구에 더 반응할 것인가? 고등(대학)교육은 그 독점력이 감소되고 대학 관리자들과 교수들이 '시장과 유사한'(시장에 가까운) 환경에서 행동할 때에만 그 책무성과 반응성(responsiveness)이 증대될 것이다. 이것이 어떻게 달성될 것인가? 미국에서 대학교육의 책무성과 반응성의 증대는 모든 대학에 걸쳐서 '가격책정 메커니즘(pricing mechanism)'을 더 철저히 사용함으로써 달성될 수 있을 것이다. 즉, 교육에 대한 보조금의 완전한 철폐, 상이한 과목들에 대한 가변 가격의 적용 증가, 대학 시설 사용에 대한 사용료 증가(예를 들면 교수들의 사무실과 실험실 사용에 대한 사용료 지불) 등을 통해 달성할 수 있다. 대학 내에서 가격책정 메커니즘의 채택에 의해서만 대학의 효율성이 증진될 것이다. 또한 그러한 가격책정 메커니즘이 달성될 때 자원은 합리적으로 배분될 것이다. 그로 인해 자원의 낭비가 제거되면 교육의 전체 가격은 감소될 것이다.

만약 투표자들이 대학들에 대해 보조금을 지급하기를 원한다면 그들은 자금을 대학 관리자들에게 제공하기보다는 '학생들'에게 바우처나 직접적 보조금들을 지급해주어야만 한다. 바우처는 저소득이지만 재능 있는 학생들에게 '교육자금(educational fund)'의 형태로 지급되어야 할 것이다. 해당 학생들은 그러한 자금을 자신의 자격이 허용하는 어디에서나 사용할 수 있다. 또한 가격책정 메커니즘은 교육실습(teaching practice)을 혁명화하고 유능한 교사들을 보상할 것이다. 이러한 것은 현재 실시되지 않고 있다. 가격책정 메커니즘 하에서 교수들은 기업가들처럼 소비자 주권을 존중하는 법을 배우거나 자신의 상품(기량)을 팔 수 있는 다른 직업을 찾으려 할 것이다.

이러한 모든 개혁들은 많은 것을 위태롭게 만들기 때문에 격렬하게 저항받을 것이다. 무엇보다도 전통적인 대학의 '독점적 위치'는 전례 없이 크게 위협을 받을 것이다. 또한 교수들은 사심이 없고, 헌신적인 진리의 추구자이자 문화의 소유자라는 전통적인 이미지를 과감히 버려야만 할 것이다. 무엇보다도 나는 사적으로 소유된 대학들뿐만 아니라 모든 대학에서 다양성으로 가득 찬 실사회와 닮은 새로운 대학을 상상해본다. 진정한 자유가 있을 것이고, 진보주의자들은 보수주의자들과 경쟁해야만 할 것이다. 그로 인해 자유주의자들은 지난 60년 이상 동안 누려온 독점적 지배력을 더 이상 누리지 못할 것이다. 이제 대학들은 더 이상 부유층 계급의 특권을 보호하고 증진시키기 위한 '고립된 곳(enclave)'이 되어서는 안 될 것이다. 오랫동안 우리는 대학을 신성하고 사심이 없는 진리의 탐구자이자 이타적 가치의 전형으로서 묘사해왔다. 그러나 이제 대학들도 이익을 추구하는 기업들, 정당들, 그리고 이익집단들처럼 면밀한 분석이 이루어져야 할 것이다.

■ 서지(書誌) 노트 : 주요 참고문헌 소개

교육과 미국 정부의 주요 활동 및 서비스와 관련하여 뛰어난 저서 중 하나는 제임스 M. 뷰캐넌(James M. Buchanan)과 니코스 E. 데블레토글루(Nicos E. Devletoglou)가 1970년에 저술한 『무정부 상태의 대학 : 경제적 진단(*Academia in Anarchy: An Economic Diagnosis*)』이다. 이 책은 본 장에서 설명한 내 주장의 원천이다. 즉, 학생들은 돈을 지불하지 않는 소비자로 취급하고, 교수진은 제품을 판매하지 않는 생산자로 취급하고, 납세자들은 통제하지 않는 소유자로 취급한다. 이 책은 대학에 대한 가장 적나라한 분석이다. 좀 더 최근의 책은 라이언 C. 아마처(Ryan C. Amacher)와 로저 E. 마이너스(Roger E. Meiners)가 2004년에 저술한 『결함이 있는 상아탑 : 종신 재직권과 고등교육의 구조(*Faulty Towers : Tenure and Structure of Higher Education*)』이다. 그들은 종신 재직권 문제보다 훨씬 더 많은 것에 초점을 맞추고 있으며, 종신 재직권은 종종 대학이 학생을 소비자로 취급하지 않음으로써 발생하는 문제의 희생양이라고 주장하였다.

또한 교육에 관한 또 다른 뛰어나지만 색다른 종류의 책은 찰스 J. 사이크스(Charles J. Sykes)가 1988년에 저술한 『교수 착취: 교수들과 고등교육의 종말(*PROFSCAM : Professors and Demise of Higher Education*)』이다(공교롭게도 사이크스는 교수 아들이다). 이 책의 출판사는 워싱턴 DC에 있는 Regnery Gateway이다. 앞서 언급한 저자들과 달리 사이크스는 서술의 대부분을 고등교육의 종말을 기록하는 데 할애하였으며, 그 종말이 발생한 이유를 설명하는 데에는 적게 할애했다. 이 책을 위에서 언급한 뷰캐넌 · 데블레토글루 및 아마처 · 마이너스의 책들과 함께 읽으면 그의 기록이 더욱 의미가 있을 것이다. 사이크스에 따르면 문제의 원인은 비용과 이익이 내부화(internalized)되지 않도록 하는 제도적 장치에 있다. 이는 우리가 귀담아들을 만한 주장이다. 어쨌든 반복은 교육학의 기초이다.

마지막으로, 학교 선택에 대한 연구 개요서(槪要書)로 허버트 J. 왈버그(Herbert J. Wahlberg)가 2007년에 저술한 『학교 선택 : 그 결과들』이 있다. 왈버그의 책은 100페이지가 조금 넘는 분량으로 차터스쿨, 바우처, 공립학교 대 사립학교의 효율성 등에 대한 연구를 조사하여 요약하였다. 왈버그의 조사 결과는 차터스쿨과 바우처가 지속적으로 학생의 성적을 향상시키고 있음을 보여주었다. 또한 추가로 왈버그는 정부 교육기관에서 의뢰한 연구들이 가지고 있는 결함들을 폭로하였다.

〈참고문헌〉

Amacher, Ryan C. and Roger E. Meiners, *Faulty Towers : Tenure and Structure of Higher Education*, Oakland, CA : The Independent Institute, 2004.

Angrist, Joshua, Eric Bettinger, Erik Bloom, Elizabeth King, and Michael Kremer, "Vouchers for Private Schooling in Colombia : Evidence from a Randomized Experiment," *American Economic Review*, December 2002, 92(5), pp. 1535~58.

Angrist, Joshua, Eric Bettinger and Michael Kremer, *Long-Term Consequences of Secondary School*, Harvard University Press, 2004.

Becker, Gary, "The NCAA : A Cartel in Sheepskin Clothing," *Businessweek*, September 25, 1989, p. 24.

Boudreaux, Don, "Open Letter to the President of a Teachers' Union," May 9, 2010. http://cafehayek.com/2010/05/open-letter-to-the-president-of-a-teachers-union.html.

Brennan, Geoffrey and Robert D. Tollison, "Rent Seeking in Academia," in Buchanan, James M., Robert D. Tollison, and Gordon Tullock, eds., *Towards a Theory of the Rent-Seeking Society*, College Station : Texas A & M University Press, 1980, Ch. 21.

Buchanan, James M. and Nicos E. Devletoglou, *Academia in Anarchy : An Economic Diagnosis*, New York : Basic Books, 1979.

Costrell, Robert M., "The Fiscal Impact of the Milwaukee Parental Choice Program in Milwaukee and Wisconsin, 1993-2008," School Choice Demonstration Project Milwaukee Evaluation Report #2, February 2008, University of Arkansas. http://www.uark.edu/ua/der/SCDP/Research.html.

Doyle, Denis P., Brian Diepold, and David A. DeSchryver, "Where Do Public School Teachers Send *Their* Kids to School?," Washington DC : Thomas B. Fordham Institute, 2004.

Fizel, John and Rodney Fort, eds., *Economics of College Sports*, Westport, CT : Praeger Publishers, 2004.

Frank, Robert H., *Choosing the Right Pond*, New York : Oxford Universit Press, 1985.

Friedman, Milton, "The Role of Government in Education," in Robert A. Solo, ed. *Economics and the Public Interest*, New Brunswick, NJ : Rutgers University Press, 1955.

Gallego, Francisco A., "School Choice, Incentives, and Academic Outcomes : Evidence from Chile," Econometric Society 2004 Latin American Meetings 39, Econometric Society, 2004. http://repec.org/esLATM04/up.17368.1080314323.pdf.

Glewwe, Paul, Michael Kremer and Sylvie Moulin, "Textbooks and Test Scores : Evidence from a Prospective Evaluation in Kenya," mimeo, Harvard University, September 2000(cited in Angrist *et al.*, 2002)

Greene, Jay P. and Greg Forster, "Public High School Graduation and College Readiness Rates in the United States," *Texas Education Review*, Winter 2003-4.

Greene, Jay P. and Marcus A. Winters, "When Schools Compete : The Effects of Vouchers on Florida Public School Achievement," Manhattan Institute Education Working Paper, No. 2, August 2003.

Hsieh, Chang-Tai and Miguel Urquiola, "When Schools Compete, How Do They Compete? An Assessment of Chile's Nationwide School Voucher Program," NBER Working Paper, No. W10008, January 2002. http://ssrn.com/abstract=453802.

Merrifield, John, *School Choices : True and False*, Oakland : The Independent Institute, 2002.

Munger, Michael, Libertarian Candidate for Governor Platform, 2008. http://munger4ncgov.com/?q=node/2.

PROBE Team, *Public Report on Basic Education in India*, Oxford : Oxford

University Press, 1999.

Rauch, James E. and Peter B. Evans, "Bureaucratic Structure and Bureaucratic Performances in Less Developed Countries," *Journal of Public Economics*, 75(1), January 2000, pp. 49~71.

Steindel, Frank G., "University Admission Requirements as Rent Seeking," *Public Choice*, 65, 1990, pp. 273~79.

Sykes, Charles J., *PROFSCAM: Professors and the Demise of Higher Education*, Washington DC: Regnery Gateway, 1988.

Wahlberg, Herbert J., *School Choice: The Findings*, Washington DC: Cato Institute, 2007.

제13장 사익의 정치적 추구 : 환경재의 경우

'장기적 환경이익(environmental interest)을 위해 즉각적인 사익(self interest)을 희생(포기)하는 것' 은 1970년에 제1회 "지구의 날(Earth Day)"[1]을 축하한 이래로 환경활동가들, 학자들, 정치인들의 주요 메시지가 되어 왔다. 그 후 매년 커다란 주의(注意)와 자원이 다음과 같은 활동들에 바쳐져 왔다. 즉, ① 환경을 "구하고", ② 오염과 공해를 감소시키고, ③ 야생 생물을 보존하고, ④ 더 쾌적한 환경적 설비를 만들어내고, ⑤ 건강을 유지하고, ⑥ 원생(原生) 지역에서 휴가를 보내고, ⑦ 유행하는 하이킹 신발, 배낭, 자전거, 스키장비 등을 구입하는 데 많은 주의와 막대한 자원이 투입되어 왔다. 또한 오늘날 산업 오염자들과 더러운 부당 이득자들에 대한 도덕적으로 격분된 공격은 식탁 대화에서도 유행하고 있다. 흔히 '인간은 빵만으로 살 수 없다' 고 한다. 문명사회에서는 빵(물질적 재화)뿐만 아니라 시(詩), 마음, '환경적 쾌적함' (삶의 질) 등도 함께 배양되어야 한다. 이러한 이야기는 경제학자들이 부르는 '외부성(externality)', '사회적 비용(social costs)' 또는 '이웃 효과(neighborhood effect)' 등을 나타내며, 이제 이들은 사람들의 일상 대화의 주제가 되고 있다.

'삶의 쾌적함'[2]에 대한 이러한 관심은 역설적으로 자본주의가 가져다준 엄청난 경제성장으로 인해 생겨났다. 물질적인 재화들이 더욱 풍부해짐에 따라 그들

1. [역주] '지구의 날' 은 '환경보호일' 을 말하며 4월 22일임.
2. [역주] '쾌적하다' 라는 말은 '심신(心身)에 적합하여 기분이 썩 좋다' 는 것을 의미함.

의 한계가치(marginal value)는 그 법칙이 말해주듯이 '체감' 된다(이를 경제학에서 '한계가치 체감의 법칙' 이라 부른다). 동시에 "삶의 질(quality of life)" 이라는 특성은 그 가치가 '증가' 해왔으며, 그로 인해 추가적으로 배분적 선택(allocative choices : 자원배분 시의 선택)의 변화를 필요로 하였다. 이는 삶의 질에 대한 가치가 증가함에 따라 자원을 이 부문으로 더 배분해야 함을 의미한다. 이제 이 문제는 우리가 소비결정 과정에서 '물질적인 재화들(material goods)' 와 '삶의 질 재화들(quality of life goods)' 를 어떻게 적절히 배합하느냐를 결정하는 문제가 된다. 이 과정에서 가난한 사람들과 부유한 사람들 간에 차이가 존재한다. 왜 그런가? 가난한 사람들은 희소한 '물질적 재화들' 에 더 높은 가치를 부여하지만, 부유한 사람들은 희소하고 더 비싼 '쾌적함(삶의 질)' 을 추구하기 때문이다. 그러나 '환경적 쾌적함(environmental amenities)' 을 보존함으로써(또는 '삶의 질' 을 추구함으로써) 발생하는 희생은 부유하든 가난하든 모든 사람이 나누어 가지게 될 것이다.

여론조사 결과에 따르면 "환경 파괴에 직면하여 정부가 '무언가를 해야 하고' 환경적 쾌적함을 보호해야 한다" 라는 설문에 대해 모든 소득 계층들이 지속적인 지지를 보여주고 있다. 그러나 제3장과 제4장의 분석에서 알 수 있듯이 정부 관리들이 그동안 선택해왔고, 또 계속 선택해야 하는 방법들은 자주 실패해왔으며, 또 앞으로도 실패할 것이다. 어떤 정책들은 단지 상징적일 뿐 의미 있는 변화를 거의 가져다주지 못한다. 다른 정책들은 개선(改善)을 가져온다는 착각(illusion)을 불러일으키지만, 사실은 사태를 더욱 악화시킨다. 또한 다른 정책들은 환경적 쾌적함을 보호하고 개선하는 데 성공하기는 하겠지만, 쾌적함의 가치보다 더 큰 비용을 수반한다.

1. 환경에 대한 관심의 입문 : 피구(Pigou)에서 코스(Coase)까지

환경 문제를 분석한 경제학자들 중 가장 자주 언급되는 학자는 바로 피구(A.C. Pigou, 1877~1959년)다. 피구는 이미 1920년대에 "환경을 구하는(saving the environment)" 문제를 광범위하게 논의하였다. 예를 들면 피구는 『후생경제학』(1920)에서 "대도시들에서 연기(smoke, 매연)는 건물들을 파손시키고, 식물의 생장을 억제하고, 옷을 세탁하고 방을 청소하는 데 드는 비용을 발생시키고, 인공 빛(예를 들면 촛불이나 전등)을 공급하는 데 드는 비용을 발생시킬 뿐만 아니라 다른 많은 방법들을 통해 간접적으로(또는 의도하지 않게) 사회에 커다란 손실을 입힌다"라고 말했다(Pigou, 1920, p. 184 ; 이 표현은 Yandle, 1998, pp. 125~126에서 인용함).

또한 폴 새뮤얼슨(Paul Samuelson)은 1950년대에 쓴 공공재(public goods)에 대한 논문들[3]에서 ① 공공재의 성질과 ② 왜 시장은 충분한 양의 공공재를 공급하지 못하는지(즉, 시장에서 공공재는 왜 과소 공급되는지)를 형식적으로 더욱 분명히 규명하였다. 더 나아가 새뮤얼슨과 다른 학자들은 외부성을 가지는 사적재들(private goods)의 경우에도 시장은 사회적으로 최적인 수준을 생산해내지 못할 것이라고 주장하였다[4]. 즉, 생산과 소비에 있어서 외부비용(external costs)이나 외부이익(external benefits)을 발생시키는 사적재들(예를 들면 ① 오염을 발생시키는 자동차 생산, ② 양봉업자에 이익을 주는 사과 생산 등)의 경우에도 시장과 대규모 집단들에서 일어나는 자발적 행동은 이들을 사회적 최적 수준에서 생산하도록 하지 못할 것이다. 따라서 공공재와 외부성이 존재하는 경우 시장(또는 시장에서의 자발적 행동)은

---

3. [역주] Samuelson, Paul A., "The Pure Theory of Public Expenditure," *Review of Economics and Statistics*, Vol. 36, No. 4, Nov. 1954, pp. 387~389.
4. [역주] 이는 주지하듯이 공공재와 외부성이 존재하는 경우에 '시장실패(market failure)'가 발생한다는 것을 의미한다.

사회적 최적 생산량을 생산하는 데 '실패' 할 것이다.

제5장에서 설명한 표준적인 논의에 따르면 어떤 재화가 시장에서 '외부비용' 을 발생시킬 때 시장은 그 재화를 '과잉' 생산한다. 왜냐하면 그 재화의 직접적 생산자들과 소비자들이 생산과 소비에 드는 모든 비용을 부담하지 않기 때문이다. 즉, 시장에서 '외부비용' 이 존재하는 경우 그 재화와 관계가 없는 다른 생산자들이나 소비자들도 간접적으로 비용을 부담하기 때문이다(그러나 만약 그 재화의 직접적 생산자들과 소비자들이 모든 비용을 부담한다면 그들은 그 재화를 결코 과잉 생산하지 않을 것이다). 이는 사실상 외부비용으로 인해 손해를 보는 제3자들이 그 재화의 생산자들과 소비자들에게 보조금을 주는 것과 같다. 반대로 어떤 재화의 시장에서 '외부이익' 이 존재한다면 시장은 그 재화를 '과소' 생산할 것이다. 왜냐하면 그 재화의 생산으로부터 발생하는 모든 이익이 그 재화의 시장 수요에 의해 얻어지는 것은 아니기 때문이다. 즉, 시장에서 '외부이익' 이 존재하는 경우 그 재화의 시장 수요만으로부터 모든 이익을 얻는 것은 아니다. 다른 사람들도 그 재화의 생산으로부터 이익을 얻을 수 있다. 마지막으로, 경쟁적 시장들, 특히 많은 사람들이 존재하는 경쟁적 시장들에서 '부정적 외부성(negative externality)' 을 가지는 활동들(예를 들면 오염을 발생시키는 자동차 생산)이 존재하는 경우에 각 개인은 그 활동에 대해 어떠한 유인을 가지는가? 대규모 경쟁적 시장들에서 부정적 외부성이 존재하는 경우에 시장 내에서 각 개인들은 그러한 활동을 자발적으로 하려는 유인을 거의 또는 전혀 가지지 않을 것이다. 따라서 대규모 경쟁적 시장들에서 부정적 외부성이 존재하는 경우에 모든 사람의 행동 유인은 다른 사람들의 기여에 '무임승차(free riding)' 하는 것이다.

이러한 논의는 몇 가지 초보적인 그래프들을 사용함으로써 더 정확히 설명될 수 있다. 왜냐하면 그러한 그래프들은 그동안 피구, 새뮤얼슨, 그리고 다른 학자들이 외부성 문제의 본질과 가능한 해결안들로서 밝혀낸 것을 정확하게 보여주기 때

그림 13-1 오염 통제 : '명령과 통제' 대 '피구세' 비교

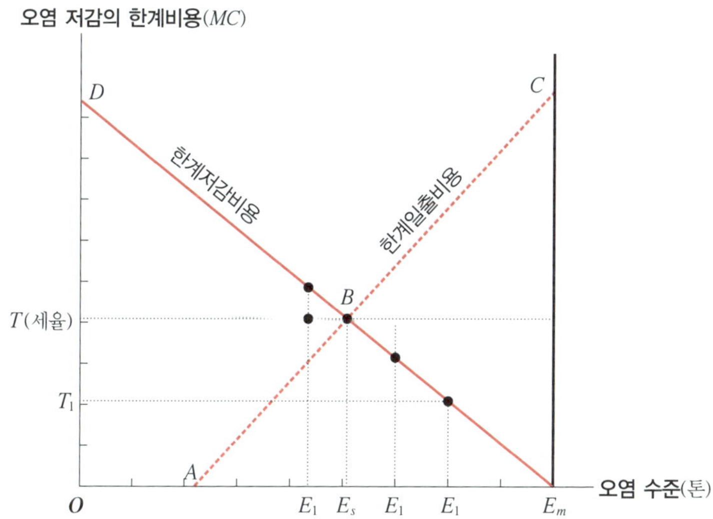

문이다. 이를 위해 [그림 13-1]을 고려해보자. 이 그림에서 *ABC*직선은 어떤 산업(예 : 자동차산업)의 '한계일출(溢出)비용(marginal spillover cost)'을 나타낸다. 여기서 한계일출비용은 어떤 산업의 오염 배출에 따른 일출의 한계비용을 말한다. 오염 배출량이 증가할수록 일출의 한계비용도 증가한다. 따라서 *ABC*직선은 우상향한다. 반면에 DBE_m직선은 그 산업에 의한 '오염 저감의 한계비용(marginal abatement cost)'을 나타낸다. 여기서 한계저감(低減)비용은 오염량을 한 단위 감소시키는 데 드는 추가적 비용을 말한다. 오염량이 증가할수록 오염 저감의 한계비용은 점점 감소한다. 따라서 DBE_m직선은 우하향한다. 먼저, 오염 수준에 대해 아무런 통제가 없는 시장에서 그 산업은 총 OE_m단위(톤)의 오염량을 배출할 것이다. 그러나 사회적으로 최적 오염 수준은 두 한계비용이 같아질 때의 수준인 OE_s단위(톤)이며, 이는 OE_m보다 훨씬 더 적다. 그러므로 당해 산업의 오염 수준과 관련하여 시장실패가 발생한다.

다음으로, 오염 배출의 '사회적' 최적 수준(= OE_s)은 어떻게 달성되는가? [그림 13 - 1]에 묘사된 오염 시장의 시장실패에 대한 '피구적 해결안(Pigouvian solution)' 은 문제(시장실패)를 교정하기 위해 두 가지 광범위하고 강력한 정부 조치들 중 하나를 적용하는 것이다. 첫 번째 정부 조치는 당해 산업에 'OE_s(톤)만큼을 배출할 것을 명령하는 것' 이다. 즉, 정부가 현재 너무 많은 오염을 배출하고 있는 당해 산업에 오염 배출량을 OE_s로 줄일 것을 '명령하는' 것이다. 이 조치는 대부분의 미국 환경단체들과 정치인들이 좋아하는 방법이다. 이러한 접근 방법은 "명령과 통제(command and control)" (이는 '명령에 의한 통제 방법', 즉 '정부의 명령에 의해 오염량을 통제하는 방법' 임)로 알려져 있으며, 1970년대와 1980년대에 제정된 대부분의 미국 환경법들의 특징이며, 이러한 법들로 '깨끗한 공기법(Clean Air Act)' (대기오염방지법' 또는 '청정대기법' 등으로 불림)과 '맑은 물법(Clean Water Act)' 등이 있다. 두 번째 대응 조치는 오염자에게 OT 또는 BE_s 금액만큼의 '세금을 부과하는 것' (이는 '세금부과에 의한 통제 방법', 즉 '정부의 세금부과에 의해 오염량을 통제하는 방법' 임)이다. 이러한 "세금 부과안(taxing scheme)" 은 하수 퇴적과 처리를 관리하기 위해 유럽에서 널리 사용되고 있고, 또한 라틴 아메리카 전역에서 시행되고 있는 중이다.

'피구적 분석' 에 따르면 세금부과는 기업가(생산업자)들이 '제품과 오염의 올바른 배합점' 을 생산하도록 유도할 것이다(물론 세금이 부과되지 않으면 기업가들은 제품 생산 결정 시 오염 수준을 고려하지 않는다). 이것이 어떻게 가능한가? 각 기업은 그림의 종축에 표시된 오염 저감의 한계비용이 세율(T)과 같아질 때까지 자신의 오염 수준을 낮출 것이다. 이는 [그림 13 - 1]의 B점에서 이루어지며, 이때의 오염 수준은 OE_s가 된다. 그러나 오염의 추가적 감소(저감)는 T만큼의 세금을 납부하는 것보다 비용이 더 들 것이다. 예를 들어 각 기업이 오염 수준을 E_1만큼 감소시키려 한다면 이때 오염 저감의 한계비용이 세율(T)보다 더 크다는 것을 알 수 있다. 따라서 세율이 T일 때 OE_s가 사회적 최적 오염 수준이다. 다음으로, 기업들

간에 오염 저감의 한계비용은 어떻게 되는가? 아마 오염 저감의 한계비용은 오염 통제 비용을 최소화하려는 모든 기업들에서 같아질 것이다. 즉, 모든 기업들은 오염통제 비용을 최소화하려 하기 때문에 오염 저감의 한계비용이 궁극적으로 기업들 간에 같아질 것이다.

이제까지 설명한 두 방법은 시장실패를 교정하는 데 효율적인가? 경제학자들은 오염의 시장실패를 교정하기 위해 '명령에 의한 오염량 결정 방법'(즉, '명령과 통제 방법' : 정부가 기업들에게 사회적 최적 오염 수준을 생산하도록 명령하는 것)보다 '세금부과 방법'(즉, 사회적 최적 오염 수준을 달성하도록 기업들에게 세금을 부과하는 것)을 선호하는 경향이 있다. 왜냐하면 세금부과 방법의 경우 실시비용이 더 적게 들고 기업가들에 의한 혁신활동이 촉진되기 때문이다(기업가들은 오염 저감의 한계비용을 낮추기 위해 각종 혁신활동에 몰두하게 된다). 그러나 침례교도들이나 모르몬교도들이 매춘을 부도덕하다고 생각하는 것처럼 많은 환경활동가들도 오염을 '부노덕(immoral)' 하다고 생각한다. 이러한 환경활동가들에게 있어서 '부도덕한 활동(즉, 오염)에 대해 세금을 부과하는 것' 은 환경 파괴에 대해 무관심하거나 대수롭지 않게 생각한다는 사실을 사회적으로 표현한 것에 불과하다. 최악의 경우 그러한 환경활동가들은 오염에 대한 조세들이 환경 파괴를 용인해준다고 믿는다. 또한 어떤 활동에 세금을 부과한다고 해서 그 활동을 완전히 금지하거나 통제할 수는 없을 것이다. 이와 같이 시장실패를 교정하기 위한 '세금부과 방법' 과 '명령과 통제 방법' 모두 확실히 '매우 비효율적' 일 것이다.

다음으로, 두 방식이 가진 세 가지 문제점들을 살펴보자.

첫째, 규제자(명령자)들이 OE_s를 명령하거나 세율을 결정하기가 매우 복잡하다는 점이다. 강에 폐기물을 방류하는 어떤 제지 공장의 단순한 경우를 고려해보자. 먼저, 정부가 'OE_s를 명령하는 것' 은 매우 복잡하다. 이를 위해 정치인들이나 규제자(명령자)들은 여러 가격들에서 종이에 대한 수요를 추정할 필요가 있다. 우선, 수요곡선이 변하지 않는다고 가정하자. 다음으로, ① 강 하류에서의 손해, ② 제지 공장이 아니라 하류에서 강물을 처리하는 데 드는 비용, ③ 하류의 많은 사용자들 간의 맑은 물에 대한 수요 등을 추정한다. 만약 어느 한 지역에 하나의 강이 아니라 많은 강들이 있다면 어떻게 될 것인가? 이때 정부가 OE_s를 명령하는 것은 더욱 복잡해질 것이다. 다음으로, 정부가 원하는 OE_s에 도달하기 위해 정부는 다음 사항들을 고려함으로써 각 생산자에 대한 '적절한 세금'을 계산해야만 한다. 즉, 정부는 ① 생산된 제품들의 모든 사용자들, ② 하류의 모든 물 사용자들, ③ 다수의 복잡한 외부성들이 당해 전 지역에 미치는 효과 등을 고려해야 한다. 또한 정부는 생산자들에 대한 '명령 복종 및 준수' 여부를 집행하고 감독하는 새로운 조직이나 기구를 설립해야만 한다(Yandle, 1998, pp. 127~129). 이와 같이 제지 공장의 단순한 경우에도 정부가 OE_s를 명령하거나 세금을 부과하는 데 매우 복잡한 과정이 필요하다.

둘째, 정부의 규제자(명령자)들이 직면하는 또 다른 문제는 '관련 산업들이 명령과 세금에 대해 완전히 예상치 못한 방법으로 반응할 수 있다'는 점이다. 예를 들면 방류된 폐수량을 바탕으로 부과되는 오염료(汚染料)나 규칙은 배출자들이 자신의 방류를 물이 더 적은 곳으로 집중하도록 할 수 있다. 또한 물질의 농도를 바탕으로 부과되는 오염료는 배출자들로 하여금 방류된 폐수량을 증가시키도록 할 수 있다. 이는 배출자들이 물질의 농도를 희석시키고 규칙이나 오염료를 피하려 하기 때문이다(Huber *et al.*, 1998, p. 43).

마지막으로, 세 번째 문제는 '정책 그 자체'에 관계되어 있다. 정책이 부정확한 정보를 바탕으로 잘못되어 있거나 이념적 광신자들의 수중에 있다면 어떻게 될 것인가? 정책—즉, 명령이나 세금 부과—이 처음부터 이념적으로 왜곡되어 있다면 그 결과도 왜곡될 것이다. '나쁜 일들을 하기 위해(do bad things)' 더 효율적인 방법을 찾는 것은 결코 개선이 아니다. 예를 들면 미 경쟁기업연구소를 설립하고 종종 수사적 과장을 해온 프레드 스미스(Fred Smith)는 "더 날카로운 단두대(이는 '더 효율적인 방법' 에 해당됨)를 갖는 것이 반드시 좋은 일은 아니다" 라고 말했다.

좋은(긍정적) 외부성이든 나쁜(부정적) 외부성이든 외부성이 당사자에게 '유익한 행동이 다른 사람들에게 가져다주는 의도하지 않은(unintended) 결과' 라는 점은 기본적이지만 중요한 사실이다. 오염자들(사업자들)은 환경을 오염시키기 위해 사업을 하는 것은 아니다. 오염자들은 소비자의 요구(수요)를 만족시켜 돈을 벌기 위해 사업을 한다. 개별 시민들뿐만 아니라 사적 기업들도 의사결정을 내릴 때 그들 자신의 '직접적인 사업비용들' 을 고려한다. 그러나 사적 기업들은 종종 자신의 의사결정으로 인한 '사회적 효과(social effects)' 에 대해서는 고려하지 않는다. 그 결과 제품에 붙는 가격은 사적 비용만 반영하고, 사회적 비용은 반영하지 않는다. 이는 경제학자들이 말하는 '사적 비용과 사회적 비용 간의 차이' 를 의미한다. 그러나 시장은 자연환경의 일부가 공적(公的)으로 사용되기 위해 개방되어 있을 때 그러한 회계처리를 요구하지 않는다. 즉, 시장 가격은 사회적 비용을 반영하지 못한다. 왜 그런가? 예를 들어 공기의 경우를 살펴보자. 어떤 기업이 오염을 통제하기 위해 비용을 지불하는 대신 공기 중에 오염 물질을 버림으로써 그 기업은 비용을 절감할 수 있을 것이다. 공유(共有)재산은 누구의 소유도 아니기 때문에 그 결과는 분명하다. 그 공유재산은 관리되지 않을 것이다. 모든 사람은 오염물질을 공기 중에 버리려는 강력한 유인을 가진다. 또한 다른 사람들이 오염물질을 공기 중에 버리지 못하도록 하려는 충분한 유인과 힘을 가진 사람도 거의 없을 것이다. 모든 사람이 소유한 어떤 자원은 아무도 그것을 소유하지 않은 것처럼 취급된다. 이것이 바로 우리가 공공 거리와 보도들에서 쓰레기를 발견하는 이유이다. 흡연자들은 담배꽁초를 땅에 버리는 편이 편리할 것이다. 그러나 그들이 그렇게 하지 못하도록 하는 데 드는 비용을 기꺼이 부담하고 싶어 하는 사람은 아무도 없다. 거리와 보도가 청결하게 유지되는 곳이면 그곳이 어디든지 해당 도시들이 거리 청소 부서를 운영하거나 상점의 잠재 고객들을 위해 청소 업무를 대행해주는 청소용역 업체들이 있다.

로널드 코스(Ronald Coase)는 1960년에 쓴 「사회적 비용의 문제(The Problem of Social Cost)」라는 논문을 통해 피구적 분석들(Pigouvian analyses)을 산산이 부수고, 논문 제목처럼 사회적 비용들과 관련 정책들을 다루는 완전히 새로운 방법을 제안했다. 데이비드 프리드먼(David Friedman, 2000, p. 36)은 코스가 1960년 어느 날 저녁에 시카고대 경제학자들에게 외부성을 이해하는 자신의 새로운 접근법을 최초로 소개했을 때 어떤 일이 일어났는지(그 상황이 어떠했는지)를 다음과 같이 묘사하였다:

> 외부성에 대한 개념은 최초에 피구의 주장에 바탕을 두고 있으며 1960년에 이를 때까지 경제학자들은 거의 보편적으로 이를 받아들여 왔다. 그러나 1960년 어느 날 저녁에 로널드 코스라는 영국의 경제학자가 논문을 발표하기 위해 시카고대학교에 왔다. 코스는 *Journal of Law and Economics*의 창립 편집장이었던 아론 디렉터(Aaron Director) 기념 회관에서 그날 저녁을 보냈다. 코스를 제외하고 13명의 시카고대 경제학자들이 참석하였고, 이들 중 세 사람은 미래 노벨상 수상자들이었다.
>
> 그날 저녁이 시작되었을 때 13명의 시카고대 경제학자들은 위에서 묘사한 외부성에 대한 '전통적 견해'를 지지하였다. 그러나 그날 저녁이 끝났을 때 어느 누구도 전통적 견해를 지지하지 않았다! 코스는 그들에게 피구의 분석이 한 가지가 아니라 세 가지 점에서 '잘못되었다'는 것을 설득시켰다. 첫째, 외부성의 존재는 반드시 비효율적인 결과를 초래하지 않는다. 둘째, 피구세(Pigouvian tax)는 일반적으로 효율적인 결과를 가져다주지 않는다. 셋째, 그리고 가장 중요한 것으로, 실제로 문제는 외부성이 아니라 '거래비용(transaction costs)'에 있다. — 프리드먼(2000, p. 36)

코스는 외부성이 '상호적(reciprocal)'이라고 설명했다. 이는 곧 '외부성이 반드시 비효율적(inefficient)이 아니다' 라는 것을 의미한다. 외부비용들을 단순히 오염자들이 발생시키고 피해자들이 부담하는 비용들로 간주한다면 많은 외부성들이 가지고 있는 '상호적 성질(reciprocal nature)' 을 간과하게 된다. 만약 내가 당신의 낙농장에서 바람이 불어가는 쪽으로 이사한다면 나는 젖소 냄새를 맡고 몇 달 동안 파리들에 의해 고통을 받을 수 있다. 이 경우에 확실히 당신과 당신의 젖소들에게 잘못이 있다(그러나 내가 그 위치로 이사하지 않는다면 나는 아무런 피해를 입지 않을 것이나). 또한 낙농장 쪽으로 이사한 '나' 에게도 잘못이 있다. 따라서 이 경우에 우리들은 '공동으로' 책임이 있다. 코스의 요점은 당신이나 나에게 책임을 부여하는 법칙들이 '비효율적' 일 수 있다는 점이다. 엄격한 경제적 효율성의 관점에서 보면 양 당사자가 아니라 더 낮은 비용으로 해당 문제를 예방할 수 있는 사람이 그 일을 해야만 한다. 이에 대해 코스(1960, p. 2)는 다음과 같이 설명하였다:

> "우리는 '상호적 성질' 을 가진 어떤 문제를 다루고 있다. 개인 B에게 피해를 주지 않으려면 필연적으로 개인 A에게 피해를 주게 될 것이다. 이때 다음과 같은 실질적인 질문이 제기된다. 누가 누구에게 피해를 줄 수 있는가? 즉, 개인 A는 개인 B에게 피해를 끼칠 수 있는가? 아니면 개인 B는 개인 A에게 피해를 끼칠 수 있는가?"

코스는 외부성을 교정하기 위해 부과되는 피구세(Pigou tax)를 '불필요하다' 고 주장하면서 받아들이지 않았다. 예를 들면 낙농업자(또는 개인 A)와 이웃 사람(또는 개인 B)이 '상호 합의할 수 있고 이행 가능한 계약들' 을 체결할 수 있는 한 피구세를 부과하지 않고서도 시장은 효율성을 달성할 수 있을 것이다. 또한 '처음에 누가 재산권을 가지고 있는지' 는 전혀 중요하지 않다. 만약 재산권들이 명확히 정의되고 우리가 매매 계약을 체결할 수 있다면 우리는 '효율적인 해결안들(efficient solutions)' 에 도달할 수 있을 것이다. 우선, 만약 내가 '당신의 젖소 냄새를 맡지 않을 권리' 를 가지고 있다면 당신은 그 권리나 내 재산을 구입하기 위해 나와 교섭(협상)할 수 있다. 다음으로, 당신은 냄새들과 파리들을 없애기 위해 더 나은 처리 시설에 투자할 수 있다. 만약 당신이 '냄새들과 파리들을 생성할 수 있는 권리' 를 가지고 있다면 나는 당신으로부터 그 권리를 살 수 있거나 당신의 처리 시설에 대금을 지불할 수 있다. 이러한 두 가지 방법 중 어느 것이든 우리는 우리의 가치를 반영하는 '효율적 결과' 에 도달할 수 있다. 따라서 코스는 이러한 경우에 피구세 부과는 '불필요하다' 고 주장하였다.

그러나 코스는 시장이 '모든 것' 을 처리할 것이라고는 주장하지 않았다. 코스는 비효율성(inefficiency)의 두 가지 원인을 다음과 같이 밝혀내었다. 즉, 코스는 ① 불충분하게 발달된 재산권과 ② 높은 거래비용 때문에 시장에서 비효율성이 발생한다고 보았다. 예를 들면 당신과 나—즉, 당사자가 2명인 경우—는 하나의 효율적 해결안에 대해 쉽게 합의할 수 있다. 그러나 어떤 문제에 대한 관련 당사자들의 수가 100명 또는 수천 명이 있다면 이들도 효율적 해결안에 대해 합의에 이를 수 있을 것인가? 이 경우에는 거래비용이 많이 들 것이다. 우리는 '공공재 문제(public goods problem)' 에 직면해 있지만, 이제 그 문제를 풀려면 '외부성' 이 아니라 '거래비용' 에 초점을 맞추어야만 한다는 사실을 깨달아야 한다. 또한 '거래비용 문제들' 에 대한 해결책들은 '외부성 문제들' 에 대한 해결책들과 매우 다르다는 점도 인식해야 한다.

지금까지 설명한 코스의 주장을 좀 더 진지(신중)하게 생각해보면, 이제까지 분석가들이 환경문제들에 대해 '잘못된 질문들(wrong questions)' 을 해왔다는 것을 알게 된다. 문제는 분석가들이 '잘못된 질문들' 을 함으로써 그들이 환경문제의 해결책으로서 '조세나 규제' 를 권고하게 될 것이라는 점이다. 환경문제에 대한 '잘못된 질문들' 은 다음과 같은 요인들에 의해 제기된다. 첫째, 환경문제들의 원천에 대한 부정확한 분석과 진단에 의해 제기된다. 둘째, 상호비용(reciprocal costs)이 아니라 '외부성의 개념(notion of externalities)'에 초점을 맞춤으로써 제기된다. 셋째, 정치인들과 관료들이 선호하는 '정치적 고려들(political considerations)'에 의해 제기된다. 후생경제학자들은 처음 두 가지 문제들에 대한 책임을 져야만 하지만, 세 번째 문제인 '선거정치(electoral politics)'의 필요성에 대해서는 책임을 질 필요가 없을 것이다. 따라서 후생경제학자들은 ① 환경문제들의 원천에 대한 '정확한' 분석과 진단을 해야 하며, ② 외부성의 개념이 아니라 '상호비용'에 초점을 맞추어야만 환경문제에 대해 '올바른' 질문들과 해결책을 제시할 수 있다.

코스는 자신의 분석을 보통법(common law)[5]에 바탕을 두었다. 보통법은 영국의 불문법(unwritten law) 또는 관례법(customary law)에서 비롯되었으며, 나중에 영국 식민지들에도 적용되었다. 제8장에서 언급했듯이 보통법은 '법원이 만든 법(court-made law)'으로서 '의회가 만든 법(legislature-made law)'과 대립된다. 보통법은 관습, 관례, 전례에 기초하고 있다. 또한 보통법은 경제적 희소성과 가치가 아니라 '법적 사례나 판례, 동기, 결과들에 대한 요약된 정보들'을 제공해 준다는 점에서 '가격의 유사물(analogue to prices)'이다. 즉, 시장에서 '가격'이 전달해주는 정보를 법률제도에서는 '보통법'이 제공해준다.

보통법은 재산에 대해 강력한 권리와 책임을 적용(부여)했다. 즉, 사람들이 자신의 재산을 사용하고 누릴 수 있는 '권리'는 다른 사람들이 자신의 재산에 대해 똑같이 할 수 있는 능력(권리)을 해치지 않아야 하는 '책임'과 긴밀히 연결되어 있다. 이러한 개념은 17세기까지 영국 보통법에 깊이 뿌리박혀 있었다. 1611년 영국 법원의 격언에 따르면 "다른 사람의 재산을 해치지 않으면서 자신의 재산을 사용하라"라고 명시되어 있다. 이 격언은 대기오염 사건들에도 적용되었다. 1885

5. **[역주]** '보통법(慣習法)'이란 관습에 근거를 두고 성립하는 법을 말한다. 불문법(不文法)의 전형적인 것으로서 법원의 관례(慣例)와 민간의 관습에 따라 성립하는 두 가지 경우가 있다.

년에 영국 법원은 다음과 같이 언급했다:

> 명백히 누구도 이웃에게 폐를 끼치면서 자신의 토지를 사용할 권리는 없다. 이웃에게 폐를 끼치는 행위는 다음과 같이 초래될 수 있다. 첫째, 어떤 사람이 ① 그의 이웃의 땅에 오물을 버리거나, ② 자신의 땅에 독성 물질을 버리고 그것이 이웃의 땅으로 흘러가도록 함으로써 이웃에게 폐를 끼칠 수 있다. 둘째, 어떤 사람이 그의 이웃이 숨쉬는 공기나 이웃이 마시는 물을 오염시킴으로써 이웃에게 폐를 끼칠 수 있다. 그러나 이웃에게 폐를 끼치는 행위가 어느 것이든 그에게는 전혀 중요하지 않을 것이다.
>
> 어떤 사람이 자신의 땅에 오물을 버리기로 한다면 그는 자신의 오물이 그의 이웃의 땅으로 흘러가지 않도록 주의해야만 한다(*Ballard v. Tomlinson*, 1885, p. 126).

보통법에 따르면 오염의 피해자가 법원에서 다른 사람의 행위로 인해 자신의 재산이 피해를 입었다는 사실을 입증한다면, 법원은 그에 대해 금지 명령을 내리고 손해를 배상할 것을 판결한다. 피해자의 재산권이 오염자의 행동보다 우선하며, 오염자가 자신의 행위를 계속하려면 피해자로부터 관련 재산권을 구매해야만 한다.

미국과 캐나다의 법체계는 보통법에 확고하게 기초하고 있으며, 그러한 보통법은 사람들의 권리를 보호해주었다. 그러한 예들로 다음을 들 수 있다. 하류에 사는 사용자들은 하천에 하수를 버리는 도시들을 포함하여 상류 오염자들로부터 보호되었다. 상류에 있는 지주들은 하류의 댐 건설업자에 의해 홍수로부터 보호되었다. 농부들은 산업 공장들을 고소하고 이길 수 있었다. 판사들은 오염자들에게 오염 물질을 청소하거나 공장을 폐쇄하도록 명령했다.

한 가지 실례로 1913년에 있었던 웰런 대 유니언 백 앤드 페이퍼 회사(*Whalen v. Union Bag & Paper Co.*)의 경우를 들 수 있다. 유니언 백 앤드 페이퍼(Union Bag & Paper) 회사는 100만 달러 이상의 비용을 들여 새 공장을 건설하고 500명의 직원을 고용했다. 그러나 이 상류 공장은 개울을 오염시켜 하류에 사는 농부인 웰런이 농작물들에 물을 대고 가축에게 물을 주기 위해 계속 개울 물을 사용하는 것을 불가능하게 했다. 이에 웰런은 그 공장을 법원에 고소했고, 법원은 유니언 백 앤드 페이퍼 회사에 웰런에게 연간 312달러의 손해 배상금을 지불하고 1년 이내에 유해한 오염을 중지하도록 명령했다. 항소에서 유니언 백 앤드 페이퍼 회사의 손해 배상액은 연간 100달러로 줄어들었고, 오염 금지 명령은 해제되었다. 항소법원은 '그 지역에 대한 공장의 경제적 가치가 웰런이 얻는 물의 가치보다 더 크다' 라고 판결하였다. 그러나 뉴욕 항소법원은 경제적 가치가 누군가의 권리를 침해하기 위한 정당한 이유가 되지 않는다고 주장하면서 금지 명령을 복원했다. 또한 뉴욕 항소법원은 "형평법[6] 법원이나 일반 법률 법원 모두 그러한 판결을 따라서는 안 된다. 이는 그 판결의 논리적 결론에 따를 경우 이미 부유한 사람들에게 주기 위해 가난한 소송 당사자의 작은 재산을 빼앗을 것이기 때문이다" 라고 주장했다.

뉴욕 항소법원은 외부성에 대한 코스의 주장을 단지 '암묵적으로' 이해했다. 왜냐하면 뉴욕 항소법원은 해를 끼칠 수 있는 권리가 '누구에게' 부여되는지를 질문했기 때문이다. 즉, A에게 B를 해칠 수 있는 권리가 부여되는지, 아니면 B에게 A를 해칠 수 있는 권리가 부여되는지를 질문했기 때문이다. 이 질문에 대한 대답은 '누가 가장 경제적인 힘을 가졌느냐' 가 아니라, '누가 재산권을 소유했느냐' 에 있었다. 이러한 질문과 대답은 코스의 주장을 내포하고 있다. 만약 웰런이 깨끗한 물에 대한 권리를 소유하고 있다면 유니언 백 앤드 페이퍼 회사는 오염시킬 수 있는 권리를 구매하기 위해 웰런과 하천을 따라 사는 다른 지주들과 협상하였을 것이다. 반면에 유니언 백 앤드 페이퍼 회사가 그러한 권리를 획득한다면 하천을 오염시킬 수 있지만, 그러면 이는 외부성이 아니다. 이 경우를 소송을 유발한 '초대

6. [역주] '형평법(equity)' 은 공평과 정의 면에서 보통법의 미비점을 보완한 법률을 말함.

받지 않은 오염(uninvited pollution)'이 아니라 오염권(汚染權) 구매에 의한 '초대받은 오염(invited pollution)'이라고 생각해보라.

보통법과 환경의 또 다른 중요한 특징은 다음과 같다. 보통법에 따른 해결책들이 지역적이고 특정적(specific)이기 때문에 그들을 적용하는 데 적응 과정과 실험이 필요하다는 점이다. 반면에 국가의 법률은 결과가 수반하는 비용과 관계없이 모든 곳에서 문제들에 대해 '획일적인' 해결책을 부과한다.

2. 비효율적인 정책들의 선택

이제 다음 질문을 제기해보기로 하자. 만약 재산권(property rights)과 보통법이 매우 효과적이라면 미국 오하이오주(州)의 불타는 강들과 러브캐널(Love Canal)[7] 사건, 수질 오염, 지구 환경문제 등은 어떠한가? 이들 문제에 대해서도 재산권과 보통법을 적용할 수 있는가? 이들 중 러브캐널 사건[8]을 제외하고는 보통법에서 사용할 수 있는 '명확한 재산권'이 없었다.

1970년까지 재산권과 보통법은 미국의 모든 주요 도시들에서 '대기의 질(air quality)'에 대한 '공적 재산권(public property rights)'을 정의(定義)하는 데 사용

7. **[역주]** 미국 후커전기화학회사의 유해폐기물 매립으로 일어난 환경재난 사건을 말함.
8. **[원문 각주 1]** 러브캐널(Love Canal) 사건에 대해 모든 사람이 알고 있는 대부분의 내용은 잘못되어 있다. 러브캐널은 1940년대와 1950년대에 미국 후커전기화학회사(Hooker ElectroChemical Corporation)가 화학 폐기물들을 버리는 장소로 사용했던 버려진 운하(運河)였다. 이 회사는 불침투성 점토 덮개로 러브캐널을 덮었다. 현지 교육위원회는 매립된 러브캐널을 원했고, 압력을 받아 후커전기화학회사는 이 매립지를 1달러에 팔았다. 후커전기화학회사는 '이 매립지를 공원이나 주차장으로만 사용해야 하며, 점토 덮개를 절대 뚫어서는 안 된다'라고 경고했다. 이 매립지의 일부는 현지 개발자들에게 판매되었다. 그러나 개발자들은 점토 덮개를 뚫고 상하수도관 등을 포함한 공익시설들을 설치했다. 이에 매립된 화학물질들이 공익시설들을 따라 사람들의 집과 지표면으로 흘러갔다(Ronald Baily, 2004, "Happy Birthday, Love Canal", Reason OnLine, 2004년 3월 24일, http://www.reason.com/rb/rb032404shtml 참조).

되었다. 일부 주들은 재산권을 정의하기 위해 '다주(多州) 간 협약'을 맺고 있었다. 그 결과 미국 전역에서 대기의 질과 수질(水質)이 개선되었다. 그러나 각종 지구 환경문제들은 재산권과 보통법에 의한 개선을 넘어 이익집단들과 정치인들 및 관료들에게 '정치적 기업가정신(political entrepreneurship)'을 발휘할(즉, 새로운 정책을 시도할) 기회를 제공해주었다. 이는 이들이 보통법보다 매우 복잡한(그러나 종종 비효율적인) 각종 규제들과 조세들 및 보조금 제도들을 선호했기 때문이다. 불행히도 이러한 정책들 각각은 정보를 수집하고 처리하는 우리의 능력에 큰 부담을 가할 뿐만 아니라 오염자들을 감독하는 데 드는 행정비용들을 크게 증가시킨다. 또한 '명령 및 통제' 시스템이나 '조세부과'에 의한 해결책은 민간 당사자들이 서로 간에 교섭(협상)하려는 유인과 능력들을 무시한다.

정치인들은 '직접적 통제 조치들(direct controls)'을 선호할 수 있다. 무엇보다도, 통제 조치들은 정치인들의 힘을 증대시켜주기 때문이다. 또한 많은 유권자들은 '법에 의한 규제'가 반(反)사회적 행동을 억제하는 데 가장 간단하고 효과적인 방법이라고 '잘못' 믿고 있다. 따라서 정치인들은 유권자들의 그러한 미신을 존중해야 하기 때문에 법에 의한 규제를 실행하기 위해 관련 법을 통과시킴으로써 당면한 문제들을 해결하는 데 깊은 관심과 강력한 의지를 가지고 있음을 보여주려고 할 것이다.

그러나 정치인들은 특히 '많은' 사람이 오염에 관련될 때에 강력한 공해방지법을 제정하기를 꺼린다. 왜냐하면 그 법에 많은 유권자들이 관련되어 있기 때문이다. 예를 들어 정치인들은 운전자들을 자동차 오염과 교통사고들의 주범으로 만드는 것을 꺼린다. 그 대신 관련 산업이 공해방지법의 편리한 희생양이 된다. 마찬가지로, 관료들도 시장 해결책들보다 '환경 통제'를 선호한다. 우선, 통제는 충족되지 않은 어떤 사회적 요구를 달성하기 위해 관료들에게 대규모 예산을 즉시 청구할 수 있게 해준다. 이렇게 함으로써 관료들은 환경을 보호하는 '헌신적인 공무원' 으로 보일 수 있다. 또한 관료들은 다른 사람들의 선택과 행동을 제한하는 일에 대해 덜 염려한다. 마지막으로, 관료들의 활동은 장기적으로 비용이 많이 들 수 있고 더 나쁘게는 '비효율적' 일 수 있지만, '장기적' 으로 이를 알아차리는 사람은 거의 없다. 오염 감소에 드는 많은 비용들은 소규모 납세자나 소비자보다는 부유한 기업 "악인들" 에게 돌아가기 때문에 정치인들과 관료들은 유권자들로부터 지지를 얻는다.

환상적(비현실적) 통제정책들이 가지는 '정치적 매력' 외에도 전통적인 접근방법은 '최적의 오염 수준' 을 찾는 기술적 문제를 무시하고 있다. 최적의 오염 수준에 대한 정보가 없으면 사회적 비용과 이익을 일치시키기 위해 적절한 규모의 조세나 통제 수준을 계산하는 것이 불가능하다. 정부에 의한 '도덕적 권고(moral suasion)' 는 그야말로 윤리적 혁명을 요구하기 때문에 훨씬 더 많은 문제들을 야기한다. 그러한 정부정책(즉, 도덕적 권고)은 비현실적일 뿐만 아니라 '최적의 배출량 수준' 을 달성하기 위한 메커니즘이 결여되어 있다. 그러나 정부들은 ① 시행이 불가능하거나(예 : 쓰레기의 경우), ② 단기적인 긴급 상황에서(예 : 로스앤젤레스에서의 기온 역전) 즉각적인 조치가 필요한 경우에는 여전히 '도덕적 권고' 에 의존한다. 반면에 범위가 제한되어 있는 한 '완전한 금지 조치' 가 도덕적 권고보다 더 신뢰할 수 있다. 그러나 완전한 금지 조치가 거의 모든 사람에게 영향을 미친다면—예를 들면 내연기관에서 배출되는 배기가스의 경우—그 효과가 없을 수 있다. 어떤 경우에도 완전한 금지 조치는 '외부성(예 : 오염)의 최적량' 을 달성하지 못할 것이다(물론 최적은 무(無)오염 상태를 의미하지는 않는다). 일반적으로 위험을 회피하는 정부들은 최적 수준을 찾는 비용 자체가 매우 높을 때 완전한 금지 조치를 선택했으며, 그 수준은 0(무오염)과 매우 위험한 오염 수준 사이에서 임의적으로 선택해야만 했다.

'기준들(standards)' 을 설정하는 것이 적어도 미국에서 가장 인기 있는 정책인 것 같다. 기준들이 자원 투입, 배출량 또는 환경 기준과 관련이 있으며, 이들은 모두 심각한 결점을 가지고 있다. 우선, 기준들을 설정하는 데 비용이 매우 많이 들 뿐만 아니라 부분적으로 불필요하게 비용이 많이 소요될 것이기 때문이다. 또한 정부가 위반자들을 잡아서 기소하고 유죄판결을 내리는 것이 매우 어렵기 때문에 행정비용도 많이 든다. 마지막으로, 기준들은 각 오염자의 특수한 상황에 맞게 조정되어야 하기 때문에 기준을 준수하는 데 드는 비용도 높을 것이다. 따라서 이러한 행정적 악몽(복잡성)에 직면한 정부들은 '통일된 기준(uniform standards)'을 제정하되 선택적으로 시행한다.

또한 정부들은 다양한 '보조금 수단들'을 사용할 수 있다. 그러한 수단들로 소득세 공제, 가속상각(加速償却) 특혜, 저리(低利) 대출, 배출가스 저감장치 구매자들에 대한 각종 세금면제 등을 들 수 있다. 이러한 수단들은 부분적인 '뇌물'(유인책)일 뿐이며, 배출가스 장치 설치를 장려하는 데 매우 비효율적이다. 게다가 배출자들의 상당한 사적(私的) 희생이 수반된다. 또한 그러한 프로그램들은 지대를 추구하는 생산자들에게 (최소의 비용이 들거나 가장 효율적이지 않더라도) '제어장치 설치를 의무화' 하도록 하는 기회를 제공해준다.

1970년에 제정된 미국 대기청정법(Clean Air Act, 대기오염방지법)과 1977년 수정안은 환경보호정책에 유용한 지침을 제공해준다. 미국의 석탄 화력 발전소들은 미국에서 생산되는 전체 전력의 약 절반을 생산하였으며, 미 환경보호국(EPA)의 추정에 따르면 그들은 배출되는 황산화물의 65%를 생산하였다. 황산화물(특히 이산화황(SO_2))은 산성비의 주요 원인으로 여겨지는 오염 물질로서 그 생산량을 줄이는 것이 대기청정법의 주요 목표였다. 실제로 이 법은 이산화황 배출량을 생산된 에너지 100만 BTU[9]당 1.2파운드 이하로 감소시키도록 요구했다.

9. [역주] '영국 열량 단위(British Thermal Unit)'로 1파운드의 물을 화씨 1도 올리는 데 필요한 열량을 말함.

미국 대기청정법이 1977년에 수정안이 마련될 때까지 이 법이 명시하지 않은 것은 '배출량 감소를 어떻게 달성하느냐' 에 관한 것이었다. 전력회사들은 ① 굴뚝에 배기가스 탈황 장치(즉, 세척기(scrubber)[10])를 설치하거나, ② 대부분의 유황 함유 입자를 제거하기 위해 분쇄된 석탄을 세척하거나(석탄 세척), ③ 유황 함유량이 낮은 석탄을 태우곤(연소) 했다. 이 중에서 가장 비효과적이고 비용이 가장 많이 드는 방식은 세척이었으며, 반면에 가장 비용이 적게 드는 방식은 저유황 석탄을 태우는 것이었다.

그러나 미국에서 저유황 석탄의 연소(燃燒)는 '정치적인 문제' 를 야기했다. 대부분의 저유황 석탄이 미국의 서부 산악 주(州)들에 위치해 있는 반면, 고유황 석탄은 주로 동부와 중서부 지역에서 발견되기 때문이다. 만약 전력회사들이 대기 청정 기준을 충족하기 위해 저유황의 서부 석탄으로 전환한다면 미국 광산노동자연합(UMWU)의 조합원들이 집중되어 있는 동부 탄전에서 일자리들이 사라질 것이다. 이러한 이유로 1977년에 변경된 미 대기청정법 수정안은 '지역 보호주의' 를 둘러싼 입법 투쟁의 대상이 되었다.

미국의 여러 환경단체는 동부의 "더러운(고유황) 석탄" 이익의 편을 드는 투쟁에 가담했다. 예를 들면 전미 대기청정연합(National Clean Air Coalition), 환경정책센터(Environmental Policy Center), 시에라 클럽(Sierra Club : 미국의 자연 환경 보호 단체) 및 천연자원보호위원회(Natural Resources Defense Council) 등은 *석탄의 유황 함유량에 관계없이* 석탄 세척을 '의무화' 하는 수정안을 지지했다. 또한 일부 환경운동가들은 서부 지역의 노천채굴량을 줄이기 위한 수단으로 '강제 세척(forced scrubbing)' 을 선호했다. 이처럼 이들은 '세척' 으로 배출량을 1.2파운드 목표 이하로 감소시킬 수 있다는 믿음을 가지고 있었다.

---

10. **[역주]** 물을 분사하거나 수막을 만들어 가스 속의 분진을 포집하고 정화하는 장치를 말함.

그러나 강제 세척은 새 공장들에만 적용된다. 수정안 이전에 존재했던 공장들은 100만 BTU당 4～5파운드의 이산화황을 계속해서 방출할 수 있었다. 세척을 위해 세척기들을 추가함으로써 새로운 발전소나 공장의 비용이 약 15% 증가했지만 '오래된' 공장들은 훨씬 더 오랫동안 생산을 유지할 수 있었다. 부수적으로 이러한 "오래된 공장 효과"는 모든 새 공장들이 강제 세척함으로써 초래되는 대기의 질 개선이라는 부수적 이익을 능가하였다.

1977년 수정안에 의해 수정된 미국 대기청정법은 내가 제4장에서 논의한 '정치적 상징주의(political symbolism)'의 모델이었다. 환경단체들은 새로운 기준을 마련하는 데 성공하였다. 또한 정치인들—특히 오하이오주의 하워드 메첸바움(Howard Metzenbaum) 상원의원—도 환경을 보호하는 것처럼 보였다. 수정된 대기청정법으로 미국 동부 지역 탄전의 연합 광산 노동자들은 일자리 경쟁을 줄일 수 있었다. 1977년 수정안을 둘러싼 정치적 논쟁에 대한 명확한 설명과 분석을 보려면 애커먼과 하슬러(Ackerman and Hassler, 1981)의 책을 참고하기 바란다.

1977년 이후 미국 대기청정법 수정안은 내가 나중에 논의할 몇 가지 혁신안들을 허용했다. 미국 대기청정법은 수백 페이시에 달하며, 미 환경보호국 규제자들은 수천 페이지의 규제들을 추가했다. 그러한 규제들은 실제로 대기의 개선이 아니라 '특정 절차(process)의 준수'에 관한 것이었다.

그러나 '간편하고 효과적인' 대기청정법은 몇 페이지만으로도 충분할 것이다. 간편하고 효과적인 대기청정법은 ① 미국의 주(州)들이 준수해야 하는 기준을 규정하고, ② 관련 기준을 측정하고 그에 도달하는 방법을 명시하고, ③ 실패 시 처벌사항들을 규정하면 충분할 것이다. 그러나 이러한 단순 대기청정법은 다음과 같은 단점들이 있다. 우선, 단순 대기청정법은 정치의 많은 부분을 움직이는 데 필요한 '감정적으로 만족스러운 상징성'을 제공해주지 못할 것이다. 또한 단순 대기청정법은 기존의 생산자들에 대한 각종 면제를 제공해주지 못할 것이다. 마지막으로, 단순 대기청정법은 미국 동부 및 중서부 탄전들에서 일자리들을 보호해주지도 못할 것이다.

오늘날의 미국 대기청정법은 기준, 측정 및 처벌에 대한 '절차(process) 준수'를 요구한다. 이러한 '절차 중심 규제(process-focused regulation)'의 핵심 요소는 '각 주(州)에서의 실행 계획(State Implementation Plan ; SIP)'이다. 이것은 어떻게 이루어지는가? 각 주는 자신의 실행 계획(SIP)를 수립하여 미 환경보호국에게 자신의 주(州)가 연방 기준을 어떻게 준수하는지를 보여준다. 각 주에서 만드는 일반적인 실행 계획은 수천 페이지에 달하며, 이는 "실행 계획의 수립, 유지, 수정 및 검토" 등과 관련하여 수천 명의 주(州) 및 연방 규제자들과 계약자들이 있음을 의미한다(Schwartz, 2004).

아이러니하게도 각 주(州)가 수립한 실행 계획은 해당 주(州)가 실제로 대기의 질을 개선하였는지가 아니라 '자신의 실행 계획이 환경보호국의 승인을 받았는지'(즉, 절차의 문제)에 초점이 맞추어져 있다. 다시 말하면, 중요한 점은 각 주의 실행 계획이 '절차상 미 환경보호국에 의해 승인받았는지'의 여부이다. 미 환경보호국에 의해 자신의 실행 계획을 승인받지 못한 주(州)들에는 무거운 벌금이 부과된다. 반면에 미 환경보호국에 의해 자신의 실행 계획을 승인받았지만, 자신의 실행 계획에서 수립한 대기의 질 기준을 충족시키지 못한 주(州)들은 그 기준을 충족시키기 위해 환경보호국으로부터 기간 연장을 받은 후 새로운 실행 계획을 수립해야만 한다. 수많은 서류들(또는 메가바이트의 이메일 문서들)이 주(州) 의사당과 워싱턴 DC 사이를 오간다. 수천 명의 연방 및 주 관료들과 그들의 민간 계약자들은 바쁘게 일한다. 주(州) 정치인들은 부담스러운 연방 규칙에 대해 크게 불평을 늘어놓는다. 한편 '문제가 아닌 문제들'을 해결하는 데 수십억 달러가 지출되지만, 정작 실제 배출원에 대해서는 무시한다(Schwartz, 2004).

많은 사람들은 '미국 대기청정법이 큰 성공을 거두었다'는 증거로 지난 40여년 동안 '이산화황의 극적인 감소'를 지적한다. 그러나 대기 오염은 1970년 최초의 대기청정법이 통과되기 전에 이미 감소하고 있었다. 게다가 그린스톤(Greenstone)이 수행한 대기청정법 규칙의 영향을 받은 국가들과 영향을 받지 않은 국가들에 대한 면밀한 비교 연구에 따르면 "대기청정법의 영향을 받지 않았다는 귀무가설(null hypothesis)이 기각될 수 없음"을 보여주었다(Greenstone, 2004). 그러나 체이와 그린스톤(Chay and Greenstone)은 "1970년대와 1980년대에 미립자물질(이산화황 제외)이 규제되지 않은 국가들보다 규제된 국가들에서 훨씬 더 많이 감소했음"을 발견했다(Chay and Greenstone, 2005). 따라서 미국 대기청정법과 여러 수정안을 기반으로 한 각종 규제들은 '일부 형태의 오염은 감소시켰지만, 다른 형태의 오염은 감소시키지 않았다'고 평가할 수 있다.

한 가지 의문점은 그러한 규제들이 이미 진행 중인 개선(오염 감소)들에 영향을 미쳤는지의 여부이다. 그러나 고클라니(Goklany, 1999)는 70년 동안의 자료를 사용하여 분석해본 결과, 1970년 대기청정법이 통과되기 '전'에 대기를 정화하려는 주(州)와 지방정부의 노력이 이미 잘 진행되고 있었음을 발견했다. 실제로 대기청정법이 시행되기 시작하면서 개선율이 느려졌나. 이에 고클라니는 경제성장, 기술 변화 및 지방정부들이 대기의 질 개선에 주로 책임이 있다고 결론지었다. 미국 뉴욕대 로스쿨 교수이자 천연자원보호위원회(NRDC) 공동 창립자인 데이비드 쇤브로드(David Schoenbrod, 2004)는 고클라니(1999) 저서의 뒷 표지에 다음과 같은 서평을 썼다:

> 고클라니는 연방 환경보호국이 지속적으로 커지는 권한을 바탕으로 '연방정부의 지배하에 있지 않으면 미국의 주(州)들과 도시들이 오염을 통제하지 못할 것이다'라는 전제에 대해 대담하게 의문을 제기했다. 또한 고클라니는 금세기 첫 70년 동안의 흥미롭고 귀중한 기록들을 발굴하고 이를 생생하게 보여줌으로써 미국에서 환경보호

국이 등장하기 '이전'에도 빠르게 환경이 정화되고 있었다는 사실을 설득력 있게 보여주었다. 이처럼 고클라니는 사실을 냉정하게 살펴봄으로써 '환경 황제'(즉, 환경보호국)가 옷을 거의 입지 않고 있음을 비유적으로 보여주었다.

사실상 미국의 대기의 질은 그동안 꾸준히 개선되어 왔으며, 또 계속해서 개선되고 있지만, 그러한 개선이 미국 대기청정법에 의한 것인지의 여부는 명확하지 않다. 고클라니의 자료는 미국이 적어도 지난 세기(즉, 19세기) 초에 시작된 추세를 오늘날까지 이어오고 있음을 시사해준다. 그러나 한 가지 사실은 분명하다. 미국 대기청정법은 결과가 아니라 '과정'을 강조하는 '복잡하고 까다로운 행정 시스템의 원천'임이 분명하다.

3. 코스 색깔의 안경을 쓰고 환경문제 보기[11] : 코스적 분석

지난 몇 년 동안 정책 입안자들과 일부 이익집단들은 그동안 유행한 피구적(Pigouvian) 분석과 직접적인 규제를 넘어서는 다른 방법이 있음을 발견했다. 그것은 바로 '코스적(Coasean) 분석'을 통해 세상에 접근하는 방법이다. 이제 분석가들은 '코스 색깔의 안경(Coase-colored glasses)'을 쓰고 환경문제들을 살펴봄으로써 문제와 그에 따른 해결책을 다르게 볼 수 있다. 또한 코스적 분석은 외형적으로 주로 소규모 집단들이나 작은 문제들에 유용하지만, 상당히 광범위하게 적용할 수 있다.

11. **[원문 각주 2]** 이 제목은 Anderson(2004)이 쓴 다음 논문 제목에서 따온 것이다 : Anderson, Terry L. (2004), "Donning Coase-Coloured Glasses : A Property Rights View of Natural Resource Economics," *The Australian Journal of Agricultural and Resource Economics*, 48 : 3, pp. 445~62.

가. 더러운 공기를 거래하기 : 배출권 거래제

1990년 미국 대기청정법에는 '배출권 거래제(cap-and-trade) 프로그램' 도입을 포함하여 몇 가지 '코스적 분석에 바탕을 둔 혁신안들' 이 포함되어 있다. 특히 대기청정법에 들어 있는 '제Ⅳ장의 프로그램' 을 들 수 있다. 이 프로그램하에서 ① 배출자들은 대기청정법에서 요구하는 양(量) 이상으로 줄일 수 있는 다른 원천들에서 "잉여(excess)" 배출 감소를 구매할 수 있을 뿐만 아니라, ② 그들이 선호하는 방식으로 배출 상한(上限)을 충족할 수 있었다. 사실상 대기청정법은 '거래가능한 오염 허가제(tradable pollution permits)' 를 도입하였다. 또한 대기청정법에는 배출량을 상한 이하로 줄인 기업들이 미래에 사용하기 위해 해당 허용량을 저축할 수 있도록 하는 '은행 규정' 도 포함되어 있다.

공공선택학 분석이 예측할 수 있는 다수의 문제—예를 들면 누가 상한을 설정하는지, 허가제가 얼마나 안전한지, 배출자들과 이익집단들에 의한 지대추구활동 등—에도 불구하고 이 프로그램은 몇 가지 인상적인 결과들을 가져다주었다. 우선, 배출권 거래제는 '중앙집권적인 피구적 시스템(Pigouvian system)이 비용을 정확히 측정하는 것이 얼마나 어려운 일인지' 를 보여준다. 배출권 거래제 이전의 평균비용은 톤당 1,500달러를 초과했다. 미 환경보호국은 배출권 거래제가 배출통제 비용을 톤당 약 700달러까지 감소시킬 수 있을 것으로 추정했다. 또한 업계 분석가들도 배출권 거래제가 배출통제 비용을 톤당 약 1,300달러로 감소시킬 수 있을 것으로 추정했다. 그러나 현실은 이들 추정과 크게 달랐다. 사실상 1995~2000년까지의 배출통제 비용은 톤당 150달러에 불과했고, 제2단계의 비용은 톤당 약 250달러였다(Schwartz, 2004).

실제 비용과 비교해볼 때 미 환경보호국과 업계는 배출권 거래제로 인한 비용 절감들(cost savings)을 매우 부정확하게 추정했다. 왜 그런가? 발전소나 공장 운영자들은 기술 요건들이나 규제자가 정한 절차들을 충족하려 하지 않고 배출량을 줄이기 위한 '새로운(창의적인) 방법들'을 찾으려 할 것이다. 그러나 이때 발전소나 공장 운영자들의 '창의성(creativity)'을 측정할 선험적(先驗的)[12] 방법이 없다. 이러한 이유로 비용 절감액을 정확히 측정하기 어렵다. 그러한 창의성(혁신안)으로 다음을 들 수 있다:

① 발전소 내 각 보일러의 킬로와트시(時)[13]당 오염비용을 포함하여 발전소나 공장 운영, 철도 운송 및 물류 모델 등에서의 혁신, ② 이산화황 오염 허용량이 포함된 석탄을 판매하기 위한 금융 상품, ③ 석탄 화력 발전에서 발생하는 이산화황 배출량 감소 비용을 획기적으로 줄이는 석탄 세척[14] 기술 등(Schwartz, 2004).

미국기업연구소(AEI)의 분석가인 슈와르츠(Schwarz, 2004)는 '배출권 거래제' 사례로부터 다음과 같이 결론을 내렸다. 즉, "규제자들이나 중앙 계획자들은 환경보호를 달성하기 위한 '최소비용(또는 최소비용에 가까운) 방식들(least-cost approaches)'을 찾는 데 필요한 활동이나 산업 또는 과정 등에 대한 세부 정보를 결코 정확히 알 수 없다"(Schwarz, 2004). 따라서 규제자들과 입법자들이 배출통제 비용에 관해 정확히 알 수 없기 때문에 "올바른" 규제들을 만들거나 피구적 세율들(Pigouvian tax rates)을 결정하는 일은 거의 불가능하다. 그러나 배출권 거래제에서 '규제자들의 역할은 상한(cap)을 설정하고 이를 감시하는 데'에 제한되어야 한다. 그런 다음 가격 결정은 시장 과정(market process)에 맡긴다. 이를 통해 여러 가지 혁신안들이 나올 수 있을 것이다.

12. [역주] '선험'이란 경험에 앞서서 인식의 주관적 형식이 인간에게 있다고 주장하는 것을 말함.
13. [역주] '킬로와트시'란 1킬로와트의 전력을 1시간 사용했을 때의 전력량(= kWh)을 말함.
14. [역주] 물을 분사하거나 수막을 만들어 가스 속의 분진을 포집하고 정화하는 장치를 말함.

나. 물 시장의 경우 : 물 시장화

코스 이론을 환경문제들에 적용한 가장 좋은 사례 중 하나는 '수질(水質) 및 수량(水量) 정책들' 에 관한 것이다(구체적 사례들에 관해서는 가드너와 시몬스(Gardner and Simmons, 2012)를 참조하기 바람).

미국 의회가 더 많은 대규모 물 보조금 지원을 꺼리면서 건조한 미국 서부 지역에서 드디어 '물 시장(water market)' 이 가능(등장)하게 되었다. 예를 들어 미국 서부 주지사 협회는 물을 사고팔 수 있도록 하는 '물 시장화(water marketing)' 의 증가를 요구했다. 물 시장화는 현재 연방사업으로 공급되는 물을 '시장에서 실제로 배분하고 보존할 수 있게' 해준다. 이것이 어떻게 가능한가? 현재의 물 배분(water allocations)이 '재산권' 으로 전환되어 기존의 관개업자들에게 주어진다면, 물 시장화가 가능해질(즉, 시장에서 배분하고 보존할 수 있게 될) 것이다. 그러나 현재와 같이 물 배분이 관개업자에게 주어지지 않는다면, 그 관개업자는 ① 물을 보존하거나 ② 물의 대체 사용에 더 높은 가치를 부여하는 사람들을 찾으려는 유인을 거의 가지지 않을 것이다. 반면에 농부들에게 이익을 보고 물을 팔도록 허용한다면 그들은 물을 낭비하지 않고 보존하려고 할 것이다. 왜냐하면 농부들이 물을 판매할 수 있다면 귀중한 물 낭비로 인한 개인 소득을 잃지 않으려 하기 때문이다. 그로 인해 지방자치 단체들, 하천 내 레크리에이션 사용자들, 여타 농부들 및 운송 사용자들 등은 물의 수요자들로서 모두 자신의 목적을 위해 물을 살 수 있을 것이다.

물 시장화의 실제 사례를 들면 다음과 같다. 미국에서 서부의 많은 주들의 경우 법은 '하천에서 전용(轉用)된 물' 에 대한 재산권만 인정하고 있다. 만약 물이 하천에 남아 있으면 다른 사람이 그 권리를 주장할 수 있기 때문에 재산권이 인정될 수 없다. 그러나 미국 몬태나주(州) 의회는 법을 변경하여 민간단체들이나 공공기관들이 하천에서 물을 전용한 사람으로부터 물을 임차할 수 있도록 허용했다.

해당 민간단체나 공공기관은 레크리에이션 또는 생태학적 목적으로 하천에 물을 남겨두는 것이 허용되었다. 이처럼 몬태나주 의회는 재산권의 정의(定義)를 '전용을 요구하는 것' 에서 '하천에 물을 남겨두도록 허용하는 것' 으로 변경했다. 이러한 변경을 통해 몬태나주(州) 의회는 '외부성' 을 다루는 피구적 논의를 넘어 '교환' 을 다루는 코스적 논의로 이동하게 되었다.

또한 오리건주(州)는 소유자가 물 권리를 몰수당하지 않고서도 하천에 물을 남겨둘 수 있도록 허용하였다. 그 결과 하천에 물을 보관하기 위해 오리건 물 신탁[15] 회사(Oregon Water Trust)가 설립되었다. 오리건주는 연중 일부 기간 동안 하천의 흐름이 원활하지 않거나 전혀 흐르지 않을 때를 대비하여 물을 보관하고자 하였다. 오리건 물 신탁회사는 어떻게 운영되었는가? 오리건 물 신탁회사는 '시장 교환' 을 통해 ① 물 권리를 직접 구매하고, ② 자신의 건초밭에 물을 공급하는 대신 하천에 물을 남겨두는 농부들과 건초를 거래하고, ③ 관개(灌漑) 효율성 사업에 자금을 지원함으로써 그 목적을 달성하였다. 이처럼 오리건 물 신탁회사는 피구적 방식인 규제들이나 세금 대신 '코스적 방식' 인 '시장 교환' 을 통해 자신의 목표를 달성하였다.

마지막으로, '코스적 물 정책' 을 가장 명시적으로 사용하는 국가는 칠레이다. 칠레는 1981년에 칠레 물 법률(Water Code)을 제정했다. 이를 통해 한 부문에서 다른 부문으로 물을 이전할 수 있는—예를 들면 농업에서 광업으로—권리를 포함하여 '거래 가능한' 물 사용 재산권을 도입하였다. 그 결과 칠레는 희소 자원을 배분하기 위해 재산권을 어떻게 사용하는지를 보여주는 하나의 모델이 되었다. 그러나 높은 거래비용과 초기 권리 배분에 대한 의견 불일치와 같은 몇 가지 문제점들은 해결되지 않고 여전히 남아 있었다. 대부분의 시장에서와 마찬가지로 물 시

15. **[역주]** '신탁(信託)' 이란 '재산의 관리 · 처분을 남에게 부탁함' 을 말함.

장에서도 독점력과 사재기에 대한 혐의가 있지만, 이들은 시장에 의해서가 아니라 무능한 정부기관들에 의해 야기된 것으로 보인다. 칠레 경험에 대한 해리스의 연구 결과(Harris, 2006)는 다음 이유로 칠레에서 시장과 재산권이 물을 배분하는 기능을 잘 수행하고 있다고 주장하였다. 즉, 칠레에서 "시장과 재산권은 ① 물을 낮은 가치에서 더 높은 가치를 가진 활동들로 이전시킴으로써 더 가치 있게 사용하게 해줄" 뿐만 아니라, ② "물 사용자들에게 정보 수집의 부담을 지우고, 중앙 계획된 상황에서 흔히 볼 수 있는 비대칭 정보 문제들을 피할 수 있게 해주기" 때문이다.

다. 다른 환경시장들의 경우

이제까지 살펴본 물 시장들과 오염배출 시장들은 재산권과 시장 원칙(market principles)이 비교적 잘 적용되는 두 가지 극적인 사례이다. 이들뿐만이 아니다. 다른 많은 사례가 있다. 그들 중 일부는 전통적인 연구자들로부터 그 신빙성을 시험받고 있다. 한 가지 사례는 '야생동물 시장들(wildlife markets)'이다. 야생동물 시장들은 아프리카 국가들과 "사회주의적인" 국가처럼 보이는 영국을 비롯하여 다른 국가들에서 흔히 볼 수 있다. 영국의 경우 개인 클럽들이 특정 하천들과 강들에 대한 어업권(漁業權)을 보유하고 있다. 이러한 귀중한 자원(즉, 야생동물들)의 소유자들은 일반적인 소유물보다 훨씬 더 나은 상태에서 야생동물들을 보유하고 있다. 왜 그런가?

오늘날 아프리카의 많은 야생동물들은 멸종위기에 처해 있다. 그러나 개인 사냥감 목장들이나 소수의 국립공원 및 해당 마을에 야생동물들에 대한 재산권이 부여된 "공유지들"에서 살고 있는 야생동물들은 예외이다. 최근까지 짐바브웨의 마르크스주의 정권은 야생동물을 보호하고 필요한 외화를 벌어들이는 수단으로 '개인 사냥감 목장 운영' 을 적극적으로 장려했다. 개인 사냥감 목장 운영의 한 변형으로 남아프리카 국가들은 코끼리를 포함하여 공유지들에서 살고 있는 야생동물들에 대해 재산권을 부여했다. 이로 인해 해당 마을들은 자신이 키우는 야생동물들의 일부를 사냥꾼들에게 팔 수 있다. 그 결과는 어떻게 되었는가? 짐바브웨에서 인구는 두 배로 증가하였으나 코끼리 개체수는 1989년 이후 225%나 증가했다. 1989년은 서구 국가들이 아프리카 전역에 상아(象牙)무역을 금지한 해이다. 그러나 남아프리카 국가들은 국제 상아무역 금지에 반대했다. 그 이유로 남아프리카 국가들은 야생동물들을 '시장으로 가져가는 자신의 프로그램' 이 시장에서 야생동물들을 제거하는 프로그램보다 훨씬 더 효과적이라고 주장했다. 반면에 원주민들이 '코끼리 사냥권' 을 "소유하고" 판매하는 것을 금지하는 국가들(예를 들면 케냐)에서는 코끼리 개체수가 75%나 감소했다. 코끼리 사냥으로 원주민들의 소득은 4배나 증가했고, 그 결과 남아프리카의 코끼리들은 9만 가구들에게 이익을 가져다주었다. 그들의 문제는 이제 이용 가능한 사료에 비해 너무 많은 코끼리가 사육됨으로써 더 많은 '사냥 사파리(hunting safari)'[16] 상품을 팔아야만 했다(Child, 2005).

미국 유타주(州) 북부에 있는 200,000에이커 규모의 데저레트 목장(Deseret Ranch)의 경우를 통해 '야생동물 시장' 이 어떻게 작동하는지를 생생히 볼 수 있다. 몇 년 동안 부유한 소유자는 데저레트 목장을 단지 세금 감면을 위해 운영했으며, 자신의 목장이 수익을 냈는지에는 특별히 신경 쓰지 않았다. 그러나 목장 주인은 자신의 세금 혜택을 다 써버린 후에 목장 관리자에게 직원들의 급여가 목장 수익에서만 나올 것이라고 말했다. 즉, '수익이 없으면 일자리도 없을 것' 이라고 말했다. 우리는 오염배출 시장에서 오염 배출권을 거래할 수 있게 되자 발전소 관리

16. **[역주]** 아프리카 동부 및 남부 국가의 자연공원에서 자동차를 타고 다니며 야생동물을 구경하거나 사냥하는 일을 말함.

자들의 유인(incentive)이 극적으로 변한 것을 보았다. 발전소 관리자들의 경우처럼 야생동물 시장에서 카우보이들도 '창의력'을 발휘하게 되었다. 목장 관리자가 나에게 "올바른 유인들이 주어지면 카우보이들이 얼마나 많은 아이디어를 낼 수 있는지를 알면 깜짝 놀랄 것이다"라고 말했다.

오늘날 데저레트 목장은 수익을 내기 위해 소, 양, 사슴, 엘크, 들소 등을 키우고 관리한다. 왜 그런가? 데저레트 목장은 사냥꾼들의 접근을 통제할 수 있고 야생동물의 서식지를 통제하기 때문에 소, 양, 들소를 사육하는 것처럼 엘크와 사슴도 사육할 수 있으며, 사냥에 상당한 비용을 부과할 수 있다. 데저레트 목장의 규모는 유타주에 있는 엘크 서식지의 1% 미만에 불과하지만, 유타주 엘크의 15%를 생산한다. 데저레트 목장에 있는 엘크와 사슴 무리는 공유지에 있는 무리보다 더 나은 연령 계층화[17]를 가지고 있다. 또한 데저레트 목장의 수사슴은 그 폭이 평균 22인치이지만, 공유지의 수사슴은 평균 12인치에 불과하다.

이처럼 데저레트 목장의 엘크와 사슴이 공유지의 엘크와 사슴보다 "더 튼튼해" 보이는 이유는 간단하다. 그것은 바로 '사유재산제도' 때문이다. 또한 엘크, 고래, 물소, 달팽이, 새 등은 모두 수익을 내려는 사업가들이 가진 재산권에 비례하여 그 수가 증가할 것이다. 개, 고양이, 말, 양, 소, 닭, 돼지 등도 재산권으로 인해 부족함이 없을 것이다.

또한 밀턴 프리드먼(Milton Friedman, 1962)을 비롯한 몇몇 연구자들은 미국의 공원들(public parks)을 개인 투자자들이나 사업가들에게 팔 것을 제안했다. 리처드 스트룹(Richard Stroup, 1990)은 이보다 한 걸음 더 나아가 국립공원을 '사유재산'으로 취급하여 이를 시에라 클럽[18]이나 오듀본 협회(Audubon Society)[19]와

---

17. **[역주]** '연령 계층화'란 한 무리 내에서 여러 연령층의 서열화 및 계층적 순위를 말함.
18. **[역주]** '미국의 자연환경 보호 단체'를 말함.
19. **[역주]** '미국의 야생동물 보호 협회'를 말함.

같은 환경단체의 이사회가 관리하는 "공원재산위원회"(Public Endowment Board)로 양도할 것을 제안했다. 그 이유로 스트룹은 위원회 구성원들이 미국 공원관리청(Park Service)보다 천연자원에 더 많은 관심을 갖고 있기 때문이 아니라, 공원재산위원회가 '공원 요금 인상'과 같은 효율적인 관행을 채택할 것이기 때문에 공원이 더 잘 관리될 것이라고 주장하였다. 이는 공원 요금이 명령(fiat)이 아니라 가격 메커니즘에 의해 결정됨으로써 남용(濫用)으로 인한 피해를 줄여주기 때문이다.

또한 공원재산위원회는 석유 및 석탄 매장지, 목재 등을 포함하여 공원 내에서 현재 사용되지 않는 다른 자원들도 "개발"하여 판매하기 시작할 것이다. 이러한 판매 수익은 틀림없이 공원의 레크리에이션 자원과 서비스를 유지하고 개선할 뿐만 아니라 새로운 자산을 취득하는 데 사용될 것이다. 특히 리처드 스트룹은 미국인들의 선호(選好)가 플라스틱 제품들에서 '자연 편의시설들'로 옮겨감에 따라 공원 및 환경 서비스 시장들이 곧 '성장 산업'이 될 것이라고 말했다. 많은 개인 기업가들이 이미 '레크리에이션 사업들'에 활발히 종사하고 있음을 볼 수 있다. 예를 들면 스키장, 모텔, 호텔, 개인 산장, 골프 및 테니스 클럽, 레저용 차량 공원 등은 모두가 당연하게 여기는 자연 편의시설 중 일부이다.

그렇다면 공원은 왜 공공 영역에 있어야 하는가? 또한 왜 그렇게 많은 공공 공원들이 훼손되고 위험하며 불량한 상태에 있는가? 아마도 재산권이 잘못 설정되어 있기 때문일 것이다. 미국 자연보호위원회(Nature Conservancy)는 40년 이상 보존 및 공공 사용을 위해 생태학적으로 가치 있는 자산들을 구매하고 보호해왔다. 그동안 나는 샐리샨 산장(Salishan Lodge)에서 그리 멀지 않은 오리건 해안을 따라 위치한 자연보호위원회 소유 자산인 아름다운 산길들을 산책하거나 하이킹해왔다. 샐리샨 산장은 미국 내 5대 산장 중 하나이며, 동시에 레스토랑, 테니스장, 골프 코스, 등산로 및 미술관은 말할 것도 없고 아름다운 숲과 해변의 소유자이자 관리자이다. 이제까지 살펴본 미국의 데저레트 목장, 자연보호위원회 및 샐리샨 산장과 짐바브웨의 코끼리 사육 사례 등은 '사유재산 소유자들'이 공공기관들보다 환경보호에 더 헌신적이고 효율적일 수 있음을 보여주는 몇 가지 사례들이다.

라. 주의사항

시장이 물, 햇빛, 대기 및 오염 문제들을 다룰 수 있지만 '만사가 순조롭다'고 간단히 단정할 수는 없다. 코스 정리(Coase theorem)는 쉽게 풀리지 않는 '추상적인 문제들'을 가지고 있다. 비록 추상적 문제들을 풀 수 있다고 하더라도 여전히 그것을 '실행'하는 데 있어서 상당한 '정치적인 문제들'에 직면하게 될 것이다. 일부 비평가들은 추상적인 수준에서 '거래 및 행정비용들이 낮아야 한다'는 사실을 포함하여 몇 가지 매우 제한적인 조건들을 지적했다. 다른 비평가들은 초기 권리(initial rights)의 할당(배분)이 초기 권리를 원하는 모든 사람에게 막대한 부(富)의 효과(wealth effect)를 가져다줄 것이라고 주장했다. 이처럼 권리의 초기 배분이 매우 중요하다. 일반적으로 누군가가 부언가(예를 들면 오염권)를 획득하기 위해 지불할 금액이 종종 그것을 포기하기 위해 지불해야 하는 금액(즉, 기회비용)보다 적기 때문이다. 또한 누가 보상을 요구할 권리를 가질지도 매우 중요하다.

예를 들면 오염의 경우 중요한 정치적 결정은 어떤 지역 내에 허용되는 '오염의 총량'이다. 이 결정은 과학적 고려사항들에 의해 영향을 받을 수 있고, 또 그래야만 하지만, 오직 그들에 의해서만 지배되어서는 안 된다. 민주사회에서 시민들은 민주적 절차들을 통해(예를 들면 투표) 절대적 오염 수준을 집단적으로 결정하곤 한다. 그러나 앞의 장들에서 살펴보았듯이 하나의 공통된 결정에 도달하는 일은 쉽지 않을 뿐만 아니라 최적일 수도 없다. 또한 민주사회에서 오염 수준을 바꾸려는 시도들을 둘러싸고 격렬한 정치적 논쟁들이 진행되어 왔다. 이러한 논쟁들은 많은 경우에 오염 수준뿐만 아니라 대기 수준을 관리하는 규칙들로까지 파급되어 갔다. 그러한 규제는 오염 시장들이 잘 기능하는 것을 거의 불가능하게 만든다.

이러한 어려움들에도 불구하고 조세, 보조금 및 규제 등과 같은 대안들과 비교해볼 때 '오염 시장'은 장점이 많다. 우선, 조세제도가 가지고 있는 한 가지 문제는 '누가 조세를 결정하고, 많은 세율을 어떻게 결정할 것인가?' 이다. 조세제도의 또 다른 문제는 기업가정신과 창의성을 장려하지 못한다는 점이다(반면에 재산권은 기업가정신과 창의성을 촉진시킨다). 다음으로, 모든 규제제도는 매우 복잡하며, 무엇보다도 연방 의회나 시의회의 매 회기에서 정치적 논쟁의 대상이 된다.

정치적 통제들이 초래하는 최악의 결과는 그들이 오염배출 문제의 '핵심'에 도달하지 못하고 단지 겉으로 드러난 '증상'만을 다룬다는 점이다. 나는 근본적인 문제가 '재산권의 불완전한 할당'에 있다고 주장해왔다. 오염배출 시장은 '오염 배출자들이 다른 사람들에게 부과하는 비용을 지불하도록 하는' 한 가지 방법을 제공해준다. 여기서 '배출자들'이란 오염 배출을 유발하는 제품의 궁극적인 소비자들을 의미한다. 오염 배출자들이 지불해야 하는 가격들에는 가격 결정에서 현재 고려되지 않는 '사회적 비용'이 포함된다. 오염배출 시장은 최소한의 관료주의(형식적 절차)와 강압 및 금전적 지출로 그러한 목적을 달성한다.

본 절에서 우리는 여러 사례를 통해 '코스 색깔의 안경'을 쓰고 환경정책을 살펴보았다. 그러나 그러한 사례들에서 나는 '시장 거래들이 시장에서 일어나는 모든 효과를 완벽하게 설명한다'라고는 가정하지 않았다. 그 대신 민간기업가들의 본질적인 역할은 '설명되지 않은' 효과들이 존재하는 '시장에서' 기업가정신으로 활동하는 것이라고 가정한다. 기업가들은 바로 '시장에서' 가치를 창출하고 거래이익을 만들어낼 기회들을 찾아낸다. 기업가들의 기회창출 노력은 재산권과 법적 규칙이 명확하게 설정되어 있거나 최소한 더 명확해질 수 있을 때 더 쉬워질 것이다.

4. '정치적 환경주의'로서의 기후정책 : 기후정책과 정치적 환경주의

그러한 과정에서 민간 환경기업가들이 직면하는 최대의 난제는 아마 '국가 간 경계를 넘는' 환경문제들일 것이다. 무엇보다도, 국가 간의 다양한 법률 구조와 재산권 제도들을 다루는 데 드는 거래비용이 엄청나게 클 것이다. 또한 국경을 넘는 문제들에서 민간 환경기업가들이 '정치적 기업가정신'을 발휘함으로써 얻는 지대 추구 이익(rent-seeking benefits)도 엄청나게 클 것이다. 한 예로 인간의 온실가스 생산(방출)으로 인한 기후변화의 가능성을 들 수 있다. 우리 인간에 의해 기후변화에 영향을 미칠 수 있는 많은 산출물이 있지만, 가장 일반적으로 언급되는 산출물은 온실가스, 특히 이산화탄소(CO_2)이다. 이산화탄소가 주로 인간의 화석연료[20] 소비를 통해 대기로 방출됨에 따라 많은 기후모델들은 이것이 축적되어 상당한 '온난화'를 야기시킬 것이라고 예측하였다. 그로 인해 "지구 온난화(global warming)"[21]라는 말이 생겼다. 게다가 대기 농도에 미치는 영향의 관점에서 보면 1톤의 이산화탄소가 뉴욕에서 생산되든 로마 또는 베이징에서 생산되든 중요하지 않다. 왜 그런가? 대기 혼합으로 인해 그 영향이 지역화되지 않고 세계화되기 때문이다.

대기 중 이산화탄소 농도를 안정시키기 위해 자국 경제를 "탈(脫)탄소화" 하려는 정부 관리들은 다수의 국가들이 참가하는 '용의자 딜레마(prisoner's dilemma)' 상황에 직면하게 된다. 모든 국가가 협력하여 자국의 탄소 배출량을 줄이는 데 합

20. [역주] '화석(化石)연료'란 지질 시대에 살았던 동식물의 유해가 땅속에 묻혀 생긴, 오늘날 연료로 사용하는 물질로서 석유, 석탄, 천연가스 등을 말함.

21. [역주] '지구 온난화'란 화석연료 소비 증가에 따라 대기 중에 이산화탄소, 메탄가스, 프레온 가스 등 온실효과를 증대시키는 기체가 증가함에 따라 지구의 평균 기온이 올라가는 현상을 말함.

의한다면 세계는 분명히 더 나아질 것이다. 그러나 다른 국가들은 줄이지 않는데 어느 한 국가가 홀로 탄소 배출량을 줄이기 위해 중요한 조치를 취한다면 이는 그 국가의 부(富)를 감소시킬 것이고, 기후적으로도 세계 전체의 이산화탄소 농도에 큰 영향을 미치지 못할 것이다. 탄소 배출량을 줄이는 그 국가는 다른 국가들이 무임승차(free ride)하는 동안 자신은 "호구(sucker)"[22]로서의 보수(payoff)를 받게 될 것이다. 또한 탈(脫)탄소화하는 데 쉽거나 저렴한 방법이 없기 때문에 그러한 "호구"로서의 보수(대가)는 매우 비쌀 것이다.

용의자 딜레마를 피할 수 있는 방법은 없는가? 국가 간에 보고 및 이행 메커니즘을 갖춘 '국제 협약'은 기후 딜레마에서 벗어날 수 있는 잠재적인 방법이며, 현재 대부분의 선진국이 운영해온 협약은 '교토 의정서(Kyoto Protocol)'[23]이다. 교토 의정서는 1997년에 채택되어 2005년에 시행되었다. 2010년까지 191개국이 이 협약에 서명하고 비준했으며, 이 중 37개 선진국과 유럽연합(EU) 회원국들은 2012년까지 1990년 배출량 수준으로 되돌아가기 위해 자국의 온실가스를 감축하겠다고 약속했다. 교토 의정서는 ① 온실가스 배출량 감소 책임을 선진국들에 부여하였을 뿐만 아니라 ② 선진국이 온실가스 배출량 통제를 위해 개발도상국들에 수십억 달러의 원조를 제공하도록 약속했다. 그러나 중국, 인도, 브라질을 포함한 개발도상국은 온실가스 배출량 감축에서 면제되었다. 이들 국가는 온실가스 배출 상위 10개국이며, 이중 중국이 최고 생산국이다. 또한 교토 의정서를 거부한 선진국 중 하나는 바로 미국이었다. 1997년에 미국 상원은 클린턴 대통령에게 교토 의정서를 비준하지 않을 것임을 알리기 위해 95 대 0이라는 압도적인 투표로 이를 부결하였다. 온실가스 배출량을 줄이기 위한 교토 협정은 2012년에 만료되

---

22. [역주] '호구'란 어수룩하여 이용하기 좋은 사람을 비유하는 말임.

23. [역주] '교토 의정서'란 '온실가스 배출량을 규제하는 국제 협약'으로 1997년 유엔기후변화협약(UNFCCC) 회의에서 채택되었음.

었으며, 일본, 러시아, 캐나다는 2010년에 중국과 가난한 국가들이 자신의 배출량 감축에 동의하지 않는 한 제2차 협정에 서명하지 않을 것이라고 발표했다.

'기후변화 정치(climate change politics)'의 공공선택학적 분석에 따르면 '선거정치'의 중요성으로 인해 기후변화에 대한 정책 논의가 국제적 차원이 아니라 '국가 차원'에서 주도될 것이다. 이 과정에서 주요 이해당사자들의 관심사는 다음과 같다. 첫째, 관료들은 정책 논의 과정에서 자신의 '예산과 영향력'을 높이려 할 것이다. 둘째, 이익집단들은 정책 논의 과정에서 자신의 '정치적 지대(political rent)'를 추구할 것이며, 또한 기후와 무관한 '이념적 약속들'을 수행하려 할 것이다. 셋째, 유권자들은 일반적으로 정책 이슈에 관해 무지하지만, 정부가 "무언가를 하는 것"에 대해서는 동조적일 것이다. 넷째, 기업가적 정치인들은 이 과정에서 관료들과 특별이익집단들에게 영합함으로써 재선(再選) 가능성을 극대화하려고 할 것이다. 따라서 정책 논의 과정이 이같이 이루어지지 않는다면 오히려 놀랄 것이다.

유엔기후변화협약(UNFCCC) "당사국 총회"는 매년 개최되며, 개최 장소는 매우 멋진 도시들이다. 지금까지의 개최 장소로는 베를린, 제네바, 교토, 부에노스아이레스(2회), 헤이그, 본, 마라케시, 뉴델리, 밀라노, 몬트리올, 나이로비, 발리, 포즈난, 코펜하겐, 칸쿤 등이 포함되었다. 이러한 회의들은 라운드(round) 형식으로 진행되는 연속 회의들이다. 즉, 정치인들과 관료들 및 녹색 운동가들이 연례적으로 어떤 도시에서 만나 모든 국가가 취해야 할 조치에 관한 '국제 협약'에 도달하는 방안들을 논의하는 연속적인 라운드 회의를 말한다. 그러나 그 성과는 미미하다. 이러한 회의들은 매년 계속해서 논의 과정을 '1년 더 지속하기로 합의하는' 결과만 가져다주었기 때문이다. 물론 2010년 칸쿤[24] 회의에서처럼 선진국들이

24. **[역주]** 멕시코 남동부에 있는 유카탄 반도 연안의 섬으로 휴양지임.

연간 수십억 달러를 개발도상국들에 보내기 위한 협상은 성사되지 않았으나(자금 출처는 확인되지 않았음), 이 회의의 각국 대표자들은 필요한 자금이 곧 마련될 것이라고 말했다. 또한 이 회의에서 각국 대표들은 탄소 배출량에 대해 '구속력이 없는(non-binding)' 약속을 하였고, 그들은 그 약속이 실제로 지켜질 것이라고 믿는 듯했다. 각국 대표들이 서명한 새로운 조약은 의미가 없을 정도로 취약해서 미국 상원을 통과하는 것조차 불가능하게 보였다.

그러나 이 게임에서도 다음과 같은 승자들이 있다. 먼저, 회의 과정에서 '정치적 기업가'로 활동하는 관료들과 NGO(비정부기구) 직원들이 승자들이다. 관료들과 NGO 직원들은 사전(事前) 회의들을 열고, 더 많은 직원을 고용하고, 자신의 예산과 활동들을 정당화하는 기후변화 위험에 대한 새로운 문서들을 발간하거나 배포함으로써 '정치적 기업가'로 활동한다. 또한 그들은 협상 과정을 계속하고, 계속하고, 또 계속함으로써 이익을 얻는다. 따라서 회의에 참석한 대표자들은 회의의 각 라운드를 마치고 그들의 회의가 성공했다고 주장하며, 궁극적으로 "법적 구속력이 있는 지구 기후 프레임워크"에 도달하기 위한 긴 여정에 대해 이야기한다(이 표현은 유럽연합의 최고 기후 책임자(CCO)가 2010년 칸쿤 회의에서 말한 것이다).

다른 승자들은 '그린(green : 친환경) 유권자들'에게 보여주기 위한 어떤 상징이 필요한 정치인들이다. 개혁을 위한 회의들과 약속들이 지속되는 한 정치인들은 이들을 성공으로 내세울 수 있다. 예를 들면 유엔기후변화협약 의장은 2009년 코펜하겐 회의 전에 호주가 약속한 배출권 거래법을 통과시킨 것이 과연 중요한지를 묻는 질문에 그 과정을 아주 솔직하게 설명해주었다. 그는 "솔직히 말해서, 배출권 거래법 통과는 중요하지 않다! 사람들이 국제 협상에서 관심을 가지는 것은 특정 목표를 달성하기 위해 정부가 하는 '약속'이다"라고 말했다(Pielke Jr., 2010, p. 111). 즉, 무언가를 하겠다고 약속하는 것은 적어도 실제로 그것을 *하는 것*만큼이나 효과적이다.

다른 잠재적인 승자들은 어떤 협약으로부터든 각종 보호 및 기타 시장 이점들, 심지어 카르텔력(力)을 얻으려는 회사 경영진들과 헤지펀드 매니저들이다. 올바른 협약들이 체결되면 기업들은 투자를 보호하고 자신의 시장을 더 안전하게 만들 수 있기 때문이다. 따라서 미국의 에너지 생산자들인 제너럴 일렉트릭(General Electric), 다우 케미컬(Dow Chemical), 제너럴 모터스(General Motors) 및 듀크 에너지(Duke Energy)가 미국에서 탄소 배출권 거래를 촉진하는 연합체인 '미국 기후행동파트너십(U.S. Climate Action Partnership)'[25]의 일원인 것은 결코 놀라운 일이 아니다. 이 파트너십은 심지어 존 케리(John Kerry) 상원의원과 조 리버먼(Joe Lieberman) 상원의원이 후원한 2010년 미국 전력법(電力法)의 작성에도 참여했다.

지속적인 협약 체결 과정을 이해하는 한 가지 방법은 '주류 밀매업자들(Bootleggers)과 침례교도들(Baptists)' 이라는 은유[26]를 통해서이다. 여기서 환경운동가들은 '침례교도들' 에 해당되고, 교토 의정서의 규칙에 따라 이익을 추구하는 회사들과 무역협회, 그리고 국가들이 '주류 밀매업자들' 에 해당된다. 정치인들은 이 두 집단을 결속시키는 정치적 기업가들(political entrepreneurs)이다. '주류 밀매업자들과 침례교도들' 이라는 은유를 만든 브루스 얀들(Bruce Yandle)은 1998년과 2010년에 교토 의정서를 검토하고 다음과 같이 언급했다:

25. [역주] '기후행동파트너십' 이란 기업 및 시민환경단체 등이 네트워크를 구축해 지구 온난화의 원인인 온실가스를 줄이기 위해 모인 비정부기구(NGO) 연합체를 말함.

26. [역주] '주류 밀매업자와 침례교도(Bootleggers and Baptists)' 이론은 1920년 미국에서 시행된 금주법의 효과를 연구한 브루스 얀들(Bruce Yandle)이 세운 이론이다. 전도사들이 하나님의 진리와 고상한 명분을 내세워 금주법이라는 규제를 도입하였으나, 이익을 보는 것은 술을 몰래 만들어 전국에 유통한 마피아들(Bootleggers)뿐이었다. 금주법에도 미국에서 술은 없어지지 않았다. 이후로 이 이론은 '선의로 도입된 규제가 목적은 달성하지 못한 채 기존 이익집단들의 이익에만 기여하는 현상' 을 묘사하는 학술 용어로 사용되었다.

환경운동가들과 에너지 생산자들의 다소 예상치 못한 연합은 교토 의정서에 명시된 배출권 거래제와 온실가스 통제의 최종 이행을 요구하는 '그린(친환경) 찬송가집(輯)'에서 여전히 함께 노래한다. 그러나 가수들이 어떻게 음악을 만드는지에 대해서 주목할 만한 한 가지 차이를 찾을 수 있다. 가수들이 음악을 만드는 과정에서 이익집단들은 더 잘 조화를 이루는 법을 배웠기 때문이다. 예를 들면 몇몇 주요 산업의 기업들과 환경단체들이 결성한 '미국 기후행동파트너십'은 연방 배출권 거래제 법안을 지지하기 위해 열렬히 로비를 펼치고 있다. 그로 인해 산업 측 참가자인 기업들은 개편된 에너지 시장들에서 시장 점유율을 획득할 것이다. 기업들은 여러 면에서 친환경적이다. 또한 환경단체들은 조화롭게 노래할 때 그들의 기여도가 높아진다. 환경단체들도 여러 면에서 친환경적이다(Yandle, 2010).

얀들(B. Yandle)은 '교토 의정서에 따라 선진국들은 탈(脫)탄소화를 약속하고 심지어 필요한 조치들을 취하고 있지만, 중국, 인도, 브라질과 다른 국가들은 탄소 배출량을 늘리고 있다'고 지적했다. 얀들은 이러한 상황을 '어떤 사람들(즉, 선진국들)이 물이 새는 배의 한쪽 끝에서 구멍을 메우고 있으나, 다른 사람들(즉, 개발도상국들)은 배의 다른 쪽 끝에서 더 큰 구멍을 뚫고 있는 것'에 비유했다. 그는 "1998년의 경우와 같이 이러한 지적과 비유는 배출량 통제보다 더 많은 이야기가 있음을 알려준다. 무엇보다도 이익추구와 부(富)의 이전이라는 주제가 여전히 결과를 설명하는 데 적절한 것 같다"라고 결론지었다.

지대추구 이론에서 가장 선호하는 제안은 하나의 '세계적인(world-wide) 탄소 배출권 거래제'를 만들기 위해 '성공적인 지역(regional) 배출권 거래정책들'을 모방하는 것이다(다시 말하면, '성공적인 지역 배출권 거래정책들'을 모방하여 하나의 '세계적인 탄소 배출권 거래제'를 만드는 것이다). 유럽연합은 이미 자신의 배출권 거래제를 만들었다. 또한 미국도 2010년에 미국 전력법(American Power Act)이 통과되었다면 자신의 배출권 거래제를 충분히 만들 수 있었을 것이다. 탄소 배출권 거래제를 열렬히 지지하는 사람들은 탈(脫)탄소화를 거의 무료로 만들어주는 제도가 있는 것처럼 생각하고 탄소 거래에 대해 이야기하곤 한다. 예를 들어 독일의 어떤 환경 장관은 탄소 거래로 인해 독일이 '원자력 발전소들'을 폐쇄하고, 8～12개의 새로운 '석탄 화력 발전소들'로 교체할 수 있다고 주장했다. 즉, 독일은 탄소 배출량이 없는 발전소들을 폐쇄하고, 탄소 배출량이 많은 발전소들로 교체할 수 있다고 말한다. 그 장관은 탄소 상쇄량(offset)을 구매함으로써 "100개의 석탄 화력 발전소들을 건설할 수 있으며, 동시에 탄소 배출량이 더 많을 필요도 없다"고 설명했다(Pielke Jr., 2010, p. 111). 그 장관은 '정치적 기업가'로서의 역할을 통해 자신의 정치적 이익을 극대화하기 위해 석탄이익집단과 환경이익집단 모두를 만족시키려 했다.

탄소 상쇄량[27]은 자신의 탄소 배출량을 줄여서 판매할 수 있는 '배출권(credits)'이 있는 기업들에서 가져올 수 있다. 다른 것들은 농업 관행의 변화와 열대우림 보존에서 비롯된다(숲은 탄소 흡수원임). 대부분의 탄소 상쇄량은 이것이 없었다면 어떤 일이 일어났을지에 대한 주장들(claims)을 기반으로 한다. 이러한 주장들은 단지 실제로 알 수 없는 미래에 대한 '이야기들(stories)'일 뿐이다. 그러한 이야기(주장)들의 "절약"은 시장에서 팔 수 있는 '탄소 배출권(carbon credits)'으로 전환된다. 예를 들면 유럽연합의 생산자들은 자신의 배출량에 대한 법적 의무 한도(상한선)를 초과하기 위해 탄소 배출권을 구매할 수 있다.

NGO 세계의 정치적 기업가들도 '탄소 상쇄(carbon offsetting)'를 선호하는 이러한 경향으로부터 이익을 얻을 수 있는 기회들을 찾을 수 있다. 예를 들면 세계야생동물 기금(World Wildlife Fund)[28]은 브라질 열대우림의 많은 부분을 보호하

---

27. **[역주]** 예를 들면 생산자들이 그들의 생산활동에서 온실가스를 "상쇄"하기 위해 '탄소 배출권'을 구입할 수 있다.
28. **[역주]** 야생동물을 보호하기 위한 기금임.

기 위해 보증을 제공함으로써 얻을 수 있는 600억 달러의 상쇄량 중 일부를 판매하려고 한다. 세계 야생동물 기금, 민간 재단들, 세계은행, 투자 기금 관리자들 및 브라질 정부는 모두 브라질의 '잠재적 상쇄량(potential offset)'이 유엔 기후변화협약 관리기구에서 '거래 가능한 배출권(tradable credits)'으로 인정되도록 하려는 로비에 적극적으로 참여하고 있다. 특히 이러한 계획은 보호 범위 면에서 인상적이다. 그 계획은 삼림 벌채로부터 보호하기 위해 '950만 에이커'의 대규모 열대우림을 지정하고 있기 때문이다. 또한 이러한 대규모 배출권 제안은 950만 에이커의 열대우림 지역 삼림이 벌채당할 위험이 없기 때문에 탄소 생산을 *감소시킬* 것이다. 그러나 독일과 같은 국가들은 열대우림에서 탄소 배출권을 구매함으로써 더 많은 석탄 화력 전기 발전소들을 건설할 수 있다. 따라서 그러한 제안이 승인되면 세계 야생동물 기금과 그 제휴단체들은 기후 혜택을 제공하지 않으면서 탄소 배출자들로부터 막대한 금융적 이전을 얻을 수 있을 것이다. 하지만 사실상 탄소 배출량은 증가할 것이다.

그러나 유럽연합의 배출권 거래제 내에는 '의도하지 않은 결과들'과 심지어 '명백한 사기 행위'가 존재한다. 우선, 예를 들어 인도와 중국에서 활동하는 기업들은 반도체 산업과 냉매(冷媒)[29]에 사용되는 강력한 온실가스인 'HFC-23'을 생산한다. 유럽연합이 탄소 배출권과 교환으로 중국과 인도 기업들에게 온실가스를 폐기하도록 허용하자 배출권을 획득해서 팔기 위한 '활발한 시장'이 등장하여 발달하였다. 그런데 한 가지 '의도하지 않은 결과'가 나타났다. 그것은 탄소 배출권이 온실가스 자체보다 더 가치가 있었기 때문에 생산자들은 더 많은 배출권을 판매하기 위해 온실가스(즉, HFC-23) 생산을 '증가'시켰다는 점이다(Pielke Jr., 2010, p. 110). 또한 중국 정부는 유럽인들을 교묘하게 조종하여 유럽연합이 다음 두 사

29. [역주] 열교환기에서 열을 빼앗기 위해 사용되는 매체로 프레온이나 암모니아 등을 말함.

업을 위해 '풍력 발전 보조금(wind-farm subsidy)'을 지급하도록 했다. 이는 ① 보조금 없이 건설되었을 풍력 사업들과 ② 전력망에 연결조차 되지 않은 사업들을 위한 보조금들이다. 중국에서 풍력 터빈의 약 3분의 1은 실제로 전력망에 연결되어 있지 않았으며, 외관상 단지 탄소 배출권을 얻기 위해 건설된 것으로 보인다.

이제까지 살펴본 HFC-23과 중국의 풍력 발전 보조금은 국제 배출권 거래제 프로그램들이 어떻게 조작될 수 있고, 또 조작될 것인지를 보여주는 많은 사례 중 두 가지 예에 불과하다. 그러나 배출권 거래제가 발생시키는 문제들로 인해 그러한 프로그램들이 '훨씬 더 나은 정책들'로 대체될 것이라고 기대하지 마라! 그 이유는 간단하다. 그러한 정책들이 오염배출에 긍정적인 효과를 미치는지의 여부에 관계없이 배출권 거래제에 수십억 달러의 자금이 걸려 있기 때문이다. 예를 들어 앞에서 제안된 세계 야생동물 기금 사업에는 600억 달러가 걸려 있다. 게다가 강력한 주류 밀매업자들이 환경행동가인 침례교도들과 제휴하는 경우에는 더 많은 사업이 생겨날 것이다.

몇 가지 다른 문제들이 존재한다. 우선, 선진국들이 교토 약속(의정서)을 이행하더라도 지구 온난화에 큰 영향을 미치지 않을 것이다. 기후 모델들이 예측하는 바에 따르면 교토 약속은 2050년까지 지구 온난화에 단지 '수백분의 1 정도'의 차이만 가져다줄 뿐이다. 또한 선진국들이 개발도상국들에 대해 하는 약속은 '약하고 상징적'이다. 우선, 그러한 약속은 구속력이 없다는 점에서 약하다. 더욱이 그러한 약속은 실행할 수 없는 약속일 뿐이다. 다음으로, 그러한 약속은 '합리적으로 무지한(rationally uninformed)' 유권자들의 명백한 욕구를 달래기 위해 고안된 상징이다. 또한 그러한 약속은 정치적으로 실행 불가능한 조건들이 붙어 있다. 예를 들면 칸쿤 회의에서 약속한 개발도상국들에 대한 1,000억 달러 규모의 원조에는 정치적으로 실행 불가능한 조건이 붙어 있다. 그러한 원조가 개발도상국들에 실제로 전달될 가능성이 거의 없기 때문에 개도국의 지도자들은 탄소 배출량을 계속해서 증가시키는 정책들을 자유롭게 추진할 수 있을 것이다.

더욱더 큰 정치적 문제는 약속된 진도로 탈(脫)탄소화하는 데 필요한 선진국 경제의 '근본적인 구조 조정'이다. 이것은 물론 부유한 국가들에서 가난한 국가들로 부(富)를 이전하려는 하나의 이유로 '기후변화'를 이용하는 많은 기후변화 운동가들의 바람이다. 독일의 경제학자이자 '기후변화에 관한 정부 간 협의체(IPCC)'의 관계자인 오트마르 에덴호퍼(Ottmar Eddenhofer)는 칸쿤 회의에 앞서 '지구 온난화 정책 재단(GWPF)'과의 인터뷰에서 다음과 같이 언급했다(Potter, 2010):

> 우선, 선진국들은 기본적으로 세계공동체의 대기를 착취해왔습니다. 그러나 우리는 '기후정책'을 통해 사실상 '세계의 부(富)를 재분배해야 한다'라고 분명히 말해야 합니다. 분명히 석탄과 석유의 소유자들은 이를 크게 반기지 않을 것입니다. 우리는 국제기후정책이 '환경정책'이라는 환상에서 벗어나야 합니다. 기후정책은 삼림 벌채 또는 오존층 구멍(ozone hole)[30]과 같은 문제들과 함께 더 이상 환경정책과 거의 관련이 없습니다. … 기본적으로 기후정책을 세계화의 주요 주제들과 별도로 논의하는 것은 큰 실수입니다. 이달 말 칸쿤에서 열리는 기후 정상 회의는 '기후 회의'가 아니라 제2차 세계대전 이후 최대 규모의 '경제 회의' 중 하나입니다.

영국 '틴달(Tyndall) 기후변화연구센터'의 소장인 케빈 앤더슨(Kevin Anderson) 교수는 칸쿤 회의를 위해 준비한 논문에서 가난한 국가들이 계속 성장할 수 있도록 하면서 지구 배출량을 획기적으로 감소시킬 수 있는 유일한 방법은 '향후 20년 동안 부유한 국가들의 경제성장을 멈추는 것'이라고 말했다. 또한 앤더슨은 사람들에게 절약을 강요하기 위해 제2차 세계대전에서 도입한 '전기 배급'을 주장했다(Gray, 2010). 이러한 경제적 고통에 대한 요구는 로저 필케 주니어(Roger

30. [역주] 오존층 가운데에서 오존의 양이 크게 감소된 부분을 말함.

Pielke Jr.)가 2010년에 출간한 『기후 해결(*Climate Fix*)』이라는 책에서 제시한 소위 "기후정책의 철칙"이라고 부른 것에 위배되는 것이었다(Roger Pielke Jr., 2010). 기후정책의 철칙은 '경제적 목표가 환경적 목표보다 정치에서 더 큰 비중(중요성)을 차지해야 한다'는 것을 말한다. 또한 필케는 기후 법안(climate bill)으로 인한 잠재적인 가계비용의 증가에 대한 지지를 설명하기 위해 '2009년 미국 여론조사'를 예로 들었다. 이 여론조사에 따르면 대다수의 사람들은 연간 80달러에 달하는 비용 증가를 받아들일 것이지만, 실제로 그 금액은 연간 175달러로 감소했다. 그러나 비용이 매년 770달러씩 증가하면서 기후 법안에 대한 반대자들의 수가 지지자들보다 거의 10 대 1로 많았다. 필케는 '탈(脫)탄소화 경제(decarbonizing economies)를 위한 정책이 성공하려면 단기 비용에 상응하는 분명한 단기 이익을 가져다주어야만 한다'고 결론지었다. 정책들이 사람들의 경제적 목표와 일치하지 않으면 그 정책들은 실패할 것이다.

이제까지 살펴보았듯이 ① 현재 및 제안된 기후정책들이 '기후정책의 철칙'에 위배되며, 다른 한편으로 ② 그러한 기후정책들은 상징적 합의 또는 비(非)합의에 의한 지대추구 기회들을 가져다준다. 이 두 가지 점을 감안해볼 때 과연 '의미 있는 기후정책'이 존재하는가? 아직까지 아무도 대기 또는 기후에 대한 재산권을 확립하는 방법을 개발하지 못해왔다. 다만 탄소 배출권 거래정책들은 무(無)에서 유(有)를 창조하려고 시도한다. 예를 들면 '개발하지 않겠다'는 약속에 대한 대가로 '마법의' 탄소 배출권을 창조해냈다. 만약 '부정적인(negative)' 기후변화가 일어난다면 적응하는 것 이외에 다른 무엇이 있는가? 부정적인 기후변화가 발생하는 경우 많은 경제학자들은 '피구 탄소세(Pigouvian carbon tax)'를 제안한다. 예를 들면 미국에는 심지어 '피구 클럽(Pigou Club)'[31]이라고 알려진 비공식

31. **[역주]** '피구 클럽'은 미국 경제학자인 그레고리 맨큐(Gregory Mankiw) 교수가 만들었으며, '휘발유세나 탄소세와 같은 '피구적 조세'의 인상을 공개적으로 지지하는 경제학자들과 전문가 그룹'을 말한다.

적인 그룹도 있다. 피구 클럽은 미국 의회가 휘발유세를 10년에 걸쳐 매년 10센트씩 증가시키는 것을 지지하였다. 그 결과 미국에서 휘발유세는 갤런당 1달러에 도달하였다. '피구 탄소세' 부과 계획은 미국 의회에서 제안한 지대추구로 가득 찬 '탄소 배출권 거래 법안' 보다 훨씬 덜 복잡하다. 피구 탄소세 부과의 지지자들은 다음과 같이 주장한다. 즉, 피구 탄소세는 ① 탄소 생산을 줄이고, ② 사람들이 자발적으로 더 높은 MPG[32] 차량을 찾음에 따라 CAFE(연비)[33] 기준을 무의미하게 만들고, ③ 비용을 소비자들에게 부담시키며, ④ 몇몇 소득세를 대체할 수 있다고 주장한다. 그러나 이 장의 앞부분에서 언급했듯이 피구 탄소세 부과의 단점은 다음과 같다. 즉, 피구 탄소세는 ① 적절한 조세가 얼마인지 알지 못하며, ② 배출량 모니터링의 어려움, ③ 소비자들의 예상치 못한 반응, ④ 조세가 잘못된 정보에 근거하여 부과되거나 이념적 광신자들의 손에 달려 있을 가능성 등의 단점들을 가지고 있다. 반면에 피구 탄소세는 대규모 '배출권 거래제' 의 필수적인 부분들인 지대추구와 무의미한 상징주의를 대부분 피할 수 있을 것이다.

가장 혁신적인 조세 부과 아이디어는 환경경제학 및 정책 분석을 전공한 캐나다 구엘프(Guelph)대학교의 경제학 교수인 로스 맥키트릭(Ross McKitrick, 2008)에게서 나왔다. 맥키트릭은 인간이 초래한 기후변화에 대한 주장들에 회의적이며, 이 문제에 대해 많은 과학적 논문들을 발표했다. 그러나 그의 제안이 받아들여지려면 이를 믿는 사람들과 믿지 않는 사람들 모두에게 호소력이 있어야 한다. 맥키트릭은 대기의 가장 낮은 층인 '열대 대류권' 에서 실제로 일어나는 '온난화의 양에 따라 증가하거나 감소하는 탄소세' 를 제안하였다. 맥키트릭은 온난화가 발

32. **[역주]** 'MPG' 는 갤런당 마일(miles per gallon)을 말하며, 차량의 연료 소비 정도를 나타내는 표현임.

33. **[역주]** 'CAFE' 는 Corporate Average Fuel Economy로의 약어로 '기업평균연비규제제도'를 말하며, 미국의 자동차 연비관리 정책으로서 한 기업이 당해 연도에 생산하는 자동차의 평균연비를 규제하는 제도이다.

생하는 곳으로 열대 대류권을 지목하였다. 기후 모델들이 예측하는 바에 따르면 열대 대류권이 인간이 초래한 지구 온난화의 첫 번째이자 가장 강력한 신호가 있을 곳이기 때문이다. 또한 맥키트릭은 이산화탄소 1톤당 5달러 정도의 비교적 낮은 세금을 기준선(baseline)으로 제시했지만, 탄소세는 기온과 함께 크게 증가할 것으로 예측했다. 일부 기후 모델들이 정확하다면 탄소세는 2100년까지 톤당 200달러에 도달할 것이다. 그러나 기후 모델들이 정확하지 않으면 탄소세는 0으로 떨어질 수 있다.

맥키트릭의 제안에는 최소한 4가지 매우 긍정적인 특징들이 있다. 첫째, 세율은 기후정책의 철칙에 위배되지 않을 정도로 낮게 시작된다. 둘째, 아무도 기후 모델들이 정확한지의 여부에 대해 미리 도박을 할 필요가 없다. 온난화가 증가하면 생산된 이산화탄소 톤당 세금이 증가한다. 반면에 온난화가 감소하거나 없으면 세금이 감소한다. 셋째, 세금은 투자자들과 생산자들이 정치적 지대를 얻기 위해 정부에 의존하기보다 '앞을 내다보게(forward looking)' (미래 지향적이게) 만들 것이다. 오늘의 세율은 미래의 납세 의무에 대한 기대만큼 오늘의 행동에도 영향을 미치지 않을 것이다. 투자자들과 생산자들은 10년 및 20년 후의 세율에 대해 오늘 계획을 세워야 하며, 미래의 예상 세금을 그들의 계획에 포함시킬 것이다. 넷째, 세율을 기온과 연계함으로써 민간부문에서 '기후 모델링(climate modeling)을 위한 새로운 시장' 이 생겨날 것이다. 기업들이 자신의 계획수립 과정에서 요구되는 '믿을 만한 정보' 를 찾으려 하기 때문이다. 이 새로운 시장에서 기후 모델링을 만드는 사람들 간의 경쟁은 기후 모델링을 '단기 시계(視界)를 가진 정치 무대(political arena)' 에서 '장기 시계를 가진 민간 영역(private arena)' 으로 이동시키는 역할을 할 것이다. 또한 이 새로운 시장에서는 정치인들, 관료들 또는 NGO 관계자들이 아니라 '실제 온난화(warming) 또는 한랭화(cooling)' 가 좋은 모델을 만드는 주요 척도가 될 것이다.

5. 결론

현재의 환경정책들은 ① 기업에 대한 반감, ② 정부개입 증가 및 규제 강화에 대한 지지, ③ 생태계와 경제가 상충하는 시스템이라는 믿음 등을 기반으로 하고 있다. 그러나 본 장에서 나는 이들과 '정반대' 되는 의견을 제시했다. 즉, 나는 '환경 보호는 재산권을 환경 자원들로 확장하고, 시장 거래에 의존함으로써 가장 잘 달성된다' 고 제시했다. 재산권이 명확하게 설정될 때 생태계와 경제가 조화를 이루게 된다. 나는 이미 앞의 여러 장에서 다음 두 가지 점을 왜 믿는지를 분명히 설명했다. 첫째, '사적이고 분권화된 시스템(private and decentralized system)' 만이 현명한 자원 관리에 필요한 '분산된 지식(dispersed knowledge)' 을 활용할 수 있게 해준다. 둘째, '재산권 제도' 는 사람들이 해당 정보에 따라 행동하도록 인센티브를 부여해주는 가장 좋은 방법이다. 정보 및 인센티브 문제들은 시장에서는 쉽게 해결할 수 있지만, 정부 실정(失政)의 주요 원인이다.

'환경적 재화들(environmental goods)' 은 현재 정치적으로 통제되거나 정치적 경계를 넘나들고 있다. 따라서 시장과 재산권을 '환경적 재화들' 로 확장하는 데 많은 어려움이 있다. 그러나 이러한 어려움들은 환경 분야에만 국한되는 것은 아니다. 창의적인 연구자들은 전 세계적으로 '성공적인 민영화 프로그램들' 에서 얻은 교훈들을 "재산권을 환경 분야로 확장하는 데" 적용해보려고 할 것이다.

▪ 서지(書誌) 노트 : 주요 참고문헌 소개

환경 관련 말들의 과잉생산은 환경운동가들이 염려하는 '외부성' 과 유사하다. 아마도 이러한 '말의 오염' 에 대해서 주류 환경론자들이 다른 분야에도 적용하기를 열망하는 '매우 가혹한 정책' 이 적용되어야 할 것이다. 이는 많은 문헌들이 '쓰레기와 같은 정책' 이기 때문이다. 그러나 몇몇 유명한 에세이를 포함하여 소수의 가치 있는 문헌들이 있다. 첫 번째 유명한 에세이는 로널드 코스가 쓴 "사회적 비용 문제(The Problem of Social Cost)" 이다. 이 에세이는 1960년 *Journal of Law and Economics*(Vol. 3, pp. 1~44)에 처음 게재되었다. 코스는 수학이나 심지어 경제적 전문용어를 많이 사용하지 않고 ① 외부효과의 본질과 ② 외부효과 발생 시 무엇을 해야 하는지를 정확하게 진단했다. 코스는 이 에세이와 1937년에 쓴 "기업의 성격(The Nature of the Firm)" 에 대한 에세이로 1991년에 노벨 경제학상을 수상하였다. 코스는 다른 에세이인 "등대의 경제학(The Lighthouse in Economics)" (1974)에서 '등대가 공공재이므로 사적으로 공급될 수 없다' 라는 기존의 주장을 검토했다. 그러나 코스는 기존의 통념과 달리 등대 서비스가 민간기업에 의해 제공될 수 있고, 또 제공되었음을 발견했다. 영국의 등대들은 정부가 아니라 '사적 개인들' 에 의해 건설, 운영, 자금 조달, 소유 및 판매되었다. 예를 들면 등대를 소유한 사적 개인의 대리인들이 영국 항구에서 통행료를 징수하였다. 코스의 등대 연구에 따르면 시장은 많은 이론가가 생각하는 것보다 '더 적게' 실패할 수 있음을 시사해준다(코스 이전의 통념은 등대는 공공재로서 시장이 공급할 수 없다고 여겼지만, 코스는 영국의 등대가 사적 개인들에 의해 시장에서 공급되고 있음을 발견하였다).

이보다는 덜 유명하지만 가장 영향력 있는 논문은 스티븐 청(Steven N. S. Cheung)이 1973년에 *Journal of Law and Economics*에 흥미로운 제목으로 게재한 「꿀벌의 우화 : 경제적 연구(The Fable of the Bees : An Economic Investigation)」이다. 이 논문은 코스 전통을 더욱 정교화하였으며 꿀벌의 경우에 적용하였다. 특히 이 논문에서는 꿀벌과 양봉가 사이에서 발생하는 '유익한' 외부성을 상상력이 풍부한 정신 운동을 통해 탐구하였다.

다음으로, 가치 있는 몇 권의 책을 인용하고자 한다. 우선, 테리 앤더슨(Terry

Anderson)과 도널드 릴(Donald Leal)은 1991년에 『자유시장 환경주의(*Free Market Environmentalism*)』를 출간했으며, 현재 제2판이 나와 있다. 이 책은 시장과 재산권을 '환경'에 적용하는 방법에 대해 체계적으로 연구하고 있다. 이 책에서 두 저자는 바다에서의 정주(定住) 장려와 미국 서부의 역사와 같은 다양한 주제들을 탐구하였다.

'주류 환경주의'에 대한 또 다른 매우 흥미롭고 통렬한 공격은 비욘 롬보르그(Bjorn Lomborg)가 2001년에 쓴 『회의적 환경론자 : 세계의 실제 상태 측정(*The Skeptical Environmentalist: Measuring the Real State of the World*)』에서 나왔다. 롬보르그는 자신의 책 제목이 "환경에 관한 세계에서 가장 잘 알려진 책인 『세계의 상태(*The State of the World*)』에 대한 희곡"이라고 언급했다. 이 책의 새 판(版)은 Worldwatch Institute에서 매년 발행되며, 백만 부 이상 판매되었다. 따라서 먼저 『세계의 상태』를 읽고, 다음으로 롬보르그의 책을 읽기 바란다. 아마도 그 어떤 책도 롬보르그의 책보다 주류 환경 공동체에 대해 더 독설적인 공격을 하지 못할 것이다. 주류 환경 공동체에 대한 그의 독설적인 공격들과 대응책은 그의 웹사이트(http://www.lomborg.com/)에서 볼 수 있다.

아프리카의 '지역사회 기반 천연자원 관리(Community-Based Natural Resource Management ; CBNRM)'를 살펴보려면 브라이언 차일드(Brian Child)가 2004년에 쓴 『전환 중인 공원 : 생물의 다양성, 농촌 개발 및 결론(*Parks in Transition: Biodiversity, Rural Development and the Bottom Line*)』을 참고하면 유익할 것이다. 영국 LSE에서 경제학 박사 학위를 받은 차일드는 평생을 남아프리카 야생동물 관리 분야에서 보냈다. 나는 2007년 5월에 그로부터 다음과 같은 이메일을 받았다:

> 저는 지금 나미비아에서 '지역사회 기반 천연자원 관리(CBNRM)'를 살펴보고 있

습니다. … CAMPFIRE(짐바브웨 버전의 CBNRM)는 특히 진정한 직접 민주주의 단계로 넘어간 나미비아에서도 여전히 잘 작동하고 있습니다. 저는 두 명의 짐바브웨 학생들에게 CAMPFIRE가 왜 그렇게 강력한지를 살펴보게 하려고 합니다. 그러나 잠비아에서 제가 했던 유사한 작업은 여기서는 거의 작동하지 않고 있습니다. … 미안하지만 저는 지금 전화 접속 작업을 하러 다른 지역에 가야 하기 때문에 이만 이메일을 마쳐야 할 것 같습니다.

읽을 가치가 있는 또 다른 책은 피터 힐(Peter J. Hill)과 로저 마이너스(Roger E. Meiners)가 1998년에 편집한 『누가 환경을 소유하는가?(*Who Owns the Environment?*)』이다. 이 책의 모든 장이 읽을 가치가 있지만, 특히 두 장이 눈에 띈다. 첫 번째는 브루스 얀들(Bruce Yandle)이 쓴 「코스, 피구, 그리고 환경적 권리(Coase, Pigou and Environmental Rights)」이다. 이 논문은 코스보다 코스를 더 잘 설명하고 있다. 두 번째는 엘리자베스 브루베이커(Elizabeth Brubaker)가 쓴 「보통법과 환경: 캐나다의 경험(*The Common Law and the Environment: The Canadian Experience*)」이다. 이 논문은 환경에 대한 보통법 적용을 이해하는 데 있어서 내가 아는 최고의 단일 논문이다.

마지막으로, 현재까지 기후정책에 대한 최고의 책은 로저 필케 주니어가 2010년에 쓴 『기후 해결: 과학자들과 정치인들이 지구 온난화에 대해 말하지 않는 것(*The Climate Fix: What Scientists and Politicians Won't Tell You About Global Warming*)』이다. 필케는 '기후정책들은 경제성장과 양립해야 하며, 그렇지 않으면 실패할 것'이라고 주장했다. 특히 필케는 기후정책 논의에 '실용주의'를 많이 주입했다. 또한 그의 접근방법이 다소 '하이에크적(Hayekian)'임을 알 수 있다. 이는 그가 소위 "완곡한 접근방법(oblique approach)"과 '분권화되고 점진적인 정책들'을 옹호했기 때문이다. 특히 기후 논의에서 필케를 돋보이게 한 것은 "개인의 선택을 존중하고 빈곤층의 삶을 개선하도록 돕는 인간의 존엄성" 에 대한 그의 존중에 있다(이는 어떤 평론가가 지적한 말이다).

〈참고문헌〉

Ackerman, Bruce A. and William T. Hassler, *Clean Coal–Dirty Air*, New Haven : Yale University Press, 1981.

Anderson, Terry L., "Donning Coase-Coloured Glasses : A Property Rights View of Natural Resource Economics," *The Australian Journal of Agricultural and Resource Economics*, 48 : 3, 2004, pp. 445~62.

Anderson, Terry and Donald Leal, *Free Market Environmentalism*, New York : Palgrave, 1991.

Ballard v. Tomlinson 1885 LR 29 Ch.D 115.

Chay, Kenneth Y. and Michael Greenstone, "Does Air Quality Matter? Evidence from the Housing Market," *Journal of Political Economy*, Vol. 113, 2005, pp. 376~424.

Cheung, Steven N. S., "The Fable of the Bees," *Journal of Law and Economics*, Vol. 16, 1973, pp. 11~33.

Child, Brian, *Parks in Transition : Biodiversity, Rural Development and the Bottom Line*, London : Earthscan, 2005.

Coase, Ronald H., "The Nature of the Firm," *Economica*, 4(16), 1937, pp. 386~405.

________________, "The Lighthouse in Economics," *Journal of Law and Economics*, 17(2), 1960, pp. 357~76.

________________, "The Problem of Social Cost," *Journal of Law and Economics*, 17(3), 1960, pp. 1~44.

Friedman, David, *Law's Order : What Economics Has To Do with Law and Why It*

Matters, Princeton: Princeton University Press, 2000.

Friedman, Milton, *Capitalism and Freedom*, Chicago : University of Chicago Press, 1962, p. 31.

Gardner, B. Delworth and Randy T. Simmons, eds., *Aquanomics : Water Markets and the Environment*, New Jersey : Transaction Publishers, 2012.

Goklany, Indur, *Changing the Air : The Real Story of the War on Air Pollution*, Washington DC: Cato Institute, 1999.

Gray, Louise, "Cancun Climate Change Summit: Scientists Call for Rationing in Developed World," *The Telegraph*, Nov. 29. 2010. http://www.webcitation.org/5u145RnTn.

Greenstone, Michael, "Did the Clean Air Act Amendments Cause the Remarkable Decline in Sulfur Dioxide Concentrations?," *Journal of Environmental Economics and Management*, 2004, p. 47.

Harris, Guillermo Donoso, "Water markets: Case Studies of Chile's 1981 Water Code," *Ciencia Investigacion Agraria*, 33(2), 2006, pp. 151~71.

Hill, Peter J. and Roger E. Meiners, *Who Owns the Environment?*, Lanham, Maryland: Rowman and Littlefield, 1998.

Huber, Ruitenbreek and Seroa da Motta, cited Kraemer, R. A., Pielen, B. and A. Leipprand, 2003, *Economic Instruments for Water Management : Extra-Regional Experiences and Their Applicability in Latin America and the Caribbean*, in Inter-American Development Bank-Regional Policy Dialogue (Hrsg.) : Environment Network-Economic Instruments for Water Management : Experiences from Europe and Implications for Latin America and the Caribbean, Regional Policy Dialogue Study Series, Washington D.C., Inter-American Development Bank-Regional Policy Dialogue, 1998, pp. 3~55.

Lomborg, Bjorn, *The Skeptical Environmentalist : Measuring the Real State of the World*, Cambridge : Cambridge University Press, 2001.

McKitrick, Ross, "A Simple State-Contingent Pricing Rule for Complex Intertemporal Externalities," *Energy & Environment*, Volume 19, Number 5, pp. 707~11, September. 2008. http:// ssrn.com/abstract=1154157.

Pielke, Roger, Jr., *The Climate Fix : What Scientists and Politicians Won't Tell You About Global Warming*, New York : Basic Books, 2010.

Pigou, A.C., *The Economics of Welfare*, London : Macmillan, 1920 & 1932.

Portney, Paul R., "Air Pollution Policy," in Portney, Paul R.. ed., *Public Policies for Environmental Protection*, Washington, DC : Resources for the Future, 1990, pp. 27~96.

______________, "Policy Watch : Economics and the Clean Air Act," *Journal of Economic Perspective*, 4, 1990, pp. 173~81.

Potter, Bernard, IPCC Official : "Climate Policy is Redistributing the World's Wealth," November 14. 2010. http://thegwpf.org/ipcc-news/ 1877-ipcc-official-climate-policy-is-redistributing-the-worlds-wealth.html.

Schwartz, Joel, "Finding Better Ways to Achieve Cleaner Air," American Enterprise Institute for Public Policy Research, *Environmental Policy Outlook*, September-October 2004.

Stroup, Richard L., "Rescuing Yellowstone from Politics : Expanding Parks while Reducing Conflict," in Baden, John A. and Donald Leal, eds. *The Yellowstone Primer : Land and Resource Management in the Greater Yellowstone Ecosystem*. San Francisco : Pacific Research Institute for Public Policy, 1990, pp. 169~84.

Whalen v. Union Bag & Paper Co. 208 N.Y.1.

Worldwatch, *The State of the World*, New York: W. W. Norton, 2007.

Yandle, Bruce, "Bootleggers, Baptists, and Global Warming," *PERC Reports*, Volume 28, No. 2, Summer 2010. http://www.perc.org/files/PRsummer10.pdf.

____________, "Who Owns the Environment?," in *Who Owns the Environment?*, Peter J. Hill and Roger E. Meiners, eds., Lanham, Maryland: Rowman and Littlefield, 1998.

제14장 사익의 정치적 추구 : 강제적 재분배

보수가 좋은 전문직 종사자들(예 : 의사나 변호사)과 매우 성공한 사업가들을 포함하여 전문직 집단들의 회원들이 더욱더 많은 재산(또는 부)과 소득을 얻으려 한다는 것은 크게 놀랄 일이 아닐 것이다. 이는 그들이 그저 *호모 에코노미*(Homo economi ; 경제적 인간 또는 경제인)[1], 즉 자본주의 및 민주주의 사회에서 열심히 일하면서 '재산(또는 부)을 극대화하는 시민들'이기 때문이다. 그들이 지대추구활동(rent seeking)에 비교우위를 가지고 있다는 사실은 앞의 여러 곳에서 비교적 자세히 설명하였다(특히 제9장을 참조하기 바람). 그러나 아직 고려하지 않은 사항은 지대추구에 비교우위를 가지고 있지 않거나 사적 경제(private economy)에서 성공하지 못하는 사람들의 '부(富)를 극대화하는 활동들'이다. 이러한 사람들은 자신의 부를 어떻게 극대화하는가? 먼저, 이러한 사람들은 누구인가? 이러한 사람들 중에서 어떤 사람들은 선택과정에서 나쁜 선택들을 했고, 어떤 사람들은 신체장애를 갖고 태어났고, 어떤 사람들은 병들어 혼자 힘으로 살아갈 수 없고, 어떤 사람들은 "불운"을 겪고, 어떤 사람들은 "절망적인" 사회적 상황에서 태어났다. 또한 다른 사람들은 앞날을 대비치 않거나 절약하지 않고, 또 다른 사람들은 여가나 낮은 임금의 일을 선호한다. 어쨌든 간에 자신을 잘 돌볼 수 없는 시민들이 있다는 것은 분명한 사실이다. 민주적 과정에 의해 지배되는 자본주의 경제에서 그들의

1. **[역주]** '호모 에코노미'는 일반적으로 "homo economicus(호모 에코노미쿠스)"(경제적 인간 또는 경제인)라고 불린다.

운명은 어떻게 될 것인가?

자신의 이익만을 생각하는 애덤 스미스(Adam Smith)의 '숨은 손(hidden hand)' ―즉, '보이지 않는 손(invisible hand)' ―은 "다른 사람들에 대한 진정한 염려"를 나타내는 분명한 방법이 아닐 뿐만 아니라 적절한 방법도 제공해주지 못한다. 즉, 숨은 손은 다른 사람들에 대한 진정한 염려를 잘 나타내주지 못하고 있다. 그럼에도 대부분의 사람들은 다른 사람들에 대해 '염려와 비슷한 감정'을 갖고 있는 것처럼 보인다. 특히 친밀한 사람들(예 : 친구나 애인)과 공통성이나 동일성―예를 들면 가족, 인종, 종교, 국적, 직업 또는 계급 등―을 갖고 있는 사람들에 대해 '염려와 유사한 감정'(예를 들면 동료애, 관심이나 걱정 등)을 가지고 있는 것 같다. 친밀성과 공통성(또는 동일성)을 바탕으로 한 '잠재적 동일시'[2]라는 그러한 유대관계는 다른 사람들에게 '보살핌과 필요한 자금을 내놓기 위한 동기'를 제공해줄 수 있을 것이다. 염려와 유사한 감정의 대표적 형태는 '이타주의(altruism)'이다. 이타주의는 인간 생활에 있어서 잘 확립되어 있는 하나의 사실이다. 인간 사회에서 이타주의는 이미 널리 행해지고 있으며, 또한 쉽게 목격할 수 있으나 그것을 측정하기는 어렵다. 이는 이타주의가 아주 많은 '사적인 방식들'로 일어나기 때문이다. 가장 유행하는 수단들은 너무 일반적이어서 사람들은 이를 당연하게 여기고 있다. 이타주의와 관련하여 특히 어머니들과 아버지들의 '무한한 희생'을 들 수 있다. 미국의 부모들은 자신의 한 자녀를 키우고 대학을 졸업시키는 데 500,000달러 이상(2011년 당시의 추정치임)의 가치가 있다고 생각할 것이다.

다른 차원에서 볼 때, 우리는 상당한 금액(미국의 '인디애나대학교 자선센터'에 따르면 2008년 당시 3,080억 달러에 이름)이 자선적 목적으로 사용되거나 자선 단체들에 제공되었으며, 이 금액 중에서 약 75%가 개인 기부자들에서 나왔다는 것을

2. [역주] '동일시'란 둘 또는 그 이상의 것을 같은 것으로 봄을 말함.

알 수 있다. 그러한 기부는 상당하지만, 곤경에 처한 모든 사람에게 적절한 보살핌과 소득을 제공해주지는 못할 것이다. 왜 그런가? 자선기금의 대부분은 빈곤층이 아니라 박물관들이나 대학들, 보이스카우트 및 걸스카우트 단체들, 시에라 클럽(Sierra Club : 미국의 자연환경 보호 단체) 등과 같은 시민 단체들과 그들의 활동에 사용되기 때문이다. 수백만 명의 불행한 사람들을 돌보는 데 큰 비용이 든다는 사실도 중요하지만, 이타주의—즉, 기부 행위—의 '공공재적 요소(public good element)' 와 그에 따라 사람들이 무임승차자(free rider)가 되려는 가능성과 유인(즉, 무임승차자 딜레마)도 마찬가지로 중요하다. 이러한 이유로 기부하지 않으려는 사람들로부터의 '강제적' 기부(coerced contribution)는 우리에게 '무임승차자 딜레마(free-rider dilemma)' 를 해결하는 하나의 수단을 제공해준다. 그러면 '누가' 그러한 활동을 하는가? 실제로(그리고 여러 의견과 달리) 재분배(기부) 활동을 시도하는 사람들은 항상 재분배(기부) 대상자인 수혜자들이 아니라 오히려 '잠재적 기부자들' 이다. 왜 기부자들이 나서서 기부활동을 하는가? 재분배(기부)의 수혜자들(즉, 빈곤한 사람들)은 일반적으로 충분한 정치적 자원들(political resources)을 모을 수 없지만, 부유한 기부자들은 자신에게 필요한 '정치적 자원들'—예를 들면 정보, 세금 유인, 지위, 소득 등—을 소유하고 있다. 부유한 기부자들은 빈곤한 사람들을 위한 '국가 주도의 복지프로그램' 을 시행함으로써 그들 자신에게 당장 중요한 두 가지 과제인 ① 빈곤층의 소득 증가와 ② 그들에게 더 많은 복지혜택을 제공함으로써 자신의 몫(소득) 감소 문제를 달성하게 된다. 따라서 빈곤한 사람들을 위한 '국가의 강제' 는 거의 강제적이지 '않은' 것 같다. 이는 그러한 프로그램과 개혁을 추진하는 사람들이 납세자들이지만 그들은 자신의 부담을 모르기 때문이다. 물론 어떤 납세자는 실제로 빈곤한 사람들을 지원하기 위해 자신이 얼마를 지불하고 있는지 거의 알지 못할 것이다. 비록 그 또는 그녀가 그것을 알고 있더라도 그 또는 그녀는 그 정책을 승인하거나, 성경의 명령과 시민적 책임의 일부로 자신을 희생하거나, 자신의 선행을 공개적으로 보여줄 수 있을 것이다.

미국에서 사회복지 프로그램들에 대한 지출이 지난 수십 년 동안 크게 증가해 왔다. 그러나 빈곤 완화에 대한 '커다란 관심'은 그것이 이기심(self interest)과 결합되더라도 복지예산의 증가를 설명하는 데 충분치 못할 것이다. 왜 그런가? 여기에는 다른 이유들이 있다. 우선, 마르크스주의자들뿐만 아니라 일부 공공선택학 분석가들은 '가난한 사람들에 대한 국가의 지출'은 불만을 가진 잠재적 혁명가들을 매수하려는 것으로 이는 자본가들의 편에서는 합리적 반응이라고 주장한다(물론 이 주장은 근거가 없지는 않다). 둘째, 그러한 지출은 자본경제(capital economies)에 있어서 "사회적 자본(social capital)"의 일부로 간주된다. 셋째, 사회적 불안이 그러한 정책(지출)들로 인해 감소될 수 있지만 "자본가들"이 실제로 가난한 사람들을 매수하기 위해 하나의 집단으로서 의식적으로 행동할지는 의문이다. 왜냐하면 자본가들도 '무임승차자 문제(free-rider problem)'에 직면하기 때문이다. 마지막으로, 정부의 복지지출을 확대하는 데 공통 또는 공유 이익(common or shared interests)을 가지고 있는 '다른 강력한 집단들'이 있다. 그러한 집단들로 복지 프로그램들을 관리하는 관료들, 자금을 제공하는 정치인들, 재분배를 정당화하는 지식인들 등이 있다. 이와 같이 사회복지 프로그램들에 대한 지출의 증가나 복지예산의 증가는 경제적 및 정치적 이유들에 의해 설명될 수 있다.

미국의 현재 사회복지 프로그램들 중 많은 것은 뉴딜(New Deal)[3] 기간 동안에 법령화되었다. 평상시에는 낮았던 실업 명부들이 뉴딜 당시에 수백 만 명의 실업자들로 갑자기 증가하였다. 이들은 평상시 책임감 있고 근면한 사람들이었다. 당시 이러한 노동자 계급 및 중류 계급 집단들은 정부가 그들의 곤경—즉, 그들 자신의 탓이 아닌 곤경—에 대해 무언가를 해야만 한다고 요구하였다. 이들의 요구에

3. **[역주]** '뉴딜'이란 미국 대통령 루즈벨트가 1933~1939년까지 실시한 일련의 사회보장 및 경제부흥정책을 말함. 경제 공황에 대처하여 정부가 적극적으로 경기를 조절하며 고용 수준을 향상시켰다.

정치인들은 즉각적으로 반응하였고, 이들의 노력은 투표와 재선(再選)을 통해 보상받았다. 실업을 감소시키는 데 궁극적으로 실패했지만(1938년 미국에서 여전히 5명 중에서 거의 한 명은 실업 상태에 있었음), 이와 관계없이 미국의 루즈벨트 대통령(Franklin D. Roosevelt : 미국의 제32대 대통령)과 민주당은 그들이 기울인 노력과 헌신으로 많은 사람들, 특히 뉴딜정책들에 의해 도움을 받았다고 믿는 사람들에 의해 크게 환영받았다. 마침내 민주당 투표자들로 구성된 새롭고 충성스러운 세대가 탄생되었다. 당시 많은 사람들은 어떻게 뉴딜정책들을 지지하였는가? 무엇보다도 사람들의 '사익추구'(이기심)가 복지정책들에 대한 투표자 지지의 강력한 동기부여였다. 또한 '사익추구'가 "권리(entitlements)"를 바탕으로 '평등성을 위한 하나의 윤리'로까지 일반화되었다는 것도 사실이다. 이후에도 급진적인 지식인들은 시장에서 나타나는 전통적인 불평등성과 개인의 책임성이라는 특성에 대항하기 위해 "민주적 평등성(democratic equality)"에 찬성하는 매력적인 주장들을 내놓았다. 그로 인해 재분배를 찬성하는 지식인들은 재분배를 인기 있는 하나의 '성장 산업'으로 만드는 데 기여했을 뿐만 아니라 그들의 '논쟁 기술'(옹호 주장)도 크게 향상시켰다.

미국은 뉴딜과 나중에 등장한 '위대한 사회(Great Society)'[4] 정책을 통해 재분배 프로그램들(redistributive programs)이 급격히 증가함에 따라 이를 실행하기 위한 새로운 정부기관들이 우후죽순처럼 생겨나서 ① 다른 사람들에게 '좋은 일을 하기(do good)'(즉, 재분배 프로그램을 실시하기)를 원하는 사람들뿐만 아니라 ② 이로 인해 나중에 자신들에게도 잘되기를 원하는 사람들을 위해 많은 일자리를 창출하였다. 그러나 세금을 납부하는 시민들은 대체로 직접적 보조금(grants)이나 현금 이전지급(cash transfer)을 너그럽게 봐주지 않을 것이다. 이 때문에 납세자들

4. **[역주]** '위대한 사회'는 미국의 린든 존슨(Lyndon B. Johnson) 대통령(미국의 제36대 대통령)의 국내 사회복지 정책을 말함.

에게 여러 성가신 통제들이 가해지게 되었으며, 납세자들은 그러한 통제들을 강제적이라고 생각하였다. 마지막으로, 관료들은 납세자들이 준수해야 하는 여러 통제들과 관료적 형식주의(red type)를 엄격히 관리함으로써 이익을 얻었다. 심지어 관료들의 유일한 동기부여가 사익추구가 아니라 '선행을 하는 것' 인 경우에도 관료들은 통제들과 관료주의로부터 이익을 얻었다. 그러나 정부가 '좋은 일을 하는 (doing good)' (즉, 재분배 프로그램을 실시하는) 데에는 자금(세금)이 필요하다. 좋은 일을 더 많이 할수록(즉, 더 많은 재분배 프로그램을 실시할수록) 더 많은 자금(세금)이 필요할 것이다.

관료로서 정부에서 일하는 모든 사람이 "더 자비심 많은" 관료들이 가지는 신념과 동기부여를 공유하는 것은 아니다. 그러한 관료들에는 어떤 유형이 있는가? 어떤 관료들은 그들이 섬기는 국민들에 대해 이상한 반감을 드러내기조차 한다. 반면에 다른 관료들은 오직 안정된 일자리와 편안한 하루만을 원한다. 조만간 고도로 동기부여된 평등주의 이념주의자(egalitarian ideologue)는 '관료적 일상(bureaucratic routine)' (관료적 쳇바퀴)에 굴복하거나 사익을 추구하는 '경력 열망자(career aspirant)' 로 대체될 것이다. 이러한 '자비심의 일상화(routinization of benevolence)' 는 선행자(do-gooder)와 수혜자(beneficiary) 모두로부터 긍지를 빼앗아간다. 모든 개혁가가 이러한 사실을 중히 여겨야 하지만 좀처럼 이를 소중히 여기지 않는다. 그럼에도 다음 두 가지를 가정해서 설명해보기로 하자. 첫째, 대부분의 관료들은 그들이 선호하는 기관들에서 일하기를 선택한다고 가정한다. 둘째, 국방부에서 일하기를 원하는 어떤 사람은 국방 분야에 종사하기를 선호하지만, 가난한 사람들의 문제들에 대해 관심을 가지는 어떤 사람은 사회복지기관에서 일하기를 선택한다고 가정해보자. 이러한 가정들이 사실이라면 우리는 다음과 같은 명제를 확증할 수 있다. 즉, "관료들의 개인적 동기부여들(personal motivations)은 예산을 확대하려는 '이기적 관료 성향(selfish bureau-cratic propensity)' 을 강화한다". 다시 말하면, 더 많은 선행을 하려면 더 많은 예산이 필요하다. 또한 나는 다음 사실도 믿으려 한다. 즉, 대부분의 사람들은 그들의 '자기 염려(self concerns ; 자신에 대하여 이기적으로 마음을 씀)'를 "타인 지향의 염려(other-directed concerns ; 타인에 대하여 마음을 씀)"로 이해하기를 원한다. 이러한 두 가지 믿음들의 상호 강화는 한편으로는 관료들의 성과를 향상시키지만, 다른 한편으로는 관료적 비효율성을 초래한다. '관료적 비효율성'은 개인들의 고도로 동기부여된 에너지가 사회적으로 바람직하지 않은 사업들에 배분되기 때문에 발생한다.

대공황이라는 절망적인 상황에서 등장한 '평등성(equality)의 이념'과 '권리(entitlement)의 이념'은 이제 미국에 매우 잘 확립되어 있다. 그로 인해 효과적으로 작동하는 자본주의제도들의 적극적인 지지자들도 이들 이념에 대해 공세(攻勢)보다는 '방어적 자세'를 취하고 있다. 또한 오늘날 미국 대통령들은 한편으로 예산을 '감소'시키기 위한 그들의 행동을 정당화해야만 하며, 다른 한편으로는 자신들이 복지지출과 그러한 프로그램들에 의해 보호를 받는 시민들의 수를 실질적으로 '증가'시켰다는 상반된 주장을 펼쳐야 하는 '난처한 입장'에 처해 있다. 어쨌든 이러한 이유들로 오늘날 미국에서 '민주적 평등성'에 대한 요구가 경제적 효율성(economic efficiency)과 경제적 불평등성(economic inequality)보다 우세한 경향이 있다. 이러한 경우에 매우 부유한 사람들은 대개 그들의 지위를 숨겨야만 한다. 특히 그들이 재산을 상속으로 물려받은 경우라면 더욱 그러할 것이다. 또한 부유한 자본가들의 생일들은 거의 축하를 받지 못할 것이다. 반면에 '시장제도들'은 주지하듯이 좋은 의도(good intentions ; 선의)가 아니라 '이기적 동기(selfish motives ; 사익추구적 동기)'로부터 사회적 선(social good)을 가져다준다. 따라서 민주적 평등성이 우세한 세상에서 시장제도들을 방어(보호)하려는 어떤 사람은 확실히 매우 어려운 문제—즉, 민주적 평등성을 포기해야 하는—에 봉착하게 될 것이다. 이것이 사실이라면 '자본주의'의 이념은 '방어적'이 될 것이지만,

'민주적 평등성' 의 이념은 더욱 '공격적' 이 될 것이다.

1. 평등성 추구 : 몇 가지 불편한 사실들

더 잘사는(부유한) 사람들로부터 덜 부유한(가난한) 사람들로의 정부 재분배(redistribution)에 대한 몇 가지 사실들을 보면 아이러니하게도 불평등을 가치 있다고 여기는 사람들뿐만 아니라 불평등을 혐오하는 사람들 모두를 혼란케 한다. 통계적 사실을 살펴보면 2007년에 미국 전체 시민들의 53%는 대부분 연방정부로부터 직접적 급부금(direct benefits)을 받았다(Trumbull, 2007). 반면에 공공재(public goods)로 간주되어 모든 사람이 이용 가능한 급부금들—예를 들면 국방, 고속도로, 교육 등—은 이 추정치에 포함되지 않았다. 대부분의 직접적 급부금 수혜자들은 중류층(middle class)이었고 현재에도 그렇다. 미국에서 중류층은 그들의 사적 소득에 관계없이 '급부금을 받을 권리(자격)' 가 주어져 있다. 또한 이전지급(transfer)제도로 사회보장제도, 메디케어(Medicare ; 65세 이상의 노인의료 보장제도), 철도퇴직급부금, 실업보상수당, 교육보조금, 퇴역군인급부금 등이 있다.

첫째, 중산층 수혜자들뿐만 아니라 '저소득 수혜자들' 도 좀 더 일반적으로 '복지' 로 알려진 "필요에 기반한 프로그램들(need-based programs)" 에 의해 지원을 받는다. 또한 미국 인구조사국의 '소득 및 프로그램 참여 조사' 에 따르면(Palumbo, 2010) 2008년에 미국 가정의 24%가 평균적으로 한 달 동안에 하나 이상의 "자산 조사에 기반한 프로그램들(means-tested programs)" [5]에서 지원을 받았다. 반면에 1984년에는 미국 가계의 16%만이 '자산 조사 기반 프로그램들' 에서 하나 이상의 지원을 받았다. 게다가 이 조사에 따르면 미국인들의 약 45%는 적

5. [역주] 'means-tested benefit' 이란 자산(또는 수입) 조사 결과에 따라 지급하는 복지수당을 말함.

어도 한 명의 구성원이 하나 이상의 '정부가 지원하는 사회복지 프로그램들'(government-sponsored social welfare programs)로부터 복지혜택을 받는 가정에서 살고 있었음을 보여주었다. 그 결과 미국의 보수주의자들은 이러한 복지지출들로 인해 당혹스러워하고 있다. 보수주의자들은 미국인들의 '약 50%'가 정부에 크게 의존하고 있음을 보았기 때문이다. 또한 이 수치는 미국의 자유주의자들과 급진주의자들 모두를 당혹스럽게 할 수 있다. 이들은 미국의 자본주의와 자유주의 사회가 시민들을 '충분히 부양하지 못하고 있다'라고 지속적으로 주장하기 때문이다. 특히 후자의 비평가들은 미국의 사회복지 지출이 총계상으로는 상당한 규모이지만, 실제로는 매우 기만적이라고 주장할 수 있다. 왜 그런가? 그들은 수령한 '실제 복지혜택(특히 복지 수혜자들이 받는)이 인간다운 삶을 유지하기에는 매우 불충분하다'라고 여기기 때문이다. 이러한 두 가지 견해 모두 사실이지만, 더 통렬한 비판들이 제기될 수 있다.

둘째, 지난 50년 동안 사회지출들이 눈에 띄게 증가해왔지만, 균등화(equalization)는 거의 이루어지지 않아 왔다. 이러한 '불편한 사실'은 장부(帳簿)상 조세 측면을 고려할 때 더욱 분명하게 드러난다. 수십억 달러의 세금이 부과되어 납세자들의 후생(welfare)은 감소하지만, 복지 수혜자들의 후생을 증가시키지는 못한다. 요컨대, 막대한 금액(모든 수준에서 미국 총정부지출의 44% 정도를 차지함)이 '한 주머니에서 다른 주머니로 이전'되지만, 이 중에서 많은 이전은 상이한 소득 계층들 간이 아니라 '동일한 소득 계층' 내에서 이전되는 독특한 특징을 가지고 있다. 즉, 동일한 소득 계층의 구성원들이 서로를 부양하고(즉, 복지혜택 수령), 동시에 이전(移轉) 재원을 부담(즉, 세금 부담)하게 된다.

셋째, 이보다 더 우울한 것은 소위 "'새는 양동이(leaky-bucket)'라고 불리는 현상"이다(Okun, 1975). 정부가 가난한 사람들에게 (예를 들어) 1달러를 주기로 했지만 궁극적으로 그들은 대개 1달러 *미만*(예를 들면 80센트)—즉, 양동이의 물이 새어나감—을 받게 된다. 왜 그런가? 이는 정부가 1달러 지급 과정에서 행정기관과 관리자들, 그리고 공급자들이 그 차액(예를 들면 20센트)을 가져가기 때문이다. 양동이가 새는 과정을 다음과 같이 살펴보기로 하자. 우선, 미국 인구조사국(Census Bureau)의 2005년 통계를 바탕으로 미국 사람들이 빈곤선(poverty line : 최저 생활 유지에 필요한 소득 수준)에서 탈피하는 데 필요한 정부의 평균 지출을 계산할 수 있다. 2004년의 경우 정부의 공식적인 빈곤선 아래에 살고 있는 3,700만 명의 소득을 빈곤으로부터 벗어나게(즉, 빈곤선 위에 있게) 하려면 ① 가구(families)의 경우 개인당 2,299달러의 평균 지출이 필요하고, ② 비(非)가구의 경우 개인당 5,295달러의 평균 지출이 필요하다. 다음으로, 미국이 빈곤 가구들에 지급한 정부의 총지출을 살펴보자. 우선, 2004년에 '빈곤가구들에 대한 한시적 보조(Temporary Aid for Needy Families ; TANF)' 에 사용된 연방 지출은 총 180억 달러였다. 또한 2004년에 미국 정부는 무료 식품권(Food Stamp) 보조에 240억 달러, 초로(初老)에 속하지 않는 수혜자들에 대한 추가안정소득(Supplemental Security Income) 보조에 300억 달러, 근로소득세액공제(Earned Income Tax Credit)에 330억 달러, 초로(初老)에 속하지 않는 사람들에 대해 지급되는 메디케이드(Medicaid : 65세 미만의 저소득자 및 신체장애자를 위한 의료보조제도) 지출에서 연방이 부담해야 하는 금액으로 1,140억 달러를 지출하였다. 마지막으로, 이들 금액을 모두 합하고 미국의 공식적 빈곤선 아래에 살고 있는 3,700만 명의 개인들로 나누면 개인당 7,775달러의 평균 지출을 구할 수 있다.[6] 이 금액은 공식적 빈곤선 아래에 살고 있는 개인들(즉, 3,700만 명)을 '빈곤선 위' 로 이동시키는 데 필요한 금액(즉, 위에서 구했듯이 가구의 경우 2,299달러와 비가구의 경우 5,295달러)보다 '훨

6. **[역주]** 실제 계산을 하면 다음과 같다. ① 180억 + 240억 + 300억 + 330억 + 1,140억 = 2,190억 달러, ② 2,190억 달러/3,700만 명 = (평균) 5,919달러임. 따라서 본문에서 언급한 평균인 7,775달러가 되려면 총지출액이 더 필요함. 아마 저자가 1～2개 지출 항목을 누락한 것 같음.

씬 더 큰' 지출임을 알 수 있다. 이는 미국에서 복지 양동이(welfare bucket)가 크게 새고 있음을 의미한다.

미국 조세정책재단(Tax Policy Foundation : 미국 도시연구소(Urban Institute)와 브루킹스연구소(Brookings Institution)가 합작 투자한 재단임)의 추정에 따르면 2010년 4월에 사람들이 국세청에 소득세 신고서를 제출했을 때 약 절반의 미국인들만이 자신의 소득세를 납부한 것으로 신고하였다. 이들은 조세 부담을 상쇄시키기 위해 각종 세액 공제(credits), 세금 공제(deductions), 면세(exemptions) 등의 혜택을 받거나 단순히 세금을 낼 만큼 충분한 돈을 벌지 못했다. 또한 모든 소득 범주에 속해 있는 사람들이 이전지급(transfer payments)을 받았으며, 특히 약 50,000달러 미만을 버는 사람들은 연방정부와 재정적 상호작용을 통해 '이익'을 얻었다. 즉, 이들은 조세보다 이전지급액이 더 많아서 조세에서 이전지급을 뺄 때 그들은 순 수익자들이었다. 반면에 흥미롭게도 '손해'를 보는 사람들은 고소득자들이었다. 예를 들면 100,000달러 이상을 버는 가구들은 평균적으로 약 60,000달러를 세금으로 납부하였으나, 이들은 7,000달러 미만을 이전지급으로 받았다. 그 결과 이들의 순손실은 약 53,000달러였다. 이러한 결과는 다음과 같은 매우 중요한 점을 제기한다. 즉, 왜 부유한 사람들은 이러한 손실이 일어나게 놔두는가? 몇 가지 대답을 제시할 수 있다. 하나의 대답은 이미 앞에서 제시했듯이 부유한 사람들은 노블레스 오블리주(noblesse oblige : 높은 신분에 따르는 도덕상의 의무)나 이타적 감정(altruistic impulse)을 가질 수 있기 때문이다. 다른 대답은 이미 앞에서 언급했듯이 부유한 사람들은 그들의 지위를 보존하기 위해 일종의 "사회보험(social insurance)"에 가입하려 하기 때문이다. 그러나 또 다른 대답은 부유한 사람들은 재분배가 필연적이라면 그 비용을 최소화하려 할 것이기 때문이다. 불운하게도 이러한 동기들은 쉽게 파악하기 어렵다. 따라서 ① 사적 재분배와 공적 재분배의 기존 비율을 설명하고, ② 왜 어떤 프로그램들은 채택되고, 다른 프로그램들은 채택되지 않는지를 설명하는 것이 중요하다. 그러나 그러한 설명들은 쉽게 결말이 나지 않을 것이다.

어떤 집단은 재분배로부터 분명한 이익을 얻었지만 '일반적인 평등성(general equality)' (모든 사람이 재분배로부터 똑같이 이익을 얻음)이라는 결과는 거의 달성되지 않았다. 놀라운 사실은 현재 실시되고 있는 대부분의 빈곤 퇴치 프로그램들(anti-poverty programs)이 '잘못 제공되고[7] 있거나 본말이 전도된 것' 이라는 점이다. 단기적으로 정부의 빈곤 퇴치 프로그램들은 어느 정도 성공을 거두어 왔다. 후한 지급을 기반으로 한 공공정책(즉, 빈곤 퇴치 프로그램들)이 없었다면 빈곤층(poverty class)은 자신의 빈곤이 "영속화" 되었을 것이다. 그러나 정부가 단기적으로 빈곤층에게 '정치적으로 후하게 해준다' 고 해서 보다 근본적인 문제—즉, '사람들이 왜 가난한지 또 그들이 왜 여전히 가난한지' —가 해결되는 것은 아니다. 유일한 현실적 정책(realistic policy)은 공적 재분배가 아니라 사적(민간) 경제성장을 촉진시키고, 그로써 고용 기회들과 실질 소득을 증가시키는 것이다. 그러나 경제가 성장하려면 대개 부유한 사람들에게 유리하다고 여겨지는 '공공정책들' 이 필요하다. 그러한 공공정책들로 낮은 인플레이션율, 높은 저축과 투자, 더 나은 경쟁 시장 등을 들 수 있다. 이러한 정책들은 모두 간접적 · 장기적으로 복지를 증가시킨다. 그러나 이러한 정책들은 부유한 사람들에게는 좋지만, 가난한 10대 아이들, 가난한 편친(偏親 : 홀로 아이를 키우는 어버이) 또는 범죄를 저지르려는 사람 등에게는 직접적인 도움을 제공해주지 않을 것이다.

7. [역주] 받을 가치가 없는 사람에게 신용, 애정, 혜택 등이 잘못 제공되는 것을 말함.

2. 민주주의 실제 사회에서 일어나는 재분배

앞에서 제기한 질문들에 대한 대답들은 실제로 매우 단순하다. 일단 분석의 기본 전제들이 받아들여진다면 그로부터 모든 것이 단순하게 그 뒤를 따르기 때문이다. 사람들은 모든 사회적 제도들(social institutions)을 이용하듯이 정부를 이용한다. 정부도 사회적 제도들 중 하나이기 때문이다. 사람들은 그들 자신의 복지를 증대시키기 위해서 정부를 이용한다. 이러한 목적(복지 증대)은 주로 ① 자신에게만 돌아오는 특별한 이익을 요구하거나, ② 자신이 부담해야 하는 비용을 다른 사람들에게 분산시킴으로써 달성된다. 또한 사람들은 더 많은 일반 공공재나 필수 공공재를 소비함으로써 이익을 얻을 뿐만 아니라, 다른 한편으로는 그러한 공공재들을 정부에게 제공하는 공급자가 됨으로써도 이익을 얻을 수 있다. 마지막으로, 물론 사람들은 조세부담에서 자신의 분담을 최소화하려 할 것이다. 어떠한 시민도 자기 혼자서 이러한 목적들을 달성할 수 없기 때문에 '연합 파트너들(coalition partners)'이 필요하다. 이때 파트너들은 승리하기에 충분한 수만 있으면 된다. 이를 "최소 승리 연합(minimal winning coalition : '승리에 필요한 최소 연합')"이라고 부른다. 또한 파트너들은 때때로 연합을 필요로 하는 당사자들보다 개별적으로 "더 약하다". 이를 "약(弱)조건(weakness condition)"이라고 부른다. 최소 승리 규모의 연합은 지대추구에 드는 비용을 연합 결성 후에 소득재분배로부터 얻는 이익보다 확실히 '더 적게' 해준다. 즉, 최소 승리 규모의 연합이 결성되면 지대추구에 드는 비용이 반드시 연합 결성 후에 소득재분배로부터 얻는 이익보다 더 적게 된다. 반면에 "약"조건은 재분배 승리로부터 얻을 수 있는 자신의 몫을 극대화시켜 줄 것이다. 이러한 과정에서 나타나는 당연한 문제는 ① 사회 내 모든 사람이 많은 연합의 한 회원이 될 수 있으며, ② 그 결과 그들은 상당한 지대추구비용과 보호비용을 지불해야만 한다는 점이다. 따라서 우리 모두는 자신의 이익 증가와 다른 사람들의 이익 유지에 드는 비용 지불을 비교해보아야 한다. 즉, 모든 사람은 수많은 다른 사람들의 이익을 지원해주는 데 드는 '비용 증가' 때문에 자신의 이익이 '더 적어질' 위험을 무릅써야 한다. 그러나 이것은 매우 불확실한 계산이다. 왜냐하면 우리는 단순히 모든 거래를 취급하기 위한 정확한 공공회계시스템(public accounting system)을 갖추고 있지 못하기 때문이다.

재분배와 관련하여 다음 두 가지 중요한 점을 강조하기로 한다. 즉, 현재 미국의 정치 조직에서 ① 재분배는 직접적·간접적 이전에 의해 달성되며, ② 대부분의 간접적 이전은 '의도하지 않은' 것이라는 점이다. 예를 들어 옥수수 에탄올에 대한 보조금은 옥수수 씨앗, 장비 판매자들, 옥수수 농업 노동에 대해서 지급된다. 또한 옥수수 에탄올 보조금은 식품 가공기 생산보다는 에탄올 설비 생산을 장려한다. 그러므로 에탄올 보조금은 식량으로 이용 가능한 옥수수의 양을 줄일 것이다. 이러한 결과는 애당초 의도하지 않은 것이다. 또한 심지어 순수 공공재(pure public goods)에 대한 직접적 지출도 '불필요한' 재분배를 초래한다. 마지막으로, 재분배의 평등성은 시민들의 소비를 왜곡시킨다. 모든 사람이 '동등하게 소비해야 한다'는 것은 필연적으로 '일부 시민들은 그들이 원하는 것보다 더 많이 "소비해야" 하지만, 다른 시민들은 그들이 원하는 수준에 못 미치는 소비를 해야만 한다'는 것을 의미한다. 따라서 재분배를 위한 어떠한 공공지출이나 조세 수단은 결코 '세수(稅收) 중립적(revenue neutral)'이지 않다. 그 결과 시장에서의 사적 선택(private choice)에 필연적으로 영향을 미치게 된다.

다음으로, 재정정책과 금융정책에 대해 살펴보기로 하자. 모든 재정정책과 금융정책이 '재분배적'이기 때문에(이에 대해서는 제15장을 참고하기 바람) 이들은 다분히 논쟁의 여지가 있을 것이다. 또한 어느 정책도 그 실행과 운용이 단순하지 않기 때문에 재분배가 이루어질 때 그 수혜자들과 납세자들(비용부담자들)이 누구인지 밝혀내기가 매우 어려울 것이다. 따라서 고소득집단에서 저소득집단으로 이루어지는 재분배(이를 "수직적 재분배(vertical redistribution)"라 함)에 대한 매우 단순한 예언들조차도 거의 사실이 아닐 것이다. 물론 재분배는 '수평적(horizontal)'이 될 수 있다. 즉, 어떤 단일 소득집단 내에서 재분배가 이루어질 수 있다[이를 "수평적 재분배(horizontal redistribution)"라 함]. 또한 재분배는 전체 소득계층 "구조(structure)"에서 상향으로('상향적 재분배')뿐만 아니라 하향으로('하향적 재분배') 도 진행될 수 있다. 수평적 재분배의 경우 "교차 보조금(cross subsidies)"[8]—예를 들면 도시 우편(즉, 채산이 맞는 사업) 사용자들이 농촌 우편(즉, 채산이 맞지 않는 사업) 사용자들에게 보조금을 주는 경우—이 아주 좋은 사례이다. 어떤 사람은 어떤 때에는 매우 잘살지만, 다른 때에는 잘살지 못할 수도 있다. 이것이 미국 의회가 세법들의 중요한 변경으로 인한 예상치 못한 부담을 완화하기 위해 "전환 규칙(transition rules)"을 제정하는 하나의 이유이다(그렇다고 해서 그것이 유일한 이유는 아니다). 다수의 새로운 정부 프로그램들이 도입되면 그 영향은 광범위하고, 간접적이며, 다소 예측할 수 없을 것이다. 또한 더 나쁘게도 수혜자들과 피해자들은 그들의 운명이나 그것이 어떻게 결정되는지에 대해서 잘 알 수 없을 것이다. 소득 범주별로 정리된 거시적(macro) 또는 종계적(aggregate) 결과는 일반적으로 개별 시민들의 고유한(개별적) 결과들을 설명하는 데 크게 도움이 되지 않는다. 각 개인의 상태는 대체로 매우 복잡하고 독특하기 때문이다.

이러한 일반적 주의들에도 불구하고 '누가 무엇을 갖느냐(who gets what)'에 대해 몇 가지 '일반론'(귀납적 결과)이 제시될 수 있다. 첫째, 대부분의 사회과학자들과 특히 정치학자들에 따르면 "재분배의 경우 이전은 일반적으로 '덜 조직화된 시민들'로부터 '더 조직화된 시민들'로 이루어진다". 둘째, 정치학에서는 '이익집단 분석'이 오랫동안 유지되어 왔으며, 그 결과 다른 방법은 없는 것으로 여겨지

8. [역주] '교차 보조금'이란 채산이 맞지 않는 사업을 다른 사업의 수익으로 유지하는 것을 말함.

고 있다. 셋째, 현대 공공선택학(Public Choice)은 다음과 같은 초기의 주장(명제)을 확증했다. 즉, '특별이익집단들은 인센티브, 조직, 자원, 투표, 더 약한 상대자들 등을 포함하는 모든 정치적 이익을 보유하고 있다' 고 주장한다. 이러한 주장은 이미 사람들에게 친숙하며 비교적 잘 알려져 있다. 이와 동시에 공공선택학파에 따르면 정치인들은 요구자들의 관심사에 응할 뿐만 아니라 정말로 그것을 촉진시키기 위한 강력한 인센티브도 가지고 있다.

그러나 가난한 사람들에 대한 재분배를 논의할 때 결코 빠뜨릴 수 없을 뿐만 아니라 경시할 수 없는 한 가지 중요한 사실이 있다. 즉, "가난한 사람들은 대개 정치적으로 강력하다고 생각되지 않는다" 는 사실이다. 만약 이것이 사실이라면 "저소득 사람들" 의 개선과 지원을 위한 막대한 공공지출을 어떻게 설명할 것인가? 다시 말하면, 정부와 정치인들은 '정치적으로 약하다' 고 여겨지는 저소득계층들(또는 가난한 사람들)을 위해 왜 막대한 공공지출을 하는가? 공공선택학자들은 다양한 방식으로 이러한 '이론적 딜레마' 에 맞서 왔다. 그러나 이들은 대부분 "계약이론(contractual theory)" 의 일부 내용을 주장함으로써 그러한 이론적 딜레마에 대항해왔다. 계약이론에 따르면 ① 위험회피적인(risk-averse) 투표자들은 장기적 소득 변동에 대해 자신을 안전하게 하기를 선택하거나, ② 더 부유한 시민들은 불만을 품고 있는 사람들을 매수(買收)하기 위해 공적자금을 사용함으로써 자신들의 지위를 보호하려고 한다. 이러한 '계약적 접근 방법' 은 지적으로 매력이 있지만, 다음 두 가지 문제점을 가지고 있다. 첫째, 계약이론이 주장하는 바와 달리 시민들은 결코 그러한 '명확한 투표 선택(voting choices)' 을 제공받지 못한다. 둘째, 정치인들은 계약이론과 달리 선거와 입법 경쟁이라는 당면한 상황에서 '부분적 정책들(partial policies)' 을 만들어낸다. 그로 인해 시민들은 "종합적(overall)" 복지정책에 대해 직접적으로 투표하지 않는다. 오히려 시민들은 특정 집단들을 위해 만들어진 "특별한(special)" 복지 프로그램들을 접하게 된다.

이러한 이슈들을 다루면서 다음 사실이 꽤 분명하게 대두된다. 즉, '진정으로 가난한 사람들'은 상당한 이익을 얻지만, 이들보다 약간 더 나은(또는 덜 가난한) 사람들보다는 훨씬 더 적은 이익을 얻고 있다는 사실이다. 복지정책들은 '특정' 우발 사건들(contingencies)을 다룬다. 그러한 우발 사건들로 실업, 남편이 없으면서 부양해야 할 자식들을 거느린 어머니들, 노년, 정신병 등을 들 수 있다. 이러한 사건들의 경우에 복지정책이 필요하다. 또한 정신적·신체적 불치의 상태에서 고통—예를 들면 정신 지체나 박약, 신체 불구나 장애 등—을 겪고 있는 시민들은 분명히 다른 사람들의 호의나 선의에 의존해야만 한다. 그러나 여기서도 다른 사람들을 도우려는 사적 자선기관들뿐만 아니라 가족과 공공 관료들을 포함하는 '이해관계자들'이 있다. 그러한 호의나 선의에 명백한 이타주의가 관계되지만 '사익추구(이기심)'도 배제할 수 없다. 또한 이해관계자의 하나로 '복지산업(welfare industry)'이 존재하며, 이는 ① 이미 원조를 받고 있고 사람들과 잠재적 수혜자들뿐만 아니라 ② 서비스나 소득, 현물 급부 등을 전달하기 위한 모든(사적 및 공적) 관료기구들을 포함하고 있다. 이 과정에서 우리는 '지대를 추구하는 생산자들(rent-seeking producers)'을 간과해서는 안 된다. 그러한 생산자들은 복지산업이 사용 또는 고용하는 자원들을 공급하기 때문이다. 또한 미국 의회에서 잉여 식량 프로그램들, 학교 급식 등이 논의될 때 많은 보조금을 지급받는 미국 농민들과 이들의 로비스트들도 분명한 '로그롤러들(logrollers : 의회에서 협력하여 의안을 통과시키는 의원)' 중 하나이다. 마지막으로, 농업부문의 복지 증진과 도시 빈곤층의 복지 개선은 서로 공존(양립)할 수 있을 것이다. 그러나 양자의 복지 증진은 '최소 효율적인(least efficient : 효율성이 가장 적은)' 수단에 의해 달성될 수 있으며, 아마도 그렇게 될 것이다.

이제까지 '이타주의'는 공공복지(public welfare)의 제공 이유에 대해 매우 만족할 만한 설명을 제시해주었다. 그러나 우리는 다음과 같은 중요하지만 어려운 문제들을 설명해야 하는 과제를 안고 있다. 즉, 우리는 '얼마나 많은 복지를 누구에게, 어떤 수단을 통해 공급할지'를 설명해야 하지만, 이들은 설명하기 어려운 문제들이다. 민간 기부자들이 막대한 금액의 자선 기부를 제공했지만, 사실상 많은 부분은 비교적 소수의 부유한 사람들과 그들이 속한 집단들에서 나온 것이다. 물론 공공복지의 명목상 존재 이유는 낮은 자선 기부율이 그 중요한 원인이다. 사람들이 강제적으로 세금을 납부할 때에는 그들은 자발적으로 기부하지 않을 것이다. 또한 사실상 세법들은 더 많은 기부를 장려하기 위해 고안되고 있다. 그럼에도 여전히 대부분의 사람들은 그들의 공적 자선충동(public charitable impulse)을 실행하지 않으려 한다.

3. 이전(移轉)사회에서 분배적 정의

이제까지 살펴보았듯이 현대 민주주의 사회에서 '비자발적(강제적) 이전(involuntary transfer)'의 양은 어마어마하다. 우리는 그 양(크기)을 크게 감소시키거나 전환시킬 수 있으며, 또한 마땅히 그렇게 되어야만 한다. 이제 비자발적 이전의 대표적 형태인 재분배의 문제점들에 관해 살펴보기로 하자. 첫째, 국가에 의한 재분배(state redistribution)는 시장이나 민간 기부에 의한 재분배보다 도덕적으로 더 낫지 않다. 실제로 정치적 분배(political distribution)는 민간기관들의 경우보다 ① 더 비개인적(impersonal : 특정 개인과 관계가 없는)이면서도 ② 개인적으로는 더 자의적이다. 둘째, 대규모 재분배는 필연적으로 ① 비효율성을 지닌 대규모 관료주의를 수반하고 ② 사회 내 각 개인을 '비개인적'으로 취급한다. 셋째, 이와 동시에 의회 의원과 관료에 의한 자유 재량적 선택들 때문에 시민들은 특히 자신의 결정이 아니라 그들의 '자의적 결정들'에만 의존하게 된다. 따라서 국가에 의해 생존하기를 선택하는(즉, 국가 재분배에 의존하는) 사람들은 자신이 아닌

"국가가 마음대로 하는" 선택에 의존하게 된다. 이는 시민들이 국가에 의해 '비개인적'으로 취급당하기 때문이다. 결국 시장은 '모든(all)' 사람을 만족시키지 못하는 '분배적 결과'를 낳지만, 국가는 좀처럼 누구도(anyone) 오랫동안 만족시킬 수 없다. 넷째, 지대추구자들—전통적인 생산자 집단들이든 또는 저소득 요구자들이든—은 오직 그들이 가지고 있는 것을 보호하기 위해 자신의 아주 많은 시간과 자원들을 '비생산적 활동'에 바쳐야만 한다. 그로 인해 열렬한 '평등성 추구자들'은 평등성 추구가 달성되지 못함으로써 몹시 좌절하게 될 것이다. 왜냐하면 평등성 추구자들은 종종 더 부유한 지대추구자들에 의해 자신의 목적이 압도당하기 때문이다. 다섯째, 중류계층과 상류계층을 원조하기 위해 '가난한 사람들'에게 세금이 부과된다면 이는 매우 '뻔뻔스러운 행위'일 것이다. 그러나 국가(세금)를 통해 구제(원조)를 추구하는 사람들은 그것을 하나의 '시적 정의(正義)(poetic justice : 당연한 것으로 여겨지는 인과응보)'로 여길 것이다.

그러나 최악의 결과는 '정부가 보증하는 소득 흐름'(즉, 정부 보증 소득 흐름)에 의해 수반되는 '개인의 자유'의 희생이다. 어느 한 시민을 보호하기 위해 ① 다른 사람을 통제해야 할 뿐만 아니라 ② 그의 소득을 독단적으로 감소시킴으로써 그를 더욱 어렵게 할 것이다. 또한 '강제적(coerced)이고 집단적인(collective)' 이타주의는 기부자나 수혜자를 고귀하게 하지 못한다. 이는 강제 행위가 기부자와 수혜자 모두에게 '상호 분노'를 촉진시키기 때문이다. 마지막으로, '집단적' 원조(collective aid)는 이타적이 아니라 '강제적'이다. 또한 기부가 '강제적'일 때 자발적 기부(voluntary giving)로부터 발생하는 선의(善意)가 상실된다. 강제 행위인 세금 부과와 권리 부여는 사회적 자본(social capital)을 쌓거나 축적하는 데 거의 도움이 되지 않으며, 도리어 그것을 파괴시킬 것이다.

더 큰 '결과 평등성'이 나타날 때 '불평등한 투입물(unequal inputs)'을 제공하는 사람들을 누가 대변할 것인가? 사회에 우수한 기술, 근면, 더 많은 기부를 제공하는 사람들과 그렇지 않는 사람들(즉, 다른 사람들에게 더 적은 기술, 더 적은 동기, 더 적은 기부를 하는 사람들)을 '똑같게' 보상하는 것이 오히려 부정(不正)이 아닌가?

마지막으로, 다음 질문들을 제기해보기로 하자. 우선, 대개 투입보다는 '결과의 평등성(outcome equality)'이 더 커야 한다는 생각이 우세할 때 '불평등한 투입'을 제공하는 사람들을 누가 대변할 것인가? 다음으로, 뛰어난 기술과 근면(노력)으로 사회에 '더 많은 기여를 하는 사람들'과 더 낮은 기술과 의욕으로 다른 사람들에게 '더 적은 기여를 하는 사람들'을 '동등하게' 보상하는 것이 과연 옳은 일인가? 마지막으로, 왜 무임승차자가 헌신적이고 근면한 기여자와 동일한 보수(급여)를 받아야 하는가? 무임승차자가 존재하는 상황에서 기여자들이 동일한 이로운 효과를 내는 일에 '동일한 노력'을 계속할 것인지는 의문이다(아마 그렇지 않을 것이다). 일부 사람들은 심지어 기여자들을 '호구'라고 생각하게 될 것이다. 예를 들면 타이거 우즈, 니콜 키드먼, 덴젤 워싱턴, 레이디 가가, 그리고 수많은 유명 록스타들(rock stars)에게 지급된 '높은 보수들'은 그들의 노력으로 번 것일 뿐만 아니라 감사하는 열성 팬들이 가지고 있는 '존경의 척도'를 나타낸다. 물론 나는 그들의 존중이 같다고는 여기지 않는다. 또한 수많은 사람이 라이브 공연들에서 록스타들을 보고 음악을 듣기 위해 값비싼 표를 기꺼이 사려고 한다면 우리는 록스타들이 받는 고소득을 부정하지 못할 것이다. 아프리카계(흑인) 미국 연예인들에게 매우 많은 돈을 기꺼이 지불하려는 미국 젊은이들의 열의는 아마 미국에서 모든 정부정책들을 합친 것보다 '인종관계를 평등화'하는 데 더 많이 기여했을 것이다(Nozick, 1974년을 참조하기 바람). 사실상 미국의 불완전한 시장들(예를 들면 연예 및 오락 시장)은 정부가 달성하고자 했던 모든 목표나 정책보다 '불우한 사람들의 물질적 복지'를 향상시키는 데 더 많은 기여를 해왔다. 심지어 존 롤스(John Rawls, 1971)조차도 '불평등'을 정당화했다. 롤스는 불평등이 '최빈곤층(the least advantaged)의 삶을 개선'하는 데 도움이 될 때에만 '불평등을 허용'할 수 있다고 주장했다.

'더 큰 평등'(또는 '더 작은 불평등')을 추구함으로써 초래되는 더 순수한 경제적 결과는 차치하더라도 이러한 목적을 추구하는 것이 '실제로' 대부분의 미국인이 원하는 것인지는 확실하지 않다. 아마 대부분의 미국인이 원하는 것은 "기회의 더 큰 균등(greater equality of opportunity)"일 것이다. 이는 미국의 수많은 여론조사에서 드러난 사람들의 선호이다. 그러한 이상(즉, 기회의 더 큰 균등)을 추구하기 위해 '정부의 역할 축소'가 필요할 것이다. 또한 '더 자유로운 사적 경제(freer private economy)'가 '소득 평등'을 추구하는 정부정책들의 (정치적으로 실현 가능한) 어떤 조합보다 확실히 '더 많은 기회'를 창출해줄 것이다.

미국에서 자신의 사생활과 '남들과 다를 권리'를 보호하려는 미국인들의 열망은 매우 인상적이다. 미국에서 '평등'을 주장하는 사람들은 부와 소득을 제외하고 "무엇을 평등화해야 하는지"를 결코 정확히 밝히지 않는 것 같다. 모누가 똑같은 옷을 입어야 하는가? 모두가 같은 집에서 똑같은 가구로 살아야 하는가? 모두가 똑같은 음식을 먹어야 하는가? 이러한 질문들은 결코 성급하고 참을성이 없고 자만하는 교수들의 입담이라고 무시해도 되는 수사적인 질문이 아니다! 저명한 정치학자인 알렉시 드 토크빌(Alexis de Tocqueville : 프랑스의 정치학자 · 역사가 · 정치가)도 그러한 질문을 했다. 평등이 달성됨에 따라 '차이의 한계적 중요성(marginal importance of difference)'이 증가한다는 토크빌의 관찰이 사실이라면 평등주의자들은 심각한 딜레마에 직면하게 된다. 모든 사람이 동일한 소득을 가지고 있더라도 그들의 소비에 대한 다양한 선호나 취향이 거래를 필요로 할 것이다. 그로 인해 그들은 여전히 자신의 소유물들을 거래할 것이다. 아무리 평등한 사회에서도 불쾌한 '비교'를 피할 수 없다.

무엇보다도 나는 '분배적 질문들'에 대해 "새로운 접근법"이 절실히 필요하다고 생각한다. 너무 오랫동안 평등주의자들(egalitarians)이 토론을 지배하고, 쟁점들을 주도하고, 주제들을 선택해왔으며, 그로 인해 다른 사람들을 수세(守勢)에 몰리게 해왔다. 또한 그동안 '정치적 재분배'에 대해 회의론을 가지는 사람들은 무관심하고 둔감하며, 엘리트주의자라고 낙인찍혀 왔다. 따라서 토론의 어젠다(의제)를 다시 설정하는 것이 절실히 필요하다. 그동안 주로 제기된 "빈곤(貧困)의 원인이 무엇인가?"는 '그릇된' 질문이다. 이제 '올바른' 질문은 "부(富)의 원인이 무엇인가?"이다. 우리 삶의 모든 것이 강자(强者)가 필연적으로 선택을 지배하는 '제로섬 게임(zero-sum game)'이 아니다. 또한 어떤 사람들이 다른 사람들보다 더 많은 부를 소유하고 있다는 사실이 곧 그들이 다른 사람들을 강요할 수 있다는 것을 의미하지는 않는다. 그러면 부(富)는 어떻게 축적되는가? 우리 사회에서 부(富)는 다른 사람들이 이용할 수 있는 '기회'를 창출하고 늘리는 활동들을 통해 축적된다. 예를 들어 자동차, 스노모빌, 컴퓨터 칩, 가정용 운동기구들과 같이 다양한 발명품들에 의해 창출된 수많은 기업을 보려면 그저 온라인 전화번호부를 참조하거나 구글에 접속하기만 하면 된다. 이들 기업은 거의 모두 '소규모'로 연간 수익이 적지만, 총체적으로 보면 이들은 수백만 명의 고임금 노동자들을 고용하고 수많은 소비자의 다양하고 증가하는 요구들을 충족시키고 있다.

이러한 기업들은 '정부의 지시'가 아니라 평범한 사람들의 '기업가적 열망과 기술들'에 의해 생겨났다. 미국과 같이 대규모적이고 복잡한 경제는 매우 다양한 기회들을 제공해주지만, 무엇보다도 그러한 '기회들을 발명'하는 데 필요한 '자유'를 어느 나라보다 잘 제공해준다. 즉, 여태껏 존재하지 않는 사람들의 "욕구(원하는 것)"를 찾아내어 이를 만들어내는 자유로운 기회를 충분히 제공해준다. 또한 투자 자금이 필요한 기업가들에게는 돈이 필요할 것이며, 은행들과 투자 회사들은 이익을 추구하는 가계들과 마찬가지로 적극적으로 투자할 곳을 찾을 것이다. 역사적으로 재분배와 평등에 열중하고 있는 정부들보다 '불완전한 시장의 일상적인 활동들'에 의해 수억 명의 물질적 행복과 자존심이 훨씬 더 많이 향상되었다. 따라서 우리는 '빈곤(貧困)의 원인과 처방' 보다는 '부(富)의 원인과 증진' 에 논의의 초점을 맞추어야 할 것이다.

■ 서지(書誌) 노트 : 주요 참고문헌 소개

20세기 정치의 대부분은 부와 소득의 '시장 분배' 가 '정치 행위자들과 정치 과정들에 의해 재분배' 되도록 하려는 일부 사람들의 노력과 관련이 있다. '복지국가(welfare state)' 라는 용어는 '민주주의 사회' 에서 일어난 일을 설명하기 위해 자주 사용된다. 진보주의자들에게 이러한 전개는 환영할 만한 일이었다. 그러나 나는 이것이 '불행한 경향' 이라고 믿는다. 이 경향은 정점에 이르렀으며, 아마도 줄어들 것이라고 기대한다. 그동안 민주주의 사회에서 일어났던 일과 그것이 좋은지 나쁜지에 대한 문헌은 방대하다. 그러나 나는 이들 문헌 중 단지 소수만 읽어 보았다.

내가 가장 좋아하는 다음 두 저서는 특별히 잘 알려져 있지 않지만, 주목할 만한 가치가 있다. 야이어 아하로니(Yair Aharoni)가 1981년에 쓴 『위험이 없는 사회(*The No-Risk Society*)』와 댄 어셔(Dan Usher)가 1986년에 쓴 『민주주의의 경제적 전제 조건(*The Economic Prerequisite to Democracy*)』이다. 아하로니의 책에서는 위험을 개인들과 기업들로부터 사회, 즉 다른 사람들에게 이전시키는 광범위한 정부 프로그램들을 나열하고 논의하였다. 댄 어셔의 책에서는 '시장' 이 정치적 과정들보다 분배 문제를 해결하는 데 훨씬 더 나은 제도라고 예리하게 주장하였다. 또한 어셔는 민주주의가 모든 시민에게 서로를 약탈하기 위한 유인과 기회들을 제공하기 때문에 불안정하다고 주장하였다. 예를 들면 다수결 규칙은 그러한 유인과 기회들을 촉진시키는 규칙이나 제도 중 하나이다.

다음으로, 가난한 사람들의 삶을 향상시키는 방법을 다룬 다음 두 저서가 있다. 페루의 경제학자인 에르난도 데 소토(Hernando de Soto)가 2000년에 쓴 『자본의 신비 : 자본주의가 서양에서는 성공하지만 다른 곳에서는 실패하는 이유(*The Mystery of Capital : Why Capitalism Succeeds in the West but Fails Everywhere Else*)』와 1989년에 쓴 『다른 길 : 테러리즘에 대한 경제적 해답(*The Other Path : Economic Answer to Terrorism*)』이 있다. 이러한 책들에서 데 소토는 가난한 국가들이 직면한 실제 문제는 가난한 사람들이 그들의 자산을 생산적인 유동 자본[9]으로 전환하는 데 필요한 '법률 체계'가 없다고 주장하였다. 예를 들어 데 소토는 이집트의 경우 가난한 사람들이 이집트에서 이루어지는 모든 외국인 직접투자(FDI)보다 55배나 더 많은 부를 가지고 있음을 보여주었다. 그러나 그들은 자신의 토지에 대한 소유권이 없고 시장에서 배제되기 때문에 여전히 가난하다고 주장였다. 이에 데 소토는 몇몇 동료들과 함께 다음과 같은 사명을 가지고 페루의 수도인 리마에 '자유민주주의연구소'를 설립했다:

> 개발도상국들과 구소련 국가들에 거주하는 40억 인구(이는 세계 인구의 2/3에 해당함)가 세계 경제에서 배제되어 왔다. 이들은 '법의 지배 밖'에서 활동해야만 했으며, 법적 신분도 신용도 자본도 없으며, 그로 인해 번창을 이룰 수도 없다. 이에 페루의 수도인 리마에 위치한 '자유민주주의연구소(ILD)'는 모든 사람에게 다음과 같은 '시스템'을 열 수 있는 하나의 '열쇠'를 제공해주고자 한다. 이 열쇠는 세계 대다수의 사람들에게 '시장경제에서 얻을 수 있는 이익'을 누리게 해주는 '법률 개혁'을 말하며, 이는 오랜 시간 검증된 것이다.

마지막으로, 다음 두 저명 저서를 소개하고자 한다. 존 롤스(John Rawls)가

9. [역주] '유동 자본'은 기업의 일상적 활동에 필요한 원자재나 상품 구입, 인건비 지급 등처럼 한 번 써서 그 가치가 생산물로 바뀌는 자본을 말하며 '운전 자본'이라고도 한다.

1971년에 쓴 『정의론(*A Theory of Justice*)』과 로버트 노직(Robert Nozick)이 1974년에 쓴 『무정부, 국가, 그리고 유토피아(*Anarchy, State, and Utopia*)』이다. 미국 하버드대 철학과의 저명한 동료가 쓴 이 두 저서는 '공정(公正, fairness)'을 판단하고 '최소 국가(minimal state)'를 설명하기 위한 토대를 마련해주었다. 각 책의 기본적인 질문은 다르지만, 그들은 각각 '정의(正義)와 현대 국가의 역할'에 대해 다른 방식으로 정의하고 설명하였다. 두 책 모두 많은 학문적 반응들을 불러일으켜 왔으며 앞으로도 계속될 것이다.

〈참고문헌〉

Aharoni, Yair, *The No-Risk Society*, New York : Chatham House Publishers, 1981.

Center for Philanthropy at Indiana University, "Giving USA 2010," Giving USA Foundation. http://givingusa2010.org/.

de Soto, Hernando, *The Mystery of Capital : Why Capitalism Succeeds in the West but Fails Everywhere Else*, New York : Basic Books, 2000.

__________________, *The Other Path : The Economic Answer to Terrorism*, New York : Basic Books, 1989.

Institute for Liberty and Democracy, "Who We Are," ild.org.pe. http://www.ild.org.pe/who-we-are.

Nozick, Robert, *Anarchy, State, and Utopia*, New York : Basic Books, 1974, pp. 161～63.

Okun, Arthur M., *Equality, and Efficiency : The Big Tradeoff*, Washington, DC : The Brookings Institution, 1975.

Palumbo, Thomas, *Economic Characteristics of Households in the United States : Third Quarter 2008*, Current Population Reports, pp. 70～119, U.S.

Census Bureau, Washington, DC, 2010.

Rawls, John, *A Theory of Justice*, Cambridge: Harvard University Press, 1971.

Trumbull, Mark, "As US Tax Rates Drop, Government's Reach Grows," *Christian Science Monitor*, April 16, 2007, Section 4, page 1. http://www.csmonitor.com/2007/0416/pois4-usec.html.

Usher, Dan, *The Economic Prerequisite to Democracy*, New York: University of Columbia, 1986.

제15장 거시경제적 불안정의 미시 정치

정치 지도자들, 관료들, 다른 유명 인사나 공인(公人)들, 그리고 경제학자들의 최선의 노력들에도 불구하고 '경제적 불안정(economic instability)'은 없어지지 않고 지속하고 있다. 또한 순수하고 영구적인 경제적 안정(economic stability)은 바람직하지 않을 수 있다. 그러나 많은 사람은 경기순환(business cycles, 경기변동)[1]을 완전히 제거하지는 못할지라도 어느 정도 '완화' 시키는 데 매우 높은 가치를 부여하고 있다. 예를 들어 경기순환 완화가 높이 그리고 널리 평가(評價)되지만 여전히 실현되지 않고 있을 때 언제나 그 불일치 문제를 설명하려는 강한 욕구와 호기심이 생긴다. 경기순환은 왜 완화하기 어려운가?

제1부에서 대강 설명했듯이 많은 사람은 '경제적 불안정'을 "시장경제의 고유한 경향"으로 간주하고 있다. 특히 많은 구(舊)케인즈주의자들(old Keynesians)과 대부분의 마르크스주의자들(Marxists)은 종말론적인 시각은 아니지만, 이러한 '비관적인 시각'을 공유하고 수십 년 동안 그렇게 주장해왔다. 슘페터(J. Schumpeter)처럼 나도 시장경제는 불안정(instability)하지만, 시장에서의 결과로서 생기는 불안정은 '시장경제의 매우 바람직하고 피할 수 없는 몇 가지 특성들의 부산물'이라고 믿는다. 특히 슘페터(1942)는 '시장경제의 불안정'을 "창조적 파괴의 끊임없는 질풍(疾風)(perennial gale of creative destruction)"이라고 적절히 요약했

1. **[역주]** '경기순환(景氣循環)' 또는 '경기변동(景氣變動)'이란 자유경쟁에 따르는 각 생산부문 간의 불균등한 발전으로 '호경기-불경기-공황-과잉생산'이 주기적으로 반복되는 경제 현상을 말함.

다. 불안정한 시장경제에서 경기순환의 존재는 결코 부인될 수 없다. 왜냐하면 경기순환은 과거에도 있었고, 현재에도 있으며, 그리고 미래에도 항상 우리와 함께 있을 것이기 때문이다. 불운하게도 이전에는 회복력(resilience)이 있었던 시장경제가 이제 '정치적 힘'에 너무 휘둘리게 되었으며, 그 결과 현대 경제변동의 가장 중요한 원인은 경제가 아니라 "정치(polity)"에 있다. 월스트리트 저널의 독자들은 그들의 부(富)가 종종 월스트리트에 의해서보다 '워싱턴 DC'에 의해서 더 결정되며, 또한 손익란(損益欄)에 의해서보다 '투표 계산법'에 의해 더 결정된다는 사실을 너무 잘 알고 있다.

'정부실패(governmental failure)'나 '정치적으로 야기된 불안정(politically generated instability)'은 정치를 규정하는 두 가지 기본적인 요소들—즉, ① 경제적 무지(無知)와 ② 정치적 의사결정자들(즉, 투표자들, 이익집단들, 정치인들, 관료들)의 사익추구(이기심)—의 결과이다.

정치인들은 경기순환에 어떻게 대응하고 이를 억제하는가? 경제적 무지와 공익과 사익의 상충(conflicts of interests)은 정치인들이 '반(反)경기순환'을 시도하지 못하게 막을 수 없다. 즉, 정치영역에서 경제적 무지와 공익과 사익의 상충이 있더라도 정치인들은 반(反)경기순환(즉, 경기순환 억제)정책들을 시도한다. 정치인들은 자신 있게 정책들을 발표하고 홍보한다. 또한 특정 기관에 소속된 전문직 경제학자들은 종종 그들의 정책에 갈채를 보내기도 한다. 정치인들은 경기순환을 억제하기 위해 어떤 정책들을 취하는가? 정치인들이 취하는 '경기조정정책(counter-cyclical policy)'(경기대응적 또는 반(反)경기순환적 정책)은 주로 두 가지 광범위한 분야에 적용된다. 즉, 재정 분야와 금융 분야에 경기조정정책이 취해진다.

먼저, 재정정책(fiscal policy)은 총수요(aggregate demand)에 영향(즉, 증가 또는 감소)을 미치기 위해 조세정책과 정부지출정책을 조정하는 것을 말한다. 재정정책은 다음과 같이 잘 알려진 방정식에 기초하고 있다:

$$Y = C + G + I + NX$$

여기서 Y는 GDP 또는 총산출량, C는 소비, G는 정부지출, I는 투자, NX는 순수출 또는 수출 – 수입을 나타낸다. 재정정책은 정치인들에게 ① 경기순환을 조절하고, ② 투표를 극대화하고 선호하는 정책들을 법령화하는 데 사용될 수 있는 두 가지 효과적인 수단들을 제공한다. $Y = C + G + I + NX$이고 경기침체(recession) 시에 Y가 감소한다면 정치인들은 방정식의 우측에 있는 요소(변수)들 중 하나를 증가시킴으로써 Y의 감소에 대응할 수 있다. 우선, 이 방정식 모형에서 경기침체 기간 동안 조세를 인하시키면 C와 I가 증가할 것이고, 그 결과 Y가 증가할 것이다. '조세 인하'는 작은 정부를 선호하거나 재선(再選)에 입후보한 정치인들 간에 인기가 있다. 정치인들은 주로 선거 기간에 '조세 인하'를 투표자들에게 "판매"한다. 그러나 ① 일반적으로 정부가 커지기를 원하거나, ② 자신이 원하는 특별한 사업들에 자금이 공급되기를 원하는 정치인들에게는 조세 인하보다는 '보유한 조세액을 지출하는 것'이 매우 매력적일 것이다. 특히 '지출되는 조세액'이 아직 투표자가 아닌 미래 납세자들의 조세액이라면 더욱더 매력적일 것이다. 이러한 경우에 정치인들의 행동 유인은 '지출하는 것(spend)'이며, 더욱 중요하게는 '적자 지출하는 것(deficit spend)'[2]이다. 다음으로, G가 증가하면 Y도 증가하며, 그 결과 경제는 빨리 회복되고 불황(bust)을 피할 수 있다.

물론 경기순환에는 다른 국면, 즉 '벼락 경기(boom)'가 있다. 불황뿐만 아니라 벼락 경기도 문제이다. 왜냐하면 벼락 경기가 '과도한 투자(over-investment)'와 '잘못된 투자(mal-investment)'를 촉진시키고, 그로 인해 인플레이션을 자극하기 때문이다. 궁극적으로 벼락 경기는 "불황"으로 이어진다. 이에 대한 역사적 사

2. [역주] 적자 공채 발행에 의한 '적자재정 지출'을 말함.

례들로 ① 네덜란드의 1630년에 있었던 유명한 "튤립 열광(tulip mania : 튤립 파동)", ② 1990년대 후반의 닷컴 버블(dot.com bubble), ③ 미국의 2008년에 있었던 대출 및 모기지 위기(mortgage crisis) 등을 들 수 있다. 그러면 벼락 경기 기간 동안 정치인들은 무엇을 해야 하는가? 케인즈주의자들(Keynesians)에 따르면 정치인들은 조세를 인상하고 지출을 감소함으로써(즉, 예산 흑자(budget surplus)를 운영함으로써) C, I, 그리고 G를 감소시켜야 한다. 그러나 이러한 두 정책들(조세 인상과 지출 감소) 중 어느 것도 관직이나 공직에 남아 있으려는 정치인들에게는 그다지 매력적이지 않을 것이다.

다음으로, 금융정책(monetary policy)은 통화 당국이 이자율(interest rates)과 통화 공급량(money supply)을 조절하는 것을 말한다. 미국의 경우 통화 당국은 '연방준비제도이사회(Federal Reserve Board ; FRB)' 이다. FRB는 미국에서 중앙은행 역할을 한다. 경기침체 기간 동안 미국의 FRB는 통화 공급량을 증가시키고 이자율을 인하하는 '확장(팽창)정책(expansionary policy)' 을 실시한다.

반면에 경제적 벼락 경기 기간 동안 미국의 FRB는 통화 공급량을 감소시키고 이자율을 인상하는 '축소(긴축)정책(contractionary policy)' 을 실시한다. 그러나 정치인들은 중앙은행가들의 이러한 자율성에 대해 크게 염려하며, 다른 한편으로는 종종 중앙은행가들이 자신들의 재선(再選) 노력을 돕는 데 더 도움이 되기를 바라곤 한다. FRB에서 근무하는 경제학자들은 많은 권위와 명성을 누린다.

재정정책과 금융정책에 대한 이러한 짧고 간소화한 서술은 '이상적 국가(Idealized State)' 에 관한 장(章)인 제2장에 있어도 무방하다. 왜냐하면 본 장에서의 서술이 이상적으로 기술되었기—즉, 규범적으로 서술되었기—때문이다. 대부분의 경제학 원리 입문서에서 가르치듯이 정치인들과 그들의 고문(顧問)들은 경기순환에 역행(逆行)하기 위해 '무엇을 해야 할지(what to do)' 를 알 수 없을 뿐만 아니라, '어떻게 해야 할지(how to do)' 도 알지 못한다. 정치인들과 그들의 고문들은 직선 항로로 나아가기를 거부하는 커다란 배의 선장과 같다. 그래서 선장은 항로를 바로잡기 위해 끊임없이 키를 이리저리 조금씩 움직인다. 그러나 경제를 "조정하는" 것은 배를 조정하는 것과는 아주 다르다. 이는 경제를 조정하는 정치인들과 그들의 고문들은 경기순환에 역행하기 위해 '무엇을 해야 할지' 를 알 수 없을 뿐만 아니라, '어떻게 해야 할지' 도 알지 못하기 때문이다. 반면에 일반 시민들은 지식이나 능력 부족으로 인하여 '조심스럽게' 행동할 것이다. 일반 시민들이 조심스럽게 행동하는 경우에 정치인들과 관료들은 자신들이 지식과 이해에 의해 구속을 받을 때보다 자신들의 행동 영역이 훨씬 더 넓어진다는 것을 알게 된다.

1. 무지한 정부들

우선, 정부가 해야 하는 일에 대해 너그럽게 생각해보기로 보자. 세상은 매우 불확실한 곳이지만, 특히 거시정책(macro-policy)에 대해서 경제학자들이 제공하는 이론들과 정보들은 터무니없이 부족하다. 물리학자들이 우주를 알지 못하는 것처럼 세상의 어느 누구도 경제의 작동에 대해서 잘 알지 못한다. 왜 그런가? 하나의 이유는 불확실한 세상에서 경제적으로 "변하지 않는 것들(constant)" 이 없기 때문이다. 예를 들면 거시경제학자들은 관련 변수들에 대해서 동의(同意)하지만, 장기 예측이나 심지어 단기 예측에 대해서도 쉽게 동의하지 않을 것이다. 자료들은 좀처럼 현재적이지 않으며 종종 불완전하고 좀처럼 매우 신뢰할 수 없다. 또한 모든 추정치들에 대해 상당한 범위의 불확실성이 가해져야 한다. 우리는 예상치 않은 충격들—대부분 정치적 충격—이 언제든지 발생할 수 있으며, 그로 인해 심지어 가장 미(微)조정되고(fine tuned) 정교한 금융적 권고나 재정적 권고(또는 양자)조차도 뒤집어엎을 수 있다. 우리가 현재의 경제상태를 아는 것은 결코 쉬운 일이 아니며, 암울한 경우에는 어느 누구에게도 위안을 줄 수 없을 것이다. 우리가 과거를 되돌릴 수 없을 뿐만 아니라 미래를 알 수도 없기 때문에 크고 빈번한 실수들이 반드시 일어나기 마련이다.

비록 우리가 어느 한때의 정확한 상태나 상황을 파악할 수 있을지라도 곧 그것이 '구식(舊式)' 이라는 것을 알게 될 것이다. 우리가 자료들을 수집하는 데 비용이 많이 들며 시간이 걸린다. 수집한 정보를 바탕으로 행동하는 데 필요한 필연적 집단행동(collective action)은 종종 느리고 불확실하다. 어떤 지출 프로그램을 채택하고 그것을 실행하는 사이에 존재하는 시차(time lags)는 몇 달 심지어 몇 년이 될 수도 있다. 또한 정부지출이 관료제도(즉, 관료주의의 번잡한 절차)를 통과하여 최종적으로 그 영향이 경제에 파급되는 데 시간이 걸리며, 대개 너무 많은 시간이 걸린다.

그동안 학자들과 정치인들은 그들이 정책 변화(policy changes)가 가져다주는 효과들을 '안다' 고 가정해왔다. 즉, 세율이 바뀌거나 공공 자금의 일부가 특정 유형의 활동에 지출된다면 그들은 그러한 변화들의 경제적 효과를 찾아서 규명할 수 있다고 가정해왔다. 그러나 사실은 우리가 그러한 결과를 확신할 만한 이유가 거의 없다. 예를 들면 미국 레이건(Ronald W. Reagan)(미국의 제40대 대통령) 행정부의 일부 사람들은 레이건 대통령의 세금 인하(즉, 감세)가 시장에서 수요와 공급의 증가를 통해 세수(稅收)의 증가를 초래함으로써 궁극적으로 그들 자신에게 이익을 가져다줄 것이라고 낙관적으로 생각했다. 반면에 나중에(2008년) 노벨 경제학상을 수상한 폴 크루그먼(Paul Krugman)은 '세금 인하' 를 "인플레이션 시한폭탄(inflation time bomb)" 이라고 부르면서 비난하였다(Krugman and Summers, 1982). 그러나 (레이건 행정부의 관료들처럼) 열광적 낙관주의자들과 (폴 크루그먼처럼) 비관주의자들의 견해가 옳다고 볼 수 없다. 미 연방준비제도이사회(FRB)는 레이건 대통령을 명백히 지지하면서 '엄격한(tight) 통화공급정책' 을 통해 인플레이션을 억제하였다. 그러나 '대규모' 예산적자(budget deficit)가 초래되었다. 이는 순전히 레이건 대통령의 재임 기간(1981~1989년) 동안 국방지출의 누적적 증가가 예산적자의 증가보다 더 컸었기 때문이다. 다시 말하면, 레이건 대통령의 과도한 군비 증강(增强)이 없었다면 미국의 총적자는 감소되었을 것이다(Niskanen and Moore, 1996). 결국 낙관적 공급중시주의자들(supply-siders)과 비관적 케인즈주의자들 모두 심각하게 잘못되어 있는 것 같다.

조지 W. 부시(George W. Bush) 대통령은 2008년 세금 인하를 통해 경제 침체를 멈추려고 했다. 당시 부시 대통령은 미 의회에 1,680억 달러의 세금 인하를 승인해줄 것을 요청하였다. 그 결과 미국 사람들은 그러한 대규모 세금 인하로부터 자신에게 돌아오는 몫을 '환불 수표(rebate check)'로 받았다. 환불 수표를 통해 개인은 600달러까지 받았고, 부양할 자식들을 거느린 사람들은 자식 한 명당 300달러까지 받았다. 부시 대통령과 그의 보좌진들은 수표 수령자들이 자신의 환불금을 사용(지출)하여 소비를 촉진하기를 바랐다. 그러나 단지 그들 중 약 3분의 1만이 환불금을 새로운 소비에 지출하였고, 나머지 사람들은 빚을 갚거나 저축하는 데 사용하였다. 이처럼 소비자들은 때때로 정치인들과 그들의 보좌진이나 고문들이 원하는 대로 행동하기를 거부한다.

문제는 우리가 실제로 주요 예산적자들이 가져다주는 효과나 결과들을 제대로 알지 못한다는 점이다. 어떤 사람들은 예산적자들이 인플레이션과 민간투자의 구축(驅逐, crowding out : 밀어내기)을 초래한다는 측면에서 아주 '나쁘다(bad)'라고 주장한다. 반면에 다른 사람들은 때때로 예산적자들이 '좋을 수(good)' 있다라고 주장한다. 또 다른 사람들은 예산적자들은 본질적으로 '중립적(neutral)'이라고 주장한다. 경제학자들이 아닌 일반 사람들은 이러한 효과상의 혼란을 이해할 수 없을 것이다. 또한 대부분의 미국 대통령들이 자신의 직속기관인 '경제자문위원회(CEA)'의 권고에 관심과 열의를 거의 보여주지 않았다는 사실은 조금도 이상하지 않다.

설상가상으로 몇몇 이론가들은 경제정책이 경제에 커다란 영향을 미치지 못한다면 정부는 경제정책의 변화를 통해 일반 사람들을 "압도할" 수 없다고 주장한다. 정부가 어떤 경기조정적(countercyclical) 재정정책이나 금융정책을 채택하든 그들은 실패할 것이다. 이는 그러한 정책들에 대해 잘 아는(informed) 합리적인(rational) 시민들이 시장에서 자신들을 보호하기 위해 '중화(中和)시키는(무력화시키는)' 행동을 하면서 그러한 정책들에 대응할 것이기 때문이다. 따라서 정부 정책들이 똑똑한 시민들에 의해 무효화(無效化)되기 때문에 정부의 정책 채택은 헛된 일이다. 따라서 어떤 새로운 정책이 시민들이 전혀 예상하지 못한 것이 아니라면 '바라던 대로의 효과들(desired effects)'을 달성하지 못할 것이다. 왜 그런가? 예를 들면 미국 투자자들은 종종 미 연방준비제도이사회(FRB)가 정기적으로 결정하는 '율(率) 변화(rate change)'—예를 들어 이자율이나 기준 금리 변화—를 예상하곤 한다. 만약 투자자들이 율 변화를 정확하게 예상한다면(예를 들면 이자율 2%p 인상) 그들은 그 변화를 그들의 투자전략에 반영할 수 있다. 그 결과 그들이 예상한 변화가 시장에서 실제로 일어날 때 FRB의 율 변화는 투자자들에게 거의 아무런 효과를 미치지 못한다. 우리가 이러한 '합리적 기대(rational expectation)' 분석을 받아들인다면 정부가 취하는 거시정책은 대체로 무효(無效)가 될 것이다.

앞에서 언급한 몇몇 비관적이고 위협적인 주장이나 전제들[3]보다 덜 위협적인 전제들 하에서도 경제학자들과 경제고문들은 자문하거나 권고하는 데 여전히 어려움에 처하게 될 것이다. 이는 경제고문들이 '경제 지식'을 실제 '정책 권고나 조언'으로 전환하는 데 큰 어려움이 있기 때문이다. 즉, 경제학자들과 경제고문들은 어떤 경제이론이나 모형에서 적절한 변수들에 대해 충분한 '지식'을 가지고 있

3. **[역주]** 앞에서 언급한 '비관적인 전제들'로 다음을 들 수 있다. 첫째, 예산적자들이 가져다주는 효과나 결과들을 제대로 알지 못한다. 둘째, 경제정책이 경제에 미치는 충격이 크지 않다면 정부는 경제정책의 변화를 통해 일반 사람들을 "압도할" 수 없다. 셋째, '합리적 기대' 분석을 받아들인다면 정부가 취하는 거시정책은 대체로 무효가 될 것이다.

다고 하더라도 이를 '정책 권고나 조언'으로 쉽게 전환하지 못하기 때문이다. 예를 들면 지출 증가나 세금 인상이 필요한 경우(경제 지식) 얼마나 많은 지출과 세금이면 충분한가?(정책 조언). 또한 원하는 효과를 달성하기 위해 정책들이 얼마나 강해야 하는가? 정책 변화의 결과로서 소비자들의 기대가 변한다면 어떻게 될 것인가? 이러한 문제들은 모두 경제 지식이 아니라 구체적인 정책 권고나 조언을 필요로 한다. 결국 거시정책에 대한 권고나 조언은 경제학자들이 자신감이 아니라 '겸손'[4]하게 제안해야만 한다. 아이러니하게도 좌파 사상가들은 경제학을 혐오하지만, 다른 한편으로는 경제학자들로부터 '가장 많은 것'을 요구하는 사람들이다. 왜 그런가? 그들의 경제와 사회에 대한 "계획과 조정, 그리고 통제"는 경제학자들로부터 얻으려는 '경제 지식'[5]이기 때문이다. 이제까지 설명해왔듯이 경제학자들과 정부들 모두 전지(全智)하거나 전권(全權)을 가지고 있지 않다.

2. 경제적 불안정에서 정치적 사익추구

국제정치학자들은 오랫동안 각국의 정부들이 '외국에서 일어난 주요 사건들'을 국민이 아니라 '자신의 목적을 위해' 교묘히 이용하고 조정했다는 사실을 알고 있었다. 그러나 경제학자들과 심지어 정치학자들은 최근에서야 경제적 불안정에서 정치적 사익추구(political self-interest)가 가능함을 인식하기 시작하였다. 보통의 시민들은 선거 유세(遊說)를 하는 정치인들이 '어렴풋하게 인식하는 경제상태'를 기초로 선거 유세를 한다는 사실을 *잘 알고* 있다. 그러나 일반 시민들은 재직(在職)하고 있는 정치인들이 선거에 영향을 미치기 위해 '정부정책'을 어떻게 이용하려고 하는지에 대해서 *거의 인식하지 못하고* 있다. 비록 흔하지는 않지만, 정치인

4. **[역주]** '겸손'이란 '남을 존중하고 자신을 낮추는 태도가 있음'을 의미한다.
5. **[역주]** 한 예로서 '사회주의적 계산(socialist calculation)'을 들 수 있다.

들은 선거 기간 동안에 '정치적 경기순환(political business cycle)' (선거 기간 동안 인위적으로 정부정책을 변경하는 것을 말함)을 만들어냈다. 예를 들면 그들 자신의 선거 승산을 높이기 위해 고안한 '지출과 조세정책들' 은 '경제 변동을 과장하는 데' 기여할 것이다. 다음으로, 그로 인해 과장된 시장 변동(즉, 경제적 불안정)은 정부가 사람들의 경제생활에 훨씬 더 많이 개입하기를 원하는 정치인들에게 좋은 '수사적 공격 수단' 을 제공해줄 것이다. 사실상 경제적 안정은 정치인들에게뿐만 아니라 관료들에게도 이익이 되지 않는다. 왜 그런가? 정치인들과 관료들은 경제적으로 '불안정' 할 때 부와 소득, 권력, 지위 등이 새로이 생기지만[6], 경제적으로 안정되면 그러한 것들이 새로이 생기지 않기 때문이다. 역설적으로, 어떤 국가의 경제가 잘 작동(운영)하지 않는다(즉, 경제적 불안정이 존재할 때)고 여겨진다면, 정치인들은 ① 자신의 지위가 더 중요해지고, ② 더 많은 돈을 지출할 수 있으며, ③ 더 많은 자기 보상을 얻는다. 따라서 경제적 불안정이 존재할 때 정치인들의 사익이 증가한다. 또한 관료들도 '경제적 불안정' 과 싸울 때 더 많은 예산을 요구할 것으로 예상할 수 있다. 우리는 다음 두 가지 흥미로운 사실에 주목할 필요가 있다. 우선, 케인즈주의 경제학자들은 '정상 상태의 경제(steady-state economy)' 를 연구할 때보다 실업이나 인플레이션과 싸울 때 더 많은 일과 지위를 찾아낸다. 반면에 공공선택학 연구자들은 '크고 활동적인 정부들' 에 대해 불평하는 데 사익을 가지고 있다.

어떤 종류의 경제적 불안정이 정치인들에게 유익한가? 첫째, 정치인들은 인플레이션이 아니라 '실업' 과 싸우는 것이 자신들에게 이익이 된다. 왜 그런가? "실업과의 전쟁" 은 ① 무엇보다도 실업자들에 대한 정치인들의 동정심을 불러일으키며, 또한 ② 정치인들이 자신의 지역구나 주(州)에 거주하는 누군가에게 도움을

6. **[역주]** 이러한 결과는 다소 아이러니하게 느껴진다.

줄 활동들에 더 많은 돈을 지출하게 만든다. 둘째, 세금을 낮추고(세금 인하) 더 많은 돈을 지출하는 것(지출 증대)은 당해 정치인에게 '경제적 이익' 뿐만 아니라 '정치적 이익' 도 가져다준다. 셋째, 인플레이션(inflation)과 적자(deficit)와 '싸우는 것처럼 보이는 행위' 도 정치적으로 기회주의적 행위이다. 그러나 인플레이션과 적자와 '실제로' 싸우는 행위는 정치적 자살 행위가 될 수 있다. 왜 그런가? 대부분의 사람들이 인플레이션을 대개 '나쁜 것' 으로 인식하기 때문에 정치인들도 인플레이션을 나쁘다고 욕할 것이다. 그러나 인플레이션은 대개 정부 수입(收入)을 인플레이션율보다 더 빠른 비율로 증가시킨다. 만약 가격이 (예를 들어) 10% 상승한다면 세수(稅收)는 (예를 들어) 15% 증가할 것이다. 이러한 가격 상승과 세수 증가 간의 차이는 '누진적인 세율구조(progressive rate structure)' 때문에 발생한다. 사람들이 더 많이 벌수록 한계세율이 더 높아지기 때문이다. 정치인들은 조세구조의 이러한 특징을 잘 알고 있다. 왜냐하면 누진적인 세율구조는 세율 인상을 의회에서 공개적으로 통과시키지 않고서도 자동적인 세수 증가를 가져다주기 때문이다. 따라서 미국에서 보수주의자들을 포함하여 정치인들은 세금 인하(즉, 감세)에 대해 다소 '상반되는' 감정을 가지고 있다.

마지막으로, 인플레이션은 정치인들에게 '정부가 경제를 통제하기 위한 캠페인' 을 벌일 좋은 기회를 제공해준다. 이러한 정치인들의 '자기 잇속만 차리는 정책(self-serving policy)' 은 일부 진보적인 경제학자들과 많은 신좌파(new left) 경제학자들에 의해 지지를 받고 있다. 예를 들면 임금과 가격 통제는 수 세기 동안 치명적인 매력을 발휘해왔다. 만약 가격이 상승하면 무지한(uninformed) 사람들은 사실상 '가격 통제' 가 추가적 가격 인상을 멈추게 할 것이라고 믿는다. 따라서 인플레이션 발생 시 정부에 의한 가격 통제가 정당화된다. 이러한 근거 없는 믿음으로부터 각종 통제들이 탄생하고, 그들을 관리할 관료제도가 출현한다.

3. 정치적으로 교묘히 조정된 경기순환

어떤 사회에서 누군가(정치인들이나 정부)가 경제를 고의로 방해하거나 교묘히 조작하는 행위들은 결코 바람직하지 않을 뿐만 아니라 사려 깊지도 못하다. 예를 들어 정부가 선거를 앞두고 실업률을 인위적으로 낮추려고 경제에 부당하게 개입하는 경우를 가정해보자. 누군가에 의한 '경제에 대한 사보타주'(방해 행위)[7]나 조작 행위들은 순전히 정치적 유인(political incentive)에 의해 야기된 것이며, 이는 '정치적으로 합목적적인 행동'(즉, 정치적 사익추구)의 산물이다. 이러한 경우에 정부의 경제정책들은 경기순환의 여러 주기적(cyclical) 어려움을 완화하는 데 유용하지 못할 것이다. 그 대신 정부가 취하는 경제정책들의 총체적 결과는 종종 경제적 혼란을 조장하며, 그 결과 소수의 시민들에게도 이익을 주지만 대개는 '정치 계급들(political classes)의 복지'에 이익을 가져다준다. 이러한 사익추구 행위는 "정치적 경기순환"에서 잘 나타난다.

현재 집권하고 있는 정부들은 선거 당해 연도나 선거가 있기 2년 전부터 "인플레이션 정책들(inflationary policies : 인플레이션을 유발하는 정책들)"을 채택하는 하나의 뚜렷한 경향을 보여왔다. 그들은 단순히 인플레이션을 증가시키기를 원하기 때문이 아니라 '실업을 감소시키기' 위해 그러한 정책들을 채택한다.[8] 그러한 정책들은 대부분의 유권자 마음속에 '좋은' 것으로 인식되기 때문이다. 그러나 실업을 감소시키기 위한 지출—특히 지출이 예산 적자에 의해 수반된다면—은 물가 수준에 대한 압력을 증가시키는 '나쁜' 효과를 가져다준다. 비록 선거 전(前)에

---

7. [역주] '사보타주(sabotage)'는 보통 태업을 의미한다. '태업(怠業)'이란 노동쟁의 수단의 하나이며, 주로 노동자들이 일을 하면서도 노동 능률을 낮추어 고용주들에게 손해를 끼치는 방법을 말한다.
8. [역주] 실업을 감소시키기 위해 인플레이션을 증가시키는 것은 '필립스 곡선(Phillips curve)'에 바탕을 두고 있다.

실업 수준이 정부에 의해 인위적으로 낮아졌을지라도 선거 후(後)에는 인플레이션 경향이 나타나며, 그로 인해 점점 더 많은 시민들은 분노할 것이다. 그러면 반(反)인플레이션 정책들(anti-inflationary policies)이 필요할 것이다. 그 결과 선거 주기(electoral cycle) 동안 '반대 또는 구속적인 정책들'의 주기가 확립된다. 이러한 경우에 실업과 인플레이션율을 평균화함으로써 '안정된 코스'를 추구하려고 하는 정치인들은 '경제적 성공(economic success)'을 달성할 수 있다. 그러나 그러한 코스는 정치인들에게 거의 확실히 '정치적 성공(political success)'을 가져다 주지 못할 것이다. 이러한 경우에 정치인들만을 전적으로 비난해서는 안 될 것이다. 투표자들에게도 책임이 있다. 이는 투표자들이 아마 그들도 원하지 않는 불안정을 야기하는 일련의 정책들을 실제로 선호하기 때문이다. 투표자들은 마치 '과거'의 막연한 기억들이나 훨씬 더 막연하고 불확실한 '미래'보다 "즉각적인 현재(immediate present)"가 더 중요한 것처럼 행동하는 것 같다. 따라서 투표자들은 경제적으로 '근시안적(myopic)'[9]이다.

정치적 경기순환(PBC)은 [그림 15-1]에서처럼 간단한 방법으로 설명될 수 있다. [그림 15-1]에서 인플레이션율과 실업률은 수직축에 표시되고, 선거 기간들은 수평축에 표시되어 있다. 이를 바탕으로 '최적 정치적 경기순환(optimal PBC)'에 대해 알아보도록 하자. 여기서 '최적 정치적 경기순환'이란 두 선의 혼합(mix : 즉, 인플레이션율과 실업률의 동시 고려)을 의미하며, 이는 실업률과 인플레이션율의 코스(즉, 진행 과정)를 보여준다. 우선, 인플레이션율은 두 선거 기간 동안(즉, E_1 기간과 E_2 기간) 증가하고 있으며, 선거가 끝난 직후에 최대 수준(즉, A점과 B점)에 도달한다. 반면에 실업률은 두 선거 기간 동안 계속적으로 감소하고 있다. 이러한 경우에 합리적(사익을 추구하는) 정치인들은 각 선거가 끝난 직후에 인플레이션을

9. **[역주]** '근시안(近視眼)'이란 눈앞의 일에만 사로잡혀 앞일을 짐작하는 지혜가 없음을 말함.

그림 15-1 정치적 경기순환

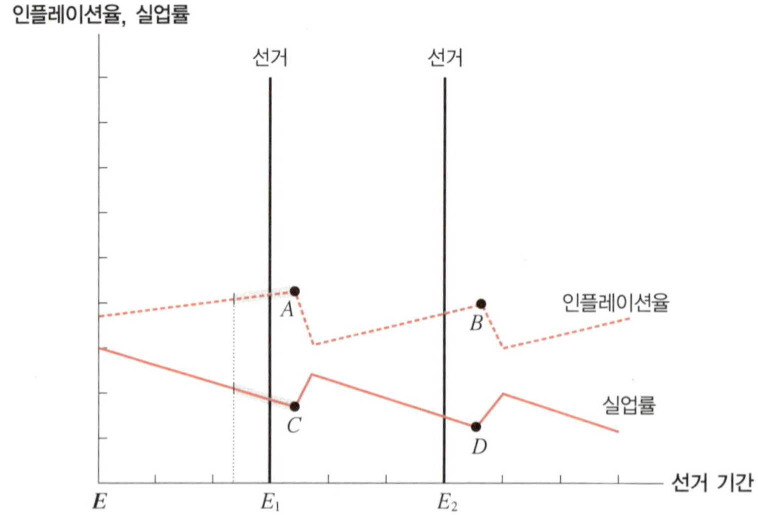

감소시키려고 할 것이다. 정치인들은 반드시 실업률을 증가시키는 정책들을 가지고 인플레이션을 감소시키려 할 것이다. 그러나 이러한 매우 양식화된 모형(stylized model)은 현실의 복잡한 진행 코스를 정확히 묘사하지 못한다. 그러나 이 모형은 일반적인 의도와 정책 선택들을 보여주는 데에는 유용하다. 정치인들은 실로 힘이 세지만 일반적으로 [그림 15-1]에 보여준 모형을 실행하는 데 필요한 재정 및 금융정책들을 미(微)조정(fine tune)할 수는 없다. 그러나 "권력은 확산되고, 정보는 제한적이며, 일반 시민들은 가만히 있지 않고 대항한다" 라는 사실을 인식할 필요가 있다. 특히 후자의 경우에 일반 시민들은 이러한 '권모술수적인(Machiavellian) 선거전략' 에 부분적으로 대항할 수 있다는 것을 알게 될 것이다. 일반 시민들은 어떻게 대항할 수 있는가? 일반 시민들은 그러한 권모술수적인 선거전략을 예상하고 그에 대해 계획을 세움으로써 부분적으로 대항할 수 있을 것이다.

그럼에도 불구하고 우리는 다음 사실에 주목해야 한다. 즉, 몇몇 실증적 연구들이 '정치적 경기순환이 존재한다'는 것을 보여주고 있다는 점이다. 예를 들면 프레이와 슈나이더(Frey and Schneider, 1981)는 영국에서 1959~1974년 동안 정치적 경기순환의 존재에 대한 체계적 증거를 발견하였다. 첫째, 그들의 실증적 발견에 따르면 ① 인플레이션율의 1% 하락은 정부의 인기도를 0.6% 증가시켰으나, ② 실업률의 1% 하락은 정부의 인기도를 무려 6%나 증가시켰다. 따라서 정부가 '실업과 싸우는 행위'는 확실히 '우월한' 정치적 전략이다. 이것은 적어도 실증분석을 수행한 기간 동안에는 사실이었다. 둘째, 영국에서 이 기간 동안(1959~1974년)에 집권했던 모든 정부들은 그들의 인기도가 낮았을 때 지출을 확대하고 세금을 인하한 것으로 나타났다. 그러나 정부들은 그들의 인기도가 훨씬 더 높았을 때 투표자들의 보복을 두려워하지 않고 '더 이념적인 정책들(ideological policies)'을 추구할 수 있었다(Frey and Schneider, 1981). 또한 그라이어(Grier, 2008)도 1960년 이후 미국에서 "상당한 크기의 기회주의적(opportunistic)" 정치적 경기순환 효과를 보여주는 유사한 증거를 발견하였다. 정치적 경기순환을 위한 '가장 큰 기회들'은 어떤 선거가 있기 전 마지막 6개월 동안 '소득 증대'를 촉진함으로써 발생하였다. 이것은 GDP 증대보다는 '소득 증대'가 투표자들에게 강한 동기를 부여해 그들을 움직이게 하는 것임을 의미한다. 그러한 기회를 이용하여 노련한 정치인들은 자신의 임기 초기에 '이념적인 어젠다(ideological agenda)'를 추구할 수 있다. 그럼에도 정치인들은 선거 직전에 소득이 증가하는 한 자신들의 기회주의적 전략에 대해 투표자들로부터 거의 처벌을 받지 않는다. 또한 미국 대통령 선거들로부터 나온 실증적 자료들은 다음을 설명해준다. 즉, 1947~1977년 동안 미국의 '평균소득'이 다른 연도들보다 대통령 선거가 있었던 연도들에서 1.5% 더 증가하였음을 보여주었다. 특히 1948년 이후 대통령 선거가 있었던 연도들에서 미국의 평균소득 증가율은 1.4% 수준이었다(Achen and Bartels, 2004).

또한 정치적 경기순환의 증거는 1959 ~ 1981년 동안 독립적이라고 여겨지는 미 연방준비제도이사회(FRB)가 실행한 '통화정책들' 에 의해서도 강하게 나타나고 있다. 앨런 그린스펀(Alan Greenspan)이 의장으로 재임하던 기간(1987 ~ 2006년)을 제외하고 미 FRB는 대통령 선거 몇 달 전에 "비정상적으로 팽창적(abnormally expansionary)" 이었다. 좀 더 정확히 말하면, 현직 대통령이 최초에 FRB 의장을 임명한 정당 출신이라면 미 FRB는 대통령 선거 직전에 '비정상적으로 팽창적' 이었다(Abrams and Iossifov, 2006). 과거에 미 FRB가 선거 직전에 '비정상적으로 팽창적' 이었는 데에는 분명히 정치적 경기순환이 존재할 것이다. 사실상 그러한 경우에 우리는 '대통령의 정책들' 과 '연방준비제도이사회가 채택하는 정책들' 간에 상호작용이 존재한다고 생각할 수 있다.

4. 공급중시경제학에 대한 주목 : 공급중시경제학의 정치적 관련성

지난 30여 년 동안 ① "공급중시경제학(supply-side economics)" 과 ② 이것이 레이건 대통령과 부시(G. H. W. Bush) 대통령, 그리고 또 다른 부시(G. W. Bush) 대통령의 정책들 속에서 수행한 중요한 역할에 대해서 많은 논의들이 진행되어 왔지만, 공급중시경제학의 '정치적 관련성(political relevance)' 은 비교적 거의 주목을 받지 못해왔다. 그러나 바로 앞에서 살펴본 정치적 경기순환에 대한 논의는 '공급중시경제학의 정치적 관련성' 을 주목하고 살펴볼 좋은 기회를 제공해 준다. "오래된 술(즉, 공급중시경제학)을 새 병(즉, 정치적 관련성 고찰)에 붓는" 이러한 전략의 경제적 가치나 효능은 확실히 논쟁의 여지가 있을 것이다. 그러나 공급중시경제학의 주요 도구인 래퍼 곡선(Laffer curve)에 기초한 두 가지 주요 '정책 프로그램' —즉, 세율과 세수—이 가지는 '정치적 매력' 에 대해서는 거의 논쟁이 없을 것이다. 즉, '세율을 인하함으로써 정부 수입(즉, 세수)을 증가시키겠다' 고 약속하는 조세정책은 "세금 인하와 정부의 세수 증가 모두" 에 대해 국민들로부터 폭넓은 지지를 얻을 수밖에 없을 것이다. 이것이 바로 부시(G.W. Bush) 대통령이 2006년에 한 연설에서 세금 인하를 주장한 이유이다. 당시 연설에서 부시 대통령은 "국민 여러분들의 세금은 줄어들고, 정부의 세수는 증가한다" 라고 말했다. 당시 부시 대통령은 미 상원 예산위원회의 위원장인 주드 그래그(Judd Gregg)가 말한 것을 그대로 되풀이했을 뿐이다. 주드 그래그는 "이러한 세금 인하는 나중에 본전을 뽑을 수 있다"[10]라고 말했다(Center on Budget and Policy Priorities 참조).

경제학에서 흔히 있는 일이지만 정확한 효과를 측정하는 것은 매우 어려운 일이다. 따라서 모든 사람은 '실증적 검증들' 에 의한 사실 왜곡의 두려움 없이 그들 자신의 믿음—여기서는 공급중시경제학에 대한 믿음—을 유지할 수 있다. 어쨌든 공급중시경제학은 (이론은 여하튼 간에) 실제로는 '거시경제학에 대한 전통적인 케인즈 학파의 신념' 에 대한 "극우파(極右派)의 이념적 등가물(ideological equivalent)" 로 간주할 수 있다. 즉, 거시경제학이 '전통적인 케인즈 학파' 의 이념이나 신념이듯이 공급중시경제학은 '극우파의 이념이나 신념' 으로 간주할 수 있다. 두 가지 신념은 "좋은" 경제(good economics)로 인식되는 것과 "좋은" 정치(good politics)

표 15-1 경제학의 유형과 학파의 신념

경제학의 유형	학파의 신념
거시경제학	고전학파의 신념
거시경제학	전통적인 케인즈 학파의 신념
공급중시경제학	극우파의 신념

주 : 역자가 만든 표임.

10. **[역주]** These tax cuts pay for themselves. 즉, 세금 인하는 나중에 세수 증가를 가져다줌으로써 "본전을 뽑을 수" 있다.

로 인식되는 것을 '결합' 시키는 데 필요한 이론적 근거를 제공해준다. 거시경제학에 대한 전통적인 케인즈의 믿음처럼 공급 측면 경제학은 극우파의 이데올로기적 등가물로 볼 수 있다.

앞에서 언급했듯이 '세금이 인하되면 세수가 증가한다'는 공급중시경제학의 주장은 어떻게 증명할 수 있는가? 이것은 유명한 "래퍼 곡선"[11]의 형태로 나타낼 수 있다. 래퍼 곡선은 세율과 정부 수입(收入)의 크기(즉, 세수) 간의 상관관계를 보여주는 곡선이다. [그림 15-2]는 설명의 편의를 위해 그러한 관계를 재현한 것이다(본서의 제11장에 자세히 설명되어 있는 [그림 11-1]과 그에 대한 부연적인 논의를 참고하기 바람).

이 그림은 '실질적 내용' 뿐만 아니라 '정치적 함의(含意)'를 내포하고 있기 때문에 중요하다. 이 그림에서 우리는 최대 금액의 세수를 획득하는 점(그림에서 C

그림 15-2 래퍼 곡선과 세수

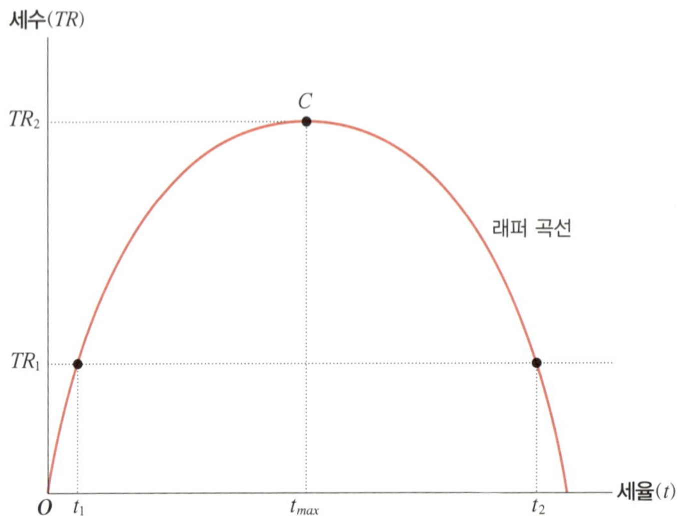

11. [역주] '래퍼 곡선'은 세율(稅率)과 세수(稅收) 간의 상관관계를 나타내는 것으로 세율이 높아짐에 따라 세수가 늘지만, 어느 점을 넘으면 오히려 세수가 줄어듦을 나타내는 곡선을 말함.

점)을 제외하고 다른 모든 세수액은 두 세율 중 어느 하나―즉, 더 높은 세율과 더 낮은 세율―에 의해 획득된다는 사실을 볼 수 있다. 예를 들면 이 그림에서 TR_1의 세수는 t_1의 세율 또는 t_2의 세율에 의해 징수될 수 있다. 만약 이러한 일반적 분석이 옳다면 '투표 극대화(vote maximization)를 추구하는 정부'는 더 낮은 세율인 t_1을 선호할 것이다. 이는 t_1 세율에서 세금 징수비용과 납세자들의 불만과 분노를 최소화할 수 있기 때문이다. 또한 다음 사실도 주목해야 한다. 우리가 래퍼 곡선을 왼쪽에서 오른쪽으로 가면서 읽는다고 가정해보자. 이때 세율이 인상되어 t_{max}(즉, C점에서처럼 세수가 최대가 되는 세율 수준)에 이를 때까지는 세율 인상이 세수를 '증가'시킨다. 그러나 t_{max} 수준 이후부터는 세율이 인상되면 총세수의 "감소"를 초래한다. 이러한 경우는 왜 발생하는가? 이는 납세자들이 세율이 높으면 일을 덜 하려고(즉, 일하려는 유인을 덜 가지려) 하고 세금 납부를 더 회피하려고(즉, 세금 납부를 회피하려는 유인을 더 가지려) 하기 때문이다. 반면에 더 낮은 세율에서 납세자들은 계속해서 열심히 일하려 할 뿐만 아니라 자신의 세금도 잘 납부하려 할 것이다. 이와 같이 세율 변경에 따른 납세자들의 유인 변화를 좀 더 기술적인 말로 표현하면 다음과 같다. 즉, '세금이 부과되는 활동(예를 들면 근로활동)은 세율 자체가 증가하는 것보다 더 빠른 비율로 감소할 것'이다.

조세는 다음과 같은 이유로 부과된다. 우선, 세수에 대한 "필요액(必要額)"이 주어졌다고 가정할 때 더 낮은 세율을 부과하는 것이 정치인들에게 이익이 되지만, 어떤 이유로 "더 높은 세율"이 부과되거나 정당화될 수도 있다. 또한 조세들은 세수 조달 목적 이외의 다른 이유로 법으로 제정되어 부과될 수 있다. 새로운 조세를 도입하여 제정할 때 정치인들과 그들의 조언자들은 종종 제대로 된 정보를 얻지 못하며, 그로 인해 필연적으로 '근시안적' 결정을 내리게 된다. 마지막으로, 조세들은 때때로 적절한 '징벌적 조치들'로 지지를 받아 부과될 수 있다. 예를 들면 일부 환경세(environmental taxes)와 모든 죄악세(sin taxes)[12]의 경우를 들 수 있다. 물론 일단 어느 한 조세가 법으로 제정된다면 이를 폐지하기 어렵다.

미국에서 세금 인하의 실증적 효과는 어떤가? 미국의 현재 조세구조 하에서 세금 인하(즉, 감세)로 "본전을 뽑지(pay for themselves)" 못할 것이라는 사실을 보여주는 꽤 설득력 있는 실증적 자료가 있다. 세금 인하로 "본전을 뽑으려면" 세금 인하로 상실하는 금액보다 나중에 더 많은 세수를 얻어야 한다. 그러나 실증적 추정 결과 세금 인하로 상실하는 세수만큼을 나중에 모두 회수하지 못하는 것으로 나타났다. 미국 레이건 행정부의 대통령 경제자문위원회 의장을 역임한 마틴 펠드스타인(M. Feldstein)은 공급중시경제학의 많은 긍정적인 효과들을 지적했지만, 그 효과를 실증적으로 추정한 결과 '미국 정부는 세금 인하로 상실하는 세수 중 약 3분의 1만을 회수한다'고 주장하였다. 이는 미국 정부가 세금 인하로 "본전을 뽑지 못한다"라는 것을 의미한다. 이러한 실증적 결과에 대해 세금 인하 지지자들은 ① 미국 납세자들이 정부의 세금 인하로 그들이 번 돈을 (정부에 빼앗기지 않고) 더 많이 보유할 수 있음을 찬양하였으며, ② 정부는 세금 인하로 상실하는 세수의 3분의 1을 되찾을 수 있다고 주장하였다. 반면에 세금 인하의 반대자들은 세금 인하로 세수의 3분의 2를 상실한다고 지적하였다. 따라서 래퍼 곡선 분석이 미국의 세금 논쟁에 추가한 것은 '세금 인하로 본전을 뽑는다'는 것이 아니라 '세금 인하는 정태적 분석(static analysis)에서 예측되는 것만큼 세수상의 손실이 크지 않다'는 것이다. 이는 래퍼 곡선의 분석에 따르면 ① 세금 인하로 미국은 본전을 뽑지 못하며, ② 세금 인하로 상실하는 세수의 3분의 1 정도만 회수할 수 있기 때문이다.

12. [역주] '죄악세'란 술, 담배, 도박 등에 부과되는 세금을 말함.

5. 거시정책들의 미시적 기초

미시경제학이나 가격이론을 분석하는 연구자들은 케인즈주의(케인즈의 학설을 신봉하는) 거시경제학자들이 지출정책과 조세정책을 고안할 때 '개인의 선택과 행동' —즉, 미시적 기초—이라는 경제학적으로 잘 확립되어 있는 원칙을 "무시" 하는 경향이 있다고 오랫동안 한탄해왔다. 거시경제 분석의 중심인 '총계 방정식' (즉, $Y = C + G + I + NX$)은 잘 정의되어 있으며, 그 구성은 중립적으로 보인다. 이 경우에 정부가 해야 할 일은 하나 또는 그 이상의 총계 변수(예를 들면 C 또는 C와 I)에서 정부가 유발한 변화(induced change)가 다른 총계 변수들(예를 들면 $G + I$ 또는 $G + I + NX$)에 어떻게 '유익한 변화들' 을 일으키는지를 보여주는 거대한 계량경제학적 모델을 구축하는 것이다. 이 과정에서 실물경제(real economy)를 구성하는 '개인들과 기업들' 은 그들의 선택이 정부의 정책 변화에 무조건 순응할 것이라고 여겨지기 때문에 자연히 무시된다. 문제는 '거시 수준의 변화(macro-level change)' 가 '개인 선택이라는 미시적 기초(micro-foundation of individual choice)' 와 일치해야 한다는 점이다. 우리는 경제분석에서 '인간의 본성' 을 무시할 수 없기 때문에 변화하는 환경에 대한 '개인의 반응들' 을 알아보기 위해 이들에게 영향을 미치는 가격이나 인센티브, 정보, 기대 등을 거시 분석에 포함시켜야 한다. 다행스럽게도 우리는 '개인의 선택' 을 고려할 어떤 '새로운 경제학' 을 만들 필요가 없다. 200년 역사의 미시경제학은 거시정책들(macro-policies)의 기초가 되고, 이를 평가하는 데 필요한 견고한 기반을 제공해주었다. 그럼에도 불구하고 수년간에 걸친 '케인즈주의 경제학' 의 우위에 익숙해진 많은 경제학자와 다른 사람들은 이러한 사실을 무시하고 있다. '시장의 근본 원리' 는 실제로 매우 보편적이며, 앞에서 지적한 바와 같이 이를 "시장을 훨씬 넘어서도(far beyond the marketplace)" (예를 들면 정치) 적용할 수 있다. 따라서 본 절에서 '시장과 거시정책과의 관련성' (또는 시장이 거시정책에 미치는 영향)에 대해 논의하고자 한다.

시장을 무시하지 않고 진지하게 고려한다면 우리에게 익숙한 거시정책들과 '아주 다른' 거시정책들을 도출할 수 있을 것이다. 그러면 시장에 기반한 '미시적 지혜(micro-wisdom)'란 무엇인가? 첫째, 거시정책은 '개인들이 주로 자신의 소득과 부(富) 또는 후생을 극대화하는 사람들'이라는 공리(公理)에 기초해야만 한다. 시장에서 개인들이 어떻게 반응하는지는 '총' 물가 수준이나 '총' 평균 및 '총' 정책들이 아니라 상대가격과 조세에 달려 있다. 요컨대 효과적인 정책들은 총계 방정식의 세세한 '구성요소들'을 고려해야만 한다. 예를 들어 노동력의 구성보다 이를 잘 보여주는 것은 없을 것이다.

인구 변화의 특성과 실업의 특성에 기초하지 않은 '실업정책들'은 성공을 거두지 못할 것이다. 불행하게도 훨씬 이전의 케인즈주의적 분석은 실업자의 대부분이 '성인 남성'이었던 대공황기에 이루어졌다. 그러나 오늘날의 실업자들은 청년이나 (고용된 노동자를 포함한) 어떤 가족 내의 개인들인 경향이 있다. 이러한 개인들은 숙련되고 훈련받은 노동자들이 아니다. 오히려 이들은 기술이나 취업경험이 부족하거나 잘못된 기술을 가지고 있다. 그들은 현재 상태에서 고용될 수 없기 때문에 실업상태로 남아 있다. 또한 현재 실직상태에 있는 많은 사람은 자신의 자발적 선택으로 인해 실업상태에 있거나, 그로 인해 정말로 실업자가 된다. 다행히도 이러한 사람들의 실업 기간은 짧으며, 이들은 실업 기간 동안 개인 저축, 가계의 금융자원, 다양한 복지 프로그램 및 실업보험 등으로 생계를 유지한다. 새로운 거시경제학에 따르면 실업과 관련한 이러한 사실들은 '많은 케인즈주의적 정책들이 잘못되었다'라는 것을 시사해준다. 불행히도 이러한 잘못된 정책들이 수반하는 여러 비용 중 하나는 실업을 연장하며, 그로 인해 자원 배분을 더욱 왜곡시킨다는 점이다. 오늘날 여가는 종업원과 고용주 모두에게 훨씬 덜 비용이 들기 때문에 사람들의 인센티브에 부정적인 영향을 미쳐 고용이 위축된다. 예를 들어

네덜란드와 영국에서 사람들이 2년 또는 그 이상 동안 자신이 일해서 번 근로 임금(earned income)과 거의 같은 수준의 월 소득을 받을 수 있을 때, 그들은 일자리를 찾는 것(즉, 구직)이 거의 이익이 되지 않다는 것을 발견하였다. 오늘날처럼 ① 자발적으로 실업상태에 있는 사람들과 ② 기술이 없거나 구식 기술을 가진 사람들을 다루는 방법은 1930년대의 대규모 '비자발적 실업'을 다루는 방법과 확실히 달라야만 할 것이다. 이와 같이 1930년대 대공황 시기의 실업 상황과 오늘날의 실업 상황은 아주 다르다.

경제학자들은 실업에 대한 오래된 설명을 되살리는 동시에 몇 가지 다른 오래된 교훈들과 이를 새로운 상황—즉, 저축과 투자 결정—에 적용하는 문제를 다시 생각하고 있다. 요컨대 대공황 이후 시행된 많은 미국 정책들은 저축과 투자를 위축시켰다. 이러한 정책들은 저축에 대한 이론적 비난과 차입자들을 편애하는 정치적 전략에 기반을 두고 있다. 케인즈주의적 분석에 따르면 소비, 저축, 투자는 별개로 조정되지 않는 요소로서 자체적으로 '파괴의 씨앗(seeds of destruction)'을 가지고 있다. 왜 그런가? 불황 시에 저축은 '개별적으로는 합리적인 행동 과정(rational course of action)'이지만 '집단적으로는 재앙(collective disaster)'을 가져다준다. 그 결과 케인즈에 따르면 '너무 많은' 저축, '불충분한' 투자, '너무 적은' 소비가 발생할 수 있다. 그러나 오늘날에는 저축이 부족하기 때문에 마땅히 투자도 부족하다. 미국에서 너무 많은 공공정책들이 이러한 '암울한 전망'에 기여했다.

미국 조세법(租稅法)에서 차입자들이 자신의 과세(課稅) 소득에서 이자비용(interest cost)을 공제할 수 있도록 허용하기 때문에 소위 "세금 보조금(tax subsidies)"을 통해 자신의 습관을 영구화하도록 장려되어 왔다(나도 주택담보대출과 신용카드를 통해 돈을 차입한 수백만 명 중 한 사람이다). 주택담보대출과 신용카드에 의한 차입은 그러한 세금 보조금으로 인해 상당히 완화되어 왔기 때문이다. 반면에 저축을 선택한 사람들은 자신의 소득이 한 번이 아니라 '두 번 과세'(즉, 이중과세) 됨으로써 소위 "처벌"을 받게 된다는 사실을 알게 된다. 즉, 첫 번째는 소득이 발생했을 때 과세되고, 두 번째는 투자한 소득이 이자를 받을 때—심지어 이자 소득이 인플레이션율보다 낮더라도—과세되기 때문이다. 그로 인해 차입금에 대한 수요가 크게 늘어나게 되었다. 이는 증가하는 개인의 사적 부채(private debt)가 여실히 증명해주고 있다.

이로 인해 자본 형성(capital formation)이 미국인들에게 주요 문제가 된 것은 전혀 놀라운 일이 아니다. 미 '연방정부'가 자금을 확보하기 위해 경쟁함으로써 '민간기업들'은 자신들이 자본시장에서 "구축(驅逐)되었다(crowded out)"는 것을 알게 되었다. 이 경우에 정부 차입을 감소시키는 정책이 이러한 상황을 완화하는 데 큰 도움이 될 것이다. 그러나 '개인' 수준에서 잠재적인 저축자들과 투자자들은 '저축 및 투자에 대한 유인이 그들이 원하는 것보다 더 적게 저축하고 투자할 정도로 편향(또는 왜곡)되어 있음'을 알게 된다. 또 다른 유익한 정책은 이자 계정에서 얻은 소득이 과세에서 면제되도록 허용하는 것이다. 또한 법인세율을 낮추고 정부가 소비세에 더 의존하도록 해야만 한다. 이러한 조치(정책)들은 사회심리학뿐만 아니라 '가격이론의 미시적 기초'와도 일치한다. 즉, 사회적으로 유익한 행동들(예 : 저축이나 투자)에 대해서는 보상하고, 비효율적인 선택들(예 : 소비)에 대해서는 세금을 부과해야 한다.

이러한 개혁 조치들이 도움이 될지라도 정부가 대규모 차입(借入)에 관여하는 한 저축과 투자는 '처벌'을 받을(즉, 위축될) 것이다. 이는 정부가 적자 자금을 조달할 수 있는 방법으로 오직 세 가지—즉, 조세나 차입 또는 화폐 발행—방법밖에 없으며, 이들 모두는 근로와 생산성을 '저해'하는 경향이 있기 때문이다. 왜 그런가? 첫째로 조세의 경우, 정부가 세금을 인상하면 이는 사람들이 근로할 유인을 감소시킨다. 둘째로 차입의 경우, 정부가 차입을 하면 이는 민간 차입(private borrowing)과 경쟁을 하게 되고, 그로 인해 이자율을 인상시킨다. 셋째로 화폐 발행의 경우, 정부가 더 많은 돈을 발행하는 데 몰두하면 이는 인플레이션뿐만 아니라 더 위험한 투자 결정을 내리는 과정에서 수반되는 여러 문제를 발생시킨다. 이러한 정책 제안들은 칭찬할 만하지만, 이들은 미국 정치제도 내에 존재하는 '지속적인 편향들'과 직면하게 된다. 그러한 편향들은 강력하고도 '왜곡된' 유인들(perverse incentives)에서 비롯된다. 정부의 결정은 한계비용(*MC*)과 한계편익(*MB*)이라는 '경제적 기준'을 기반으로 하는 경우가 거의 없기 때문에 '공공지출을 늘리고 민간지출을 줄임'으로써 GDP가 증가하는지 또는 감소하는지를 알 수 있는 확실한 방법은 없을 것이다. 경제분석가들이 여러 대안적인 지출 프로그램들을 비교할 때 공공주택 건설이 (예를 들어) 미 공군에 새로운 폭격기를 추가하는 것보다 더 중요한지를 '과학적으로' 결정할 수 없기 때문에 매우 난감할 것이다.

적어도 교과서 저자들과 언론인 및 논평가들은 '케인즈주의 재정정책'에 따르면 "경기침체(불황)와 인플레이션 '모두'에 맞서 싸우기 위해 지출정책과 조세정책을 "조작"할 수 있다"라고 주장한다. 그러나 이 주장은 사실이 아니다. 경제학자가 아무리 객관적이라고 해도 재정정책은 인플레이션보다는 '불황'과 싸우는 데 적합하기 때문이다. (불황과 싸우기 위해) '세금을 줄이고 공공지출을 늘리는 것'이 (인플레이션과 싸우기 위해) '부담(세금)을 늘리고 지출을 줄이는 것'보다 "정치적으로 편리"할 수밖에 없을 것이다. 따라서 재정정책은 인플레이션보다는 '경기침체(불황)'와 싸우는 데 더 적합하다.

마찬가지로 금융정책은 경기침체(불황)보다는 '인플레이션 지향적'이다. 그러나 정치인들은 인플레이션을 막기 위해 '통화공급을 억제'하는 정책을 좋아하지 않는다. 마지막으로, 재정정책과 금융정책의 '조합'이 경제적으로 의미가 있더라도 정치인들은 '소비와 공급'의 총계(總計) 측정치를 가지고 '분배적 세부사항'에 세심한 주의를 기울여야 한다. 또한 재정정책은 '총산출량과 총수요'의 구성에 중요한 영향을 미치는 특정한 법률로 변환된다. *누구의*(어느 한 개인의) '투자'가 영향을 받는지는 총체적 재정 효율성에 아무런 문제가 되지 않는다. 그러나 *누구의*(어느 한 개인의) "소비"가 어떻게, 언제, 어느 정도로 영향을 받는지는 모두 정치인들이 자신이 얻을 투표 계산(vote calculus)을 통해 대답해야 할 기본적인 질문들이다. 금융정책의 경우에도 재정정책에서와 거의 같은 고려사항들이 적용될 수 있다. 이러한 일반적인 고려사항들 외에도 우리는 ① 정부의 구성원들이 "경제 불안정"에 '정치적 사익'을 가질(이는 경제적 무지에 의해 가중됨) 뿐만 아니라 ② 미국 연방정부라는 조직 자체가 '효과적인 안정화를 저해한다'는 점을 인식해야 한다.

미 의회 의원들을 포함한 수많은 비평가들은 오랫동안 "예산을 *통제할 수 없다*"라고 주장해왔다. 우선, 예산을 '통제할 수 없다면' 누가 그렇게 만들었는가? 또한 예산을 '통제할 수 없다면' 어떻게 케인즈주의 정책들이 정부 안정화의 근거를 만들 수 있는가? 이러한 딜레마는 미세 조정자들(fine-tuners)을 낙담시킬 수 있다. 그러나 그러한 딜레마를 인식한 미 의회는 케인즈가 아니라 '선거 필수품(electoral necessities)'에서 파생된 "정치적 주먹구구식 법칙(political rules of thumb : 정치적 경험 법칙)"[13]을 따르게 되었다. 미국 의회(하원) 예산 편성 과정을 분석하는 연구자들은 의회(하원)가 기존의 예산제도나 규칙 하에서 어떤 지출 프로그램을 다른 지출 프로그램과 비교하지도 않고, 또 비교할 수도 없다는 것을 다소 설득력 있게 보여주었다. 조세 법안의 경우에도 마찬가지이다. 즉, 어떤 조세 법안과 다른 조세 법안을 비교하지도 않고, 또 비교할 수도 없다. 두 지출 프로그램이나 두 조세 법안을 비교하는 일은 하원의원들에게 너무 어려운 과제이다. 따라서 미국의 하원의원들은 대통령이 제안한 정치적 예산안과 이전의 예산들을 바

13. **[역주]** '경험에 바탕을 둔 방법'을 말함. 즉, 과학적인 방법보다 경험적인 방법에서 도출된 일반적인 수단이나 방침을 의미함.

탕으로 다양한 이익집단들을 달래기 위해 충분한 자금을 입법화한다. 국방비를 제외하고는 동료 의원들의 지출안들에 대해 의문을 제기하는 의원들은 거의 없다. 새로이 선출된 어떤 의원에게 해줄 수 있는 최고의 조언은 전(前) 미 하원의장이었던 샘 레이번(Sam Rayburn)이 했던 조언일 것이다. 샘 레이번은 "의원들과 잘 지내려면 그들과 함께 가야 한다" 라고 조언했다. 의원들만 그런 게 아니다. 마찬가지로, 재선(再選)을 노리는 궁지에 몰린 대통령들도 가용한 모든 돈(예산)을 사용하여 강력한 이익집단들의 표(票)를 사려고 한다.

이러한 몇 가지 고려사항들은 다음과 같은 '결론' 에 이르게 한다. 즉, '정부가 때때로 경제부문을 안정화하는 데 도움을 줄 수 있지만, 정부는 근본적으로 경제를 안정화시키지 못할 뿐만 아니라 안정화시킬 수도 없다' 는 사실이다. 정부는 한편으로 인플레이션 퇴치에 주요 책임이 있으며, 다른 한편으로 실업률 증가와 희소 자원의 지속적인 잘못된 배분(misallocation)에 크게 기여해왔다. 예를 들면 어떤 정부기관(예: 농업부)은 담배 재배를 장려하고 그 개선책을 제시하는 반면, 다른 정부기관(예 : 보건복지부)은 흡연자들에게 흡연에 따른 건강상의 위험에 대해 경고한다. 또한 어떤 정부기관(예: 농업부)은 농부들의 생산성을 높이기 위해 노력하는 동시에 경작지를 제한하거나 잉여 농산물을 사들여서 막대한 비용을 들여 저장하기도 한다. 그런데도 선거 유세 기간에 일부 정치인들은 2천만 명의 미국인들이 굶주리고 있거나 집이 없다고 외친다. 공유지(公有地)를 위탁받은 다른 정부기관은 목재 및 다른 자원의 가격이 상승할 때 오히려 그들 자원을 헛되이 사용한다. 이러한 것들이 바로 재정정책과 금융정책의 (이론적 세계가 아니라) "실제 정치세계(real political world)" 이다. 따라서 총수요와 총공급은 이론적 문제인 동시에 '정치적' 문제이다.

정치인들이 '적자를 줄이겠다' 고 주장하는 것은 노련한 정치인들을 위한 '하나의 예술 형태(an art form)' 와도 같다. 그들은 겉으로는 지출을 줄이는 것처럼 보이지만, 실제로는 자신의 하원 선거구나 자신이 속한 주(州) 또는 자신을 지지하는 특별이익집단이나 친구들을 적극적으로 보호하는 "재정적 환상(fiscal illusion)"이라는 예술 형태에 빠져 있다. 그들은 심지어 자신의 적자 삭감이 "교묘한 속임수(smokes and mirrors)"임을 인정한다. 중요한 한 예를 들어보기로 하자. 2010년에 폴 라이언(Paul Ryan : 위스콘신주 공화당 소속) 하원의원이 추진한 '예산 삭감 계획'은 그것이 어떻게 실행되었는지에 대한 중요한 지침을 제공해준다. 당시 미 하원 예산위원회의 고위 위원이었던 라이언 의원은 의료서비스에서 사회보장, 세제개혁에 이르기까지 여러 문제를 다루는 "미국의 미래를 위한 로드맵(Roadmap for America's Future)"을 준비했다(Ryan, 2010). 그런 다음 라이언 의원은 미 의회예산처(CBO)에 이 계획에 대해 "점수를 매기도록(score)"—즉, 그 계획의 경제적 효과를 평가하도록—요청했다. 의회예산처는 '라이언 의원이 제안한 로드맵을 따른다면 2080년까지 예산을 균형시키고 연방 적자를 해소할 수 있다'고 평가하였다. 그러나 이러한 결과는 다음 가정 하에서만 달성될 수 있었다. 첫째, 라이언 의원은 의회예산처에 그 기간 동안(즉, 2080년까지) 미국의 세수가 적어도 GDP의 19% 수준(이는 매우 낙관적 전망이며, 1945년 이후 평균은 18.2%였음)이 되도록 가정할 것을 지시했다. 둘째, 라이언 의원은 사회보장, 메디케어, 메디케이드 및 기타 사회 프로그램 등에서 주요 변화가 있을 것이라고 가정했다. 또한 오바마 대통령은 라이언 하원의원보다 훨씬 더 낙관적이었다. 2009년 상하원 합동회의 첫 연설에서 오바마 대통령은 미국 가정의 98%에 대한 세금을 인상하지 않고서도 4년 안에 1조 2천억 달러의 미 연방 예산적자를 '절반' 수준으로 삭감하겠다고 약속했다. 라이언 하원의원이나 오바마 대통령 모두 실현 불가능한 약속을 했다. 나는 오바마 대통령과 다른 정치인들이 그들의 '교묘한 속임수'를 계속해서 미세조정할 것이라고 생각한다.

적어도 로널드 레이건이 대통령이 된 이래로 이어져 온 미국의 한 가지 예산

전략은 소위 "야수(野獸) 굶기기(starve the beast)"[14] 전략이다. 이는 '정부 규모를 줄이는 효과적인 방법은 그 수입원(收入源 : 즉, 세금)을 줄이는 것' 이라는 가정에 기초하고 있다. 아마 정치인들은 다소 "너무 높은" 수준의 예산(재정) 적자를 아주 싫어하기 때문에 감세(減稅)에 대한 대응으로 '지출을 줄일' 것이다. 이를 지지하는 사람들에게는 불행히도 예산삭감 전략으로 '야수 굶기기' 를 뒷받침하는 통계적 자료가 없다. 실제로 감세는 오히려 지출을 '증가' 시킨다! 미국에서 실시한 네 가지 주요 감세 조치(1948년, 1964년, 1981년 및 2001년)에 대한 연구에 따르면 "감세 이후에 지출이 증가하는 것으로 나타났다" (Romer and Romer, 2007). 왜 그런가? 한 가지 이유는 앞에서 논의한 바와 같이 '지출과 세금 결정이 서로 독립적으로 이루어지기' 때문일 것이다. 따라서 정치 관찰자나 분석가들은 '감세(減稅)가 지출 감소(減支出)를 가져다줄 것으로 기대해서는 안 될 것' 이다. 사실상 그러한 결정 체계는 일반 유권자들의 마음속에 '지출과 세금 사이에 연결고리를 제공해주지 못하기' 때문에 유권자들이 '더 많은 지출(지출 증가)과 더 낮은 세금(세금 감소)' 을 요구하는 것은 "합리적" 이다. 또 다른 가능성은 '세금 감면자(즉, 감세자)들과 지출자(즉, 지출 증대자)들이 "공동 재정 무책임(shared fiscal irresponsibility)" 을

표 15-2 지출과 세금

		세금	
		삭감	증가
지출	삭감	- '야수 굶기기' 전략	-
	증가	- 실제 정치 세계의 현상 - 정치인들의 '공동 재정 무책임'	-

주 : 역자가 만든 표임.

14. [역주] "야수 굶기기"는 미국 보수주의자들이 세금을 삭감하여 정부지출(즉, '야수')을 제한하고 지출을 줄이도록(즉, '굶기기') 하는 정치적 전략이다. 여기서 "야수"는 미국 납세자의 돈을 사용하여 연방정부가 지원하는 프로그램들(예 : 교육, 복지, 사회보장, 메디케어 및 메디케이드 등)을 나타낸다.

통해 암묵적으로 함께 일한다'는 점이다(Romer and Romer, 2007). 정치인들은 '지출 삭감을 수반하지 않는 감세' 조치를 '예산(재정)적자가 중요하지 않다'는 메시지로 이해한다. 따라서 '공동 재정 무책임'은 더 많은 정부지출(즉, 정부지출 확대)을 원하는 정치인들 사이에서 충분히 이해될 수 있을 것이다. 정치인들은 누구나 '재정적으로 무책임'하다. 정치인들은 자신들에게는 적자가 중요하지 않다고 인식하기 때문에 '세금은 낮추고 지출은 증가'(즉, '재정적 무책임')시키려 한다. 미국에서 보수주의자들(공화당 의원들)이 재정적으로 무책임할 수 있다면 진보주의자들(민주당 의원들)도 마찬가지이다. 마지막으로, 정치인들이 '현재의 감세안 통과'를 위해 충분한 표를 얻으려면 무엇보다도 '미래의 지출 증가에 대한 약속'이 필요할 것이다.

6. 미시 정치와 거시경제학

"2008년에 발생한 주가 폭락(Crash of 2008)"(2008년 미국발 세계 금융위기)으로 미국의 정치인들과 일반 대중, 그리고 학자들은 비통한 나머지 자신의 양손을 마주 잡고 자주 비틀곤[15] 하였다. 특히 경제학 교수들은 주가 폭락(금융위기)이 '시장실패'의 징조인지 아니면 '정부실패'의 징조인지에 대해 논의했지만, 부시 대통령과 오바마 대통령을 위시한 정치인들은 대규모 지출과 규제 프로그램들을 가지고 과감히 해결하려고 하였다. 한때 일반적으로 불신을 받았던 '정부지출이 번영을 가져다준다'는 주장이 다시 제기되었다. 먼저, $Y = C + I + G + X - M$임을 기억하라. 정치인들은 단순히 "C(민간의 소비지출)가 감소한다면 G(정부지출)를 증가시켜라!"라고 주장한다. 그러나 앞에서 언급했듯이 G를 증가시키는 것이 '옳

15. [역주] 비통, 고통, 슬픔, 절망 등으로 두 손을 마주 잡고 비트는 행위를 말함.

은 일' 일지라도 '정확한 금액' 은 얼마인가? 정부 자금을 어디에 지출하는 게 옳은가? 정부 자금이 사회적 프로그램들이나 건설 사업들을 통해 지출하는 것이 중요한가? 정부지출이 민간투자와 민간의 일자리 창출에 어떤 영향을 미치는가? 의회와 정부 관료들은 자신들이 원하는 효과를 가져올 정책들을 고안할 수 있는가? 비록 많은 사람이 자신은 이러한 질문들에 대한 답을 알고 있다고 주장했지만, 사실상 어느 누구도 그 대답을 정확히 알지 못한다.

경제체제는 복잡하고, 정보는 불완전하고 심지어 알 수조차 없는 경우가 많다. 예를 들면 대공황의 경우 관련 정보를 너무 알 수 없어서 뛰어난 분석가들도 대공황의 원인, 종식일과 그 이유 등에 대해 여전히 논쟁하고 있다. 과거가 그같이 불가사의(不可思議)하다면 어느 누구가 감히 미래를 안다고 말할 수 있는가?

본 장은 거시적 불안정이 경제적 무지(economic ignorance)와 정치적 사익추구에 의해 악화되어 왔다고 주장함으로써 시작하였다. 경제적 불안정은 항상 나쁘지 않고 '좋을' 수도 있다. 왜 그런가? 그것은 사람들이 자원을 더 나은 곳에 사용하기 위해 재배분(이동)하고 있다는 것을 나타내주기 때문이다. 다시 말하면, 사람들이 자신의 자원을 더 효율적으로 사용하기 위해 다른 곳으로 이동(재배분)할 때 '경제적 불안정' 이 발생한다는 것이다. 이러한 경제적 불안정은 '좋은' 것이다. 그러나 자원의 재배분(이동)에 시간이 걸리며, 심지어 약간의 고통도 따른다. 고통을 없애려면 자원의 재배분을 중지하면 되지 않는가? 그러나 자원의 재배분을 중지한다고 해서 그 고통이 결코 없어지는 것은 아니며, 대개 피할 수 없는 일을 나중으로 미룸으로써 단지 그 고통을 연기할 뿐이다. 또한 만약 정치(政治)가 시장의 자동 교정 메커니즘(self-correcting mechanism)을 방해한다면 그 고통은 더 심해지거나, 더 많은 고통들이 생겨날 것이다. 마지막으로, 현실 세계에서 "경제를 안정(安定)시키는 일" 은 달성하기 어려운 하나의 '공상적인(비현실적인) 꿈' 과 같다. 그럼에도 불구하고 투표자들은 정부와 정치인들에게 공상적(비현실적)이라고 여겨진 '안정화 정책들(stabilization policies)'을 수립해줄 것을 계속해서 요구하고, 그에 부응하여 정치인들은 '안정화 정책들'을 계속해서 법령화한다.

2008년의 주가 폭락(금융위기)과 관련하여 과트니 등(Gwartney *et al.*, 2008)은 짧은 분석 보고서를 내놓았다. 여기서 그들은 당시의 각종 '정치적 대응들'에 대해 다음과 같이 그들의 반응을 표현했다:

> 먼저, ① 금융시장을 혼란에 빠지게 한 각종 규제들, ② 정치적으로 강력한 사람들에게 지급된 광범위한 보조금들, ③ 대규모 예산적자, 그리고 ④ 최후의 심판일 위협에 기초한 급조된 정치적 활동 등을 가진 어느 한 국가가 있다고 가정해보자. 만약 이러한 일들이 미국이 아닌 '다른 나라'에서 일어난다면 우리는 그것들이 그 나라에서의 '정치적 의사결정의 붕괴'의 결과라고 생각하게 될 것이다. 만약 그 나라가 '시장경제'의 외관을 가지고 있다면 우리는 그 나라를 "정실 자본주의(crony capitalism)"[16] 국가라고 부를 것이다. 이제 이 나라가 오늘날 미국을 묘사하는 것인가?

미국은 아직 '정실 자본주의'에 이르지 못했을지도 모른다. 그러나 미국의 '2008년의 주가 폭락(금융위기)'에 대한 정치적 대응들은 '미시적 유인들(micro-incentives)이 어떻게 거시적 정책을 추진하는지'를 분명히 보여주고 있다. 현재 미국이 '정실 자본주의' 국가는 아니지만 '2008년의 금융위기'를 해결하기 위해 정치적으로 취한 대응들을 보면 '미시적 유인들이 어떻게 거시적 정책을 추진했는지'를 분명히 알 수 있다.

16. **[역주]** '정실 자본주의'는 실력이나 입찰이 아닌 족벌에 의한 경영이 이루어지는 자본주의 경제를 말함.

■ 서지(書誌) 노트 : 주요 참고문헌 소개

거시경제학의 중요성과 거시경제정책에 대한 모든 정치적 논의들에도 불구하고 '정책 결정과 관련된 정치적 요소들'을 다루는 책은 아직 한 권도 발견하지 못했다. 그래서 나는 '거시경제정책의 미시정치적 토대'를 검토하는 다양한 논의들(일부는 매우 기술적임)이 포함된 일반적인 주제에 대한 고전적 서적 몇 권을 소개하고자 한다. 첫 번째 고전서는 영국의 뛰어난 저널리스트인 새뮤얼 브리튼(Samuel Brittan)이 1977년에 저술한 『민주주의의 경제적 결과(*The Economic Consequences of Democracy*)』이다. 영국 정치에 대한 내용들은 오래된 것이지만, 이 책에는 지출과 세금의 정치를 포함하여 경제와 민주주의에 대한 흥미로운 논의들이 많이 들어 있다.

정치학자가 쓴 거시경제학에 관한 책은 매우 소수이다. 한 예로서 미 예일대학의 에드워드 R. 터프테(Edward R. Tufte)가 1978년에 쓴 『경제의 정치적 통제(*Political Control of the Economy*)』를 들 수 있다. 이 책은 학문적이면서 기술적이기도 하므로 학부생이라면 읽기가 다소 어려울 수 있을 것이다. 그러나 대부분의 내용은 읽을 수 있으며 본 장의 아이디어와 일치한다.

본 장의 독자들에게 가장 중요한 책은 뷰캐넌(James M. Buchanan)과 와그너(Richard E. Wagner)가 1977년에 쓴 『적자 속의 민주주의(*Democracy in Deficit*)』이다(이 책은 미국 Liberty Fund Press에 의해 2000년에 『제임스 뷰캐넌의 전집』(8권)으로 재출판되었다). 이 책은 '케인즈(John M. Keynes)의 정치적 유산'에 대한 광범위한 분석을 담고 있다. 이 책만큼 케인즈와 그의 추종자들의 주장을 무너뜨리는 책은 없을 것이다. 이 책의 처음 3분의 1은 케인즈의 아이디어가 어떻게 학계와 다른 분야를 지배하게 되었는지에 대한 역사를 다루고 있으며, 다음 3분의 1은 케인즈 연구의 공공선택학적 측면, 즉 '케인즈의 아이디어가 어떻게 정치적 전략과

정책으로 바뀌게 되었는가'를 다루고 있다. 마지막 3분의 1에서 두 저자는 해로운 케인즈의 교리와 정책을 무효화하기 위한 '헌법 개혁'을 다루고 있으며, 또 이를 옹호하고 있다. 이 책은 나에게 놀라운 영감을 주었다. 아마 다른 사람들에게도 마찬가지일 것이다.

마지막으로 소개할 책은 토마스 D. 윌렛(Thomas D. Willett)이 1988년에 편집한 『정치적 경기순환: 화폐, 인플레이션 및 실업의 정치경제학(*Political Business Cycles: The Political Economy of Money, Inflation and Unemployment*)』이다. 이 책은 약 21개의 장(章)으로 구성되어 있으며, 정치적 경기순환 이론뿐만 아니라 이 논의와 밀접히 관련된 다른 많은 흥미로운 주제들도 다루고 있다. 몇몇 장들은 읽기 어렵지만, 대부분은 경제 전문가가 아닌 사람들도 이해할 수 있다. 특히 윌렛과 킹 버나이언(King Banaian)이 각각 쓴 제1장과 제3장은 읽어 볼 가치가 있다. 이 두 장은 거시경제정책들을 '정치적 과정의 산물'로 이해하기 위해 발전되어 온 다양한 공공선택학적 모델을 설명하고 있다.

지난 25년 동안 대부분에 걸쳐 정치적 경기순환 이론은 '죽은 아이디어'로 간주되었다. 이는 그동안 연구자들이 정치적 경기순환 이론에 대한 증거를 거의 찾을 수 없었기 때문이다. 또한 정치학자들도 정치적 경기순환 이론을 무시하는 경향이 있었다. 이는 정치적 경기순환 이론이 '유권자들이 장기적인 이익보다는 단기적인 이익에 따라 투표할 것'이라고 가정하기 때문이다. 공공선택학의 연구자들은 '유권자들이 분별력이 있다'는 비전을 공유한 적이 없다. 그러나 최근 몇 년 동안에 정치적 경기순환 이론에 대한 새로운 관심이 생겨났다. 새로운 연구들에서 '정치적 이익을 위해 경제를 정치적으로 조작한다'는 강력한 증거가 발견되었기 때문이다. 이러한 연구들로 본문에서 언급한 그라이어(K. Grier)의 논문(2008), 아헨(C. Achen)과 바텔스(L. Bartels)의 논문(2004), 그리고 아브람스(B. Abrams)와 이오시포프(P. Iossifov)의 논문(2006)을 들 수 있다. 그러나 정치적 경기순환

이론에 대한 새로운 관심에도 불구하고 소개해줄 만한 새로운 책들이 없는 게 아쉽다.

마지막으로, 강력하게 추천해줄 비전통적인 내용물은 러셀 로버츠(Russell Roberts)와 존 파폴라(John Papola)가 인터넷을 통해 배포한 "호황과 불황을 두려워하라(Fear the Boom and Bust)" 라는 영상물이다. 두 저자는 이 영상을 "하이에크 대 케인즈 랩 찬가" 라고 불렀다. 이 영상은 실제로 랩 영상으로 완성되었으며 케인즈 아이디어와 하이에크 아이디어 간의 대결을 보여준다. 이 영상물은 2010년 1월에 유튜브(YouTube)에 게시되었으며, 2011년 4월 15일까지 영어판은 200만 회 이상의 조회수를 기록했다. 그 후 10개의 다른 언어로 유튜브에 다시 게시되었다. 이 영상물의 영어판은 http://www.youtube.com/user/EconStories에서 볼 수 있다. 또한 2011년 초에 "세기의 대결 : 케인즈 대 하이에크 제2 라운드(Fight of the Century : Keynes vs. Hayek Round Two)" 라는 제목의 속편이 출시되었다. 이 영상물은 2011년 6월까지 거의 100만 조회수를 기록했다. 독자들께 두 영상물을 모두 시청하고 친구들과도 공유하기를 권한다.

〈참고문헌〉

Abrams, Burton A. and Plamen Iossifov, "Does the Fed Contribute to a Political Business Cycle?," *Public Choice*, 129, 2006, pp. 249～62.

Achen, Christoper and Larry Bartels, "Musical Chairs : Pocketbook Voting and the Limits of Democratic Accountability," Working Paper, Princeton University, 2004. http://www.princeton.edu/～bartels/chairs.pdf.

Anderson, Martin, *An Economic Bill of Rights*, Stanford : Hoover Institution, 1984.

Brittan, Samuel, *The Economic Consequences of Democracy*, New York : Holmes and Meier Publishers, 1977.

Buchanan, James M. and Richard E. Wagner, *Democracy in Deficit*, New York: Academic Press, 1977. Republished by Liberty Fund Press as Volume 8 in *The Collected Works of James M. Buchanan*, 2000.

Center on Budget and Policy Priorities, "Tax Cuts: Myth and Realities," Center on Budget and Policy Priorities. http://www.cbpp.org/cms/?fa=view&id=692#m1).

Feldstein, Martin, "Rethinking Social Insurance," *American Economic Review*, 95, 2005, pp. 1~24.

Frey, Bruno and Friedrich Schneider, "A Political-Economic Model of the UK: New Estimates and Predictions," *Economic Journal*, 91, 1981, pp. 737~40.

Grier, Kevin, "US Presidential Elections and Real GDP Growth, 1961~2004," *Public Choice*, 135, 2008, pp. 337~52.

Gwartney, James, David Macherson, Russell Sobel, and Richard Stroup, "Special Topic: Crash of 2008," 2008. http://commonsenseeconomics.com/Activities/Crisis/CSE.CrashOf2008.pdf.

Krugman, Paul and Larry Summers, "Inflation During the 1983 Recovery," U.S. Government Memorandum, September 9, 1982.

Niskanen, William and Stephen Moore, Cato Institute Policy Analysis No. 261: Supply-Side Tax Cuts and the Truth about the Reagan Economic Record, October 22, 1996.

New York Times, "Rayburn Is Dead; Served 17 Years As House Speaker," November 17, 1961. http://www.nytimes.com/learning/general/onthisday/bday/0106.html.

Papola, John and Russell Roberts, *Fear the Boom and Bust*, 2010. Music Video. http://www.youtube.com/user/EconStories.

Payne, James L., *The Culture of Spending : Why Congress Lives Beyond Our Means*, San Francisco: Institute for Contemporary Studies, 1991.

Romer, Christina D. and David H. Romer, "Do Tax Cuts Starve the Beast: The Effect of Tax Changes on Government Spending", October 2007, *NBER Working Paper* No. W13548. http://ssrn.com/abstract=1024965.

Ryan, Paul, *Roadmap for America's Future*, 111th Congress, H.R. 4529, 2010.

Schumpeter, Joseph A., *Capitalism, Socialism, and Democracy*, New York : Harper & Brothers, 1942, Ch. 7.

Tufte, Edward R., *Political Control of the Economy*, Princeton : Princeton University Press, 1978.

Willett, Thomas D., *Political Business Cycles : The Political Economy of Money, Inflation and Unemployment*, Durham: Duke University Press, 1988.

U.S. Statistical Abstract, 1992.

공공선택학의 정치적 의미 : 제3세계를 위한 제안

제16장 자유를 위한 풍토 조성

5

Part Five

제5부는 이제까지와 달리 하나의 장으로만 구성되어 있다. 제5부에는 '규제 개혁'과 '헌법 개혁' 등을 비롯한 많은 주제가 포함될 수 있다. 그러나 여기서 특정 주제를 제시하는 대신에 몇 가지 '일반적인 주제들'을 설명함으로써 이 책을 공부하는 독자들이 '세부사항'에 대해 생각하도록 하는 방법을 제시하고자 한다. 특히 '제3세계(third world)'에 대해 생각해보고자 한다. 지구상에 거주하는 60억 인구 중 50억 명이 제3세계에 살고 있으며, 이들은 사회적 지위가 결과를 결정하는 '계층적 사회(hierarchical societies)'에 갇혀 있다. 따라서 나는 제3세계에서 ① '계약과 시장'이 지위를 대체하고, ②'낯선 사람들과의 교환'이 소규모 이웃 사람들과 친족 집단 내에서의 교환을 대체하며, 마지막으로 ③ 희소한 자원인 '사유'가 광범위하게 허용되고 확대되기를 희망한다.

제16장 자유를 위한 풍토 조성

우리는 ① 우리가 실제로 소유하지 않은 지식을 소유하고 있다고 믿으며, ② 사회의 과정들을 우리가 원하는 대로 마음대로 할 수 있는 힘을 가지고 있다고 믿는다. 그러나 우리가 그러한 '지식'과 '힘'을 소유하고 있다는 "믿음"에 따라 행동함으로써 스스로에게 많은 해를 끼칠 수 있다. — 프리드리히 하이에크(1974)

일단 이제까지 살펴본 '순진한 말들'과 '좋은 의도들'(즉, 선의)을 "정치 현실(reality of politics)"에 대한 이해로 대체한다면 우리는 이제 '새로운 주제들'을 고려해야 할 때임을 알게 된다. 즉, 정치 이상(理想)이 아니라 '정치 현실(現實)'을 이해한다면 앞에서 설명했던 순진한 말들과 좋은 의도들 대신에 "다른" 주제들을 살펴보아야 할 것이다. 본서의 마지막 장에서 나는 정치 현실에서 고려해야 할 새로운 주제로 몇 가지 '일반적 주제들'을 제시하고자 한다. 첫째, 일반적 주제들은 이제까지와 달리 '재산권, 시장 과정, 민간기관들'에 더 많이 의존할 것이다(반면에 이제까지 우리는 ① 재산권보다는 정부의 강제력, ② 시장보다는 국가와 정부, ③ 민간기관들보다는 공공기관들에 주로 의존해왔다). 둘째, 일반적 주제들은 미국의 정치적 유산인 '제한적이고 분권화된 정부(limited and decentralized government)'와 전적으로 일치한다. 마지막으로, 내가 믿기로 일반적 주제들은 '더 합리적이고 평화로운 국가'를 만들 것이다. 이러한 특징들을 가진 네 가지 일반적 주제들은 ① 정부를 제한하고, ② 시장이 경제 문제들을 해결하고, ③ 자유를 실행하고, ④ 법치주의를 확립하는 것이다. 이러한 일반적 주제들은 방금 설명한 세 가지 특징을 가지고 있다. 이제 네 가지 일반적 주제들에 대해 차례대로 살펴보기로 한다.

1. 정부 제한

성서의 창세기 제29장 16~25절에서 야곱(Jacob)은 자신의 아내를 찾기 위해 길을 떠났다. 야곱은 그의 외삼촌인 라반(Laban)을 방문했을 때 라반의 작은 딸인 '라헬(Rachel)'을 만나 사랑에 빠지게 되었고, 마침내 그녀에게 청혼하였다. 그러나 라헬의 아버지인 라반은 신붓값—즉, 자신의 딸을 신부로 허락하는 대가—으로 자신의 집에서 7년간의 노동을 요구하였고, 야곱은 그 계약에 동의했다. 7년이 지난 후 마침내 신혼 첫날밤이 찾아왔다. 그러나 야곱은 다음 날 아침에 일어나자 지난 밤 자신이 사랑하는 라헬이 아니라 라반의 큰 딸인 '레아(Leah)' (야곱의 첫 아내)와 신방에 들었다는 사실을 알게 되었다.

미국의 정치학자인 아론 윌다브스키(Aaron Wildavsky)는 성서의 이 이야기를 이용하여, 정부를 통해 우리의 좋은 의도(선의)를 수행할 때 과연 미국에서 무슨 일이 일어나는지를 설명하였다(Wildavsky, 1982). 그는 미국이 "'사회개혁(social reform)'이라는 라헬과 사랑에 빠졌으나 '큰 정부(big government)'라는 레아와 결혼하였다"라고 주장하였다. 미국 사람들은 '정부가 시장실패들을 교정할 수 있고, 또 교정할 것이다'라고 주장하는 사람들을 믿었다. 또한 미국 사람들은 '정치계급(political class)이 좋은 의도들(good intentions)을 좋은 정책들(good policies)로 바꿀 것이다'라고 말하는 사람들을 믿었다.

그러나 정치에서 '좋은 의도들'과 '좋은 정책들'은 좀처럼 밀접히 연관되어 있지 않은 게 사실이다. 그런데 우리는 왜 좋은 의도들과 좋은 정책들이 밀접히 관련되어 있을 것이라고 기대하는가? 1997년에 로널드 코스(Ronald Coase)는

Journal of Law and Economics(이하에서는 JLE로 표기함)의 편집장으로서 자신의 소임에 대해 인터뷰(Hazlett, 1997)하면서 다음과 같이 말했다: "우리가 이 저널을 통해 찾으려 한 것은 대부분의 규제가 실제로 '더 나쁜 결과'를 초래하느냐 하는 것이었다. 그 결과 최근에 대부분의 규제는 실제로 '더 나쁜 결과들'을 초래하였다." 또한 코스는 '좋은 규제(good regulation)'가 무엇인지와 '그리 좋지 않은 규제(not-so-good regulation)'에 대한 한 가지 사례를 밝혀달라고 요청받았을 때 다음과 같이 대답했다:

> 이것은 매우 흥미 있는 질문입니다. 왜냐하면 우리는 이 질문에 대답할 수 없기 때문입니다. 제가 과거에 *Journal of Law and Economics*의 편집장이었을 때 우리는 '규제와 그 효과'에 대한 연구 총서(叢書)를 발간했습니다. 거의 모든 연구—아마 '모든' 연구—에 따르면 ① 규제의 결과(효과)는 나빴으며, ② 가격은 규제가 없을 때보다 더 높았고, ③ 제품은 규제가 없을 때보다 소비자들의 요구를 더 나쁘게 반영하는 것으로 나타났습니다. 그러나 그 당시 저는 '모든 규제가 필연적으로 그러한 결과들을 가져다줄 것이다'라는 견해를 흔쾌히 받아들이지 않았습니다. 따라서 우리가 얻은 이러한 결과들에 대한 저의 설명은 과연 무엇이었겠습니까? 저는 그때 가장 유력한 설명으로 "오늘날 정부가 대규모로 운영되고 있기 때문에 경제학자들이 부르는 소위 '음(−)의 한계수익(negative marginal returns)'[1](즉, '한계수익 체감')을 가져다주는 단계에 이르렀다"라는 것을 주장하였습니다. 정부 규모가 매우 큰 상황에서 정부가 추가적인 일을 한다면 그것은 상태를 엉망으로 만들 것입니다. 그러나 우리가 정부 규모를 크게 줄인다고 해서 정부가 그동안 '잘했던' 몇몇 활동들이 있었다는 것을 부인하는 것은 아닙니다. 즉, 정부가 대규모로 운영된다고 해서 정부의 모든 활동이 나쁜 것은 아닐 것입니다. 정부가 대규모로 운영될 때에도 정부가 잘했던 활동들도 있었음을 의미합니다. 그러므로 우리가 정부 규모를 줄일 때까지는 그동안 정부가 잘했

1. **[역주]** 즉, 정부 규모가 매우 큰 상태에서 그 규모가 커질수록 정부의 수익(즉, 세수)은 체감함. 이는 '래퍼 곡선'과 유사함.

던 활동들이 무엇이었는지 잘 알지 못할 것입니다(Hazlett, 1997).

당시 코스를 인터뷰한 사람이 코스에게 '좋은 규제'의 한 가지 예를 들어주기를 요청했을 때 코스는 JLE에서 좋은 규제가 하나라도 있었는지 결코 기억할 수 없었다고 대답했다. 코스가 말하기를 "우리는 JLE에서 규제를 운송 관련 규제, 농업 관련 규제, 사업 관련 규제 등으로 분류하였다. 그런 다음에 각종 규제를 이름에 따라 알파벳 순서로 나열하였다. 즉, 농업(Agriculture) 규제는 A로, 사업(Business) 규제는 B로, …, 지역제(Zoing) 관련 규제는 Z로 표시하였다. 마지막으로, A에서 Z로 가면서 규제가 좋은지 나쁜지를 살펴보았으나 모든 규제가 '나쁜 것'으로 드러났다. "좋은 규제"는 결코 찾을 수 없었다. JLE에서 규제 관련 연구들이 많이 있었고, 그 결과는 매우 일반적으로 '규제 효과들이 모두 나쁜 것'으로 나타났다".

"규제 A～Z"의 결과(효과)들이 모두 나빴던 이유 중 하나는 '정치의 보이지 않는 손(invisible hand of politics)'이 좀처럼 '시장의 보이지 않는 손(invisible hand of market)'처럼 좋은 결과들을 만들어내지 못하기 때문이다. 즉, '시장의 보이지 않는 손'은 좋은 결과들을 가져다주지만, '정치의 보이지 않는 손'은 좋은 결과들을 가져다주지 못하기 때문이다. 애덤 스미스(Adam Smith)의 위대한 업적은 개인들의 사익추구(self-interests) 행위가 '시장의 보이지 않는 손'에 의해 '집단적 이익(collective good : 사회 전체의 공동 이익)'으로 전환된다는 것을 보여주었다는 데 있다. 이것이 바로 '시장의 보이지 않는 손'이 가져다주는 "좋은" 결과이다. 그러나 '정치의 보이지 않는 손'은 이러한 좋은 결과를 가져다주지 못한다. 또한 우리는 때때로 애덤 스미스가 다음 사실도 설명했음을 잊고 있다. 즉, 애덤 스미스는 개인들의 사익추구 행위가 집단적 이익으로 전환되는 것을 보여주었을 뿐만 아니라 '정부(또는 정치)의 보이는 손(visible hand of government or politics)'에 의해 어떻게 '집단적 손해(collective harm)'로 전환되는지에 대해서도 설명하였다.

표 16-1 **시장과 정치의 손**

시장 또는 정치의 손의 유형	결과
시장의 '보이지 않는' 손	좋은 결과를 가져다줌.
정치의 '보이지 않는' 손	좋은 결과를 가져다주지 못함.
시장의 '보이지 않는' 손	개인의 사익추구 행위가 '집단적 이익'(사회 전체의 공동이익)으로 전환됨.
정부(정치)의 '보이는' 손	개인의 사익추구 행위가 '집단적 손해'(사회 전체의 공동손해)로 전환됨.

주 : 역자가 만든 표임.

왜 그런가? 이에 관해 애덤 스미스는 자신의 저서 『도덕감정론(*Theory of Moral Sentiments*)』에서 다음과 같이 설명하였다:

> … 체제(system)의 어떤 정신[2]은 인간애(人間愛)와 타인에 대한 진정한 동정심(同情心)에 바탕을 둔 공공심(public spirit)과 혼합되기 쉽다. 후자의 공공심은 우리의 일부 동류 시민들이 접하게 될지도 모르는 불편함과 고통에 대해 가지는 진정한 동정심을 말한다. 체제의 이러한 정신은 보통 더 온화한 공공심의 방향으로 나아가게 하고, 항상 공공심을 활기차게 하며, 종종 공공심을 부추겨 광신의 광기에까지 이르게 한다[3](『도덕감정론』, 제 VI 부 II 편 2장 40절).

2. **[역주]** 예를 들면 "이웃을 사랑하자".
3. **[역주]** 이 문장에 대한 박세일 · 민경국(2020)의 『도덕감정론』에서의 번역은 다음과 같다:

   "… 체제에 대한 모종의 정신(精神)은 그 자체가 인류에 대한 사랑에 기초한, 우리의 일부 동포(同胞) 시민들이 직면하고 있는 불편과 재난에 대하여 느끼게 되는 진정한 동류의식(同類意識, fellow-feeling)에 기초한, 공익정신(公益精神)과 혼합되기 쉽다. 체제의 이러한 정신은 보통 더욱 온화한 공익정신의 방향으로 발전해가면서 이 공익정신을 고취하고, 때로는 이 정신을 불태움으로써, 심지어 광적인 정도까지 발전해간다." (『도덕감정론』(개역판), 애덤 스미스 저, 박세일 · 민경국 공역, 비봉출판사, 2020, p. 441)

그러나 인류를 사랑하고 공공심이 있는 사람들은 그들의 동료를 지배하고 싶은 욕망으로부터 무서운 일을 감행할 수 있다. 애덤 스미스는 선행(善行)을 하기 위해 정치사회(political society)를 이용하려고 했던 이러한 사람들을 "체제를 신봉하는 사람들(men of system)"이라고 불렀으며, 이들에 대해 염려하였다. 이에 대해 애덤 스미스는 다음과 같이 설명하였다:

> 지배체제(system)를 신봉하는 사람(man of system)은 … 제 딴에는 자신이 아주 현명하다고 생각하는 경향이 있다. 그래서 그 체제 신봉자는 종종 자신의 이상적인 통치계획(plan of government)이 가져다줄 것으로 생각되는 장점에만 매혹되어 그 계획의 어느 부분이 아주 조금이라도 이탈하면 이를 견디지 못한다. 체제 신봉자는 그 계획에 이의(異議)를 제기할 수 있는 커다란 이익이나 심각한 손해 요인들이 존재하더라도 이를 전혀 고려치 않고, 자신의 통치계획을 완전히, 그리고 모든 부분을 빠짐없이 계속해서 확립해나간다. 체제 신봉자는 장기판 위에서 자신의 손으로 여러 말(馬)들을 배치하는 것만큼이나 쉽게 어느 한 거대한 사회에 살고 있는 서로 다른 구성원들을 필요한 곳에 배치할 수 있다고 생각하는 것 같다. 체제 신봉자는 장기판 위의 말들이 (자발적으로 움직이지 못하고) 자신의 손으로 그들을 움직이게 하는 것 이외에 다른 운동[4]의 원리(principle of motion : 말을 움직이게 하는 원리)가 없다는 사실을 고려하지 못한다. 그러나 '인간 사회라는 거대한 장기판'에서는 (보통 장기판에서의 말들과는 달리) 각각의 말(각 개인)은 '자기 자신의 운동(행동) 원리'(principle of motion : 개인을 움직이게 하는 원리)를 가지고 있다. 그러나 각 개인의 행동 원리는 각 개인을 움직이게 하기 위해 의회(입법부)가 선택하는 행동 원리와는 아주 다르다.
>
> 만약 두 가지 운동(행동) 원리들—즉, 사회 내 각 개인의 운동 원리와 입법부의 운동 원리—이 일치하여 같은 방향으로 작용(作用)한다면 인간 사회의 게임은 쉽고 조화롭게 진행될 것이며, 그 결과 인간 사회는 행복하고 번창할 것이다. 반면에 두 가지

4. [역주] '운동(運動)'이란 물체 또는 기하학적 형체가 시간의 경과에 따라 그 공간적 위치를 바꾸는 일을 말함.

운동 원리들이 반대 방향으로 작용하거나 서로 다르다면 인간 사회의 게임은 비참하게 진행될 것이고, 그 결과 인간 사회는 항상 최고도의 무질서 상태에 있게 될 것이다.

표 16-2 **개체의 운동(행동) 원리**

개체의 유형	운동(행동) 원리
장기판 위의 말들	- 자신의 운동 원리를 가지고 있지 못함. - 사람의 손에 의해 움직임.
거대한 사회의 개인들	- 자신의 행동 원리를 가지고 있음. - 개인 자신이 결정함.
의회(입법부)	- 의회가 개인들의 행동 원리를 결정함. - 개인 자신이 결정하지 못함.

주 : 역자가 만든 표임.

▶ [역주] 박세일 · 민경국 번역본 :

이는 한 체제에 매몰된 사람(man of system)은 자기 스스로를 매우 총명한 자로 생각하기 쉽고, 그래서 흔히 자기 계획 중인 이상적인 정부계획의 아름다움에 너무나 현혹되어 그 계획 속의 어떤 부분이 조금이라도 계획과 달라지는 것을 참지 못한다. 그는 자기의 계획에 반대될 수도 있는 강력한 편견(偏見)들이나 커다란 이해관계에 대해서는 아무런 고려도 하지 않은 채, 자신의 계획을 완전히, 그리고 전면적으로 추진해나간다. 그는 이 거대한 사회를 구성하는 서로 다른 구성원들을 마치 장기판(將棋板) 위에서 손으로 말들을 배열하는 것만큼이나 아주 쉽게 배열할 수 있다고 생각하는 것 같다. 그러나 장기판 위의 말들은 사람의 손이 힘을 가하는 대로 움직이는 수밖에 달리 운동 원리(原理)가 없지만, 인간 사회라는 거대한 장기판에서는 모든 말 하나하나가 자기 자신의 운동 원리를 가지고 있는데, 이것은 입법기관(立法機關)이 그들에게 부과하는 것과는 전혀 다른 것이다.

만약 각 구성원들의 운동 원리와 입법기관이 부과하는 운동 원리가 서로 일치하고 동일한 방향으로 작동한다면, 인간 사회의 게임(game)은 편안하게, 조화롭게 진행될 것이며, 또한 행복하고 성공적일 것이다. 그러나 만약 이 두 가지 운동 원리가 서로 반대되거나 일치하지 않는다면, 그 게임은 불행하게 진행될 것이며, 그리고 인간 사회는 언제나 최악의 무질서 상태에 놓이게 될 것이다. (『도덕감정론』(개역판), 애덤 스미스 저, 박세일 · 민경국 공역, 비봉출판사, 2020, pp. 443～444)

[역주]

- 상기 애덤 스미스의 원문을 다음과 같이 '대화체'로 구성해볼 수 있다.

Q : 지배체제를 신봉하는 사람은 자신을 어떻게 생각하는가?

A : 그는 자신이 제 딴에는 아주 현명하다고 생각한다.

Q : 체제 신봉자는 자신의 통치계획을 어떻게 생각하는가?

A : 그는 자신의 이상적인 통치계획이 가져다줄 장점만 생각한다.

Q : 체제 신봉자는 자신의 통치계획의 어떤 부분이 이상적인 통치계획에서 조금이라도 이탈하는 경우 어떻게 반응하는가?

A : 그는 그러한 이탈을 결코 참지 못한다.

Q : 체제 신봉자는 자신의 통치계획에 이의를 제기할 수 있는 커다란 이익이나 심각한 손해 요인이 존재하는 경우 어떻게 반응하는가?

A : 그는 이에 전혀 개의치 않고 자신의 통치계획을 완전히, 그리고 모든 부분을 빠짐없이 계속 확립하고 추진해나간다.

Q : 체제 신봉자는 자신의 통치계획을 따라야 하는 사회의 구성원들인 시민들을 어떻게 생각하는가?

A : 그는 장기판 위에서 자신의 손으로 여러 말(馬)들을 쉽게 배치할 수 있듯이 어느 한 거대한 사회에 살고 있는 서로 다른 구성원들인 시민들을 필요한 곳에 쉽게 배치할 수 있다고 생각한다.

Q : 장기판 위의 말들은 자신의 운동 원리를 가지고 있는가?

A : 장기판 위의 말들은 자발적으로 움직이는 자신의 운동 원리를 가지고 있지 않다. 사람의 손으로 그들을 움직이게 할 수 있다.

Q : 체제 신봉자는 이를 어떻게 대하는가?

A : 전혀 고려하지 않는다.

Q : '인간 사회의 거대한 장기판' 에서 사람들은 어떤가?

A : '인간 사회의 거대한 장기판' 에서는 보통 장기판에서의 말들과는 달리 각 개인은 '자기 자신의 행동 원리' 를 가지고 있다.

Q : 입법부(의회)의 행동 원리는 어떤가?

A : 입법부(의회)도 사람들을 움직이게 하는 행동 원리를 가지고 있다.

Q : 개인의 행동 원리와 입법부(의회)의 행동 원리는 같은가?

A : 그들은 아주 다르다.

Q : 두 가지 운동 원리들—즉, 각 개인의 행동 원리와 입법부(의회)의 행동 원리—이 일치하여 같은 방향으로 작용한다면 인간 사회의 게임은 어떻게 될 것인가?

A : 그러면 인간 사회의 게임은 쉽고 조화롭게 진행될 것이며, 그 결과 인간 사회는 행복하고 번창할 것이다.

Q : 두 가지 운동 원리들—즉, 각 개인의 행동 원리와 입법부(의회)의 행동 원리—이 서로 다르거나 반대 방향으로 작용한다면 인간 사회의 게임은 어떻게 될 것인가?

A : 그러면 인간 사회의 게임은 비참하게 진행될 것이고, 그 결과 인간 사회는 항상 최고도의 무질서 상태에 있게 될 것이다.

내 강의를 듣는 학생들은 학기 초에는 종종 사회적 · 정치적 문제들에 대한 근본적인 해결책은 무엇보다도 '좋은 사람들을 뽑는 데 있다' 라고 믿곤 한다. 또한 학생들은 나에게 "정치공직(政治公職, political office : 정치관직)에 나쁜 사람들이 너무 많이 있다는 게 문제 아닌가요?" 라고 묻는다. 학생들은 '체제를 신봉하는 사람들이 나쁜 의도들을 가지고 있다' 고 가정한다. 나는 학생들에게 그러한 가정은 학생들이 상상했던 것보다 훨씬 더 나쁘다고 말했다. 문제는 그들이 나쁜 사람들이 아니라 '좋은 일(선행)을 하려고 애쓰는 사람들'이라는 점이다. 우리가 정치활동가들, 관료들 또는 정치인들을 '사악하고, 부패하고, 어리석다'라고 공격하는 것은 손쉬운 일이다. 그것이 손쉬운 이유는 문제들에 대한 해결책이 '너무 단순'하기 때문이다. 즉, 해결책으로 우리는 단지 더 나은 정치인들을 선출하거나 더 잘 훈련된 관료들을 고용하기만 하면 될 것이다. 그러나 진실은 이보다 더 어렵고 훨씬 더 무섭다. 왜냐하면 그러한 과정에서 우리의 자유(自由)가 '선의의 폭정(tyranny of good intentions)'에 의해 짓눌리기 때문이다.

선의(좋은 의도)는 인간 경험의 대부분을 차지하며, 공적 관계(public relationship)가 아니라 주로 '사적 관계들(private relationships)' 속에서 촉진된다. 그러나 선의를 '공적 영역'에 가져온다면 그것은 종종 자유를 조금씩 침해하게 된다. 선의를 가진 사람들은 단지 그들 자신의 삶에서만 그것을 잘 행동(실천)하는 데 만족하지 않는다. 그들은 자신의 선의를 당신의 가정이나 나의 가정에도 전파하기를 원한다. 그들은 우리가 원하든 원하지 않든 세상을 '더 나은 곳'으로 만드는 데 도와주기를 원한다. 그들이 누구인지 알지조차 못하는 사람들(예를 들면 정부의 세무 공무원들)이 우리집을 방문하여 우리가 뒤뜰에서 담배를 피우려 한다면 우리에게 세금을 매기기를 원한다. 그들은 우리가 자동차를 탈 때 안전벨트를 매도록 하거나 에어백이 있는 자동차를 사도록 강요함으로써 우리를 보호하고자 한다.

미국에서 발간되는 『규제 매거진(*Regulation Magazine*)』 2003년 봄호에서 펜 질레트(Penn Jillette : 미국의 마술사 겸 코미디언)는 '선의가 가지고 있는 문제점'을 다음과 같이 설명하였다:

> 나는 17살이었을 때 머리를 길게 기른 괴짜였다. 그때 나는 세상에 "전쟁 기계(war machine)"와 "권력 엘리트 지배구조(pig power structure)"[5]라는 게 있다고 생

5. [역주] '권력 엘리트 기득권'은 1960년대 미국 흑표범당(Black Panther Party) 당수인 바비 실(Bobby

각하였다. 사람들이 나쁜 권력을 믿는 것은 무질서보다 더 안심이 되기 때문이다. 비록 어떤 사람이 나쁘더라도 어쨌든 그를 통제할 수 있다. 이제 나는 47살로 여전히 장발을 하고 있는 괴짜이지만 세상에 어떤 음모가 있다고는 생각하지 않는다. 나는 부시 대통령이 단지 석유만을 위해 이라크를 공격하기를 원한다고 생각하지 않는다. 슬프게도 나는 거기에는 더 큰 참혹한 행위가 있다고 믿는다. 부시 대통령은 자신이 '옳은 일을 하고 있다'고 생각할 것이다. 냉소주의는 젊은이들의 확신과도 같다. 나는 '사람들이 선(善)하다'고 생각한다. 그러나 이것은 '사람들을 나쁘다'고 생각하는 것보다 더 나쁘다. 따라서 사람들이 자신이 생각하기로 '최선인 깃을 하고 있다'는 믿음은 훨씬 더 슬프다(Jillette, 2003).

펜 질레트와 나는 사람들이 정치를 통해 선행하기를 중지하고, 우리보다 그들 자신의 삶에 더 많은 관심을 기울인다면 더 행복해질 것이라고 생각한다. 다음으로, 미국의 존 F. 케네디 대통령(미국의 제35대 대통령)이 한 말을 다시 생각해보자. 케네디 대통령은 자신의 취임식에서 "국가(조국)가 여러분에게 무엇을 해줄 수 있는지를 묻지 말고, 여러분이 국가(조국)를 위해 무엇을 할 수 있는지를 물어보십시오"[6]라고 말했다. 그러나 사람들은 케네디 대통령의 이 말을 너무 진지하게 받아들이고 있는 것 같다. 또한 밀턴 프리드먼(M. Friedman)도 "이 말은 '자유 사회에서 자유 시민들의 이상(理想)'이라고 할 만한 시민과 그의 정부 간의 관계를 적절히 표현하지 못하고 있다"라고 지적하였다. 케네디 대통령의 말에 어떤 문제가 있는가? 우선, "국가(조국)가 여러분을 위해 무엇을 해줄 수 있는지"라는 말은 '국가의 가부장적(paternalistic : 온정주의적 또는 간섭주의적) 비전'을 표현하고 있다. 그러나 이것은 '자유와 책임'을 의미하는 본서의 비전과 모순된다. 다음으로, "여러

Seale)이 만들어낸 말이다. 바비 실의 말에 따르면 권력 엘리트 지배구조는 "모든 착취와 인종 차별을 영속시키는 정부를 위해 부유한 기업의 돈과 인종차별적인 정치인들"로 구성되어 있다.

6. **[역주]** "Ask not what your country can do for you, but ask what you can do for your country".

분이 국가(조국)를 위해 무엇을 할 수 있는지" 라는 말은 국가가 개별 시민들의 집단보다 더 큰 조직체라는 것을 의미한다.

내가 좋아하는 '잘못된' 선의(좋은 의도들)의 예들 중에서 하나는 '미국 주립대학의 온정주의(paternalism : 온정적 간섭주의)가 대학생들에 미치는 효과' 이다. 제12장에서 나는 미국 대학들은 '복잡한 관료조직들' 이라고 설명했다. 왜 그런가? 이는 미국 주립대학들이 시장 이외의 수단에 의해 조달된 자금(즉, 공적 자금)으로 재화와 서비스를 생산하기 때문이다. 주립대학은 소비자들로서의 '학생들' 과 생산자들로서의 '교수들', 그리고 소유자들로서의 '납세자들' 이 결합된 조직체이다. 그러나 학생들(소비자들)은 재화와 서비스를 돈을 주고 '구매' 하지 않으며, 교수들(생산자들)은 재화와 서비스를 돈을 받고 '판매' 하지 않으며, 납세자들(소유자들)은 돈을 내지만 대학을 '통제' 하지 않는다. 이것은 미국 주립대학이 '온정주의' 에 의해 운영되기 때문이다. 따라서 미국 주립대학 시스템의 결과들은 쉽게 예상할 수 있듯이 '비합리적' 이다.

미국에서 대부분은 아닐지라도 많은 대학교수들은 "학생들을 '소비자' 로서 간주할 수 없으며, 또한 그렇게 간주해서도 안 된다" 라고 주장한다. 이러한 주장은 미국의 비(非)전통적인 사립대학인 피닉스대학교(Phoenix University)[7]가 온라인 강의를 위해 많은 교수들을 고용함으로써 사람들을 깜짝 놀라게 한 하나의 이유이다. 이는 피닉스대학교가 학생들을 돈벌이를 위한 소비자로 간주하여 수많은 실용적 강의들을 온라인으로 제공했지만, 겉으로는 그렇지 않다고 했기 때문이다. 그러나 "실제" 대학들에서는 소비자를 위한 '제품(product)' 이 아니라 학생

7. **[역주]** 미국의 피닉스대학교는 미국 애리조나주 피닉스에 본부를 둔 영리 사립대학이다. 1976년에 설립된 이 대학은 학사, 석사 및 박사 학위 수준에서 수료증과 학위를 수여한다. 이 대학은 미국 고등학습위원회의 기관 인가를 받았으며, 미국 사모펀드 회사인 아폴로 글로벌 매니지먼트(Apollo Global Management)가 소유하고 있다. 비슷한 목적의 다른 대학이나 사내(社內) 대학 등과는 완연히 구별되는 독특한 운영으로 한때 직장인들로부터 선풍적 인기를 끌었다.

들을 위한 '교육'을 제공한다. 교수들의 주장은 타당하지만, 그들이 자신의 학생들에게 보내는 메시지는 무엇인가? 첫째, 교수들은 자유인(free beings)으로서 학생들을 신뢰하지 못하고 있다. 둘째, 교수들은 학생들의 다양한 선택들을 장려해주지 않는다. 셋째, 교수들은 학생들의 운명에 대해 자신의 영향력을 보여주지 못한다. 교수들은 그들이 가장 잘 안다고 말하며, 자신의 의자에 깊숙이 앉아서 학생들의 질문들에 대해 교수라는 독점적 지위로부터 나온 권위적인 대답들을 제시하며 그것들이 옳다고 주장한다. 그러나 교수들은 자신의 강의 평가를 보여주기를 거절하기도 한다. 교수들은 무엇이 학생들에게 좋은지를 알고 있다. 본질적으로 교수들은 '체제를 신봉하는 사람들(people of system)'이다. 이는 그들이 체스판에서 학생들이 어디에 있어야 하는지를 아는 사람들이기 때문이다.

2. 시장이 그것을 처리하도록 내버려 두라

서양 세계에서 인상적인 업적들 중 하나는 '거래에 필수적인 여러 가지 계약들을 개발하고 승인하고 보호했다'는 점이다. 이러한 사실이 어째서 인상적인가? '계약적 관계(contractual relationship)'가 이전에 '지위(status)에 의해 결정되던 관계들'을 대체하였기 때문이다. 또한 계약은 역동성과 변화를 고려하지만, 지위는 정체되고 전통적인 사회들을 그대로 유지한다. 특히 헨리 섬너 메인 경(Sir Henry Sumner Maine)은 자신의 고전적 저서인 『고대법(*Ancient Law*)』에서 "진보 사회로의 이동은 지금까지 지위에서 계약으로의 이동이었다"(Maine, 1906)라고 설명하였다.

선진 세계의 현대인들에게 계약(契約)은 인간 삶의 거의 일부분이어서 우리는 계약이 얼마나 진보적이고 급진적인지를 잊고 있다. 계약은 무엇을 의미하는가? 계약(contract)이란 '사람들이 필요한 조건들을 명시하기 위해 전통과 신분에 의존할 필요 없이 상호 관계를 지배하는 규칙들을 만드는 것'을 말한다.[8] 사람들이 계약이 아니라 '전통'에 의존한 것은 산업화 이전 세계에서 살아남기 위해서였다. 그러나 오늘날 생존과 번영은 전통이 아니라 '계약'에 달려 있다. 여기서 계약은 사람들이 낯선 사람들과 거래하고, 시간을 기반으로 상호 약속을 하는 것을 의미한다. 그러므로 계약은 시장(市場)의 기초이다.

이제까지 설명했듯이 '계약법과 시장'에 대한 나의 의존과 열광은 어떤 의미에서는 극도로 단순해 보인다. 내가 계속해서 "심지어 시장이 실패한다고 여겨질지라도 시장이 그것을 처리하도록 하라!(Let the market handle it!)"라는 말을 자주 해왔기 때문이다. 나는 왜 단순하고 현실적인 그러한 대답(즉, '시장이 그것을 처리하도록 하라!')에 도달하였는가? 이는 대부분의 경우에 정부 개입이 시장실패를 교정하기보다 사정이나 상태를 "더 나쁘게" 만들기 때문이다. 또한 정부 개입이 더 복잡할수록 사정(상태)은 더욱 나빠진다. 본서의 제4장에서 내가 "더 나쁘다"라는 말을 '파레토 효율성(Pareto efficiency)의 감소' 또는 '부(富)의 손실'로 정의하였음을 기억하라.

다음으로, 비록 내가 '시장 옹호론'을 주장하지만, 나는 감지된 문제들에 대한 '만능적인(one-size-fits-all : 무엇에나 두루 적용되는)' 해결책에 대해서는 단호히 거부한다. 또한 나는 일원적이고 전문가적인 규칙(rule)도 거부한다. 이는 전문가들이 시장이 실패할 때 '무엇을 해야 하는지'를 아는 데 필요한 정보나 지식, 능력 또는 유인 등을 결코 가지고 있지 않기 때문이다. 전문가들 또는 그들의 견해나 주장을 거부한다는 것은 곧 '인간의 상호작용(human interaction)으로 이루어진 매우 복잡한 시스템을 수락한다'는 것을 의미한다.

---

8. **[역주]** '계약'이란 '일정한 법률적 효과를 발생시키기 위해 둘 이상의 의사 표시가 합치되었을 때 성립하는 법률 행위'를 말한다.

'시장이 그것을 처리하도록 하라!' 라는 말은 본서의 제목(*Beyond Politics*)과 다음과 같은 나의 주장을 다시 한번 확인시켜 준다. 나는 본서에서 현대 사회나 정부가 어떤 목적을 달성하기 위해 '정치' 에 의존하는 활동의 많은 부분이 단순히 "정치를 넘어서는(beyond politics)" 것이라고 주장해왔다. 문제는 정부가 자신의 목표 달성에 완전히 실패하는 게 아니라, 그 목표를 ① "훨씬 더 적게" 달성하거나 ② 시장이 수행(처리)할 때보다 훨씬 "더 많은" 비용으로 달성한다는 점이다. 예를 들면 아동 교육, 교통 혼잡 감소, 수자원 및 상수도 보호, 적정 수준으로의 오염량 감소, 자연재해 이후의 재건 등은 모두 정치에 의한 집단적 선택(collective choice)보다는 "시장" 에 의해 "더 효율적으로", 그리고 "더 공평하게" 처리(달성)될 수 있다. 즉, 이러한 활동들은 "정치를 넘어서는" 것이다. 그러나 현실 세계에서 이러한 활동들은 '정치 내에서(within politics)' 집단적 선택에 의해 달성된다. 결국 집단적 선택이나 정치적 과정은 지대추구 행위, 투표극대화 행위, 관료적 행위 등에 의해 추진된다. 따라서 이러한 행위들은 각종 비효율과 불공평을 초래한다.

클리브 쿡(Clive Cook)은 2006년 12월호 *National Journal*에 기고한, 밀턴 프리드먼을 추모하여 쓴 논문에서 시장과 그에 대한 대중적 지식에 대해 다음과 같이 말했다:

> 자본주의에 대한 대중의 견해(사고방식)가 잘못되어 있으며, 이 중 많은 부분은 다음 한 가지 사실에 귀결된다. 그것은 대중들이 '조정되지 않은(자유로운) 시장(uncoordinated markets)이 가져다주는 놀라운 결과를 제대로 인식하지 못한다' 는 데에 있다. 사람들이 물건을 사기 위해 식료품점에 100번이나 1,000번쯤 가는 것은 매우 단조로운 경험이다. 대체로 그러한 경험은 너무 단조로워서 흥미 있는 지적 반응을 이끌어내지 못할 것이다. 비록 그러한 경험이 대단한 지적 반응을 유도해낸다고

할지라도 그 반응은 다음 두 가지 종류 가운데 하나일 것이다. 우선, 시사 해설자인 로버트 커트너(Robert Kuttner)는 한때 자신이 경험한 '놀라움'에 대해 다음과 같이 쓴 적이 있었다. 커트너는 자신의 지역 식료품점에서 팔려고 내어놓은 많은 수의 아침 식사용 곡물식품들(예를 들면 콘플레이크나 오트밀 등)을 보고 매우 놀랐다. 그의 요지는 그것이 참으로 '낭비'라는 것이다. 과연 누가 이러한 여러 종류의 곡물식품들을 모두 필요로 하는가? 우리가 물건들을 좀 더 지능적으로 정리할 수는 없는가? 이에 대한 반응으로 두 가지를 들 수 있다. 첫째, '좌파적(leftist)' 종류의 반응은 다음과 같다. 즉, "어떤 현명한 사람에게 일을 맡겨 그 일을 더 낫게 하도록 계획하게 하라"이다. 둘째, (진정한 의미에서의) '자유주의적' 반응은 이와 다르다. 즉, "모든 선택대상이 이용 가능하고, 모든 기호(선호)가 충족되고, 그리고 모든 것이 너무 싸다는 것이 얼마나 놀랄 만한 일인가!".

커트너처럼 많은 사람은 그들이 시장에 의해 도달되는 결과들보다 더 나은 결과들을 '찾을 수 있다'고 믿는다. 그러나 이것은 너무나 '극도로 단순화한' 결론이다. 반면에 쿡의 결론은 훨씬 더 복잡하다. 쿡은 다음과 같이 권고했다. 즉, 개인적 지식이나 선호, 이해력 등을 가진 수백만의 창조적인 사람들에게 우리 중 어느 누구도 개별적으로는 미리 알 수 없는 문제들과 제품들에 대한 해결책들을 고안하는 데 '자발적으로 협력할 것'을 권고했다. 사람들 간의 자발적 협력은 어디에서 일어나는가? 그것은 시장에서 일어나는 일이다. 그것이 바로 "시장의 경이로움(wonder of markets)"이다. 시장의 경이로움은 낯선 사람들 간의 "조정되지 않은" 행동들(uncoordinated actions)이 "시장을 통해 협력하도록 조정된다(coordinated)"는 것이다. 다시 말하면, 시장은 낯선 사람들 간의 조정되지 않은 행동들을 '보이지 않는 손'에 의해 조정하는 역할을 수행한다.

그러므로 "시장이 문제들을 처리하게 하라"라고 말하는 것은 곧 대부분의 문제들에 대한 해결책들이 "정치를 넘어선다(beyond politics)"—즉, "조정되고

(coordinated), 중앙집권화되고(centralized), 전문가 주도의(expert-driven) 과정들을 넘어선다"[9]—라는 것을 말한다. 환언하면, 대부분의 문제들에 대한 해결책들이 "정치를 넘어선다"(즉, '정치가 문제들을 해결할 수 없다')라는 것은 "시장이 그 문제들을 해결할 수 있다"라는 것을 의미한다. 어떻게 하면 '정치를 넘어설 수' 있는가? 우선, "나는 무엇을 해야 할지 모르겠습니다"라고 겸손하게 말해야 한다. 사람들 간의 "복잡하고(complicated), 자발적이며(voluntary), 분권화된(decentralized)" 상호작용들만이 경쟁적인 해결책들을 가져다줄 것이며, 또한 그러한 해결책들 간의 '경쟁'을 통해 현재의 상황에서 어느 해결책이 가장 잘 작동하는지가 결정될 것이다.

표 16-3 **시장 대 정치**

	"시장(Market)**"**	**"정치**(Politics)**"**
정의	시장에서 사람들 간의 "복잡하고, 자발적이며, 분권화된" 상호작용들이 경쟁적인 해결책들을 가져다줌.	"조정되고, 중앙집권화되고, 전문가 주도의 과정"임.
함의 (含意)	"시장이 문제들을 처리하게 하라!" (Let the market handle it)	"정치를 넘어서라!" (Be beyond politics)

주 : 역자가 만든 표임.

그러나 다음과 같은 세 가지 종류의 '시장실패들'은 어떤가? 이 경우에도 '정치'가 필요한가? 아마 아닐 것이다! 먼저, 세 가지 유형의 시장실패들을 살펴보자. 첫째, QWERTY(쿼티) 키보드[10]의 '경로의존성(path depen-dence)' 문제이다. 주지하듯이 QWERTY 키보드는 더 빠르고 우수한 DVORAK(드보락) 키보드보다

9. [역주] Saying "let the market handle it" is to say that solutions to most problems are "beyond politics"—beyond coordinated, centralized, expert-driven processes. 이 주장은 예를 들어 최근 우리나라에서 선거 때마다 등장하는 '김해공항 대 가덕도 신공항' 결정 과정을 설명하는 데에도 적합하다. 공항 건설 결정은 "정치를 넘어서는" 문제이기 때문이다.

10. [역주] 컴퓨터나 타이프라이터의 문자 배열이 통상배열(通常配列)인 키보드를 말함.

사람들이 가장 많이 사용하는 키보드이다. 이를 '경로의존성' 이라 부른다. 둘째, 등대 제공과 같은 공공재 문제이다. 셋째, 벌들에게 수분[11]을 시키는 과수원들과 같은 공공재 문제이다. 이러한 세 가지 유형의 시장실패들은 각 종류의 시장실패 가운데서 가장 일반적으로 언급되는 사례들이다. 여기서 문제는 세 가지 사례들 모두 '엄격한 검토' 를 해보면 시장실패라고 단정지울 수 없다는 점이다. 다음 세 가지 연구들에 주목해보자. 먼저, 저명한 경제학자인 로널드 코스(1974)는 영국의 등대 역사를 조사해보았다. 그 결과 코스는 영국의 등대들, 특히 건설하기 가장 어려운 곳에 있는 등대들은 오랫동안 놀랍게도 국가가 아니라 "민간" 에 의해 건설되고 유지되었다는 사실을 발견하였다. 당시 등대 주인들은 배들이 항구에 도착했을 때 '등대 사용료(tolls)' 를 징수할 수 있었다. 둘째, 미국의 경제학자인 스티븐 청(Steven Cheung, 1973)은 미국 워싱턴주에서 양봉과 사과 재배에 관해 비슷한 연구를 수행하였다. 청은 벌들에 의한 '의도하지 않은 외부성(unintended externality)' 문제를 다루는 '시장' 이 있다는 것을 발견하였다. 벌들이 꽃가루를 찾아 사과나무들을 수분(授粉)시키는 과정에서 벌들의 '의도하지 않은' 수분활동이 사과나무들에게도 좋은 영향을 미친다. 외부성이 존재하는 그러한 시장은 어떻게 작동하는가? 즉, 누가 누구에게 대가를 지불하는가? 외부성이 존재하는 그 시장에서 과수원 주인들은 양봉업자들에게 그들의 벌들이 한 서비스에 대해 대가를 지불하였다. 청은 자신의 논문에 "벌들의 우화(The Fable of Bees)"[12]라는 제목을 붙였고, QWERTY 키보드의 신화를 타파한 논문에는 "키들의 우화(The Fable of Keys)" 라는 제목을 붙였다. 마지막으로, 경제학자인 스탠 리보위츠와 스테판 마골리스(Stan Liebowitz and Stephen Margolis, 1990)는 QWERTY 키보드

11. [역주] '수분' 이란 꽃식물의 암꽃술에 수꽃술의 꽃가루를 붙여 주는 일을 말함.

12. [역주] '우화(寓話)' 란 인격화한 동식물이나 다른 사물에 비겨 풍자나 교훈의 뜻을 나타내는 이야기를 말함.

와 DVORAK 키보드를 서로 비교하는 실험들을 수행해본 결과, 어느 키보드 디자인도 다른 키보드보다 확실히 더 우월하지 않다는 사실을 발견하였다. 그러나 그들의 실험 결과에서 DVORAK 키보드가 시장실패를 증명한다는 주장은 계속되었고, 벌들과 등대에 대한 비슷한 주장도 유지되었다. 이제까지 언급한 세 가지 연구 사례들은 우리가 시장실패에 대한 '다른 관찰례(例)들' 에 대해서도 주의 깊게 살펴보아야 함을 암시해준다.

독자들에게 지금쯤 다음 네 가지 결과들이 분명해졌을 것이다. 첫째, 외부성이 감지되거나 존재한다고 하더라도 이것이 정부 행동(개입)을 위한 명백한 근거가 될 수는 없을 것이다. 둘째, 정부 개입은 그러한 개입의 필요성에 대해 쌓아 올린 신화(神話)와 상관없이 좀처럼 상태를 더 낫게 하지 못할 것이다. 셋째, 코스는 외부성이 '상호적(reciprocal)' 이라고 주장했다. 코스의 이러한 통찰력을 적용한다면 대부분의 제안된 정부 개입 조치들은 관련 문제는커녕 심지어 근본 문제들조차 제대로 해결하지 못할 것이다. 마지막으로, 대부분의 외부성들은 '실패한 시장들(failed markets)' 에 의해 야기되지 않는다. 오히려 대부분의 외부성들은 '발달되지 못하거나 잘 규정되지 못한 재산권' 에 의해서 발생된다.

3. 자유를 실시하라!

'시장이 문제들을 처리하게 하라' 는 주장은 결국 나의 다음 제안으로 이어진다. 즉, 세계 모든 국가들이 정말로 '자유를 실시하라!' 라는 제안이다. 대중의 마음속에 민주주의(democracy)와 경제적 자유(economic freedom)는 매우 긴밀하게 연결되어 있어서 동일한 개념처럼 여겨진다. 그러나 두 개념은 전혀 같지 않다. 두 개념을 간단히 정의해보기로 하자. 우선, '민주주의(民主主義)' 는 '정치적 결정(political decision)이 어떻게 이루어지는지' 를 말한다. 민주주의는 폴리스(polis :

고대 그리스의 도시 국가)에 참여할 수 있는 자유를 의미한다. 즉, 민주주의 제도 하에서 '누구나' 폴리스에 참여할 수 있다. 반면에 '경제적 자유'는 우리 자신의 이익을 추구하고, 다른 사람들과 자발적으로 교환하고, 우리의 선택들로부터 이익을 얻거나 손해를 볼 자유를 말한다. 민주주의와 경제적 자유는 국가에 따라 그 정도가 서로 다를 수 있다. 예를 들면 고도로 민주적인 국가들이라고 하더라도 그들의 시민들에게 매우 적은 경제적 자유를 제공해줄 수 있다. 이러한 예로 과거 인도의 경우를 들 수 있다. 반면에 비민주적인 국가들이라고 하더라도 그들의 시민들에게 많은 경제적 자유를 제공해줄 수 있다. 이러한 예로 현재 홍콩과 싱가포르의 경우를 들 수 있다. 따라서 경제적 자유와 정치(민주주의)와 관련하여 중요한 점은 더 민주적이든 덜 민주적이든 관계없이 '시장에서 정치적 개입은 '제한적'으로 이루어져야만 한다'는 것이다.

과거 수년 동안 캐나다의 프레이저 연구소(Fraser Institute)는 「세계경제자유(Economic Freedom of the World)」라는 연례 보고서를 발행해왔다. 현재 이 보고서는 세계 70개국 이상에 소속된 연구소들의 네트워크에 의해 매년 발행되고 있다. 이 보고서의 목적은 "경제적 자유를 정확하고 포괄적이고 객관적인 방식으로" 측정하고자 하는 데 있다. 연례 보고서의 주요 저자들은 경제학자인 제임스 과트니(James Gwartney)와 로버트 로슨(Robert Lawson)이다. 1996년에 제1차 연례 보고서가 발행되었고, 여기서 그들은 경제적 자유를 다음과 같이 정의하였다:

> 사람들은 자신의 재산이 안전하게 보호될 때 '경제적 자유'를 가진다. 즉, 각 개인들은 폭력이나 사기, 절도 등이 없이 자신의 재산을 획득해야 하며, 그 재산이 다른 사람들에 의한 물리적 침해로부터 보호될 때 비로소 '경제적 자유'를 가지게 된다. 또한 사람들은 자신의 행동이 다른 사람들의 동일한 권리를 침해하지 않는 한, 그들은 자신의 재산을 자유롭게 사용하고 교환하고 증여할 수 있다. 따라서 경제적 자유를 나타내는 지표들은 ① 정당하게 획득된 재산이 보호되는 정도와 ② 사람들이 자발

적 거래에 참여하는 정도를 측정해야만 한다.

과트니와 로슨은 그들의 연구팀들과 함께 경제적 자유를 측정하기 위해 38개의 변수들을 고안하여 사용하였다. 그들이 고안한 38개 지표들은 ① 정부의 규모 : 지출과 조세, 그리고 공기업, ② 법률 구조와 재산권의 안전, ③ 건전한 화폐(sound money)의 이용, ④ 국제무역의 자유, ⑤ 신용과 노동, 그리고 사업에 대한 규제 등이다. 2007년 연례 보고서에서 그들은 이러한 지표들을 사용하여 141개 국가들의 경제적 자유를 측정하였다. 특히 그들은 2007년 보고서에서 경제적으로 자유로운 국가들과 그렇지 못한 국가들 간의 '복지(well-being) 관련 지표들'을 강조하였다(Gwartney & Lawson, 2009, p. 4) :

① **복지 관련 지표들 전체** : '경제적으로 자유로운 국가들'이 '경제적으로 자유롭지 못한 국가들'보다 더 나은 것으로 나타났다.
② **평균 1인당 GDP** : 경제적 자유가 최상위 4분위(top quartile)에 속하는 국가들의 평균 1인당 GDP는 32,443달러였으나, 경제적 자유가 최하위 4분위(bottom quartile)에 속하는 국가들의 평균 1인당 GDP는 3,802달러에 불과하였다.
③ **평균 1인당 경제성장률** : 경제적 자유가 최상위 4분위에 속하는 국가들의 평균 1인당 경제성장률은 2.24%였으나, 경제적 자유가 최하위 4분위에 속하는 국가들의 평균 1인당 경제성장률은 0.9%였다.
④ **최극빈자 10%의 평균 소득** : 경제적 자유가 최상위 4분위에 속하는 국가들의 최극빈자 10%의 평균 소득은 9,105달러였으나, 경제적 자유가 최하위 4분위에 속하는 국가들의 최극빈자 10%의 평균 소득은 896달러였다.
⑤ **평균 기대수명** : 경제적 자유가 최상위 4분위에 속하는 국가들의 평균 기대수명(life expectancy)은 79.12년이었으나, 경제적 자유가 최하위 4분위에 속하는 국가들의 평균 기대수명은 59.4년이었다.
⑥ **정치적 권리** : 경제적 자유가 최상위 4분위에 속하는 국가들의 '정치적 권리'

(political rights)는 평균 1.6점이었으나, 경제적 자유가 최하위 4분위에 속하는 국가들의 정치적 권리는 평균 4.4점이었다(여기서 정치적 권리의 척도는 1~7점이며, 1점은 최고 수준을 나타내고 7점은 최저 수준을 말한다).

⑦ **시민적 자유** : 경제적 자유가 최상위 4분위에 속하는 국가들의 '시민적 자유(civil liberties)'는 평균 1.6점이었으나, 경제적 자유가 최하위 4분위에 속하는 국가들의 시민적 자유는 평균 4.1점이었다(여기서 정치적 권리의 척도는 1~7점이며, 1점은 최고 수준을 나타내고 7점은 최저 수준을 말한다).

⑧ **환경적 성과** : 경제적 자유가 최상위 4분위에 속하는 국가들의 '환경적 성과'(environmental performance)는 100점 만점의 평균 84.8점이었으나, 경제적 자유가 최하위 4분위에 속하는 국가들의 환경적 성과는 100점 만점의 평균 64.5점이었다.

이와 같이 평균 1인당 GDP, 평균 1인당 경제성장률, 최극빈자 10%의 평균 소득, 평균 기대수명, 정치적 권리, 시민적 자유, 환경적 성과 등의 지표에 있어서 '경제적 자유가 최상위 4분위에 속하는 국가들'이 '경제적 자유가 최하위 4분위에 속하는 국가들'보다 훨씬 더 나은 것으로 측정되었다.

특히 과트니와 로슨은 앞에서 언급한 여러 관계(지표)들이 무엇보다도 "경제적 자유의 영향을 반영한다"라고 언급하였다. 이는 경제적 자유가 각국에서 '경제성장의 증가'를 가져다주기 때문이다. 또한 과트니와 로슨은 "경제성장에 영향을 미치는 몇몇 변수들은 '정치적 요인들'—예를 들면 정부의 정직성이나 시민적 자유의 보호 등—에도 영향을 미칠 수 있다"라고 강조하였다. 예를 들면 '시민적 자유'는 앞에서처럼 경제적 자유와 경제성장에 영향을 미칠 뿐만 아니라 '정치적 요인'에도 영향을 미칠 수 있다. 그러므로 경제적 자유와 앞에서 강조한 변수들 간에 직접적 인과관계가 항상 존재한다고는 말할 수 없다. 그러나 그들의 측정 자료들은 '더 많은' 경제적 자유를 가진 국가들과 '더 적은' 경제적 자유를 가진 국

표 16-4 경제적 자유 관련 주요 지표들의 측정 결과 비교

	경제적 자유가 최상위 4분위에 속하는 국가들	경제적 자유가 최하위 4분위에 속하는 국가들
평균 1인당 GDP	32,443달러	3,802달러
평균 1인당 경제성장률	2.24%	0.9%
최극빈자 10%의 평균 소득	9,105달러	896달러
평균 기대수명	79.12년	59.4년
정치적 권리(평균)	(척도 1~7점 중) 1.6점	(척도 1~7점 중) 4.4점
시민적 자유(평균)	(척도 1~7점 중) 1.6점	(척도 1~7점 중) 4.1점
환경적 성과(평균)	(100점 만점의) 84.8점	(100점 만점의) 64.5점

주 : 역자가 만든 표임.

가들 간에 '두드러진 차이'가 존재함을 보여주었다. 앞에서 강조한 모든 지표들에서 '경제적으로 자유로운 국가들'이 '경제적으로 자유롭지 못한 국가들'보다 측정치가 더 큰 것으로 나타났다.

4. 법치주의 확립

이전에 공산주의 국가들이 '자유화하려고' 시도했을 때 많은 사람들은 그들 국가에 대해 세 가지를 실시할 것을 주문하였다. 즉, "민영화하고(privatize), 민영화하고, 민영화하라!"라고 권고했다. 밀턴 프리드먼(Milton Friedman)도 그러한 권고를 했지만, 나중에 자신이 틀렸다고 실토했다. 프리드먼은 민영화보다 더 기본적인 것은 '법치주의(rule of law)[13]를 확립하는 것'이라고 말했다. 많은 국가에

13. **[역주]** '법치주의(法治主義)'란 국가의 권력은 국민의 의사에 따라 제정된 법률에 바탕을 두어야 한다는 근대 입헌국가의 정치 원리를 말함.

서 법치주의의 확립 없이 도입된 민영화는 비참하게 실패했다. 특히 프리드먼(2002)은 그 대표적 예로 러시아를 지적하였다. 프리드먼은 "러시아는 민영화했지만, 결국에는 '민간 독점(private monopoly)' 을 초래하였다" 라고 말했다. 러시아에서는 민영화의 결과 과거의 '중앙집권적 경제 통제(centralized economic controls)' 가 아니라 " '민간' 집권적 경제 통제('private' centralized economic controls)" 가 초래되었다. 다시 말하면, 민영화에 의한 '민간' 집권적 통제가 과거에 정부에 의한 '중앙집권적 통제' 를 대체하였다.

법치주의는 시장과 민영화가 작동하는 데 다음 세 가지 이유로 필요하다. 첫째, 법치주의는 정부의 힘을 규제한다. 정부의 힘을 어떻게 규제하는가? 법치주의는 ① 정부의 힘을 덜 전횡적(독단적)으로 사용하게 만들거나 ② 지배자들에 의한 힘의 남용을 덜 행사하게 만듦으로써 그 힘을 규제한다. 법치주의가 잘 마련되어 있지 않다면 정부는 그 힘을 전횡적(독단적)으로 사용하거나 남용할 수 있기 때문이다. 둘째, 법치주의는 모든 사람(즉, 만인)을 법 앞에서 평등하게 만든다. 또한 법치주의는 법이 우리를 동등하게 존중하도록 만든다. 다시 말하면, 법치주의로 인해 우리는 동등하게 존중받는다. 셋째, 법치주의는 정의(正義)를 확립하기 위한 '공식적인 절차들' 이 존재한다는 것을 의미한다. 정의는 어떻게 확립하는가? 정의는 일반 규칙(general rules)을 일관되게 적용함으로써 확립된다. 결국 법치주의 하에서 일반 규칙을 일관되게 적용함으로써 정의를 확립하며, 정의의 확립을 위한 '공식적인 절차들' 이 마련된다. 따라서 법치주의 하에서 사람들은 폭력이나 신분에 의존하지 않고 자신의 삶을 안전하게 설계할 수 있으며, 미래를 위한 계획을 세우고, 각종 분쟁을 해결할 수 있다.

법치주의 없이 개발도상국들의 운명을 개선하기 위한 모든 시도들은 체스판 주위로 말들을 움직이게 할 뿐이며, 실질적 성과는 거의 없다. 다시 말해, 개발도상국들의 운명을 개선하려면 그에 앞서 '법치주의의 확립' 이 절대적으로 필요하다. 개발도상국들에 엄청난 양의 기업가정신이 이미 존재하지만, (제6장에서 언급했듯이) 세계 50억 명의 빈곤한 사람들이 지배하고 있는 많은 양의 자본은 비생산적 또는 유휴(dead)[14] 상태에 있다. 왜 그런가? 이는 그들 국가에서 ① 재산권이 인정되지 않거나 ② 기업가정신을 활용하는 데 필요한 법률 구조(legal structure)가 잘 마련되어 있지 않기 때문이다. 개발도상국들에서는 기업가들이 자본, 아이디어, 노동 등을 효율적으로 결합하는 데 필요한 법률적 구조가 잘 마련되어 있지 않다. 또한 기업가들은 신용을 얻을 수 없고 담보물을 사용할 수 없다. 따라서 기업가들은 노동의 분업(division of labor)을 이용하기 위한 기업을 설립할 수 없다. 에르난도 데 소토(Hernando de Soto, 2004)는 『다른 길 : 제3세계에서의 보이지 않는 혁명』과 『자본의 신비 : 왜 자본주의는 서양에서는 성공하고 다른 모든 곳에서 실패하는가』라는 책을 저술하였다. 그는 이들 책에서 지구상에 '하루에 3달러 미만으로 살아가는 40억 명의 사람들'이 있다고 기술하였다. 이들은 누구인가?

> … 그들은 가난하고, 사업주들이고, 글로벌 경제에서 완전히 배제된 사람들이다. 이들은 왜 그런가? 법의 부재(不在) 때문이다. … 만약 당신이 가난하고 기본적으로 가지고 있는 모든 것이 땅 한 조각과 당신이 일하는 곳—당신이 노점 상인이든 쇠젖을 짜든—뿐이라면 당신의 재산보다 더 귀중한 것은 없다. 그러나 법 없이 자신의 재산을 보존하려면 당신은 부족장들, 부정한 경찰관들, 부패한 정치인들, 나쁜 판사들, 까다로운 이웃 사람들, 그리고 심지어 테러리스트들을 만족시켜야만 한다.

에르난도 데 소토가 설립한 '자유민주주의연구소'와 전 세계에 있는 이와 비슷한 연구소들은 정부 지도자들과 함께 "'법 밖에 있는(outside the law)' 가난한

14. [역주] 이러한 자본을 '유휴 자본' 또는 '비생산적 자본'이라고 한다. 유휴 자본이란 생산에 활용되고 있지 않은 자본을 말함.

사람들이 제3세계의 자본을 얼마나 보유하고 있는지"를 계량화하기 위한 연구를 시도했다. 그 결과는 다음과 같다. 첫째, 제3세계에 살고 있는 가난한 사람들은 9조 달러 이상의 유휴 자본(dead capital)을 소유하고 있었다. 둘째, 일반적으로 제3세계에 속하는 어느 한 국가(예를 들면 멕시코)의 시민들 중 70～90%가 공식적 법률 체계(formal legal system)에서 제외되어 있었다. 마지막으로, 그 국가의 '법률의 지배를 받지 않는 경제(extralegal economy)' 에서 보유하고 있는 유휴 자본은 그 나라의 모든 외국인 투자나 대외원조보다 더 많았다. 예를 들면 80%의 멕시코인들은 '법률의 지배를 받지 않는 경제' 에 속해 있다. 또한 80%의 멕시코인들은 6백만 개의 사업체들과 1억 3천 4백만 헥타르의 토지와 1천 1백만 개의 건물들을 소유하고 있었다. 그들이 소유한 사업체들, 건물들, 그리고 토지들은 합쳐서 대략 3,150억 달러의 가치가 있는 것으로 추정되었다. 데 소토에 따르면 이 금액은 "멕시코 석유 매장량 가치의 7배에 해당되고, 스페인이 멕시코에서 물러난 이후에 이루어져 온 총외국인 직접투자액의 29배에 달한다" (de Soto, 2004)[15].

이러한 경우에 '공공선택학적 문제(public choice problem)' (즉, 공공선택학상 직면하는 문제)는 다음과 같다. 즉, 공적 의사결정자들인 제3세계 지도자들로 하여금 법치주의를 확립하는 데 필요한 '법률적 변화와 그 시행의 변화' 를 시도하도록 어떻게 유도하는가에 있다. 다시 말해, 제3세계 지도자들은 법치주의의 확립에 필요한 법률적 변화를 어떻게 시도하는가? 미국의 건국설립자들의 경우를 보자. 그들 사이에서 다음 두 가지 이해가 공유되었다. 첫째, 그들은 '삶과 자유의 가치' 에 대해 이해를 공유하고 있었다. 둘째, 그들은 사람들과 재산을 보호하고, '행복의 추구(pursuit of happiness)를 위해 법치주의가 필요하다' 는 점에 대해서도 이해를 공유하였다. 이와 같이 미국 건국의 아버지들은 ① '삶과 자유의 가치' 와

15. **[원문 각주 1]** de Soto, Hernando, "Bringing Capitalism to the Masses," *Cato's Letter*, 2 Summer 2004.

② ‘행복의 추구’ 를 위해 법치주의가 필요하다는 점에 이해를 공유하고 있었다. 그 결과 그들은 이러한 이해를 헌법에 명시하였다. 그러나 개발도상국들의 시민들은 그러한 이해를 공유하고 있지 않으며, 게다가 많은 시민은 그저 살아남기에 너무 바빠서 ‘정치적 · 법적 변화’ 를 추구하지도 않는다. 이에 선진국들은 대외원조에 대한 자신의 접근 방식을 바꾸게 되었다. 선진국들은 후진국들에 대한 대외원조 방식을 어떻게 바꾸었는가? 선진국들은 후진국들에게 도로, 교량, 공항, 항구, 관개 사업, 댐, 기타 직접투자들을 제공하는 대신에, 시장이 작동할 수 있는 ‘법률체계(legal system)’ 를 개발하도록 장려하거나 지원하였다. 결국 성공적인 시장경제는 “법 건설(legal constructions : 법체계 구축)” 에 있다. 개발도상국들에서 시장경제의 작동을 위해 필요한 것은 사회간접시설(SOC)의 건설이 아니라 ‘법체계의 건설’, 즉 ‘법치주의 확립’ 이다.

나는 지금 미국과 다른 선진국들이 개발도상국에 ‘민주주의를 수출해야 한다’ 고 말하는 게 아니다. 그 대신 나는 그것보다 훨씬 더 작은 것을 제안하고자 한다. 다음과 같은 국가들이 있다면 그들의 노력을 적극적으로 격려해야만 할 것이다. 즉, ① 유휴 자본을 대체 가능한 ‘재산권(property rights)’ 으로 전환하고, ② 그러한 재산권을 보호하기 위해 ‘법률제도(legal institutions)’ 를 수립하기 위해 노력하는 국가들이 있다면 그들의 노력을 적극 격려해주어야 할 것이다. 예를 들어 선진국들은 사람들이 공식적으로 인정된 신분증명과 주소를 확립하는 데 필요한 제도를 도입하려는 국가들이 있다면 그들을 도와야만 한다. 그 결과 그러한 사람들은 “공식부문(formal sector)” 에서 인정받을 수 있다. 유휴 자본의 현재 보유자들이 공식적으로 인정을 받기만 하면 그들은 ‘비공식부문(informal sector)’ 의 특징인 ‘친족 관계와 지위’ 를 그들의 가족이나 이웃 밖에 있는 사람들과의 ‘계약’ 으로 대체할 수 있다. 공식적 인정을 받으면 공식부문에서 다른 사람들과 계약을 맺을 수 있게 된다. 그러면 제1세계(즉, 선진국들)는 이제 이들과 거래하거나 교역하려고 할 것이다. 따라서 개발도상국에서 '자유주의제도(liberal institutions)'—즉, 재산권 확립과 계약제도 등—가 수립되어 시장이 작동하기만 하면 자연히 정치적 자유(political freedom)가 뒤따를 것이다.

5. 결론

이 책의 서문에서 말했듯이 나는 본서의 공저자인 빌 미첼(Bill Mitchell)이 서거한 후 *Public Choice* 저널에 그에 관한 짧은 글을 기고한 적이 있다.[16] 나는 미첼의 미발간 원고로부터 다음 주장을 인용하고자 한다. 미첼의 다음 주장은 본서의 결론으로서 적절하다고 여겨지기 때문이다:

> 나는 지난 40년 동안 많은 책을 읽고 깊이 생각한 후에 시장과 정치에 대한 나의 낡은 이해들을 수정해왔다. 또한 그동안의 독서와 생각은 내가 제도들을 판단할 때 사용하는 나의 가치와 기준에도 강한 영향을 미쳐 왔다. 특히 나는 미국의 베트남 전쟁(Vietnam War : 1954~1975년)과 많은 국내 정책들의 분명한 실패가 현실 세계에 대한 내 생각에 큰 영향을 미쳤다. 나는 이제 '개인의 자유(individual liberty)'를 더욱더 소중히 여기고, 평등은 덜 소중히 여긴다. 이제 나는 인간이 새로운 것을 창조하고 결정할 수 있는 능력을 소중히 여긴다. 따라서 나는 개인의 선택을 촉진하는 제도들[17]을 소중히 여기지만, 자유로이 상호작용하고 계약할 권리에 대해 부당하고 동의하지 않은 제약들을 가하는 제도들[18]은 혐오한다. 나는 우리 삶에서 점점 커지는 집산주의화(collectivizing : 국유화 또는 공영화)[19]를 염려한다. 그러나 나는 현실 세계의

---

16. [역주] Simmons, Randy T., *Public Choice*, April 2006, pp. 1~3.
17. [역주] 이를 '좋은 제도'라 한다.
18. [역주] 이를 '나쁜 제도'라 한다.
19. [역주] '집산주의화(集産主義化)'란 토지 · 공장 · 철도 · 광산 등 중요 생산 수단을 국유화하여 정부의 관리 아래 집중하여 통제하는 것을 말함.

사람들에 의한 (실패가 증명된) 전체주의(totalitarian)체제의 부정으로부터 큰 용기를 얻는다. 과거에 아렌트(Hannah Arendt : 독일 태생의 미국 정치철학자)와 다른 사람들은 자신들의 땅에서 반란과 저항, 심지어 혁명을 상상할 수조차 없었을 뿐만 아니라 '인간의 회복력(resilience of humans)'에 대해서도 전혀 알지 못했다. 마지막으로, '과두제의 철칙(Iron Law of Oligarchy)'[20]이 있다면 확실히 "자유의 철칙(Iron Law of Freedom)"과 아마 "민주주의의 철칙(Iron Law of Democracy)"도 있을 것이다. 역사는 '자유주의(liberalism)를 위한 오랜 투쟁'이었다. 그동안 인간의 역사는 '농노(農奴)[21] 신분으로부터의 자유', '독점(獨占)으로부터의 자유', '큰 손해를 주는 정부 통제(統制)로부터의 자유', '특권(特權)으로부터의 자유', 그리고 '무역(貿易)과 결사(結社)[22]의 자유' 등을 얻기 위해 투쟁해왔다. 이러한 투쟁은 끝없이 계속될 것이다.

■ 서지(書誌) 노트 : 주요 참고문헌 소개

제임스 과트니와 로버트 로슨이 공동 저술하고 프레이저 연구소에서 매년 발행하는 「세계경제자유」 보고서는 현재 이용 가능한 가장 포괄적인 '경제적 자유 지수'이다. 전체 데이터 세트와 PDF 버전의 연례 보고서는 www.freetheworld.com에서 볼 수 있다. 1996년 처음 발간된 이래로 이 보고서는 200개 이상의 학술 논문의 기초가 되어 왔다. 과트니와 로슨의 가장 큰 기여는 그들이 세계 각국

20. [역주] 독일의 정치학자 미헬스(Robert Michels)가 제기한 정당조직에 관한 가설을 말함. 민주주의를 표방하는 정당일지라도 그것이 거대화함에 따라 '소수자의 손'에 조직 운영의 실질적 권한이 집중되는 경향이 있음을 의미함. 좀 더 구체적으로 살펴보면 정치조직, 특히 이데올로기를 강조하는 조직에서 상위층의 몇몇 지도자들이 그 조직을 계속 지배하려는 권력욕으로 인해 원래의 조직 목표를 망각하고 목표를 실현하기 위한 수단을 더욱 중요시하는 목표 대치 현상이 발생함. 여기서 과두제란 소수의 지도자들에 의한 지배체제를 말하고, 철칙이란 조직을 지배하고 있는 현 지위를 유지하기 위해서는 수단과 방법을 가리지 않는다는 뜻임.
21. [역주] '농노'란 봉건시대 농민의 최하위 계급으로 토지에 부속되어 토지와 더불어 매매가 이루어졌음.
22. [역주] '결사'란 여러 사람이 공동의 목적을 이루기 위해 단체를 만드는 것을 말함.

경제의 '객관적인 특성'에 기초한 지수(index)를 개발하였으며, 또 이를 지속적으로 개발하고 있다는 점이다. 특히 그들은 세계 각국의 '경제적 자유의 상태'에 대한 객관적인 평가를 가능하게 하는 데이터 세트를 제공해주었다.

정치 · 경제 · 문화에 관한 최고의 현대 작가 중 한 명으로 버지니아 포스트렐(Virginia Postrel)을 들 수 있다. 포스트렐은 1999년에 저술한 『미래와 그 적들 : 창의성, 모험심, 진보에 대한 갈등 심화(*The Future and Its Enemies: Growing Conflict over Creativity, Enterprise, and Progress*)』에서 정적(靜的)인 세계가 아닌 '역동적인 세계'를 위한 하나의 선언문을 썼다.[23] 오늘날 사람들은 이전보다 더 부유하고 더 건강하며, 더 많은 기회들을 가지고 있지만, 학계와 정치계에서는 우리의 처지를 '한탄하는' 합창(合唱)이 끊이지 않고 있다. 포스트렐은 그러한 합창

23. **[역주]** 이 책의 한글 번역본 출판사는 이 책에 대해 다음과 같이 서평하고 있다. 첫째, 정치는 좌파지만 경제는 우파일 수도 있고, 문화에는 보수적이지만 개혁에는 진보적이다. 좌표도 비빌 언덕도 없는 현실을 어떻게 이해해야 하는가? 정체불명의 세상, 양심과 사상의 혼돈 등 모든 것을 해석해주는 새로운 세계관이 출현했다. 세상을 해석하는 잣대로 '안정론과 변화론'이 그 대안이다. 이 책은 보다 나은 미래를 준비하는 데 있어서 정치, 경제, 문화를 보는 시각에 근본적인 변화를 예고하는 조용한 혁명서이다. 둘째, 새로운 개념의 등장은 새로운 사회적 동력의 출현을 암시한다. 인터넷 혁명, 디지털 시대의 변화가 촉발하는 경제 시스템은 이미 혁명적으로 변화하고 있다. 이 변화의 동력을 전제로 한 미래의 정치, 미래의 경영에 관한 탁월한 해설서이다. 셋째, 안정론과 변화론이라는 두 개의 기둥이 우리의 정치적, 지적, 문화적, 지형도를 규정하는 중심축으로 부상하고 있다. '미래를 어떻게 볼 것인가'라는 우리 시대의 핵심적 화두를 다양한 사례와 함께 분석한 책이다. 넷째, 현실 정치와 기업경영, 국제무대에서 이루어지는 적(敵)과의 동침이 왜, 그리고 어떻게 이루어지는가? 현실의 적은 누구이며 미래를 가로막는 적은 또 누구인가? 시민운동에서 의회정치, 기업경영 전반에 걸친 진보적 미래를 준비하는 지침서이다. 다섯째, 종래의 진보와 보수, 좌파와 우파라는 범주는 광속도로 변화하는 오늘의 세상을 설명할 수 없다는 것이 저자의 기본 출발점이다. 저자가 제시하는 새로운 범주는 '변화를 거부하는 안정론자와 변화를 지향하는 변화론자'와의 충돌이다. 법과 규제가 늘어나는 사회, 지식의 집중과 통제가 가속화되는 사회, 중앙정부의 힘과 규제가 강화되는 사회는 분명 '안정 고수적 사회'이다. 또 이는 각종 집단이나 가정, 개인의 삶에 대해서도 그대로 적용된다. 여섯째, 오늘날 뚜렷이 드러나고 있는 좌우 공조나 정치는 좌파, 경제는 우파, 오리무중 같은 세상의 숨은 내막 역시 이 '안정론자와 변화론자'라는 관점에서 올바르게 규명될 수 있다. 미래는 변화를 두려워하지 않고 진보를 가로막지 않으며, 열린 시행착오로 미래를 열려는 변화론자에 의해 주도되어야 한다는 것이 저자의 주장이다. 또, 우리가 개인의 자유를 존중하며 '변화'를 껴안을 수 있다면 우리의 미래는 그만큼 낙관적이다.

에 대해 반박하였다. 그녀는 하이에크처럼 '우리는 정말로 우리의 미래를 모른다' 는 사실을 잘 알고 있었다. 우리가 알 수 있는 것은 하이에크의 말대로 "생명의 정당, 즉, 자유로운 성장과 자발적 진화를 옹호하는 정당" 이 존재할 수 있는 때와 장소에서 살아가는 삶에 대한 호기심과 설렘이다.

하이에크가 사용한 용어를 사용하여 시장의 "경이로움(wonder)" 과 가격 시스템에 대한 탁월한 논의는 러셀 로버츠(Russell Roberts)가 쓴 소설인 『모든 것의 가격 : 가능성과 번영의 비유(*The Price of Everything : A Parable of Possibility and Prosperity*)』에서 찾을 수 있다. 가격이 흑연을 여러 경쟁적인 용도에 어떻게 배분하는지에 대한 그의 논의는 레너드 리드(Leonard Read)가 쓴 "나, 연필(I, Pencil)" 이라는 에세이에 바탕을 두고 있다. 로버츠의 많은 통찰력 가운데 하나를 소개하면 다음과 같다: " '공짜 점심은 없다' 는 것을 알라! 가격을 가지고 놀면 혼란이 초래될 것이다." 또한 계획 없는 질서, 강요 없는 협력, 경쟁적인 욕구들 산의 조화 등은 로버츠의 소설에서 생생하게 가르쳐주는 개념들이다.

〈참고문헌〉

Cheung, Steven N. S., "The Fable of the Bees : An Economic Investigation," *Journal of Law and Economics*, 16, April 1973, pp. 11～33.

Coase, Ronald H., "The Lighthouse in Economics," *Journal of Law and Economics*, 17, October 1974, pp. 357～76.

__________, "Looking for Results," *Reason*, January 1, 1997.

Crook, Clive, "On Milton Friedman's Unfinished Work," *National Journal*, 38 : 49, December 9, 2006, pp. 15～16.

de Soto, Hernando, *The Other Path : The Invisible Revolution in the Third World*, 2004.

________________, *The Mystery of Capital: Why Capitalism Triumphs in the West and Fails Everywhere Else*, 2004.

________________, "Bringing Capitalism to the Masses," *Cato's Letter*, 2, Summer 2004.

Friedman, Milton, *Capitalism and Freedom*, 40th Anniversary edition, Chicago: University of Chicago Press, 2002.

________________, "Economic Freedom Behind the Scenes," Preface to *Economic Freedom of the World: 2002 Annual Report*, Vancouver, B.C.: Fraser Institute, 2002. http://freetheworld.com/2002/oEFWo2frntmttr.pdf on 2007-11-22.

Genesis 29: 15-31, King James Version of *Bible*.

Gwartney, James and Robert Lawson, *Economic Freedom of the World: 2007 Annual Report*, Vancouver, B.C.: Fraser Institute, 2007. http://freetheworld.com/2007/EFW2007BOK2.pdf.

Hazlett, Thomas W., "Looking for Results: Nobel Laureate Ronald Coase on Rights, Resources and Regulation," *Reason Magazine*, January 1997. http://www.reason.com/news/show/30115.html.

Hayek, Friedrich A. von, "The Pretence of Knowledge," Lecture, Nobel Prize Award Ceremony from the Nobel Foundation, Stockholm, December 11, 1974.

Jillette, Penn, "One of the Things We're Saying is Give Peace a Chance," *Regulation Magazine*, 26, No. 1, Spring 2003, p. 68. http://www.cato.org/pubs/regulation/regv26n1/v26n1-final.pdf.

Liebowitz, Stan J. and Stephen E. Margolis, "The Fable of the Keys," *Journal of Law and Economics*, Vol. 33, No. 1, April 1990, pp. 1~27.

Maine, Sir Henry Sumner, *Ancient Law, Its Connection with the Early History of Society and Its Relation to Modern Ideas*, with an introduction and notes by Sir Frederick Pollock, 4th American from the 10th London ed. New York: Henry Holt and Co., 1906. http://oll.libertyfund.org/title/2001/138159/2629423.

Postrel, Virginia, *The Future and Its Enemies: Growing Conflict over Creativity, Enterprise, and Progress*, New York City: Free Press, 1999.

Read, Leonard, *I, Pencil*, 1st edition, New York: Foundation for Economic Education, 2010.

Roberts, Russell, *The Price of Everything: A Parable of Possibility and Prosperity*, Princeton: Princeton University Press, 2009.

Smith, Adam, *An Inquiry into the Nature and Causes of the Wealth of Nations*, Indianapolis: Liberty Fund, Inc., 1981. Reprint. Originally Published: Oxford: Clarendon Press, 1979. (Glasgow edition of the works and correspondence of Adam Smith, Vol. 1).

____________, *The Theory of Moral Sentiments*, 1790. Library of Economics and Liberty. http://www.econlib.org/library/Smith/smMS.html.

Wildavsky, Aaron, "Progress and Reform," in *Progress and Its Discontents*, Gabriel A. Almond, Marvin Chodorow, and Roy Harvey Pearce, eds. Berkeley: University of California Press, 1982.

찾아보기

가

나

다

라

마

사

아

자

차

카

타

파

하

지은이에 대하여

랜디 시몬스(Randy T. Simmons)

현재 미국 THE INDEPENDENT INSTITUTE의 선임연구원, 유타주립대학교 존 엠 헌츠먼(Jon M. Huntsman) 경영대학원 경제학 교수 겸 정치경제연구소 소장, 유타 도시 · 마을 연합 이사회 위원 및 유타 주지사 민영화 위원회 위원으로 활동 중이다. 오리건대학교에서 정치학 박사 학위를 받았으며, 유타주(州) 프로비던스 시장을 역임했다. 저서로는 *Beyond Politics : Markets, Welfare, and the Failure of Bureaucracy*(William Mitchell과 공저)와 *The Political Economy of Culture and Norms : Informal Solutions to the Commons Problem* 등이 있다.

옮긴이에 대하여

김행범

서울대학교 행정학 박사(공공선택학 전공)

전 부산대학교 행정학과 교수

현 부산대학교 행정학과 명예교수

현 "공공선택학회(Korea Public Choice Association ; KPCA)" 초대 회장

이성규

영국 사우스햄튼대학교 경제학 박사(공공선택학 전공)

전 국회예산정책처 경제분석관

현 국립안동대학교 무역학과 교수

김영신

미국 조지메이슨대학교 경제학 박사(공공선택학 전공)

전 한국경제연구원 연구위원

현 계명대학교 국제통상학과 교수

정치를 넘어 : 정부실패의 근원

초판 1쇄 인쇄 2023년 1월 9일
초판 1쇄 발행 2023년 1월 17일

지은이 Randy T. Simmons
옮긴이 김행범 · 이성규 · 김영신
펴낸이 박기남
펴낸곳 **율곡출판사**
08590 서울시 금천구 가산디지털1로 84(에이스하이엔드 8차), 803호
전화 (代) 02) 718-9872/3
팩스 02) 718-9874
home-page www.yulgokbooks.co.kr
e-mail yulgokbook@naver.com
등록 1989.11.10. 제2014-000031호
ISBN 979-11-91812-39-8 93320

정가 33,000원